折射集
prisma

照亮存在之遮蔽

The First Moderns

Profiles in the Origins of
Twentieth-Century Thought

William R. Everdell

当代学术棱镜译丛·现代思想史系列
丛书主编 张一兵 副主编 周宪 周晓虹

现代主义的先驱

20世纪思潮里的群英谱

[美] 威廉·R.埃弗德尔 著

张龙华 杨明辉 李宁 等译

南京大学出版社

《当代学术棱镜译丛》总序

自晚清曾文正创制造局,开译介西学著作风气以来,西学翻译蔚为大观。百多年前,梁启超奋力呼吁:"国家欲自强,以多译西书为本;学子欲自立,以多读西书为功。"时至今日,此种激进吁求已不再迫切,但他所言西学著述"今之所译,直九牛之一毛耳",却仍是事实。世纪之交,面对现代化的宏业,有选择地译介国外学术著作,更是学界和出版界不可推诿的任务。基于这一认识,我们隆重推出《当代学术棱镜译丛》,在林林总总的国外学术书中遴选有价值篇什翻译出版。

王国维直言:"中西二学,盛则俱盛,衰则俱衰,风气既开,互相推助。"所言极是!今日之中国已迥异于一个世纪以前,文化间交往日趋频繁,"风气既开"无须赘言,中外学术"互相推助"更是不争的事实。当今世界,知识更新愈加迅猛,文化交往愈加深广。全球化和本土化两极互动,构成了这个时代的文化动脉。一方面,经济的全球化加速了文化上的交往互动;另一方面,文化的民族自觉日益高涨。于是,学术的本土化迫在眉睫。虽说"学问之事,本无中西"(王国维语),但"我们"与"他者"的身份及其知识政治却不容回避。但学术的本土化绝非闭关自守,不但知己,亦要知彼。这套丛书的立意正在这里。

"棱镜"本是物理学上的术语,意指复合光透过"棱镜"便分解成光谱。丛书所以取名《当代学术棱镜译丛》,意在透过所选篇什,折射出国外知识界的历史面貌和当代进展,并反映出选编者的理解和匠心,进而实现"他山之石,可以攻玉"的目标。

本丛书所选书目大抵有两个中心:其一,选目集中在国外学术界新近的发展,尽力揭橥域外学术20世纪90年代以来的最新趋向和热点问题;其二,不忘拾遗补阙,将一些重要的尚未译成中文的国外学术著述囊括其内。

众人拾柴火焰高。译介学术是一项崇高而又艰苦的事业,我们真诚地希望更多有识之士参与这项事业,使之为中国的现代化和学术本土化作出贡献。

丛书编委会
2000年秋于南京大学

献给
艾莉(Ellie)和比尔(Bill)
芭芭拉(Barbara)和克里斯(Chris)
林恩(Lynn)和约斯(Josh)
以及艾伦(Ellen)

◆

这些都发生在你们出生之前

目 录

- i / 致 谢
- 1 / 第一章 导论:现代主义是什么以及它可能不是什么
- 22 / 第二章 在维也纳终结的世纪:现代主义时代的迷惘,1899
- 48 / 第三章 格奥尔格·康托尔、理查德·戴德金和哥特罗布·弗雷格:数是什么,1872—1883
- 75 / 第四章 路德维希·玻尔兹曼:统计气体、熵和时间的方向,1872—1877
- 100/ 第五章 乔治·修拉:点彩派、景泰蓝式画法和连续摄影,1885
- 126/ 第六章 惠特曼、兰波和朱尔·拉福格:没有韵律的诗,1886
- 160/ 第七章 桑地亚哥·拉蒙-卡哈尔:大脑的原子,1889
- 184/ 第八章 瓦莱里亚诺·魏勒·尼古劳:发明集中营,1896
- 197/ 第九章 西格蒙德·弗洛伊德:无时不在的压抑,1899
- 217/ 第十章 新世纪开端时的巴黎:现代主义的发源地,1900
- 242/ 第十一章 雨果·德弗里斯与马克斯·普朗克:基因与量子,1900
- 269/ 第十二章 伯特兰·罗素和埃德蒙德·胡塞尔:现象学,数及逻辑的衰落,1901
- 294/ 第十三章 埃德温·斯坦顿·鲍特:每秒十六帧,1903
- 312/ 第十四章 相逢圣路易斯:现代主义来到美国中部,1904
- 344/ 第十五章 阿尔伯特·爱因斯坦:时空区间和光量子,1905
- 364/ 第十六章 帕布洛·毕加索:立体主义,1906—1907
- 379/ 第十七章 奥古斯特·斯特林堡:构建一个残破的梦,1907
- 397/ 第十八章 阿诺德·勋伯格:无调性音乐,1908
- 424/ 第十九章 詹姆斯·乔伊斯:碎片化小说,1909—1910
- 452/ 第二十章 瓦西里·康定斯基:无目的的艺术,1911—1912

478/ 第二十一章　奇迹年:维也纳、巴黎和圣彼得堡,1913

514/ 第二十二章　非连续的尾声:海森堡和玻尔,哥德尔和图灵,默斯·坎宁安和米歇尔·福柯

535/ 参考文献

574/ 索　引

656/ 译后记

致　　谢

在那些不经意间促成本书的人之中,有一位八年级的教师亚历山大·利哈姆(Alexander Leham)。1954年,他让自己的学生创造出一个真正的巴布罗·菲亚斯科(Pablo Fiascor)。这让我们中的一些人意识到,我们是那些可将"现代"艺术作为习得经验的最后一代学生的成员,同时,我们当中至少还有一个人试着去告诉别人这种经验是什么。能够回答的那些人中有C. P. 斯诺,他在1959年出版了《两种文化》(The Two Cultures),那年他在普林斯顿的演讲中悲叹出身人文学科的学者对"热力学第二定律"茫然无知。当然,对促成本书影响最大的或许是无与伦比的安德烈·雅克(André Jacq),他在圣保罗学院教法语。他的课豁然超越了民族文化的隔阂和学科之间的壁垒,使诗歌与数学水乳交融。在他的课上,似乎下面这些事情是世界上极为自然的:法国诗人波德莱尔应学习美国诗人爱伦·坡,或者法国诗人保罗·瓦莱里(Paul Valery)应向法国数学家亨利·庞加莱(Henri Poincare)和古希腊哲学家埃利亚的芝诺(Zeno of Elea)学习。当然,在我幸遇的诸位优秀教师——如爱德华·沙利文(Edward Sullivan)、约瑟夫·斯特雷耶(Joesph Strayer)、詹姆斯·比林顿(James Billington)和法兰克·曼纽尔(Frank Manuel)——中,安德烈·雅克既不是第一位,也不是最后一位。这些教师中的两位历史学家仍健在,他们以一种宏大的视角看待我们即将结束的这个世纪和未来的岁月。

值得一提的是,著作没有读者就不会存在,这是一个早就被解构的真理,不过至少对作者来说,是读者成就了一切。我很高兴能在此对很多人表达感激之情:感谢那些乐于阅读我粗陋草稿的朋友,感谢那些耐心听我讲故事——远在它们付诸印刷之前——的人。给我提供帮助的学生有：塞巴斯蒂安·尼尔斯（Sebastian Keneas）、卡伦·布鲁姆（Karen Bloom）、凯特林娜·希利（Katherine Healy）、詹迪·赖特（Jendi Reiter）、朱丽亚·霍尔德内斯（Julia Holderness）、莫莉·麦克唐纳（Mollie MacDonald，他翻译了波尔的著述）、埃比·巴斯（Abi Basch）、亚当·斯多夫斯基（Adam Stofsky）、杰米·胡德（Jamie Hood）、马克斯·格罗斯（Max Gross）、利萨·施奈德（Lisa Schneider）、萨姆·希夫曼-阿克曼（Sam Schiffman-Ackerman），以及我 1992—1996 年期间在圣安（Sanit Ann）学院讲授"20 世纪思想"课程时所有听课的低年级和高年级的同学，他们提出了不少有益的建议。

我在圣安学院历史系的同事也给予了极大的帮助。尤其是罗杰·韦斯特曼（Roger Westerman）、罗杰·弗里（Roger Frie）、维克多·马切奥洛（Victor Marchioro）、鲁斯·查普曼（Ruth Chapman）和戴维·约翰森（David Johnson）审读了书稿的部分章节，并以我们学院习见的坦率提出了修改意见。像这本涉及如此众多领域的著述，如果没有其他院系教师的热心帮助，是不可能完成的。他们包括特德·考夫曼（Ted Kaufman）博士，化学家保罗·西格尔（Paul Siegel），文学家帕特里克·奥康纳（Patrick O'Connor），生物学家达纳·索利基（Dana Solecki），哲学家斯坦利·博斯沃思（Stanley Bosworth），诗人卡罗尔·罗林斯（Carol Rawlings），简·艾弗里奇（Jane Avrich）和南希·怀特（Nancy White），物理学家萨姆·基尼（Sam Keany）、迈克·麦加里（Mike McGarry）和约翰·古拉（John Gulla），艺术家查尔斯·卢丝（Charles Luce）、彼得·利文撒尔（Peter Leventhal）和玛莎·利伯蒂（Marsha Liberty），作曲家约翰·埃利奥特（John Elliott）、圣·路易莎（St. Louisan）、南希·梅尔尼克（Nancy Melnick），以及负责运动项目的斯特林堡迷利纳·泰恩伯格（Lena Tengberg）。南希·卡雷特（Nancy Carrett）的歌剧《朵拉》（Dora）比任何历史著述都更好地揭示了弗洛伊德的意义。德博拉·多布斯基（Deborah Dobski）以及 A. I. V. F.，促使我研究电影；而数学家理查德·曼恩（Richard Mann）多次以极大的热情和耐心,帮助我理解德国数学家戴德金的分割理论。给我帮助最多的四位同事都曾是我的学生,他们是音乐家埃利卡·尼克伦茨(Erika Nickrenz)、戏剧导演沙伦·拉玛佐(Sharon Lamazor)、拉丁语学者埃米利·斯通(Emily Stone),以及作家贝丝·博斯沃思(Beth Bosworth),她写过一本小说。

我还要感谢我的那些博学的朋友们,如欧洲历史学家乔治·赫伦纳(George Herluner)、艺术史家肯·拉什(Ken Rush)、奥地利历史学家安迪·怀特赛德(Andy Whiteside)、美国史专家乔恩-克里斯蒂安·萨格斯(Jon-Christian Suggs)、作曲和音乐理论家朱利安·戈德温(Julian Goodwin)、诗人劳拉·肯内利(Laura Kennelly)和熟悉孟菲斯爵士乐史的丹·波格(Dan Poag),以及推进了各种史学观念融合的戈登·肖赫(Gordon Schocher)。还有精通著作权合同的彼得·赫伯特(Peter Herbert)和简·克雷默(Jan Kramer),他俩慷慨地让我分享了他们的研究成果。

我对周围的许多图书馆感激不尽,尤其是纽约大学的鲍勃斯特(Bobst)图书馆和普林斯顿的火石图书馆。美国物理学协会图书馆即使在其搬离纽约后,仍然对我帮助良多。原本可在纽约借阅的孟德尔(Mendel)和柯伦斯(Corrents)的孤本书,后来发现藏在勃朗克斯(Bronx)科学中学,是由圣安学院的安·博斯沃思(Ann Bosworth)为我借调出来的。出版商而非图书馆员的邓·伊斯特(Den East)、辛西娅(Cynthia)和伊沃·迈斯纳(Ivo Meisner)能找到南马萨诸塞州图书馆都没有的书。19世纪以及20世纪早期的一些学术著作印数少,并且印在酸性纸上,很难保存,但它们对我的研究来说却是第一手资料。因此,我非常感激如下几家出版社:多弗(Dover)、奥克斯·鲍(Ox Bow)、克莱尔西(Clelsea)、Open Court以及10/18出版社,他们以新版式再版了上述不易保存的图书,其中有些甚至还是平装本。

同样要感谢的还有几位翻译家。我不懂俄文,D. M. 托马斯(D. M. Thomas)的英文版阿赫玛托娃的选集和J.-C. 马尔卡代

(J.-C. Marcadé)的法文版《对太阳的胜利》(Victory over the Sun)使我受益良多。我只粗通瑞典语,因此很感谢斯特林堡著作的译者,这位译者还精通多种其他西方语言。我对充满哲学含义的德语深感畏惧(当然在这条道上我也不孤单),所以我在写作中经常参考已有的译文资料。据说德国人读康德第一步就是找个英文译本,所以我也得特别感谢一位英文翻译家J.英格利希(J. English),他将胡塞尔的《算术哲学》(Philosophie der Arithmetik)译成晓畅易懂的法文。我还要感激一位英文翻译者,因他允许我复印了其译作:路易斯·瓦雷兹(Louise Varèse)翻译的阿蒂尔·兰波(Arthur Rimbaud)《彩画集》(Illuminations)中的诗歌《运动》(Motion)(纽约:新趋势出版有限公司版权所有,1957,第116—119页)。

我还要感谢在因特网论坛上遇到的许多学者,他们的帮助,虽然并非面对面的交往,但仍然是人性化的和无私的。网友Russell-L、Hopos-L、H-ideas、Nietzsch、Russthea、Peirce-L、C18-L等,他们为这本书提供了一些细节以及某些观点的演练。哲学史家简·德贾诺卡(Jan Dejnozka)、电影制片人埃里克·布雷德巴特(Eric Breitbart)在资料方面也提供了许多帮助。新成立的"文学和科学学会"及其刊物《结构》(Configurations)是乐观主义之源,因为他们能够构建一种跨学科的观念史,这一观念史能很大程度地避免其间常见的混乱。我还要郑重地感谢本书的编辑戴维·布伦特(David Brent),以及学者雅克·巴赞(Jacques Barzun)、彼得·邦达内拉(Peter Bondanella)和对我研究计划多有鼓励的约瑟夫·多本(Joseph Dauben)。特别要感谢斯特芬·布拉什(Stephen Brush),他审读了本书草稿,订正了错误,如果仍有谬误,其责在我。

学术著作出版需要资金支持是一个现实问题。本书得到了"国家人文科学基金会"的两次慷慨资助。该基金会是美国纳税人捐建的,它资助的项目很多。我希望对作者"暑期研究"的资助和"华莱士教师—学者基金会"的资助将证明这样的资助是值得的,因为它们是全美非大学教师能够获得的仅有的研究基金。然而,我仍然认为,投于本书的最大资金来自作者自己的家庭。芭芭拉(Barbara)、约斯(Josh)和克里斯·埃弗德尔(Chris Everdell)组成了一个和睦的团队,并具有出色的幽默感,这两方面对于和一个痴迷于著书、出书的人一起生活而言都是非常有益的。

第一章 导 论

现代主义是什么以及它可能不是什么

本世纪即将结束。西方世界处于可以被称为世纪末的(*fin-de-siècle*)气氛之中。我们该怎么认识这个漫长的时代？它留下了什么遗产？我们每天除了能听到那些关于这个世纪是如何开始的高谈阔论，还能听到关于同时出现的各种发明创造如电影、汽车、摩天大楼和抽象艺术等讨论。这种我们称之为现代主义的高尚文化已经伴随我们几乎整整一个世纪以及上个世纪的一部分，自18世纪法国人把文化命名为"主义"以来，它比任何一个称之为"主义"的文化经历的时间都要长。本书试图确定现代主义的起源并勾勒它的历史。

在你面前已有的结果是观念的叙述史，这是一种日益罕见的表达方式。现在有人会说，叙述已经过时了，许多人通过建构我们时代对有意义叙事——确切地说是任何一种叙事——有点狂热[①]的需求来回应

[①] 关于对叙事进行理论抨击的概要，参见米切尔·罗默(Michael Roemer)，*Telling Stories: Postmodernism and the Invalidation of Traditional Narrative* (Lanham, Md.: Rowman and Littlefield, 1995). （原书注释为文末注，为方便阅读，今统一改为页下注；同时保留原书注释每篇连续编码的形式，以便读者通过索引中的原书页码做检索。——译者）

对叙事过时的指责。历史现在也被指责为过时了，而且"理论"认为，根据源自历史的观点来解释过去发生的事情是不可能的。但是不这样做却又是极其困难的，有很多理由告诉我们为什么我们不应该这样做。有些指责的观念本身是过时的，因为所有的观念都是主观人为的，没有主体间性就不可能流传。因而本书将基于一种老式的立场——每一个体都能够构建各种新思想，并表达这些新思想。事实上，这就是一小群恰好那样做的人的集体史。

他们都是单独的个体，他们都在成为天才的路上。我认为，所谓天才就是能够做别人不能做的事之人，除非其他人花了大量时间来学做此事。一个天才可以不是英雄，本书第八章的瓦莱里亚诺·魏勒（Valeriano Weyler）——至少在我看来——是一个典型的恶棍。所有的个体都点头同意以像普卢塔克（Plutarch）一样古老的历史形式，以他们从数学到绘画等领域的过人智力和专业，在这里呈现出天才的轮廓。另一方面，他们不应该被认为是独自活动的，如同虚构的美国边疆居民。的确，他们中有些人是女性。她们相互学习，在我们这个时代更为高深的智力专门化的典型状态中，有些事更难做。20世纪开始时，最初的现代主义者发现他们身处的智力和文化环境相当丰富而且复杂，它由西方文化中的每一种社会关系组成，包括学术修养、家庭、民族、阶层和语言、特定城市里的普通咖啡馆和酒店，当然还有通信者的圈子，他们从历史学家那里得益良多，因为历史学家留下了如此有价值的遗产。这些观念完全可以闪现在没有任何关系的人们的脑海中，但它们不是历史能够认识的观念。

关于尼尔斯·波尔（Niels Bohr）这位提出现代主义科学认识论的天才，一位历史学家如是写道：

> 在某种意义上说，这个有创造力的人物是他生活的那个社会的补充，而不是协奏曲中的独奏者。在个体的思想中一般同时思考着科学的基本观念和人类的主要发明，然而获取作为思想和发明基础数据的努力，以及以后充分利用它们的

努力,需要的不仅仅是发明者和观念创始人的贡献。所以,个体和社会彼此需要……②

　　在很多情况下,这些个体所在的必要社会就是整个西方世界,至少在主要用西方语言交流的范围之内。最初的现代主义者生活于其中的 1900 年,大城市人口已经相当稠密,具有文化的多样性。在 19 世纪这些城市就已经达到这种发展程度:人与人的交流异常快捷,不论是通过邮件(在慕尼黑邮递员一天开五次邮箱)、出版物(根据合同,出版社五个星期后就向卡夫卡提供了第一部小说的样本),还是通过电话和电报。诗人朱尔·拉福格(Jules Laforgue)完全有可能生于乌拉圭,在法国最好的省立初中之一接受教育,以后受聘成为德国皇太后(Dowager Empress)的讲读者,再后又被委托翻译美国诗人沃尔特·惠特曼(Walt Whitman)的作品。当詹姆斯·乔伊斯(James Joyce)在奥匈帝国的主要海港城市为意大利人教授英语时,他同时也小心翼翼以 1904 年的都柏林为背景创作小说。在这样的世界上,像伊戈尔·斯特拉文斯基(Igor Stravinsky)这样具有贵族气质的俄国人可以用一种创作于瑞士、演出于巴黎的芭蕾舞音乐乐谱来改变西方音乐的进程。尼尔斯·波尔(Niels Bohr)虽然用母语丹麦语讲课,但可以用英文撰写关于原子的经典论文,其论文在一位新西兰人指导下刊登于英国皇家学会的杂志上,后者通过扩大一位生活在巴黎的波兰妇女作品的影响力而在加拿大安大略赢得科学名声。这种早期新闻影片中被称为"跳进世界"(hopscotching the world)的行为,暗示了制度的缺失,特别是对那些珍视建立在种族和语言之上的 19 世纪等级差异的人而言。但是体制依然存在于那里,而且它本身是跨国界的。事实上,坚持思想和艺术的超种族社会就是我们现在所定义的现代主义的诸多

---

② R. V. Jones, "Complementarity as a Way of Life," in *Niels Bohr: A Centenary Volume*, ed. A. P. French and P. J. Kennedy (Cambridge: Harvard University Press, 1985), 323-24.

立场之一。③

我们是否处于关于现代主义叙述史的错误智识思潮中？我们现在已暂时处于后现代主义时代。在20世纪60年代开创"结构主义"的不安分的学者和其他文化工作者，尝试着在70年代提出一个新的术语——"后现代主义"，希望把它运用于西方文化中最近大约50年左右的时间(这甚至得到尼采的认同)。对于后现代主义可能意蕴的争论非常激烈，甚至在"后现代主义"(Post-Modern)这个词失去连接符之前，就有反对者甚至声称没有这样的事。至少自从20世纪50年代欧文·豪威(Irving Howe)和哈里·列文(Harry Levin)使用"后现代主义"起，有着连接符和首字母大写的"Post-Modern"就出现了，但正是罗伯特·文丘里(Robert Venturi)1972年的《向拉斯维加斯学习》(*Learning from Las Vegas*)——一个建筑师的宣言——成为美国后现代主义的宪章。④ 直到五年之后的1977年，文丘里的同事查尔斯·詹克斯(Charles

---

③ "[卡夫卡]从一种打上他那个时代论述烙印的语言转换到他和他的同时代人视为'现代'的语言，因此他们希望，在他们时代意识形态的冲突中这是一种普遍的、跨国界的、无限可解释的语言。"(Marshal Berman, review of *Franz Kafka*: *The Jewish Patient*, by Sander Gilman, *The Nation*, 20 November 1995, 606.)

④ Robert Venturi, Denise S. Brown, and Steven Izenour, *Learning From Las Vegas* (Cambridge: MIT Press, 1972, 1977); Irving Howe, *The Idea of the Modern* (New York: Horizon, 1967); and Harry Levin, "What Was Modernism?" in *Refractions*: *Essays in Comparative Literature* (New York: Oxford University Press, 1966). 这个词显然太陈旧了。查尔斯·詹克斯(Charles Jencks)发现，一位英国艺术家约翰·瓦特金斯·钱普曼(John Watkins Chapman)在19世纪70年代用过这个词，鲁道夫·潘维兹(Rudolf Pannwitz)1917年也使用过这个词(Jencks, quoted in Richard Appignanesi and Chris Garratt, *Introducing Postmodernism* [New York: Totem Books, 1955], 3)。维纳·索洛斯(Werner Sollors)指出，美国作家"兰道夫·伯恩(Randolph Bourne)在其值得注意的论文《超民族的美国》(1916年)中(为了描绘日本)使用了'后现代主义'这个术语，沃尔夫冈·韦尔施(Wolfgang Welsch)的《我们的后现代的现代》(*Unsere postmoderne Moderne*, VCH, 1987)引用了19世纪的几个事例。"(Werner Sollors to H-Ideas electronic bulletin board, 1 April 1995, and Randolph Bourne, *The Radical Will*: *Selected Writings, 1911 - 1918* [New York: Urizen Books, 1977], 250.)乔恩-克里斯蒂安·瑟格斯(Jon-Christian Suggs)已经在1928年10月30日印有抬头的信笺上发现了写给曾任美国全国有色人种协进会(NAACP)执行秘书长的沃尔特·F. 怀特关于化学的短信：

(转下页)

Jencks)当时写道:现代主义的建筑"终于走到了尽头"。⑤ 随后,知识分子们争先恐后,试图成为第一个给出后现代主义一般定义的人。⑥

文学史家查尔斯·纽曼(Charles Newman)和科学史家斯蒂芬·图尔明(Stephen Toulmin)把文学和科学称为"后现代"。评论家主要通过假设认为,舞蹈虽然不是那么常见,但也是后现代的。⑦ 根据在普林斯顿大学英语系教授"后现代主义:理论与实践"课程的安德鲁·罗斯(Andrew Ross)的观点,后现代主义是一个"新兴概念……是对于现代主义者将高雅文化从大众文化区分出来的当代反应"。绝非如此,研究18世纪学术史的克劳德·罗森(Claude Rawson)反驳道:

> 被称为后现代小说家的大量作品是……在他们困难的时候,大量地引经据典,带着小集团装模作样的傻笑氛围……他们笨拙的外表和训练有素的表现技巧,引起关于论文的联

(接上页)
后现代科学思想
帕尔米拉大街(Palmyra Street)247号
路易斯安南州　新奥尔良
"存在一个物质的原生单位;
存在一个以太空间的原生单位。"
而怀特在1929年初一份未标明日期的手稿中写道:"沉迷于用极其鲜艳的颜料来表现三角形、正方形和多边形的后现代主义让人无法小视。"(White Papers, Schomburg Center for Research in Black Culture, cited by Jon-Christian Suggs to H-IDEAS electronic bulletin board, 31 March 1995.)

⑤ *New York Times*, 24 November 1985, Arts and Leisure section, 1.

⑥ 这些文章有:*Amerikastudien* 22, no. 1 (1977), 9–46; John Barth, "The Literature of Replenishment: Postmodernist Fiction," *Atlantic Monthly* 245, no. 1 (January 1980), 65–71; Ihab Hassan, *The Dismemberment of Orpheus*, 2d ed. (Madison: University of Wisconsin Press, 1982); and the entire Fall 1984 issue of *New German Critique*, with articles by Hal Foster, Jürgen Habermas, Seyla Benhabib, Gerard Raulet, Peter Sloterdijk, David Bathrick, Andreas Huyssen, and Fred Jameson (对其中后两位,我要特别感谢)。

⑦ Charles Newman, *The Post-Modern Aura: The Act of Fiction in an Age of Inflation* (Evanston, Ⅲ.: Northwestern University Press, 1985), and Stephen Toulmin, *The Return to Cosmology: Postmodern Science and the Theology of Nature* (Berkeley: University of California Press, 1984). 基姆·黛安娜(Jim Diana)在1988年1月25美国公共广播电台(NPR)"早晨版"提到"后现代舞蹈的非叙述技术"。

想……在早期现代主义中以引用深奥的典故为乐和自我意识（半讽刺半共享）对卖弄学问的痴迷，这一趋势已经潜在存在。⑧

阿达·路易斯·赫克斯特布尔(Ada Louise Huxtable)也不喜欢后现代主义，她的作品与此不同，是"放弃和贬抑现代主义者信仰和建立的一切"，体现了"某种更为肮脏的东西——暴发户、老一套，以及对于新生事物、充满活力的、极端保守主义的反自由主义者的势利"。⑨［赫克斯特布尔可能曾经读过希尔顿·克莱默(Hilton Kramer)编辑的《新标准》(New Criterion)一书，此书代表了只与现代主义者争论的那些美国人的声音，那些人太过乌托邦、太严谨，更不必说反资本主义，一点也不民主。］

根据马克·斯蒂芬斯(Mark Stephens)1985年所说的，"现代主义最伟大的成就之一是强调艺术之为艺术的价值，它从种种枷锁——装潢过度的房间、金钱、势利——中解脱出来"。另一方面，一种"关于浮华、富裕、景象……人为创造的戏剧风格和对时尚的狂热……中庸的品味和对历史的崇敬，这所有的一切都是典型的后现代主义"。⑩ 如果他说的是正确的，那么我们似乎可能正在倒退。

这些优秀的人在谈论什么？布鲁斯·哈代(Bruce Handy)在《间谍》(Spy)杂志中也表达了同样的疑虑，于是开始整理资料去了解后现代主义到底是什么，就如同在差不多的年代我所做的一样。布鲁斯·哈代沉浸在其他发狂的喜悦中，他在1988年的文章中谈道,1986年以后《她》(Elle)杂志的"后现代的皮大衣？滑雪后(Apres-ski)的下午穿着珍贵的金属质感的皮大衣参加了一个派对"，以及1987年以后《乡村之声》(Village Voice)的"后现代的性爱"。⑪ 1992年，简写词"pomo"开

---

⑧ *Princeton Alumni Weekly*, 15 January 1986, 9; Claude Rawson, review of *The History of Modern Criticism*, vols. 5 and 6, by René Wellek, *New York Times Book Review*, 30 March 1986, 8.

⑨ Ada Louise Huxtable, *The Tall Building Artistically Reconsidered* (New York: Pantheon, 1984).

⑩ *Newsweek*, 11 November 1985, 86–87.

⑪ Bruce Handy, "Postmodernism,"*Spy*, April 1988, 100–8.

始出现在针对人文学者发行的杂志上。⑫ 正如玛格丽特·阿特伍德（Margaret Atwood）对当时情况的总结："'后'这个，'后'那个。如今任何东西都被'后'了，好像我们就是早先某种东西的脚注，其实这些东西足够真实到有它们自己的名字。"⑬也许是对于这种闪光的反应，纽约现代艺术博物馆（MOMA）的柯克·瓦恩多（Kirk Varnedoe）在 1990 年把这个单词从他的词汇表中剔除。瓦内多坦率地指出："我认为并不存在诸如后现代主义这样的东西。"然而他看见"一种从大约 1880 年至 1920 年革命的连续性。它形成了一套新的语言体系、问题和选择。我并不认为这些选择已经结束。从那以后就没有可比较的分水岭了。"⑭这已经是在保罗·戈德伯格（Paul Godberger）于《纽约时报》艺术与休闲版的第一页中发明"后现代主义"称谓的后继者"新现代主义"一词五年之后了。⑮ 直至今日，该词似乎还未流行。

"后现代主义"仍然是有发展空间的，毕竟至少从 16 世纪开始西方人就称自己为"现代人"。以一种更为优雅大方的姿态看待我们的过去，一百多年前我们就开始用"现代"来命名自 14 世纪以来出现在我们面前的每一件事物。后来在第一条现代铁路建成后或者马克思的著作出版后，我们把"现代"的称呼扩展到其他文化的任何事物上。首字母大写的"Modern"（现代），同后现代一样，成为主要指高级或智力文化的术语；但是不管后现代主义意味着什么——狂热的折中主义、论述的去中心、泯灭自我与他者或高贵与卑贱的差异、阶段性混淆、使用现成工具修修弄弄（bricolage）、形式主义、分解艺术作品的脆弱主张，或者以苹果的 Macintosh 电脑替代雪佛兰 Impala 汽车——它似乎至少预示着，在我们了解"现代主义"的真正含义之前，我们必须非常谨慎地称我们的文

---

⑫　*Lingua Franca*, May 1992.

⑬　Margaret Atwood,*Cat's Eye* (New York：Bantam, 1989), 90.

⑭　引自 Phil Patton, "'High and Low'：Modern Art Meets Popular Culture," *Smithsonian* 21, no. 8 (November 1990), 149。

⑮　*New York Times*, 24 November 1985, Arts and Leisure section, 1.

化为"后现代的"。如果约翰·巴思(John Barth)在1980年关于后现代主义的探讨是正确的,即后现代主义必须"或者假定现代主义不需要定义……或者必须尝试着去定义'它'",那么莫里斯·毕比(Maurice Beebe)在1974年的断言就是错误的,他声称:"我们现在可以很有把握地定义现代主义。"⑯也许我们可以这样认为,但是我们没有。是不是时间不对?毕竟,现代主义作为一种稳定的现象至少已有五十年了。⑰

受过教育的读者总是使用"现代主义"这个术语,沉迷于某种夸张的定义,这些定义也许是在关于艺术史或20世纪小说的课程中习得的,并通过日常穿越市区玻璃峡谷的旅程而得到强化;但事实上我们对它的了解确实要少于对其他主义的认识——对它的了解的确非常少。共产主义或自由主义,甚至古典主义或浪漫主义,对于我们来说更为熟悉,只是因为它们不那么宽泛。不像现代主义,上述的主义没有一个需要我们对每件事物都要了解一些,或者需要我们沉迷于跨越所有20世纪被称为"学科壁垒"的东西。

可以确定地说,古典音乐、古典艺术和古典物理学,甚至可能还有古典数学,这些学科具有不同的适用领域,而且也不全部属于同一个时代。我们是否可以把大约1620年至1780年之间定义为"古典时代",

---

⑯ John Barth,"The Literature of Replenishment: Postmodernist Fiction," *Atlantic Monthly*, January 1980, 67; Maurice Beebe, "What Modernism Was," *Journal of Modern Literature* 3 (July 1974), 1065; in Astradur Eysteinsson, *The Concept of Modernism* (Ithaca, N. Y.: Cornell University Press, 1992), 3-4.

⑰ "现代主义的经验已不再是这样不成熟,以至它只是显示出奇异和畸形。在诗歌、小说、绘画、音乐和建筑中,与众不同的现代风格现在暂时获得了它非常重要的成就,正如里尔克(Rilke)、乔伊斯(Joyce)、毕加索(Picasso)、肖恩伯格(Schoenberg)和格罗皮乌斯(Gropius)的名字所证明的那样。" Eric Bentley, *The Playwright as Thinker* (1946) (New York: Harcourt Brace Jovanovice, 1987), 21-22. 一代人之后,伊·哈桑(Ihab Hassan)问道:"现代主义的时代将在何时终结?是否有一个时代是如此漫长?文艺复兴?巴洛克?新古典主义?浪漫主义?维多利亚时代?现代主义将在何时停止,随后又是什么时代?21世纪召唤我们的将是什么?它的声音来自我们这同一个世界吗?" Hassan, "POSTmodernISM: A Paracritical Bibliography," *New Literary History* 3 (Autumn 1971), 7.

而且像历史学家一样,称它为理性和启蒙的时代?我们仍然要面对极少数创造者在极小领域划分出的"学科"。我们可以根据风格、态度或预想轻易地把它们归类,就像我们把洛克(Locke)、牛顿(Newton)、伏尔泰(Voltaire)和巴赫(Bach)归类一样。相比之下,现代主义需要不安分的跳跃。例如,哪一类生物学是现代主义的(如果有的话)?现代主义数学家要解决哪一类问题?社会学中是否有一种现代风格——或是否仅仅现代就可以成为社会学家?而非现代是不是就可以用来定义芭蕾舞演员?最重要的是,生物学家和芭蕾舞演员是否相互影响,在什么意义上他们可以为共同的文化作出贡献?

如果说现代主义的含义太宽泛而使其术语没有意义,那它持续的时间也同样太长了。一个"主义"持续的时间有多长?第一个命名自己的主义是浪漫主义(古典主义也被追溯地使用过),它只不过持续了一代人的时间,虽然很久以后甚至现在,如果思想家还具有传统成分的话,就会被称为"浪漫的"。[18] 19世纪后期的现实主义有着同样的历史,虽然它看起来持续时间更长。在19世纪80年代,各种"主义"差不多五年左右就会相互替代。在没有国际电话的年代,对一代人中的聪慧者来说,五年时间刚刚够得上使他们相互发现。现在由于后现代主义的出现,我们有了跨越一代人而且几乎没有共同点的各种"主义"。也许因为同一个时代聪慧的年轻人不能团结在一起,或者因为聪慧者太多了,或者因为我们现在习惯于"主义"而不能发现其他选择,批评家和评论家因此接管了它,他们没有形成一些术语用来指称新的观念和提出这些新观念的人,而是形成了用来指他们自己的一些术语。

因此,什么是现代主义呢?本书的一个前提是我们最好立刻为现代主义作出定义,否则最后一代现代主义者一旦仿效它一百年中的第

---

[18] "尽管现代主义者大声痛骂浪漫主义,但他们明显地——虽然有时偷偷摸摸地——渴望继承浪漫主义的地位。"Albert Gelpi,引自 Michael Saler, "The 'Medieval Modern' Underground: Terminus of the Avant-Garde," *Modernism / Modernity* 2, no. 1 (1995), 139 n. 10.

一代现代主义者,终结我们的文明曾经历的也许最漫长的文化运动,我们就将不能运用这一术语了。自从第一代现代主义以来,它已经经历了漫长的时间。[19] 詹姆斯·乔伊斯(James Joyce)出生于1883年,那年弗洛伊德(Freud)和斯特林堡(Strindberg)24岁;安东·韦伯恩(Anton Webern)和尼尔斯·波尔(Niels Bohr)出生在1885年,那年伯特兰·罗素(Bertrand Russell)13岁,康定斯基(Kandinsky)将近20岁。伊莎多拉·邓肯(Isadora Duncan)、路德维希·玻尔兹曼(Ludwig Boltzmann)、格奥尔格·康托尔(Georg Cantor),以及斯特凡·马拉美(Stéphane Mallarmé)都在他们的作品被完全理解之前去世了。斯特拉文斯基(Stravinsky)和毕加索(Picasso)活得很长久,但也没有长生不老。当计划撰写本书时,奥斯卡·柯克西卡(Oskar Kokoschka)依然在世,但他还没有到一百岁。最后一位量子物理学家保罗·迪拉克(Paul Dirac)于1985年80岁时去世。马萨·格雷厄姆(Martha Graham)活到了1991年,但现代舞比起她的舞蹈团要年代悠久得多。

  本书的另一个前提是历史依然是可以被书写的:历史以初步的自由主义方式被定义为我们如何获得我们所评价事件的故事,而这些事件当前对我们相当重要。但这一评价是如何作出的呢?由于现代主义所获得的成就,我们不再能够轻率地定义或确定事件的重要性。然而,尽管它也许不能在哲学上得到证实,但它仍然有可能作出这样的断言,并希望获得最好的结果。而且,为什么不大胆一点呢?我们所作的评价有充分的理由可以发现新的真理和新的美。无论如何,本书就是这样一些发现的汇集。如果它因此被理解为现代主义的挽歌,也许除了

---

  [19] 根据克雷蒙·格林伯格(Clement Greenberg)的观点,"马奈(Manet)开始了这一切,而不是塞尚(Cézanne)。在小说中有福楼拜(Flaubert),诗歌中有波德莱尔(Baudelaire)和马奈。正是19世纪50年代的这三位巨人创造了我们所称的现代主义"(*Newsweek*, 19 April 1993, 66)。根据欧文·豪(Irving Howe)的观点,"现代主义从来不会终结,或者至少我们的确至今还不知道它怎么能够或者将怎样到达终点。"但那是在1967年。Irving Howe, ed. *The Idea of the Modern in Literature & the Arts* (New York: Horizon, 1967), 13.

密涅瓦(Minerva)著名猫头鹰的智慧,没有人可以对此加以指责。根据一位沮丧的历史学家的观点,密涅瓦的猫头鹰只是在黄昏中才起飞,因为在那时白天的喧嚣混乱结束了,知性终于可以开始发挥作用。

因此,本书还有另一个前提,即我们真的能够给现代主义下定义,事实上我们能够更好地定义它,而非像我们给自由主义所下的定义那样松散。为了下这样的定义,我们必须要把现代主义从众多的说法中解救出来。举几个例子,现代主义不是产业主义,不是资本主义,不是马克思主义,也不是启蒙运动。除了其中一个(产生于18世纪),其他主义都形成于19世纪,它们都把划分历史时代这个艰巨的任务搞得一塌糊涂。西里尔·布莱克(Cyril Black)和经济历史学家所称的"现代化"同现代主义并不相同,他们使用的"现代的"一词差不多就是"工业化"同义语,指18世纪末开始于英格兰的一个过程的结果。[20] 这是一个与短语"现代史"有密切关系的用法,"现代史"是历史学家使用的一个技术词汇,指开始于14世纪且持续至今的城市复兴。许多德国文化评论家依据于尔根·哈贝马斯(Jürgen Habermas)的观点,坚持认为:"现代"始于启蒙运动时代,但这也是一个令人困惑的倒退,这个倒退与西方文化的某个阶段相比,可能更好地表现了德国历史编纂学的停滞。

当智人(Homo sapiens)的骨骼于1879年在克鲁马农(Cro-Magnon)洞穴被发现后不久,智人开始被称为"现代人",但这个词还有另一个含义。对我们来说,克鲁马农是一个原始标本,因为自旧石器时代晚期以来,我们人类在生物学上就没有显现出明显的变化。嵌入在这一用法之中的是这样一个观念,即"现代的"这个词从来不应该指不再与我们同在的那些东西。坚持这一含义的倾向使得"后现代"这个术语充满极为滑稽的争论。同样,指称文化史中一个插曲的"现代主义"这个词的使用蕴含着一个假设:最新的。实际上,它完全不应该这样。

---

[20] Cyril E. Black, *The Dynamics of Modernization: A Study in Comparative History* (1966; New York: Harper Colophon paperback, 1975), 5-7, 186-92.

如果以我们所设想的方式发生的变化和以我们形成科学、哲学、艺术的方式所引起的变化应当被视为基本的,那么我们就应当准备命名一个新的主义,并将现代主义放到已死和已被取代的历史中去。

为此目的,我们需要回顾历史,因为我们怎能不经比较就将有些变迁确定为基础性的变迁呢？在这个世纪以及在文化关系中"现代主义"意味着什么？例如,为什么"现代主义"并不意味 1907 年受到罗马教皇庇护十世谴责的天主教会内的运动？因为那一"现代主义"企图以 19 世纪的科学修正神学。为什么"现代主义"并不意味 19 世纪 80 年代被称为"Modernismo"(现代主义)的西班牙诗人和评论家学派,也不意味就在稍后不久被称为"Modernismus"(现代主义)的一个德国和斯堪的纳维亚演讲人团体？理由应该是这样的,当国际的"现代主义"出现时,它具有相当不同的内容。何塞·马蒂(José Martí)和鲁文·达里奥(Rubén Darío)以及他们团体的"Modernismo"(现代主义)原来是被法国高蹈派诗人所命名的,后者坚持坚定的前现代主义的风格或"象征主义"的风格,其在年代上正好先于现代主义,因此经常反对现代主义。大多数现代主义者想到"Modernismo"(现代主义)也许出自这样一个事实,即它并不是发源于西班牙,而是发源于美洲。何塞·马蒂是古巴人,鲁文·达里奥是尼加拉瓜人,他们两人都从沃尔特·惠特曼(Walt Whitman)那里学习韵律学知识。[21] 大约从 1890 年至 1910 年间,在西

---

[21] 从规范上说,第一部西班牙语现代主义(Modernismo)诗集的作者是鲁文·达里奥(Flix Rubén García Sarmiento), *Azul*（Azure）(Valparaiso, Chile: Excelsior, 1888)。评论家将古巴的何塞·马蒂的《以实玛利诗篇》(*Ismaelillo*)(我的小以实玛利)(New York: Thompson and Moreau, 1982)列为现代主义的前驱,并认为这一"学派"包括朱利安·德·卡萨尔(Julián del Casal)、萨尔瓦多·迪亚兹·米龙(Salvador Díaz Mirón)、何塞·亚松森·席尔瓦(José Asunción Silva)和曼努埃尔·古蒂·纳赫拉(Manuel Gutiérrez Nájera)。更年轻一代的现代主义者有朱里奥·艾雷拉·雷伊希(Julio Herrera y Reissig)和散文作家何塞·恩里克·罗多(José Enrique Rodó)。操英语的 *Modernismo*(现代主义)研究者要感谢罗伯特·罗兰德·安德森提供的参考文献, Robert Roland Anderson, *Spanish American Modernism: A Selected Bibliography* (Tucson: University of Arizona Press, 1970), 以及最近格温·科克帕特里克的著作,Gwen Kirkpatrick, *The Dissonant Legacy of Modernismo: Lugones, Herrera y Reissig, and the Voices of Modern Spanish-American Poetry* (Berkeley: University of California Press, 1989)。

班牙的归化省加泰罗尼亚作家中流行的"Modernisme"(现代主义)一词也受到了沃尔特·惠特曼的某种影响,虽然这大多是从瓦格纳和操法语的象征主义者那里得到的线索。[22] 另一方面,德国的术语"Modernismus"(现代主义)在19世纪80年代最初主要应用在剧本、易卜生散文体"社会问题剧"和诸如奥古斯特·斯特林堡(August Strindberg)、格哈特·霍普特曼(Gerhart Hauptmann)、莱昂·亨尼克(León Hennique)和弗兰克·魏德金德(Frank Wedekind)这样的后继者身上。[23] 在这里,现代主义大致意味着与"自然主义"同样的含义,即戏剧性的或如实反映现实生活的一个侧面的现实主义、粗略的生活表面、两性关系的轻率以及真实的犯罪等。作为剧场和虚构情节中的美学,它很好地适应了19世纪对科学和技术新的拥戴,它当然也适应经济学家的"现代化",但与其说它被置于这个世纪还不如说它被置于旧世纪之中。[24] 象征主义更好地与我们所意味的现代主义相吻合,因为象征主义具有反抗自然主义的理想主义特点,以及同样的反抗科学的特点。这样的反抗在法国是如此地强烈,以至这一群体最初就被叫作颓废派(*Décadence*)。

对文化历史学家而言,象征主义是比其他大多数术语更有用的术

---

[22] 罗伯特·休斯(Robert Hughes)在一段文字中将"Modernisme"(现代主义)同"于斯曼(Huysmans)、维尔哈仑(Verhaeren)、邓南遮(d'Annunzio)、霍普特曼(Hauptmann)和王尔德(Wilde)联系在一起,同当前——至今不能被很好理解的——巴黎的理想主义和象征主义,尤其是同马拉美(Stéphane Mallarmé)……莫里斯·梅特林克(Maurice Maeterlinck)……亨利·易卜生(Henrik Ibsen)的诗联系在一起。尼采的生机说……美国的先验主义者,尤其是拉尔夫·瓦尔多·爱默生(Ralph Waldo Emerson);[以及]沃尔特·惠特曼……" Robert Hughes, *Barcelona* (New York: Vintage, 1993), 392.

[23] 第十七章叙述了这一故事。莱昂·亨里克(León Hennique)是关于一位回国的1871年巴黎公社拥护者的剧本《恋爱的雅克》(*Jacques Damour*)的作者,该剧1887年在巴黎安德烈·安东尼(André Antoine)自由剧院首次公开演出。其背景是墙上挂着真肉的屠宰铺后屋,这一背景获得了满场的喝彩。

[24] F. W. J. Hemmings, "The Origin of the Terms *Naturalisme*, *Naturaliste*", *French Studies* 8, no. 111 (April 1954).

语,因为它不仅被剧作家和小说家采用,而且也被诗人和画家采用;但它基本上属于美学的,它太狭隘了,不能为现代主义规定本质。除非它扩大到包括一些弗洛伊德学派的心理学家,否则就不能描述任何科学家。不同学科之间如此深刻的区分使其中一个学术领域难于对其他领域发表适当的意见;结果,现代主义的整个历史,包括所有的艺术和科学,以前从来就没有被撰述过。㉕ 路易斯·昂特迈耶(Louis Untermeyer)的

㉕ 对整个20世纪思想跨学科的生动概览就在本书开始的地方开始了:O. B. Hardison, *Disappearing Through the Skylight: Culture and Technology in the Twentieth Century* (New York: Viking, 1989);但它在理解年表时,避免使用"现代主义"一词。当然,关于艺术和科学有一些非常出色的论著,尤其是威廉·艾斯普瑞(William Aspray)和菲利普·基切尔(Philip Kitcher m Aspray)和菲利普·基切尔(Philip Kitcher)编撰的《现代数学中的历史和哲学》(William Aspray and Philip Kitcher, eds., *History and Philosophy of Modern Mathematics*),以及《明尼苏达大学科学哲学研究》第11卷(Minneapolis: University of Minnesota Press, 1988); Houston A. Baker, Jr., *Modernism and the Harlem Renaissance* (Chicago: University of Chicago Press, 1987); Malcolm Bradbury and James McFarlane, eds., *Modernism 1840 - 1930* (New York: Penguin, 1976),论文学; Stephen G. Brush, *The History of Modern Science: A Guide to the Second Scientific Revolution, 1800 - 1950* (Ames: Iowa State University Press, 1988); Christopher Burler, *Early Modernism: Literature, Music, and Painting in Europe, 1900 - 1916* (New York: Oxford University Press, 1994); Norman F. Cantor, *Twentieth Century Culture: Modernism to Deconstruction* (New York: Peter Lang, 1988); Monique Chefdor, Ricardo Quinones, and Albert Wachtel, eds., *Modernism: Challenges and Perspectives* (Champaign: University of Illinois Press, 1986),论文学、绘画和政治; Jean Clay, *De l'impressionisme à l'art moderne* (Paris: Hachtte, 1975); Carl Dahlhaus, *Between Romanticism and Modernism: Four Studies in the Music of the Later Nineteenth Century* (Berkeley: University of California Press, 1991); Jean-Luc Daval, *Modern Art: The Decisive Year, 1884 - 1914* (New York: Rizzoli, 1979); Albert E. Elson, *Origins of Modern Sculpture: Pioneers and Premises* (New York: Braziller, 1974); Astradur Eysteinsson, *The Concept of Mdernism* (Ithaca, N. Y.: Cornell University Press, 1972),论文学; Kenneth Frampton, *A Critical History of Modern Architecture* (New York: Oxford University Press, 1983); Irving Howe, ed., *The Idea of the Modern in Literature & the Arts* (New York: Horizon, 1967); Frederick R. Karl, *Modern and Modernism: The Sovereignty of the Artist, 1885 - 1925* (New York: Atheneum, 1988),主要论文学; Hugh Kenner, *The Culture of Time and Space* (Cambridge: Harvard University Press, 1983),论艺术和技术; Morris Kline, *Mathematics, The Loss of Certainty* (New York: Oxford University Press, 1983); David Lodge, *Moder* (转下页)

老传记辞典的各种后继版一直存在,但它们都是根据字母排列的。㉕ 如果必要而且没有严重时代错误的话,我们所需要的似乎是能够提供一系列位于中心的观念,了解不止一种学科信息,这些观念能够共同被追溯,并被称为现代主义且没有严重的年代误植。

类似这样一种观念一般是哲学的观念。的确,在文化史上,通常正是哲学最先达到新的知识世界。然而,哲学史家还没有对什么是现代主义取得一致意见,而且他们似乎一点也不着急做这件事。一般而言,实用主义、现象学和逻辑实证主义都是现代的,但一元论、唯物主义和唯心主义都不是现代的。实证主义也许是,这取决于我们如何看待 19

(接上页)*nism, Antimodernism, and Postmodernism* (Birmingham, England: University of Birmingham Press, 1977); Sven Lövgren, *The Genesis of Modernism: Seurat, Gauguin, Van Gogh & French Symbolism in the 1880s*, 2d ed. (Bloomington: Indiana University Press, 1971); Peter Nicholls, *Modernisms, A Literary Guide* (Berkeley: University of California Press, 1995); Robert B. Pippin, *Modernism as a Philosophical Problem* (Cambridge, Mass: Blackwell, 1991); Dorothy Ross, ed., *Modernist Impulses in the Human Sciences, 1870–1930* (Baltimore, Md.: Johns Hopkins University Press, 1994); Roger Shattuck, *The Banquet Years* (New York: Knopf, 1968),论艺术和文学; Paul C. Vitz and Arnold B. Glimcher, *Modern Art and Modern Science: The Parallel Analysis of Vision* (New York: Praeger, 1984); John Weiss, ed., *The Origins of Modern Consciousness* (Detroit, Mich.: Wayne State University Press, 1965),论物理学、诗学、哲学、心理学和历史。杜威·佛克马(Douwe Fokkema)和艾尔鲁德·以布思(Elrud Ibsch)在《现代主义的猜想:欧洲文学的主流,1910—1940》中奇怪地试图下一个严格定义,欧洲文学的成熟的现代主义成了其中的主题,Douwe Fokkema and Elrud Ibsch, *Modernist Conjectures: A Mainstream in European Literature, 1910–1945* (London: C. Hurst, 1987)。在两个出色的研究中,一些英国成熟的现代主义作家被挑选出来与哲学联系在一起:Louis Menand, *Discovering Modernism: T. S. Eliot and His Context* (New York: Oxford University Press, 1987),以及 Sanford Schwartz, *The Matrix of Modernism: Pound, Eliot, and Early Twentieth Century Thought* (Princeton: Princeton University Press, 1985)。

㉖ 路易斯·安特梅耶(Louis Untermeyer)在《现代世界的创造者》中列出了这样92种创造者,Louis Untermeyer, *Maker of the Modern World* (New York: Simon and Schuster, 1955。其他有价值的参考书有:*Encyclopedia of the 20th Century* (New York: Facts on File, 1993; Alan Bullock and R. B. Woodings, eds., *20th Century Culture: A Biographical Companion* (New York: Harper, 1983); Asa Briggs, ed., *A dictionary of Twentieth-Century Biography* (New York: Oxford University Press, 1992)。其他有参考价值的图书有:Alastair Davies, *An Annotated Critical Bibliography of Modernism* (Totowa, N. J.: Barnes and Noble, 1982)。

世纪初的发明家奥古斯都·孔德,或者最后一位实证主义者恩斯特·马赫(Ernst Mach)及其弟子。

由于类似的原因,其他术语未能满足全面性的需要。因为现代主义已经存在了极为漫长的时间,把它看成世纪末的(*fin-de-siécle*)根本没有意义。因为它已经成为国际现象,把它视为本质上是对它的反动——像埃兹拉·庞德(Ezra Pound)的法西斯主义那样——也没有意义。因为它已经是跨学科的现象,将它称为新艺术风格(*Jugendstil*)或艺术的新形式或包豪斯风格,仅仅是把它等同于整体的一个部分。

而且,现代主义不仅仅是建筑师们所说的那样,指类似路易斯·沙利文(Louis Sullivan)、密斯·凡德罗(Mies van der Rohe)以及国际风格这样的人或事。如果功能胜过装饰(或更糟的,更为坚固的混凝土建筑的流行)将成为现代主义的本质,那么我们就不能用文学甚至绘画中的词语做任何事。朴实的功能主义在文学中的同等称呼应当是"自然主义",但自然主义的朴实描写纯粹建立在经验的知识理论基础上,它在包豪斯风格进入我们房间之前很久,甚至在包豪斯风格进入德绍(Dessau)之前,就与左拉(Zola)和康拉德(Conrad)一起从文学中消失了。

建筑上的现代主义,几乎从一开始,根据它同原料的工业现代化和生产的经济现代化的关系,就已经得到了界定。这不是混淆开端,因为每一个"现代的"词在19世纪末史诗般的唯物主义中都有它的起源。然而,现代主义稍微有点不同。除了建筑,现代主义者正是通过拒绝19世纪史诗般的唯物主义,并更进一步地拒绝实证主义、科学决定论、进步的观念,以及与此相伴的道德信仰,才有了开始的机会。从(与历史的观点对立的)美学的观点来看,现代建筑也许才刚刚开始。㉗

㉗ 在最近一期《哥伦比亚美国文学史》的一篇评论中,罗伯特·M. 亚当斯(Robert M. Adams)给予撰稿人昆汀·安德森(Quentin Anderson)一个任务,即讨论"现代主义在爱默生、亨利·亚当斯和亨利·詹姆斯作品中的出现",就好像现代主义意味着工业主义及其结果那样。"一个人会认为立方主义、和声中的不和谐音、不连续、断裂的表面、象征的距离,以及公开的性行为等,如一种风格一样,与现代主义有某种关系——但没有什么地方发现它们。"(*New York Times Book Review*, 24 January 1988, 6.)

然而，历史必须处理在时间上同时存在的事，即使它使其他事情变得有点凌乱。无可否认结构钢对沙利文（Sullivan）的影响，就像标准时间对乔伊斯（Joyce）、电话对普鲁斯特（Proust）、自行车对博乔尼（Boccioni）或者沿街的路灯对德洛奈（Delaunay）的影响一样，它是真实的。有动力装置的安全电梯于1854年在纽约水晶宫世博会第一次呈现在公众面前，这为爱因斯坦重新阐述牛顿定律的思想实验提供了动力。没有一部使他想象自己身处其中的电梯，就很难解释爱因斯坦在1907年是如何想象重力和惯性的值相等并提出广义相对论的。至于狭义相对论，这是对19世纪80年代设定标准时间以及1900年无线电报所提出问题的回答。电话是1876年在美国费城举办的美国独立百年展览会上展示的小玩意，但它改变了马克·吐温和斯特林堡——而且还可能包括乔伊斯——关于对话的观念。一般化的"现代性"不是本书的主题。实际上，有很好的理由感到惊讶，"现代性"是否意味着超出变化节奏的变化的任何东西。但是存在被认为一个接一个发生的人们思维方式的变化和他们文化起作用方式的变化是不存在问题的，这许多变化相互依赖，许多变化总合起来才能被称为"现代主义"。

正如我们将会看到的，与小说和建筑相比，现代主义开始的地方也许与几位德国数学家和在巴黎酒店的歌舞表演有更大的关系。它智性的源泉在于经常地重新思考19世纪的整个思想背景和世界观，这一世界观最早催生了加速、工业、世界市场和富有进取精神的新词"现代的"。19世纪各种前提的汇集是如此顺利地结合在一起，以至甚至现在都有许多人不知道如何在它们之间插入一把刀片。

事实上，平滑是这个时代流行的隐喻之一。除了不喜欢坚硬的边缘，19世纪的精神几乎与任何事物都不一致。这一件事和另一件事，无论是在一位学院派画家的画布上还是在自然界或社会领域，总是存在着层次渲染（sfumato）、色彩的过渡。马克思、黑格尔和达尔文都认为，变化如果没有规则，至少是平滑的。辩证法的潮汐波、存在的扬弃（Aufhebung）（上升）、进化的物种起源，都是一种壮观的展示，但它既不是灾难,也不是不可预测的。它更像令人生畏的综合体,但又如勃拉姆斯交响曲的展开,是完全和谐的。它的速度就像古典芭蕾,是连续的(*legato*)。小说的读者模仿无所不知的叙述者,能够评估模仿真实时间的数百页被称为"性格发展"的某种东西。甚至在物理学中,它也开始觉得似乎世界上没有粒子,只有波和场,每一件东西都蜕变为其他东西,这尤其是在19世纪末人们充分感受到詹姆斯·克拉克·麦克斯韦(James Clerk Maxwell)的充分影响之后。一位观察家,一位19世纪众多思想家极为熟悉的"客观的观察家",能够观察到这样展开的现象,并庄重地确认:它们并没有使他屈服。

这一系列关于连续变化的假设没有受到政治和宗教的影响。它既不右也不左,既不是法国的也不是德国的,既不是基督徒的也不是非基督徒的。关于可能要发生的变化——仅仅关于过渡的形态,它什么也没有说。它使几乎每一位思想家使用的词汇表合法化,这个词汇表包含的词有"停滞""发展"*"Auf＋Erhebung"*(上升)、"过渡"*"Entwicklung"*(发展)、"进化"(与"革命"相比,连续性相应较强)、*"Untergang"*(毁灭)、"衰退"。连续性的假设是哲学家所谓的本体论问题,是关于超出(或者低于)任何特殊事物的存在性质的判定。本体论的连续性具有极为显著的西方19世纪思想的特征,因此即使在今天也很难发现例外。正如现代主义思想的真正奠基者之一查尔斯·桑德斯·皮尔斯(Charles Sanders Peirce)在1894年注意到的那样,"如果我们综览19世纪的著作,将会惊奇地发现,它的成功在多大程度上归于承认连续性的观念,它的失败在多大程度上归于缺乏这样的承认"。㉘

我们将从19世纪思想的几个领域开始,这些领域缺乏对连续性的承认,并在19世纪末知识界稍后的和新的领域显现出他们是怎样开始

㉘ Charles Sanders Peirce, "The Nineteenth Century: Notes"(它可能是为 *A Review of Leading Ideas of the Nineteenth Century*, volume 1 of 12 刊载于 *Publisher's Weekly* 的宣传页手稿, 20 January 1894), in Charles S. Peirce, *Selected Writings*, ed. Philip P, Wiener (New York: Dover, 1966), 261.

相互发生联系的。大众思想中最早的原子是各种化学元素的原子,它们由约翰·道尔顿(John Dalton)在 1808 年提出,以帮助解释化学化合物中物质的重量为什么趋向简单的整数比率。我们将看到,首先,化学中的原子论如何逐渐在其他科学领域,包括艺术和哲学中得到反响的。我们将看到力学中的原子假说如何最初推动了科学家,然后又推动了所有其他领域的思想家形成这样的结论,即对事实统计的和概率的各种描述要比传统的决定论的动力学更加准确。我们将看到,现代思想最初不是在科学中而是在文学和绘画中如何放弃顽固的传统信仰,传统信仰认为:在某种特殊的时刻从某种特殊的观点出发,各种事物将被"有规则地完全"看到——或者换言之,塞尚(Cézanne)为什么几乎从每一个可能的视角画下了圣维克多山——除了它的顶峰。同时,我们还将看到,对客观性的信仰是如何崩溃的,因此现象学和唯我论不仅开始支配哲学,而且支配了文学、政治学、心理学,最后甚至还支配了物理学。最后,我们将看到,我们希望,不仅要考虑自己如何产生意识感,还要考虑如何根除形式逻辑,并使理解甚至最简单的事情都成为不可能作为结束,而这些事情在 19 世纪被视为理所当然的。这其中的任何一项——统计学、多重视角、主体性以及自引用——单独或总合都能显现从本体论连续性崩溃以来的发展。[29] 它们分别导致了非逻辑的、非客观的,以及(除了几位历史学家外)我们现在都生活于其中的本质上偶然的精神宇宙。

  一个人也许期望一位学究式人物去做那种高层次抽象的事情,但我的学院是一所中学。读者将认识到这里没有义务去缩小研究领域或者将关于现代主义的论述限制在以前从未刊布的内容上。提供给外行读者普通历史知识的一般学术禁忌并没有效果,本书利用的是传记性文体和编年史形式,而不是那些为了在一个或另一个专家的辩论中发

---

  [29] 拙文《连续性问题和现代主义的起源:1870—1913》作了更为简要的论证,"The Problem of Continuity and the Origins of Modernism: 1870-1913," *History of European Ideas* 9, no. 5 (1988), 531-32。

起新的攻击而依据仪式上采用的形式。第一批伟大的现代主义者的这些传记介绍聚焦于他们开拓性的工作,并把它们联结起来,依年代顺序加以安排。用这种方法,总是会有一个或更多的故事可以叙述:一首独特的诗或定理是怎样形成的故事,一个人的生活或另一个人的生活的故事,作为一个整体的早期现代主义的故事。

我希望,讲故事不仅是论证一个问题的吸引人的方式,而且是目前为止最现代的方式。具有当代锐气的哲学家现在认为不存在判断真理的理论——只有听起来多少有点似是而非的各种故事。假设有一幅按年代排列的若干重大事件拼贴画,读者将有希望忽略叙述者偶尔强调的结果和结果一致性,几乎无所不知者的假设,或者他遵守的一个又一个该死的传统。[30]法国评论家雷米·德·古尔蒙(Rémy de Gourmont)已经在20世纪开始的前一年理解了这种看法,当时他写道:"观念就像伊壁鸠鲁的原子,它们以最好的方式相互联结在一起,无论面对怎样的对抗、冲突和意外的危险。"[31]现代主义的故事发源于德国数学家,并传播给了维也纳、柏林、伯尔尼和哥本哈根的物理学家,一位法国画家,法国和美国的诗人,一位西班牙的组织学家和政治家,一位维也纳的心理学家,一位荷兰生物学家,英国、德国和意大利逻辑学家,一位纽约电影制片商,一位来自西班牙的巴黎画家,一位瑞典剧作家,维也纳、新奥尔良、圣彼得堡(俄罗斯)的音乐家,一位都柏林的小说家,慕尼黑的一位莫斯科画家。除了这些主要人物,还有格拉斯哥和维也纳的建筑师、加

---

[30] 根据非学院派的历史学家尼古拉斯·勒曼(Nicholas Lemann)为一位历史学的听众所撰写的内容,"当利用技术时,叙述会以某种无意识的方式感到真实。这非常接近人类精神组织经验的基本手段。因此,它具有产生误导的巨大能力。"(Lemann, "History Solo: Non-Academic Historians," *American Historical Review* 100, no. 3 [June 1995], 797)。读者能够判断作者在这里是不是已经这样做了,因为读者比作者处于更好的位置来理解这一点。

[31] "Semblable aux atomes d'Epicure, les idées s'accrochent comme elles peuvent, au hazard des rencontres, des chocs et des accidents." Remy de Gourmont, "La Dissociation des idées" (November 1899), in *La Culture des idées* (Paris: 10/18, 1983), 114.

利福尼亚和新泽西的舞蹈家、美国佐治亚州和加勒比海地区的非洲民族主义者以及其他十几个国家(包括新西兰和挪威)的小说家等。对他们而言,在一个电话、铁路发达,世界市场全盛的时代,相互发现并不困难。本书试图将他们汇集在一起,并不时地穿插发生在维也纳、巴黎或圣路易斯(密苏里州)的各种思想的突然汇集。有时就如厄普顿·因(Upton Inn)在《汤姆·琼斯》(*Tom Jones*)中所说的,位于同一地点的每一个人甚至相互之间从未相遇,尽管新兴的专业和学科分类的出现忽略了他们之间的对话,热情地组织并进一步对它们细分。然而更经常的情况是,这些天才人物确实相遇了,无论是以合适的还是不合适的方式,是以深思熟虑的还是以最偶然的方式,是个人化的还是在我们自己的20世纪末受教育的精神之中。正如一句法国谚语所说,"英雄所见略同"(*les grands esprits se rencontrent*);但如果伟大的精神已经在这个世纪相遇,这是因为他们已没有选择。

第二章　在维也纳终结的世纪

现代主义时代的迷惘
1899

> 我的表向后倒转,
> 过去对我从不意味着结束,我站在不同的时间之中。
> 无论我的未来怎样,
> 无论我一开始怎样理解,
> 对我而言,它都已经成为过去。
>
> ——卡尔·克劳斯(Karl Kraus):《时间的倒转》

> 时间在流逝。在那些年代尚未出生的人们将难以相信,但即使在那时时间也像骑兵那样向前疾走,就如今天一样。但是无人知晓它会走向哪里。而且它也并不总是清晰地表明过去是向上或者向下,将来是向前还是向后。
>
> ——罗伯特·穆齐尔(Robert Musil):《没有个性的人》

1857年,在中欧旧世界的首府维也纳,几个世纪以来用来防备土耳其人的古代城墙根据命令被拆除了,代之以漂亮的环形林荫大道。在自1848年起就成为奥地利皇帝的弗朗茨·约瑟夫(Franz Josef)的支持下,维也纳开始了热火朝天的建设,用三十五年的时间在新建的环城林荫大道两旁建造了具有冠状顶部的新公共建筑,这些建筑所炫耀的每一种风格都来自西方文明的繁荣时代,以及从古典建筑到哥特式建筑,再到佛兰芒和意大利文艺复兴建筑。当然,其中没有任何新的或现代的样式,因为维也纳从来不是那种注视着未来的城市。在 19 世纪 90 年代,它是西班牙东面最具有天主教特征的国家的首都,在每年一度的圣体节上,奥地利皇帝要率领其他社会等级按一定顺序在教堂附近巡游一周。这是一个由农民组成的帝国的都城,在帝国的某些省份,33%的土地被占人口 1%—2%的人所拥有。这是华尔兹舞和泡沫奶油(他们的方言称它为"贱货")的城市。在这个城市中,人们依然天真地回忆着在拿破仑后倒转时钟的梅特涅(Metternich)。巴隆·弗兰茨·冯·乌洽蒂乌斯(Baron Franz von Uchatius)在 19 世纪 50 年代发明了电影放映机,他用它讲授弹道学,并把它卖给了当地的一个舞台魔术师。当齐格弗里德·马库斯(Siegfried Marcus)在 1875 年驾驶维也纳第一辆汽车驶上街道时,他没有得到一张订单。当维也纳人于 1880 年建立世界上第一所结构有序的航空研究院时,没有人注意到这一事实;二十年以后,威廉·克雷斯(Wilhelm Kress)在基蒂·霍克*成功飞行之前两年试图驾驶一架以汽油为动力的飞机飞行,但飞机坠毁了,他也被人遗忘。更晚一些,赫尔曼·奥伯斯(Hermann Oberth)关于太空火箭的博士学位论文被维也纳大学驳回。至于维也纳的皇帝弗朗茨·约瑟夫,他直到 19 世纪 90 年代依然怀疑电报、电话、打字机、电灯和电梯,而且他不坐汽车,这一习惯直到 1908 年英国国王爱德华七世使他蒙羞才改变,这一年是他在位第六十年。在他执政初期,他甚至禁止建造铁路,因为这可能会引起革命,他的儿媳妇斯蒂芬妮(Stephanie)公主还不得不支付请人在其宫中建造浴室的工钱。自从拿破仑要求弗朗茨·约瑟夫的祖父放弃神圣罗马帝国皇

---

* 美国北卡罗来纳州东北部的一个村庄,莱特兄弟发明的飞机 1903 年在此做首次成功的飞行。——译者

帝的头衔以后,这样的情景在奥地利并没有多大的变化。拿破仑称后者的王国为"破烂不堪的屋子。拿掉房屋的部分结构,其余的就会倒塌"①。

现代主义应当感到,在这样的城市中它是不可能兴旺发展的;但维也纳的确是现代主义能够在其中诞生的那种城市。其大多数前提对诞生现代主义是相当合适的。维也纳是一个大都市,而且以几乎与芝加哥同样快的速度在发展,变得越来越大。在 1857 年至 1910 年间,移民人数是其本地人口的四倍。而且就如同现代主义兴起于其中的其他大城市——巴黎、纽约、伦敦、布拉格、慕尼黑、芝加哥和圣彼得堡——维也纳也相当富裕,流行多种语言,气象万千。然而,维也纳不同于纽约和巴黎的地方在于它不能对新生事物感到欣喜。埃兹拉·庞德(Ezra Pound)[和休·肯纳(Hugh Kenner)]所称的"漩涡"总是在那儿汇集,但维也纳完全扰乱了它们。这个城市充满了具有创造性的头脑,以及那些其父辈从帝国的边缘省份来到维也纳发财致富的年轻人和女性;但创新意识在那里从来不会感到自在。所有伟大的现代主义者——从西格蒙德·弗洛伊德(Sigmund Freud)和路德维希·玻尔兹曼(Ludwig Boltzmann)到阿诺尔德·勋伯格(Arnold Schoenberg)、阿图尔·施尼茨勒(Arthur Schnitzler)、阿道夫·洛斯(Adolf Loos)、奥斯卡·柯克西卡(Oskar Kokoschka)、埃尔文·薛定谔(Erwin Schrödinger)和路德维希·维特根斯坦(Ludwig Wittgenstein)——都一个接一个地在维也纳陷入麻烦。最后几乎他们所有人都离开了维也纳。正如他们其中一人所总结的:"除了其他重要品质,维也纳还拥有驱逐它最杰出天才或者说羞辱他们的爱好。"②

---

① Franz I and Franz II in Arthur J. May, *The Habsburg Monarchy*, 1867 - 1914 (New York: Norton, 1968), 22.

② 如奥托·瓦格纳(Otto Wagner)的传记作者所言,奥托·瓦格纳在维也纳创造了现代建筑。引自 Peter Vergo, *Art in Vienna*, 1898 - 1918 (Ithaca, N. Y.: Cornell University Press, 1981), 114. 正如罗伯特·穆齐尔(Robert Musil)指出的:"卡卡尼亚(Kakania———战之前维也纳的称呼——译者)毕竟是一个适合天才的国家;这可能给它带来了毁灭。"(Musil, *The Man without Qualities*, vol. 1, trans. Sophie-ilkins and Burton Pike [New York: Alfred A. Knopf, 1995], 31).

移民没有在这里定居。一个奥地利外省人作为艺术家在维也纳生活了六年,其四周是那些 20 世纪文化的创建者,日子一长他就会致力于消除他们所赞成的每一件事。③ 希特勒只是这一方式的一个最致命的事例,在维也纳,19 世纪的文化压制并误解了 20 世纪的观念。现代主义总是存在于维也纳,努力使之诞生;但要发现现代主义不是什么,就要理解它要取代什么或者它反对什么,维也纳是一个可以寻找答案的地方。

在维也纳,甚至启蒙运动都是新颖的。19 世纪的正统派被称为实证主义,他们在老旧的维也纳依然是新鲜事物。一些人称它为"现代的",但它是 18 世纪的产物,已经在英国、法国和德国北部度过它的青春时光。实证主义有时被称作"科学主义",是一个哲学纲要,它勾勒一个信仰,即只要人们能够抵制神秘主义的诱惑,各种哲学问题都是可解的。本体论(如果有什么存在的话,存在什么,如何存在?)、认识论(我们如何理解事物?)和伦理学(我们应当如何做?)都必须依据"实证的"(大部分是科学的)现象知识进行阐述,并从人身上去除幻影。因为实证主义问题是主要存在的问题,而且是能够产生或影响精神的唯一问题。实证主义者拒绝了伊曼努尔·康德(他认为存在着不能被认识的事物)和浪漫主义者(他们认为他们理解那些事物),因为热情悲哀地误导了健全的精神。如果法国实证主义的创立者奥古斯特·孔德(Auguste Comte)令人困窘地倾心宗教,美国的实证主义者似乎就奇怪地愿意将宗教想象为可度量的现象,奥地利和德国的实证主义者感受到了甚至更重大的责任:使他们的各种宗教——如果有的话——密封起来远离思想。最出色的实证主义思想家是一个最节俭的人。他或她应该把任何散发着形而上学气息的概念以及任何多于可度量事实合适名称的一般术语像废物一样扔掉。至于那些事实,它们是不能被度量

---

③ J. Sydney, Jones, *Hitler in Vienna*, *1907-1913*: *Clues to the Future* (New York: Stein and Day, 1983).

的,除非它们本身是物质的事物或出现在物质事物上的事件的名称。概念仅仅是一种有用的工具,并不真实;实证主义者必须准备放弃任何被证明不适合物质各种性质的观念,即使没有可用来填补缺口的新观念。

维也纳大学拥有欧洲实证主义哲学的前辈:哲学和科学史教授恩斯特·马赫(Ernst Mach)。马赫在其二十年学术生涯的巅峰时期给实证主义打下了印记。1895年,他受到邀请从布拉格大学到维也纳大学接替弗朗兹·布伦塔诺(Franz Brentano),布伦塔诺长期坚持一种并不流行的观点,即人的感觉是有目的的。布伦塔诺退休后移居意大利。马赫于1861年在维也纳大学获得数理物理学博士学位,但他1872年才实际涉足普通物理学,当时他改善了他为飞行的子弹照相的单格拍制照相机,发现了超音速冲击波。现在人们依然用他在1884年提出的所谓"马赫数"来度量冲击波;但马赫最初的想法并不是要度量子弹的飞行,而是度量突发的巨响,所以他将他最著名的实验归入声学而不是电子设备门类。马赫想要知道感觉是如何工作的,它们怎样将信息传递给大脑。马赫认为,时间和空间本身也许只是心理事件。他认为,显示瞬间是一个从环绕一条陡峭的倾斜曲线行驶的有轨电车车窗看到的倾斜世界的景象。1864年,他作为格拉茨大学的一个新教授,开始了他的科学研究,他将物理学应用于心理学,从而将心理学还原为可度量、可理解的行为,一年以后他出版了对色觉(color vision)的分析研究成果。19世纪70年代,马赫在布拉格大学任教授,他花大量时间在黑暗中坐在他设计的一个座椅上纺纱,这个设计使他能够旋转悬挂在一个盒子里的三个纺轴;后来他在普拉特游乐场(Prater)巨大的弗累斯大转轮吊舱中盲识并旋转它们以研究人的平衡感,马赫因此而著名。1874年,他向维也纳一家医学杂志递交了一份论文,论述内耳半规管如何能够告诉人们是否正面向上,驳斥了维也纳G. P. 约瑟夫·布洛伊尔(G. P. Josef Breuer)的流行观点,这一发现仅花了八天时间。1875年,马赫判定所有的心理事件都能被细分为不可再化简的动作的比特

(bit)或"原子"。1886年,马赫写道,不存在像只有感觉流动的自我或意识这类东西。马赫在布拉格大学期间出版的一部伟大著作,也许就是1883年发表的《力学及其发展的批判历史概论》(*The Science of Mechanics*),在这部书中他试图证明物理学与其说是对现实的描述不如说是为了方便,人类以一种快速有效的方式储存关于物质自然界一般运行的有用知识。他骄傲地宣称他能够完全放弃几个传统的物理学术语,包括"以太"和"原子",他可以证明其他术语实际上并不是自然界的一部分。他指出,甚至像1、2、3这样的数字,也是由无数人历经数个世纪的进化形成的实际解决方案的非理论式的产物。这在很大程度上是实证主义的;但实际上大多数人并没有完全理解它,因为如果你真正理解了马赫所说的,你就不得不像拒绝青春期的幻想一样拒绝过时的唯物主义的原子,将实证主义者极为喜爱的冷酷坚硬的事实还原为温暖、压力、时间、空间等赤裸裸的感觉。④

思考马赫在维也纳的思想是艰苦的,但却是有益的。麦克尔·比索(Michele Besso)对他的朋友、将要去苏黎世技术大学攻读学位的爱因斯坦说,你一定要阅读他的著作。在维也纳,马赫对独立的有意识自我的质问推动了理查德·沃尔(Richard Wahle)撰写了《论精神生活的机制》(*On the Mechanism of Mental Life*),马赫于1897年关于子弹摄影的公开讲座吸引了诸如诗人胡戈·冯·霍夫曼斯塔尔(Hugo von Hofmannsthal)这样的梦想家,他们渴望受到熏陶,又被这种科学可能会溶解诗人的世界的传闻所震撼。但马赫在维也纳的广泛影响是短暂

---

④ 杰勒密·伯恩斯坦(Jeremy Bernstein)在《恩斯特·马赫及其夸克》一文中概述了马赫粒子本体论的观点,Jeremy Bernstein, "Ernst Mach and the Quarks," in Mach, *Popular Scientific Lectures* (La Salle, Ⅲ.: Open Court, 1986)。类似马赫的观点可以在法国科学史的先驱皮埃尔·迪昂的著作(Pierre Duhem, *The Aim and Structure of Physical Theory*, 1904 - 5, 1906; Princeton: Princeton University Press, 1991)、英国的威廉·金钉·克利福德的著作(William Kingdon Clifford, *The Common Sense of the Exact Sciences*, 1885; New York: Alfred A. Knopf, 1946),以及其弟子卡尔·皮尔逊的著作(Karl Pearson, *The Grammar of Science*, 1892; New York: Meridian, 1957)中看到。

的。1898年,这位运动感的研究者在铁路客车上中风倒下,三年后因病情不能治愈,他的右半身瘫痪了,并因此辞职。马赫一直活到1916年,他在痛苦的退休生活中责骂那些愚昧的物理学家,其中包括维也纳大学哲学教席新的任职者路德维希·玻尔兹曼,后者坚持认为原子是真实的。如果马赫能够理解他自己的影响,这样的痛苦也许会更强烈,因为随后一件接一件事情表明,中欧真正现代思想的继承者开始同他的还原主义发生冲突,他们试图利用它或者摆脱它。这些事件发生在诸如霍夫曼斯塔尔和他的朋友赫尔曼·巴尔(Hermann Bahr)等作家身上,发生在知识哲学家亚历克修斯·迈农(Alexius Meinong)和克里斯蒂安·冯·埃伦费尔斯(Christian von Ehrenfels)身上,发生在语言哲学家弗里茨·毛特纳(Fritz Mauthner)、沃尔和奥托·斯托尔(Otto Stöhr)身上,也发生在弗拉基米尔·乌里扬诺夫(Vladimir Ulyanov)即更为人熟知的列宁身上。在某种程度上,这甚至发生在马赫自己那一代的思想家——如路德维希·玻尔兹曼以及美国哲学家查尔斯·桑德斯·皮尔士(Charles Sanders Peirce)和威廉·詹姆斯(William James)——身上。如我们将看到的,它还发生在爱因斯坦、胡塞尔、穆齐尔、海森堡(Heisenberg)和维特根斯坦身上。马赫好像使实证主义受到极为严厉的批评,以至它能够使一个人怀疑现象的存在,因此把它自己的基础批评得体无完肤。

但恩斯特·马赫是一位最老练的维也纳的实证主义者,而且可能是最出色的实证主义者。在维也纳以外的中欧其他地方也有许多现代主义者,这些人包括博学的赫尔曼·冯·赫尔姆霍兹(Hermann von Helmholtz),他第一个断言宇宙中能量从不增减,包括埃米尔·杜波伊斯-雷蒙德(Emil Du Bois-Reymond),他在1872年说人类只有四个最终不能回答的问题,以及恩斯特·海克尔(Ernst Haeckel)。海克尔是达尔文在德国的牛头犬,他认为杜波伊斯-雷蒙德是一个悲观主义者,而进化能够证明以前唯物主义对整个《宇宙之谜》(*World-Riddle*)的回答,海克尔的《宇宙之谜》是 1899 年的畅销书。⑤

在维也纳学术界,实证主义者掌控了会议桌。在维也纳大学法学院,奥地利最高法院法官汉斯·凯尔森(Hans Kelsen)奠定了法律实证主义的基础,他讲授法律不是看它应当怎样而是看它曾经怎样,这同他自己的逻辑是一致的,从而避免了历史、政治、社会学或正确与错误的观念对法学的影响。经济学系有一批实证主义者,他们太将哲学视为当然,撰写有关哲学的著作,并花了大量时间证明经济学如果不是一门实在的科学就是一门不值得研究的科学。最终,卡尔·门格尔(Carl Menger)、弗里德里希·冯·维塞尔(Friedrich von Wieser)、欧根·冯·庞巴维克(Eugen von Böhm-Bawerk)、约瑟夫·熊彼特(Joseph Schumpeter)、路德维希·冯·米塞斯(Ludwig von Mises)、弗里德里希·哈耶克(Friedrich August von Hayek),还包括社会主义者奥托·鲍尔(Otto Bauer),他们被称为"维也纳学派"。(今天他们精神的继承者被称为"芝加哥学派"。)维也纳学派参与了大量关于自由市场价值的争论。经济学是孔德称之为"社会科学"的领域,在这个领域实证主义规定,如果发现任何概括,它们就应该被严格地描述,而不是做形而上学的或伦理学的描述。这样,正是门格尔在 1871 年宣布了令人困惑的发现:任何商品具有的价值不是由生产者赋予的,而是由需求者赋予的。这意味着因为你对你所需要的最后一件商品的需求小于你对第一件商品的需求,最后一件商品的价值一定更小;例如你喝的第一杯水比最后一杯水有更高的价值——或者有较大的效用。这就是边际效用(Grenznutz),这是现代阐释微观经济学的诸多边际概念的第一个边际概念。"边际效用"是门格尔的后继者冯·维塞尔命名的,他指出在混合经济中市场是如何改善整个效用分布的。冯·维塞尔还发明

---

⑤ Emil DuBois-Reymond, "The Limits of Natural Science,"这是他 1872 年 8 月 14 日于莱比锡在德国科学大会上的演讲,以后以"不可知"(ignorabimus)演说闻名。"Über die Grenzen der Naturerkennens," *Vers. Deutscher Naturforscher und Ärzte* (1872), 85; in *Popular Science Monthly* 5, no. 17 (1874).

了"机会成本"的概念,"机会成本"指放弃某一方案而付出的代价。冯·维塞尔的内兄庞巴维克以及后者的学生熊彼特从来没有注意到"效用"单位并不是一个严格实证的知识,但他们的确发现了许多使市场增加商品的方法。只有英国的威廉·杰文斯(William Jevons)和瑞士的列昂·瓦尔拉斯(Léon Walras)才有同样类型的"致成效应"(formative effect)的观点,这一观点现在已经作为微观经济学的基础而被传授。

在据说是世界上最出色的维也纳大学医学院,医学实证主义采取了"治疗虚无主义"的形式。约瑟夫·斯科达(Joseph Skoda)举例说,治疗虚无主义是一种信仰,这种信仰认为治疗本质上很难解释,以至正确的诊断经常要比救治病人更重要。医学教授卡尔·冯·罗基坦斯基(Carl von Rokitansky)因为解剖 85 000 具尸体而成为医学院的著名人物。精神疾病教授特奥多尔·迈内特(Theodor Meynert)花了相当的时间试图在构成大脑的连续网状结构中确定心理功能的位置,并在课堂中阐述了他的观点。尽管其著作被叫作《精神病学》(Psychiatrie),但因为他认为任何治疗都没有效果,所以他几乎没有花多少时间在真正的精神病人身上。最后接替迈内特教席的理查德·冯·克拉夫特-埃宾(Richard von Krafft-Ebing)略微更多一点关心治疗。他在 1879 年已经开始汇编他权威性的精神疾病目录,七年后他完成了关于性偏差的名著《性心理病态》(Psychopathia Sexualis)。约瑟夫·赫希尔(Josef Hirschl)教授在 1895 年证明:精神失常和一些老年病人退化的脑组织——如维也纳宠爱的画家汉斯·马卡特(Hans Makart)(以及当时已经狂乱但还活着的尼采)——是梅毒感染第三期的结果,但尤其就这一点而言,人们没有太多的办法。使维也纳成为世界皮肤医学中心⑥的学者之一的莫里斯·卡波塞(Moriz Kaposi)教授以他的名字命

---

⑥ Stefan Zweig, The World of Yesterday, ed. H. Zohn (Lincoln: University of Nebraska Press, 1964), 87-88.

名了一种无药可医的皮肤癌。约翰·施尼茨勒(Johann Schnitzler)是一位日见重要的喉科医师,他能够告知你想知道的关于咽喉的所有问题——除了如何使咽喉变得更好。赫尔曼·诺特纳格尔(Hermann Nothnagel)确实愿意巡视病人,但经常的情况是,他为病人所做的是根据病人的血压确定其病因。恩斯特·威廉·冯·布吕克(Ernst Wilhelm von Brücke)具有高尚的品质,他在柏林作为赫尔姆霍茨本人的朋友和共同研究者了解了唯物主义。布吕克的另一位朋友杜波伊斯-雷蒙德(Du Bois-Reymond)记得,作为一个年轻的研究者,他和布吕克曾"庄重誓言尽力宣传这一真理:在有机体内部只有普通物理化学的力量才起积极的作用"。⑦

布吕克自19世纪50年代起就领导了医学院的工作,他坚持认为,所有的疾病都是物理化学的,甚至精神病学也是他的专长——生理学——的延伸。在空闲时间,布吕克还画画,所以他撰述了两本书以证明借助于物质科学,绘画艺术也完全是可以解释的。布吕克有时也从事治疗工作,就像外科医生西奥多·毕罗德(Theodor Billroth)那样。后者撰写了关于音乐的著作,是最早施行胃切除术或喉切除术的医生。当这些教授本人需要治疗时,他们经常去找一个非医学院的医生诊治——布吕克从前的一个学生约瑟夫·布罗伊尔(Josef Breuer),布罗伊尔可以治疗从勃拉姆斯(Brahms)到布伦塔诺的任何人。同时,许多志向远大的学生聚集到他们的课堂和实验室,这些学生中有施尼茨勒博士可爱的儿子、业余作家阿图尔(Arthur)以及来自摩拉维亚乡村、立志要成为生物学家的聪慧年轻人西格蒙德·弗洛伊德。

在维也纳大学物理系,其他年轻的科学家全身心地接受了实证主义,因为它强化了唯物主义,唯物主义明确地向物理学许诺给予它崇高的地位;在唯心主义社会,这种地位历史上曾经由宗教所拥有。在约瑟

---

⑦ 引自 Siegfried Bernfeld, "Freud's Earliest Theories and the School of Helmholtz," *Psychoanalytic Quarterly* 13, no. 3 (1944), 348。他们三人都是约翰内斯·穆勒(Johannes Müller)的学生。

夫・斯特凡(Josef Stefan)、约瑟夫・洛施密特(Josef Loschmidt)和路德维希・玻尔兹曼(Ludwig Boltzmann)的实验室中,他们的工作是确定对宇宙无懈可击的数学描述,古代无神论者将宇宙还原为原子及其在虚空中的运动。他们中的英雄是路德维希・毕希纳(Ludwig Büchner),他在19世纪50年代撰写了一本重要著作《力与物质》(*Kraft und Stoff*);卡尔・福格特(Karl Vogt)在与一位信仰基督教的生理学家争论时宣称:"所有一切都是物质的,除了物质则一无所有。"

斯特凡(Stafan)长期担任维也纳大学的物理学教授,在1865年,一个维也纳中学的教师洛施密特发现了洛施密特数[非维也纳人称它为阿伏伽德罗(Avogadro)数],2.7×10^{19},表示1立方厘米气体中的原子或分子数。第二年,斯特凡给予洛施密特一个大学教职,并将他领入了实验室。1867年,斯特凡将玻尔兹曼引进实验室,他们一起工作以解决随机活动的粒子形成的巨大数据的数学问题。粒子的匀速运动正如宇宙的能量,就如赫尔姆霍茨所说的,它们既不能被创造也不能被毁灭。1893年,洛施密特退休,斯特凡去世,他们将维也纳物理学留给了玻尔兹曼;1895年,洛施密特也去世了,正是玻尔兹曼以他的话语使他以前的实验室同伴名垂千古:"现在洛施密特的身体已经分解成原子。根据他确立的各种原理,我们能够计算它们究竟有多少。我在黑板上写下了这个数字。"这个数字是10^{25},1后面是25个0。[⑧] 在他们的宇宙中,除了运动中的物质别无他物。

当然,最激进的唯物主义者是马克思主义者,但马克思主义者认为实证主义没有抓住要领,即重要的是要改变世界而不是理解世界。卡尔・马克思本人1883年在流放中去世,但恩格斯一直活到19世纪90年代,他编辑了马克思的著作,撰写了抨击诸如欧根・杜林等实证主义

---

⑧ Ludwig Boltzmann, "In Memory of Josef Loschmidt," in Engelbert Broda, *Ludwig Boltzmann: Man, Philosopher* (Woodbridge, Conn.: Ox Bow Press, 1983), 27.

者的文章,其辩论方法对列宁产生了相当大的影响。奥地利的确有一些马克思主义者,如伟大的劳工社会主义领袖维克多·阿德勒(Viktor Adler);但在 19 世纪 80、90 年代,他们中的大多数也是瓦格纳的崇拜者。理查德·瓦格纳(Richard Wagner)是四部歌剧《尼伯龙根的指环》(The Ring of Nibelungs)的作曲家,他在维也纳的热情支持者在米歇尔广场(Michaelerplatz)边的格林施泰尔咖啡馆(Café Griensteidl)聚会,广场距弗朗茨·约瑟夫的霍夫堡宫不远。这些奥地利人轻松地将马克思和瓦格纳、不善于辨别音乐声调高低不同的唯物主义者和浪漫唯心主义的音乐天才、宣称工人无祖国的国际主义和断言艺术的日耳曼性质的反犹分子结合在一起,这是度量他们距离现代主义依然多么遥远的一个尺度。

在 19 世纪 90 年代,奥地利文化的著名人物是如何浪漫和陈腐的确令人吃惊。维也纳的大多数剧院只有小歌剧。宫廷歌剧创作的是夹心糖果。宫廷剧院不上演涉及革命的任何作品。各级军官身着拿破仑时代的制服大摇大摆地走在大街上。只有少数贵族得到弗朗茨·约瑟夫和维也纳宫廷的暗示。1900 年,皇储弗朗茨·斐迪南大公不合规范地娶了名叫索菲·乔特克(Sophie Chotek)的平民女子,弗朗茨·约瑟夫皇帝禁止他们的孩子继承爵位。奥托(Otto)大公公开批评他兄长的婚姻,尽管他本人的婚姻也不完全合乎习俗。奥托戴了一个皮革制的鼻子以掩饰梅毒对他鼻子的侵害,他经常身佩佩剑、戴着军帽出现在维也纳豪华的沙河酒店(Hotel Sacher)的大厅。维也纳宠爱的画家汉斯·马卡特设计了城市的盛装游行,他的绘画是宫廷歌剧和沙河酒店著名的德国大蛋糕的油画翻版。维也纳喜爱的"新的"作曲家是安东·布鲁克纳(Anton·Bruckner),他宁愿重写一部交响曲也不愿使听众不愉快。当古斯塔夫·马勒(Gustav Mahler)1897 年作为指挥接管宫廷歌剧院时,维也纳人——勉强——赞同对管弦乐队实行更加严格的标准,并将瓦格纳放入保留曲目,但他们在聆听马勒在暑假期间创作的非凡交响曲时坐立不安。这些作品与 19 世纪是完全一致的,但在维也纳的首次演出中有太多的不谐和音——甚至讽刺。

　　这与诗歌一样。斯特凡·格奥尔格(Stefan George)在胡戈·冯·霍夫曼斯塔尔的维也纳高中教室中送给后者的玫瑰预示了一位伟大的诗人,但他至今还不是一位现代诗人。霍夫曼斯塔尔的诗句优雅抒情,非常适合格律和韵律,非常适合使19世纪90年代维也纳文学界动荡不安的反实证主义情绪。对霍夫曼斯塔尔来说,不连续的前景令人恐惧和压抑,尤其是自我中的不连续性。1897年,霍夫曼斯塔尔听了马赫的讲课。五年以后,在扮演伊丽莎白女王时代的贵族洛德·钱多斯(Lord Chandos)的角色中,霍夫曼斯塔尔给弗兰西斯·培根写信,抱怨他的自我、灵魂在实证主义分析的影响下正在成为碎片。[9] 对霍夫曼斯塔尔而言,培根支持马赫以及现代世界其他培根哲学的信仰者——经验的理性分析者和解剖学者。霍夫曼斯塔尔担心他们使得作诗成为不可能的事,他的同事赫尔曼·巴尔(Hermann Bahr)也有同样的担心。[10]

　　赫尔曼·巴尔(1863—1934),"后天的男人",是新文学的一位评论家和当地的经理人。就像布鲁克纳和希特勒,巴尔来自外省的小城镇林茨(Linz)。巴尔起初是维也纳瓦格纳的一个崇拜者,后来他去了巴黎,1889年又带着关于奥斯卡·王尔德(Oscar Wilde)、"新自然主义"戏剧、马拉美(Mallarmé)和象征主义运动的新闻回到了维也纳。1891年,巴尔在格林施泰尔咖啡馆发现了新一代,并称他们为"青年维也纳"(Jungwien)。高中的天才霍夫曼斯塔尔是那群人的发起者。其他人有脚穿木鞋、居无定所、自称彼得·艾顿伯格(Peter Altenberg)的短剧作家,有当时在口袋中放着戏剧作品的皮肤科年轻医生施尼茨勒,有尚未成为《小鹿斑比》(Bambi)作者的费里克斯·沙尔顿(Felix Salten),还

---

　　[9] Hugo von Hofmannsthal, "Ein Brief (Chandosbrief)," in Gotthart Wunberg, ed. *Die Wiener Moderne* (Stuttgart: Reclam, 1981), 431-44.
　　[10] Hermann Bahr, "Das unrettbare Ich" (on Mach's *Analyse der Empfindungen*, 1886, 1899), Wunberg, ed., *Wiener Moderne*, 147.

有另一位有抱负的小说家理查德·比尔-霍夫曼（Richard Beer-Hofmann）。后来斯蒂芬·茨威格（Stefan Zweig）也成为那里的常客。在附近表示不满的是伟大的讽刺作家卡尔·克劳斯（Karl Kraus），他将格林施泰尔咖啡馆改名为"夸大狂咖啡馆"（Café Megalomania）；当咖啡馆在1896年被拆毁后，他撰写了令人难忘的短文《被毁的文学》（*Literature Demolished*），以纪念这家咖啡馆。维也纳人在打呼噜，而不是睡觉，巴尔告诉新闻记者贝尔塔·祖卡坎德尔（Bertha Zuckerkandl）："我要唤醒他们。"⑪ 不顾巴尔的乐观主义，维也纳人依然在沉睡，他们仅仅接受"青年维也纳"所提供的伪劣商品和情感主义，但谨慎地忽视了认识论和品质试验，这最终导致最早的意识流叙事，最先削弱了意义，最先在德国语言中讽刺性地解构了"实在"。

在艺术中，实证主义似乎与现实主义一致。在德国，现实主义意味着现代主义。现实主义实际上是最早的被命名为 *modernismus*（现代主义）的艺术倾向。⑫ 由 *modernismus*（现代主义）宣布的目标是要呈现生命本来的样子，卑贱的生命也是高贵的，性欲也是浪漫的。它在虚构的小说中比在绘画中呈现得要好，它在——这个时代最大众化的艺术——戏剧中表现得最好。此外，维也纳迟到了，而且缺乏热情。易卜生时代已在19世纪80年代开始，1889年格哈特·豪普特曼（Gerhart Hauptmann）的《日出之前》（*Before Sunrise*）上演，他借此努力争取成为德国的易卜生，但因为不道德的原因，豪普特曼的剧本在维也纳被禁演。在维也纳，不仅没有任何现实主义，而且实际上也没有严肃的剧本。建造几个剧院的目的是使它们结束上演施特劳斯、苏佩（Suppé）和弗朗茨·莱哈尔（Franz Lehar）的小歌剧。华丽的城堡剧院（Burgth-

---

⑪ 巴尔对贝尔塔·祖卡坎德尔说的话，参见 Paul Hofmann, *The Viennese: Splendor, Twilight, and Exile* (New York: Doubleday Anchor, 1989), 120.

⑫ 这是具有中欧传统的作家总是认为现代主义与工业化、社会批判和社会主义有某种密切关系的重要原因之一。具有法国传统的那些作家几乎完全没有注意这样的关系。

eater)认为它是向前的一步,当时他们将斯克里布(Scribe)和萨都(Sardou)创作的"佳构剧"(well-made play)增加到保留曲目中。1891年,维也纳的剧院有一个易卜生周,但它没有续篇。经过那些成功但不很现代主义的剧作家阿尔图·施尼茨勒和胡戈·冯·霍夫曼斯塔尔几年的努力,城堡剧院1899年同意连续一个月上演他们几位剧作家的剧本;但这就是全部结果,此后城堡剧院再也没有上演过霍夫曼斯塔尔的剧本。一直到1905年维也纳才等到斯特林堡的剧本,当时喜剧剧院(Lustspieltheater)于10月在世界上首演了他的剧本《同志》(Comrades),但《同志》是斯特林堡现代主义因素最少的作品。如果从奥地利的舞台上闻到现代主义的某种气息,奥地利就会很快将它清除掉。阿尔图·施尼茨勒设法在他生活的城市上演的是他可以假借情感喜剧通过审查的剧本。

在20世纪的剧院中上演的许多新剧本来源于19世纪末有音乐、歌舞表演的酒店,这些酒店成为梦幻剧、室内剧、观众参与、场景中断、喜剧要素分离的开创者。诗歌中新颖的讽刺性独白、小说中的意识流、音乐中的说唱(Sprechstimme)——甚至现代艺术、建筑和电影的一些观念——都可以追溯到像巴黎黑猫酒店(Chat Noir)等几个地方的先锋派轻歌舞剧,这些先锋派轻歌舞剧虽要接受审查但处于旺盛时期;然而维也纳是一个有许多类似格林施泰尔咖啡馆和中央咖啡馆那种咖啡馆的城市。它那时没有黑猫,也没有表演音乐、歌舞的酒店。⑬ 彼得·艾顿伯格必须将他的独白作为维也纳新闻界的专栏或连载(feuilletons),卡尔·克劳斯(Karl Kraus)在经历了短暂的舞台生涯后,创办了他自己的新闻刊物,并印制自己的讽刺作品。在北方的慕尼黑,剧作家弗兰克·魏德金德(Frank Wedekind)帮助创建了叫作"十一个刽子手"(Elf Scharfrichter)的有音乐、歌舞表演的酒店,其他现代主义者在柏

---

⑬ 关于黑猫和有音乐、歌舞表演的酒店对现代主义的贡献,参见第六章。

林创建了"艺术酒店"(*Überbrettl*)*；但它已经是新世纪即1901年的事了。维也纳的第一家表演音乐、歌舞的酒店是夜光酒店(Nachtlicht)，它直到1906年才开始营业，而最著名的蝙蝠酒店(Fledermaus)则要到1907年开业。

绘画中的*modernismus*(现代主义)在维也纳也受到禁止。最著名的案例发生在1901年，古斯塔夫·克里姆特(Gustav Klimt)关于《医学与公平》的寓意画被本有意向的资助方维也纳大学拒绝，其理由为：从下方看，苍白的、瘦骨嶙峋的、赎罪的裸体，夸耀的臀部和阴毛，好像它们漂浮在有讽喻的空间，没有合适地反映医学系或法学院的工作。克里姆特和一些艺术家朋友很早就已经退出了维也纳艺术学院，并建立了他们自己的展览团体——分离画派展览馆。但是这一艺术的叛逆行为比发生在巴黎的反抗要晚好几年，甚至晚于德国艺术界的叛逆。在慕尼黑和柏林操德语的艺术家从事最早的分离画派展览五年后，维也纳才有分离画派展览。年轻的柏林艺术家1892年曾经邀请新潮的表现主义画家埃德瓦·蒙克(Edvard Munch)举办一次个人展，开始创办柏林的分离画派展览，当时他们对资深艺术家背弃私下的承诺感到震撼。当同样的事1889年发生在维也纳的蒙克(Munch)画展上时，并没有出现分离画派展览。在法国，叛逆已经是一个老套的故事，叛逆者的热情很少衰减；但维也纳叛逆艺术家的领袖克里姆特似乎在维也纳大学的研讨会上已经尽了最大的努力，而且把他的余生局限在类似镶嵌画的肖像画和裸体画之中，它们不太具有挑战性，而且更奢华浪漫。他能够用单调的现代主义彩色平面描绘我们可以称之为现代情感或感受力的某种东西，但他再也不能以他1901年拥有的那种方式描绘"现代生活"。这些都留给了他的弟子：奥斯卡·柯克西卡，他是一位作品签名为"O. K."的可怕的年轻人，因为他的作品等于赤裸裸的性描写，因而被赶出了分离画派展览；埃贡·席勒(Egon Schiele)后来同样因为

---

* 上演讽刺剧或歌舞剧的酒店。——译者

违反道德而被拘禁。1907年,柯克西卡暂停了他的绘画而撰写了两部现代主义戏剧奠基作品之一的独幕剧,但这部独幕剧1909年最终在维也纳艺术展(Vienna Art Show)上演时,不得不招来警察遏制骚乱;如果骚乱不在该剧演出前平息的话,该剧就不能上演。

与他们受到的敌视相比,奥地利初期的现代主义者甚至因为受到忽视而彻底的消沉了。斯蒂芬·茨威格的文集描述了维也纳中上阶层的妇女是如何被硬塞进其复杂性只是渲染其弱点和无能的衣衫中的。[14] 就像其他伟大的并很快就成为现代主义的城市那样,维也纳有时髦的和畅所欲言的妇女运动。阿德莱德·波皮(Adelheid Popp)领导了维也纳的第一次妇女罢工运动。经布洛伊尔心理分析治疗痊愈的柏莎·帕本海姆(Bertha Pappenheim,"安娜·欧")成了社会工作的先驱之一。罗莎·麦瑞德(Rosa Mayreder)和奥古斯特·费克特(Auguste Fickert)1893年创建了奥地利妇女联盟(Allgemeiner österreichischer Frauenverein),但她们几乎没有取得什么进展,一个世纪之后就几乎被人遗忘了。奥地利如同北欧国家某些时期所做的那样,尚不能决定如何公开处理涉及性与性别的问题。那时有一位杰出的男爵夫人贝尔塔·冯·祖特纳(Bertha Von Suttner),她领导的反对战争的运动最初由于1889年她出版的自传体小说《放下武器:一部生活史》(*Die Waffen Nieder! Eine Lebensgeschichte*)而声名狼藉。她继续努力创建了奥地利和平协会(Austrian Peace Society),编辑出版了一份反战杂志,1899年她在杂志上预言了现在我们称之为总体战的战争。冯·祖特纳1905年被授予第五届诺贝尔和平奖,成为继玛丽亚·居里(Marie Curie)之后获得诺贝尔奖的第二位女性;但她的杂志却在六年前因销量不大而停刊了,而且似乎奥地利人对她获奖的反应感到相当困窘。冯·祖特纳于1914年6月21日去世,就在奥地利弗朗茨·斐迪南大公(Archduke Franz Ferdinand)于萨拉热窝被刺一周之后。

---

[14] Zweig, *World of Yesterday*, 72–76.

1891年,冯·祖特纳的丈夫祖特纳男爵创建了"抵制反犹主义同盟"(Verein zur Abwehr des Antisemitismus)维也纳分部,其成员有约翰·施特劳斯(Johann Strauss),但就祖特纳男爵以及其同盟而言,并没有办法改变反犹主义正成为奥地利的社会主流——甚至也许未来的潮流——这一丑陋的真相。"反犹主义"这个词在19世纪80年代由一个名叫威廉·马尔(Wilhelm Marr)的右翼作家最先使用,他寻找一种方法从传统的宗教多样性中识别出生物学的和文化的分离主义。三年后,奥地利格拉茨大学的一位教授路德维希·龚普洛维奇(Ludwig Gumplowicz)出版了一部著作《种族战争》(The Race War),他对种族分离主义必然性的论证被他的弟子古斯塔夫·拉岑霍费尔(Gustav Ratzenhofer)所坚持。⑮ 1894年,现代主义在维也纳的倡导者赫尔曼·巴尔公布了第一次关于反犹主义的国际调查,他的同事新闻记者西奥多·赫茨尔(Theodor Herzl)作为一个维也纳公民试图融入当地社会但没有成功,创建了与反犹主义运动直接对立的犹太复国主义运动。维也纳喜爱的政治家"英俊的卡尔"卢埃格尔("Handsome Karl" Lueger)终于在基督教社会党(Christian Social Party)的讲坛上赢得了八次市长竞选,该党持反犹主义,与持城市社会主义观点的成员大致相当。[赞成"二不主义"(neither-ism)的弗朗茨·约瑟夫直到卢埃格尔赢得第五次市长竞选后才允许他就职。]一个维也纳实业家的儿子格奥尔格·冯·舍纳尔(Georg von Schönerer)领导着德国民族主义党(German Nationalist Party),他因为屡次鼓动其追随者实施暴力、损坏财物而被逐出帝国议会议席。一个彻底的英国种族主义者豪斯顿·斯蒂华·张伯伦(Houston Stewart Chamberlain)在维也纳安家落户二十年,并用德语在维也纳出版了他的主要作品。其维也纳的弟子"约尔格"·兰茨·"冯·利本菲尔斯"("Jörg" Lanz "von Liebenfels")是一个

---

⑮ Gustav Ratzenhofer, *Wesen und Zweck der Politik : Als Teil der Sociologie und Grundlage der Staatswissenschaft*, 3 vols (Leipzig: Brockhaus, 1893).

原名叫吉多·冯·李斯特(Guido von List)的维也纳狂热分子,他将文化的德国性重新铸造成种族主义的意识形态,将雅利安语系转变成种族气质,复兴万字饰*。20世纪人们将这些都归于维也纳。

然而,反犹主义和呼喊着"鲜血与祖国"口号的民族主义既不是现代主义者,也不是现代观念。实际上,他们是19世纪初叶的浪漫主义的复活——也许是后来弗洛伊德所称的"被压抑者的回归"(return of the repressed)。自由形式的浪漫怀旧之情在霍夫曼斯塔尔的诗歌中获得表达,并在以后推动他创立萨尔茨堡国际艺术节(Salzburg Festival)运动,这种浪漫怀旧之情在西奥多·赫茨尔的作品中获得了政治表达,就像在民族主义者马尔、利本菲尔斯和舍纳尔的作品中所表达的一样。历史学家卡尔·朔尔斯克(Carl Schorske)在其名著《世纪末的维也纳》(Fin-De-Siècle Vienna)中指出,"他们三个人"——基督教社会党人卢埃格尔、民族主义者舍纳尔和犹太复国主义者西奥多·赫茨尔——"在他们的思想意识中连接着'未来'和'过去'、回忆和希望……"[16]他们所寻求的是与成长着的艺术中的非连续性、专业和知识本身的碎片斗争的方式,一种能够克服竞争性的资本主义和自由个人主义伦理效果的亚理性连续性。他们所提出的是种族的团结和分离主义,与现代主义对立的派别已经在整个20世纪利用了这个观点,并转变为一种非连续性的新形式。

也许命运注定奥地利要成为这种反现代主义的摇篮,因为它一点都不能经受现代主义的冲击。它是一个衰弱的包含多种文化的帝国,在经济上仅仅比它的邻国俄罗斯和土耳其稍微现代一点。在政治上,它谨慎地根据种族被分割成不同的地区,以便于从帝国的中心对它们进行统治;的确,巴尔干地区就是帝国的一部分,在几个世纪之前它就

---

* 一个古老的宇宙或宗教象征,由希腊十字的各端成顺时针或逆时针字弯成直角而形成。——译者

[16] Carl Schorske, *Fin-De-Siècle Vienna* (New York: Knopf, 1982), 167. 正是在这本书中,卡尔·朔尔斯克几乎独自重现了作为现代主义起源史中心的维也纳。

被土耳其帝国并进一步被奥地利所分割。帝国中塞尔维亚、克罗地亚、穆斯林和斯洛文尼亚保守的民族主义者正如帝国主义一样,要为20世纪第一次世界大战的爆发负责。其保守的意大利民族主义、德国民族主义的反应与第二次世界大战的爆发有极大的关系。在20世纪末,当我们以困窘的心情回顾这一历史,奥匈帝国的国内政治看起来几乎就像一系列从内部使其分裂的不成功企图,其外交政策看起来像是一种制止其他民族从外部撕开它的扩大的努力。1867年的宪法实际上给予匈牙利少数民族与德奥民族同等的地位;但这一新鲜事物的影响一消失,它就受到帝国内部其他各个民族的抨击。这部宪法之所以能留存到20世纪仅仅是因为"帝国中的所有民族都憎恨帝国政府,但它们也都相互憎恨,而且内心充满强烈的怨恨",它们之间的憎恨甚至胜于匈牙利人和德国人之间的憎恨。[17]

因此随着公路、铁路的建造,奥匈帝国整个19世纪都在不断地现代化、工业化和民主化,人们更为关心的与其说是道路不如说是帝国政府将用哪一种语言书写路牌。

这个问题在1897年达到顶点,那一年产生了艺术家的分离画派展览和弗洛伊德最重要的关于梦的理论,当时弗朗茨·约瑟夫皇帝签署了奥匈帝国议会的一项法令。这一法令第一次保证了所有男子——无论贫富——的投票权,并在帝国议会和维也纳市议会为工人阶级的代表留出席位。该法令的起草者是弗朗茨·约瑟夫的新首相,名叫卡西米尔·巴德尼(Kasimir Badeni)的波兰伯爵。根据新的选举法令,选举在3月举行,由此产生了一个由25个以上党派组成的议会,其中大多数是少数民族党派,另外一些是思想派别,卡尔·卢埃格尔的基督教社会党是维也纳议会的多数党。巴德尼随后匆匆拼凑了一个联合政府,并在4月颁布政令:现在在捷克共和国工作的所有政府雇员使用的语

---

[17] Mark Twain, "Stirring Times in Austria" (December 1897), *The Complete Essays of Mark Twain*, ed. Charles Neider (Garden City, N. Y. : Doubleday, 1963), 209.

言和文字必须用捷克语,同在德国一样;所有的法律诉讼审理用原告的语言。结果引起了相当大的混乱。愤怒的奥地利人和德国人要求在整个帝国进行示威游行,而处于防御地位但满怀喜悦的捷克人也这样做。到了秋季,其他几个少数党派发动了一场支持巴德尼的示威游行活动,同时德奥的民族主义者在波希米亚西部升起了德国旗帜,并在格拉茨杀了一个人。泛德意志党(Pan-German Party)的首领在决斗中击伤了巴德尼。在这样的形势下,弗朗茨·约瑟夫最终同意让卡尔·卢埃格尔就职维也纳市长。后来在11月,成群结队的人们蜂拥走上奥地利首都的大街,卢埃格尔向弗朗茨·约瑟夫皇帝表示感谢,并请求他解除巴德尼的职务。弗朗茨·约瑟夫同意了他们的请求,但直到在议会制政府历史上最值得记忆的几件阻挠议事的事件震动了新建于环城林荫大道新建的议会大厦,这一请求才得以实施。议会在12个小时的辩论中,立法者大声叫喊、吹口哨、吹消防哨,甚至相互投掷墨水瓶。格奥尔格·冯·舍纳尔的德意志民族主义党议员拿起议会的座椅扔向多元文化主义者,从而迫使议会休会几个月。当时正在维也纳的马克·吐温在一份讲演稿中尽可能直白地描绘了从旅游者走廊的一处地方见到的这些荒唐事;但最后当议会议长被迫下令逮捕并驱逐那些议员后,马克·吐温的荒谬感就消失了。马克·吐温写道:"现在我们看到此后历史将要谈论五个世纪:一批皮肤黝黑、身体强壮的士兵身穿制服、头戴帽盔排成两列走下议会的议员席——一个自由的议会因为一支粗野军队的侵入而受到亵渎……我认为在我的一生中不会两次见到在我眼前发生的持久的历史,但我知道我已经见到了一次。"[18]

　　1897年,希特勒8岁。当他前去维也纳时,"英俊的卡尔"卢埃格尔在1903年和1909年再次赢得选举,依然是维也纳的市长,希特勒从他那里了解政治的实践。希特勒从舍纳尔那里学到街头暴力的策略,

---

[18] Mark Twain, "Stirring Times in Austria" (December 1897), *The Complete Essays of Mark Twain*, ed. Charles Neider (Garden City, N. Y. : Doubleday, 1963), 234.

从李斯特和利本菲尔斯那里学到了思想意识和万字饰的象征意义。但当民族社会主义德意志工人党（National Socialist German Workers Party）在苏台德区由一群渴望众多波希米亚捷克人种族团结起来、操德语、靠工资为生的人创建时，希特勒还在林茨的一所高中里。

然而，在1900年前后，当希特勒仅仅是一个学习艺术的学生时，民众从不谈论尼采，维也纳处于一种兴奋状态，充满了尚未气馁的年轻人和希望。塑造20世纪音乐的年轻作曲家们——阿诺德·舍恩贝格（Arnold Schoenberg）、安东·韦伯恩（Anton Webern）和阿尔班·贝尔格（Alban Berg）——正在维也纳生活和工作，在宫廷歌剧中"处理政事"的那个男子古斯塔夫·马勒（Gustav Mahler）能够给予他们帮助和鼓励。年轻的弗兰兹·卡夫卡（Franz Kafka）在他的故乡布拉格偶然发现了布伦塔诺的思想和德国现代主义戏剧，并多次访问维也纳。勒内·马利亚·里尔克（Rainer Maria Rilke）也许是20世纪最伟大的德语诗人，他在布拉格度过童年时光，在维也纳与霍夫曼斯塔尔见面，并开始一段崭新的生活。1882年设计了第一幢现代主义建筑的建筑师奥托·瓦格纳（Otto Wagner）接受卡尔·卢埃格尔市政府的委托，设计出比路易斯·沙利文（Louis Sullivan）在芝加哥所设计的任何建筑都更加现代主义的市内电车车站。瓦格纳写道，任何不切合实际的东西都不可能是美丽的。⑲ 他的学生阿道夫·洛斯（Adolf Loos）宣称"装饰就是罪恶"，他在被拆毁的格林施泰尔咖啡馆遗址对面建造了一幢住宅，其正面只有当作窗子的洞。

埃德蒙德·胡塞尔（Edmund Husserl）同弗洛伊德一样，出生于摩拉维亚乡村，他从柏林大学来到维也纳大学，师从布伦塔诺（他相信感知通过意向进入心理）及其继任者马赫（他并不这样认为）钻研哲学，因此创建了一个新的哲学领域：现象学。其他受布伦塔诺和马赫影响而

---

⑲ "不切实际的东西是不可能美丽的。" Otto Wagner, *Modern Architecture：A Guidebook for His Students to this Field of Art*, trans. Harry Francis Mallgrave (Santa Monica, Calif.：Getty Center, 1988), 82.

出现的20世纪新哲学家包括亚历克修斯·迈农（Alexius Meinong）和克里斯蒂安·冯·埃伦费尔斯（Christian Freiherr von Ehrenfels）。迈农认为意向可以给予各种心理事件一个新的现实，他创建了奥地利第一个实验心理学实验室。埃伦费尔斯则重新铸造了"格式塔"（Gestalt）这个词，用来指大脑借以接受感知形式的神经束。西格蒙德·弗洛伊德也是布伦塔诺心理学理论从前的学生，他后来从事一门医学专业——精神病学——的研究，这一精神病学领域的奥地利先驱有莫里斯·本尼迪克特（Moritz Benedikt）、奥伯斯坦纳（Obersteiner）、克拉夫特-埃宾（Krafft-Ebing）和朱利叶斯·瓦格纳-尧雷格（Julius Wagner-Jauregg）。一批年轻的物理学家也在环城大道闲逛，他们被马赫和路德维希·玻尔兹曼的著作吸引到维也纳大学，这些人有：保罗·埃伦费斯特（Paul Ehrenfest），他编撰整理了把物质统计学转换成分子统计学的研究成果；埃尔文·薛定谔（Erwin Schrodinger），他发现了适合解释亚原子粒子运动的量子波方程；玻尔兹曼的最后一名学生莉泽·迈特纳（Lise Meitner），她于1938年在柏林的实验室中第一个意识到铀原子核的裂变。

当路德维希·玻尔兹曼作为马赫的继任者短暂地接过哲学讲席并发表演讲，猛烈抨击叔本华（Schopenhauer）的无意义的浪漫抽象时，他已超越了实证主义。对演讲设定界限，并限制使用能被如实说出的言辞始于诸如费雷茨·毛特纳（Fritz Mauthner）和奥托·斯托尔（Otto Stöhr）这样的维也纳作家。当维也纳讽刺作家中最尖刻的卡尔·克劳斯（Karl Kraus）在1899年4月的愚人节开始编辑《火炬》（Die Fackel）时，对低劣和令人困惑的语言的攻击正式展开。一段时间以后，克劳斯使维也纳与这样一些借口具有同样的含义，即世界已经忘记维也纳人领导的对维也纳人虚伪的攻击。然而，路德维希·维特根斯坦（Ludwig Wittgenstein）没有忘记，他在1915年出版的第一部伟大哲学著作中写道：当我们不能谈论我们接触的事物时，我们就必须学会停止谈论。1904年，15岁的维特根斯坦正在林茨的一所技术中学努力学习，并期盼学习以事实为特点的学科，如玻尔兹曼和马赫研究的物理学和工程学。年轻的罗伯特·穆齐尔——奥地利的普鲁斯特——不久前在维也纳军事技术中学和布鲁恩（Brunn）技术学院怀有同样的抱负。（虽然爱因斯坦不是维也纳人，但他在苏黎世也雄心勃勃。）1904年，穆齐尔正在构思他的第一部小说和论马赫的博士论文。1904年，毛特纳正要出版其论真实语言的杰作的最后一卷。同样在1904年，维特根斯坦在林茨技术中学的同班同学阿道夫·希特勒因考试不及格而退学。

希特勒是一个不适应环境的人，但他也是一个浪漫主义者，浪漫主义比过时的思潮更可恶；它只有战胜新思潮才能生存。把社会团结理想化的浪漫主义者无法与都市社会时间的、空间的以及社会的分裂相协调。类似霍夫曼斯塔尔以及他的朋友这样的浪漫主义者把整体、单一性和权力中的自我理想化，他们意识到像马赫这样的实证主义者不可抑制地对自然急性分解。自然界的浪漫主义爱好者已经发现他们的爱受到了现实主义和自然主义的侵蚀，后者希望确实可靠地科学再现自然。颓废派不成功地试图否定自然，象征主义者则试图借助于省略法突破最后的现实。但还没有背弃实证主义对分析的要求。当现代主义出现时，它被视为一种分析的文化，一种熟悉零碎的事物和以矛盾为荣的文化。现代主义者还没有接受的是19世纪的假设，即我们能够分解自然，无论它是物质的、生物的、还是人的，而没有分析我们以前知道的方法：语言，符号以及我们坚持称之为"精神"的东西。对现代主义而言，知觉者和被知觉者之间的持续对话没有任何可预知的结果，也许会将两者之一甚至两者都改变得面目全非。这是因为对话的双方有不能化简的部分，两者间没有任何其他可分离的部分，这些部分可能具有许多不同的外形。

正是在这一点上，我们所称的维也纳精神拒绝被改变，诸如洛斯、柯克西卡、维特根斯坦和勋伯格这样年轻的维也纳现代主义者最后感到必须离那里。因为这一紊乱的部分，有人可能会认为，维也纳20世纪的政治悲剧就这样发生了。例如，赫尔曼·巴尔依然待在维也纳但他改变自己来适应它,从"青年维也纳"团体的早期现代主义后退到了实证主义和浪漫的泛日耳曼主义,结束了他作为一个天主教君主制主义者、古萨尔茨堡指南及其萨尔茨堡主教传记作者的生活。

维也纳已经坚持了非常长时间的连续性。试图定义非连续曲线和函数意义的第一位数学家伯纳德·波尔查诺(Bernard Bolzano)以及其他人,在很久以前的19世纪20年代就被维也纳低估了。19世纪40年代,一位前程远大的物理学学生离开了奥尔米茨大学(University of Olmütz),成了奥古斯丁僧团的僧侣,十年后他又在维也纳大学重新入学。1856年5月,他第二次未能通过教师资格考试,回到了波希米亚地区一个州的首府布尔诺(Brno, Brünn),作为一个中学自然课代课教师和业余植物学家度过了他僧侣般的余生。他未能通过考试一事发生在他在维也纳大学学习物理学和哲学以及安德森·冯·埃廷豪森教授的新科学——统计学——课程之后几年。在他未通过考试十年后,神父格雷戈尔·孟德尔(Gregor Mendel)发表了他在豌豆园七年实验的成果,他在这一研究成果中证明表皮皱之类的形状并不是以一种连续的方式遗传的,而是要么全部遗传,要么全不遗传。孟德尔运用统计学方法在具有前代性状的后代中发现了简单的整数比率——这是以后被叫作基因的遗传粒子的标志特征。孟德尔将其研究成果寄给了德语世界的每一位主要植物学家。但仅有一人有回复,建议他下次用不同的植物做实验。这样,生物学领域最先出现了现代"数字"思维,但奥地利文化再次对此熟视无睹。

> [一位奥地利公民对马克·吐温说:]"我们与其他民族有同样多的天才人物,"他们听天由命,没有怨恨,"但为了国家的公益,我们被劝阻不要过分炫耀;不仅劝阻,而且巧妙地运用技术阻止我们那样做……结果我们就没有著名的人物……今天我们能够说,最重要的是在基督教文明的家庭中,没有一个其他民族能够说:在为自己赢得不朽名声而且为整个世界

所熟悉的人中,没有奥地利人。"[20]

　　类似弗洛伊德——他看过马克·吐温的表演——这样的奥地利人在 1897 年确实存在;但他们像马克·吐温一样,在当时还未闻名于世。当奥地利的现代主义者赢得名声时,越来越多的人已不再是奥地利人。随着战争的到来,奥匈帝国已不复存在,成为不同种族的碎片。很少有城市在此时拥有选择权,因此,尽管维也纳在 1918 年没有土崩瓦解,但它衰落了,就像泄了气的皮球一样。

---

[20] Mark Twain, "Stirring Times in Austria", 211.

第三章　格奥尔格·康托尔、理查德·戴德金和哥特罗布·弗雷格

数是什么

1872—1883

在对前后相继时代的数学观念缺乏深刻研究的情况下，我绝对不会要去构造思想史，这有点像在以哈姆莱特命名的剧本中遗漏了哈姆莱特。这样说可能太过了。但可以肯定这类似于裁剪掉奥菲莉娅的角色。这种明喻的说法异乎寻常的准确。因为奥菲莉娅是该剧非常重要的角色，她是迷人的——又有点心神错乱。

——阿尔弗雷德·诺思·怀特海(Alfred North Whitehead):《作为思想史一个要素的数学》

"数是什么？"这是一个经常被问到的问题，但它只有在我们这个时代才得到了正确的答案。这个答案是1884年由弗雷格(Frege)在他的《算术基础》(Grundlagen der Arithmetik)中给予的。

——伯特兰·罗素:《数理哲学导论》

第三章 格奥尔格·康托尔、理查德·戴德金和哥特罗布·弗雷格

根据20世纪初一位伟大的数学家的观点,"'真实'数学家的'真实'数学……几乎是完全'没有用的'"。[①] 实际上,它只不过对那些相信只有魁梧身材、癌症疗法或机器才有用的人来说是无用的。哥特罗布·弗雷格(Gottlob Frege)、格奥尔格·康托尔(Georg Cantor)和理查德·戴德金(Richard Dedekind)是纯粹的数学家,他们并不建造机器,但的确提供了为西方新的思维方式奠定基础的方法。如果它对现代主义有用,戴德金就做了一些完全有用的事情。他平静生活中的伟大事件发生在他给名叫格奥尔格·康托尔的数学家朋友写第一封信那一年,不久之后他发表了现在被称为"戴德金分割"(Dedekind Cut)的无理数数学定义。戴德金从连续数中永远地分离出这些数字,因此至少在算术中,他在1872年成为西方第一批现代主义者。

每一位知道现代主义的人都听说过毕加索,大多数人听说过乔伊斯(Joyce),但又有谁听说过戴德金呢？只有那些数学家,至少那些看起来像是立志要用他们的头脑改变世界的数学家才知道他。公众并不知道数学家在做什么,即使他们不知道,数学家同样快乐,因为他们就如同艺术家所宣称的那样诚恳天真。为了在19世纪60年代末发现一座象牙塔,人们不会比德国中部田园般的大学城——海德堡、哈勒(Halle)、耶拿或极小的哥廷根——其中任何一个数学系走得更远,数学系是一个仅由数学家、他们的配偶、学生和一些自然科学教授构成的世界,他们以乡村度假和窖藏啤酒来放松自己。在蒸汽机时代的兴盛时期,其他教授的名声超越了城镇,一些教授的名声甚至传遍整个德国。化学家作为炸药的制造者得到相当大的尊重。极其严格的第一流的工程师正从西方世界的新"综合技术"出发,建造苏伊士运河和布鲁克林大桥。经济学家,甚至历史学家都已经开始对有权势的人施加影响。同时,哲学家,尤其是德国哲学家,甚至被认为是比数学家更超脱

[①] G. H. Hardy, *A Mathematician's Apology* (New York: Cambridge University Press, 1967), 119.

的一群人；但在1866年的普奥七周战争以后，欧洲开始以不同的观点看待尼采和叔本华的同行们。

但数学家怎样呢？即使飘扬的旗帜和俾斯麦（Bismarck）第二帝国行进的军团都忽视了他们。数学家的问题是抽象——如此的脱俗和远离尘世，以至维多利亚时代注重实际的资产阶级把他们当作无用之人而拒斥他们。每个人都以一种模糊的方式知道，对工程师而言数学是必不可少的，但这并不能使得诸如约翰·罗布林（John Roebling）这样的桥梁设计者看起来不那么高贵和独立，也无助于向一个受过教育的普通人解释，为什么一个石匠沉默寡言的儿子卡尔·弗里德里希·高斯（Karl Friedrich Gauss）有如此重要的影响，以至于相当小的哥廷根大学城成为世界的数学中心。实际上，这个问题很少被提出来，因为只有真正的数学家才听说过高斯和哥廷根。它几乎与关于在非洲建造铁路或大型企业的谈话没有关系，它现在已有三个不同的平面几何或依然不牢靠的基本微积分定理。数学家并没有创造什么。相反，许多数学家坚持认为，他们如柏拉图那样，只是发现了某种东西——在复杂多变的宇宙中探索各种事物之间简洁、完美的关系，这种关系在精神之外可以说是不存在的。

然而，19世纪70年代的德国数学家在没有这些知识的情况下，还是打算改变世界。作为维多利亚时代的一群教授，他们慈爱、苦行且不修边幅，却不知不觉地聚集在未来有一天被命名为现代主义的未成熟的石南玫瑰（Briar Rose）发源地周围。他们确实没有制造出炸弹，没有建造起摩天大楼，但当他们聚焦于一个古代纯数学的棘手问题时，他们就成为以20世纪的方式关注世界的最初的有创造力的思想家。

在某种程度上，这就是问题的本质。在一定程度上，这是数学家的本质。用19世纪实证主义的术语提出的问题，在数学中被认为太"苛刻"了，其解决问题的答案则随风而去。实证主义者怀疑数学，因为数学研究的对象不是物质的。如果数学家要证明他们是合理合法的，他们就应该没有漏洞地给出一个精确的定义，给出确切无疑的证明，而且仅仅关注那些最终可还原为数字的事物。

但他们至少还像艺术家那样具有创造性。第一个冲出起跑线的是哈勒的格奥尔格·康托尔，他是那种能够处理任何事情的人。康托尔是俄罗斯圣彼得堡移民的儿子（这绝不意味他生活贫困），他精力充沛、蓄有胡须、令人难以亲近。他为人所知是因为他的失礼行为，他宣称由于德国数学研究院的嫉妒和挑剔，他在德国首都柏林被裁掉了教授职位。这没有妨碍他在创建德国第一家专业的数学家协会——德国数学家协会（Deutsche Mathematiker-Vereinigung）中起主导作用，并在1897年和1900年组织筹备了第一届、第二届国际数学家大会。1884年，他第一次受到躁狂抑郁性精神病侵袭。转到哲学领域对康托尔来说，会使其更容易发表研究成果，但对他的治疗没有任何作用；1918年，他在度过其整个学术生涯的哈勒大学城的精神病院去世。

康托尔的共同探索者——戴眼镜、有山羊胡子的理查德·戴德金教授［这是犹利乌斯·威廉·理查德·戴德金（Julius Wilhelm Richard Dedekind）的简写］——更年长也更适合德国的学术传统。在这个传统中，在大学的科层体制中任命一个副教授相当于在普鲁士军队中任命一个上校，很难不表示敬意。戴德金出生于1831年，到达哥廷根不久就成了高斯最后一批学生之一，他也是高斯葬礼的护柩者之一。戴德金当时暂时在瑞士教书，以后回到了他的家乡，他终身未娶，并在其父亲和祖父都担任教授的布伦斯威克（Brunswick）*的学院任教，如此度过了余生。直到1872年，戴德金才开始与康托尔有联系，戴德金的学术生涯主要是重新整理并发表他另一位主要的老师罗伯特·勒琼-狄利克雷（Robert Lejeune-Dirichlet）论述可微函数（differentiable functions）和三角级数（trigonometric series）的遗稿（到那时他已经开始整理附录十和附录十一了）。在此之中，他增加了一些自己的原创作品，但通常是以注解和序言的形式。实际上，到那时为止戴德金所拥有的

＊德国中部的一行政区。——译者

最具原创性的思想萦绕在他头脑中差不多已经十四年了,但还未发表。1858年11月24日,27岁的他突然有了这样的想法,这时距他被分派到欧洲一所新的重要工程学院——苏黎世综合工业学院(Technische Hochschule of Zurich)教授必修的导论性微积分课程才一两个月。

1872年,41岁的戴德金终于在一本名叫《连续性与无理数》(*Stetigkeit und irrationale Zahlen*)的小册子中发表了他的观点。它看起来不太像一本书,二十多页表达顺畅的德语散文,包含了最少的方程式和最简单的证明。今天,它被公认为最接近精确思维要定义的某种数学问题,数学家称这种数学问题为"数的连续统"。戴德金写道:这基于一个极为简单的观念,以至"我的读者将会非常失望地认识到,凭借这老生常谈的评论,连续性的秘密就要被揭开了"。

现代读者,尤其是一个在数学方面未经训练的读者,将会发现,这个观念并不那样简单。为了理解它,他必须要向后退一点,实际上要退到古希腊人那里,因为连续性问题是数学中最古老的问题之一,是一种数字低音(figured bass),它可以在自毕达哥拉斯至牛顿的所有伟大西方数学家的著作之下聆听到。也许,文化的现代主义应当始于数学中最古老的连续统的复兴,这是完全恰当的。

当你试图解决什么是"两者之间"的含义时,连续性就成为一个问题。在公元前6世纪,毕达哥拉斯就已经知道,整数(1、2、3…)并不都是它们所显示的样子。如一个美国五年级或六年级学生,他知道分数——一个整数被另一个整数除——的数值在两个数之间。虽然分数有点棘手,但它们完全是真实和合理的;有很长时间毕达哥拉斯相信每一个可以想象的量都能表达为两个有效的无限大整数之比(在拉丁语中,*ratio*就是理性)——例如3/5是3和5之比,或者119/120是119和120之比。当时有一天,毕达哥拉斯的一个学生向他指出,一个其边长为一单位的正方形的对角线不能以那种方式表达。作为对角线之比的两个整数根本不存在;它是真实的,也能够被证明。相反,人们必须用2的平方根来表达,在这个意义上,它是无理的,而且永远不能被2

除尽。因为当时他们坐在船上，所以毕达哥拉斯将这个学生扔出了船，并且要求其他学生发誓保守秘密。

然而，真相并没有被淹没，希腊数学家被迫面对这一新问题。如果无理数的确隐藏在两个整数和有理分式之间，一条线段上有多少无理数呢？一个人怎样才能够多次再分一条线段，以及在 0 与 1 之间实际上有多少数字呢？

后来，一位希腊人埃里亚的芝诺(Zeno of Elea)及其学派很快就将这一新知识转变为一系列似非而是的悖论，这些悖论甚至在今天依然是物理学的基础。最著名的悖论依然是芝诺学派提出的。被称为"阿基里斯和龟"，它是这样的：如果乌龟出发时领先于阿基里斯，阿基里斯就再也不能追上乌龟。因为首先阿基里斯要缩短一半他和乌龟之间的距离，然后再缩短一半距离，以此类推。既然这些"一半"在数学上没有终结，阿基里斯就将永远不可能追上乌龟。在提出这一悖论之后不久，留基伯(Leucippus)和德谟克利特(Democritos)对芝诺做了回答，他们回答说，因为一个人不能无限细分某物，当然也不能无限细分类似跑道这样的物质，所以实际上阿基里斯一定会追上乌龟。德谟克利特说，经过一定量的细分之后，一个物体将达到"不能分割"的程度，德谟克利特用希腊词 *atomoi*（原子）来指这个"不能分割"的物体。稍后的伊壁鸠鲁(Epicurus)似乎提出了一个令人惊讶的暗示：时间本身就有这样一种原子。换言之，阿基里斯能够追上乌龟，因为在他的时间原子期间，他可以追上两者差距一半以上的距离，而乌龟行走的远远小于增加一倍的差距。

亚里士多德在他的《物理学》第六卷试图总结并解决这一争论，但无论是他还是中世纪亚里士多德著作的众多注释者都没有发现摆脱这一悖论的方法。② 连续性的事物,如运动,似乎应该要求有无限的部分,但无限的部分怎样才能构成一个有限的整体呢？如果时间的"瞬时"或物质的"原子"有意义,它们指什么呢？宇宙是连续的还是不连续的？线段是连续的吗？有轨线吗？有区间吗？如果回答是肯定的,你怎样才能计算部分？如果部分没有大小规格,它们的无限又怎样能够构成一个整体？随着17世纪的逝去,牛顿和莱布尼茨构建了数学领域计算连续性问题的一个全新分支。这个分支被称为微积分。

根据牛顿在17世纪发明的微积分,可以从牛顿自己的万有引力定律推出开普勒的行星运动三大定律,反之亦然。建立微积分的物理学问题是如何发现速度持续变化时的速率。假定速度是每小时多少英里,每秒多少米,或者被时间间隔划分的任何一段距离。我们可以愉快地说在一个特定时间速度是多少,但实际上我们不能真正地发现这样一种"瞬时"的速度,除非我们能够发现一种除数为0的方法,因为0就是一个"瞬时"的时间间隔。牛顿和他的竞争对手莱布尼茨必须假定存在一个"无限小"的瞬间和间隔,这种设法以某种方式存在的非凡的造物没有持续时间、没有长度。为了"无限小的微积分"起作用,必然存在无限小的无限数字;但是如果瞬间有某种持续,尽管相当短暂,间隔达到最小,即如果它们是原子,那么排列它们的无限数将形成一个无限和——永恒的时间和无限的长度。另一方面,如果这些瞬间和间隔不存在——如果它们真正是0——那么无论你可以将它们——有限的或无限的——聚集多少,它们的合计依然是0。那么这个时间就是0,0

---

② 在诺曼·克雷茨曼(Norman Kretzmann)编辑的《古代和中世纪思想中的无限与连续性》(Norman Kretzmann, ed., *Infinity and Continuity in Ancient and Medieval Thought*, Ithaca, N. Y.: Cornell University Press, 1982.)和理查德·索拉布吉(Richard Sorabji)的著作《时间、创造和连续统:古代和中世纪初期的理论》(Richard Sorabji, *Time, Creation, and the Continuum: Theories in Antiquity and the Early Middle Ages*, Ithaca, N. Y.: Cornell University Press, 1985.)可以见到这一长期争论的极好评论。本章的写作也得益于莫里斯·克莱因(Morris Kline)的《数学,确定性的丧失》(Morris Kline, *Mathematics, The Loss of Certainty*, New York: Oxford University Press, 1983.),这是一篇论述数学未能在20世纪取代宗教的权威论文。

是你必须用来除这个距离的；但如果你这样做了，你得到的速度就将是无限大。哲学家贝克莱(Berkeley)写道：牛顿的"微分"(fluxions)和莱布尼茨的"微分"(differentials)必定是宗教性的或者是荒谬的。

一旦你查看眼花缭乱的数学运算法则背后就会发现，微积分显然面临着和芝诺相同的困境。承认连续性，你就得到无限大的数字；拒绝无限大的数字，你就要处理非连续性。会有什么反应？这是数学知识中被任何人认为不可能解决的部分，正是这部分知识使18世纪和19世纪初的数学天才——达朗贝尔(D'Alembert)、欧拉(Euler)、拉普拉斯(Laplace)、拉格朗日(Lagrange)、拉克洛瓦(Lacroix)、傅里叶(Fourier)、蒙格(Monge)——具有了惊人的创造性。有趣的定理迅速增加，有时甚至不经过任何实验。1781年，哲学家伊曼努尔·康德在其《纯粹理性批判》(Critique of Pure Reason)中断定，数学本质上是直观的或是先验的科学，它不是来自世界的结构，而是来自人的思维方式。这一观点以后甚至为19世纪初最少具有数学气质的浪漫一代所信奉。

无限小的困惑原本被更长久地忽略，但在铁路和重工业的世纪，各种看法都发生了变化。新潮流成了进化和发展的隐喻，对真理采取的严格态度被称为"实证主义"。就"实证主义"一词的创造者奥古斯特·孔德以及他在19世纪50年代的同伴而言，实验科学成了获取各种知识的典范。实证主义者将实验者或者观察者视为"客观的"，即与他或她观察的物质实在相分离的。你所具有的看上去好像不依赖物质实在的任何知识都被怀疑为"神学的"或"形而上学的"，除非你能够说明它们与物质的关系。进而，所有的科学都紧密联系。最简单、最客观的是"物质点的力学"(即物理学)，而它根植于其他所有的科学。这样的论述可以回溯到古代唯物主义——伊壁鸠鲁哲学，他们断言世界上除了物质的原子及其运动以外没有其他任何东西。

大多数科学在实证主义的规定下发展得相当好。生物学在这种态度下茁壮成长。人类学站在神学的头上，抓住时机诞生了。甚至心理学也通过放弃其有趣的普通意识理论，承认精神是由物质构成的，实验感觉的作用机制，顺利地进入了一个新时代。但数学不能完全对实证主义的纲要做出回答。当孔德本人称数学为第一科学和其他所有科学所使用的各种方法的典范时，他未能指出数学研究的物质实在。只有与数学无关的科学家能够坚持认为，欧几里得几何学来自实在世界的实验，或者被实在世界的实验所确认。也许即使一个人将它看作心理学的一个分支、一个被角膜的形状或辨别不同纸币的能力所蕴含的感知副产品……但数学家，自柏拉图以来的唯心主义者也会对此感到非常愤怒。

相反，数学家却以仔细探究他们确定真理的两种方法来回应实证主义：直觉和实验。直觉是不能被"确证的"，也许除了通过心理学；但确切的实验是能被确证的。因此有必要为实验设定一个严格的标准，切实地将不能被绝对证实的任何东西——自费马(Fermat)著名的"最后的定理"至基本的微积分原理——从数学中清除出去。用牛顿的话说(他现在已经有点讽刺性地被实证主义奉为圣人)，"我不做虚假的猜测"(Hypotheses non fingo)。而且，如果这是实证主义的纲要，那么数学的主要耻辱(就如他们所称的)显然就是微积分的基本概念：导数或无限小的商(dy/dx)。在19世纪初，没有一个人确切地知道导数是什么。这是很难被弄清的，尤其是在黑格尔、马克思、达尔文、麦克斯韦以及托尔斯泰时期的连续场、连续能、连续变化、进化和发展宣告胜利的时代。

许多19世纪的数学家采取了追求"精确"的维多利亚时代的形式，特别是追求被叫作"解析学"的数学分支，或者研究函数在一般含义上的特性——它经过几个世纪肆意扩张之后形成了现在被称为微积分的学科。[最初迫使20世纪的哲学著作做出抉择的是一部叫作《分析的时代》(The Age of Analysis)的著作，意思是借由"分析"来看，没有什么比把事物分解成各个部分的智识倾向更数字化了；但"分析"的数学含义以及它对20世纪思想的影响造成了一个更正确的标题。]③在分析的前沿领域,稀奇古怪的、模棱两可的,甚至"病态的"函数的不断发现使牛顿简洁但直觉的微积分看上去越来越简单粗糙。早在1834年,奥斯特里恩·伯纳德·波尔查诺(Austrian Bernhard Bolzano,1781-1848)就问道,一个人如何求一条由许多突然弯曲部分(类似∧∧∧∧∧∧)构成曲线的微分(计算它的切线或导数)?一个人如何求其自变量X、函数Y的任意值总是1或-1,但每一个有理数的自变量X为1,而每一个无理数的自变量X为-1的函数的积分(计算该函数的面积)?一个人如何确信傅立叶1811年前后所断言的:一个函数完全由无限三角级数来表达,或者一个函数仅仅由一个这样的级数来表达?

  最后的答案来自与孔德同时代的法国人奥古斯丁·柯西(Augustin Cauchy)和柏林的卡尔·魏尔斯特拉斯(Karl Weierstrass)。魏尔斯特拉斯于1858年当他43岁从一所中学调到柏林大学任教,他被19世纪数学家认为是一个很有影响的人。魏尔斯特拉斯和他的同事利奥波德·克罗内克(Leopold Kronecker)、恩斯特·库默尔(Ernst Kummer)被公认在一个世纪创造力的狂热之后汇集整理了微积分学。柏林学派要求在解析中使用的定义的绝对严格性,他们的领袖蔑称所谓的"无限小"是非科学的和神秘的,(像孔德那样)他坚决主张所有的数学问题都能被归结为算术,魏尔斯特拉斯成了数学实证主义的圣人。柏林的数学实证主义者因为不能声称具有像其他科学家同样的"客观性",他们通过使他们的定义和实验尽可能地无懈可击以及通过将所需的理想(或未定义)对象的总数还原最小值——例如整数——来证明他们自己。用克罗内克的话说:"上帝创造了正整数,其余的是人的工作。"1861年,魏尔斯特拉斯发现了在任一点都没有导数,但在每一点

---

③ Morton Gabriel White, ed., *The Age of Analysis: 20th Century Philosophers* (New York: Mentor, 1955).

都连续的突然弯曲的无限大数字的函数,并以此超过了波尔查诺。④魏尔斯特拉斯在19世纪60年代中期的演讲中声称成功地使极限值概念算术化。这不是函数当其变量变化时"近似"的值;它是一个值的邻域,它与函数值的差依然小于一个不定的小数。最后他认为,对于什么是导数的问题有一个答案。如果他是正确的,那么他不仅使三角函数和其他函数的解析变得缜密,而且使其来源微积分也变得缜密。整个西方世界,从巴尔的摩到都灵,一批年轻的微积分学教授在成功的战役之后开始接近他们所预料的目标。

你可以回忆一下戴德金曾经讲授过的微积分学。他在1858年的猜想,即"戴德金分割",只是将一个连续的函数或数域定义为一个能够被任何地方经选择的一个点或数"分割"的函数或数域,以至剩余的点或数不是大于就是小于其本来的点或数。正如戴德金所知道的,这一想法仅仅是一种形式,但其结论却非常深奥——这就是数学家所称的"简洁"。⑤ 因为有了"戴德金分割",要计算某些数是在其他数"之间"还是"紧邻"其他数,就不再有必要考察这些数本身了。

---

④ 主要的数学史家都关注魏尔斯特拉斯解析的算术化,但并不总是确信这个函数是什么以及它何时第一次出现的。C. H. 小爱德华兹(C. H. Edwards, Jr.)和卡尔·B. 波耶(Carl B. Boyer)两人说明了它第一次出现的时间是1861年——参见 Edwards, *The Historical Development of the Calculus* (New York: Springer, 1979),以及 Boyer, *A History of Mathematics* (Princeton: Princeton University Press, 1985, p.604)。莫里斯·克莱因(Morris Kline)给出了似乎是正确的顺序:1861年,魏尔斯特拉斯的一个学生记录了这个函数;1872年,魏尔斯特拉斯本人将此报告给了柏林科学院;1874年,在给保罗·杜波伊斯-雷蒙德(Paul du Bois-Reymond)的信中提到了这个函数,1875年,后者刊布这封信——参见 Kline, *Mathematical Thought from Ancient to Modern Times* (New York: Oxford University Press, 1972, p816)。这个函数本身以简化的形式出现在詹姆斯·纽曼(James R. Newman)编著的《数学的世界》第3卷(James R. Newman, ed., *The World of Mathematics*, vol. 3, New York: Simon and Schuster, 1956,1962-1963)。有关这段历史的专家 P. 迪加克(P. Dugac)在其著作《理查德·戴德金以及数学的基础》(P. Dugac, *Richard Dedekind et les fondements des mathématiques*, Paris: J. Vrin, 1976.)对此做了概述。

⑤ 戴德金过度谦虚,以后他将这一想法归于古希腊数学家欧多克索斯(Eudoxus)——参见 Stuart Hollingdale, *Makers of Mathematics* (New York: Pelican, 1989, 358)。

戴德金知道那些普通的数字(数学家所说的"实数")至少有三个簇发生作用：整数(0、1、2、3、119，等等)；有理数(整数的比，如 2/1、2/3、118/119，等等，以及 0)；无理数，如$\sqrt{2}$。无理数就像各种数字雾气中的小液滴；从表面看，它到处都是，但不可能完全辨别。类似 1 或 2 这样的整数确实是连续的，但它们的顺序是不连续的。在 1 和 2 之间存在诸如 5/3 这样的有理分式。有理分式也是不连续的；任何两个有理分式之间，无论它们是否接近等值，其中一定存在更多的数。这些数就包括无理数，它们甚至不太可能是连续的。在 5/3 和 2 之间存在多少无理数？看起来似乎是无限的。实际上，1 和 2 之间的实数似乎并不比 1 和 1 000 之间的实数少。在一条线段上，正如几何学家给它下的定义，一个人更容易理解为什么它不应该有间隙，线段上的点与点必须紧密相连，其中不能有任何"空间"。引申开来，在实数之间应该不存在任何间隙。

正是由于戴德金的洞察力，这样的困难独自成为 19 世纪的隐喻所梦寐以求的定义——平滑变化，它在数学上被称为"连续性"。所以他写道：如果一个人能够选择一个数而且仅仅一个数 a，这个数 a 将这个区间的所有其他数分为两个集 A 和 B，并使 A 集的所有数小于 a，B 集的所有数大于 a，而 a 本身可以被归于任何一个集，那么根据定义，这个区间就是连续的。A 集可能没有最大值，而 B 集可能没有最小值，在这样的事例中，a 应该是类似$\sqrt{2}$这样的无理数。你也不必将 a 这个数作为形成定义的条件。在我们的例子中，只要在这一区间任意两个其他数之间总是有一个或更多的数，那么该区间(在我们的例子中，指 1 和 2 之间的区间)就是"连续的"。正如亚里士多德在至今依然充满迷惑性的另一个枯燥定义中指出的，"在本性方面是连续变化的变化物，在它还没有被移动着变化到那个最后的目标之前所自然地达到的那个阶段，就是居间"。[6] 实数是"连续的"，因为给定任意两个数，无论

---

[6] Aristotle, *Physics*, 5. 226b21; Kretzmann, ed., *Infinity and Continuity*, 310.

它们之间的差有多么小,它们之间总是存在另一个"居间"。戴德金不仅定义了连续的数字含义,还定义了连续数字之间概念的数字含义。

"戴德金分割"解决了大量问题,在数论领域极大地推进了实证主义的纲要;但新的甚至更深刻的问题几乎立刻从中产生,不久以后戴德金本人就试图解决这些问题。魏尔斯特拉斯将微积分学建立在数的基础上,戴德金发现了数字连续性的含义。但数究竟是什么呢? 此外,如果所有整数的集是无限的,一个人怎样能够确信它们"所有的"特性呢? 即使你承认任何数都可以通过数学运算形成,或者大多数数学运算能够被简化为某种加法,加法究竟是什么呢? 这些只有数学家才可能询问的问题是对实证主义态度的根本挑战。始终如一的回答能够从数学的根基上,进而从科学本身,清除形而上学和康德的直观。实际上,这就是康托尔参与的戴德金的事业。

格奥尔格·费迪南德·路德维希·菲利普·康托尔(Georg Ferdinand Ludwig Philipp Cantor)生于1845年,是欧洲最具有唯物主义精神的那一代人之一。然而,他后来成为一个不仅信仰知觉而且信仰上帝的乏味的实证主义者。作为一名虔敬的路德宗信徒,当康托尔发现无限基数时,他确信是上帝将它们向他显示的。同尼采一样,康托尔最终精神失常,但在1872年和1897年间,他几乎独自创立了集合论和无限大数的算术,康托尔根据希伯来字母表的第一个字母阿列夫(aleph)命名了这个数学想象的玄妙巨构(cabalistic giants)。康托尔1872年的第一篇论文在3月20日交给了戴德金,当时戴德金正将《连续性与无理数》(Stetigkeit und irrationale Zahlen)的最后一部分交付印刷出版。戴德金写道:"我在匆匆阅读的基础上发现,这篇论文第二部分提出的原则,除了表达的形式以外,与[我的]论文有关连续性实质的第三部分所指出的完全一致。"⑦

---

⑦ Richard Dedekind, "Continuity and Irrational Numbers," *Essays on the Theory of Numbers*, trans. W. W. Beman (New York: Dover, 1963), 3.

在柏林时,直到 1866 年,康托尔一直是卡尔·魏尔斯特拉斯的学生。从魏尔斯特拉斯那里,康托尔学习了构成柏林数学实证主义的"分析的算术化"、数的集中性,以及严格的论证等。在康托尔发现某种极为陌生的东西——超限数和无限大的算术——之后很久,他也从没有失去对他在柏林学到的无限小的轻蔑,他称它们为"胡言乱语……数学中的霍乱弧菌"。[8] 魏尔斯特拉斯通过把"无限小"的变化和不能详细说明的函数值定义为被局限于一个范围"任意小"的实数的区间(或者一个点的界域),清除了微积分学所依赖的"无限小"的变化和不能详细说明的函数值。康托尔向他的同事海涅(Heine)解释的正是这个新的学说(因为魏尔斯特拉斯发表的文章非常少),然后海涅在他的论文《函数论原理》(The Elements of Function Theory)中利用了这个学说。[9] 因为数学界的圈子相当小(现在依然这样),对戴德金决定发表于《连续性与无理数》中的"证实的"内容出现在海涅的论文中,我们并不感到惊讶。

康托尔与戴德金的联系开始于 1872 年,并持续了许多年,直至戴德金去世。在 1874 年夏天,他们终于在康托尔度蜜月的瑞士因特拉肯(Interlaken)会面。康托尔有四个女儿和两个儿子,而戴德金依然孑然一身,由他妹妹朱立叶(Julia)"照顾",他妹妹是一位用当时通常的维多利亚时代方式写作的小说家。1899 年,特布纳(Teubner)的《数学家日历》(Calendar for Mathematicians)报道:戴德金于 9 月 4 日去世。戴德金为此致信编辑,说这个消息极其夸张,因为那天他正在同他"尊贵

---

[8] Joseph Dauben, *Georg Cantor, His Mathematics and Philosophy of the Infinite* (Princeton: Princeton University Press, 1990), 130, 131. 这本书是关于康托尔的权威性传记。

[9] H. Eduard Heine (1824-1881), "Die Elemente der Functionlehre," *Crelle's Journal* 74 (1872). 参见克莱因《从古代到现代的数学思想》(Kline, *Mathematical Thought from Ancient to Modern Times*, New York: Oxford University Press, 1972, 953, 983.)的有关讨论;Carl B. Boyer, *History of Calculus and Its Conceptual Development* (New York: Dover, 1959, 288); Gregory Moore, *Zermelo's Axiom of Choice* (New York: Springer-Verlag, 1983, 14)。

的朋友"康托尔共进午餐并讨论专业方面的问题。⑩ 事实上,戴德金直到 1916 年才去世,康托尔则在一年后去世。在他们的长期友谊中,他们的工作震撼了数学界,甚至引起哲学的根本变化。

康托尔送给戴德金的论文题目为《论三角级数理论中定理的结果》(*On the Consequences of a Theorem in the Theory of Trigonometric Series*),但论文似乎没有那样的结果。这篇论文提出了一种方法,将康托尔 1870 年就发现的唯一性定理的无限三角级数与魏尔斯特拉斯那些区间中一个区间的无理数和点的总数联系起来。对康托尔来说,似乎并不存在一个解法简洁但有几种解法的无限集或点空间(space of points)(*Punktmenge* 或 *Punktmannigfaltigkeit*);但的确始终存在一个更大数量级的无限大的层级。而且,每一个无限集都通过简短的运算法则从以前仅仅构建一套所有(无限大)子集的一个无限集推导形成。《三角级数理论中一条定理的扩展》(*Über die Ausdehnung eines Satzes der Lehre den trigonometrischen Reihen*)于 1872 年发表。⑪ 在这篇早期论文中提出的无限大阶梯的想象引导着康托尔的几乎所有著作,直至他去世,而且将他置于正在聚集的关于数学一致性争论风暴的中心——这是一场绝不结束的风暴。

戴德金已经证明了无理数的存在,而且说明了如何在稠密集——如一条线段上的数和点——中发现它们。康托尔向前迈进了很大一步,发现了如何使"集"的观念有意义。在几年时间里,康托尔的工作是使简单的词"集"(英语有时称 aggregate 或 collection;德语称 *Menge*, *Mannigfaltigkeit*, *Vielheit* 或 *Verbindung*;法语称 *ensemble* 或 *groupe*;意大利语称 *aggregato* 或 *gruppo*)成为在数学和哲学领域中最先进的

---

⑩ "根据我自己的备忘录[日记?],我身体极为健康地度过了这一天,并就'体系和理论'与我正式午餐的客人和尊贵的朋友哈勒的格奥尔格·康托尔进行了令人兴奋的谈话。"(引自 Hollingdale, *Makers of Mathematics*, 355。)

⑪ Cantor, "Über die Ausdehnung eines Satzes der Lehre den trigonometrischen Reihen," *Mathematische Annalen* 5 (1872).

术语。1873年,第一步是康托尔发现各种无限大的集可以比较。实际上,正如康托尔在他于11月29日给戴德金的信中所解释的,通过实际计算集中的项就有可靠的方法对各种无限大的集进行比较。1874年1月5日,康托尔写道,他已经找到一种严格定义"计算"的方法,那是实证主义者长期期待的某种东西,因为如果他们的纲要是正确的,计算的过程和整数的定义就应当是需要为所有数学打下岩石般坚固基础的全部内容。正如发表在 Crelle 杂志*第77期论文所阐述的,这个方法简单得不合理,只是反复地将一个集中的项安放到与另一个集中的项的"一一对应的关系"中。在整数的情况下,它呈现出每一个整数(1、2、3…n)都能与一个偶整数配对(2、4、6…n),从而证明由所有整数构成的集在数字上等于由所有偶数构成的集。

下一步令康托尔和戴德金都大吃一惊。令其惊讶的是,出现了比其他无限集更大的一些无限集。在一个区间中所有实数的无限集大于所有整数的无限集。而且他用一个附加的技巧(现在被称为"对角线证明")证明这样的方法是一一对应的关系,"对角线证明"显示了新的无限的小数怎样总是能够从已经是无限的这样对应的小数排列中产生。当时康托尔有两个不同的"超限"基数,他继续用有下标 0 的希伯来字母表第一个字母阿列夫(aleph)表示整数集、用 C 表示连续统上所有实数或点的集来神奇地命名它们。在这一点上,他终身都抱有这样的期望——C 应当证明是"次大"(next large)的超限数,而且等同于阿列夫次一(Aleph-sub-one)。然而,事与愿违。1877年出现了一个未曾预料和更为令人惊异的结果——康托尔证明一条线段上无限的点数等于一个平面图上无限点数。康托尔6月29日写信给戴德金说:"我理解这个结果,但我不相信它!"然而它依然是正确的。⑫ 数学的新手继续探索着集理论的道路。

---

* Crelle 杂志,即《理论和应用数学》杂志(Journal für reine und angewandte Methematik),其创办者是土木工程师和业余数学家克雷勒(Crelle)。——译者

⑫ 1877年6月29日《康托尔致戴德金的信》,Briefwechsel Cantor/Dedekind, ed. Emmy Noether and Jean Cavaillès (Paris: Hermann, 1937), 34。

随着1872年以后康托尔追求并试图使他的超限集通俗化,各地的数学家开始理解依赖于数本身多变观念的从函数分析到实数极限理论的每一个内容,开始理解数的思想可能依赖于逻辑基础。康托尔的集合论似乎是推进这一研究唯一可用的工具。赫尔曼·格拉斯曼(Hermann Grassmann)、朱利叶斯·鲍曼(Julius Baumann)、赫尔曼·汉克尔(Hermann Hankel)、爱德华·海涅(Eduard Heine)和梅雷(H. C. R. Méray)在康托尔之前的出版物中都略微谈到这些思想,在19世纪70年代,约翰内斯·托梅(Johannes Thomae)、奥斯卡·施勒米尔希(Oskar Schlömilch)、鲁道夫·李普希茨(Rudolf Lipschitz)、德国数理逻辑被遗忘的创建者恩斯特·施罗德(Ernst Schröder),甚至马克思的敌人、哲学家欧根·杜林(Eugen Dühring)[13]也加入他们的队伍之中。

19世纪80年代,一股新的潮流开始形成。康托尔以前的教授利奥波德·克罗内克与柏林数字精确学派的魏尔斯特拉斯,开始对绝大多数新工作进行谴责。伟大的物理学家赫尔曼·冯·赫尔姆霍茨(Hermann von Helmholtz,他还是一个重要的实验心理学家)向《计数和测量》投稿;就在该杂志1887年同一期上,还刊载了克罗内克关于论辩的总结文章。[14] 就这些问题发表文章的年轻数学家有德国人弗雷耶

---

[13] Hermann Grassmann, *Lehrbuch der Arithmetik für höhere Lehranstalten*, pt. 1 (Berlin: Enslin); Julius Baumann, *Die Lehren von Zeit, Raum und Mathematik* (Berlin, 1868); Hermann Hankel, *Untersuchungen über die unendlich oft oszillierenden und unstetigen Funktionen* (Tübingen: Fues's Verlag, 1870); Eduard Heine, "Die Elemente der Functionenlehre," *Crelle's Journal* 74 (1872), 172 – 88; H. C. R. Méray, "Remarques sur la nature des quantités définies ... ," *Revue des Sociétés Savantes* 2, no. 4 (1869), 280 – 89; Johannes Thomas, *Elementäre Theorie der analytischen Functionen* (Leipzig: Teubner, 1877); Schlömilch, *Handbuch der algebraischen Analysis* (Stuttgart: F. Frommann, 1889); Rudolf Lipschitz, *Lehrbuch der Analysis*, vol. 1 (Bonn: Cohen und Söhne, 1877); Ernst Schröder, *Lehrbuch der Arithmetik und Algebra* (Leipzig, 1873); Eugen Dühring, *Kritische Geschichte der allgemeinen Principien der Mechanik*, 3d ed. (Leipzig, 1878).

[14] Helmholtz, "Zahlen und Messen, erkenntnistheoretisch betrachter," Kronecker, "Über den Begriff der Zahl," *Philosophische Aufsätze, Eduard Zeller zu seinem fünfzigjährigen Doktorjubiläum gewidmet* (Leipzig: Fues's Verlag, 1887).

尔(Freyer)、哈纳克(Harnack)、帕施(Pasch)、保罗·杜布瓦-雷蒙德(Paul DuBois-Reymond)和奥托·斯托尔兹(Otto Stoltz),法国人朱尔斯·坦纳利(Jules Tannery),意大利人博塔齐(Bottazzi)、平凯尔莱(Pincherle)和皮亚诺(Peano),非凡的美国天才查尔斯·桑德斯·皮尔士(Charles Sanders Peirce)以及数学史家H.科恩(H. Cohen)、保罗·坦纳(Paul Tannery)、朱利叶斯·鲍曼(Julius Baumann)、R.瑞夫(R. Reiff)和约瑟夫·伯特兰德(Joseph Bertrand)。⑮ 到1886年,甚至弗里德里希·尼采(Friedrich Nietzsche)都听到了这样的消息,并特别地将整个逻辑学和数学视为一部浓缩的虚构。

不接受逻辑虚构,不测量与绝对的、自我同一的纯粹虚构世界相对的现实,不利用数对世界进行持续的歪曲,人就不能生存。⑯

---

⑮ Freyer, *Studien zur Metaphysik der Differentialrechnung* (Berlin, 1883); Axel Harnack, *Die Elemente der Differenzial—und Integralrechnung* (Leipzig, 1881); Moritz Pasch, *Einleitung in die ifferential—und Integralrechnung* (Leipzig: Teubner, 1882); Paul du Bois-Reymond, *Die allgemeine Functionentheorie* (1882), French trans. by G. Milhaud and A. Girot (Nice: Imp. Niçoise, 1887); Otto Stoltz, *Vorlesungen über allgemeine Arithmetik* (Leipzig: Teubner, 1885 - 86); Rodolfo Bettazzi, "Su una corrispondenza fra un gruppo di punti de un continuo ambedue lineari," *Annali di Matematichi* 16 (1888), 49; Salvatore Pincherle, "Saggio di una introduzione alla teoria delle funzioni analitiche secondo I principii del Prof. C. Weierstrass," *Giornale di Mathematichi*, 18 (1880), 178, 317; Charles S. Peirce, *The New Elements of Mathematics*, ed. C. Eisele (The Hague: Mouton, 1976),以及"On the Logic of Number," *American Journal of Mathematics* 4(1881), 85 - 95; H. Cohen, *Das Princip der Infinitesimal-Methode und seine Geschichte* (Frankfurt: Suhrkamp, 1968); Jules Tannery, "De l'infini mathématique," *Revue générale des sciences pures et apppliquées* 8 (1897), 129 - 140; Paul Tannery, "Le Concept scientifique du continu: Zénon d'Elée et G. Cantor," *Revue philosophique* 20 (1885), 385 - 410; Julius Baumann, "Dedekind und Bolzano," *Annalen der Naturphilosophie* 7 (1908); R. Reiff, *Geschichte der unendlichen Reihen* (Tübingen, 1889); Joseph Bertrand (1822 - 1900), *Traité d'arithmétique* (Paris, 1849).

⑯ Nietzshe, *Beyond Good and Evil: Prelude to a Philosophy of the Future*, ed. and trans. Walter Kaufmann (New York: Vintage, 1989), 12.

因此由康托尔和戴德金开拓的连续性研究在19世纪80年代使数学与所有问题中首要的也是最重要的问题相遇。有一个问题其年代比连续性问题久远得多,但因为琐细或者因为自明而被搁置了几个世纪,它只不过是(或者就是)数是什么的问题。如果一个人确实能够依赖数就可以从解析中消除连续性悖论的话,那么没有人能够再搁置这个数的性质的问题,或者搁置那些与数有关的逻辑的基本问题。什么是"计算",它真的就如康托尔1874年论文所说的那样简单吗?根据一一对应关系进行的计数似乎依赖着"排序",而"排序"这样机智的想法究竟意味着什么?这真的如康托尔所说它像定义或发现一个无限集基数那样容易吗?其实它有一个隐含的许诺,谁解决了这些问题,谁就将立即被承认为这个时代最伟大的数学家,这样很容易理解为什么突然有那么多人不可抗拒地发现了这个领域。⑰

戴德金立即进入了这个领域。在康托尔的帮助下,他确定了全部问题的序列,并"能在1872年至1878年致力于他1887年完成的第二篇经典论文《数的性质和含义》(*Was sind und was sollen die Zahlen*)的第一份粗略框架"。⑱ 它不亚于从集合论导出的算术检验。在初步涉及集合、真子集、集包含、函数(戴德金称其为"变换")、链(*Ketten*)(使一个集的项构成同一个集的其他项的变换)、归纳和无限大的定义之后,普通加法的原理在第136段被第105条定理所证明。当这篇论文1888年发表时,数学家都为它欢呼。虽然这篇论文相当长,而且理解起来很困难,但它是证明数的基本运算构成数学意义上的实证知识的

---

⑰ 对这个古代问题历史的极好介绍是克里斯多弗 · J. 斯科里巴(Christoph J. Scriba)的文章《数》,(Christoph J. Scriba, "Number," *Dictionary of the History of Ideas*, New York: Scribner's, 1973, 3:339 – 406),以及同一作者的《数的观念》(*The Concept of Number*, Mannheim/Zurich: Bibliographischer Institue, 1968.)。另参见 Tobias Dantzig, *Number, The Language of Science*, 4th ed., New York: Free Press, 1953。

⑱ Richard Dedekind, "The Nature and Meaning of Numbers," trans. W. W. Beman, *Essays on the Theory of Numbers* (New York: Dover, 1963)。

严格并似乎成功的努力,换言之,三级算术(third grade arithmetic)从整个公理集合出发,形成能够被证明并且相互之间互不抵触的结论。

尽管戴德金在1888年发表了论文,但却没有因此获奖。另两位数学家提出了更好的解决方案。其中一位是哥特罗布·弗雷格,他在一个比戴德金在耶拿还要默默无闻的地方教书,耶拿位于康托尔所在的哈勒上游;弗雷格于1879年和1884年两次发表了他的研究成果。另一位是意大利数学家朱塞佩·皮亚诺(Giuseppe Peano),他在同年(1888年)稍晚发表了研究成果,1889年再次发表其研究成果。

这两人都从逻辑研究本身即最纯粹、最简单的推理规则开始,因为如果所有数学的基础都建立在算术的基础上,那么算术的基础一定建立在逻辑的基础上。在两人中,弗雷格的研究不仅在当时是最早的,而且也是最简练和最费解的。他在1879年发表的《概念文字》(*Begriffschrift*)中创造了以前从未用过的逻辑符号;除了弗雷格,也没有一个人再次使用它。弗雷格的著作很难理解,几乎所有读过他著作的人都不得不惭愧某些内容不能很快理解。

如果理解弗雷格的著作相当困难,那么皮亚诺的著作就是通俗易懂了。皮亚诺出生于意大利统一时期的1858年,作为撒丁王国都城都灵的数学教授,他常常用六种欧洲语言广泛涉猎与其研究领域有关的任何东西,并用四种欧洲文字写作。他用了他一生的最后二十年时光推动并促进一种他自己发明的类似世界语的语言。皮亚诺的传记作者将拆除意大利数学界与英国—法国—德国数学主流之间绝大多数传统障碍的功绩归于皮亚诺。因此毫不奇怪,皮亚诺的著作竟然总结并简化以前由一位美国数学家(皮尔士)、两位德国数学家(恩斯特·施罗德和赫尔曼·格拉斯曼)、三位英国数学家〔乔治·布尔(George Boole)、威廉姆·杰文斯(William Jevons)和休·麦克科尔(James McColl)〕做出的贡献,或者皮亚诺的逻辑语言竟然在世界上流行,其中最简单的符号依然是词。[19]

皮亚诺还向前迈进了一步,他像弗雷格曾经做过的那样,将逻辑与算术分开,同时将他的公理减少到九个。例如,前两个公理是:"一是一个数"和"A＝A,如果 A 是一个数"。就戴德金来说,加法是定义一个数的"后继"的结果(即这个数＋1——用不严格的语言表述)。实数的连续统仅仅出现在九个部分之后——戴德金的一个主要省略。皮亚诺最后提出了无限大级数的概念,因为他对康托尔的无限大集的谨慎就像他对它的热情一样。像康托尔那样,皮亚诺经由解析的算术化到达了算数的基础。他是对无限小、极限和连续性感到惊奇的那些微积分学教授中的另一类人;他知道那些无限大的点集怎样能够与直觉相悖。确实,在 19 世纪 90 年代,皮亚诺给出了第一个不规则碎片原型,即充满一个二维空间的一条曲线或连续直线的方程式,这样就为康托尔 1878 年关于线上的点等于平面上的点的定理提供了一个令人耳目一新的证据。[20] 1897 年,皮亚诺众多优秀学生之一塞萨里·布拉利-福蒂(Cesare Burali-Forti)通过质疑"最大的集合"怎样能够(如康托尔曾经猜测的那样)成为"所有集合的集合",发现了隐藏在康托尔精致的集合论中的第一种奇怪的矛盾。这样一种集合如果包括集合自身的话,它就会更大,但它怎样才能把自身包括在内呢?

---

[19] Giuseppe Peano, *Arithmetices Principia Nova Methoda Exposita*, in *Selected Works of Giuseppe Peano*, ed. and trans. H. C. Kennedy (London: Allen and Unwin, 1973), 101-134. 皮亚诺的序言向查尔斯·皮尔士的《论逻辑学Ⅰ中的代数学》(Charles Peirce, "On the Algebra of Logic Ⅰ," *American Journal of Mathematics* 3, September, 1880)、施罗德的《逻辑运算》(Ernst Schröder, *Der Operationskreis des Logikcalcüls*, Leipzig: Teubner, 1877)、杰文斯的《科学诸原则》(Jevons, *The Principles of Science*, London, 1847, 1879, 1883)、布尔的《思维规律》(Boole, *Laws of Thought*, London, 1854)、麦克科尔的《等价语句的微积分学》(McColl, "Calculus of Equivalent Statements," Ⅰ *Proceedings of the London Mathematical Society* 9, 1877, 9-20)致谢。他还提到他以后发现的戴德金的《数的性质和含义》(Dedekind, *Was sind und was sollen die Zahlen*).

[20] Peano, "Sur une courbe, qui remplit toute une aire plane"(该文论述完全充满一个平面区域的曲线), *Selected Works of Giuseppe Peano*, pp. 143-49.

然而，数学家、历史学家，甚至哲学家一致同意，哥特罗布·弗雷格荣幸地成为现代数理逻辑的真正奠基者。这并不是说弗雷格第一个以发表论文的形式回答了由康托尔提出的数的基本问题，而是因为他的回答最终被证明是最优秀的。显然这似乎是相当明确的，弗雷格驳倒了其所有的论辩对手，并成为当时数学领域中严格意义上的最深刻的实证主义者。实际上，弗雷格的逻辑学就如同爱因斯坦的物理学，可以被称为实证主义的最后一击——确立世界的客观性以及我们用来思考世界的逻辑和数学的客观性的最后的英雄般的努力。就如弗雷格本人在1884年所写的：

> 我所理解的"客观的"意味着某种与我们的感觉、直觉和想象无关的东西，某种与精神图景的所有结构无关的东西，而这种精神图景来自对更早的感觉的记忆，但并不意味着与理性无关，与理性无关是什么意思？回答是这无异于……洗涤皮毛而不弄湿它。[21]

弗雷格出生于1848年，比康托尔小四岁；他像康托尔一样，是一位训练有素的数学家。他的第一部而且极为基础性的著作是1879年的《概念文字》(*Begriffschrift*)，弗雷格说：这部著作始于理解"仅仅依靠推理[防止任何直觉……悄悄地……渗入]，人能在算术上走多远"的努力。最先形成的是"试图将按顺序排列的概念还原为逻辑结论的概念，以便从逻辑结论的概念到达数的概念"[22]——换言之，是为了像戴德金和皮亚诺那样，将数建立在顺序和连续的基本概念上。

为了从事这一工作，弗雷格发明了现今标准的函数-自变量形式作为（与解析学和代数相似的）逻辑陈述以及逻辑学家依然称之为纯粹

---

[21] Gottlob Frege, *The Foundations of Arithmetic*, trans. J. Austin (Evanston, Ⅲ.：Northwestern University Press, 1980), 26. 论述弗雷格成就不可或缺的文本是迈克尔·达米特（Michael Dummett）的《弗雷格：数学哲学》(Michael Dummett, *Frege：Philosophy of Mathematics*, Cambridge：Harvard University Press, 1991).

[22] Gottlob Frege, *Begriffschrift*, trans. S. Bauer-Mengelberg, *From Frege to Gödel*, ed. J. van Heijenoort (Cambridge：Harvard University Press, 1967), 5.

形式推导的"量化理论"的某种东西。在第23段,他通过利用一些隐含着他称之为"遗传"特性的命题函数推导出值的序列的一般理论。这些与戴德金所称的"链"(Kette)、皮亚诺所称的"后继"并没有多大区别。这样一种蕴涵或蕴涵集合对于自然数和加法而言依然被认为是唯一可能的逻辑基础。弗雷格在他自己的序言中勇敢地为它勾勒了一个伟大的未来:

> 我确信,无论在什么情况下,特殊的值必须被置于证据有效性的基础上,我的概念文字都可以成功地被使用,例如,当微分和积分的微积分学基础被建立起来时。[23]

换言之,弗雷格的研究设想从一开始就同康托尔和戴德金相同:解决19世纪60年代因解析学的严格化而提出的数的连续性问题。尽管这是最好的解决方案,但没有一个人会不辞辛苦地理解他复杂的新记数法。通过略逊于他头脑的整个智力的漫长过程,弗雷格的洞察力必将会被重新发现。

在出版于1884年的《算术基础》(*Grundlagen der Arithmetik*)一书中,弗雷格批评了自欧几里得以来的所有前人关于数的观念,包括牛顿、莱布尼茨、休谟、穆勒、格拉斯曼、李普希茨、托梅(Thomae)、汉克尔、施罗德、洛采(Lotze)、杰文斯和布尔的观念。[24] 最终,弗雷格这次

---

[23] Gottlob Frege, *Begriffschrift*, trans. S. Bauer-Mengelberg, *From Frege to Gödel*, ed. J. van Heijenoort (Cambridge: Harvard University Press, 1967), 7.

[24] Gottlob Frege, "View of certain writers on the concept of number" and "Views on unity and one," section 2 and 3 of The Foundations of Arithmetic, 24-67. 受到批评的著作包括约翰·斯图亚特·穆勒的《逻辑体系》(John Stuart Mill, *System of Logic*, 1843)、李普希茨的《解析学教程》第1卷(Lipschitz, *Lehrbuch der Analysis*, vol. 1, Bonn, 1877)、托梅的《解析函数基本理论》(Thomae, *Elementare Theorie der analytischen Funktionen*, 1877)、汉克尔的《关于复数和函数的讲义》第1卷(*Vorlesungen über die complexen Zahlen und ihren Functionen*, vol. 1, 1867)、施罗德的《算术和代数学教程》(Schröder, *Lehrbuch der Arithmetik und Algebra*, Leipzig, 1873)、威廉姆·斯坦利·杰文斯的《科学诸原则》(William Stanley Jevons, *The Principles of Science*, London, 1879),以及布尔的《逻辑的数学分析》(Boole, *Mathematical Analysis of Logic*, 1847)。

是用词而不是用符号阐明了他关于数的定义:"属于概念 F 的数是'等于概念 F'的扩展。"伯特兰·罗素后来用短语表达为:"一个类[集合]的数是所有与之类似的类的类。"㉕在定义了数之后,弗雷格继续定义所有数中最棘手的那些数:0 和 1。弗雷格还利用机会向康托尔致意,他很可能从康托尔那里获得了比较不同集合大小的一一对应的方法。因为弗雷格的实证主义比柏林学派更显著,所以他毫无困难地将康托尔的"超限"纳入他的体系之中。的确,正如他在八年后评论康托尔《关于超限数理论研究的报告》(*Mittheilungen zur Lehre vom Transfiniten*)写道:

> 理论上实证主义的怀疑论……是[数学]将塌陷于上的暗礁。因为无限大最终将拒绝被排除在算术之外,可它与[有限论的]认识论方向是相矛盾的。㉖

在《算术基础》中,弗雷格仅仅责备康托尔"对数的更替序列和数缺乏精确的定义",以及他诉诸"相当神秘的'内在直觉'"——整本《算术基础》是对心理学贩子和哲学唯心主义论战的直觉。㉗

当 19 世纪行将结束之时,存在着一种极大的希望,即许多人长期梦寐以求的绝对精确在数学领域出现,并在人文科学中给予数学以特权地位,而这是自毕达哥拉斯以来数学所要求得到的权利。1893 年,弗雷格出版了他的第三本也是最综合性的著作《算术的基本规律》

㉕ Gottlob Frege, *The Foundations of Arithmetic*, 79-80; Russell, *Introduction to Mathematical Philosophy* (1919; New York: Dover, 1993), 18.

㉖ 弗雷格对格奥尔格·康托尔《关于超限数理论研究的报告》(*Zur Lehre vom Transfiniten*)的评论(Gottlob Frege, *Zeitschrift für Philosophie und philosophische Kritik* 100, 1892);载道本:《康托尔》,第 225 页(Dauben, *Cantor*, 225)。在这一评论中,弗雷格还主张在集合和自然数定义上的知性优先权,并创造了一个名词"戴德金无限"(Dedekind-infinity)用来指戴德金在《数的性质和含义》第五部分命题 64(*Was sind und was sollen die Zahlen*, sec. 5, prop. 64)曾经定义的规则。他承认,实证主义的认识论与算术无限大是"矛盾的"(Dauben, 181)。

㉗ Gottlob Frege, *The Foundations of Arithmetic*, 98.

(*Grundgesetze der Arithmetik*)第一卷。[28] 皮亚诺已经用他的新记数法开始发表关于算术基础的一系列主张。[29] 大卫·希尔伯特(David Hilbert)在哥廷根正要准备研究这一问题。魏尔斯特拉斯新进的一个学生、无薪大学教师、哈勒的埃德蒙德·胡塞尔1887年为他的博士论文取名《论数的概念》,并在1891年以《算术哲学》为名出版。[30] 当胡塞尔继续这一研究时,他利用了弗雷格的《算术基础》,并适时地送了两本书以及一封满怀希望的信给弗雷格。弗雷格很快意识到这些著作回答了数的重大问题,而且好像它们不是数学问题而是认识论问题。胡塞尔没有像康托尔及其后继者那样假设或定义一个集合,而是询问一个集合[他用"多样性"(*Vielheit*)这个词]怎样才能首先被想到。当一个人意识到事物集合在一起[集体的联合(*kollektive Verbindung*)]时,他的回答与多样性的结果一样复杂。[31] 胡塞尔在他"导论"的几段文字中,对于连续性问题做了彻底回避数学的激怒人的简单回答。他写道,实数的连续统并不只是一种多样性。它不能通过集体的联合呈现在意识中。相反,被称为"连续的联合"(continuous combination)或"因连续

---

[28] Gottlob Frege, *The Basic Laws of Arithmetic*, tran. M. Furth (Berkeley: University of California Press, 1964).

[29] Peano, "Sul concetto di numero"(《论数的观念》), G. Peano, ed. *Rivista di Mathematical* I (1891, 87–102, 256–67).

[30] Edmund Husserl, *On the Concept of Number*, trans. D. Willard, Husserl, *Shorter Works* (Notre Dame, Ind.: University of Notre Dame Press, 1981), and *Philosophie de l'arithmétique*, trans. J. English (Paris: Presses Universitaires, 1972). 关于胡塞尔数学研究的主题参见 J. Philip Miller, *Numbers in Presence and Absence: A Study of Husserl's Philosophy of Mathematics*, Boston: Nijhoff, 1982; J. N. Mohanty, *Husserl and Frege*, Bloomington: Indiana University Press, 1985; Giorgio Scrimieri, *La matematica nel pensiero giovanile di E. Husserl*, Bari, 1965; Robert S. Tragesser, *Husserl and Realism in Logic and Mathematics*, Cambridge: Cambridge University Press, 1984; Richard Tieszen, "Mathematics," in Barry Smith and David Woodruff Smith, eds, *The Cambridge Companion to Husserl*, New York: Cambridge University Press, 1995; 尤其参见 Dallas Willard, *Logic and the Objectivity of Knowledge: Studies in Husserl's Early Philosophy*, Athens: Ohio University Press, 1984.

[31] Husserl, *On the Concept of Number*, 98, 112.

性形成的联合"(combination by continuity)的不同的认识论过程创造了一个没有部分因此是整体的事物。㉜ 弗雷格倾注全力给胡塞尔写了既有批评又不失礼貌的回信；但胡塞尔忽略了弗雷格的批评，并于1893年依然发表了《基础逻辑的心理学研究》(*Psychological Studies for Elementary Logic*)，对此，弗雷格失去了耐心。几个月之后，弗雷格在一篇评论中将《算术哲学》称为一种"破坏"予以攻击。弗雷格写道：胡塞尔对集合概念的心理分析可能使数学的客观性——甚至逻辑的客观性——成为不可能。㉝

正如我们将要看到的，1880年前后所有对集合—项和数的数学原子的强烈关注几乎立即反映在对其他实在新的非连续的描述上：玻尔兹曼(Boltzmann)和吉布斯(Gibbs)的原子统计热力学，迈布里奇(Muybridge)和马雷(Marey)单格拍制的摄影术，伯纳德(Bernard)和高更(Gauguin)的"景泰蓝"彩色平面，修拉(Seurat)和西涅克(Signac)的"点彩画法"。传统微积分学美丽的连续性似乎被永远放逐了，其流放的圈子与物理学、运动的流动性和艺术中明暗法的过渡褐色等领域一样。数字诞生了。

回溯以往，也许会令人感到惊奇，当时意识到连续性的悖论依然潜伏着的数学家是多么的稀少，连续性的悖论像狼一样潜伏在新营火会的营圈之外的集合领域，这种集合的项本身就是集合或各种集合的集合；它可能不是"可数的"，或者甚至不是"良序集"。不太令人惊奇的是这样的事实，即确定狼所在位置的是哲学家而不是数学家。实证主义总是将批判哲学的重要性赋予数学，实际上哲学和数学还没有疏离到

㉜ Husserl, *On the Concept of Number*, 98, 112.

㉝ Frege to Husserl, 24 May 1891, in *Philosophical and Mathematical Correspondence*, ed. G. Gabriel et al., trans. H. Kaal (Chicago: University of Chicago Press, 1980), 61; and Frege, "Dr. E. G. Husserl: Philosophie der Arithmetik," *Zeitschrift für Philosophische Kritik* 103 (1894), 22–41; trans. in Frege, *Collected Papers on Mathematics, Logic, and Philosophy*, ed. Brian McGuinness (Oxford: Basil Blackwell, 1984), 209.

这样的程度,以至在维多利亚时代勤勉的学者如赫尔姆霍茨(Helmholtz)或康托尔不能容易地从事这两个领域的研究。伯特兰·罗素和路德维希·维特根斯坦怎样在我们的逻辑学基础中发现不可弥补的缺陷,以及埃德蒙德·胡塞尔遭遇怎样的严重失败以至于他不得不发明一种全新的认识论的故事,哲学的初学者现在已经很熟悉了。下面数章将重述这些内容;但这个故事始自数学,始自理查德·戴德金的奇怪问题以及随后形成的数和算术的定义。

第四章　路德维希·玻尔兹曼

统计气体、熵和时间的方向
1872—1877

1872 年,即戴德金发表《连续性与无理数》(*Stetigkeit und irratio-nale Zahlen*)和康托尔发现无穷集的这一年,路德维希·玻尔兹曼创立了现代物理学。玻尔兹曼的研究领域并不十分现代。热力学——热的力学理论——是 19 世纪的重要研究领域,它基本上是蒸汽机能够提供给人们的知识的系统化;但玻尔兹曼用 20 世纪的方式看待这一理论,成为结束田园梦想并从事物质原子的平均数和概率研究的第一位科学家。[①] 1872 年,玻尔兹曼正生活在奥地利一个相当小的大学城格拉茨,自 1870 年起他就在格拉茨担任恩斯特·马赫 1867 年离开后空缺的教授席位,讲授物理学和数学。玻尔兹曼是一位理论物理学家而不是一位诗人,他选择的开辟新时代的方法是一篇发表在专业学术刊物上很长而又具综合性的文章,其中充满了方程式——准确地说,这是与他从事相同研究的数学家和物理学家在过去一个世纪为展示某种新东西确

[①] 詹姆斯·克拉克·麦克斯韦(James Clerk Maxwell)稍早时就表明了这一方法,但他依然是最后的场理论家。

定的标准形式。他将这篇论文作为维也纳一次学术会议的论文提交给了会议,伟大的唯物主义者赫尔曼·冯·赫尔姆霍茨(Hermann von Helmholtz)作为听众聆听了这篇论文的内容。以后,玻尔兹曼又给维也纳科学院的杂志送出一份整洁的副本。1872年10月10日,该文以谦逊的标题《关于气体分子间的热能平衡分布的进一步研究》(*Further Studies on the Equilibrium Distribution of Heat Energy among Gas Molecules*)在《维也纳报道》(*Wiener Berichte*)上发表。我们现在称它为"H-定理"论文,对一个物理学专家来说,它像毕加索的《快乐的女人》(*Demoiselles d'Avignon*)和惠特曼的《草叶集》(*Leaves of Grass*)那样,是进入新世界的第一步。②

20世纪的物理学依赖当时相当新颖的看待自然界的三种方式。第一种方式是物质和能量、原子和量子的数字化,这是仅仅留下少数被遗忘"波浪"涟漪结果的数字化。第二种方式是——假定突然出现了未曾预料的粒子数量——现在必须要解释这些粒子怎样引起我们所知道的事件概率和平均数,甚至这些事件已经出现。第三种方式是需要包含粒子并使粒子联结的空间或各种空间的最新复杂结构。20世纪理论物理学这三个伟大奠基者的任何一个都致力于所有这三种方法;但一个世纪之后,显然空间的重构主要是爱因斯坦的创造,能量的数字化应归功于普朗克,但概率和平均数——推测学和统计学——却应归功于路德维希·玻尔兹曼。普朗克和爱因斯坦两人都从玻尔兹曼身上学到了如何从事现代物理学研究的知识。"在很大程度上,正是他的贡献使普朗克和爱因斯坦有可能成就他们的著作……他处于变革的中心。"③

---

② Ludwig Boltzmann, "Weitere Studien über die Wärmegleichgewicht unter Gasmolekülen," *Wiener Berichte* 2, no. 66 (1872), 275-370.

③ Boltzmann, *Gesametausgabe*, ed. Roman U. Sexl, vol. 8 *of Internationale Tagung Anlässlich des 75. Jahrestages seines Todes 5. - 8. September 1981 Ausgewählte Abhandlungen*, ed. Roman U. Sexl and Hohn Blackmore (Brunswick: Vieweg, 1982), 2.

第四章　路德维希·玻尔兹曼

在马克思出生约三十年后,路德维希·玻尔兹曼于1844年出生于马蒂·格拉斯狂欢节(Mardi Gras)之夜;他蓝色的眼睛具有敏锐的目光,他的小眼镜、过度卷曲的黑发,以及他下颚浓密的胡须使他越来越像老年的马克思。他不是社会主义者,而是像马克思一样,是一个坚定的唯物主义者,对他来说,世界只不过是物质,是一个为生存而艰苦竞争的舞台。世界上不存在什么神秘的东西;几乎每一个人都能理解这个世界,至于那些遇到难题的人,就应该是由类似玻尔兹曼这样的物理学家来解释。玻尔兹曼出生于比德迈尔(Biedermeier)时期的奥比利,但这没有使这位实证主义哲学家的世界观发生一点转变。玻尔兹曼的母亲是一位奥地利天主教徒,按她的信仰,玻尔兹曼是受过洗礼的;而他父亲是一位普鲁士新教徒后裔、税务官。不是玻尔兹曼的母亲,而是他的父亲使玻尔兹曼仇视一切神秘主义和形而上学。玻尔兹曼大约十岁时,被安排在大师安东·布鲁克纳(Anton Bruckner)本人手下学钢琴,布鲁克纳时为林茨大教堂的管风琴师。路德维希·玻尔兹曼的母亲不是一个使人感到敬畏的人,她指责布鲁克纳将他的湿雨衣放在了床上,结果钢琴课就此结束了。④ 最终玻尔兹曼还是学了弹钢琴,因为他非常喜欢音乐;只有晚期的浪漫主义音乐才使他感到厌烦。至于世纪末维也纳流行的颓废气氛,当玻尔兹曼不能无视它时,他就鄙视它。在以后的生活中,他发现自己不得不去阅读叔本华的著作,因为他在科学上的对手坚持引述叔本华的话语,也因为一系列小概率事件使他获得了在维也纳大学讲授哲学课程的工作。玻尔兹曼发现这样的工作相当可怕,以致他愤慨地辞去了教职,这非常像剃去他的胡须那样:

　　用叔本华[自己]的词汇来说,这个结果是:愚蠢,糊涂,顽
　固的笨蛋,荒谬,白痴,傻瓜,胡说八道,极度的低能。我希望

---

④　George Greenstein, "Ludwig Boltzmann," *American Scholar* (winter 1991), 99.

这激烈指责的理由是充分的。⑤

玻尔兹曼有时的确使人害怕,但持续的时间不会很长。他大部分时间是完全自然率真的,人们往往津津乐道于有一天他在格拉茨的农民集市上买了一头小母牛,然后牵着它回家。他的幽默相当深刻,会持续很长时间,而且经常是嘲讽他自己;确实,他关于 1905 年在加利福尼亚讲课期间的报告《一个德国教授的黄金国之旅》(*Journey of a German Professor to Eldorado*)是科学文献中最有趣的作品之一,罕有其匹。他以这样的一种热情——以及这样一种有规则的方式——讲课,使得学生们都相当崇拜他。同唯物主义一样,对玻尔兹曼来说,秩序是通往人类自由的大道。的确,他对席勒(Schiller)的诗歌抱有极大的热情,但他所理解的席勒是献身自由的席勒,而不是神秘的浪漫主义的席勒。而且,他的确欣赏先锋派艺术家。在 1899 年的讲课中,他依然赞成关于原子传统观念的部分辩白,他向他所称的"分离主义运动"(the secessionist movement)的文化革命者提供帮助,并不解地询问他以前得知的艺术中的几乎其他所有东西——从"印象派艺术家"、分离主义、外光派(plein-airism)到"未来音乐"——是否都是最新流行的,而不是"已经过时的",就像他的原子论在物理学中一样。⑥ 玻尔兹曼是正确的,但革命经常要经历对历史的重新发现。

玻尔兹曼 1863 年开始接触物理学,因为他在林茨高级中学班级比赛中获得第一名而直接进入克里斯蒂安·多普勒[Christian Doppler,

---

⑤ Boltzmann, "On a Thesis of Schopenhauer." 玻尔兹曼写道,他要把它称为"叔本华是堕落的、没有思想的、无知的、胡诌废话哲学家的证明,他的观点仅仅由空洞的废话构成"。叔本华的作品被他说成是"模糊的、无思想的词的堆切",远不如对黑格尔的评价温和。Boltzmann, *Populäre Schriften* (Leipzig, 1905), #22; trans. in Engelbert Broda, *Ludwig Boltzmann: Man, Physicist, Philosopher* (Woodbridge, Con.: Ox Bow Press, 1983), 29. 参见 Boltzmann, *Theoretical Physics and Philosophical Problems*, trans. Paul Foulkes, ed. Brian McGuinness (Dordrecht: D. Reidel, 1974), 184; Broda, *Ludwig Boltzmann*, 28.

⑥ Broda, *Ludwig Boltzmann*, 57; Brian McGuinness, ed. *Theoretical Physics*, 79.

多普勒效应(Doppler Effect)]创建仅十四年的维也纳大学物理系。这似乎是一个崇尚无可置疑事实的时代,但宇宙依然结合在一起。持续不断地填充光以太就是物理学浪漫时代的伟大发明——电磁场。迈克尔·法拉第(Michael Faraday)用铁锉屑使无缝的连续性变得清晰可见,根据被誉为19世纪牛顿的詹姆斯·克拉克·麦克斯韦(James Clerk Maxwell)的研究,所有以波动性通过场的波——包括光——也都是连续的。维也纳大学物理学系主任约瑟夫·斯特凡(Josef Stefan)在19岁的玻尔兹曼到物理系后给了他一本麦克斯韦著作,书的空白处细心地添注了英语语法以便于他阅读。对近视的玻尔兹曼来说,阅读是容易的,但他回忆道,当这位维也纳教授不用模型讲授立体几何并描述他无法看到的实验效果时,他曾经不得不运用了大量的想象。⑦ 幸运的是,他的想象是那样灿烂,对一个希望解释不可见的原子和分子世界的人是非常有帮助的。

1866年,玻尔兹曼获得博士学位,他从大学带走了19世纪关于宇宙连续性的图景。如果宇宙中存在原子和分子,这些原子和分子就是那些谦卑的化学家。1865年,麦克斯韦极为精确地将所有已知的和未知的电磁场效应简化为一个有四个微分方程的密集方阵。这个微分方程具有连续性的数学特征,到那个时候它已经成为数理物理学的唯一语言。牛顿关于"超距力"(force acting at a distance)即万有引力的理论,就像法拉第的理论一样似乎也准备发展到"场"理论,波、流体和场的重要扩展似乎准备淹没理论物理学。因为那些难以处理的、不连续的元素之间的差异,化学家也许需要具体的原子;但物理学家能够排除化学家棘手的细节问题。他们的原子是一般的和精神的。开尔文(Kelvin)认为,它们也许证明不比某些宇宙场中的一股漩涡或结团更实在。

然而,玻尔兹曼没有承认场理论的过分言行,无论是在当时还是以

---

⑦ Boltzmann, "On the Methods of Theoretical Physics"(1982), in McGuinness, ed. *Theoretical Physics*, 6.

后。他阅读了麦克斯韦的所有著作，他知道麦克斯韦从没有为了有利于波而排斥粒子。例如，与卡诺和布莱克（Black）不同，麦克斯韦并不认为热是某种流体，即使它从一个较热的地方流向较冷的地方。相反他同意詹姆斯·焦耳（James Joule）和鲁道夫·克劳修斯（Rudolf Clausius）的观点，焦耳在1848年断定热能够更容易地被解释为10^{21}的分子的运动，而克劳修斯1857年将分子想象为类似旋转、碰撞、迅速上升的撞球或罐头中的子弹。1859年至1860年，麦克斯韦想出了两种方法，一种是用数学术语描绘这种图景的方法，以便从粒子的数量可以推导出热能，另一种是［测量］能量在粒子中分布的方法。这是一个复杂的公式，它涉及假定每一个分子在任意三维空间都是自由移动的。正如麦克斯韦逐渐意识到的，对那些三个"自由度"将无限制地表现出分子动量的人来说，这事实上太复杂了，而且系统的全部动量会干扰守恒定律。1866年，即在玻尔兹曼获得博士学位那一年，麦克斯韦开始用这些分布在许多粒子状态之间的能量而不是分布在粒子本身之间的能量的公式进行实验。

玻尔兹曼发现，这位"粒子的麦克斯韦"要比"场的麦克斯韦"有趣得多。实际上，玻尔兹曼的博士论文是关于熵的力学解释，对于涡流旋转的分子有大量论述。确实，这是他第一次尝试解决这个使其研究终生并贯穿其科学生涯的问题：什么是解释热能和它较难解的另一半之间——熵——奇怪关系的物质结构？熵是克劳修斯（Clausius）给予无效能量度量标准的一个名称。这是世界要不断密切关注的事情，尽管有能量守恒定律。熵对不能做功而且不断增加的无效能量进行度量。在最大可能的意义上，熵表明一种混乱、无序和资源的消耗状态：随着宇宙变老，克劳修斯断定的状态一定会以不久被称为热力学第二定律的公式无限地增长。玻尔兹曼已经在他的博士论文中通过规定熵变（change in entropy）（例如热力发动机的循环）回应了克劳修斯的观点，玻尔兹曼的熵变等于用大量被传热的导数（derivative）除以传导的绝对温度。但玻尔兹曼最想知道的是熵的根据什么。在人类及其他们的设备不可见的范围内，什么物质行为说明了蒸汽机做的功、温暖的感觉，以及宇宙中无序的增长？

玻尔兹曼的基本直觉是这是许多原子的运动。在1868年，当时格拉茨大学的新教师玻尔兹曼在一篇标题为《质点聚集中的热动力学能量均分研究》(Studies on the Equipartition of Thermal Kinetic Energy among Material Point Masses)[8]的论文中第一次公开回答了这个问题。非物理学家甚至可以通过与麦克斯韦的论述同样有趣的技术讲演来承认这一图景。"质点聚集"(material point masses)是——假定那里存在，且假定具有动力学能量——以我们感觉为热的方式运动的原子。这些原子非常微小，呈现为气体的化合体积的数量非常非常多，至少是$6×10^{23}$，即阿伏伽德罗常数(Avogadro's number)。玻尔兹曼的同事约瑟夫·洛施米特(Josef Loschmidt)在1865年最先得到近似阿伏伽德罗常数的值。[9] 玻尔兹曼写道，考虑它们的最好方式是假定：每一种可能的情形——每一种"自由度"——都表现为某种聚集程度。每一种自由度都有潜在的能量，如果有500个10^{21}的粒子，那些潜在的能量也一定被分布在整个几乎与粒子一样的图谱上。形成的各种方程式是拥有大量项的代数和。如果物质是连续的，而且未被分裂成原子，人们就应该以某种方式求这些项的积分。求连续函数的积分以及完整的微积分学毕竟是19世纪物理学的基本数学工具。玻尔兹曼确实是最早以积分法运算的人，但那时他增加了所有的分段(piece)，而且为了很好地度量，他还计算出了微分之和。

麦克斯韦相当喜爱这篇论文，并慷慨地建议将这一命题即所有粒

---

[8] Boltzmann, "Studien über das Wärmegleichgewicht der lebendigen Kraft zwischen bewegten materiellen Punkten," *Wiener Berichte* 58 (1868), 517–60.

[9] 这个值以阿莫迪欧·阿伏伽德罗(Amedeo Avogadro)的名字命名为阿伏伽德罗常数(Avogadro's number)，阿伏伽德罗表明它应该与在相同温度下任何气体的摩尔量相同，但无法知道它的值。洛施米特(Loschmidt)则提供了$0.5 × 10^{19}$粒子的实际值，与《论空气粒子的数量》(*Zur Grösse der Luftmolecüle*)一文提出的每立方厘米的量稍有差异。

子根据它们的势能(potential energy)(和温度)分布在所有位置之中以"玻尔兹曼定理"(Boltzmann Theorem)命名。这个分布本身建立在麦克斯韦理论的基础上，因此很快就被称为"麦克斯韦-玻尔兹曼分布"(Maxwell-Boltzmann Distribution)。1872 年，这个假设和结论在严格的意义上都未得到证明，当然那时也没有人能够度量一个分子的速度和位置。(这在现今依然很难做到。)同时，10^{23} 的分子的平均数总是可以提供精确地与实际比较的全部能量的数值。人们只是满足于平均数符合实际以及不久每一个分子的能量大约为 RT/N 的比较高的概率。RT/N 中，R 表示气体常数，N 表示除以洛施米特数[Loschmidt's number]，T 表示乘以绝对温度。表示具有不同能量的相对(平均)分子数的 E 可以通过依赖于"玻尔兹曼因子"(Boltzmann factor)$e^{-E/RT}$的一个方程式得到。这样，物理学就离开了精确度量的安全港口，第一次张帆起航前往概率的大海。

1872 年，当时玻尔兹曼始终在证明这种实际事实是可能的。因为玻尔兹曼在维也纳大学就读研究生的日子里就开始寻觅显然总是不断增加的熵的公式，并证明热力学第二定律。他在 1871 年的论文《根据动能均衡分布规律对热力学第二定律的分析证明》(*Analytical Proof of the Second Law of Thermodynamics from the Law of Equilibrium Distribution of Kinetic Energy*)中提供了一个证明框架，并开始了将热力学转变为概率的粗略的首次努力，以此继续从事这一研究。[10] 麦克斯韦在他关于能量分布的论文中，已经预计了这样的公式。他和玻

---

[10] Boltzmann, "Analytischer Beweis des zweiten Hauptsatzes der mechanischen Wärmetheorie aus den Sätzen über das Gleichgewicht der lebendigen Kraft" (1871) and "Zusammenhang zwischen den Sätzen über das Verhalten mehratomiger Gasmoleküle mit Jacobis Princip des letzten Multiplicators", *Sitzungsberichte der Wiener Akademie* 63, no. 2 (1871), 679. 1902 年，吉布斯(Gibbs)将它挑选出来作为利用系统整体、整体的阶段分布和随时间变化的分布变化的第一篇论文。Josiah Willard Gibbs, *Elementary Principle in Statistical Mechanics* (Woodbridge, Conn.: Ox Bow Press, 1981), vi.

尔兹曼都从这样的基本条件开始:如果分子及其能量根据"麦克斯韦-玻尔兹曼分布"来分布,那么最后的结果应当是一个统计学的平均数。然而,他发现的验证并不容易出现。实际上,对数学家而言,这样的数学似乎依然是粗俗的和不能理解的。[11]

玻尔兹曼在 1868 年已经说明,聚集在一起的每一个分子都有一组动能,三个运动矢量的每一个都有一个动能。他简略地描述了他不能使那些动能的分布细节详尽完备的函数。对于每一组动能,他进一步推论,因为存在由每一微小时间间隔中的冲撞而引起的变化,所以他需要发现在冲撞产生的那一刻能量分布变化的公式。他发现的公式最后成为一个左边是与时间有关的能量分布函数的导数、右边是令人生畏的双重积分的方程式。这个积分不能被求值;但幸运的是,当"麦克斯韦-玻尔兹曼分布"在它的最大项被替代时,这个积分为 0,方程式的另一边也是这样。

玻尔兹曼受到鼓励,继续阐释一个新的量,他决定把它叫作 E——而不是使他入迷的熵,相反是熵的负数或反数。我们可以称它为边际有效能量而不是无效能量,或者可能称它是热在一个气体内流动可能性的度量标准。[12] 玻尔兹曼确定,E 被规定为等于被加热物质中速度差之和,所以接近热力学平衡,当分子的速度分布尽可能相等时,那些速度差之和将处于最小值。玻尔兹曼根据一个积分发现了 E 的表达式,他只是取了与时间有关的一阶导数,并从数学上说明这个导数总是大于 0。随着时间的增加,它的数值会逐渐变小,仅在满足麦克斯韦-玻尔兹曼均匀分布(Maxwell-Boltzmann equal distribution)的条件下,

---

[11] 关于玻尔兹曼和其他热力学及统计物理学先驱最全面最可靠的著作是斯蒂芬·G. 布拉什的《我们叫作热的运动性质》(Stephen G. Brush, *The Kind of Motion We call Heat*, 2 vols, New York: North-Holland, 1986.)。R. 杜加斯(R. Dugas)在《玻尔兹曼观念中的理论物理学》(*La Théorie physique au sens de Boltzmann*, Neuchael: Griffon, 1959)中分析了其中的一些问题。

[12] 现在它被叫作焓(enthalpy)。我把这一概念和其他要义归功于我从事于物理学研究的同事迈克尔·麦克格雷(Michael McGarry)和保罗·西格尔(Paul Siegel)。

它才为 0。它的负数是 $-E$，$-E$ 的数值总是随着时间的延续而变大，看起来好像它与熵是相等的。后来，玻尔兹曼把能量 E 改为 H，这个公式就被称为 H-定理。

　　玻尔兹曼相当满足。H-定理是使一位科学家声誉大大提高的理论。正如玻尔兹曼所希望的，他很快就成了非常著名的理论物理学家，并受邀在西方知识界四处讲学，接受各种荣誉。1887 年，他回到了格拉茨，被任命为格拉茨大学的校长；1890 年，在他回维也纳之前，他被聘为慕尼黑大学的教授。一位名叫弗罗布里斯基（Wroblewski）的有学者气质的编辑请他撰写《气体的动力学理论》(On the Kinetic Theory of Gases)，但玻尔兹曼以视力不佳为由谨慎地拒绝了撰写这种应当在二十五年之后编纂的权威性著作，即使那时他的视力更差。在发表论文后，玻尔兹曼最直接的荣誉是被聘为维也纳大学数学正教授，对这位教授来说，寻找一位妻子是合适的事情。他在格拉茨大学的一位数学学生亨丽埃特·冯·艾根特勒尔（Henriette von Aigentler）接受了他的求婚。玻尔兹曼期待一位能帮他煮饭、料理生活的传统妻子，但艾根特勒尔称他为"我亲爱的胖小宝贝"，把他哄得相当好。[13]

　　但在最美好的理想世界中并非一切都是最好的。玻尔兹曼不知道的是当他将他的论文放在信封中寄给《维也纳报道》(Vienna Reports) 后，在他的推理中至少存在两处隐藏的缺陷。而且它们是异常难以解决的难题，对 19 世纪的人类精神来说，是难以理解的罕有数学难题和艰巨任务。也许，这是对玻尔兹曼非凡的现代主义精神的最好度量，他为了他的理论同两种异说论战，并最终成功地回答了这两个异说。

　　第一种异说出现于 1874 年，来自格拉斯哥的物理学家威廉·汤姆森（William Thomson），威廉·汤姆森发明了绝对温标（absolute temperature scale），并很快成为开尔文勋爵（Lord Kelvin）。如果所有这些分子可以采取的每一种组态的概率都是相同的，而且如果事件和

---

　　[13] "mein liebes dickes Schatzerl."（"我亲爱的胖小宝贝。"）

碰撞在一种秩序中与在任何其他秩序中一样都有可能发生,为什么高度有序的状态——能够产生能量的状态——总是消逝不见了?为什么有序的状态不能从不太有序的状态中形成,就像不太有序的状态常常从有序的状态形成那样?开尔文在1874年的一篇论文中提出了这个问题,但玻尔兹曼没有看到这篇论文。直到1876年,当时玻尔兹曼的老同事约瑟夫·洛施米特提出了同样的异论,玻尔兹曼才最终意识到他的定理并不可靠。当时玻尔兹曼正在筹划他的婚礼,准备再一次从维也纳移居格拉茨,但他立即开始工作,研究这个问题。

玻尔兹曼的学生保罗·埃伦费斯特(Paul Ehrenfest)后来把这个异说称为"可逆性"(Umkehreinwand)问题。对物理学理论而言,这个异说是一个奇特的数学问题。康托尔已经认识到这个问题与数学家近来关于概率研究工作的关系以及与他自己几乎同时在集合论中的发现的关系。一个有 10^{23} 个运动粒子的系统不是一个无穷集,但应付这样一个怪物各种最好的数学方式并没有什么不同。玻尔兹曼似乎不知道康托尔的著作,但他有数学学位和数学教授的职位,差不多一年后,他以其专业知识回答了洛施米特的异论。这一研究成果再次以论文形式在《维也纳报道》(*Wiener Berichte*)上发表,发表于1877年1月11日的这篇论文名叫《对热的力学理论中几个问题的评论》(*Remarks on Some Problems in the Mechanical Theory of Heat*),物理学的习惯做法再次模糊了这篇论文成就的艺术性和重要性。⑭

玻尔兹曼写道:一个分子系统的所有状态是不均等的。有序的状态,即分子能够流出进行热传递、能量、功的状态,是相当罕见的,不大可能的。无序状态不可能像有序状态发展到无序状态那样地发展。无序状态要比有序状态多得多,因此无序更经常地出自无序,而不是有序。这是更为常见的事。因为如此常见,以至就实用目的来说,系统产

---

⑭ Boltzmann, "Bemerkungen über einige Probleme der mechanischen Wärmetheorie," *Wiener Berichte* 2, no. 75 (11 January 1877), 62–100; in Boltzmann, *Wissenschaftliche Abhandlungen*, vol. 2, ed. Fritz Hasenöhrl (Leipzig, 1909).

生一个有序状态的概率是0。除了你椅子上的一两个分子突然向上运动时——这是一个令人愉快的经历,但它不值得等待几十亿个生存期——它就像这个事件那样是能够发生的。玻尔兹曼在1872年暂时承认了严格的力学科学,概率现在开始似乎喜欢力学的基础。由伽利略(Galileo)创建、表面看由牛顿完善的关于运动物质的物理学已经被还原成平均律。[15]

玻尔兹曼在他同样也发表于1877年的下一篇重要论文中回答了开尔文的"可逆性"(Umkehreinwand)异说,并继续遵循他自己H-定理的概率含义,最终形成了一个熵的完全统计学公式。所需要的不仅是要发现在一个摩尔体积中每一个 10^{23} 分子能量状态的所有概率,而且要比较整个系统不同状态的概率——也就是将 10^{23} 个分子的各种状态形成一个整体的各种不同方法的概率。要在数学细节上完成这个工作是相当不容易的,一个多世纪后这个发现依然是不受赏识的。整个系统能量状态概率的公式很难形成;比较那些不同系统的概率甚至更复杂。有什么方法可以方便地对它们进行合计吗?多种概率相乘。当你扔一个骰子时,扔出一个3的概率是六分之一,即1/6;但你如果扔两粒骰子,同时扔出两个3的概率是 $1/6\times1/6$,即1/36。所有那些能量的概率可以被一起相乘吗?在许多系统中,其中每一个系统中的分子总数的能量都是难以想象的吗?未必。熵并不相乘,它们相加。一个过程的熵是1/6,另一个过程的熵同样是1/6,两个过程的熵一起应该是2/6即1/3。假设玻尔兹曼正在关注的概率被表达为概率的指数或对数。因子的对数也相加,它们的和就是整体的对数。当时他所要做的所有工作应当是将对数相加。熵然后会转化为一个对数,转化为所有概率总数的对数,它是一个也许要与某个平衡因子相乘的巨大的和。

玻尔兹曼以想象开始研究,如何在一种系统状态中以几种不同的

---

[15] Stephen G. Brush, *The Temperature of History*: *Phases of Science and Culture in the Nineteenth* Century (New York: Burt Franklin, 1978), 67.

随机选择方式,统计每一个 N 分子的能量状态原点。(没有一个人实际上会这样做,尽管这样做可能需要宇宙生命期的时间,但原则上不是不可能的。)他称每一个编号为配容(complexion)。在这些能量状态中,他将放弃那些所有的 N 分子能量不相加到同一个总体上的能量状态;在整个分子系统残余的等能量(equal-energy)的能量状态中,他将区分那些能够被许多不同的"配容"所产生的等能量和那些仅仅能被少数"配容"所产生的等能量。玻尔兹曼认为,可以确信,可以以许多方式达到的那些状态一定是最可能的状态,仅仅应该以少数几种方式达到的那些状态一定是可能性最小的状态。同样,在扑克牌游戏中,一副牌中只有少数几种状况以及少数几局牌会出现像中张顺子(inside straight)一样罕见的一手牌。当 $n!$ 除以每一个分子$(W_0!)(W_1!)\cdots(W_n!)$的概率时,能够形成整体一种状态的不同方式或"配容"的总和将引起一种状态的"可置换性"(permutability)W——置换的总数造成这种状态——其中 N 是聚集中最后一个分子的编号。当然,$n!$ 是非常大的,但因而$(W_0!)(W_1!)\cdots(W_n!)$的乘积很可能甚至更大,分母应该平衡分子。所以如果一种状态的可置换性 W 增长,那么这种状态的概率就会提高;而如果可置换性 W 下降,概率也会下降。如果玻尔兹曼的数学能够发现 W 的最大值,他就应该发现最可能的状态,这种状态也应该是平衡状态。他可以取 W 的对数来使这一工作变得大大容易,因为要得到一个巨大的乘积数的对数,你必须要做的就是合计每一项的对数。在宇宙行将终结之前你可能还有某些能够做完的事。尤其是如果你使用一个小技巧将能量变化的连续统分裂为不连续的可计数部分,将每一个项的范围分割成有穷的片段。当玻尔兹曼逐渐对它们进行求值时,他没有用微积分学求它们的积分,许多项退出了。他写道:"将能量视为离散变量而不是连续变量"是"多么的清晰和更赋直觉啊"。[16] 这也是更为容易的事。最后,玻尔兹曼形成了他的公式,热力学第二定律最

---

[16] 引自 Broda,*Ludwig Boltzmann*,69。

终有了数学的证明。在论文的结尾,数学的简朴语言表达了玻尔兹曼的著名定律:熵(S)与一个系统的各种状态分段求值的概率(W)的对数成正比。一个名叫马克斯·普朗克(Max Planck)的充满希望的年轻热力学家后来将这个定律简化为 $S=k\log W$,其中 W 是系统的所有概率,k(普朗克将它称为"玻尔兹曼常数")是被阿伏伽德罗常数除的气体常数。⑰

就是这么一回事——根据产生热的分子运动对热流体的熵进行可靠的数学度量。但其结果不是运动本身的纯函数(neat function),而是依赖其他人也不能确定的单个分子甚至系统状态运动的纯粹统计数据。在某种程度上,它完全依赖那些相当不可靠的运动数据。数据越可靠,熵就越小。有效能量不仅意味着秩序而且意味着确定性,能量的损耗——熵——正是人对秩序拥有的不确定性。⑱ 不确定性和熵是相同的,因为它们都有决不减少的特性,宇宙的熵总是增加的,热力学第二定律确实得到了证明。这篇发表于 1877 年 10 月的论文名叫《论热的力学理论的第二定律和概率演算的关系》(*On the Relationship between the Second Law of the Mechanical Theory of Heat and the Probability Calculus*)。⑲

在 1877 年,并没有多少人理解玻尔兹曼研究热力学的新方法。少

---

⑰ Thomas S. Kuhn, Black Body Theory and the Quantum Discontinuity, 1894–1912 (Chicago: University of Chicago Press, 1987), 38–41.

⑱ 麦克斯韦那年在《不列颠百科全书》(*Encyclopedia Britannica*)"漫射"条目中写到了类似熵的某种东西。"现在,混乱就像相关的能极(term)秩序一样,不是物质本身的特性,而仅仅是与感知物质的精神有关的特性……这只是一个中间阶段的存在——人能够控制能量的某种形式,虽然其他一些形式逃避了人的掌控——在这个阶段,能量呈现为从可以利用的状态到被消耗的状态。"James Clerk Mawell, *Scientific Papers*, ed. W. D. Niven (Cambridge: Cambridge University Press, 1890), 2:646; in Theodore M. Porter, *The Rise of Statistical Thinking*, 1820–1900 (Princeton: Princeton University Press, 1968), 201.

⑲ Boltzmann, "Über die Beziehung zwischen dem zweiten Hauptsatze der mechanischen Wärmetheorie und der Wahrscheinlichkeitsrechnung respective den Sätzen über das Wärmegleichgewicht," *Wiener Berichte* 2, no. 76 (1877), 373–435.

数理解这一新方法的人则又在哲学上被它困扰。他们希望物理学是唯物主义的,的确这样,出于同样的原因他们还期望它是具有确定性的。他们认为,一个系统的状态必须完全取决于它各个部分的状态,他们没有给概率留下任何空间。伟大的拉普拉斯(Laplace)在19世纪初曾经就行星运动撰写了权威性的著作,以后它成为概率演算方面的权威著作,但无论是拉普拉斯还是其他任何人都没有在两门科学之间建立伟大的基本联系。火星或木星未来位置的猜想也许仅仅是可能的而不是根据自然规律所作的精确预测,以前的事件本应该使拉普拉斯的同时代人感到震惊。在这个世纪末,如果人们对此有模糊的概念,它本应该使许多人感到震惊。但只有物理学家才能理解关于"可逆性"(Umkehreinwand)的争论已经开始,玻尔兹曼1878年的论文《对热的力学理论中几个问题的进一步评论》(Further Remarks on Some Problems in the Mechanical Theory of Heat)是论战性的作品。[20] 在1891年和1894年,英国科学促进协会(British Association for the Advancement of Science)分别接到了其设立目的就是研究"可逆性"(Umkehreinwand)问题的整个委员会的报告;甚至麦斯韦尔就在他1879年去世前也撰写了一篇论文,试图为他自己和其他物理学家清晰表明他年轻的弟子玻尔兹曼二十年前在对分子碰撞的沉思中获得的奇特方向。[21]

接着是第二种异说。它正是由恩斯特·策梅洛(Ernst Zermelo)提出的。恩斯特·策梅洛在1901年提出了将康托尔的无穷大集合整理成序的选择公理。1896年,当时还是马克斯·普朗克低级助手的策梅洛发表了两篇论文,他在论文中指出,像气体的分子体积一样大系统的任何状态的概率绝不会大到足以将其他所有的概率缩小到0。无论系

---

[20] Boltzmann, "Weitere Bemerkungen über einige Probleme der mechanischen Wärmetheorie," *Wiener Berichte 2*, no. 78 (6 June 1878), 7–46.

[21] James Clerk Maxwell, "On Boltzmann's Theorem on the Average Distribution of Energy in a System of Material Points," *Transactions of the Cambridge Philosophical Society* 12 (1871–1879), 547–70.

统所在的状态如何,无论系统是怎样产生的,它都将被另一种状态所继承,只要给予足够的时间,再次出现的每一种状态——甚至概率最小的事件——都是可以证明的。然而,如果这是真实的,它就与热力学第二定律本身相矛盾,因此要像消除永久运动那样消除这样的重现。1881年,尼采研读了有关热力学的著作后写道:在一个无限的宇宙中,存在着永恒递归的空间,而且很难否认在一个有限的但非常非常大的宇宙中,至少有一个机会使出现过的事件再次出现。[22] 一段时间以后,埃伦费斯特(Ehrenfest)给策梅洛的观点取名"递归"异说(*Wiederkehreinwand*)。当然,策梅洛的这个观点与尼采没有关系,可是他愉快地将此归于无与伦比的法国数学家亨利·庞加莱(Henri Poincaré),后者五年前在一篇名叫《论三体问题和动力学方程》(*On the Three-Body Problem and the Equations of Dynamics*)的论文中用代数精确度表达了同样的原理,它奠定了我们现在称之为"混沌"的数学基础。[23]

玻尔兹曼不喜欢策梅洛。他称策梅洛是"阴险狡猾的人"

---

[22] 我感谢十年级学生亚当·斯托夫斯基(Adam Stofsky),他问我,如果宇宙暂时是无限的,它是否因此不包含甚至反复出现的每一种可能。第一个指出玻尔兹曼与尼采联系的人是斯蒂芬·G. 布拉什(Stephen G. Brush)(The Temperature of History, 67, 73-76)。尼采有关永恒回归的物理学资料似乎来源于福格特(Vogt)发表于1878年的《力量》(*Die Kraft*),但参见保罗·迪奥里奥(Paolo D'Iorio, "Cosmologie de l'éternel retour," *Nietzsche Studien* 24 [1995], 62-123)。

[23] Ernst Zermelo, "Über einen Satz der Dynamik und mechanische Wärmetheorie," *Annalen der Physik (Wiedemanns Annalen)* 57 (1896), 485-94 (the Recurrence objection) and "Beweis, das jede Menge Wohlgeordnet werden kann" (proof that every set can be well-ordered), *Mathematische Annalen* 59 (1904), 514-16, trans. Stefan Bauer-Mengelberg in Heijenoort, *From Frege to Gödel*, 139-141 (The Axiom of Chice). Henri Poincaré, "Sur le problème des trios corps et les équation de la dynamique," *Acta Mathematica* 13 (1890), 67. 1899年,庞加莱在他《天体力学新方法》(*New Methods of Celestial Mechanics*)第3卷中延续了他论文的研究方向,证明在著名的万有引力三体问题中不存在任何准确的时间函数解,并证明所有的级数解都是发散的。换言之,没有任何方法可以准确断定或火星和木星的位置(Poincaré, *Méthodes nouvelles de la mécanique céleste*, vol. 3 [1899; New York: Dover, 1957], 389.)。这些发现最好的论述也许是伊法尔·埃克朗(Ivar Ekeland)的《数学和意外事件》(Ivar Ekeland, *Mathematics and the Unexpected*, Chicago: University of Chicago Press, 1988, 26-48)。

(*Pestalutz*)和"恶棍"(*Halunke*),但这并不是因为他认为策梅洛的思想不如他。确实,玻尔兹曼几乎马上就撰写了两篇论文回应策梅洛。[24] 玻尔兹曼不否认有非常小的递归机会;他只是温和地以数学方式询问可能有多少机会。他自己的计算认为,无论在空间和时间上,满足这样机会的数字是庞大而无法估算的。不仅仅是一个庞大而无法估算的数字,它还是一个难以想象的数字。以后的计算给出了这个数字。在一个半径为 0.000 01 厘米的球体中,气体粒子系统中递归事件预计 3 000 000 000 000 000 000 000 000 000 000 000 000 000 000 000 000 年才出现一次。两次大波动之间的时间间隔约为 10 000 000 000 至 10^{23}×宇宙现在的年龄,后者现在已经超过了 100 亿年。

玻尔兹曼用类似这些数字愉快地承认,整个宇宙可以存在巨大的不平衡波动,或者在这个宇宙中我们较小的邻近星球的可居住性只是必然的不可能性。对我们来说,时间可能是后退的,但我们怎么能够知道呢?玻尔兹曼写道:"因此时间的两个方向在宇宙中是不能辨别的,就像在空间中不存在上下一样",但类似我们这样的存在太狭隘了,不能洞察这种等效状态。[25] 时间曾经是 H-定理的分母,但时间根本没有出现在公式 $S=k\log W$ 中。玻尔兹曼认为,统计学就是用时间表示的,我们用宇宙向一个方向运动来定义时间,即不断增加的概率和不断增加的熵、逐渐减少的能量和热寂。在宇宙足够广袤的状态下,也许在几处地方时间似乎是向相反方向运动的;但在这个意义上,只有在真正的无穷大状态——康托尔集合——世界上的万物,包括有效能量的伊甸园,才必定重现。如果不是这样,集合论的新悖论将会再次出现。

这样,H-定理得到了挽救。仅仅被玻尔兹曼模糊地感觉到的代

---

[24] Boltzmann, "On Certain Questions of the Theory of Gases," *Nature* 51, no. 413 (1895), and "Zu Herrn Zermelos Abhandlung 'Über die mechanische Erklärung irreversibler Vorgänge'" (On Mr. Zermelo's Paper "On the mechanical explanation of irreversible processes"), *Annalen der Physik* (1879).

[25] Broda, *Ludwig Boltzmann*, 87.

价是分子之间完全无序的假定,这是一种实在的和本体论的无序,也是一种精神和认识论的无序。并不是说玻尔兹曼机械论的原子论因为得到承认而改变。1894年,玻尔兹曼继他年迈的老师斯特凡被维也纳大学聘为理论物理学正教授。虽然玻尔兹曼可以说是一个唯物主义者和一个达尔文主义者,但他与资格较老的同事、唯心主义的哲学教授布伦塔诺有一场真诚的谈话,谈话中还弹奏了经李斯特(Liszt)改编的贝多芬钢琴曲,背诵了席勒的诗篇。[26] 玻尔兹曼对19世纪技术的信仰没有减弱。他为亨丽埃特制作了一台电动缝纫机,他骑自行车,他在谈论飞行的美好未来时勾勒了威尔黑姆·科瑞斯(Wilhelm Kress)1880年的飞机模型。[27] 玻尔兹曼早晨5点起床准备讲授解析力学、气体理论、电力与磁力、光学、声学和热力学的课程,但他也经常请客,并且持续到很晚。以后亨丽埃特有了三个女儿和一个儿子,他们帮助亨丽埃特一起照料玻尔兹曼。

至于他心爱的理论,他认为它们会根据本身的情况发展。针对他的假设是对物理学不确定性过时的厌恶的说法,他成功地为它们作了辩护。然而,他没有预料到的是对原子本身甚至更过时的厌恶。1896年,在玻尔兹曼看来,某种事件就像耻辱的唯心主义疫情那样突然发生了,这一事件由一位年轻和富有才华的化学家、莱比锡大学的威廉·奥斯特瓦尔德(Wilhelm Ostwald)领导。奥斯特瓦尔德坚持认为,原子只是在连续场中的扭曲。它们似乎仅仅具有不同的自由度。它们之间没有真空。任何东西要么是以太,要么是能量。这一思想令人兴奋,它似乎不仅是新颖的,而且与正在兴起的一代、象征主义艺术创建者的精神状况是完全一致的。站在奥斯特瓦尔德一边的有耶奥里·赫尔姆(Georg Helm)和埃米尔·维歇特(Emil Wiechert)、通俗作家威廉·K.

---

[26] Broda, *Ludwig Boltzmann*, 46.

[27] 参见 L. 弗拉姆发表在《科学史和科学哲学研究》(*Studies in History and Philosophy of Science* 14, no. 267, 1983)上论述玻尔兹曼的缝纫机的文章,以及玻尔兹曼《论航空学》(*On Aeronautics*)的论文。

克里福德(William K. Clifford)和卡尔·皮尔逊(Karl Pearson)，某种程度上还包括开尔文勋爵、麦斯韦尔的半个影子约瑟夫·拉莫尔(Joseph Larmor)，以及恩斯特·马赫，玻尔兹曼与马赫在维也纳和格拉茨经常相遇，后者并不相信有原子这类东西。他认为没有什么充分的证据，所以为什么要将诸如原子论这样的教条放入这一图景从而损害解释的体系呢？对能量具有优越性的现实如此确信的是热力学家，他们要将物理学的所有内容都建立在能量之上；他们能够将一个物质的原子想象为仅仅是空间中的扭曲(twist)、波浪中的一个结(knot)、场中的一个漩涡，或者是三维以太中的一个四维喷射器。在传统的激进唯物主义者和新实证主义者之间正在兴起的文化论战中，辐射以及甚至一般意义上的能量开始表现得像是一个战场，唯物主义者可能会在其中输掉这场论战。毕竟拥有以太的电学的奇迹甚至已经使 J. G. 福格特(J. G. Vogt)离开了他父辈纯粹的唯物主义。

玻尔兹曼以他惯有的讽刺热情，亲自致力于为原子论辩护的工作。他在 1897 年就马赫的观点写道，原子是一种现象学，不是教条。正如他给他讲座起的名称，它们是"不可或缺的"。你不可能简单地离开存在物来求它们的积分，将它们缩小到无穷小，就像你可以解决一个典型的微积分问题一样。微分方程会形成一个连续统的图像，但微分方程不会删除离散的数字。[28] 微积分学的纯粹方便可能诱骗物理学相信万物都是一个连续统；但当我们进行微积分演算时，我们忘记了我们是从"项的有穷数开始的"。[29] 甚至可能时间——我们确信它是连续的——

---

[28] Boltzmann, "Über die Unentbehrlichkeit [Indispensability] der Atomistik in der Naturwissenschaft," *Wiedemanns Annalen der Physik und Chemie* 60 (1897), 231; *Populäre Schriften* #11 in McGuinness, ed., *Theoretical Physics and Physical Problems*, 42–43.

[29] Boltzmann, "More on Atomism," *Ann. der Phys. Und Chemie* 61 (1897), 20; *Populäre Schriften* #11 in McGuinness, ed., *Theoretical Physics and Physical Problems*, 55.

实际上也像物质那样是由微小的离散碎片构成的。[30] 1895年在吕贝克（Lübeck），更大规模的德国科学协会的整个会议过程都陷于奥斯特瓦尔德的"热能论"（energeticism）和玻尔兹曼的"原子论"的争论中，两人都亲自为他们的观点辩护。甚至年迈的新闻发布官海克尔和福格特都似乎有点着迷于原子论。可以看到，站在玻尔兹曼一边的人非常少，有些人注意到他们全都是年轻人。[31]

1895年，玻尔兹曼在发表对他的导师斯特凡和他的同事洛施米特的颂词后，他一定感到日益增加的孤独。对他而言，对熵的矫正方法总是人性的进步，是实证主义所信仰的，即历史的方向将远离混乱的神秘主义，远离暴政、辛劳和哀诉而通往自由。他根本就没有被抛弃在垃圾箱中的感觉，"与时光之流作软弱的斗争"，为了充分利用这一点，他欣然接受了这种不可调和的姿态。[32] 1899年，他在慕尼黑对科学家们说"我因此以保守派呈现在你们面前"，[33]他又补充说"我因此与分离主义运动握手"，也许希望是他而不是奥斯特瓦尔德能够认同新兴的艺术。[34] 在另一篇短文中，玻尔兹曼挖苦似地模仿伽利略："我认为我依

---

[30] Boltzmann, *Vorlesungen über die Principe der Mechanik* (Leipzig: Barth, 1897), 1:26; trans. in Broda, *Ludwig Boltzmann*, 48.

[31] 阿诺尔德·索末菲（Arnold Sommerfeld）在《维也纳化学报》（*Wiener Chemische Zeitung*, 47, 1744, 25）上描述了论辩的场面。亚伯拉罕·帕斯（Abraham Pais）再次叙述了这一情节，"主是敏锐的……"：《阿尔伯特·爱因斯坦的科学和生平》("*Subtle is Lord ...*": *The Science and the Life of Albert Einstein*, New York: Oxford University Press, 1983, 83). 参见 Erwin N. Hiebert, "The Energetics Controversy and the New Thermodynamics," in DuaneH. D. Roller, ed., *Perspectives in the History of Science and Technology* (Norman: University of Oklahoma Press, 1971).

[32] Boltzmann, *Vorlesungen über Gastheorie II* (Leipzig: Barth, 1898), 85.

[33] Boltzmann, "Über die Entwicklung der Methoden der theoretischen Physik in neuerer Zeit"（《论现时理论物理学诸方法的发展》）, in McGuinness, ed., *Theoretical Physics and Physical Problems*, 82.

[34] Broda, *Ludwig Boltzmann*, 57.

然可以确实地说到分子：然而它们的确在运动。"[35]在这里，他还发现了心中重新出现的希望，即"一个理论的进化……绝不是像一个人所期望的那样是连续的，而是充满了断点"，如果确实是这样，它就使关于物质的各种理论像物质本身一样是不连续的，并使原子论在它本身的递归(Wiederkehreinwand)中重新恢复。[36]事实上，虽然玻尔兹曼刚刚知道这一点，但原子物理学就在这时重新出现了，因为沃尔特·考夫曼(Walter Kaufmann)、H. A. 洛伦兹(H. A. Lorentz)、让·佩兰(Jean Perrin)、菲利普·莱纳德(Philipp Lenard)、麦克斯·亚伯拉罕(Max Abraham)和 J. J. 汤姆逊(J. J. Thomson)逼近了比原子更小的"微粒"——电子。

但是玻尔兹曼依然没有倒下，也不可能被宣布失败。当1900年他被奥斯特瓦尔德所在的莱比锡大学聘为教授后，他重新振作起来，愉快地离开维也纳去他论敌的阵营讲课。他吸引了诸如埃伦费斯特、弗里兹·哈泽内尔(Fritz Hasenöhrl)和莉泽·迈特纳(Lise Meitner)这样极为优秀的研究生，莉泽·迈特纳在1906年成为维也纳大学获得哲学博士学位的第一位女性。

玻尔兹曼还有一些他不认识的学生，如路德维希·维特根斯坦和约西亚·威拉德·吉布斯。前者计划离开高中后随同玻尔兹曼一起搞研究，后者正在康涅狄格州纽黑文阅读《维也纳报道》。吉布斯与玻尔兹曼同时从麦斯韦尔那里了解了分子动力学，他从1873年起曾向康涅狄格州科学和艺术学院(Connecticut Academy of Sciences and Arts)提

---

[35] 玻尔兹曼：《论某些关于气体理论我不太知晓的论文等等》(Boltzmann, "On Some of My Less Known Papers on Gas Theory, etc."), 1897年在布鲁斯威克自然科学家会议(Brunswick Naturalforscher conference)上的讲演; Broda, *Ludwig Boltzmann*, 43。

[36] 玻尔兹曼：《论某些关于气体理论我不太知晓的论文等等》(Boltzmann, "On Some of My Less Known Papers on Gas Theory, etc."), 1897年在布鲁斯威克自然科学家会议(Brunswick Naturalforscher conference)上的讲演; Broda, *Ludwig Boltzmann*, 79。

交了数篇论文,没有一个美国人理解这些论文,十年中似乎只有麦斯韦尔阅读过它们。耶鲁大学的学生们认为吉布斯教授和蔼、谦虚,但高深莫测,除非你在数学上感到困惑,否则他是一个好伙伴。这些完成于吉布斯去世前一年,即 1902 年的论文以《统计力学的基本原理》(*Elementary Principles in Statistical Mechanics*)为名出版,它们共同构成了热力学的完整理论基础,论文使用的数学工具是这样的先进、这样的精巧,以至它们使得玻尔兹曼的论文看上去像是海市蜃楼。在多维超空间中质朴美丽的连续的表面表现了原子的各种状态和系统的各种状态。然而,玻尔兹曼的飞溅的原子依然在那儿,因为这样的表面仅仅是描述。1866 年至 1869 年,吉布斯作为一个年轻的研究生去欧洲旅行期间,在德国的各个大学兜了一圈,他师从魏尔斯特拉斯和克罗内克等数学家;但玻尔兹曼并不在其中。㊲ 吉布斯和玻尔兹曼两人在 1899 年再次擦肩而过,当时玻尔兹曼正在美国进行他三次旅美的第一次访问,并在克拉克大学发表了演讲。到 1904 年,当玻尔兹曼第二次旅美时,吉布斯已经去世了,玻尔兹曼所能做得最好的是以吉布斯的名字命名他们的新学科"统计力学"。他们对系统概率共同的描述最终被命名为"玻尔兹曼—吉布斯统计学",并且与名为"费米—狄拉克统计法"和"玻色—爱因斯坦统计法"的亚原子的粒子统计学结合在一起。

马克斯·普朗克定期就热力学问题写信与玻尔兹曼交流,他也在 1892 年成为正教授。1897 年,他出版了《热力学讲义》(*Vorlesunger über Thermodynamik*),这部关于热力学的著述总结了玻尔兹曼及其他同事的成就,他为自己设定了发现热力学公式这样晦涩难解和似乎不可能的任务,这一公式将作为发热源的运动粒子与发热体散发出辐射的频率和强度联系起来。当时已经有了两个公式,它们都包含玻尔兹曼因子,但它们都不起作用。当普朗克最终发现解决方案即量子力

㊲ Muriel Rukeyser, *Willard Gibbs* (Woodbridge, Conn.: Ox Bow Press, 1988), 150–63.

学的基础时,它看起来非常像能量的 H-定理。

同时,在 1900 年夏天的米兰,20 岁的阿尔伯特·爱因斯坦正在给他已经订婚的女友、物理系学生米列娃·马里(Mileva Mari)写信谈论他所发现的玻尔兹曼:

> 玻尔兹曼是伟大的。我几乎已经读完了这本书。他是一个高超的阐释者。我确信这一理论的原则是正确的,这意味着我承认在气体的个案中,我们实际上处理的是一定的有穷数量的离散质点。[38]

这本书是玻尔兹曼的《气体理论讲稿》(*Lectures on Gas Theory*, 1896 - 1898)。爱因斯坦在 1899 年夏天收到了这本书,当时他开始形成狭义相对论的思想。[39] 爱因斯坦将相对论搁置一旁,在 1901 年再次阅读玻尔兹曼的著作,"亲自撰写一篇短论为始于他[玻尔兹曼]的论证提供基本原则",并发表这篇文章,从而开始了撰写一系列关于热力学论文的学术生涯,这些论文直接促生了 1905 年他关于布朗(Brownian)运动和光电效应的经典著作。[40]

在 1902 年秋天,玻尔兹曼离开莱比锡再次回到了维也纳,这一次——首先——是作为马赫哲学教授席位的接替者。马赫长期遭受中风的折磨,几乎不能行走和说话。玻尔兹曼在 10 月的就职演讲中说:"我以极为谦卑的态度将我的整个思维方式和情感方式奉献给您。"[41] 尽管如此,他沉浸于黑格尔、叔本华以及其他标准哲学教科书之中,他知道它们对谈论他所看到的物质和运动、自然,或者他钟爱的数学根本

---

[38] *Albert Einstein*, *Collected Papers*, Vol. 1, 1879 - 1902, ed. John Stachel, trans. Anna Beck, Princeton: Princeton University Press, 1987, 149.

[39] Einstein to Maric, 10 september 1900, in Einstein, *Collected Papers*, 1: 133.

[40] Einstein to Marcel Grossman, 6 september 1901, in *Einstein*, Collected Papers, 1:181.

[41] Boltzmann, "Inaugural Lecture," Vienn, October, in Broda, *Ludwig Boltzmann*, 14.

没有用处。细心的亨丽埃特为他撰写了每周五个小时的讲课内容和每周一个小时的研讨会内容,因为那时玻尔兹曼除了偏头痛和视力差,而且还患有咽喉炎和哮喘。第二年,玻尔兹曼被维也纳大学聘为另一个教授席位,这次是"自然哲学"教授,为此玻尔兹曼规划了一门课程,作为对他所钟爱的主题——数学集合论,无穷大数的意义,时间、数尤其是空间和维度的逻辑基础——的回顾,当然物质的原子他是依然相信的。他在就职演讲中[42]对可容纳 600 个座位大厅中站立着的人们说:"我曾经就在科学院这个地方同包括宫廷教授(Hofrat Professor)马赫在内的一群学者激烈地辩论原子理论的价值……突然马赫从人群中大声简洁地说:'我不相信原子的存在。'这一命题始终萦绕在我的脑海中。"[43]

其他事情也一直萦绕在他心头。他在给马赫的前任布伦塔诺的信中,暗示了哲学上的混乱。在他 1905 年批判叔本华的讲课中,玻尔兹曼说道:当一个人不知道生产什么时,要进行理性的创造是多么困难,这就好比"当一个人的胃中什么也没有,却因为偏头痛时的恶心极想呕吐那样。我们也许可以将它与决定生命是否有价值的努力相比较"。[44]这样的话语发自内心。他内心深处充满对判定生活价值,尤其是他自己生活价值的沮丧,甚至他到"黄金国"(Eldorado)(美国加利福尼亚伯克利)的旅行都没有使他的心情变得轻松一些。

1906 年 9 月 5 日,玻尔兹曼同他的妻子和女儿一同在奥匈帝国的比亚里茨(Biarritz of Austria-Hungary)——杜伊诺(Duino)——度假,

---

[42] Boltzmann, lecture at the University of Vienna, 26 October 1903, in *Principien der Naturfilosofi/Lectures on Natural Philosophy*, 1903 – 1906, ed. Ilse M. Fasol (New York: Springer, 1990).

[43] Boltzmann, *Principien der Naturfilosofi*, lecture #1, 78; trans. in Jeremy Bernstein, ed., *Mach, The Science of Mechanics* (Peru, Ⅲ.: Open Court, 1989), xiv.

[44] Boltzmann, "On a Thesis of Schopenhauer," *Populäre Schriften* #22, in McGuinness, ed., *Theoretical Physics*, 197.

杜伊诺位于的里雅斯特(Trieste)北面13英里,地处亚得里亚海沿岸希斯提安纳湾(Bay of Sistiana)海滨。他几乎双目失明,海滨景色并没有给他的症状和过度劳累有什么帮助。玻尔兹曼的情绪起伏不定,那段时间尤其糟糕,他不得不在慕尼黑的精神病院住了一段时间。那天早晨,玻尔兹曼告诉亨丽埃特他想回到维也纳,但如他妻子所说,这是不可能的,因为她已经把他的衣服洗了。亨丽埃特将玻尔兹曼留在旅馆的房间中而带他女儿埃尔沙(Elsa)去海湾游泳。当她们回到旅馆时,亨丽埃特发现她的丈夫用自制的套索悬挂在窗框的横木上自杀了。[45]

在维也纳中央陵园(Central Friedhof),玻尔兹曼的墓碑上有他目光斜视、蓄有胡须的半身像,上面镌刻着一行公式"$S = k \log W$"——这是折磨现代物理学的一长串不连续概率函数中的第一个函数。它显示,原子是不可预测的,失去的能量永远等于无序可能性功率的总和。物理学本身是不确定的,除了可能就什么也不是。19世纪的确定性不再可能重现,就像在列车驶出车站前,机车锅炉高度有序的能量状态下有节奏地喷吐出腾腾上升的蒸汽和烟雾——混乱和熵。

---

[45] Peter Coveney and Roger Highfield, *The Arrow of Time* (New York: Ballantine Books, 1991), 21.

第五章 乔治·修拉

点彩派、景泰蓝式画法和连续摄影
1885

1885年秋,在巴黎蒙马特区山脚下五层楼上的一间小画室里,一位25岁名叫乔治斯-皮埃尔·修拉的艺术家在一幅新的油画的色彩区域添加明亮新颜料的小点,以此修改油画。在一年多前的1884年5月22日,即耶稣升天节,乔治斯-皮埃尔·修拉就开始用很少的油画颜料在约为打印纸大小的木画板上勾勒这幅画的略图。尽管这幅画直到1886年5月15日才向公众展示,但修拉1885年在画上添加的小点几乎马上使《大碗岛的星期天下午》(Sunday Afternoon on the Island of La Grande Jatte)成为19世纪末最著名的油画,成为那个时代少数被称为"最初的现代油画"的杰作之一。的确,这幅画现在依然被认为是西方艺术经典的最重要作品之一。在1986年很荒唐地流行的一部电影中,弗瑞斯·巴勒(Ferris Bueller)与其朋友卡梅隆(Cameron)和斯隆(Sloan)休学一天,他们在芝加哥艺术学院(Art Institute of Chicago)待了大半个下午。在那儿,卡梅隆被几乎高7英尺、宽超过10英尺,覆盖整堵墙的《大碗岛的星期天下午》吸引住了。卡梅隆目不转睛地凝视这幅画,被迷住了,而巴勒和斯隆则处在完全无知的状态。照相机的镜头聚焦于画布中央，那儿一个穿白衣的小女孩握着一个老年妇人的手直接向观者走来，在一连串越来越近的特写镜头中，镜头从巨幅油画聚焦到小女孩的脸部，最后分解成数千不同色彩的小斑点，每一个斑点都不超过 1/8 英寸。第一次看到《大碗岛的星期天下午》这幅画的体验就像它最初展示时那样，是非常吸引人的目光的。在一连串渐渐后退的平面中，被神圣地组织起来的每一个平面都近似神殿上的檐壁，画中的五十多个人物以及三条狗与一只猴子正在享受星期天的愉快时光。每一个形象都是同样用轻涂少量颜料的排列方式形成的。显然，这幅画是由数以千计的可辨别的独立部分构成的，但它形成了一个体现出宁静和谐的整体。

《大碗岛的星期天下午》是第一幅这样的作品，在一年内它就成为一个学派的基础，并使传统的卡米耶·毕沙罗（Camille Pissarro）的朴素印象派发生转变，它甚至影响了远在普罗旺斯地区艾克斯（Aix-en-Provence）的保罗·塞尚（Paul Cézanne）。这种画法的追随者以后被他们的朋友称为"新印象派画家"，被另一些人称为"点彩派画家"。对于那些最后被称为后印象派画家的杰出艺术家——保罗·高更（Paul Gauguin）、文森特·凡·高（Vincent van Gogh）、亨利·德·图卢兹-洛特雷克（Henri de Toulouse-Lautrec），甚至塞尚——来说，《大碗岛的星期天下午》是通往未来的大门。点彩派是 1905 年亨利·马蒂斯（Henri Matisse）走向野兽派途中和 1910 年翁贝托·博乔尼（Umberto Boccioni）走向未来派的最后一个阶段。它在 20 世纪 20 年代还依然影响着当时初露锋芒的抽象派艺术家，如杜尚（Duchamp）和德劳内（Delaunay）等。

点彩派改造了从绘画的形式到构成绘画的技法以及隐藏在绘画技法之后的美学理论等艺术领域。虽然点彩派对修拉放在他们面前的零乱的七巧板有所反思，但具有同样强大影响的类似发现是由爱德华德·迈布里奇（Eadweard Muybridge）和艾提安-朱尔斯·马莱（Etienne-Jules Marey）完成的。他们分别称它为"动物实际复制"

(zoöpraxiscopy)和"连续摄影"(chronophotography)。我们将它叫作电影。

然而,正是修拉的绘画而不是马莱的连续摄影发出了艺术进入新世界的明确无误的信号。修拉发明的绘画技法吸引了艺术家。部分总是可以被整合进整体,但在每个放大倍数的每一级,可能会出现一些不同的部分。通过将视觉感知分成各个不连续的要素,《大碗岛的星期天下午》以前所未有的绘画方式表明,现象世界——也许甚至还有本体世界——本身是不能被简化为部分的,连续性是一个幻觉,原子是唯一的实在。

修拉创造性的思想探索历程不是用语言就容易描述的。其探索成果几乎完全是由素描、炭精笔(Conté Crayon)绘画和在木板上的小尺寸油画习作构成的。修拉说得很少,几乎不写作,每天(包括星期日)都在绘画。《大碗岛的星期天下午》产生于大碗岛①西岸一片小树林中一个渔夫的快速试画。一年前修拉创作另一幅画时,他向东面张望,看到了这一景色。早晨,修拉从他距蒙马特山脚不远的画室朝西北向塞纳河的一个地方出发,塞纳河向西南流淌,并在布洛涅森林(Bois de Boulogne)公园附近往后绕行向东穿过巴黎。修拉到达位于勒瓦卢瓦(Levallois)新工厂区下游纳伊镇(Neuilly)边后,会越过塞纳河去阿尼耶尔河(Asnières)边上,那里的河岸依然具有田园风光。1883年,修拉在阿尼耶尔第一次进行壁画规格的油画《阿尼耶尔浴场》(Une baignade, Asnières)的试画,该画布局的中心是在阿尼耶尔河中游泳的工人和男孩,附近的体力劳动者常到那里洗浴。画面右侧,位于勒瓦卢瓦的烟囱和阿尼耶尔河洗浴的人中间的就是大碗岛,河的中间露出了绿色的植物,河的南端是公园和中产阶层散步的地方。1884年5月22日,修拉决定下一幅画要画大碗岛,那一天正是修拉的《阿尼耶尔浴场》在具有叛逆精神的独立艺术家协会第一次沙龙上展出之后的五天。

---

① Seurat, *Angler* (Courtauld Collection).

修拉对大碗岛的写生几乎都是在现场完成的，他用油画颜料画在大约 6×10 英寸大小有点红色的矩形木板上，也经常画在雪茄烟盒上。其中 27 件写生习作被保存下来，从这些小型的杰作依然可以观察到鲜明的色彩和对比。大约在四十年以后，夏尔·安格朗（Charles Angrand）回忆起他们一起在大碗岛绘画时他所看到的修拉从事这样写生的情景。修拉抱怨岛上的草长得太高了，模糊了他风景画的主题——一条被系住的小船。安格朗放下了他的画笔，割去了那些草，"因为我想他正要廉价出售他的船"。② 人们总是主动做修拉想做的事。他值得受到尊重。修拉的老朋友埃德蒙·阿曼-让（Edmond Aman-Jean）回忆说：修拉身高五英尺八英寸，就像多纳泰罗（Donatello）的大理石雕像《圣乔治》那样英俊。修拉见到埃德蒙·阿曼-让时还不到 17 岁，但他惊人的矜持和平静，以及他对阅读和理论的爱好使得他所说的每一件事似乎都相当重要。修拉和埃德蒙·阿曼-让在 1876 年相识，当时他们是在市立雕塑和设计学校学习画鼻子的两个当地男孩。修拉居住在离他父母几个街区的马让塔大道（Boulevard Magenta）的公寓里。埃德蒙·阿曼-让回忆说：修拉的父母是功成名就的人，不易激动，还有一点虔诚，是善良的资产者，他们给予修拉令人满意的零花钱，但对艺术兴趣不大。③ 除了去法国其他地方作短暂的绘画旅行，修拉的整个生活是在居住区域附近度过的，但在他成为一个成年男子之前很长一段时间，他的心思飞得很远。

修拉在 1884 年所完成的每一幅小写生都是他自己的一件作品，它们与少量的绘画放在一起。修拉称它们为"点心"（*croqueton*），而他几乎总是在他的大画布旁展示其中的几幅。艺术史家试图根据他画作颜料的变化和技法的不断熟练来确定这些素描完成的年代，因为没有人

---

② Charles Angrand to Gustave Coquiot, in Norma Broude, ed., *Seurat in Perspective* (Englewood Cliffs, N. J.：Prentice-Hall, 1978)，34.

③ Edmond Aman-Jean to Gustave Coquiot, in Norma Broude, ed., *Seurat in Perspective* (Englewood Cliffs, N. J.：Prentice-Hall, 1978)，34.

能像修拉那样持久地观察自然的色彩。有一天当修拉和安格朗结束在大碗岛上绘画的时候，他们乘船前往新建造的库贝瓦(Courbevoie)大道。安格朗记得，修拉在那里"使我明白在灰色天空的映衬下[新种植树木的]绿冠呈现出粉红色的晕轮"。④ 1884年在大碗岛的最初几天里，修拉选择的位置距他最初从阿尼耶尔发现的地方不远，那是一处靠近西南端绿草繁茂、河岸边树木稀少的地方。修拉分别对树木和草地作了写生。然后他对那里的度假者来了几张"快照"(snapshots)。修拉首先将注意力集中在几个人物上，作为逐渐浮现的整体构图的一部分，接着试画他们的不同姿态，他似乎因为他们的平静与和谐的形态而选定了他们。

在结束一天的绘画离开大碗岛之后，修拉将继续工作，用炭精笔在被其制作者米沙莱(Michallet)叫作"安格尔纸"(Ingres paper)的画纸上画出更多极为出色的小的黑白图样，这种纸因19世纪中叶的法国素描大师J. A. D.安格尔非常喜欢而得名。安格尔纸比较厚、白，有杂色斑纹，用黑色的炭精笔画在它质地粗糙表面的突出部分，在模糊的黑色下，留下了未着笔的白色部分。修拉曾在1881年学过这种技法，到1884年他正在制定光和影、色彩的深度和轮廓的标准。素描依然是清晰明白的。一位相同观点的艺术家说，它们是"最完美画家曾经画出的素描"；除了修拉没有其他人可以画出这样的素描。⑤ 在现在依然被收藏的修拉为大碗岛而画的26幅写生中，有一些写生的尺寸相当大，在油画写生的二至三倍之间。一幅早期素描的中心是将整个图形分成两半的一棵大树以及稍远处的8个人物形象。修拉将由两个树杈合成的树干勾勒得极其清晰，好像他使用的是建筑师的铅笔(在最后的油画上，这一形状被大大简化了)；但他截去了向左伸展、朝向太阳最大的那

---

④ Charles Angrand to Gustave Coquiot, in Norma Broude, ed., *Seurat in Perspective* (Englewood Cliffs, N. J. : Prentice-Hall, 1978), 35.

⑤ Paul Signac, "D'Eugène Delacroix au Néo-impressionisme," *La Revue blanche* (May-July 1898).

根树枝,清理出该树枝形成的空间,以便他可以专注于这棵树左后方的两颗小树。最后,他完成了没有人和动物,除了草地和树木没有任何其他东西的整个图形的油画写生。1884年12月,修拉在独立艺术家协会的画展上展出了这幅画。

随着写生的积累,整体的构图逐渐清晰,一个个单独的形象开始出现在画面中,其中有许多形象在一张又一张写生中一再出现。在一幅写生中,修拉的画面中仅仅出现了两个人物:画面前景斜倚的一个妇人和画面远景中站立的一个妇人。这两个妇人出现在最后的试画中,但修拉那时颠倒了她们的关系。画面中的一些人物沿着大碗岛的中轴向观者走来,一些人面向西面的太阳休息着,傍晚阳光的余晖在他们的身后留下了阴影。从西北方吹来的微风张满了两条小船的风帆,它们正在阿尼耶尔河岸附近向相反方向航行;但这微风并不妨碍散步者戴的帽子和撑的阳伞以及在草地上飞舞的蝴蝶。到了夏末,修拉可以根据他的构图,在油画画布上形成他整个场景最终的试画了,画面上共有50个人物、13棵清晰的树木。岸上的每一个形象——除了狗、吹短号的人和两个小孩——或者站立,或者缓慢地行走,好像修拉有意要使星期天安逸的随意举动具体化为永恒的固定场景,就像济慈(Keats)的《希腊古瓮颂》(*Grecian Urn*)那样。事实上,修拉本人告诉一位富有同情心的评论家古斯塔夫·卡恩(Gustave Kahn),他最初的构想来自帕台农神庙中楣浮雕表现的泛雅典娜节上的行进队伍。但是修拉没有想要画古代的雅典人。他想要"使现代人……以他们本质的形式存入历史"。⑥ 至于"现代人",修拉的意思并不很复杂。他要使普通人和普通生活成为他的主题。正如他一位朋友评论的:他有点民主主义者——1871年巴黎公社拥护者——的味道,这指他是1871年的左翼革命者;他对截然不同事物相互遭遇的方式相当感兴趣:城市和国家、乡村和工

---

⑥ Gustave Kahn, "Chronique de la littérature et de l'art: Exposition Puvis de Chavannes," *La Revue indépendante* 6 (6 January 1888), 142–46.

厂、资产者和无产者在某种对立面和谐的边缘相遇。《大碗岛的星期天下午》中的人物目光向左,看着河对面的阿尼耶尔。已经展出的《阿尼耶尔浴场》反映的甚至是更普通的人物,即处于世纪之交正向右看着他们的工人阶级。在这幅画中,修拉同样将他的人物形象置于某种神圣的构图之中,自17世纪以来法国传统的大师就运用这种构图,而且当时的艺术学院依然传授这种方法。作为一个更为传统的画家,皮埃尔·皮维斯·德·夏凡纳(Pierre Puvis de Chavannes)为许多公共建筑绘就了大型古典风格的绘画,在这些绘画中,他在同样宽广的构图意境中将许多人物形象联系在一起。⑦ 修拉与其最进步的同时代人喜欢皮维斯,皮维斯的最新作品是为里昂绘制的19×33英尺的壁画,该壁画名为《圣林》(Le Bois sacré)。抑郁的贵族亨利·德·图卢兹-洛特雷克拙劣地模仿该作品,并已经以此作了首次展示。这两幅作品在1844年的巴黎都可以看到,当时修拉正在展出《阿尼耶尔浴场》并开始创作《大碗岛的星期天下午》。

随着秋天的临近,大碗岛的许多小船和绿色逐渐消失了。修拉停止了写生,把更多的时间花在他沙布罗尔路(Rue de Chabrol)16号五楼的画室中,他在那里完成了最后的油画试画。这次终于是将这幅画作转到大画布上,画被放大到在沙龙展出中曾被看到的巨大尺寸。画布伸展开并被拉直后,有画室的墙那么长,比修拉本人还要高一英尺;但修拉完全知道他正在做的事。他知道他所做的试画是针对传统艺术学院的一个重要的"搏斗画作",在艺术学院,他在1878年秋天与阿曼-让再次发觉了自己绘制古典雕像的特长。学生们被告知这是严肃的事。如果你做任何一件事都是正确的,那么你的画将被悬挂在官方的沙龙里,评判委员会将会给你颁发奖品,自此以后你将用法兰西共和国给予的津贴幸福地生活。对修拉来说,一年时间足够了,他于1879年

---

⑦ 修拉在一位已被遗忘的评论家戴维·叙泰(David Sutter)的作品中也发现了赞成古典和谐和反唯物主义者的论证。参见 Sutter, *Philosophie des beauxarts appliquée à la peinture*, 2d ed. (n. p., 1870).

辍学了。这些课程似乎已经过时了，教育方法相当僵化，而且他的教师也是学究式的人物。他只发现了一位艺术教授——前主任查尔斯·勃朗(Charles Blanc)给他提供了某种东西；但查尔斯·勃朗在1873年就被解聘了，他的讲义都保留在已出版十一年的《视觉艺术入门》(Grammaire des arts du dessein)一书中，修拉在上这所学院前就已经读过这本书了。

修拉热爱理论，勃朗的著作实际上是他所阅读的这个主题方面第一本书。在这本书中，他阅读了专门论述重大和公共艺术的章节，并且从中学习了关于古希腊艺术和埃及神殿的宗教设计的知识，修拉喜欢自己去卢浮宫看展品。即使修拉曾经担心忘记艺术的传说，勃朗也讨论过一个艺术家必须要遵循的几个阶段，以制作类似《大碗岛的星期天下午》那样的一幅大型的、为画家赢得声名的绘画。修拉的伟大设想实际上是室外绘画(outdoor painting)，19世纪70年代印象派画家成了这种绘画风格的先锋，但在1879年从艺术学院辍学之前，修拉甚至还不了解印象派画家。因此他在1884年发现自己在画室中用复杂有序的学院派方式开始了室外绘画，有点像要为一次演出准备几个月的一个阶段。实际上，《大碗岛的星期天下午》与设定的一个阶段依然有相当强烈的共同性，当斯蒂芬·桑德海姆(Stephen Sondheim)使修拉《大碗岛的星期天下午》的结构成为一部音乐剧《与乔治在公园的星期天》(Sundays in the Park with George)的主题时，他在舞台上将这幅绘画表现为一连串彩色的风景布景。⑧ 修拉1884年12月展示的空无一人的风景油画习作现在在我们看来就好像是一幅舞台布景；但最初见到这幅习作的人可能不知道当修拉在画上添加人物形象后它是多么的

---

⑧ 较早注意到这样结构的是盖·艾格林顿(Guy Eglinton)，他的文章《修拉的理论》("The Theory of Seurat," *International Studies* 81，1925)被丹尼尔·卡顿·里奇(Daniel Catton Rich)的著作《修拉及其〈大碗岛的星期天下午〉的演变》(*Seurat and the Evolution of* La Grande Jatte，New York：Greenwood Press，1961，25)列入致谢名单。

辉煌！

无论如何，1884年秋天《大碗岛的星期天下午》最大的那幅习作的比例尺寸为27.75×41英寸。修拉以水平中线将它分为两半，然后又用两条垂直线将画布分成稍小于14平方英寸的六个相等部分。⑨ 每一个部分根据比例放大到大画布上的合适位置。在这一阶段，构图的调整必须要细心，因为画中每一个物体的大小都与它在画中的色彩深度有关。然而，该画的透视画法完全不是传统的。在几乎所有连续的色彩画面(planes of depth)，修拉都经过深思熟虑而不太明显地违反了文艺复兴时期的传统规则。其中之一就体现在画面的前部。如果视角是线性的，前景中最大的人物形象，即画面右边一对正在散步的夫妇，就应该被画成与正好在他们前面坐在草地上做针线活的女子同样大小。实际上，这位做针线工的女子比较起来所占画面是相当小的；如果她站起来，她的头部不会超过这对夫妇的腰部。在更远一点的画面中，修拉使穿制服的圣西尔(St. Cyr)军校学生高于站在他们左边河岸边的妇女，虽然这位妇女处于更近的画面。只有仔细考虑这幅从两个稍微不同视角构建的画才能解决这个反常现象，一个视角来自前面，另一个视角来自右面。当修拉的同时代人通过流行的立体观察器观看他们时，这有点像成为三维场景的两幅稍有不同的画。当这幅画展出时，似乎没有人注意到，修拉仅仅是进行了他对自文艺复兴以来的线性透视规范的第一次真正挑战。⑩ 马奈(Manet)也许能够理解修拉在这幅画中所做的变化。他在1882年展出了一幅令人惊异的画，这幅画在一面镜子中同时从两个不同的视角反映了疲倦的酒吧女招待。⑪ 然而马奈

---

⑨ 这幅习作现为大都会艺术博物馆收藏，1990年对这幅画进行的X射线扫描确定了这几条分割线。

⑩ 1935年，评论家梅耶·夏皮洛(Meyer Schapiro)最终的确注意到了这一点。他似乎第一个注意到这个问题。Schapiro, "Seurat and L Grande Jatte," *The Columbia Review* 17(November 1935), 9–16.

⑪ 这幅画现在被叫作《女神游乐厅的吧台》(*Bar at the Folies-Bergère*)，第2版(现藏于考陶尔德艺术学院)于1879年开始创作。

在修拉开始构思《大碗岛的星期天下午》的前一年，即 1883 年，就去世了。除了远在南方的塞尚，修拉相当孤独，塞尚自 1879 年以后就开始在静物画中运用投影几何学。⑫

在用安格尔纸绘制的那些素描中，修拉去世时留下了一幅身穿夹克衫男子画，画中显示这个男子站在梯子上的背影，一只手拿着调色板，另一只手拿着画笔，正在绘制一幅巨大的画作。⑬ 如果有证据说明这幅素描是修拉所画，那么我们就可以知道它是修拉曾经绘制的或者被认为现存的唯一自画像。1889 年，有一位女性马德莱娜·克诺布洛赫(Madeleine Knobloch)进入了修拉的生活，成了修拉的情妇。在她的肖像画中，修拉可能将自己的脸画在了墙上的小镜框中；如果确实这样，那么他以后用一盆盆栽的花取代了他自己的脸部画像。无论这幅素描画的是不是修拉，它都给了我们一个罕见的机会，使我们揣想这幅占据了艺术家五个多月时间的作品，因为他要在沙布罗尔路 16 号五楼的画室中慢慢地补充构图的细节。穿着整洁而暖和的短夹克，他站在如墙一般大画布前面的活梯上。在冬日的阳光下，他可以用画笔再现夏天的色彩和姿态。

正是在画室中才最有助于享受理论知识，当时修拉有大量的理论资料。勃朗的著作引导他寻找到了许多其他著作，尤其是光学和心理学理论著作；修拉不仅要根据可靠的科学观念作画，而且还要在画布上表现这些观念。他对绘画主题的选择已经显示了他的左翼"自然主义的"社会哲学，他模仿古典的构图表明了他对僧侣的、"原始的"和象征性内容的喜爱。现在这两种倾向似乎是矛盾的，但在 1884 年却并不是这样，那一年是传统的自然主义和新兴的象征主义同时并存的最后一年。就在修拉开始绘制《大碗岛的星期天下午》的同一个月，《独立论刊》(Revue indépendante)的编辑菲利克斯·费内翁(Félix Fénéon)发

---

⑫ 虽然塞尚似乎在 1884 年就完全不画静物画了。
⑬ Seurat, *Le peintre au travail* (philadelphia Museum of Art).

行了该杂志的第 1 期,菲利克斯·费内翁是哲学上的无政府主义者,在陆军部(War Department)从事文职工作,也是那个时代最有才气的评论家。根据费内翁的观点,《独立论刊》要将"正在衰落的自然主义和新兴的象征主义结合起来",并使人类学学院(School of Anthropology)的教授与魏尔伦(Verlaine)和马拉美(Mallarmé)走到一起。[14]

斯特凡·马拉美(Stéphane Mallarmé)是一位天才的诗人,是艺术家新浪潮中非正式的领袖,后者推选他为沙龙的主持人。在 19 世纪 80 年代几乎每一个星期二下午——当时马拉美有段时间在一所高中教授英语——你都可以在巴黎罗马路(Rue de Rome)他的寓所里看到很多所谓的象征派人物。修拉在 1884 年已经认识了马拉美,并参与了几次"星期二"聚会。罗马路距修拉的住处不远,它位于沙布罗尔路和大碗岛的中间。马拉美的艺术象征主义运动为自己确定了表达观念而不是表达物质自然界的任务,后者是自然主义一直努力尝试的方法。自然主义适合印象派画家,但尽管修拉所有的素描已经做到在现场(*sur le motif*),但他作品中的某些因素显然是印象派的。无疑,他要真正地描绘自然,自 17 岁他发现这样做的方法以来他也一直着迷地研究自然;但他希望捕捉的现实与物质相比最终是更为现象的。他最早的素描写生说明,对修拉而言,绘画与它的主题并不相同,它关注的是绘画的观看者。他是一位有着科学态度的画家。人们甚至可以称他为实证主义者;但同恩斯特·马赫一样,修拉对光是怎样被感知的要比光是怎样散射的或反射的更有兴趣,对他来说,最出色的科学不是光学而是心理学。菲利克斯·费内翁几乎马上理解他。1884 年 5 月,当费内翁看到悬挂在独立艺术家协会沙龙饮料吧台上方的《阿尼耶尔浴场》时,他被修拉的画所震动,他知道某种新事物已经出现了,修拉不仅超越了学院派的绘画,而且也超越了印象派的自然主义。当 1886 年《大碗岛

---

[14] Fénéon to Jeanès, 1944, in Joan Ungersma Halperin, *Félix Fénéon: Aesthete and Anarchist in Fin-de-Siècle Paris* (New Haven, Conn.: Yale University Press, 1988), 43.

的星期天下午》终于展出时,修拉在一个不太合适的时候向费内翁做了解释,费内翁将此记录下来反复评论,而使沉默寡言的修拉避免了解释自己而非绘画的麻烦。

勃朗在他1867年的著作中指出,色彩应当通过眼睛而不是调色板来调配,这本书将修拉引向一本更早的著作,它由巴黎哥白林(Gobelin)挂毯厂从前的染厂管理者米歇尔-尤金·谢弗勒尔(Michel-Eugene Chevreul)所撰。《色彩同时对比法则》(De la Loi du contraste simultané des couleurs)完全是论述色彩和色觉关系的著作。⑮ 法语书名"色彩同时对比规律"意味着不同色彩当它们被放在一起时的效果。红色在邻近的一片蓝色的映衬下可以使人联想起相反的绿色;蓝色在邻近的红色的映衬下可以使人联想起相反的橙色;眼睛感受到的结果应该是紧邻蓝绿色的橙红色。在"连续的对比"中,当人的眼睛从一个区域的红色移向另一区域的其他色彩时,眼睛将会带着红色唤起的绿色。这就是内嵌的"印象的持续"(duration of impression)[或"视觉暂留"(persistence of vision),电影的最早发明者就是这样称呼它的],它使得视觉对一件艺术作品的鉴赏是前后相继的而不是同时的。⑯ 正如印象派以后知道的,谢弗勒尔当时已经注意到,阴影在本质上既不是灰色的也不是黑色的,而是彩色的。甚至在修拉开始画油画之前,谢弗勒尔对认知心理学的重要贡献就震动了修拉,有助于修拉理解认真研究19世纪初期的绘画大师的意义,因为他正准备要走向那个方向。德拉克洛瓦(Delacroix)和柯罗(Corot)两人都没有遵循在修拉时代正成为固定格式的学院派的绘画规范,他们坚持绘画表现技法(*facture*)的完美和连续性。就像马奈和其他印象派画家——他们的作品对修拉而言依然是新颖的——德拉克洛瓦和柯罗处理边缘的方式不太"完美",他

---

⑮ Michel-Eugène Chevreul, *De la Loi du contraste simultané des couleurs* (Paris: Pitios-Levrault, 1839).

⑯ William Innes Homer, *Seurat and the Science of Painting* (Cambridge: MIT Press, 1964), 279–80.

们不愿意将着色表面某一部分的色彩平滑地过渡到相邻的色彩,以像列奥纳多(Leonardo)的作品从光亮处(chiaro)连续移动到黑暗处(oscuro)那样。修拉注意到了德拉克洛瓦1881年的一些油画作品,他观察到德拉克洛瓦用他几乎不顾及画笔流畅感的一笔一画来涂抹画布,添加色彩,增强似乎经过清晰计算的不同部分之间的效果。修拉也很喜欢米勒(Millet)的农民主题油画,米勒甚至将沙子混合到他的油画中。

1881年,修拉开始绘制他的第一幅大型油画《彭塔伯特森林》(Woods at Pontaubert)。大地的色调依然在他的调色板中,但一笔一画相当小,并模仿素描中的交叉线阴影。他完全吸收了德拉克洛瓦的画法、谢弗勒尔的科学和谢弗勒尔最重要的启示:画家不应该画他所看到的,而是应该把为一定目的构思的"对比的和谐"中的各种颜色结合起来。的确,谢弗勒尔混淆了结合各种光色的方式与混合各种颜料的方式,但修拉在那一年已经发现了消除这些混乱的另一本书《现代色彩学》(Modern Chromatics),这是纽约的一位物理学教授欧登·罗德(Ogden Rood)撰写的一部有关色彩心理学的著作。该书的法译本在1881年刚刚问世,修拉已经在那年1月的《费加罗》(Figaro)杂志阅读了关于该书的评论。罗德关于物理学和实验心理学的最新知识已经使他在《国家》杂志(The Nation)上获得了美国早期现代主义的海神(Proteus,寓意多变的人)查尔斯·桑德斯·皮尔士(Charles Sanders Peirce)的好评。这也使他获得了理论家修拉长久的尊敬。罗德知道橙色和蓝色的光构成白色,而不是绿色,而且他能够把詹姆斯·克拉克·麦克斯韦作为权威来引证,指出如果你在一个圆盘的两个半边画上这两种颜色,当这个圆盘旋转时,这两种颜色就会在"视网膜的余象"混合成更加明亮的绿色。[17] 赫尔姆霍茨(Helmholtz)以他的老朋友、维

---

[17] Ogden N. Rood, *Modern Chromatics, with Applications to Art and Industry* (New York: Appleton, 1879), quoted in Homer, *Seurat and the Science of Painting*, 279 - 80.

也纳的解剖学家恩斯特·布吕克(Ernst Brücke)的《色彩生理学》(*The Physiology of Color*)为基础,在其巨著《生理光学手册》(*Physiological Optics*)中做了相同的实验,证明眼睛中的感受体仅仅同少数几种主要的颜色匹配。⑱罗德在评论这些著作后总结指出:正是智力混合了光的色彩。由此他向艺术家(因为罗德也是一位业余画家)建议,虽然你画出的自然界的色彩不可能与你所看到的颜色完全相同,但通过巧妙地处理毗邻色块的效果,你仍然有可能在你的眼中再现那些色彩。

《大碗岛的星期天下午》的色彩就是这样形成的,它的色点比德拉克洛瓦的色点、印象派的色点更小,甚至更有特色,但没有印象派的变化。为了更好地表现自然,修拉以与他选择主题同样的理由,从他自己的调色板中挑选颜色——相反色彩的和谐以及它们对观者产生的效果。画笔在树上是上上下下的点,在草地上是弯弯曲曲的点。在衣服上,它们顺着折痕。在水面上它们形成横向的波纹。他加宽了前景中高个女子的裙摆,这部分是为了使画中的服装更时尚,另一部分原因是要在摺边上面添加一条对比色彩的水平镶边,此处是构图的垂直感最强的地方。他去掉了倚靠着她的吸烟斗者左边的袖子,不仅稍许降低了他的社会地位,并将他与其他人作了对比,而且也与一条露出粉红手臂的红裙子匹配。

修拉后来写道:"即使我在1885年是孤独的,我也依然活着。"《大碗岛的星期天下午》在3月终于完成了。修拉从一开始就准备将这幅画在当月的独立艺术家协会的第三次沙龙上展出。修拉是独立艺术家协会的会员,帮助草拟了免审合作委员会章程,独立艺术家协会1884

---

⑱ Hermann von Helmholtz, *Handbuch der physiologischen Optik* (Leipzig: Voss, 1867), English trans. *Helmholtz's Treatise on Physiological Optics*, 2 vols. (Washington, D. C.: Optical Society of America, 1924); Ernst Brücke, *Die Physiologie der Farben für die Zwecke der Kunstgewerbe* (Leipzig, 1866). 在1881年,布吕克还出版了论述视觉艺术中如何显示运动的著作: *Die Darstellung der Bewegung durch die bildenden Künste*。正是这位布吕克向弗洛伊德传授了神经解剖学(参见第九章)。

年的第一次沙龙展出了修拉的《阿尼耶尔浴场》。修拉的《大碗岛的星期天下午》油画习作已经在协会最近一次的展览中第一次向公众展出，这次展览在 1 月 17 日就结束了。修拉在马兰高咖啡馆（Café Marengo）参加的协会会议是他那一年全部的社交生活，因为那一时期他正专注于在自己的第二幅大型油画上点点画画，准备以他第一幅画同样的方式展出。[19] 修拉在自传中写道："就像瑞士快车那样准时"，他按照规定的时间完成工作；但独立艺术家协会并没有这样。[20] 因为缺乏经费，他们只能取消展览。他们表示他们可能将在 10 月举办另一个展览。修拉决定做一次休假，并坐上了去诺曼底的火车。

修拉 8 月在他的行李箱中带着五幅小海景画从格朗康（Grand-camp）回来了。然后他必须要在离巴黎不远的一个小镇进行一个月的预备役生活报道。10 月，他终于回到了沙布罗尔路 16 号，并久久地端详《大碗岛的星期天下午》。直到 1886 年 8 月，独立艺术家协会才举办下一次的展览。如果年长的卡密尔·毕沙罗（Camille Pissarro）能够参加展览的话，那它就会更快地成为一次印象派画展。修拉将大量时间花在重新绘制他的油画上，所以他开始展出现在我们称之为"点彩"的画作——因为《大碗岛的星期天下午》是第一次展出，所以它特有的轻轻点上深色色彩的 16 英寸油画成为每一观众的第一印象，而且它很快转喻为表示修拉给艺术带来的每一种创新。

范围更大的彩点可能已经存在了，修拉还没有达到他第二年夏天在翁弗勒尔（Honfleur）的程度，即仅仅用彩点画满整个画布；但在 1885 年秋天，修拉的《大碗岛的星期天下午》实际上已经开始同费内翁 1886 年在《时尚》杂志（La Vogue）上的描述相一致："你将在他油画表面的每一厘米发现许多旋转的小点，所有这些小点构成了画面

---

[19] 正如夏尔·安格朗回忆的，修拉"从没有缺席"一次会议，但这也许是以后，在协会经历困难的开始阶段之后。Angrand to Coquiot, in Broude, ed., *Seurat in Perspective*, 35.

[20] John Russel, *Seurat* (London: Thames and Hudson, 1985), 170.

的色调。"[21]谢弗勒尔和罗德能够解释他们的色彩和亮度,罗德能够解释这些色彩为什么如此完美纯粹;但它们为什么如此微小呢?德拉克洛瓦的画点比这要大得多。十多年前印象派画家用来埋葬阴暗画室中的明暗对比法观念的画点也很大。罗德的著作尤其注意约翰·拉斯金(John Ruskin)曾经建议在白色的背景上画极小的色点,这在眼睛中要比用直觉方法更好地再现自然的色彩。约翰·拉斯金是一位受人尊敬的维多利亚时期的艺术评论家,他对画家的复色笔触大加赞赏。新技术的启发可能也影响了修拉。1880年的《纽约影像》(The New York Graphic)发表的第一期新闻报道运用了新颖的网目版(halftone screen),即将照片转化为印版上的微小点阵的照片印制技术。1881年,巴黎发行量很大的画报《彩画集》(L'Illustration)成为被称为彩色照相凹版印刷的网目版印制过程的先驱,1885年12月这份杂志将图片用彩色照相凸版印刷工艺印制出版——爱好招贴画艺术的修拉一定看到了这些照片。[22]从它们到彩色电视屏幕和计算机图片像素的三色荧光点仅有几个步骤。

无论怎样,有一件事是清楚的。几乎每一次修拉将他油画的表面分成更小的部分,他就应该发现这有可能增加色彩的亮度。也许修拉试图通过增加可以唤起它们之间对比同时又缩小它们之间间距的地方,并使之多样化,来强化谢弗勒尔称为"连续的对比"的效果。费内翁将整块画布描绘成"透明和异常鲜明;画布的表面似乎摇曳不定(vaciller)"。[23]甚至在色彩变化和褪色之后画面依然如此。

---

[21] Félix Fénéon, "VIIIe Exposition impressioniste," in Fénéon, Oeuvres-plus-que-complètes, ed. J. U. Halperin (Geneva: Droz, 1970), 1:35; trans. in Halperin, Félix Fénéon, 81. 这篇文章被费内翁修改为《1886年的印象派》("Les impressionists en 1886", trans. Linda Nochlin in Broude, ed., Seurat in Perspective, 163-75.)。

[22] Norma Broude, "New Light on Seurat's 'Dot': Its Relation to Photo-Mechanical Color Printing in France in the 1880's," in Broude, ed., Seurat in Perspective, 163-75.

[23] Broude, ed., Seurat in Perspective, 38.

为什么呢？费内翁对此感到惊奇。"也许……期望截然不同的光线作用于它的视网膜感受到被分离的色彩成分和它们合成的色彩之间非常迅速的交替变换"。㉔ 不，事实上也许不是——虽然它也许在一种色彩和另一种色彩之间，或者色彩与它们同时的对比之间交替变化。费内翁认为："这些在画布上单独的色彩将在视网膜中重新组合。"㉕但它们实际并不是这样。绿色草地上橙色的色点不"组合"成任何色彩。它们没有改变绿色，相反只要观看者后退，离开画布几英尺，它就会从观看者的眼中消失。要像电视荧光粉那样融合色彩，它们就应该像电视荧光粉一样微小。㉖ 如果它们居然混合了，那么这种情况不是出现在视网膜上，而是出现在大脑中。修拉误解了他的方法吗？费内翁误解了修拉吗？修拉没有留下足够的证据让我们可以做出判断。菲利克斯·费内翁像许多艺术评论家一样更热心于科学的结果而不是关注它的方法，㉗费内翁后来从他对点彩派的高度实证主义的分析后退了。

费内翁同他的朋友与诗人古斯塔夫·卡恩已经站在一个重要文化潮流的起点，这个文化在很大程度上是反科学的。费内翁和卡恩的另一个朋友查尔斯·亨利(Charles Henry)在索邦(Sorbonne)大学讲授色彩和线条的情感效应的课程，他希望有一天能够创建一个实验心理学的研究所。亨利正在撰写一部内容全面的心理美学，在这部著作中，他希望对所有的艺术要素给予严格的数学科学的解释。亨利在不理解这门学科的情况下，要比精通科学语言的费内翁走得更远，对他的朋友而言，亨利有着诱人的魅力。然而，如果有某种东西成为亨利的科学的话，那么科学家们还没有发现这门科学。

在1885年，修拉的知识大体上是正确的，也总是诱人的，但他的绘

㉔ Broude, ed., *Seurat in Perspective*, 38.

㉕ Broude, ed., *Seurat in Perspective*, 37; Russell, Seurat, 181.

㉖ J. Carson Webster, "The Technique of Impressionism: A Reappraisal," in Broude, ed., *Seurat in Perspective*, 99.

㉗ Fénéon, "Calendrier de septembre," in *Oeuvres-plus-que-complètes*, 1:116; trans. in Halperin, *Félix Fénéon*, 101.

画知识并不是被设想成处在 20 世纪的某种东西。相反这是为它提供基础的分析的习惯,是其实践留给艺术家的认识论中断。也许修拉因为不是一位印象派画家,他是第一个完全领会印象主义艺术是不连续——自文艺复兴以来第一个不连续的绘画艺术——的画家。费内翁也理解了这一点,他是第一个这样理解的评论家。他写道:传统的绘画艺术分割了各种物体而不是色彩。新的绘画艺术则区分了各种色彩和形状,这是由修拉、修拉的嫡传弟子挪威人埃德瓦·蒙克(Edvard Munch)以及高更、凡·高和塞尚三人组完成的。凡·高在 1888 年写道:"领袖人物无疑是修拉。"㉘

1885 年,修拉根据点彩派的方向重新绘制《大碗岛的星期天下午》,蒙克利用挪威国家艺术奖学金正在对巴黎进行第一次访学。他已经绘制了《丹色莫罗》(Dansemoro),这是一幅用类似修拉写生那样的模糊色斑构图的舞蹈大厅的画作。凡·高和图卢兹-劳特雷克(Toulouse-Lautrec)依然在巴黎蒙马尔特区费尔南德·柯尔蒙(Fernand Cormon)的画室中学习绘画技巧。那一年,点彩派将凡·高从荷兰《吃土豆的人》(The Potato-Eaters)描绘的黑暗世界领入色彩的王国,浓重的基色调美术笔触成为他绘画艺术的构成单元。比修拉年长十岁的保罗·高更已经与印象派画家一起举办画展了。1885 年,他还没有离开他的妻子和五个孩子,或者说他还没有发现他风格的演变方向,但在 1884 年的绘画作品《睡着的孩子》(Sleeping Child)中,大量的色彩已经出现,这个孩子头部的后面是一堵引人注目的深蓝色墙。㉙在他妻子生活的城市哥本哈根,1910 年高更以《综合的笔记》(Notes synthétiques)为名发表了他的早期手稿,在这些美学沉思中他抨击了

㉘ Vincent van Gogh to Theo van Gogh, 3 June 1888, in Russell, Seurat, 408. 约翰·雷华德(John Rewald)认为准确的日期是 1887 年:"佩蒂特大道(Petit Boulevard)的领袖无疑是修拉。" Rewald, Seurat (New York: Abrams, 1990), 44.

㉙ 该画现收藏于约瑟夫维茨画廊(Josefowitz Collection)。

分解的方法,澄清了他对艺术的信念。[30] 像修拉一样,高更也将画布分成各个色块。他的色彩更加浓重,色块通常更大,色彩更近似有意的不自然。他在 1885 年 1 月给朋友写信说道:"色彩依然更具有解释性,虽然因为它们对眼睛所起的作用与线条相比变化较少。"[31]他在《综合的笔记》中写道:它们就像音乐中的音调会"结合"在一起,而且也像音调一样,它们会相互和谐;但眼睛是一次整体地而不是按顺序将它们纳入视线之中,实际上的色彩要比人能够注意到的色彩多很多很多。"把像在彩虹中一样多的色彩单位加到由合成色彩形成的那些单位中,你将得到……一个数的积累,一个真正的中国之谜。"高更对自己说,把它们分开,并进行挑选,它们就会在大脑中相互振动。[32] 他的风格最终被称为"景泰蓝式画法"(cloisonnism),因为出现在画布各个部分的是单一、未调制的颜色,类似古代金属上釉术中用铜线勾勒出不同色块的技法("cloisons"指"景泰蓝瓷器上分开颜色用的金属细线")。[33]

边缘清晰、色彩单调的绘画技法以前已经被尝试过了。马奈在 19 世纪 70 年代就运用过这种技法。它们部分是因为当时流行的日本印刷品和朱尔·谢雷(Jules Chéret)招贴画艺术的魅力,这些技法后来被图卢兹-劳特雷克引入他的绘画作品之中。[34] 但是高更第一个以近乎

---

[30] 关于最初发表于 1910 年的这些手稿完成的日期存在着长期争论,我同意歌德沃特(Goldwater)所说的 1885 年而不是雷华德(Rewald)的 1888 年。参见 Robert Goldwater, *Symbolism* (New York: Harper, 1979)和 Rewald, *Seurat*。

[31] Gauguin to Emile Shuffenecker, 14 January 1885, in Herschel B. Chipp, ed., *Theories of Modern Art: A Source Book by Artists and Critics* (Berkeley: University of California Press, 1968), 59.

[32] Paul Gauguin, "Notes synthétiques," in *The Writings of a Savage*, ed. Daniel Guérin (1974), trans. E. Levieux (New York: Paragon House, 1990), 9–10.

[33] 凡·高在这方面的发展中起了作用。参见 Bogomila Welsh-Ovcharov, *Vincent van Gogh and the Birth of Cloisonism* (Toronto: Art Gallery of Ontario, 1981)。

[34] 日本印刷品最早的大型展出之一于 1888 年 6—7 月在巴黎西格弗里德·宾画廊举办。第二期《独立论刊》菲利克斯·费内翁对它的评论是不可或缺的(*Oeuvres-plus-que-complètes*, 1:113–114)。他还在 1891 年 4 月的《黑猫》杂志(*Le Chat noir*)评论了招贴画艺术家,并发表了自己的几幅招贴画(*Oeuvres-plus-que-complètes*, 1: 187–88)。

抽象的形式和向自然告别的色彩画出了这样的平面。他对自己说他在本质上是一个装饰者。㉟ 到 1888 年夏天，高更正在绘作《布道后的景象》(*La Lutte de Jacob avec l'ange*)，并在布列塔尼的阿凡桥（Pont-Aven）劝说自己的弟子转变信念，在阿尔勒（Arles）与凡·高同住一室。㊱ 作为一个画家，他对做出这一选择给出的新的理由是祛除资产阶级的习俗，以达到与简单超然的直接交流。换言之，由于通过有意识的分析理解了不同绘画表面的差异，高更现在力图克服那样理解的后果。1891 年，高更前往塔希提岛（Tahiti），他的目的是用他的余生，力图用与他所想象的塔希提人生活相同的直接方式绘画，这可能是他沉溺其中的原因之一。

但对空间表面和画布表面做有限的分割并不是改变 20 世纪西方艺术的唯一一种分解。还存在着时间的分割。随着 19 世纪 80 年代在埃菲尔铁塔上向法国播报标准时间等计划的启动，在精确时间分割方面的进步已经与感光胶片更快的快门速度和不断增加的曝光速度融合在一起，形成了一个新的艺术技术，这一技术可以将时间分割成就像我们现在在空间中所发现的那样众多离散的点，最终形成一个令人信服的运动幻觉。

至少有一位伟大的印象派画家已经对此做出反应。在 1881 年和 1882 年，克劳德·莫奈（Claude Monet）去了诺曼底海岸，画了他根据一天不同时间光线的连续变化而完成的著名同一主题"系列"画中的第一幅画，用一位艺术史家的话说，即"将（被想象为持续时间的）对象分

㉟ "自然所起的作用……在装饰艺术中，没有或者几乎没有……在那种艺术中，色彩本质上是音乐性的。" Paul Gauguin, "On Decorative Art," in *The Writings of a Savage*, 12.

㊱ 费内翁在他关于 1889 年沃尔皮尼艺术咖啡馆（Café des arts Volpini）画展的评论中也提到这件事："大约在 1886 年……现场作画的方法……被抛弃了……高更先生正在向一个相似的目标努力，但以不同的方法……他……质疑[现实的]线条，在由湖水相连形成的每一个广大行政区，丰富和浓重的色彩忧郁地扩展而不影响相邻的色彩，也不使自身黯然。" Fénéon, "Un autre groupe impressioniste," in *Oeuvres-plus-que-complètes*, 1: 157 – 58.

割成一个连续的被观察瞬间"。㊲ 莫奈给他一位朋友写信说他正在画"瞬时性"的画。㊳ 1886 年,这一系列的油画第一次一起展出,费内翁(当然)对此作了评论。㊴ 然而,用新技术"将(被想象为持续时间的)对象分割成一个连续的被观察瞬间"的这些革新者并不是画家而是工程师:法国实验生理学和心理学教授艾提安-朱尔斯·马雷(Etienne-Jules Marey);原名为马格里奇(Muggeridge),后来移居美国加利福尼亚的英国摄影师埃德沃德·迈布里奇(Eadweard Muybridge)。

当修拉正在学习"绘画的知识"时,迈布里奇和马雷已经各自独立使用新的高速照相机和切分时间的底片来摄制图像了。1887 年,迈布里奇打赌赢了加利福尼亚的铁路大亨斯坦福(Stanford),因为他摄下了疾速奔跑马匹的连续画面,从而证明马匹在疾驰的某一时刻其四蹄的确会离开地面。完成这样的摄影花去了他五年时间。马雷也在 1872 年开始度量马的步态。马雷的方法是将一个他叫作"记录器"(inscriptor)的装置系在马蹄后上部的丛毛中和马蹄铁上,而且他在 1873 年出版了一本有关这一研究结果的著作。1878 年,他出版了另一部著作,介绍了他过去十多年使用过的测量和排列各种动物运动顺序的各种方法。马雷在 19 世纪 70 年代采用了越来越多的摄影方法;虽然快门总是比迈布里奇慢一拍,但他的照片在时间上更精确,可以将他正在研究的运动划分成完全相等的时间长度。1878 年秋天,马雷在一次科学会议上解释了用费纳奇镜(Phenakistoscope)测定时间是如何困难的问题,费纳奇镜是约瑟夫·普拉陶(Joseph Plateau)在 19 世纪 30 年代发明的,他将一条胶片上的照片放在旋转的狭槽前面,以造成运动的幻觉。

㊲ Goldwater, *Symbolism*, 2.

㊳ 莫奈可能在 1891 年以这种方式向古斯塔夫·乔弗洛伊(Gustave Geoffroy)描述他的干草堆(haystacks)系列画。

㊴ Fénéon, "*Oeuvres-plus-que-complètes*, 1: 41 – 42"。莫奈的沿着埃普特河(Epte)的白杨树系列画和干草堆系列画完成于 1891 年,鲁昂大教堂系列画完成于 1892 年。

同年12月，马雷第一次在巴黎的科学杂志《自然》(La Nature)上看到了迈布里奇为疾驰的马匹摄制的照片，也知道了迈布里奇已经将他照相机的快门速度降到1/200秒的消息。马雷走着相同的轨迹。他借用了一架具有自动重复快门功能的天文照相机，把它安装在一根托柄上，然后在那个月的《自然》杂志上宣布他发明了叫作"照相枪"(photographic gun)的东西。1879年，马雷写信告诉迈布里奇他的照片怎样能够迅速地连续显示，以再现动物的运动状态，迈布里奇将他的照相机数量翻了一倍，增加到24架，达到放映机的要求。普拉陶在1836年已经说明，如果画面以每秒16帧以上的速率连续显现，"视觉暂留"就会造成运动的画面似乎是连续的。当迈布里奇1881年携带"动物实验镜"(zoöpraxiscope)放映机——这部放映机是一个透明的旋转式圆盘，圆盘周围表面卷着一条按顺序排列的照片——去欧洲时，他和马雷终于见面了。马雷向迈布里奇演示了他是怎样完成每秒12张照片的摄制的，迈布里奇则向马雷演示了他是如何将他的快门速度下降到1/500秒的。当1884年修拉开始画《大碗岛的星期天下午》时，迈布里奇已经回到了美国，向画家托马斯·伊肯斯(Thomas Eakins)说明了怎样用马雷旋转的圆盘来确定一个男性模特运动照片前后相继的时间；柏林的奥托马尔·安许茨(Ottomar Anschütz)正在制作他第一部活动图像(moving pictures)；维也纳的恩斯特·马赫正开始他为飞行的子弹进行单格拍制照相的实验。当《大碗岛的星期天下午》在1886年将要展出时，马雷在南锡(Nancy)的一个小镇向法国科学促进协会大会(Congress of the French Association for the Advancement of Science)阐释活动图像。1888年，托马斯·爱迪生(Thomas Edison)进入了这一领域，而到这时，活动图像已经成为现实。

然而，在《大碗岛的星期天下午》中，时间依然是静止的。1886年5月15日，"第八届印象派展览"在名叫"镀金大厦"(La Maison Dorée)的饭店二楼开幕，饭店位于与时尚的意大利大道(Boulevard des Italiens)相连的拉菲路(Rue Laffitte)远端起点上。虽然这是第八次印象派画展,但印象派画家已经出现了很大分歧,他们以后再也没有一起举办画展,只是同意他们在画展名称上不使用"印象派"这一词。然而,卡米耶·毕沙罗已经平息了他所能平息的许多争论。当时毕沙罗对修拉的作品留下了极为深刻的印象,以致他亲自实践点彩派画法,他就像邀请仪容端庄的贝特·莫里索(Berthe Morisot)一样,邀请修拉展示他的《大碗岛的星期天下午》。修拉的油画就这样最终在公众面前亮相了——不是以独立艺术家身份,而是以印象派画家的身份。关于修拉的画从五层楼上搬下的样子,没有人留下任何记录;但很难想象修拉会在这幅作品上失去任何不可思议的尊严。一旦这幅画挂在墙上,它就马上吸引了艺术爱好者,他们就像过去一年半时间修拉凝神关注它一样。它吸引了整个房间的目光。它吸引了整个展览的目光,使高更的19幅画作和德加(Degas)描绘的在浴盆中泰然自若的女性的出色系列画黯然失色。对修拉而言,这是一个重要的契机。有着长长的四方形(square-cut)"使徒胡须"的修拉打动了一位相貌类似亚述王的观看者。[40] 他被介绍给了费内翁[他自己的山羊胡子使他的朋友们想起靡菲斯特(Mephistopheles)或山姆大叔],费内翁离开后去撰写即时的经典评论(now-classic)——那年他发表的五篇评论中的第一篇——解释了修拉怎样"科学地"作画的。修拉也见到了古斯塔夫·卡恩和比利时的象征主义诗人艾米尔·维尔哈仑(Emile Verhaeren),维尔哈仑还抽出时间发明了"自由诗体",并撰写了吸引人的评论。修拉还见到了卡恩在科学界的朋友查尔斯·亨利,亨利很快将修拉描绘为一个研究人员。同其他19位赶紧发表意见的作家一样,一位当时主要住在巴黎、志向远大的爱尔兰作家乔治·摩尔(George Moore)在他的论文集中记下了这一经历。第一次观看《大碗岛的星期天下午》的经历是很难忘记的。

在1886年年底之前,《大碗岛的星期天下午》再次展出。这是独立艺术家协会的秋季展出,他终于获得了成功。修拉获得了很高的声誉,

---

[40] Gustave Kahn, "Seurat," in Broude, ed., *Seurat in Perspective*, 21.

画家和评论家等待着他的每一个进展。除了夏季的海景画，修拉继续画画，至少每年画一幅大型油画。他要用令人心烦的数千个精确的点画画，1887 年是《摆姿势的女子》(Les Poseuses)，1888 年是《马戏表演》(Parade du Cirque)，1889 年是《扑粉的年轻女子》(La Poudreuse)，1890 年是《喧闹舞》(Chahut)，1891 年是《马戏》(Le Cirque)。每一幅画都是对他绘画技法的新挑战:《摆姿势的女子》是他第一幅室内裸体画，《马戏表演》是他第一幅夜景画(用经常可见的煤气灯照明，它呈现出一幅完全不同的样子)，《扑粉的年轻女子》是他第一幅肖像画。《喧闹舞》和《马戏》是根据各种运动说明理论(movement illustrating theories)绘制的室内夜景画。在关于视角和线条的情感内容的运动说明理论方面，修拉和查尔斯·亨利的观点是一致的。到那时，《大碗岛的星期天下午》上的许多色点已经开始变暗。鲜绿色和橙色与暗淡的镉黄混合，毕沙罗关于这方面对修拉的告诫太晚了。现在我们没有办法知道《大碗岛的星期天下午》真正的色彩特征是怎样的，也没有办法检验修拉是不是真的实践了他"彩色冷光"(chromoluminescent)的设想。

在完成《大碗岛的星期天下午》六年之后，修拉突然去世。为了从咽喉感染中康复，他回到了母亲家。在几个街区之外的新画室中，《马戏》悬挂在他的大画架上，而他 13 个月大的儿子也正在显现出这同一致命疾病最初的症状。这一天是 1891 年 3 月 29 日。在修拉的葬礼两天后，高更坐船前往塔希提岛。高更没有参加修拉的葬礼，修拉以前也没有参加高更的象征派画家朋友为高更这次旅行筹集资金举办的午宴，因为他们两人就在《大碗岛的星期天下午》展出后发生了争吵。蒙克那年春天已经回到了巴黎，正在用点彩画法的色点画室外风景画。图卢兹-洛特雷克依然在画他钟爱的蒙马特下层平民的生活;塞尚住在法国南方的家乡，当天气好的时候他仍然会走出画室，越过阿克(Arc)山谷去画圣维克多山的景色。至于文森特·凡·高，他已经去世了。在几次病倒，并在精神病院住了一段时间之后，凡·高去奥维尔斯(Auvers)居住和工作，当时著名的神经病专家加歇(Gachet)医生也住在附近不远的地方。加歇医生喜欢这种新的艺术,他的四周的墙上挂满了高更、塞尚、凡·高和毕沙罗的画。1890 年 7 月 27 日,就在修拉将其艺术信条概括为"艺术即和谐"(Art is Harmony)[41]之前几个星期,凡·高在离加歇医生的家不远的一块田野中饮弹自尽。

1891 年 7 月,一位名叫约瑟夫·康拉德(Joseph Conrad)的波兰船长路过奥维尔。他希望加歇医生能使他从一种疾病的后遗症中康复,这一疾病是他在 1890 年秋天去刚果河(Congo River)的那场几乎夺去生命的旅途中染上的。康拉德在奥维尔待的时间不长。他写信给他波兰的朋友说,在加歇医生的墙上挂满了"沙朗通流派"(Charenton School)[42]画出的"噩梦似的"绘画。八年以后,当康拉德开始撰写关于刚果旅行的小说时,他称这段经历是"黑暗之心"(Heart of Darkness),并以听起来像现代叙事的声音让一个男子详细叙述一个噩梦。艺术的现代主义先于小说的现代主义,而且它(甚至通过现代主义者)对小说的现代主义的反作用更具有内在性。在凡·高自杀后几个星期,修拉写道:"艺术即和谐";但是即使修拉将艺术视为一种对立面的和谐,它在世界上所引起的也是这样一门艺术,它具有非常多的可分离部分——非常多的潜在对立面——以至和谐失去了价值,各个部分拥有它们自己的生命。对于修拉遗产的更恰当的描述是高更弟子莫里斯·德尼(Maurice Denis)同时发表的名言:"最好记住,一幅画——在成为一匹战马、一个裸体的女性,或某种奇闻轶事之前——本质上是一个以一定秩序搭配的各种色彩覆盖的平面。"[43]

---

[41] Seurat to Maurice Beaubourg, 20 August 1890, in Broude, ed., *Seurat in Perspective*, 18.

[42] Conrad to Marguerite Poradowska, 2 July 1891, in *Letters de Joseph Conrad à Marguerite Poradowska*, ed. René Rapin (Geneva: Droz, 1966), 87; quoted in Zdzislaw Najder, *Joseph Conrad: A Chronicle* (New Brunswick, N. J.: Rutgers University Press, 1984), 147.

[43] Pierre-Louis [Maurice Denis], "Défense (Définition) du néo-traditionnisme", *Art et critique*, 23 and 30 August 1890; trans. in Chipp, ed., *Theories of Modern Art*, 94.

实际上，修拉是第一个自觉地使绘画规则从现实规则中分离出来并使之具体化的艺术家。1885 年，在修拉完成《大碗岛的星期天下午》的重新绘制之前，对绘画空间连续性的挑战还没有完全明确。到他去世的 1891 年，这一挑战几乎是无可辩驳的。不仅色彩相互分离；而且各种色彩与构图空间相分离，各种空间维度相互分离，主题相互分离并与其他所有部分分离。部分和整体的辩证法因此不可避免。

在修拉去世那一年，最初的表现主义画家还没有见到凡·高充满热情的绘画技巧。塞尚尚未对巴勃罗·路易斯（Pablo Ruiz）产生影响，后者当时才 10 岁，生活在马拉加（Má laga），还不是毕加索（Picasso）。然而，最初的野兽派画家准备学习修拉的点彩技法和高更的假彩色技法。1891 年 10 月，亨利·马蒂斯（Henri Matisse）放弃了他的律师生涯，在巴黎朱利安美术学院（Académie Julian in Paris）注册学习绘画。

同样在那一年，爱迪生获得了活动电影摄影机的专利。

第六章　惠特曼、兰波和朱尔·拉福格

没有韵律的诗
1886

80　　根据英国和美国文学史记载,诗歌的现代主义是在 1910 年至 1913 年由一些"小杂志"创造的,这些"小杂志"由埃兹拉·庞德(Ezra Pound)以及用首字母标写名字的四个男子——T. S. 艾略特(T. S. Eliot)、D. H. 劳伦斯(D. H. Lawrence)、F. S. 弗林特(F. S. Flint)、T. E. 休姆(T. E. Hulme)——在沃尔特·惠特曼(Walt Whitman)灵感激发下编辑形成的。但几乎所有这些创始人都否认这一点。他们指出,除了惠特曼,他们的精神导师全是法国人。对于惠特曼的发明——自由诗——他们甚至借用了一个法语名称 vers libre。正如庞德 1913 年在《诗集》(Poetry)中提出的,"实际上,英国诗歌艺术(verse-art)的全部发展都是从法国偷来的"。①

---

① Ezra Pound, Poetry, 1913. 西班牙文学史认为, Modernismo(现代主义)是 19 世纪 90 年代末西班牙和西班牙裔美洲人最先应用于文学的一个词;但 Modernismo 这个词本质上用来指一系列习自法国颓废派艺术家和像魏尔伦(Verlaine)这样的象征主义者。俄罗斯人则认为俄罗斯的现代主义诗歌与英国现代主义一样也出现在战前 10 年,它是由两位才华横溢的女性阿赫玛托娃(Akhmatova)和茨维塔耶娃(Tsvetaeva)以及她们的朋友赫列勃尼科夫(Khlebnikov)、马雅可夫斯基(Mayakovsky)、曼德尔施塔姆(Mandelstam)、勃洛克(Blok)和帕斯捷尔纳克(Pasternak)创造的。然而,他们也是向惠特曼和法国诗人学来的。

第六章 惠特曼、兰波和朱尔·拉福格

他们是正确的。不管这听起来多么不可能，现代（现代主义）诗歌是在一代人之前的1886那一年在法国发起的。1886年春天，评论家利奥·奥福（Léo d'Orfer）、喜欢冒险的二流诗人古斯塔夫·卡恩（Gustave Kahn），以及最先介绍修拉绘画艺术的天才编辑和艺术评论家菲利克斯·费内翁（Félix Fénéon），他们在巴黎出版了一份新的文学周刊。这份文学周刊名叫《时尚》（La Vogue）。4月，该期刊第一期因淫秽而被没收。从5月开始，期刊开始定期出版，直至1887年1月停刊，此后再也没有恢复出版。总共大概只有二十期，每期仅仅售出几百份，但它们包含的内容很多。最重要的，这份"小杂志"包含了现代诗歌三位"唯一促成者"（onlie begetters）——沃尔特·惠特曼、阿蒂尔·兰波（Arthur Rimbaud）、朱尔·拉福格（Jules Laforgue）——最有影响力的作品。

这三位"唯一促成者"没有一人居住在巴黎洛杰耶路（Rue Laugier）《时尚》杂志编辑部附近的地方，但拉福格住得比较近，可以造访编辑部。1886年，拉福格作为德国年迈的奥古斯塔皇后的法语讲读者正在柏林。在前一年即1885年，拉福格受到了不断的鼓励。维克多·雨果（Victor Hugo）终于去世了，消除了他对未来诗歌的巨大影响；拉福格最终成功地将他最初的两本书付印，包含52首诗的一部叫作《抱怨》（Complaintes），另一部叫作《模仿月亮女王》（L'Imitation de Notre-Dame la Lune），有22首诗。当然，拉福格为此高兴地付给出版商瓦尼埃（Vanier）一笔费用；但对他以后出版的两本书，他通过协商签订合同，合同规定向作者支付稿酬。这两本新书——第三部是诗歌和他最早的小说集——正在顺利地进行之中。同时，他的老朋友古斯塔夫·卡恩正在《时尚》上一部接一部地发表新的诗歌和小说。在那些相同的版面，费内翁正以《彩画集》（Les Illumination）为题编辑阿蒂尔·兰波十年前撰写的诗歌，当时巴黎的每一个人都以为兰波这个非凡的年轻人（enfant terrible）已经死了。拉福格在他桌子的某块地方正在进行着一部诗集的翻译工作，这部诗集叫《草叶集》（Brins d'herbe），其作者

是美国一位名叫沃尔特·惠特曼的长胡子老人。拉福格总是稍许领先时尚一步,他剃去了胡子。此时他26岁,爱上了他的英语教师,一位有着一对黑眼睛、长着栗色头发的英国德文郡(Devonshire)漂亮姑娘利亚·李(Leah Lee),他深信他的未来一切都相当美好。现在有六种西方语言的读者准备将拉福格命名为《时尚》杂志三位伟大诗人中最现代的一位。

拉福格不寻常的工作是他宽容的朋友在1881年为他找到的,这些朋友中有温文尔雅的艺术史家查尔斯·伊弗鲁西(Charles Ephrussi)[普鲁斯特(Proust)后来以伊弗鲁西作为斯旺(Swann)的原型],因为稿酬相当丰厚而且固定,生活的需求是有限和令人愉快的,例如在巴黎的夏季长假。拉福格是一个抽雪茄烟的英俊花花公子,他喜欢穿着双排扣常礼服,头戴大礼帽,当他与年迈的奥古斯塔皇后外出坐在一起时穿常礼服,用皇后更喜欢的德语为她诵读时髦的《两个世界的评论》(Revue des deux mondes)。对一位其父母并非富人的艺术家来说,这个工作正是他所希望的。

拉福格父母的生活实际并不穷困,而是经济稍嫌拮据的中上资产阶级阶层。他的父亲作为一个银行经理干得很不错,但他还是11个孩子的父亲。拉福格一家还以一种奇怪方式成为移民。他的父母都出生在法国,但他们在南美成长、结婚和组建家庭。朱尔·拉福格[像他的前辈洛特雷阿蒙(Lautréamont)一样]出生在乌拉圭蒙得维的亚(Montevideo),直到6岁他才回到法国,当时正值法国在与普鲁士的战争中蒙受失败的耻辱和巴黎公社革命。

拉福格还遇到了许多学校教育问题。虽然他的智力在塔布(Tarbes)和巴黎的公立高中(lycées)中显然相当不错,但他在高中三年级两次未能通过中学毕业会考,而他的校友、获得较低级奖项的亨利·柏格森(Henri Bergson)获得了学术的荣誉。那是1877年,他母亲怀着她的第12个孩子去世了。因为没有资格考大学,拉福格只得转向美术学校(Beaux Arts School),他的哥哥埃米尔(Emile)在那里学设计。② 他旁听课程,在笔记本上胡乱画肖像画,并出席时髦的实证主义者伊波利特·丹纳(Hippolyte Taine)所做的艺术史公开讲座。当他试图根据自己的意愿阅读来继续他的学业时,他发现自己被法国议会图书馆即国家图书馆(Bibliothèque Nationale)拒发读者阅读卡,因为他没有毕业文凭。

拉福格1879年做了第二次尝试,以文学的抱负为理由设法得到了图书卡;但那时他在巴黎日渐感到孤独。他依然强烈地思念他的母亲。他鳏居的父亲生了病,回到了家乡。他的长姐玛丽(Marie)原先接受了为依然留在巴黎的孩子当家的职责,不久之后她也从位于蒙马特附近右岸(Right Bank)的老房子搬迁到左岸(Left Bank)较新的但甚至更拥挤的住处。拉福格尽可能住在外面以减轻这里的居住压力。最后他在距卢森堡公园(Luxemburg Gardens)不远的地方,有了一间属于他自己的不通风的小房间。他在那间小屋里阅读、写作,偶尔在图卢兹(Toulouse)的省报上发表一些作品。"在图书馆的两年孤独时光,没有爱,没有朋友,恐惧死亡。"③"当我读到那个时候的杂志,我战栗地问自己我怎么不能因它们而死呢。"④在他早期阅读的东西中有德国讽刺作家海因里希·海涅(Heinrich Heine)的作品,"他会哭泣和微笑,那是一种苦涩的笑",⑤夏尔·波德莱尔(Charles Baudelaire)的《淫秽诗》《恶之花》(*Les Fleurs du mal*)被一群年轻人认为有资格取代维克多·雨果的二十卷诗歌,成为19世纪最有影响力的诗歌。

拉福格继续阅读那些甚至更沉闷的书籍,如叔本华的《作为意志和

---

② 修拉在下一个学年也在这所学校学习。但不管他们曾经在路上碰到多少次,这两个天才似乎从来没有见面。

③ Jules Laforgue, *Mélanges posthumes*, ed. philippe Bonnefis (Paris: Mercure de France, 1903), 7; trans. David Arkell, *Looking for Laforgue* (Manchester: Carcanet, 1979), 39.

④ Laforgue to Mme Mützer (Sanda Mahali), March 1882, in Laforgue, *Oeuvres complètes*, vol. 1, 1860–1883 (Lausanne: L'Age d'Homme, 1986), 763.

⑤ "'Ce bouffon de génie,' a dit Schopenhauer / Qui sanglote et sourit, mais d'un sourire amer." In Arkell, *Looking for Laforgue*, 38.

表象的世界》(World as Will and Idea),叔本华坚持认为,人类漫长生命过程中的灾难是由盲目的、野蛮的、不可压抑的"生存意志"(will to live)造成的。他认真研读了将个人卷入超然的世界——灵魂之中的佛教和印度教的经卷。当时爱德华·冯·哈特曼(Eduard von Hartmann)撰写的一本奇特的书《无意识哲学》(Philosophy of the Unconscious)正好从德文被译成法文,其主要内容是:(被叫作"无意识"的)世界灵魂是真正存在的,它是完全有害的,它控制了涌入意识的每一个随机事件,虽然意识从来不能感觉到它。叔本华后来写道:"我是一个信仰者。"

> 五个月来,我成了一个苦行僧,每天一尊小佛像、两个鸡蛋和一杯水,以及六个小时的图书馆……在19岁那年,我梦见自己光着脚离开了这个世界,传播真正的律法,弃绝了众多杂念,延缓了生命,等等(你知道这话的含义)。唉,在第一阶段,警察会把我当作流浪者抓起来——预言将不再是一种交易。⑥

这使他完全有资格属于被称为"颓废派"(décadence)的法国文学—艺术学派,当时颓废派在反抗工业时代的科学主义和实证主义的第一阶段承袭了现实主义(réalisme)。用颓废派早期领袖保罗·布尔热(Paul Bourget)的话来说,颓废派是以矫揉造作和梦幻为基础的。在哲学上它倾向于悲观的唯心主义,在艺术和文学上它倾向于赞美反常和奢侈的腐化。他写道,颓废派的先驱是埃德加·爱伦·坡(Edgar Allan Poe)、波德莱尔(他是爱伦·坡作品的法文译者)、维利耶·德·里斯莱-亚当伯爵(Count Villiers de L'Isle-Adam)和斯特凡·马拉美(Stéphane Mallarmé),后两人是前两人的弟子。布尔热1876年写道:"我们不卑不亢地接受颓废这个词。"⑦拉福格接受颓废派似乎只是对青少年期抑郁的一剂有害的药。他开始撰写一本他称之为《大地的哭泣》(Le San-

---

⑥ "'Ce bouffon de génie,' a dit Schopenhauer / Qui sanglote et sourit, mais d'un sourire amer." In Arkell, *Looking for Laforgue*, 38.

⑦ Paul Bourget, in *Le Siècle littéraire* 1 (April 1876).

glot de la terre)的诗集,内容是继续生存在无意义的世界是多么的可怕。

> 暴风雨击打着窗上的玻璃,狂风呼啸
> 把干柴烧旺,我的厌倦搅动着焦炭
> 啊!秋天,秋天!

他在两年后辩解地写道:"那就是我写的。上帝,是的。"⑧

与大多数诗人一样,拉福格更需要同时代人而不是成为人们的榜样。随着1879年至1880年间的冬天渐渐远去,他见到了注定要成为他最早的文学界重要朋友和支持者的三个人。第一个是查尔斯·亨利(Charles Henry),他了解数学就像他了解诗歌一样,而且作为修拉在线条意义方面的导师依然被铭记。第二位是将他介绍给亨利的那个人——古斯塔夫·卡恩,他是一位早在1879年就曾经发表"散文诗"的诗人,并因此在某种程度上成为法国人叫作"自由诗"(*verse libre*)的发明者之一。在法国,对待韵律学规则的认真严肃程度要超过英国。诗句必须有正确的音节(syllable)数,因为在法国,韵律(beat)太不固定了,不能成为格律(meter)的基础。十二行诗是经典,十行诗是可以接受的;但十一行或其他奇数音节的诗句是令人不悦的。甚至无韵的(单调的)诗节都被认为是令人不愉快的形式。波德莱尔曾经写过"散文诗",他的几个后继者也写过散文诗,如魏尔伦(Verlaine)、克罗斯(Cros)、马拉美和兰波;但直到现代主义登上舞台,散文诗在法国仍然很难发表。至于自由诗(*verse libre*),它还不为人所知。1886年前,唯一的在每一诗行用不同的音节数撰写诗歌的法国诗人是兰波,这些作品现在依然还是手稿。⑨

拉福格似乎已经在水疗院(hydropathes)的一次聚会中同卡恩见

---

⑧ Laforgue to Mme Mültzer, 12 or 19 September1882, in *Oeuvres complètes*, 801.

⑨ "卡恩曾经送给我一个相当美的剧本,因为它相当随意、不拘礼节(sans-gêne),在演出中显得非常奇特。"Laforgue to Henry, 13 October 1882, in *Oeuvres complètes*, 803.

面了,水疗院是时尚的法国年轻人在星期三和星期六晚上常去的一个俱乐部,他们在那里喝得酩酊大醉,并且以争论、幽默和吟诗相互取乐。在这里,他似乎也见到了"颓废派"的预言者保罗·布尔热,他就居住在离朱西厄路(Rue Jussieu)上的咖啡馆不到一个街区的地方,水疗院就在这条路上,这家水疗院是 1878 年他同漫画家安德烈·基尔(André Gill)、幽默作家阿方斯·阿莱(Alphonse Allais)和诗人查尔斯·克罗斯一起创办的。发明了留声机并努力改善彩色摄影技术的克罗斯有着一头卷曲的头发、浓密的小胡子,面貌特征和肤色使他看起来像一个太平洋上的岛民。他也曾经是兰波 1871 年来到巴黎后经常相聚的诗人之一;但当兰波开始勾引诗人保罗·魏尔伦后,克罗斯就不再与他来往。毕竟克罗斯最亲密的朋友查尔斯·德·希弗里(Charles de Sivry)是魏尔伦的内兄。在 19 世纪 70 年代初,克罗斯与马拉美、维利耶(Villiers)和魏尔伦一起于 1872 年出版了一份最大胆的小杂志,即昙花一现的周刊《文学和艺术的复兴》(*Renaissance littéraire et artistique*),这份杂志由一个名叫埃米尔·布勒蒙(Emile Blémont)的人编辑,布勒蒙对散文诗、独白诗和英国文学有先锋派的口味。拉福格的确从没有同克罗斯成为朋友,但他也许会很高兴同克罗斯见面,因为他一年前曾经评论了克罗斯唯一一本为图卢兹(Toulouse)撰写的诗集《黄蜂》(*Wasp*)的新版,他非常喜欢这本诗集,以后始终把它带在身边。水疗院使他们不至于沉溺于取笑各种事物的颓废之中,其中最深刻的取笑是克罗斯的幽默。克罗斯的一首诗一开始就这样写道:"我是一个从古老的宝塔中被驱逐的人,因为在秘密的宗教礼拜期间,我笑了一下。"⑩克罗斯在水疗院的同伴们特别欣赏他半夜毫无表情地吟诵一首诗的韵律,他宣称这首诗是为维利耶所写,并于 1872 年在布勒蒙的《文学和艺术的复兴》杂志上作为一种童谣发表。

---

⑩ Cros, "En Cour d'assises"(Court of sessions), first published in *Le Chat noir* 234 (3 July 1886); in Cros, *Oeuvres complètes* (Paris: J. J. Pauvert in association with Club français du livre, 1964), 50.

熏制的鲱鱼

有一堵巨大的白墙——白白的,白白的,白白的,

靠在墙上的梯子——高高的,高高的,高高的,

梯子下面,一条熏制的鲱鱼——干干的,干干的,干干的,

……

我编写的这个简单的故事——简单的,简单的,简单的,

为了激怒严肃的人们——严肃的,严肃的,严肃的,

为了愉悦幼小的孩童——幼小的,幼小的,幼小的。⑪

---

⑪ 下附发表在《文学和艺术的复兴》(1872年5月25日)的这首诗的整个文本:收入 Cros, *Le Coffret de santal* (Paris, 1873, 1879), Saynètes et monologues, 3d ser. (Paris: Tresse, 1878), 以及 Cros, *Oeuvres complètes*, 107-8。乔治·莫尔 (George Moore)描述了这首诗,并收入《死寂人生论文集》(*Memoirs of Dead Life*, New York: Boni and Liveright, 1920), 99, 103。

熏制的鲱鱼(*Le Hareng Saur*)

有一堵巨大的白墙——白白的,白白的,白白的,
靠在墙上的梯子——高高的,高高的,高高的,
梯子下面,一条熏制的鲱鱼——干干的,干干的,干干的,

握着的两只手——脏脏的,脏脏的,脏脏的,
一把重重的锤子、一把钉子——尖尖的,尖尖的,尖尖的,
一团厨用棉线——胖胖的,胖胖的,胖胖的,

所以他爬上梯子——高高的,高高的,高高的,
把尖尖的钉子钉下去——笃笃笃,笃笃笃,笃笃笃,
站在大白墙的高处——白白的,白白的,白白的,

他松开那把锤子——锤子掉下,锤子掉下,锤子掉下,
挂在钉上的棉线——长长的,长长的,长长的,
挂在上面的熏制鲱鱼——干干的,干干的,干干的,

他爬下梯子——高高的,高高的,高高的,
他拿着锤子走了——重重的,重重的,重重的,
然后去其他地方——远远的,远远的,远远的,

自那以后,熏制的鲱鱼——干干的,干干的,干干的,
棉线的一端——长长的,长长的,长长的,
来回慢慢摆动——静静的,静静的,静静的,

我编写的这个简单的故事——简单的,简单的,简单的,
为了激怒严肃的人们——严肃的,严肃的,严肃的,
为了愉悦幼小的孩童——幼小的,幼小的,幼小的。

水疗院当时并不知道这首诗,但他们曾经使之在蒙马特山脚下诞生的最具影响力的艺术形式成了《熏制的鲱鱼》的发展。在俱乐部创建前的一段时间,查尔斯·克罗斯孩子似的童谣与法国著名演员埃内斯特·科克兰(Ernest Coquelin)相遇,科克兰也就是科克兰·卡代(Coquelin Cadet)或小科克兰(Coquelin the Younger)。1881年,科克兰·卡代以喜剧讲座形式表达了他的观点,他描述了他的发现,称克罗斯是这"有趣结构之子"的"母亲",他自己则是"助产士",这一有趣结构"最初的咿呀学语就是《熏制的鲱鱼》"。根据科克兰的描述,他曾在一个夏天的清晨4点在巴蒂尼奥勒(Batignolles)的一个聚会中聆听过克罗斯吟诵这首童谣。[12] 因为这是一个讲演和讲坛表演的时代,科克兰发现吟诵《熏制的鲱鱼》可以获得财富和名声。他想要更喜欢它,但它究竟是什么呢?是一首诗?一段剧本朗诵?一幕短剧?今天我们可以毫不犹豫地说它是单口喜剧或表演艺术,但在19世纪的巴黎,这样的艺术形式还没有被发明。在以后十年中,科克兰至少代理了十多场克罗斯作品的演出,他称这样的戏剧演出为"独角戏",创造了一种时尚,这一时尚首先在克罗斯的朋友和水疗院的合作者即希弗里和阿莱中传播,最后传播到法国的大多数剧作家和歌曲作家中。[13]

这种新形式比较简短,在其他方面,它类似富有幽默感的模仿讲话,如乔希·比林斯(Josh Billings)和阿蒂默斯·沃德(Artemus Ward)这样的美国人近来听到的如何收拾纽约和伦敦屋子的模仿讲话。1876年,美国一位自称"马克·吐温"的幽默演讲者已经开始在小说中运用这种形式,结果他在一封信中形容其为"哈克贝利·费恩的自传"(Huck Finn's Autobiography)。除了简洁,"独角戏"和幽默演讲的最

---

[12] Ernest Coquelin, *Le Monologue moderne* (Paris: Ollendorff, 1881), 11, 14.

[13] 关于独白体诗在现代主义诞生过程中重要作用的更多资料,参见 Randall Knoper, *Acting Naturally: Mark Twain in the Culture of Performance* (Berkeley: University of California Press, 1995), 以及拙作"Monologues of the Mad: Paris Cabaret and Modernist Narrative from Twain to Eliot," *Studies in American Fiction* 20, no. 2 (December 1992).

大差异似乎在于独角戏中笑话总是取笑演讲者的,在某种程度上也是取笑世界的。独角戏也类似英语称为"戏剧独白"的艺术形式。"戏剧独白"是一种去掉直接抒情背景的诗歌形式,它出现于英国浪漫主义即将要终结的 19 世纪 30 年代。戏剧独白使罗伯特·布朗宁(Robert Browning)避免被认为就是"波菲利雅的情人"(Porphyria's Lover),使阿尔弗雷德·丁尼生(Alfred Tennyson)远离"尤利西斯"(Ulysses)。差异在于,在最出色的独角戏中这一距离就很难评估。把鲱鱼钉在高处的男子是一个痴愚者、富于幽默感的人,还是一个拥有出众智慧的天才?他是不是同时具有三种特征?讲故事的人更率直天真吗?总之,他们之中任何一种类型的人都可能是克罗斯吗?在任何一部克罗斯的独角戏——例如《昨天》(Autre fois)——中,问题就更不容易回答了:

很久以前……但没有长到使你产生一个想法。尽管如此,怎样说更好呢?

很久以前。很久很久以前。我的意思是很久以前,很久以前,很久以前。

因此,有一天……但完全不是白天。也不是晚上。因此,有一段时间……但完全没有……哦,有一段时间,你到底要我说什么?所以他头脑中有了想法(不,根本就没有头脑)他有了一个想法……是的,那就是想法。他有了一个要做什么事的想法。

他要喝点什么。但是喝什么呢。没有味美斯酒,没有马德拉酒,没有白葡萄酒,没有红葡萄酒,没有德莱赫啤酒,没有苹果酒,没有水!因为你没有意识到他们原本应该发明这一切的;它们还没有被发明,这应该是一个进步。哈!进步。⑭

---

⑭ Cros, "Autre fois," in Cros, Oeuvres complètes, 261. 克罗斯现存的二十多部独角戏都被收集在这个版本中。值得我们与等待着的乔伊斯一起记住的是:法国的意识流就是内心独白(monologue intérieur)。

到1881年,水疗院不再成为聚会场所,拉福格和卡恩等一群人涌向黑猫咖啡馆(Le Chat noir)。

1881年,黑猫咖啡馆在蒙马特开业,它在十多年的时间里一直是法国艺术生活中的叛逆中心。⑮ 咖啡馆内外用高浮雕和浅浮雕装饰,其内容是漫画、各种令人难以置信的场景、黑猫以及各种规格大小的禁忌和恶魔的符号。装饰者是一些正在崭露头角的招贴画和漫画天才,如安德烈·基尔和维莱特(Willett);他们的雇主鲁道夫·萨利斯(Rodolphe Salis)管理黑猫咖啡馆,好像蒙马特是外国一样。咖啡馆的客人通常是无政府主义者、艺术家和在职业方面行为古怪的人,其中有很多巴黎最杰出的人物。甚至最严肃的知识分子也极少拒绝爬上这个高地(Butte)拜访贫民窟的机会。在那里,除了普通的食物和饮料,还有娱乐表演,其特征在于没有人知道他们应该受到多么认真的对待。在不同房间的小讲台上,讽刺歌谣的作者(*chansonniers*)针对官方或既定的存在用各种古怪的装备吟唱犀利的讽刺歌谣,业余的和声名狼藉的作家大声朗读着他们撰写的故事。甚至当科克兰不在那儿的时候,它也是独角戏的世界中心,在这个地方你可以聆听到克罗斯本人的吟

---

⑮ "黑猫咖啡馆"是艺术现代主义的摇篮,它最近已经成为各个艺术领域学者强烈兴趣的主题。在先锋派最盛时期有三个美国艺术家的展览在有音乐、歌舞表演的酒店展出:Armond Fields, ed., *Le Chat Noir: A Montmartre Cabaret and Its Artists in Turn-of-the Century Paris*, Exhibit catalog, Santa Barbara Museum(Seattle: University of Washington Press, 1994); Phillip Dennis Cate and Mary Shaw, eds., *The Spirit of Montmartre: Cabarets, Humor and the Avant-Garde, 1875–1905*, Exhibit catalog(New Brunswick, N. J.: Jane Voorhees Zimmerli Museum, Rutgers University, 1996); Phillip Dennis Cate and Patricia Eckert Boyer, eds., *The Circle of Toulouse-Lautres: An Exhibition of the Work of the Artist and His Close Associates*, Exhibit catalog(New Brunswick, N. J.: Jane Voorhees Zimmerli Museum, Rutgers University, 1986)。另参见 Lisa Appignanesi, *The Cabaret*(New York, 1976); L. Richard, *Cabaret, cabarets. Origines et décadence*(Paris: Plon, 1991); Harold B. Segel, *Turn-of-the Century Cabaret: Paris, Barcelona, Berlin, Munich, Vienna, Cracow, Moscow, St. Petersburg, Zurich*(New York: Columbia University Press, 1987);以及拙文"Monologues of the mad: Paris Cabaret and Modernist Narrative from Twain to Eliot," *Studies in American Fiction* 20, no. 2(December 1992)。

诵,聆听到阿莱和希弗里、莫里斯·麦克纳布(Maurice Mac-Nab)和让·里克蒂斯(Jéhan Rictus),以及女独白艺人(diseuse)伊薇特·吉尔贝(Yvette Guilbert)的吟诵。

独角戏给予拉福格多少印象也许可以从他的《街灯的悲哀》(Tristesse de réverbère)中得到理解,他在1881年9月发表了这首散文诗的梗概。

  我是一盏感到无聊的街灯。哎哟!你可能注意到我了。你知道吗?在穆夫塔尔街(Mouffetard)和铁锅街(Pot-de-Fer)的拐角处。一个低贱的街角,对吗?我的右面是一家卖酒的店铺,左面是一家面包铺。

  你是否想到过一个只有晚上才能看到的存在的命运?……

  在卖酒的店铺里,他们吼叫,他们酗酒,他们抽烟,而且,通过屋子的窗户,我看到了灯,那些可爱的少女,她们用灯罩遮盖自己。

  午夜时分,卖酒的店铺关门歇业。在灯光照亮的窗帘后,我辨认出这些好公民上床睡觉了。当然还有其他的事,但我是一盏具有自尊心的街灯。

  很快,所有的窗户都熄了灯。那时在空荡荡的街道上一片寂静,我在倾听……

  远处的脚步声渐渐逝去。一辆困乏的小马车。一个创作独角戏的醉汉……

  这是一个多么低贱的街道。[16]

在建造黑猫咖啡馆之后的那几个月里,萨利斯创办了一份周刊,由阿莱编辑,刊载咖啡馆演艺人员撰写的诗歌和散文以及咖啡馆装饰人

---

[16] *La Vie moderne* 36 (3 September 1881); in *Oeuvres complètes*, 245.

员绘制的漫画。在周刊的专栏中,《黑猫》杂志尽最大努力保持萨利斯的左翼观点和短暂的娱乐表演,同时它乐于使具有维多利亚时代特征的巴黎良好市民感到不快。咖啡馆成了侵入巴黎的一个基地,成了精心编造的恶作剧的中心,就像从1882年至1889年每年举办的"不相关艺术沙龙"(Salon of Incoherent Arts)那样。1889年世界博览会前后,音乐现代主义的发明者之一埃里克·萨蒂(Erik Satie)在那儿弹奏"第二钢琴",1886年亨利·里维埃(Henri Rivière)开始在黑猫咖啡馆的墙上设计关于过去和未来的幻想,萨利斯把其中一些用海报宣传成"影子剧院"(shadow-theater)。到1898年,黑猫咖啡馆本身停业了,但它的风格和氛围已经名闻整个欧洲,各种追风而起的聚会场所——从毕加索遇到众多艺术家的巴塞罗那"四只猫餐厅"(Els Quatre Gats),到卡尔·克劳斯(Karl Kraus)创作反维多利亚时代风格讽刺作品的维也纳"格林施泰尔咖啡馆"——纷纷出现在各大都市。法语甚至有它自己的词汇——现在依然无法翻译——用来指构成黑猫咖啡馆态度的不雅和冷漠的结合:*fumisterie*,或者我们可以把它译为"施放烟雾"(smoke-screening)。

拉福格的《大地的哭泣》(*Le Sanglot de la terre*)的确证明了对施放烟幕的迫切需要。拉福格在1881年开始采用*fumiste*的风格,黑猫咖啡馆是他了解这一风格的地方之一。威利特(Willett)早期的画板漫画是由黑猫咖啡馆在1881年发起的,而且他成了一个滑稽人物,被叫作"爱恶作剧的丑角"(Pierrot fumiste),他给拉福格留下了非常深刻的印象,因此在1882年8月,拉福格在一个剧本中借用了这个称呼和人物形象。拉福格的丑角是一个苦恼的童贞男(拉福格本人可能就是这样),在一场滑稽的蜜月中,他通过定期向叔本华祈祷保持童贞。这无疑是荒谬的,但又是奇特的英雄行为。拉福格给他的一位诗友桑达·马哈里(Sanda Mahali)写道:"丑角"使他笑得"痉挛",但也许那是因为他当时正与桑达·马哈里进行没有结果的调情。[17]

在布尔歇(Bourget)和埃弗鲁西(Ephrussi)1881年11月把拉福格带到柏林之后不久,他终于尝试将独角戏的风格运用到诗歌之中。他将《大地的哭泣》放在抽屉里,开始撰写《抱怨》(Complaintes)。它们是用押韵的诗节写成的,并有精确的音节数,但音节数是变化的。几种不同的诗节形式经常出现在同一首诗中。从酒店歌舞表演的歌曲和街头民谣中得来的片段就像泡沫一样出现,又很快消失。这样的情绪具有讽刺性,因为它有几种相互作用的声调:

女士们、先生们

谁的母亲去世了,

这年老的掘墓者

在你的门边上挖。

往下六英尺

是死者丈夫的葬地;

他几乎从没有

露出他的脸。[18]

一年以后的1882年12月,拉福格正"在晚上的灯光下……像奴隶一般地工作",撰写新诗。[19]魏尔伦刚刚发表了他给各位诗人的建议,"写出修辞最困难的部分",[20]但拉福格正在做的比魏尔伦本人做的还

---

[17] Laforgue to Sanda Mahali, 19 or 26 August 1882, in *Oeuvres complètes*, 798. 关于现代主义的"丑角"参见 Martin Green and John Swan, *The Triumph of Pierrot: Commedia dell'arte in the Imagination of Modernism* (New York: Macmillan, 1986).

[18] Laforgue, "Complaint on the Oblivion of Dead," trans. William Jay Smith, in *Selected Writings of Jules Laforgue* (New York: Grove Press, 1956), 36.

[19] Laforgue to Ephrussi, 24 December 1882, in *Oeuvres complètes*, 813.

[20] Verlaine, "L'Art poétique," *Paris-Moderne*, 10 November 1882.

要好。㉑

> 宇宙无疑
> 是反穿的(inside out)……
> ……
> ——啊,只要一个女性走近我,
> 情愿从唇间饮下美酒,抑或死亡!
> ……
> ——啊,如果上帝允许我离开直到那一天
> 以同样传统的折中方式生活。
> 人类或神灵居住何方
> 尊严开始抑或结束?
> 让我们颠倒事实:
> 丑角战栗,上帝引导!
> 现在你看见他们,现在你不能看见他们,
> 现在你不能,现在你能,
> 相反者相同,
> 宇宙将不能满足需要!
> 就如同我的打算,已经选定
> 不可能的生命,
> 我越来越少地停留于某地。㉒

㉑ 虽然三十年以后可能不比罗伯特·弗罗斯特(Robert Frost)更好,后者在 1913 年完成了著名的作品,"但如果一个人要成为一个诗人,他就必须学会运用韵律,相对于格律的固定节奏,熟练地根据含义以不规则的重音断句"(Frost to John Bartlett, 4 July 1913, in Lawrance Thompson, *Robert Frost* [New York: Holt, Rinehart and Winston, 1982], 1: 419)。叶芝(Yeats)在同一个夏天给他父亲写信说:"我努力以表达方式的自然和生动来使作品令人心悦诚服,从而使听众感到他们面对的是一个人的思维和感情。"(David Perkins, *A History of Modern Poetry* [Cambridge: Harvard University Press, 1976], 577.)

㉒ Laforgue, "Complaint of Lord Pierrot," trans. William Jay Smith, in *Selected Writings of Jules Laforgue*, 30-31.

1883年，他在给姐姐玛丽的信中说：

我已经放弃了关于我的贝托莱街（Berthollet）、我的哲学诗的传统理想。我认为现在来装大嗓门、玩修辞是愚蠢的。既然我现在更加怀疑，而且难于振作精神；另一方面，既然我已经准确地掌握了我的语言和扮类似小丑的时尚（clownlike fashion），我就以单纯的目标写下一点诗歌的幻想：不惜任何代价创作原创作品。㉓

十天以后，拉福格将《抱怨》的一部分《抱怨白天》（*Complainte des journée*）作为独白诗寄给科克兰·卡代。㉔ 但拉福格没有得到答复。拉福格已经超越了这样的导师。他现在正在写作诗歌，而不是表演艺术。

拉福格在1884年3月将《抱怨》寄给了"现代人书局的出版商"瓦尼埃，但他几乎没有料到瓦尼埃将它搁置了一年半之久；并开始继续他最终称之为《模仿月亮女王》（*L'Imitation de Notre-Dame la Lune*）的系列独白诗。正如其标题所暗示的，这里的讽刺更具有渗透性，也更微妙。1885年，对一个逛书店的人来说，他们发现那一年瓦尼埃终于出版了《模仿月亮女王》。《模仿月亮女王》看起来像是关于中世纪模糊背景中幽灵般女性的颓废派最新作品，但一个逛书店的人对此应该是会很快醒悟的。正如法国人所说，太多的玩笑和口语化的用语，说明这位作者并不严肃。1886年，当"象征主义"（symboliste）这个词开始被用来指年轻的诗人时，拉福格的作品似乎依然不合适。

除了英国诗人和评论家亚瑟·西蒙兹（Arthur Symons）。1899年，西蒙兹在他1893年论当代文学论文的版本中，不再使用"颓废派"这一术语，并将从1872年至1898年——包括拉福格——这整个时代重新用象征主义运动命名。他将象征主义定义为一个星期二在马拉美

㉓ Laforgue to Marie Laforgue, 14 May 1883, in *Oeuvres complètes*, 821, my translation.

㉔ Laforgue, "Agenda," 25 May 1883, in *Oeuvres complètes*, 880.

的巴黎寓所聚会的文学团体。马拉美的"星期二聚会"在 1872 年开始时是完全非正式的,当时文学中流行的"主义"是现实主义和高蹈派。当颓废派在 19 世纪 80 年代前后流行时,它们继续发展,当诗人让·莫雷阿斯(Jean Moréas)1886 年发表《象征主义宣言》(*Symbolist Manifesto*)时,它们依然继续在发展,而且象征主义(*Symboliste*)这个词开始取代颓废派。当西蒙兹和其朋友威廉·巴特勒·叶芝(William Butler Yeats)在 19 世纪 90 年代出现在那儿时,几乎每一个 40 岁以下的法国作家都可能被贴上了象征主义者的标签,被贴上标签的还有一群比利时诗人[如莫里斯·梅特林克(Maurice Maeterlinck)和艾米尔·维尔哈仑]和几位画家[如奥迪隆·雷东(Odilon Redon)和古斯塔夫·莫罗(Gustave Moreau)]。马拉美的诗因为其稀疏和难解而成了其他人的标准;更加不一般之人的作品也成了其他人的标准。1883 年 10 月,《吕泰斯》(*Lutèce*)＊刊载了马拉美称作《元音》(voyelle)的十四行诗,拉福格在将他的《抱怨》送交给《吕泰斯》的编辑瓦尼埃之前,很可能看过《吕泰斯》。《元音》是阿蒂尔·兰波发表的第四首诗。㉕

兰波是诗坛的比利小子(Billy the Kid)。根据在 1883 年就已经消失的一个传说,兰波在 1871 年闯入巴黎文学界,当时他才 16 岁,普鲁士人正在围困巴黎。当警察把他当作流浪者送回家时,他离开了,但又转身向回走。在巴黎,他见到了克罗斯和马拉美,在布勒蒙编辑的《文学和艺术的复兴》周刊(*Renaissance littéraire et artistique*)上发表了一首诗,并与魏尔伦一起出走伦敦。1873 年,在布鲁塞尔一家咖啡馆,魏尔伦拔出左轮手枪向兰波射击,兰波幸免于难。1875 年兰波在德国斯图加特与魏尔伦见了最后一面,送交了一部分手稿并同魏尔伦告别。那时他才刚刚 20 岁,但却再也没有写过一首诗。布勒蒙和魏尔伦保存了《元音》手稿的抄本,这首诗他写于 16 岁时,那时无论是他还是其他

＊ Lutèce,巴黎古称。——译者

㉕ Arthur Rimbaud, "Voyelles," *Lutèce*, 5–12 October 1883.

任何人都没有听说过"象征主义"。现在这首诗通常作为象征主义美学的最好证明而被展示：

> 黑色的 A，白色的 E、红色的 I、绿色的 U、蓝色的 O——元音
> 某一天我要展示你沉默的意义
> A，苍蝇身上的毛茸茸的黑背心
> 围着恶臭嗡嗡地旋转
>
> 夜晚的深渊；E，沙漠和天空的坦率，
> 极其寒冷的矛头，白色的王，战栗的安妮王后的饰带；
> I，带血的唾沫，从脸上留下的笑
> 在野蛮的拒绝或愤怒中，呈现朱红色；
> U……绿色大海的神圣波动
> ……
> O，至上的号角，发出异常刺耳的声音
> ……
> 哦……最后……他的眼睛发出紫色的光！㉖

㉖ Rimbaud, "Voyelles", trans. Paul Schmidt, in Arthur Rimbaud, Complete (P378) Works (New York: Haper Perennial, 1975), 123. 这首诗的法语原文为(from Oeuvres completes [Paris: Pléiade, 1972], 53):

VOYELLES

A noir, E blanc, I rouge, U vert, O bleu: voyelles,
Je dirai quelque jour vos naissances latentes:
A, noir corset velu des mouches éclatantes
Qui bombinent autour des puanteurs cruelles,

Golfes d'ombre; E, candeurs des vapeurs et des tentes,
Lances des glaciers fiers, rois blancs, frissons d'ombelles;
I, pourpres, sang craché, rire des lèvres belles
Dans la colère ou les ivresses pénitentes;

U, cycles, vibrements divins des mers virides,
Paix des pâtis semés d'animaux, paix des rides
Que l'alchimie imprime aux grands fronts studieux;

O, suprême Clairon plein des strideurs étranges,
Silences traversés des Mondes et des Anges:
—O l'Oméga, rayon violet de Ses Yeux!

兰波在完成这首诗之前不久给他中学老师写信,解释了他为了成为一个好幻想的人,怎样有意地使自己处于精神恍惚状态。技术上称为"通感"的不同感觉体验的相互关系是精神恍惚的一种类型。鸦片和大麻也会产生这种精神恍惚状态。对实证主义的攻击——对合理性本身的攻击——已经再清晰不过了,它包括关于令颓废派陶醉的每一件事,例如神秘主义。但是《元音》这首诗和兰波来到巴黎之前所写的其他诗一样不是现代主义的。首先,它是韵律和谐的十四行诗。与兰波所写的关于魏尔伦绯闻的一些诗相比,他1873年的诗更加深刻,并且非公开地出版了《地狱中的一季》(Une Saison en Enfer)。它们部分是散文,部分是异乎寻常和简化的诗节形式。如果这些部分形式上不是新出现的,那么它们的组合是新颖的;它非常适合表达幻觉和自白的混合,借助于这一方法,兰波说明了他和魏尔伦经历的从交流诗篇到在咖啡馆的胯部亲抚(crotch-fondling),最后以在公共场所开枪结束的关系。

但这是兰波写的最后一批诗篇,他在斯图加特将它们交给魏尔伦,这些诗篇奠定了兰波作为现代主义者的地位。[27] 在以后的十一年中,它们在魏尔伦的手中来来回回,最后到了魏尔伦的内兄希弗里手上,但似乎没有一个人急于发表它们。因为它们没有一个共同的名称,魏尔伦借用了《海岬》(Promontory)手稿底部的"彩饰"一词,并对费内翁说它们叫作《彩画集》(Illuminations)。《海岬》这首诗是兰波在1874年游览英国海岸度假胜地时受到启发而完成的,"彩饰"是指中世纪手稿中图案花饰的一个英语词汇。[28] 1886年5月,卡恩和费内翁安排《彩画集》的第一部分《洪水之后》(Après le déluge)在《时尚》第五期上发

---

[27] "在现代文学史上,没有任何一部作品具有比《彩画集》更有影响了……兰波在自主的功能(机能不良)中发现了语言,免去了它的表达和表现的责任……"Tzvetan Todorov, "Une Complication de texte: les Illuminations," Poétique 34(1978年4月); trans. in Marjorie Perloff, The Poetics of Indeterminacy: Rimbaud to Cage(Evanston, Ill.: Northwestern University Press, 1983), 3.

[28] Rimbaud, "Promontory," in Oeuvres completes, 149.

表。㉙在发表这些诗歌五期之后的 6 月,他们将其汇集出版,这是法国读者所见到的最异乎寻常、最难解的诗。

兰波本人不知道《彩画集》的命运。他依然活着的消息也无法传到巴黎。他只与他母亲、姐姐以及生意上的熟人通信,这些人不知道或不关心《时尚》这类东西。魏尔伦也不能肯定兰波是去世了还是在非洲最黑暗的地方。实际上,1886 年的整个夏天,当《时尚》发表《彩画集》时,兰波正在非洲,住在距索马里海岸不远的原住民的村庄,他正在试图率领一支骆驼商队前往埃塞俄比亚内陆,为觊觎王位者曼尼里克(Menelik)的叛军运送 2 000 支来复枪和 75 000 箱弹药。自从他在斯图加特移交他的诗稿以后,兰波一直生活在他梦想之中的地方,即万花筒般的虚幻城市和帝国的港口。他曾经当过埃及的仓库管理人、塞浦路斯采石场的工头、欧加登(Ogaden)的象牙猎人、阿拉伯半岛的咖啡商。在爪哇偏僻地区,他开小差离开了被派往东印度群岛镇压原住民"起义"的荷兰外籍军团。1877 年,在德国不来梅(Bremen),他试图加入美国海军,但没有成功。在非洲走私军火是他同样野性难驯的生命的最后一章,当他少小离家时,这样的生命就开始了。"走啊!大路就在我们面前!"(Allons! The road is before us!)沃尔特·惠特曼曾经这样号召。"让没有写过字的纸放在桌子上不要乱写。"㉚或者,正如兰波本人所说:"当人们 17 岁时他们并不严肃。"㉛

但这些诗是引人注目的。兰波每次抛弃另一种作诗的规则,他似乎只是扩大了对语言资源的控制。就像 1886 年《时尚》出版的春季和夏季版每一期那样,《彩画集》显然比到当时为止的法国诗歌的任何内容都更具有冒险性,甚至比《地狱中的一季》更具有冒险性,《时尚》另外

㉙ Rimbaud, "Après le deluge," in *Oeuvres completes*, 121–22.

㉚ Whiteman, "Salut au Mondel!" in *Poetry and Prose* (New York: Library of America, 1982), 307.

㉛ "On n'est pas sérieux, quand on a dix-sept ans." Rimbaud, "Roman," in *Oeuvres completes*, 29.

又重版了9月号三次。《彩画集》是散文诗？它们中没有一首诗有前后一致的格律，只有几首诗是以诗句或诗节的形式出现的。它们可能关于什么呢？它们无一例外地充满了极为丰富的想象，这些想象似乎是绝对不连贯的、无条理的。在马拉美的一首诗中，读者也许会逐渐成功地从那些象征所暗示的环境中提炼出一首诗的主题；但在兰波的这些诗中，主题是"不可判定的"。㉜ 你不能说这些想象是如何发生联系的或者它们都象征着什么，除非它们存在于一个疯子的脑海里。第二首自由体诗《运动》(Mouvement)发表于6月21日，它似乎有点像是在一条小船上的乘客。但它不也与实证主义和工业化人造灯光下一个城市有关吗？它不也与唯一搅动的意识有关吗？当拉福格到达巴黎享受长假那一天，正巧在书摊上见到它，他会怎样解释呢？

运动

曲折的运动翻腾在河流骤降的陡坡之上

舻柱的漩涡，

斜坡的迅捷，

巨大急速的水流

通过奇特的光芒

和化学的变化

带领着山谷猎号和汹涌海流

周围的旅行者

他们是世界的征服者

寻找着个人的化学财富；

㉜ Perloff, *Poetics of Indeterminacy*, 4. 在一则短信中，佩罗夫(Perloff)把"不可判定性"归于兹维坦·托多洛夫的《象征主义和解释》(Tzvetan Todorov, *Symbolisme et interprétation*, Paris: Seuil, 1978), 82；但实际上这个词属于从大卫·希尔伯特(David Hilbert, 1900)到库尔特·哥德尔(Kurt Gödel, 1931)的数学。参见第三章和第二十二章。

体育运动和舒适家居跟着他们一起旅行；
他们统领着教育
有关种族的、阶级的和野兽的，在这巨舟上
休憩和晕眩
在耀眼的光中
在骇人的研究之夜。

因为从机器、血、花朵、火、首饰之间的闲谈
从动荡的计算到逃亡的船边，
——可以看到，在水力机车的大道那边，
像堤坝一样滚动，
奇大无比，无尽地闪着光，——他们的学问积累；
他们被驱逐进和谐的忘我境界
和大发现的英雄主义中。

在最令人惊讶的朦胧事故中，
一对年轻的夫妇在方舟上置身事外，
——是人们可以宽恕的原始的胆怯？——
赞颂并警醒自己。㉝

在《运动》发表四年以前，拉福格就已对此有预感。1882年7月，他曾经写信对桑达·马哈里说："我梦见了一种诗，它什么也没有说，由一段段的没有连贯性的梦境构成。如果你要说、解释或证明某种东西，它总是散文。"㉞1886年，他至少能够部分理解兰波正在做的。"没有任

㉝ Rimbaud, "Mouvement," in *Oeuvres completes*, 152; trans. Louise Varèse, in *Illuminations* (New York: New Directions, 1957), 116–19.

㉞ "Moi, je rêve de la poésie qui ne dise rien, mais soit des bouts de reverie sans suite. Quand on veut dire, exposer, démontrer quelque chose, il y a la prose." Laforgue to Mme Mültzer (Sanda Mahali), 18 July 1882, in *Oeuvres completes*, 792.

何诗节,没有结束,没有韵律。全是前所未闻的大量自白,以及总是充满想象的无尽的意外。在这个意义上,他是波德莱尔'唯一的异构体'(sole isomer)。"㉟但拉福格不是兰波。他的确从来没有写过一首主题多重或不可判定的诗。他的作品依然是抒情的和戏剧性的,再现了他自己和其他人的感情。如果说《时尚》当时发表的诗几乎与兰波的诗相近,但其中有什么不可判定的因素,那就是其语气或气质。拉福格对其用词、用语的斟酌在其完美悦耳的语调中得到体现。《抱怨》中的每一首诗都运用了几种不同的语调,从高尚的贵族化的,到通俗的儿童般的。从一种语调转换到另一种语调,甚至出现在一个诗行或短语中,他创造了一种互讽的交响曲。这同样的交响曲出现在他所有未来的诗篇中,出现在他的散文《道德故事》(Moralités légendaires)中。就像传统的浪漫主义者那样,兰波作品中的自白是诚实的。拉福格作品中的自白则总是讽刺的,同即将出现的现代主义者一样。

　　如果拉福格准备从兰波那里学习什么,那么它就应该是学习怎样以缺乏前后一致格律的诗节形式作诗。当兰波的第一首自由体诗《海滨》(Marine)1886 年 5 月 29 日以铅字出现在那一期《时尚》杂志上时,他自己还没有写一首诗;㊱但还存在着比《海滨》可能更早更大的另一种影响。在那个月的较早时间,拉福格坐在奢侈的柏林公寓中,翻阅着 5 月 1 日那期《两个世界的评论》(Revue des deux mondes),为早晨诵读给奥古斯塔皇后听作准备。在月刊的第 112 页,有月刊的著名撰稿人泰蕾兹·本特宗(Thérèse Bentzon)对 E. C. 斯特德曼(E. C. Stedman)的《美国诗人》(Poets of America)做的评论,泰蕾兹·本特宗早在 1872 年就在这同一份刊物上第一个将矛头对准了惠特曼。自那以后

　　㉟ Laforgue, Oeuvres (Paris: Mercure de France, 1902), 2:129;拙译,在原文上的着重点。

　　㊱ 确实,早在 1883 年 6 月,他曾经因为音节数不匹配而批评玛丽·克里辛斯卡(Marie Krysinska)发表在《现代生活》(La Vie moderne, 1883 年 5 月 26 日)上的一首较早的自由体诗《猫头鹰》(Le Hibou)。Laforgue to Charles Henry, 7 or 8 June 1883, in Oeuvres completes, 824.

她稍许柔和了一点。

> 至于被大肆吹捧的形式的创新,我们知道它值多少……通过反常手段要比通过任何其他手段更容易获得成功……它与那些不使美国精神成为崇拜对象的人没有什么关系,像那些这种自我描述的世界公民(他们的精神在本质上是狭隘的)一样,激进的、破坏偶像的沃尔特·惠特曼是大祭司。

在拉福格能够找到《草叶集》最新一版之后有足够的时间使他如痴如醉。6月,他开始翻译《草叶集》,从第一部分《铭言集》的八首短诗开始,他以《献辞》(Dédicace)作为标题寄给了巴黎的卡恩。《时尚》在6月的最后一期发表了这些诗歌,并在第一页说明,它们"译自令人惊叹的美国诗人沃尔特·惠特曼"。[37]

> 未来的诗人们[38]
>
> 未来的诗人们啊!未来的演说家、歌唱家、音乐家啊!
> 今天不能给我以公正的评价,也不能解答我存在的意义是什么,
> 但你们,是天赋的、健康的、大陆的新的一群,
>   比以前我们所知的都要伟大,
> 起来啊!因为你们的心须给我以公正的评价。

10页以后,古斯塔夫自己的第一首自由体诗也与它们一起出现。[39]

1886年,沃尔特·惠特曼已经68岁,比这些法国人所能想象得都还要年老。惠特曼在美国内战期间当过护士(当时拉福格4岁,兰波10岁)。以后不久,他在内政部职员岗位上被解雇,因为内政部新来的部长偷偷检查了惠特曼的办公桌,发现了《草叶集》的底稿,判定它是淫

---

[37] Laforgue, "Dédicace: Traduit de l'étonnant poète américain Walt Whitman," *La Vogue* 1, no. 10 (1886), 325.

[38] Whitman, *Poetry and Prose*, 175.

[39] Kahn, "Intermède," *La Vogue* 1, no. 10 (1886), 335.

秽的作品。惠特曼最初于1855年在布鲁克林（Brooklyn）出版了《草叶集》，比波德莱尔的《恶之花》早两年，并在以后不断增加内容。《草叶集》是不是淫秽作品？它的确像波德莱尔的作品那样率直。该书中《亚当的子孙》和《芦笛》等篇章成功地使整个美国精英——从爱默生到马克·吐温——确信，惠特曼的诗是淫秽的异性恋作品，而英国精英——从斯温伯恩（Swinburne）到王尔德（Wilde）——则认为，它表达的是同性恋倾向。至于惠特曼本人，它似乎兼具两者，或者两者皆非。他就像颅相学者曾经告诉他的，他是"有黏着力的"，但同兰波一样，他能够依附任何人。

在法国，尽管惠特曼充满热情洋溢的希望，但1870年只有两篇评论文章，它们都令他感到不快，作者他也不熟悉。他不知道还有第三篇评论文章，这是一篇胡扯的评论，但今天看来它似乎来自一个朋友暗中的编造。惠特曼热爱法国，大方地用误用的和重音错误的法语词汇点缀他的诗歌；但他的爱慕几乎与现代法国文学没有关系。他既不能说法语，也不能理解法语。惠特曼之所以关注法国的原因在于，法国是他长期政治信条——小资产阶级民主激进主义——的故乡，这一政治信条自1848年他自己年轻时代的革命和1789年他父辈的革命以来被天真地铭记和归功于法国。在惠特曼早期的诗歌中，有一首是赞扬"四八志士"（Forty-Eighters）的，他还曾经撰写过歌颂1792年宪法和1871年共和国的颂诗。[40] 他所认同的优秀法国诗人是维克多·雨果和被遗忘的激进的歌词作者比兰加（Béranger）。他认为，普通的法国人稍微有点平等主义，对性有更为健康（healthy-minded）的看法，因此比像波德莱尔和王尔德这样的人稍许少点"颓废"。[41] 他的确从来没有真正理

---

[40] Whitman, "Europe, the 72d and 73d Years of These States" (1850), "France: The 18th Year of these States," and "O Star of France," in *Poetry and Prose*, 406, 377, 519.

[41] 惠特曼1888年对霍拉斯·特劳贝尔说："我对法国从来没有清教徒的观念。" Horace Traubel, *With Walt Whitman in Camden* (Boston, 1906), 1:461.

解的是，在法国颓废派文学的定义之一是无韵的自由体诗，惠特曼差不多在19世纪50年代就创造了这种诗体，并且就像拥有它一样继续写作自由体诗。

实际上，对民主团结诗人的最初强烈的反应来自贵族政体的英国和被占领的爱尔兰。1868年，如诗人斯温伯恩这样的敬慕者曾经设法在那里印制了一版《草叶集》。虽然它是删节本和删改本，但它吸引了大量的追随者。奥斯卡·王尔德(Oscar Wilde)曾在1882年拜访过惠特曼，把惠特曼视为其唯美主义运动的先驱。惠特曼当时不接受这个角色，认为唯美主义者只不过是文艺表演者，就像唯美主义者从中得到启示的法国颓废派。然而，无论有没有他的祝福，唯美主义者继续努力要与《草叶集》并驾齐驱，用诗节形式撰写越来越率直和通俗的诗歌，这种诗节形式充分利用了已经相当松散的英文散文规则。他们不能做的是像惠特曼那样以早期浪漫主义全部的主体性来作诗咏唱。惠特曼没有[像勃朗宁(Browning)和丁尼生(Tennyson)那样]以其他人的声音来想象独白诗。相反，他用他自己的声音，不仅利用抒情诗，而且还利用了讲座和演讲来想象。极为严肃与非常通俗、民主的用语结合是史无前例的，除了在美国。像叶芝一样，惠特曼并不是一个现代人，而是一个晚期的浪漫主义者，他曾经以某种方式学习写出修辞最困难的部分(the neck of eloquence)。法国人花了那么长时间才发现他是毫不奇怪的。

1872年6月1日，古板的《两个世界的评论》发表了惠特曼从法语世界得到的毫无疑问最差的评论。根据泰蕾兹·本特宗——《两个世界的评论》关于美国文学的常驻专家——的观点，《草叶集》相当混乱。在带有节奏变化和自然格律的长长诗行中，"好像偶然"出现的韵律和谐是无规律、多变、不规范和不合语法的。她写道："如果你内心对以散文写成的诗歌充满传统的偏见，如果你考虑到作诗的规律，你就会留意阅读那些与太沉溺于《圣经》中的诗歌和柏拉图韵律散文相比拟的读物。"大体上说，惠特曼在主题和细节上都是淫秽的。他不具备文学素养。他喜爱的主题——"利己主义和民主"——本质上是"现代的"，而且是令人讨厌的。本特宗对《草叶集》某些诗篇所做的粗糙翻译显示出它具有过分的极其强烈的有害趣味,这一趣味造成"天才的力量"(muscles with genius)与原始的"破坏偶像理论[和]"最糟糕的雨果和波德莱尔的"泰坦气质"相混淆。㊷

恰好在一个星期之后,依然对英国诗歌中的新声音感兴趣的埃米尔·布勒蒙开始撰写论惠特曼诗歌革命的三篇系列文章,并在他自己编辑的《文学和艺术的复兴》上发表。㊸ 这儿最终成为发出惠特曼的法国呓语的地方。布勒蒙简单地将本特宗所称的瑕疵解释为美德。如果评论家取笑惠特曼,"诗人们将为他辩护"。他是"独创的",比伟大的爱伦·坡更像"美国人"。他的诗歌是瓦格纳式的,他的哲学是黑格尔式的,他的美学就像雨果从前那样是革命的。作为"自由""科学""平等"以及宗教自由、"肉体""简朴"的热爱者,惠特曼引以为豪的东西是他使诗歌成为本质上是独一无二的,没有规范。缺乏韵律或预先规定的格律是他的长处。他对善良和邪恶、自我和大众、爱情和性欲的折中是激进乌托邦的预兆。布勒蒙对他发出呼唤说:"惠特曼,你已经对巴黎和法国说了许多令人感动的话语、庄严华丽的话语!你还亲自对第一个新来者说了话。"然后,他继续说:"今天我就是那个新来者,我远隔重洋回答你发出的信号……"

惠特曼从来没有看到过这类评论,而如果他得到这些评论的话,他也没有能力阅读它们;但也许有一个人这样做了,他就是兰波。虽然在1871年之后除了科学和工程方面的著作,兰波从来没有承认阅读过其他著作,但我们依然把他视为自古以来最热诚、最博学的读者之一。1872年6月,在巴黎的兰波走上高处俯瞰圣路易中学(Lycée Saint-Louis)的操场,他当年17岁,梦想成为世界上最伟大的诗人。因为当

㊷ "Mme Blanc"[Thérèse Bentzon], "Les poètes américains," *Revue des deux mondes*, 1 June 1872.

㊸ Emile Blémont, "La Poésie en Angleterre et aux Etats-Unis," parts 1-3, *Renaissance artistique et littéraire* 7 (8 June 1872); 11 (1872); 12(1872).

时他仅发表了两首诗,所以他便将类似《元音》这样的作品寄给了布勒蒙编辑的《文学和艺术的复兴》杂志,希望能在克罗斯、马拉美和魏尔伦共同创办的杂志上发表。他写信给一位朋友说:"不要忘记取笑《文学和艺术的复兴》。"而且这份杂志的确仅仅发表了他的一首诗《乌鸦》(Les Corbeaux),并将它延至 9 月 14 日那一期,当时兰波已经远走高飞了。㊽ 也许兰波做过努力,试图找到并阅读布勒蒙和本特宗完全不赞成的那些诗。当兰波 1872 年前往英国时,布勒蒙和本特宗使用过的 1868 年英国版《草叶集》正在被阅读和讨论;1873 年兰波得到了不列颠博物馆的阅读卡,干劲十足地学习英语,并以教授英语在伦敦谋生。那一版——或者删节较少的美国版——出版后被一个颓废派成员交给了兰波,或许是听说过惠特曼是同性恋者? 兰波在《彩画集》中命名的一个虚幻的城市就是布鲁克林(Brooklyn),而直到布鲁克林大桥建成,除了它是惠特曼的家乡和他伟大诗篇的主题之一,欧洲人几乎不知道布鲁克林。㊾

我们知道惠特曼获得其作诗方法革命——没有确定形式的诗节,以及长长的诗行——的源泉之一,就是《钦定本希伯来圣经》中波动起伏的短诗。我们还知道,虽然 19 世纪法国的天主教徒和平信徒很大程度上对《圣经》是愚昧的,但兰波不是这样。他是那个时代以《圣经》作为儿童读物并直接理解"先知书"韵律的唯一的主要法国作家。㊿ 除了"律法书"和"先知书",兰波和惠特曼都拥有狂热的民主神秘主义观点,他们还阅读了同样的著作,即由法国历史学家米什莱(Michelet)撰写的《人民》(The People)。他们甚至共同拥有科学的唯物主义通过与它的对立面幻想的唯心主义联姻而以某种方式放弃这个世纪的绝望。㊼

㊽ Rimbaud to Ernest Delahaye, June 1872, in *Oeuvres completes*, 266.

㊾ Rimbaud, "Promontoire," in *Oeuvres completes*, 149.

㊿ Whitman, *Poetry and Prose*, 203; Rimbaud, *Illuminations*, in *Oeuvres completes*, 75.

㊼ Rimbaud to Paul Demeny, 17 April 1871, in *Oeuvres completes*, 246-47; Whitman, *Poetry and Prose*, 49, 203, 210.

无论如何，在那些最终投身于自由体诗的整个一代法国诗人中，兰波是唯一一个不承认受《草叶集》影响的人。那些幸运地承认并运用惠特曼遗产的人有先驱性人物卡恩、克里辛斯卡、莫雷阿斯和梅特林克，现代主义星河中的显赫人物纪尧姆·阿波利奈尔（Guillaume Apollinaire）、弗朗索瓦·维勒·格里芬（Francis Vielé-Griffin）、安德烈·纪德（André Gide）、夏尔·佩吉（Charles Péguy）和保罗·克洛代尔（Paul Claudel，他师从惠特曼和兰波），以及他们的后继者拉尔博（Larbaud）、桑德拉尔（Cendrars）和圣-琼·佩斯（St.-John Perse）。除了法国人，还有如加百列·邓南遮（Gabriele d'Annunzio）这样的意大利人，何塞·马蒂（José Martí）这样的西班牙裔美国人，斯特凡·乔治（Stefan George）这样的德国人，D. H. 劳伦斯这样的英国人，以及从赫列布尼科夫（Khlebnikov）到马雅可夫斯基（Mayakovsky）的俄罗斯天才诗人。在所有这些人中，只有艾米尔·维尔哈仑和斯蒂芬·克莱恩（Stephen Crane）曾经宣称，他们在看到惠特曼的作品前就已经开始学写自由体诗。[48]

拉福格没有做这样的宣称。他从《草叶集》最具争议的部分《亚当的子孙》（Children of Adam）翻译的第三首惠特曼的诗《一个女人等着我》（Une femme m'attend）发表在《时尚》杂志 1886 年 8 月 2 日那一期上。[49]

一个女人等着我

一个女人等着我，她拥有一切，什么也不缺，

然而如果缺少了性，或者缺少了健康男人的水分，

那就缺少了一切。

性包括一切，肉体、灵魂，

意义、证据、贞洁、雅致、成果、传送，

---

[48] 古巴诗人何塞·马蒂在写于 1878—1882 年的《自由的诗》（Versos libres）中达到的自由体诗尤其的早；但它直到 1895 年何塞·马蒂去世后才发表。

[49] Laforgue, "Une femme m'attend," *La Vogue* 2, no. 3 (2 August 1886).

诗歌、命令、健康、骄傲、母性的神秘、生殖的奶汁，
地球上
　　一切的希望、善行、赠品，一切的激情、爱情、美丽、欢欣，
地球上所有的政府、法官、神祇，被追随的人，
这些，作为性本身的部分和它自己存在的理由，都被包括在性之中。(50)

当拉福格通过中间人致信惠特曼，要求得到允许翻译整部《草叶集》时，拉福格根据自己的眼光重新评价了他自己的诗。惠特曼心平气和、不含任何讽刺地提到此事；但拉福格毫无困难地运用了惠特曼不确定的自由体诗的诗行，以炫耀他自己精通并列的语气和用语。最先完成的一首诗是《冬天将临》（*L'Hiver qui vient*），这首诗寄给了卡恩，并发表在1886年夏季发行的《时尚》上。甚至在翻译中，讽刺的用语也从中传出：

冬天将临

伤感的堵塞！预期来自东方的货物！……
哦，大雨！哦，黑夜！
哦，大风！
万圣节，圣诞节，新年
哦，我的烟囱消失在毛毛细雨中，
我所有工厂的烟囱！
人能坐在哪里？公园的长椅滴着水，湿了；
这个季节过去了，我可以说着千真万确；
森林一片锈色，长椅全都湿透，
各种喇叭以不变的声音持续……
……
现在是锈色渗入大众的季节，

(50) Whitman, *Poetry and Prose*, 258-59.

当锈色腐蚀以公里衡量的脾脏

大路上的电报线没有人经过。[51]

《冬天将临》发表在《时尚》8月16日那一期,那天是拉福格26岁的生日。在给卡恩的一封著名的信中,他以令人难以置信的冷静描述了他的成就:"概略地说,[我下一首诗的]主题的样子就像我寄给你的《冬天将临》那样。我忘记了韵律和谐,忘记了音节数,忘记了在诗节中安排它们——诗行本身就像散文那样从页边开始……我将再也不以与我现在作诗不同的方式写诗。"[52]所以,他辞去了朗诵者的职位,向利亚·李(Leah Lee)求婚,并在9月回到了巴黎,成为一个伟大的作家。在拉福格的行李中,有一本新书——《善意的花朵》(*Fleurs de bonne volonté*),这是他当时正在系统地拆分并将它们变成自由诗体的一本精巧的诗札。

拉福格安排了时间,重新用全部时间进行写作,以与他自己特别得意的一年相配。但对他来说,1886年辞去他当时的工作具有相当大的风险。写诗获得的收入不如他现在的工作。《时尚》并不能为他提供一个支付薪水的专栏。《独立论刊》(*La Revue indépendante*)接手了部分工作,在1887年《时尚》停刊前继续挺了一阵。该刊的编辑爱德华·迪雅尔丹(Edouard Dujardin)于1886年3月在柏林与拉福格见面,讨论了许多写作和音乐的关系问题。拉福格给了迪雅尔丹几首他从《善意的花朵》中修改形成的诗,以及《道德故事》的最后一篇。对于后者,迪雅尔丹同意出版单独的一本书。12月,拉福格在冬天的大风中越过英吉利海峡与在伦敦的利亚·李见面;1886年,于下一个新年的前夕,在艾迪森路(Addison Road)的圣巴拿巴教堂,拉福格娶了利亚·李。1887年结束前,拉福格和利亚·李两人都因肺结核去世。兰波比拉福格多活了四年。

---

[51] Laforgue, "L'Hiver qui vient," *La Vogue* 2, no. 5 (16 August 1886); reprinted in *Poésies completes II* (Paris: Gallimard Poésies, 1979), 181–84; trans. William Jay Smith in *Selected Writings of Jules Laforgue* (New York: Grove Press, 1956), 90–91.

[52] Arkell, *Looking for Laforgue*, 196–97.

惠特曼的寿命注定要比他们所有这些人都长。1887 年 4 月 14 日,就像 1879 年以来的其他 4 月 14 日,惠特曼在纽约市的箍桶匠公会(Cooper Union)进行了一次感谢款待的公共演讲——《亚伯拉罕·林肯之死》(*The Death of Abraham Lincoln*),像往常一样,演讲中他朗诵了《哦,船长,我的船长!》,这是惠特曼以传统形式撰写的唯一一首诗(他们也几乎是要求他朗诵这首诗的最合适的一群听众)。讲演结束时,一位年轻的美国人拿着一本纸包着的书排队去见这位年老的爱国者。斯图亚特·梅里尔(Stuart Merrill)出生在弗吉尼亚(Virginia),但他 1884 年毕业于一所巴黎公立高中,马拉美曾在那里教英语。当时他从哥伦比亚大学法学院辍学,成为一位有远大抱负的法语诗人。《时尚》杂志在 1866 年 5 月发表了他最早期的一首诗歌——《长笛》(*Flûte*),他手上的那本书就是 8 月 2 日那一期《时尚》杂志,上面有拉福格翻译的《一个女人等着我》。梅里尔充满敬畏地将它交给惠特曼,当惠特曼知道"他们将我的诗作译成法语时",他愉快地笑了。惠特曼问道,拉福格翻译了哪些诗? 梅里尔告诉惠特曼,拉福格翻译了《亚当的子孙》。惠特曼带着淘气的样子回答:"我肯定法国人正好找到了这一部分。"[53] 他实际上已经在这一部分的开头以法语标题:

---

[53] *Walt Whitman Review*, 1957; Stuart Merrill, "Walt Whitman (à Léon Bazalgette)," *Le Masque* (Brussels), 2d ser., nos. 9 and 10 (1912); trans. in Henry S. Saunders, *An Introduction to Walt Whitman: with Two Scarce Whitman Portraits* (Toronto: Henry S. Saunders, 1934). 因为这一资料很难获得,我用法语原文提供关于梅里尔的轶事:

> Nous [Stuart Merrill, Sturges, and Macilvaine] allions en un mot entendre le verbe qui plie à son rythme l'histoire de l'avenir, le Chant lyrique de la sainte démocratie .... Je venais de recevoir de Paris quelques numéros de La Vogue don't l'un contenant une traduction des Enfans d'Adam par Jules Laforgue ....
> —Ah! Comme je suis heureux qu'on me traduise en français! s'écria-t-il.
> —Et quells poèmes de moi a-t-il traduits? Demanda-t-it.
> —Les Enfans d'Adam, répondis-je.
> —J'étais certain qu'un Français tomberait sur ce passage.

Merrill, *Prose et vers* (Paris: A. Messin, 1925), 234–38.

Enfans d'Adam。

我们无法回避这样的事实,即法国人发现惠特曼要早于美国人。庞德曾同沃尔特·惠特曼发生过激烈的争论,争论中惠特曼发出"野蛮的叫喊"。[54] 庞德的朋友威廉·卡洛斯·威廉斯(William Carlot Williams)直到第一次世界大战前才发现惠特曼,但他认为惠特曼是唯一的美国诗人。T. S. 艾略特不太重视惠特曼,他曾经写道:"我必须坦率地说,在我看来你试图以这种方式把我的作品与沃尔特·惠特曼的作品联系起来,这是浪费时间……"[55]但艾略特确实喜欢拉福格的作品。他在亚瑟·西蒙斯(Arthur Symons)书的一章中发现了拉福格,并在他就读哈佛大学三年级时即 1908 年邮购了拉福格的全部作品。艾略特在那一年夏天阅读了拉福格的作品,完全改变了他的风格,使他去了巴黎,并使他从维多利亚式的美国上流社会风格的最后痕迹中解放出来。这也许使他成为一个诗人。庞德感到惊异的是艾略特是他遇到的唯一一个"主动使自己现代化"的作家;但如果没有拉福格,艾略特试图这样做的话,他似乎只有可能成为哲学教授。艾略特 1915 年相当仓促地和维维恩·黑格-伍德(Vivien Haigh-Wood)结婚,他同样在艾迪森路(Addison Road)的圣巴拿巴教堂安排了一个小型的仪式,在教堂的登记簿上他看到了朱尔·拉福格和利亚·拉福格的名字。

如果拉福格不如兰波那么有现代思想,或者甚至不如惠特曼,他至少不像一个浪漫主义者。在他放弃《大地的哭泣》之后,就像一个具有现代思想的人全身心地信奉任何信仰一样,他信奉确定性——甚至主体确定性——的破产。正如他写信给卡恩所说的:"公民们,拿起武器!不再存在理性。"(Aus armes, citoyens. Il n'y a plus de raison!)不确定性不再只是一种风格,讽刺不再只是一种态度。这是现代主义的认识论原则。在诗人的心目中,情感本身添声加色,而在读者的心中它们

---

[54] Ezra Pound, "A Pact" ("Contemporanea"), Poetry (April 1913).

[55] T. S. Eliot to Sholom Kahn, *Walt Whitman Review* 5, no. 3 (1959).

前后相继，没有可预言性、逻辑或一致性。现代主义发现他们不能用激昂的演说甚至独白诗来诠释，但可以用喜剧来表现、探究其中的不一致性，并用自拉福格这位诗人以后作品的语词再现这种不一致性。

第七章　桑地亚哥·拉蒙-卡哈尔

大脑的原子

1889

而当古典主义说到"人"时,它意味着理性和知觉。当浪漫主义说到"人"时,它意味着激情和感觉。当现代主义说到"人"时,它意味着神经。

——赫尔曼·巴尔:《克服自然主义:〈现代人批判〉续集》

1889年10月,在柏林大学召开的德国解剖学会(German Anatomical Society)大会上,一个有着敏锐黑眼睛的矮小、体格健壮的西班牙人举办了一个用彩色墨水画在纸上的小型素描展。在过去的两年半时间里,他孤独地在巴塞罗那自己屋子后面的一间空闲房间中,通过蔡司(Zeiss)目镜——当时一种功能最强的光学显微镜——按自然状态对它们进行描画。他的主题是一只小鸟胚胎的大脑,它的小脑描绘得相当精确,小脑的每一片薄切片都被切下,做好准备工作,并且用他自己改良的两个艰难步骤将它们染色,这两个艰难步骤是那时在意大利发现的。因为世纪之交的西班牙并不是一个发布新科学的地方,他不得不编辑并印制他自己的杂志,以使他的研究结果为世人所知。在德国解剖学会大会上,一些德国生物学家努力宣读1888年以邮件方式抵达的那些论文，但西班牙语给他们造成了一些麻烦。桑地亚哥·拉蒙-卡哈尔（Santiago Ramon y Cajal）试图用不流利的法语（也于事无补）在大会发表演讲，但专业人士却聚集在素描和幻灯片周围观看，感到非常惊异。它们一目了然。每一个染色的细胞在令人惊异的复杂性背景映衬下显得非常引人注目，一个神经细胞微小的纤维组织无论与其他神经纤维组织相遇多少次，它们之间显然没有任何物理连接。大脑的基本单位——神经元（neuron）——是孤立的。

这些足以改变人们观点的图片的制作者不是毕加索，毕加索要到1906年才昂首阔步地走在巴塞罗那的大街上开始另一个七年或画他的亚威农大街（Avinyo Street）上的妓女。1889年毕加索才8岁，年幼的巴勃罗·路易斯（Pablo Ruiz）已经相当熟练地描绘鸟类的素描，但它们是完整的鸟。与毕加索一样身型矮小、好斗、有才气和拥有抱负，另一位30岁的西班牙艺术家站在柏林实验室桌子后面他的鸟类大脑素描的边上。他的艺术我们现在叫作神经系统科学，一个世纪以后，这门科学开始成为所有20世纪科学中最著名的科学。这位艺术家的名字叫桑地亚哥·拉蒙-卡哈尔（Santiago Ramón y Cajal）。

在1889年，卡哈尔还不能成为一位神经系统科学家，因为当时这一领域尚未得到界定。他在科学界的首次露面是作为医学研究人员出现在被称为组织学或组织结构研究的领域。这一领域在19世纪初最先是由比沙（Bichat）奠定基础的。组织学家的工作是使用19世纪最重要的生物学研究工具——光学显微镜——来发现和描述心肌（heart muscle）或胃壁细胞的结构。希望发现它们是怎样工作的，又是怎样出现问题的，但基本的任务只是分类，即提供不同组织以及在这些组织内部细胞的分类学。在所有科学中，分类学——这是一个辨别各类事物并给它们命名的亚当式的任务——可能是最不具魅力的。埃内斯特·卢瑟福（Ernest Rutherford）后来说，所有科学"不是物理学，就是集邮"。分类学就是集邮的科学。一个好的分类学家应该是一个谦卑的人，是一个十分彻底和有毅力的人，就像林奈（Linnaeus）一样，林奈在18世纪通过对大约4 000个动物物种和6 000个植物物种的命名和分类奠定了生物分类学的基础。

这种不知疲倦的专心致志在桑地亚哥·拉蒙-卡哈尔身上表现得非常突出。他是那种以自学了解如何参加国际象棋锦标赛、如何用弹弓击落动物,或者如何使用照相机并且自己制作照相底片的人。他可以在体育馆待上数月锻炼身体;可能会偷书、掏鹰巢,甚至盗取墓地中的骨骸用作研究。1885年他受到细菌学迷人的新的附属专业的诱惑,1886年又为医学上突然出现催眠术的魅力所吸引,他总是回到普通分类学的领域,回到其作为物体功能的生活视野。没有多少人能够像他那样入迷地连续两个小时通过显微镜观察渗出毛细管壁的白细胞。

早期的卡哈尔身上表现了坚韧性。按他自己迷人的讲述,当他还是一个11岁孩子的时候,他就在自家的后院造了一门炮。这门炮造好以后,他用装填的石头将邻居家的花园大门炸了一个大洞。当地的警官为此将卡哈尔关押了三天,他怒不可遏的父亲对此相当满意;这一处罚肯定会吓坏几乎所有其他孩子,但它却没有对卡哈尔产生什么效果。卡哈尔刚被释放,就继续造另一门炮;当这门炮在他面前爆炸,几乎使他失明后,卡哈尔偷了他父亲的燧石发火老式短枪,以此作为炫耀,并偷偷地装上火药射击,这火药是他在自家屋顶还算凑合的实验室制作的。①

卡哈尔将他制造这些爆炸的动机形容为"对科学的真实赞美和对自然力量永不满足的好奇"。卡哈尔面对那种令其他任何人气馁的基本的和长期的反对立场,设法坚持他深刻的职业精神,这样的故事,也许可以打消怀疑者对他的疑虑。卡哈尔最爱的职业并不是科学,而是绘画。在"八九岁时我就难以抑制地嗜好在纸上涂涂画画,绘制图书中的插图,在墙上、大门、房门上涂画,最后在建筑的墙面上作画"。他不

---

① Santiago Ramón y Cajal, *Recollections of My Life* (Cambridge: MIT Press, 1989), 69-75.

能在家中做这些事,"因为我的父母认为绘画是不道德的娱乐"。②

> 我的父亲……几乎完全缺乏艺术感,他拒斥或者说轻视所有关于文学或纯粹的装饰及休闲性的文化……我认为这某种程度的实证主义倾向不是天生的而是习得的……③

因为家庭贫穷和他父亲的实证主义倾向,卡哈尔缺少纸和笔,他为此积攒每一分钱。他在比利牛斯山脉(Pyrenees)附近的传统乡镇艾尔毕(Ayerbe)长大,他"从墙上刮下颜料或者浸泡当时用可溶解颜料制作的包扎烟纸的大红或深蓝封皮"寻找颜料。④

这样一种坚韧最终转变了老卡哈尔,他愿意就他儿子的职业征求意见。老卡哈尔直接拖着桑地亚哥到了镇上最好的画家兼泥水匠那里,向他展示了一幅这孩子的绘画,询问它能否体现孩子的天分。这个建筑工程的承包人打量着这幅画,断言这是"一幅胡乱涂抹的画!……这个孩子绝不可能成为一个艺术家"。

"'难道这孩子真的没有表现出艺术的天分吗?''完全没有,我的朋友,'这位泥水匠回答说……"这件事发生在卡哈尔本人能够确信这位行家的智慧以前好几年。他父亲的梦想是卡哈尔将来成为一位医生,但无论老卡哈尔怎样要求,卡哈尔依然想成为艺术家。卡哈尔需要知道,为什么要"将画家神奇的调色板换成肮脏的、缺乏想象力的外科器械袋!放弃令人沉醉的画笔、生活的创造者……是为了抵御死亡的无情解剖刀……"因此卡哈尔与他父母进行着他称之为"责任对愿望的沉默的战争",这场战争持续了数年。在卡哈尔的第一所学校里,他就摒弃了古典学科,经常画漫画讽刺老师,学校管理者得出结论,要制止他

---

② Santiago Ramón y Cajal, *Recollections of My Life* (Cambridge: MIT Press, 1989), 36.

③ Santiago Ramón y Cajal, *Recollections of My Life* (Cambridge: MIT Press, 1989), 37.

④ Santiago Ramón y Cajal, *Recollections of My Life* (Cambridge: MIT Press, 1989), 36.

的唯一手段是关他禁闭。禁闭室是"一间典型的黑屋——几乎是一间地下室,老鼠很多",但即使在那个地方,卡哈尔也找到了从事艺术创造的方法。在禁闭室一堵面对小镇的墙上有个极小的洞,在洞对面的墙上显现出了小镇广场场景的流动画面,这对一个孩子来说是感到喜悦和惊讶的。它虽然是颠倒的,但又足够清晰,使他可以将它画下来。这样,虽然卡哈尔被禁止去小镇的广场,但他发现科学能够使得这个广场走向自己。他发现照相机是朦胧不清的,"这是物理学中的一个巨大发现,因为我的绝对无知,我对它做了一个全新的假设"。⑤

这一发现给予卡哈尔"一个极为尊贵的物理学观念",但他的老师们仍然认为他是没有希望的。最后他被送到雅卡(Jaca)镇跟随修道士学习拉丁语。修道士会鞭打学生,将学生摔在黑板前,在修道士的权威下,卡哈尔很快"对拉丁文语法产生了厌恶感",重现了他对"艺术的狂热"。他并没有过多地责备修道士,因为他知道他的精神"依然处于不断的徘徊之中"。卡哈尔认为他的理解力就像他的勤奋一样相当普通,他的"文字记忆力"稍逊于他的"观念记忆力"。当他12岁时,他父亲努力使他进了一个叫作韦斯卡(Huesca)的更大城镇的另一所学校,韦斯卡镇相当大,以至卡哈尔以后认真地认为它改变并丰富了他大脑神经系统联结性的观念。在刚到达韦斯卡的几个小时内,他就将他的午饭钱花在了画纸和颜料上了。在一个星期内,他"用粉笔在墙上作画",他回忆说,不久以后,他能够在家庭作业中凭记忆随手画出一幅欧洲地图。值得骄傲的是,它包括了传统的德意志同盟(German Confederation)中几十个不毗邻的国家。从那以后,小脑中的蓝状细胞就成为相当容易理解的事。⑥

几年后,卡哈尔表示很幸运没有成为一个艺术家。他断定他早期

---

⑤ Santiago Ramón y Cajal, *Recollections of My Life* (Cambridge:MIT Press, 1989), 40-42, 44-46.

⑥ Santiago Ramón y Cajal, *Recollections of My Life* (Cambridge:MIT Press, 1989), 45, 53, 55, 58, 78, 82-83.

的绘画显示了对解剖学的无知和对主题的漫画式的理解,这种主题是"今天许多现代主义者和未来主义画家用浅薄的评论家的狂热掌声系统培养的一种趋向"。他认为自己曾经是一个平凡的调色师,从未理解他的同时代人——印象主义者——的基本见识,即"自然界极少呈现绝对的纯色",或灰色是明亮度较低的一种色彩。无论如何,他在这里再次发现了现代艺术中自其出现以来必要的自我否定风格。"通过它花哨的颜色,乍看之下,谁没有发觉不熟练画家使人遗憾的作品?或者谁没有发觉势利地向'招摇的'学校表示敬意,又在无意中沦落为处于艺术幼稚阶段的持不同意见的现代主义者?"卡哈尔最后花了一年时间当一个工匠的学徒,从他父亲那里得到一年的艺术训练,但是那一年是他雄心抱负的结束。一旦他缓慢且不情愿地完全放弃了艺术,他将这些课程回忆成失败的教训。他写道,这"使得我更加敏锐地观察自然,怀疑记忆",简而言之,这使我成为一名善于观察的科学家。⑦ 卡哈尔经常自称是具有现代观念的人,但从不自称为现代主义者,他使用的"现代的"一词与现实的、科学的、唯物主义的具有同样的含义。他似乎从未意识到世纪之交西班牙评论家所称 Modernismo(现代主义)的文学和艺术运动,这一运动是法国颓废派(Décadence)和象征主义的西班牙形式。最后,他成了甚于他父亲的实证主义者,抱定决心要在自然、精神和大脑的研究中消除所有先验的和神秘的痕迹。如果艺术家的真正职业仅仅是看,卡哈尔的伟大发现就是一个艺术家的发现;但正是作为离散现象的一个医学研究者、分析工作者、现象学家,卡哈尔成了一位现代主义者。

分类学实际上获得的不仅仅是坚韧。在认识论上,它比任何其他

---

⑦ Santiago Ramón y Cajal, *Recollections of My Life* (Cambridge: MIT Press, 1989), 40–41, 92–93.

科学面对更多的挑战,甚至面临比基础物理还要多的挑战。[8] 它做出了更加天真的假说,却极少从现象学的视角考察它们——精神接纳了推定的外部世界。实际上,当你在对某一事物进行分类并给予它一个名称时,你看到的是什么？划分一个事物与另一个事物的边缘为什么在一个地方而不在另一个地方？为什么某些范畴而不是其他范畴适合将各种事物汇聚在一起？如果范畴规定或被一个假说规定,那么为什么是那一假说而不是其他假说？区别一事物与另一事物的纯粹行为引起了现象学的问题。更糟糕的是,它引起了各种无限的问题。例如,林奈赞成我们称之为"存在巨链"的基本假说,"存在巨链"包括那些不存在真空地域或存在巨链中"缺少一环"的所谓"充分"原则。如果这一原则是真实的,那么自然界就应该是一个连续统一体,如果自然界是一个连续统一体,那么物种之间的差异就应该无穷小,物种的数量是无穷的。林奈似乎从未想到过这一缺陷,他去世时希望世界上的物种数量最多在15 000种左右。不用19世纪一个世纪的时间,自然界就显示,仅仅甲虫的种的数量就超过了上述数字的12倍,当然与无穷大相比它没有什么意义。[9] 正如我们将要看到的,仅仅在1900年,各简单部分的有穷数的概念被引入用来解决物种问题。

人们本可能更早注意这一点。实际上,孟德尔(Mendel)在1865年就已经提出了这个问题。至于将所有生物还原为相似部分的链接的假说——著名的"细胞学说",其历史就更悠久了,可以追溯到1839年施莱登(Schleiden)和斯旺(Schwann)的一篇论文。在此以前很久,细

---

[8] "在科学中,命名是一个极端重要的过程。"Steven Rose, *The Making of Memory: From Molecules to Mind* (New York: Anchor Books / Doubleday, 1992), 41.

[9] "分类学……是一个隐晦的努力,因为在科学中没有什么像努力将可观察到的世界分类和排序那样引起那样多的争论。从林奈时代起……这一引起争论的问题部分是因为世界是一个连续的统一体,我们辨别不连续的努力很大程度上要归于我们人类自己的独创性和决心,就像它们对正在被分类的物质现实所做的那样。"Rose, *The Making of Memory*, 118.

胞本身就已经被发现了。例如,1837年杨·浦肯野(Jan Purkinje)发现了现在以他名字命名的著名的小脑细胞。在神经系统自身内部,组织学在1888年之前就已经排列了几种细胞,19世纪一些经典的普通组织学教科书,如阿尔布雷希特·冯·克利克尔(Albrecht von Kölliker)1853年撰写的教科书和朗维埃(Ranvier)在19世纪70年代撰写的教科书,实际上都是从典型的神经细胞开始的,以此作为向学生解说细胞概念的最好方式。然而,对19世纪的科学家来说,大多数中枢神经系统好像通常是完整的、连续的集合。

当然,以前——尤其在德国——神经就受到密切关注。黑格尔和黑格尔派哲学家用精神充满的世界正在被迅速地还原为纯粹的物质。卡尔·马克思就出自这一学派。对年轻的科学家而言,新兴的实证主义和流行的唯物主义似乎最需要达到的目标是科学地证明意识仅仅是神经系统中电学和化学的副产品。正是在1842年,伟大的生物学家约翰内斯·米勒(Johannes Müller)的四位学生——卡尔·路德维希(Carl Ludwig)、赫尔曼·赫尔姆霍茨(Hermann Helmholtz)、埃米尔·杜布瓦-雷蒙(Emil DuBois-Reymond)、恩斯特·布吕克(Ernst Brücke)——发誓永不承认这一观点,即任何"有别于普通物理化学力的其他力"是生命所需要的。⑩ 在同一年,赫尔姆霍茨提交了他的博士论文,主要内容是测量电刺激下青蛙的神经传导速度。杜波依斯-雷蒙则准备出版有关在神经中电传导的标准著作——《动物电学研究》(*Studies on Animal Electricity*)。布吕克将神经系统的唯物主义信仰引入维也纳,在维也纳,他最后将这一信仰传给了他实验室的助手们,其中包括一位名叫西格蒙德·弗洛伊德的志向远大的年轻神经科学家。

---

⑩ 引自 Siegfried Bernfeld, "Freud's Earliest Theories and the School of Helmholtz," *Psychoanalytic Quarterly* 13, no. 3 (1944), 348。这里的日期是1847年而不是戈登·M. 谢泼德所说的1842年,参见 Gordon M. Shephard, *Foundations of the Neuron Doctrine* (New York: Oxford University Press, 1991), 31。

在一段时期，大脑似乎屈服于最近这种将它与精神联系在一起的努力。就在 1861 年，法国人类学家保罗·布罗卡(Paul Broca)发现当人受伤时，人的大脑颞叶的一个区域似乎会妨碍患者利用语法。卡尔·韦尼克(Carl Wernicke)在 1874 年发现了人的语言"区域"，印证了布罗卡的观点。当时颅相学看来更像是一种垃圾科学，在 19 世纪 40 年代颅相学是从人的头骨隆起部分诠释心灵功能的一种流行的治疗方法。在 1881 年，弗洛伊德的同事西格蒙德·埃克斯纳(Sigmund Exner)撰写了有关大脑各种官能定位的标准教科书；1884 年，埃克斯纳的老师特奥多尔·迈内特[Theodor Meynert，他也是韦尼克、弗洛伊德和奥古斯特·福雷尔(Auguste Forel)的老师]在他以前学生官能定位的基础上建构了他自己的普通精神病学教科书。除了生理学领域这些充满哲学危险的实验，搜集、观察、描述神经组织——纯粹的神经组织学——失去了它的很多魅力。它成为对学生的一种训练和像卡哈尔那样愉快研究者的附属专业。

古代的心理学学科受到神经系统唯物主义的很大影响。心理学教授，尤其是德国的心理学教授，开始担心如果唯物主义者要达到他们的目标，即人的心灵没有自主性，没有自我，那么研究精神整体的心理学职业也许就应该被放弃。威廉·冯特(Wilhelm Wundt)和威廉·詹姆斯(William James)两人都被这一焦虑所推动。⑪ 前者是米勒以前的学生，他于 1879 年在莱比锡创建了第一个实验心理学实验室；后者是一位训练有素的生理学家，他于 1875 年在哈佛大学创建了美国第一个心理学系。他们两人在 19 世纪 80 年代都发现他们著述的道路偏离了生理心理学，趋向哲学。到 1913 年，冯特和詹姆斯在美国知识界的后继者发现了既更具有唯物主义又具有较少唯物主义的心理学范例，后者通过简单地拒绝任何关于精神如何运作的问题，从而承认精神是一个

---

⑪ 卡哈尔对这一问题不存在焦虑，但他理解这个问题。"我们谈论心理学的一致太多了吗？在这一人变成一群珊瑚虫的大胆转换中有什么能够成为思想和意识？"(Cajal, *Recollections*, 296.)现代神经科学引以为豪的是它正在忙于解决这一问题。

整体。至于理解精神的徒劳努力和大脑功能"行为主义"非决定性的研究代替了勉强的输入输出模型,称精神是一个"黑箱",将心理学的整个主题从一个世纪之久的神经科学中解放出来。

这几种态度意味着,在19世纪80年代,神经组织学已经相当稳定地隐藏在学术界的一个小角落,当时卡哈尔正要开始出版他的研究成果,而微生物的探寻者还没有留下他们的印记。它们的领域是广阔多样的,但不再使其他科学家感到兴奋,因为他们的新发现似乎都没有形成重要的哲学挑战。这十年的新术语——"细胞质""核原形质"和"有丝分裂"(包括"前期""中期""后期")——以及由"疯王路德维希"(Mad King Ludwig)的精神病医师冯·古登(von Gudden)发明的新工具——显微镜用组织薄片切片机(microtome tissue-slicer)——预示了没有新的范例。这一领域的一个重大问题是如何在任何一个比蜗牛大的神经系统中辨别出一个结构与另一个结构。一些人用水蛭、小龙虾以及七鳃鳗等做研究,它们也非常复杂但比哺乳动物和人简单。在克利克这样的组织学家看来,智人(Homo sapiens)的中枢神经系统是神经纤维一个无法解开的缠结,只不过偶尔被可辨认结构的细胞所干扰。我们现在知道,智人的中枢神经系统包含了其联结达1万亿个的大约100亿个神经细胞。神经纤维经常会变细,超出了显微镜的分辨能力,用解剖工具将它们切成片状似乎像是"本笃会的承诺"(an undertaking for a Benedictine)。[12] 聚集的神经纤维似乎形成了大部分的大脑和脊髓,专业人士称它们为"灰质"(gray matter);大脑和脊髓还有很多"白质"(white matter),那些开始理解"白质"的人从神经纤维周围的髓鞘推定它的颜色。在大脑下面甚至有一小块黑质(black matter),其拉丁术语为 substantia nigra(塞梅林氏神经节)。不同部分的差异或者组织学家所称的这个大缠结的"精美结构"出现得非常缓慢。在1836年至1838年之间,米勒的一个名叫罗贝尔·勒马克(Robert Rémak)的学生提

---

[12] Cajal, *Recollections*, 305.

出,大脑中无数神经纤维中的绝大多数是附属于细胞的突起。1839年,J. B. 罗森塔尔(J. B. Rosenthal)描绘了在中枢神经系统的一些细胞上延长突出的纤维,即轴突(Achsencylinder);1855年,勒马克指出,每一个神经细胞只有一个轴突,但他的大多数学生(包括克利克)认为这个结论太大胆了。奥托·戴特斯(Otto Deiters)在用丝状针头切开神经缠结,并通过显微镜观察它们之后几年就去世了,但他曾留下笔记,坚持认为虽然轴突只有一个,没有分支,但神经细胞的其他部分确实有从其中生出的微小的"原生质突"(protoplasmic process),我们称它们为"树突"(dendrite)。⑬

光学显微镜有它自身的局限,甚至用油浸物镜(oil-immersion lense)也是如此;显微解剖似乎超出了人类的技术能力;而染色和着色会引起失真,结果难以预料,不太可靠。在化学的英雄时代,组织学家远离神经系统的"精美结构",选定了染色和着色。他们几乎测试了19世纪出现的每一种化学制剂,试图借助于每次仅着一至两种颜色,以发现在令人难以置信的无差异背景中使神经显现出来的基本方法。组织学的第一个历史学家古斯塔夫·曼恩(Gustav Mann)在1902年写道:"成为一个组织学家实际上成了成为一个染色家的同义语,"除了"专业的染色人员知道他在干什么,而组织学家几乎毫无例外地当时不知道,直到现在他们还是不知道"。⑭ 19世纪50年代中叶,约瑟夫·冯·格拉赫(Joseph von Gerlach)发明的深红色染剂的优点就在于它是红色的。它除了不能准确地为一条神经着色之外,也不能为所有从本体生出的突起着色,尤其是不能为长突起着色。用靛青来着色被证明是更加困难的工作,而且没有多大的改善。1859年测试的新的苯胺染剂相

---

⑬ Otto Deiters, *Untersuchungen über Gehirn und Rückenmark des Menschen und der Säugethiere* (Brunswick: Vieweg, 1865); in Shepherd, *Foundations*, 42-44,47.

⑭ Gustav Mann, *Physiological Histology* (London: Oxford University Press, 1902); in Arthur Smith and John Bruton, *Color Atlas of Histological Staining Techniques* (Chicago: Year Book Medical, 1977), 9.

当鲜艳,但它们有许多同样的局限性;19世纪70年代,由将很快出名的细菌学家保罗·埃尔利希(Paul Ehrlich)最先使用的亚甲蓝,以及他在1886年使用的"苏木紫"也是这样。

对曾经发明了几种着色方法的卡尔·魏格特(Carl Weigert)这样主要的相关研究者来说,他们很快意识到重要的并不是染剂,而是在运用染剂前后的组织制剂(preparation)。组织应当被"固色",否则它就会变化或衰减,但它在某些固色剂中会收缩,而在另一些固色剂中会失去特征。组织的折射率应当用化学方法"清除",否则光学显微镜将不能起作用。某些程序必须在黑暗中操作;另一些程序必须在酸洗试管中操作,其中不能含会影响溶液的金属。有些染剂是氧化剂,为了起作用它们必须还原;有些染剂是还原剂,它们需要氧化剂;有些染剂如果允许它们暂时衰退,它们所起的作用会更好。各种试剂的关系是这样紧密、这样难以理解,以至组织学家的任务不是从事着色,而是判断它第一次怎样起作用,换言之,使它多次地发挥作用。铬酸在1843年作为着色剂被发明出来,它以后作为组织溶液(tissue bath)具有更大的作用,为细胞吸收特别的着色剂作准备。在19世纪60年代,戴特斯和他的老师马克斯·舒尔茨(Max Schultze)成功地用铬酸盐(a salt of chromic acid)、重铬酸钾使以酸来固色的细胞带上紫色,并试图使原来深红色着色剂的颜色更加突出。埃克斯纳(Exner)在19世纪70年代发现,"锇酸"(四氧化锇水溶液)既可以作为制剂又可以作为着色剂发挥作用,但它只能给一种神经纤维——髓磷脂——的鞘着色,这意味着一个轴突(无髓鞘的)至关重要的末端是不能被看到的。所有这些测量需要的额外时间是有效地测量染剂妨害物的大小。有些人具有尝试努力做每一件事的态度,他们必定要试试黄金。1872年,深红色染剂的发明者格拉赫就这样做了。他利用了氯化物——这是黄金唯一普遍可利用的盐——并发现它着色的细胞显现得非常好,非常值得。黄金很快在染剂列表中占有一席之地,并鼓舞了长期以来一系列改进其效果的努力。弗洛伊德1884年发表的第六篇论文就是一篇有关他对氯化金着色所做的改进报告。

然而,最终达到目的的并不是金,而是银——硝酸银。硝酸银实际上就是19世纪初曾经使摄影术成为可能的化学制品家族的一员。首先恰当地使用硝酸银的人是名叫卡米洛·高尔基(Camillo Golgi)的组织学家,他是意大利帕维亚(Pavia)人。高尔基于1873年夏天在《意大利医学学报》(*Italian Medical Gazette*)上开始发表《论灰质结构》的观察报告。[15] 他像以前一样,用将灰质浸泡在重铬酸钾中的方法来进行这一工作,然后他又往溶液容器里添加了硝酸银稀溶液。已经在细胞中的重铬酸钾将硝酸银还原为金属银,后者成为沉淀物下沉。银将整个细胞内部染成黑色,在铬酸盐留下的黄色背景衬托下极为显眼;但新物质真正突出的事例是它能够以某种方式在组织的三维立方体中间为细胞染色,每次一个细胞,直到全部完成,结果它们"就像冬天薄雾中的树木那样"显眼。[16] 利用这种方法,高尔基能够仅在30微米的长度中辨认出一个树突。在适当的条件下,高尔基发现他甚至可以在轴突延伸的范围内看到一个被染色的神经细胞的长轴突,而且最终可以分辨神经细胞的长轴突和短轴突。

这一思想并不是全新的,一位组织学家已经在用硝酸银与氨水一起为神经组织染色,[17]并先用乙酸为运动神经染色,但这样染色的结果非常不稳定。很大程度上取决于在添加硝酸银之前所配置的组织,高尔基因此从未停止对硝酸银的研究。19世纪80年代,他的论文开始出现在法国和英国的杂志上,他出版于1886年的最全面的著作最终使他获得了诺贝尔奖。到那时,这一新的染色方法就被试图运用到整个欧洲的组织学实验室。

然而,西班牙似乎根本不属于欧洲。在19世纪,西班牙的医学研究

---

[15] Camillo Golgi, "Sulla struttura della grigia del cervello," *Italian Medical Gazette*, 2 August 1873; trans. in Shepherd, *Foundations*, 84–88.

[16] Rose, *The Making of Memory*, 259.

[17] 如果实验室留着闲置不用的含氨硝酸银溶液,它有时会爆炸。

人员不给灵魂留下空间就根本不考虑头脑,他们往往要用几十年时间才能采纳新的技术。1880年,卡哈尔作为萨拉戈萨大学医学系(Zaragoza Medical Faculty)的一名助教,为了使他的论文插图准确,不得不学习平版雕刻技术。在印制第一篇发表的论文时,他非常超前地使用了氯化金染色法,并要求在印制他第二篇论文时使用含氨的硝酸银溶液,但在萨拉戈萨没有其他人试用过硝酸银。1883年,卡哈尔在巴伦西亚大学(University of Valencia)得到了他第一个组织学教授之职,但巴伦西亚大学的研究人员对高尔基以及他的染色法依然一无所知。当1885年卡哈尔中断了他自己的研究回到萨拉戈萨,并作为一个霍乱流行病细菌学家开始努力工作时,他本人依然使用更为传统的染色法。直到1887年卡哈尔才第一次有机会看到重铬酸银(silver-bichromate)技术的运用,当时他作为系统解剖学国家考试的评审访问马德里,并拜访了刚从法国回来的路易斯·西马罗(Luís Simarro)。西马罗在家中向卡哈尔展示了高尔基染色法的几个实例,后来又带卡哈尔去他位于戈尔盖拉大街(Gorguera Street)的非官方的生物研究所实验室,给他做了更多的演示。这给卡哈尔留下了极其深刻的印象,以至他放弃了所有其他染色方法,不仅开始运用这一新的染色技术,而且调整并改善这一方法。不久他就在准备顺序上增加了一个特别步骤,从一个连续的过程分离出两个单独的浸泡过程。这个伟大发现[距他了解染色新技术]还不到一年。

卡哈尔及时发现了他自己的方法。整个中枢神经系统的聚集由各个独立的和截然不同的细胞伸展构成这个非凡的假说是一个很大的进步。1886年10月,莱比锡的威廉·希斯(Wilhelm His)断言,在神经之间不存在任何连续性,正如(近来的研究证明的)神经与其所控制的肌肉细胞之间没有连续性一样。1887年1月,苏黎世布格赫尔策利精神病院(Burgholzli Asylum)院长奥古斯特·福雷尔发表了一篇关于脑解剖学的论文,指出"至今还没有一个人"在两个细胞的"神经节细胞、神经纤维[轴突],或原生质突[树突]的分支之间"看到任何这样的连续性联结。那一年福雷尔还开始了他催眠术疗法的研究。四个月以后在挪威奥斯陆,即将启程开始穿越格陵兰岛探险考察的弗里乔夫·南森(Fridtjof Nansen),在他的神经解剖学哲学博士论文上写下了最后一个句号,并且表达了同样的观点:"通过原生质突的直接联结形成的神经节细胞之间的直接结合并不存在。"⑱卡哈尔在马德里路易斯·西马罗的生物学实验室刚刚第一次看到了高尔基染色法的平板印刷品,并已经形成了三个不同的想法以解决脑组织学的传统理论问题。当然,距那些情况一个世纪之后的现代,传统理论就好像一座宏伟建筑那样崩溃了;但在1887年,灰质的所有神经纤维在一个网状系统中相互联结的传统假说没有遇到任何真正的麻烦。这个所谓网状假说(reticular hypothesis, *reticulum*是一个拉丁词,指网状组织)实际上是由约瑟夫·冯·格拉赫和特奥多尔·迈内特积极提倡的,前者将深红色染剂和氯化金引入了组织学,后者是一位令人敬畏的维也纳人。其实最伟大的倡导者正是铬酸银的发现者卡米洛·高尔基本人。卡哈尔回忆说:"在这个理论支配下,我们这些那时在组织学方面相当活跃的人看到网状物无处不在。"他写道:"这是一个美丽的理论,如同往常一样,理性在美丽面前总是沉默的。"⑲

这条道路因此向卡哈尔敞开了。他是致力于从技术和即将改变的观念两个方面解决这个问题的唯一一个研究者。1887年11月,他接受了巴塞罗那大学新的教授职位。卡哈尔将他不断壮大的家庭搬入列拉·阿尔塔大街(Riera Alta Street)新家后,所做的第一件事是建了一个实验室,并开始为脑组织染色。首先将脑组织放在1%的锇酸和3%的重铬酸钾溶液中浸泡2—4天,使它变硬,并使铬酸盐渗透脑组织;然后用20%的硝酸银溶液浸泡30小时以上,使银沉淀。下一步他将标本放在纯酒精中使其变硬,用显微镜用薄片切片机将其固定并且切成薄片,然后将切片放在调换6—8次的纯酒精中以除去水分。最后他用丁香油或香柠檬油清除[镜头的]折射率,用溶剂洗清丁香油,用树脂修

---

⑱ In Shepherd, *Foundations*, 122. Cf. Cajal, Histology, trans. M. Fernán-Núñez (Baltimore: Williams and Wilkins, 1933), 413.

⑲ Cajal, *Recollections*, 303.

饰一下,并安置标本。⑳

第二年初,在搬入布鲁赫大街(Bruch Street)更大的房子后,卡哈尔开始认真地研究神经系统。1888年将是"我伟大的一年,我幸运的一年"。㉑一旦理解了他必须献身的义务,卡哈尔在以后的二十五年中放弃了下国际象棋,他曾是国际象棋方面的高手。在用作实验室的密室里,卡哈尔对高尔基和早期研究者使用的方法做了一个较大的改变,这个改变被他的同时代人(包括希斯、福雷尔和南森)所忽视。他决定使用胚胎。"因为发育完全的森林变得难以探知、难以描述,为什么不回身寻觅育苗期中的刚形成的树林呢?……"㉒这就是他提出的理由,以解释相当令人不愉快的想法,即用未充分发育的、未充分孵化的小鸟研究中枢神经系统。其闪光点在于这样一个事实,即几乎所有脊椎动物的神经系统在出生时都是不完全的。尽管神经会生长出树突和轴突,但并非所有树突和轴突都是充分延伸的。而且"神经胶质"细胞几乎还没有开始用普遍存在的白色绝缘物质——髓磷脂——覆盖神经延伸的工作。

最好的情况是,铬酸银在胚胎上的染色工作更好。当卡哈尔注视着第一只小鸟的小脑,他看见的是许多极长的轴突,它们完全裸露,而且到顶端都被染上棕黑色,暴露在他客观化的凝视下。对他来说,显然每一条神经纤维属于一个特殊的细胞。它们不会穿过任何其他细胞的壁;它们之间间距微小到足以相互接触,但这实际上从未发生。他可以看到它们的末端。同往常一样明显的是拥有许多粗分支的浦肯野细胞和突起的细胞体,但现在很清楚,将那些细胞体围起来的模糊结构是完全不同的神经细胞的轴突分支末梢,这些神经细胞自身的细胞体相当微小。它们就像甜瓜周围的篮子围着浦肯野细胞,但它们从不渗入浦肯野细胞。卡哈尔通过显微镜凝视着并准确地画出了他所看到的情

---

⑳ Cajal, *Recollections*, 306; Cajal, *Histology*, 681; Dorothy E. Cannon, Explorer of the Human Brain (New York: Henry Schuman, 1949).

㉑ Cajal, *Recollections*, 321.

㉒ Cajal, *Recollections*, 324.

景。因而他得出结论:著名的中枢神经网络,即"一种深不可测的生理学海洋,一方面来自感官的溪流被认为流入这里,另一方面运动神经或输出导体(centrifugal conductor)被认为像发源于山脉湖泊的江河从此发出",完全不存在。"凭借假装解释一切,[它]绝对什么也没有解释。"真实的情况是整个中枢神经系统就像一个电话交换台,每一个神经细胞在其中仅仅与其他神经细胞传递信息,就像被其轴突的末梢触及。其他替代办法是"原形质泛神论……取悦那些鄙视观察的人"。㉓

今天南森是作为一个北极探险家和政治家被人们记住的;福雷尔则作为荣格在布格赫尔策利的前辈、科科施卡(Kokoschka)肖像画的主题以及弗洛伊德催眠术的源流之一而被人们记住。至于希斯,对他的最好回忆是他作为医生支持他们从坟墓中掘出了约翰·赛巴斯蒂安·巴赫(Johann Sebastian Bach)的尸体,并仔细地测量了这位伟大音乐家的颅骨。原因在于他们只是猜测卡哈尔的结论。他们并不能证明它。证据需要病患者,以及运用化学药品、针、显微镜用薄片切片机、显微镜平版等大量的工作,弗洛伊德在成为一个医生之前很久就学会了如何从事这样一种工作,1876 年布吕克派弗洛伊德去研究七鳃鳗的神经系统。1882 年,弗洛伊德根据他对七鳃鳗的研究以及以后对鳗鲡和小龙虾的研究所获得的知识,作了关于《神经系统基本构成的结构》的演讲。这次演讲的要义于 1884 年发表,而且他开始从事神经网络理论实质的研究,弗洛伊德的三位传记作者宣称他已经提出了神经元的概念,并且在卡哈尔之前。㉔ 他们错了。弗洛伊德并没有理解神经网络

㉓ Cajal, *Recollections*, 336 – 38.

㉔ In Freud, *The Biologist of Mind* (New York: Harper, 1983), 16, 弗兰克·萨洛韦(Frank J. Sulloway)未经考察就引用了布伦(R. Brun, "Sigmund Freuds Leistungen auf dem Gebiete der organische Neurologie," *Schweizerischer Archiv für Neurologie und Psychiatrie* 37 [1936], 200 – 207)、史密斯·埃利·耶里夫(Smith Ely Jelliffe, "Sigmund Freud as a Neurologist," *Journal of Mental and Nervous Diseases* 85 [1937], 697 – 711)、埃内斯特·琼斯(Ernest Jones, *The Life and Work of Sigmund Freud*, vol. 1 [New York: Basic Book, 1953], chapter 14)的断言。

的真正特点,而且如我们所理解的,他具有非常不同的职业命运。㉕ 很快他就放弃了心理学的微观世界,因为他所希望的是理解整体(the Big Picutre)。1889 年,就在卡哈尔去柏林要使解剖学大会确信他的新观念之前两个月,弗洛伊德去巴黎跟随实验催眠学家和治疗催眠学家学习,催眠学会大会正巧在世博会期间召开。(生理心理学大会也在世博会期间在巴黎召开,在那儿只是对威廉·詹姆斯稍具讽刺意味。)因而卡哈尔带着他的新思想以及不可或缺的难得证据来到这个规模相当小的研究者的聚会,这些研究者在一个已经确立但尚未非常流行的学科中从事研究。也许正是因为这一点,他们热情地款待他。比利时人范·格许赫腾(van Gehuchten)是卡哈尔可靠的报道者,他当场撤回了对这个新假说的反对,不久之后巴塞尔教授伦霍谢克(Lenhossék)也这样做了。瑞典人雷奇乌斯(Retzius)持怀疑态度,但相当友好。甚至威廉·希斯也大为惊讶,并表示赞同,令人敬畏的来自柏林的专家 H. 威廉·G. 冯·瓦尔代尔·哈尔茨(H. Wilhelm G. von Waldeyer-Hartz)出人意料地对卡哈尔相当热忱。至于学会的创始人阿尔布雷希特·冯·克利克,他引领卡哈尔坐上他的四轮马车,陪同他去旅馆,为他举行宴会。克利克承诺将卡哈尔所写的所有著述在德国出版,并且说:"我已经发现了你,我的希望是使我的发现在德国家喻户晓。"㉖

11 月,卡哈尔回到了西班牙,回到了他的工作中;但组织学界的其他人依然在发出回响。在 1891 年 10 月至 12 月之间,伟大的瓦尔代尔就神经解剖学精美结构问题的整体研究状况在《德国医学周刊》(German Medical Weekly)上发表了六篇系列长文。在这些论文中,他

㉕ 弗洛伊德在他最有可能提出神经元观念的演讲中说道:"如果我们假定,神经的原纤维具有神经脉冲传导独立通道的重要性,那么我们就应该说,在神经中独立的神经纤维链在神经细胞中汇合;因而神经细胞在解剖学上就成为与它相连的所有那些神经纤维的'起点'……" Freud, "Die Struktur der Elemente des Nervensystems," *Jahrbücher für Psychiatrie* 5 (1884); in Shepherd, Foundations, 72-73. 弗洛伊德清晰地谈到神经网络的连接存在于其细胞内而不是独立的神经元内。

㉖ Cajal, *Recollections*, 357.

将新的"灰质中断"(gray-matter-discontinuity)假说归于卡哈尔,并将其命名为"神经元学说"(neurone doctrine)。这些论文使瓦尔代尔赢得的声望超过了卡哈尔的思想应该得到的,但无疑它们也确定了卡哈尔以后在科学上的名望。[27] 卡哈尔所做的发现超越了狭小的组织学领域,成为一个"科学"的范例,一直改进着19世纪的生活方式。很快,那些不了解科学的人所谈及的已经对卡哈尔发现的东西有了模糊的概念。虽然他依然同他从前一样,但他不再是默默无闻和孤立无援的了。1894年,英国皇家学会授予他最著名的生物学奖赏——克鲁年讲座(Croonian Lectureship)讲师席位。[28] 当卡哈尔作演讲期间,英国最主要的神经解剖学家查尔斯·谢灵顿(Charles Sherrington)邀请卡哈尔同他一起住在伦敦的家中。谢灵顿惊讶地发现卡哈尔自己清理他的卧室,晾晒被褥,并锁上房门,避免他设在那里的流动实验室受到干扰。[29]

在19世纪90年代,卡哈尔提出了关于神经系统的另外四个假说并提供了证据。第一个假说被称为"动态偏振定理"(Law of Dynamic Polarization),这一定理断定神经细胞的轴突总是向外传递神经冲动,神经细胞的树突总是接受传入的刺激。因此,信号并不是在一个无尽的回路中旋转,而是仅仅沿着一个方向传送,直至它们停下并被接受。[30] 卡哈尔稍后的第二个假说是这样一个思想,即神经元从轴突的末梢生长形成,有点类似植物的根须。卡哈尔于1890年在小鸟胚胎上

---

[27] "瓦尔代尔,柏林著名的生物学家……在一份德国周刊上介绍了卡哈尔思想的梗概和发现,并且仅用一个新词'神经元'命名了这些发现……"Cajal, *Histology*, 287.

[28] Cajal, "La fine structure des centres nerveux," 在伦敦伯林顿馆(Burlington House)皇家学会克鲁年讲座上的讲演, *Proceedings of the Royal Society*, London, Series B, 55 (1894), 444-67.

[29] John C. Eccles, *The Physiology of Nerve Cells* (Baltimore: Johns Hopkins University Press, 1957), 10.

[30] Cajal, "Leyes de la morfologia de las celulas nerviosas," Rivista trimestriel del micrografia 1 (Madrid, 1897). Referenced in Cajal, Histology, 454. 阿图尔·范·格许赫腾帮助卡哈尔求证这一假说。

得到了这一发现,称它为"生长锥"(cone of growth)。㉛ 卡哈尔1892年提出了第三个假说,最后称它为"趋化假说"(chemotactic hypothesis)。令人感到惊奇的是,为什么轴突的生长锥沿着一条轨迹而不是另一条轨迹生长?生长着的轴突为了完成"正确的"连结怎样能够前行这样长的距离?卡哈尔认为它们通过储存于其他神经中的化学成分的踪迹寻觅到它们的路径。㉜ 这三个假说现在已经被普通的智慧太视为理所当然了,以至卡哈尔的名字已经完全从它们身上消失,人们接受这些知识时,就好像解剖学家一直就是了解它们的。公正地说,因为卡哈尔从来没有证明它们,而且确实在他的实验清单中没有任何实验可以提供证据。所以正如我们将要了解的,卡哈尔第四个假说的命运尚不得而知。

1899年,当马萨诸塞州伍斯特(Worcester)的克拉克学院(Clark College)庆祝成立十周年时,其校长、威廉·詹姆斯的第一个获得哲学博士的学生 G. 斯坦利·霍尔(G. Stanley Hall)邀请欧洲的科学精英发表祝贺演讲。路德维希·玻尔兹曼抵达克拉克学院后论述了物理学和数学中连续性的悖论。数学家 M. E. 皮卡德(M. E. Picard)讨论了皮亚诺的算术基础。另三位演讲者都是脑科学家:拉蒙-卡哈尔、福雷尔、安杰罗·莫索(Angelo Mosso),他们一起乘坐法国轮船公司(French Line)的轮船从法国勒阿弗尔(Le Havre)启程来美国。卡哈尔第一个发表演讲,他试图概括那时已为人所知的关于大脑结构的三次演讲的内容。他用大张彩色海报描述了所有他离析的新的神经元和神经纤维,它们单独存在的重要性,神经纤维中刺激传导的方向,以及神经纤维将它们自身延伸到使人麻木的复杂空间的极其精确的方式,这个复

㉛ Cajal, "A Quelle époque apparaissent les expansions des cellules nerveuses de la moëlle épinière du poulet?" *Gaceta médical Catalana* 13 (1890), 737–39. Cf. Cajal, Histology, 461.

㉜ 卡哈尔在《西班牙自然史学会年刊》(*Anales de la Sociedad Española de Historia Natural*, 1892)中的一篇论文中描绘了从嗅区至海马(记忆)的神经系统路径、生长锥的化学"向神经性",提出了神经生长的"向神经的"理论的建议。Cf. Cajal, *Histology*, 482; also Cannon, *Explorer of the Human Brain*, 157.

杂的空间由已经在那里存在的神经细胞和神经纤维组成。福雷尔随后以华丽的言辞论述了脑科学的各种可能性，在演讲中，他宣称他和威廉·希斯最先提出了神经元理论。对于这一主张，卡哈尔在他的自传中并没有说什么，并以溢美之词提到了福雷尔的才智和魅力。

与福雷尔迟到的主张相比，对卡哈尔打击更大的是美国人表现出的对其祖国的令人惊讶的态度。当卡哈尔收到邮寄来的邀请函后，他询问过政府机构他是否应该接受这一邀请。毕竟这仅仅在圣胡安山（San Juan Hill）战役和西班牙在美西战争——这是美国宣称的将古巴从西班牙残酷统治下解放出来的一场战争——中惨败于美国的几个月之后。卡哈尔完全知道西班牙在古巴的所作所为，因为他曾亲眼所见。1874 年，卡哈尔曾在一场早期殖民战争期间的西班牙军队医疗队服兵役，他目睹西班牙总督用两条倒刺铁丝围贯穿古巴南北，试图将古巴分为三块，以更好地镇压起义者。在卡哈尔看来，这一图谋不仅是残酷的，而且是不切实际的；但它却启发了后来名叫瓦莱里亚诺·魏勒（Valeriano Weyler）的西班牙总督创设了集中营制度。卡哈尔就像怀疑西班牙的具体行动目标一样怀疑西班牙的战略，他也不喜欢那种认可西班牙帝国主义在古巴的无能、侵吞公款和蠢行的爱国精神。确实在这次旅行之后不久，为了使他对西班牙深沉和持续的忠诚与他正直的批评相和谐，卡哈尔开始撰写回忆录。但是他在美国东部海岸旅行期间遇到的美国人给他留下的印象就像他们曾给世界上绝大多数民族留下的印象一样：异常简单且令人困惑地漠视他们对世界人民的影响力。当卡哈尔在纽约市的旅馆中等待前往伍斯特期间，正值 7 月未曾预料的高温，他在已建成十六年的布鲁克林大桥上感到了辉煌宏伟的现代性，但在更新出现的自由女神像面前又感到一点讽刺。对美国新闻舆论关于他怎样使美国变得更好的迫切问题，卡哈尔几乎始终机智地赞扬了民主，除了维多利亚时代对女权运动的贬低，以及建议为细菌学和组织学建造一个实验室。他在回忆录中为他对美国帝国主义提出的这一建议保留了一条脚注。"一种残酷从来不能证明另一种残酷是正当的,[而且]那些因此而争辩的人似乎忘记了,只有强大的民族才能不受惩罚地放肆犯罪。"㉝他于 7 月 4 日前夜在剧烈的头痛中抵达伍斯特,第二天受到了连续 24 小时的歌舞、欢呼、礼炮以及市民向空中鸣枪的热情款待。

在卡哈尔应付其日益增长的名声的同时,"神经元学说"成为组织学家、神经解剖学家和心理学家的正统学说,卡哈尔非凡的绘画开始进入非科学家的视野。1900 年,北欧伟大的早期现代艺术家、挪威人埃德瓦·蒙克绘制了他妹妹劳拉(Laura)的一幅画,劳拉裹在一块披肩中,孤苦伶仃地坐在一张椅子上。她患有慢性精神病,蒙克必须画多次才能完成这幅画;但在这幅——现在被叫作《(劳拉的)忧郁》㉞[*Melancholy(Laura)*]——画的前景,有一张有着深蓝、红色、白色和灰色等奇怪图案的桌子。当观看者走近观看时,他会意识到这些奇怪的图案来自桑地亚哥·拉蒙-卡哈尔的素描本。这是从紧贴的视角观察到的大脑神经组织的连续切面,并根据组织学染色的色彩绘制的。

1906 年,第六届诺贝尔和平奖授予拉夫·赖德·西奥多·罗斯福(Rough Rider Theodore Roosevelt),正如卡哈尔淡淡地写道的,这一决定"极为令人惊讶,尤其在西班牙"。㉟卡哈尔本人在斯德哥尔摩观看了罗斯福接受诺贝尔和平奖,因为瑞典皇家科学院将 1906 年诺贝尔医学奖授予了卡哈尔。总之,这是两件事中的一件。另一件是去拜访卡米洛·高尔基,卡哈尔曾经得体地写道:"将这一方法的发明人归于……是非常应该的,我凭借这一方法完成了我最惊人的各项发现。"㊱当他们在颁奖仪式上被介绍时,他们是第一次见面。第二天,高尔基作了诺贝尔奖获奖演说,第三天卡哈尔作获奖演说,他们两人使用的都是法语。卡哈尔演讲的题目《神经细胞的结构和关系》(*The*

㉝ Cajal, *Recollections*, 488.
㉞ 此画现收藏于挪威奥斯陆蒙克博物馆。
㉟ Cajal, *Recollections*, 550.
㊱ Cajal, *Recollections*, 546.

Structures and Connections of Nerve Cells)是对神经元独立性的持续辩护。高尔基的演讲题目《神经元学说、理论和事实》(*The Neuron Doctrine, Theory and Fact*)是对同一观念的持续批评。㊲ 直到生命的最后时光，用还原的硝酸银染色的发明者高尔基依然坚持他对无差别的神经网络的信仰。卡哈尔使染剂成为他的工具，发现了神经元，但他不能使高尔基确信他发现的事实，甚至当他们为此而同获诺贝尔奖时依然如此。

正是在1906年，卡哈尔的学生谢林顿(Sherrington)创设了一个新词"神经键"(synapse)来描绘一个神经细胞和另一个神经细胞之间的连接。㊳ 卡哈尔日益被视为名人，这成了他为了其主要学说神经原子论，为了动态偏振定理、生长锥以及趋化假说而继续攀登的标志。然而，卡哈尔的第四个假说在他生前始终没有得到证明，现在也依然存在争论。这是这样一种观点，即我们称为记忆的现象，是整个大脑或神经网络各种特殊状态的产物。卡哈尔认为，记忆不是某种化学品的结果，也不是一个或几个神经细胞某些变化的结果；他认为，这是整个大脑总体的一种属性。这种观点正是20世纪最后十年——"脑的十年"(The Decade of the Brain)——争论的中心，而且它如果被证明是正确的，这种观点将能使卡哈尔成为20世纪神经系统科学最重要的创始人，使弗洛伊德——他是继卡哈尔之后十年克拉克大学二十周年校庆最引人注目的明星——成为一个时代的典型产物(artifact)。㊴ 如19世纪人们所认为的，大脑可能并不起控制作用。它也许只不过"起显露作用"，显露构成1万亿个连结的100多亿个神经细胞简单交互作用的未确定的结果。精神可能也不起控制作用，正如弗洛伊德在卡哈尔发现神经元

㊲ *Les Prix Nobel 1904-1906* (Stockholm: Norstedt, 1906).

㊳ Charles Scott Sherrington, *The Integrative Action of the Nervous System* (New Haven, Conn.: Yale University Press, 1977).

㊴ "更广阔的兴趣是神经元学说作为现代思潮一个伟大观念的潜在意义。人们此时倾向于将人类知识这样的伟大成就与量子理论相比较。"Shepherd, *Foundations*, 9.

以后十年所坚持认为的那样。相反它可能是以同样方式显现的意识和无意识,这种方式从来没有出现在弗洛伊德那19世纪的思维中,但同样有19世纪头脑的桑地亚哥·拉蒙-卡哈尔的确想到了,而且他提出了大脑原子的20世纪的假说。

第八章　瓦莱里亚诺·魏勒·尼古劳

发明集中营

1896

在 1896 年,一个名叫瓦莱里亚诺·魏勒·尼古劳(Valeriano Weyler y Nicolau)的西班牙军官成了古巴殖民地的总督,四百年前哥伦布宣称古巴属于西班牙。最新被任命的魏勒正在镇压一场特别难对付的起义,这场起义被古巴人称为"第三次独立战争";1896 年,他决定执行前任总督马丁内斯·坎波斯(Martinez Campos)含糊的建议,在比那尔·德·里奥省(Pinar del Rio)强制将所有平民迁移到受监视的一个地区,以将起义者与支持他们的民众隔离开。这种"再集中"措施在魏勒 1869 年第一个任期期间曾在三个古巴城镇短暂试行。民众被安置在粗陋但还差强人意的集中营,四周被美国人在 1874 年发明的用来圈牛的带刺铁丝网围着。集中营外未穿制服的任何人都可以肯定地被作为起义者射杀,所以它完全出于民众的"自我保护"。魏勒称它们为再集中营(*campos de reconcentraciòn*)。

集中营不是死亡营。它还没有蜕变为死亡营。死亡营还未被发明出来。既然大屠杀已经让人恐惧,关于大屠杀的工具怎样被设计出来的知识就慢慢地被遗忘了。尽管这可能是一个重要思想,但它似乎太缺乏想象力、太世俗了。一个信仰者的写作意味着撰写不同的故事，也许它完全不是写作。在默认的情况下，历史学家只能从道德上进行解释。对我们而言，就西方文化的每一个部分，除了发生了什么事情、这些微不足道的先例和习惯如何构建之外，就没有什么可说的；直到政府当局有可能剥夺民众与生俱来的公民权，并大规模地监禁他们，活活地累死他们，蓄意地灭绝他们。

死亡营的故事不是人的地域性或单纯野蛮的叙述，无论是人的地域性还是单纯野蛮都因回溯得太远而不能使我们有所收获。另一方面，它完全不是反犹主义的故事，无论如何，反犹主义已经得到充分且频繁的揭示。无疑，反犹主义起源于一个有计划的种族灭绝；但它已经出现多次了。确实，大屠杀是所有种族灭绝中规模最大（甚至可能在柬埔寨以后）、组织最有效的。但这非但不是第一次，而且也不是最后一次。当艾米莉·霍布豪斯（Emily Hobhouse）在1901年看到第一个英国集中营时，她想到的类似事件是尼布甲尼撒（Nebuchadnezzar）将以色列人流放到巴比伦。当我们在1992年听到塞尔维亚的波斯尼亚人集中营最初的消息时，我们想到的与此相提并论的事件是什么？大屠杀就是最早的蓄意谋划和图谋根除一些民族——而不仅仅使其背井离乡——的种族灭绝。因为这也是以集中营或监狱为中心的最早的蓄意种族灭绝，所以死亡营的真实故事必须从前现代（premodern）欧洲的监狱和囚犯工厂开始。然而，这样的集中营不仅起源于把人关进监狱的传统，而且甚至与强制隔离不同群体——包括隔离并使整个民族重新定居的帝国习惯——的传统有更密切的关系。这样的故事似乎要从下列历史事件开始：古代亚述人重新安置其他民族的居民；中世纪英格兰在爱尔兰设置栅栏；沙俄在波兰设置栅栏；对阿卡迪亚人的驱逐；奥斯曼行政当局称为 *millets*，即用宗教分割各个村庄的策略——沙俄好像搬用了这样的做法；以及美国人称为保留地的著名贡献。

然而，集中营似乎是一种新颖的设计，其新颖来自各种观念。这些观念其中之一是孟德尔学派信仰者在来自"温和的"遗传理论的生物学思想中造成的变化,根据这一理论,性状的获得发生在有机体的生命在生物学上能够被遗传到它的后代、遗传到那些"硬"遗传特征的时候,无论如何,出现在孩子身上的"硬"遗传特征一定来自父母的一方或另一方——更不必说来自八个曾祖父母中的一个,以下据此类推。① 实际上,集中营是一个非常现代的发明——其现代性在于坚持分解和碎片化。集中营产生于这样一些人的头脑,他们开始将人类视为基本上不连续的,能够被分隔为类似戴德金的数轴(number line)那样的部分,或者如可以被精确清晰定义的康托尔子集的项那样被赋值。正如19世纪留给政治思想的遗产是过多的意识形态一样,20世纪最值得纪念的遗产最终可能是集中营,如果不能使民主政治发挥作用的话。发明集中营并为它取名的时代与由同样文明的西方人发明的立体主义和量子力学同时。这一故事从1896年瓦莱里亚诺·魏勒和他的集中营开始。

魏勒的政策持续了一年半。到了1898年,有数以千计的人在集中营濒临死亡,美国对古巴局势的强烈政治关切和人道关切不断增长。1897年6月24日,国务卿约翰·舍曼(John Sherman)向西班牙驻华盛顿的大使递交了一份外交照会,抗议他所称的古巴新总督的"再集中政策"。美国的各种社论称这是"残酷的"行为。至少西班牙有一份报纸也这样认为,这份报纸在8月15日题为《残暴的西班牙人》(*Crueldad espanola*)的社论把"发明集中营"的责任归咎于魏勒。② 但国务卿舍曼可能要比任何西班牙新闻记者更清楚魏勒的政策是多么"残暴",因为他是威廉·特库姆塞·舍曼(William Tecumseh Sherman)的弟弟,威廉·特库姆塞·舍曼在美国内战中以从亚特兰大向海洋进军,并在现代战争中首创将平民当作战斗人员对待而著名。西班牙人也知道这一

---

① "硬"或"软"遗传特征是恩斯特·迈尔(Ernst Mayr)在其通史《生物学思想的发展》(*The Growth of Biological Thought*, Cambridge: Harvard University Press, 1982, 677-79)中使用的术语。

② Emilio Roig de Leuchsenring, *Weyler en Cuba*: *Un precursor de la barbarie fascista* (Havana: Paginas, 1947), 93.

点。对于国务卿舍曼关于西班牙在古巴所作所为的抗议,马德里以极妙的讽刺做出了回答,要求关注国务卿的兄弟三十年前在佐治亚和卡罗来纳所做的事。

我们不知道西班牙外交部是谁在外交照会中提起了那件往事,但情况对魏勒本人有利。在威廉·特库姆塞·舍曼在向海洋进军的时候,这个未来的古巴总督才25岁,正担任西班牙驻华盛顿的武官,并写信回国,论述了舍曼将军对战争法则值得注意的新解释给他留下的深刻印象。美国内战没有教给他关于宽宏大量的知识。以后,魏勒参加了西班牙自己的内战——19世纪70年代的卡米撒起义(Carlist Revolt)。再过一段时间,魏勒作为西班牙太平洋殖民地菲律宾群岛的总督,甚至已经学到了对被征服民族应该采取的更多的态度。在他到古巴之前,他的最后一个职位是加泰罗尼亚总督,在这一职位上,他成为巴塞罗那圣体节(Corpus Christi)游行队伍中扔出的一颗炸弹的目标。他的回应是命令围捕大约70名无政府主义者,用拷打、口供和战地军事法庭迅速处置他们,其中有5人被执行绞刑。根据魏勒的经验,平等主义,就像慷慨一样,是一种过错。

结果,魏勒在1897年底被西班牙政府解除职务,可是尽管那时世界舆论的谴责不断增加,也没人改变集中营政策。最后美国国会和总统开始对西班牙提出一系列要求。西班牙政府回答了这些要求,每一次答复都包含了更大的让步,但每一次让步都没有什么效果。1898年3月31日,西班牙大使递交了一份照会,愿意履行美国提出的绝大多数要求,包括结束集中营政策。4月9日,西班牙甚至同意在独立战争中停战。两天后,麦金利(McKinley)总统对此的答复是要求国会宣战,开始美西战争。三个星期以后,美国不仅占领了古巴,而且占领了波多黎各和菲律宾,结束了西方在美洲最古老的殖民帝国——西班牙帝国。瓦莱里亚诺·魏勒则带着深深的幻灭感回到西班牙,重新开始他杰出的军事生涯,1901年开始了他担任战争部长的第一个任期,并镇压了1909年的巴塞罗那工人大起义。他直到1930年才去世,致力于训练新一代的优秀军官,其中包括一位名叫弗朗西斯科·佛朗哥(Francisco Franco)的崇拜英雄的军校学生。

回顾历史,美西战争似乎是古老过时的帝国主义时代的终结。在1898年之前,帝国不乏真诚的拥护者,五十多年的殖民化作为一种社会进步具有意义。1898年以后,所有传统上合理的行为,不用说所有新的事件,似乎都不再能够经受仔细的审查。1899年,经过数月激烈的争论,美国根据它长期的反对帝国的传统,同意使古巴独立;但同时它同意吞并所有其他被征服的西班牙殖民地,包括菲律宾,将它们附属于新的海外美利坚帝国。1899年,在经过三年的越界偷袭后,在南非的两个欧洲重要国家荷兰和英国开始交战。幻灭之年从2月的杂志连载《黑暗之心》(*Heart of Darkness*)开始,这是一部康拉德撰写的关于在刚果殖民地丑闻的故事。一两天之后的1899年2月4日,美国军队对菲律宾人开战,这是一场以后被称为"菲律宾起义"(Philippine Insurrection)的长达三年的血腥战争(少数人回忆起这场战争就会恶心)。

布尔战争(Boer War)和菲律宾起义都是为了独立和生存而进行的战争。荷兰人到南非已经有非常长的历史了,以至于他们认为自己是那块土地的原住民。菲律宾人在那里已经生活了一万年,他们甚至感到自己更像当地的原住民。这两场战争都逐渐不再遵守西方的交战规则,经过一年的游击战后,英国人和美国人都放弃了他们自己对这些规则的承诺。1900年9月,罗伯茨将军(General Roberts)向统率南非英国军队的基钦纳将军(General Kitchener)报告了在争议地区建造营地的新战略。罗伯逊(Robertson)在9月3日写道,这些营地是为那些"自愿投降的市民"建造的,(当然)用来作为这些市民的自我保护。[3]这些营地的建造者称它们为 *laagers*,这是一个荷兰-非洲单词,原来指用四轮马车构成的防御环,含义为"营地"。一个月以后的10月,美国战争部转而考虑更激进的战略,即从西班牙人手中接管菲律宾。11月

---

[3] Byron Farwell, *The Great Anglo-Boer War* (New York: Norton, 1976), 393.

的选举迫使美国人暂时搁置这一计划,但当麦金利再度当选美国总统后,它被再次提出。④

就在选举日后的一两个星期,这一消息就流传到了反对帝国主义的温床马萨诸塞州的波士顿。据 11 月 19 日的《波士顿先驱报》(Herald)报道,基钦纳在南非"再集中的计划"在华盛顿得到了谨慎的研究,以探讨在菲律宾实施的可能性;《波士顿环球报》(Globe)则报道,战争部认为"除非菲律宾人被迫离开农村地区,并在处于军事当局监视下的城镇定居",起义就不能被镇压。⑤ 据我们所知,1900 年 11 月美国人在菲律宾建造了第一个集中营,这意味着英国稍在美国之前借鉴了魏勒的发明。到 12 月 20 日,麦克阿瑟将军(General MacArthur,即阿瑟·麦克阿瑟,其子道格拉斯步他和魏勒的后尘成为菲律宾的殖民地总督)发布了关于处理平民"战争叛乱"的《第 100 号将军令》(General Order Number 100),"集中营"将接受这些平民。

在同一天,在世界另一半的南非,基钦纳发布了关于 laagers(营地)怎样设计的备忘录,laagers 有被栅栏围起来的区域和"碉堡",当 laagers 中有人被监禁时,后者可用来观察和防止逃跑的企图。至 1901 年 1 月,英国人已在布隆方丹(Bloemfontein)、诺沃兹普因特(Norval's Point)、北阿利沃(Aliwal North)、斯珀林方丹(Springfontein)、金伯利(kimberley)和德兰士瓦省(Transvaal)的马弗京(Mafeking)等地为布尔人建造了 laagers。这些营地最后共有 43 处,另有 31 处荷兰人叫作 kaffirs(卡菲尔人)——含义是南非当地的原住民——的区域。⑥

因此我们这一世纪,无论始于 1900 年还是 1901 年,它一开始就是

---

④ Richard E. Welch, *Response to Imperialism: The United States and the Philippine-American War, 1899 - 1902* (Chapel Hill: University of North Carolina Press, 1979, 1987), 36.

⑤ Daniel B. Schirmer, *Republic or Empire: American Resistance to the Philippine War* (Cambridge, Mass.: Schenkman, 1972), 225 - 26.

⑥ Thomas Pakenham, *The Boer War* (New York: Random House, 1979), 547; and map in A. Ruth Fry, ed., *Emily Hobhouse* (London: J. Cape, 1929).

集中营的世纪。一旦 laagers 能够在南非运用,将军们就可以设想出运用它们的新方法。1901 年 3 月,基钦纳设想在南非实行一个新的策略,主要内容是"驱赶"或"捕捉""难民",以填满 laagers,并指派民事总督米尔内尔(Milner)执行。⑦ 至 6 月底,基钦纳估计有一半以上的南非人口不是在 laagers,就是在常规的战俘营,他这样向英国陆军部的布罗德里克(Broderick)报告,并建议将囚犯永远流放到南美,以便"为英国开拓殖民地留下空间"。⑧ 至 7 月底,基钦纳敦促执行处死或流放顽固反抗者的政策,在 8 月底他提倡出售反抗者的财产以应付不断扩建集中营的庞大支出。

很快就清楚了,laagers 并不完全是出于"自愿投降居民"的方便而安排,某个人一旦进入 laagers,就极难再从其中走出。至于那些被关进这个营地的人,他们中的许多人从第一个月就开始遭受痛苦。在 4 月(南非的秋天),就出现了骇人听闻的死亡率,之后它还无情地继续上升。到 10 月,公布的报告显示死亡率为 34.4%,这其中包括 60% 的儿童死亡率。⑨ 因为主要的死亡原因是疾病,这不能成为蓄意种族灭绝的证据;但对许多不喜欢这种制度(但有少数人喜欢)的人来说,这样的死亡率似乎不亚于枪杀。

我们把前面提及的绝大多数信息归于一位名叫艾米莉·霍布豪斯(Emily Hobhouse)的非凡女性。1900 年 12 月 27 日,霍布豪斯走下了南非桌湾(Table Bay)的轮船,决心要在新世纪的第一个星期了解她缴的税在布尔战争中是如何花费的。她成功地做到了这一点,但又感到恐怖。她询问道:"自从《旧约》时代以来,究竟还有没有整个民族成为囚犯的?"⑩在一个月的时间里,她到了布隆方丹的 laagers,迫使营地

---

⑦ Pakenham, *Boer War*, 523.
⑧ Philip Magnus, *Kitchener: Portrait of an Imperialist* (New York: Dutton, 1968), 186.
⑨ Pakenham, *Boer War*, 548.
⑩ Pakenham, *Boer War*, 538.

的英国官员让她检查营地。在那里她从一个营地走到另一个营地,她把在那里的时间延长到整整两个月,发觉营地缺乏口粮、饮用水受到污染、卫生条件简陋,以及被关押者的痛苦不断增加。当她回到英国,她立刻以整洁的书面报告告知新闻媒体,并在 4 月底至 6 月底将这些声名狼藉的内容一点一点地在媒体上公布。

她的时机选择得非常好。英国议会下院反对帝国主义的自由党已经开始讨论这个问题。3 月 1 日,议会中两个激进的议员 C. P. 斯科特(C. P. Scott)和约翰·埃利斯(John Ellis)已经第一次用英语"集中营"这个短语指南非的 *laagers*。[11] 更不用说自由党影子内阁的领袖亨利·坎贝尔-班纳曼爵士(Henry Campbell-Bannerman)了,他立刻在伦敦一家饭店举行的自由党宴会上发表演讲,称英国集中营政策是"野蛮的方法",将那里的英国人与集中营的发明者即古巴的西班牙人相提并论。三天后,即 1901 年 6 月 17 日,自由党的后起之秀大卫·劳埃德·乔治(David Lloyd George)在英国议会下院起身答复陆军部部长布罗德里克时指出,从辩论中去掉通词,可以毫无疑问地将再集中打上"种族灭绝政策"的烙印。政府方面的答复是不能令人信服的。托利党下院议员温斯顿·丘吉尔(Winston Churchill)——因为在 1899 年 12 月勇敢地从布尔人的监狱中逃了出来,一年前他被选为下院议员——知道得更清楚,但什么也不说;他习惯于闯荡各个国家,当时正值集中营就要出现那段时间;1895 年,他与西班牙殖民军队一起到了古巴,就在魏勒被任命为古巴总督之前,他离开了那里,只记得那种毛骨悚然的恐惧,在他 21 岁那天,他听到了向古巴起义者射击的子弹"穿过空气的啸叫声"。1900 年 12 月 12 日,当霍布豪斯乘上开往南非的轮船时,丘吉尔正在纽约发表关于布尔人境遇的演讲,他试图忽略这样的事实,即马克·吐温在他的介绍中毅然称英国在南非的战争是美国在菲律宾战争的翻版,而且他提醒听众,这两个侵略者与丘吉尔有共同的血统。丘吉

---

[11] Pakenham, *Boer War*, 535.

122 尔露骨的托利党尚武精神也许充满了各个演讲大厅,有助于图书促销;但1901年由自由党在英国议会下院辩论推动形成的反对意见正在高涨,这股潮流与停止布尔战争有很大关系,并最终使自由党执政。⑫ 看起来将它们暴露在阳光下而制止这种野蛮行为依然是可能的,至少它的绝大多数受害者属于欧洲人。

英国军队也不太喜欢这样的行为。霍布豪斯的报告和英国军队接待霍布豪斯是基钦纳在1901年夏天推进驱逐和剥夺反抗者越来越困难的原因之一;但一个政府能够完全秘密地犯残暴罪行的日子还在未来。此外,霍布豪斯发现的证据是毋庸置疑的。8月,英国政府发现一位名叫米利森特·福西特(Millicent Fawcett)的妇女显然支持战争,愿意访问南非的集中营,并形成一份观点相反的报告。不幸的是,福西特关于死亡率的数据并不比霍布豪斯的数据(从1900年1月至1902年2月有两万多人死于集中营)理想,她建议继续实施集中营政策,但更公正地说,这一建议来得太晚了,已不能改变舆论的倾向。

1901年春天,美国军队的情况并不比英国军队更好,尽管反对者中没有霍布豪斯,有关情况也从未见诸报道。反对吞并菲律宾的反对派由一个典型的波士顿协会——新英格兰反帝国主义者同盟(New England Anti-Imperialist League)——领导,参议员方阵由来自马萨诸塞州伍斯特市的共和党激进分子、长着一张粉脸的乔治·弗里斯比·霍尔(George Frisbie Hoar)为首。早在1898年,霍尔就因为坚决反对占领菲律宾而被记入史册,以后几年看到菲律宾人因为针对他们的战争而被监禁,他更加愤怒。反帝国主义者同盟的宗旨是制止侵占他国土地的行为。1901年1月,该同盟听了加玛利耶·布拉福德(Gamaliel Bradford)的演说,演说描述了美国军队用来针对被俘的菲律宾人的一种"水疗法"。这是一种使囚犯招供的方法,其实施过程是:一个人在犯人的嘴里插入漏斗,然后向犯人嘴里灌水,直到这个犯人的

---

⑫ Pakenham, *Boer War*, 539.

"肚子膨胀得像一只癞蛤蟆",犯人要么同意合作,要么被溺死。⑬ 根据布拉福德的叙述,美国人从菲律宾少数民族马卡贝贝人(Macabebe)那里学到了这种方法,据说马卡贝贝人又是在菲律宾成为西班牙殖民地初期从西班牙宗教裁判所(Spanish Inquisition)学来的。3 月 30 日,正当霍布豪斯访问南非营地(Laaggers)时,被激怒的反帝国主义同盟在波士顿的法尼尔厅(Faneuil Hall)举行了一场群众集会,废奴主义者在两代人以前也曾经在那里发表演说,当一个接一个演说者谴责美国军队在菲律宾的"集中营政策"时,会场发出了阵阵欢呼声。

不幸的是,在美国抗议的效果微不足道。反帝国主义者同盟是一个边缘化的组织,霍尔也很快成为一个边缘化的参议员。美国军队对反帝国主义者和霍尔的抗议充耳不闻。9 月 28 日,当菲律宾人成功地发动起义,攻击美国军队,酿成被雅各布·史密斯将军(General Jacob Smith)称为巴朗伊加大屠杀(Balangiga massacre)事件之后,雅各布·史密斯将军(General Jacob Smith)在萨马岛引入了"再集中"政策。菲律宾精英的机关报《马尼拉时报》(Manila Times)认可了这一事件。⑭只是以后才知道,史密斯的口述命令是要将萨马岛变成一个"荒僻的旷野"。以后在 12 月,J. 富兰克林·贝尔将军(General J. Franklin Bell)发出了 30 个单独命令的第一个命令,在吕宋岛南部的八打雁省(Batangas)实施"集中"近十万平民。这个数字清晰地说明美国人的集中营规模与英国的差不多。从 1900 年 12 月至 1902 年 2 月,英国集中营中关押了大约十二万个布尔人。⑮ 大体上,(我也认为)正是美国人最接近于把重新安置或集中平民的政策变为种族灭绝政策。死于英国集中营的两万名布尔人几乎全死于流行病;但我们还不知道死于美国集中营的菲律宾人有多少,也不知道他们是因何而死。

作为一个殖民定居者国家,美国差不多有近三百年残酷对待殖民

---

⑬　Shirmer, *Republic or Empire*, 227.
⑭　*Times*(Manila), 4 November 1901.
⑮　Farwell, *The Great Anglo-Boer War*, 397.

地民族的历史。正是美国在1834年为本土的少数民族发明了保留地。正是美国密苏里州州长第一个建议——1838年关于摩门教徒的提议——驱逐或灭绝共同生活的同胞成为一个合适的政策，正是密苏里州民兵组织的一个民兵辩解说他根据这一政策处死了一个才9岁的摩门教男孩，并且第一个说，"虮卵将会变成虱子"（Nits will make lice.）。正是一个美国人，即美国军队的司令官菲利浦·谢里丹（Philip Sheridan），以唯一善良的印第安人是一个死去的印第安人的评述使这一观念更加精练。的确，在菲律宾起义的那一年即1901年，当阿帕切族（Apache）的酋长杰罗尼莫（Geronimo）在俄克拉荷马州福特·希尔（Fort Sill）监狱度过第十五个年头时，曾以虚假许诺诱使吉拉尼莫投降的尼尔森·迈尔斯（Nelson Miles）将军结束了他作为军队总司令的生涯，最终被晋升为中将。

当然，在参议院有一场辩论，辩论之后参议院的一个委员会着手调查美军在菲律宾的暴行。调查在2月开始，审理各级军官和军士有关酷刑、集中营和大屠杀的报告，将其中许多人送交军事法庭。当法院判处几名士兵入狱并罚款、"严重警告"几名上校和将军后，参议院在6月休会。美国新总统西奥多·罗斯福（Theodore Roosevelt）允诺将进行彻底的调查。但他从来没有兑现这一承诺。尽管他的确派了一位将军去菲律宾"视察"美国军队对待菲律宾人的方式；但因为某些原因这位将军的报告没有列举许多应该受到谴责的人名和地名。也许这位将军——尼尔森·迈尔斯中将——不是一位合适的派遣人选。⑯ 当然，到那个时候，起义已经被镇压下去，起义领导人已经被逮捕，美国人获得了胜利。除此之外，正是作为海军部助理部长的罗斯福首先命令美国舰队占领菲律宾的。

约翰·亚当斯（John Adams）在1787年写道："对美国人而言，并

---

⑯ Nelson Miles, *Serving the Republic* (1911; Freeport, N. Y.: Books for Libraries Press, 1971).

不存在上帝特殊的眷顾,他们的天性与其他民族的天性一样。"约翰·亚当斯也不认为任何其他民族有上帝的眷顾。⑰ 1904 年德国人终于出现了一个转折,他们直到那时才对英国在布尔战争中的野蛮行为进行令人难堪的道德批评。被称为西南非洲的德国殖民地就位于英国的南非北面。德国人负责那里的管理,1904 年 10 月 2 日,冯·特罗塔(von Trotha)将军发出了一份很快被称为"灭绝命令"(Vernichtungsbehl)的命令。为了试图避免西班牙在古巴经受的那种失败,该命令要求在西南非洲刚刚攻击并战胜了棘手的赫雷罗族人(Herero)的德国军队,继续追捕赫雷罗族人,将他们驱逐进带刺铁丝网的喀拉哈里沙漠(Kalahari Desert),如果他们返回的话,就消灭他们。德国军队忠实执行了命令:据估计,总数有八万的赫雷罗族人在"消灭命令"之后,仅有 15 000 人幸存。12 月,冯·特罗塔将军被迫撤销了他的命令,他提供了两种形式的集中营,幸存者被烙上火印,在附近从事强制劳动;但大屠杀已经在集中营出现,绝大多数死去的赫雷罗族人就是在实行集中营政策期间死去的。⑱

1904 年,阿道夫·希特勒才 16 岁,种族灭绝和集中营还是两个独立的政策。八年以后,即 1912 年,一个私营企业家似乎成了使集中营的被监禁者从事特定强制劳动的第一个人。这个人就是南美橡胶大王胡利奥·阿拉纳(Julio Arana),他雇用了一支巴巴多斯黑人(Barbadian)的私人武装,围捕了大约五万名博拉(Bora)、安道克(Andoke)、回图图(Huitoto)、奥凯纳(Ocaina)部落印第安人中的 3 万人,将他们关押在集中营中,迫使他们在橡胶收割季节从事奴隶般的劳动。据说在他停止从事这样的勾当之前,在秘鲁和哥伦比亚之间的普图马约河(Putumayo River)沿岸的印第安人不到 8 000 人,阿拉纳生产的每 1 吨

---

⑰ John Adams, *Defence of the Constitutions of the United States*, in *Works*, ed. Charles F. Adams(Boston: Little, Brown, 1856, 4:401.

⑱ Jon M. Bridgman, *The Revolt of the Hereros* (Berkeley: University of California Press, 1981), 85-86, 184-91.

橡胶要以7条人命为代价；可能会引起争论的是，它更多的是因为不负责任而不是政策本身如此。[19]

我认为，定义问题不能被还原为比例问题。土耳其人对亚美尼亚人有名的种族灭绝在1909年就已经有所征兆，1915年当土耳其笨拙地参加第一次世界大战时真正开始执行。2月27日，恩维尔·帕夏（Enver Pasha）可能用密码电报的形式给土耳其省级军队指挥官下达了一个命令。[20] 土耳其人的方法是派遣军队逐村逐村地将亚美尼亚人驱赶到大路上，使他们成为难民，然后在乡村地区大规模地屠杀他们。在城市中，他们就简单地包围亚美尼亚人的居住区，如果必要的话，就包围整个城市。它用邻近的街区作为临时性的监狱，而且知道杀死迁移中的难民要比杀死有固定住所的村民容易得多，从而为未来骇人听闻的暴行开了先例。虽然在被叫作代尔祖尔（Deir ez Zor）的地方附近有一个洞穴，它最后变成暂时关押犯人直至他们饿死的地方，但没有一个"营地"似乎曾经是为亚美尼亚人准备的。并不是集中营方法使这种大屠杀成为迄今为止规模最大的（至少有八十万人，甚至可能有超过一百万的亚美尼亚人被屠杀），而是军事技术、组织，以及绝对的残忍。[21]

西方在20世纪发明的典型的政治武器给我们的文化留下了愧疚之心。决心只能从言词开始，这样的言辞就像老加尔文教徒约翰·亚当斯在《对美国政府宪法的辩护》中不得不说的话："对美国人而言，并不存在上帝的特殊眷顾，他们的天性与其他民族的天性一样。"

---

[19] "Putumayo Revelations", *The Illustrated London News*, 20 July 1912.

[20] 这份电报的真实性存在争议。参见 Robert F. Melson, *Revolution and Genocide: On the Origins of the Armenian Genocide and the Holocaust* (Chicago: University of Chicago Press, 1992).

[21] John S. Kirakossian, *The Armenian Genocide: The Young Turks before the Judgement of History*, trans. Shushan Altunian (Madison, Conn.: Sphinx Press, 1992).

第九章 西格蒙德·弗洛伊德

无时不在的压抑

1899

1899年新年的第四天,西格蒙德·弗洛伊德写信给他的挚友,也是他的信奉者和学术探讨者威廉·弗利斯(Wilhelm Fliess)说:"今天,我已经无法按我预期的思路进行写作了,因为事情发生了一些变化,我有了一些新的想法。黎明的曙光正在出现。"①

弗洛伊德的工作室位于柏格街(Berggasse)19号的二楼,也就是他公寓中的夹楼。此刻,他正在办公桌上努力寻找一些重要的手稿,这些手稿将使他超越一个职业医生而成为一个科学家。七年来,他大部分深夜都在这里度过,孤独地抽着烟,用钢笔为医学杂志构思论文;在他面前,除了燃尽的雪茄烟灰,就是一大摞杂乱堆放而又不断增加的手稿。他将这些手稿称为"古埃及解梦书",有时直呼为"解梦书"。他对梦的思考已有六年。从1897年起,他将这些思考形诸文字,并且为它们拟了一个暂定的题目:《梦的解析——揭示梦的意义》。六个月之前,

---

① 弗洛伊德1899年1月4日给弗利斯的信。Freud and Fliess, *Correspondence*, ed. J. Masson(Cambridge: Havard University Press, 1985), 338.

弗洛伊德将手稿存放到一个抽屉里；如今，在1899年1月寒冷的第一周，他将它们再次拿了出来。这是因为他的记忆之一——两个男孩和一个女孩正在一个长满蒲公英的田野边吃新做的面包——刚被证实是他童年早期到十多岁时的一个投影，只是发生在错误的地点。这个错误的新地点，就像一道屏风，遮掩着他几乎不能想起的幼儿期性渴望。弗洛伊德决定将这个发现称为"屏障记忆"（screen memory）。自1886年从事精神治疗以来，弗洛伊德并不觉得这项发现比其他许多发现更加奇特和反常，但这项发现却促使他将《梦的解析》手稿从抽屉里拿出来，并且永久地摆放在办公桌上。他开始撰写一篇相关的短文，以弗洛伊德医生与化装为病人的自己的对话为中心，通过巧妙的角色转换对个人病史进行剖析。这种方式也为他的"古埃及解梦书"确定了一种新的和最终的体裁。②

经过十个月深夜和一个夏天的工作，他在贝希特斯加登（Berchtesgaden）完成了手稿。1899年11月，《梦的解析》由维也纳的弗朗茨·多伊蒂克（Franz Deuticke）书店出版，但出版日期标为1900年。该书的出版是弗洛伊德科学生涯的重大突破，不仅改变了20世纪的心理学范式，而且改变了整个道德世界。

《梦的解析》是一本医学专著，它不仅涉及1899年之前已有一个多世纪历史的精神病学（概称"灵魂净化"），也涉及19世纪后半叶所兴起的神经疗法或神经病学。它迅速成为这些新治疗技术的总结，也成为介绍它们内在机制的导论——一种解释中枢神经系统如何调和人的情感、思想和想象，以及为何有时会出现像癔症之类的非器质性或"官能性"疾病的新理论。至少弗洛伊德在开篇中是这么说的。《梦的解析》坚持以科学论著的形式，广泛地论证弗洛伊德的假说，即作为精神活动

---

② Freud,"Über Deckererinnerungen"（屏障记忆）, *Monatschrift für Psychiatrie und Neurologie* 6, no. 3 (September 1899), 215－30; 也可参见由 J. Strachey 主编的 *The Standard Edition of the Complete Psychological Works of Sigmund Freud*（此后简称 *StdEd*）, (London: Hogarth, 1953－1974), 第3卷。

的梦尽管有所伪装,但都是为了满足愿望。

在这部声称是科学著作的书中,我们得知作者是这样一个人:生来黑头发,小时尿床,和侄子约翰打架,曾被父亲告知将一事无成;中年睡眠很好,但遭受阴囊上"苹果般大小"的疖子的苦痛,强烈渴望成为大学教授,不仅过度抽烟,甚至在楼梯上吐痰。③ 我们该如何看待这些行为? 书中处处散布着这种自我揭露,但不涉及具体的年龄,只是作为解梦的材料——《梦的解析》中所解的大多数梦都是弗洛伊德自己的梦。事实上,这是一本类似《一位青年艺术家的自画像》的自传,里面充塞着弗洛伊德自己的主观体验——他的青春期、他的家庭、他的职业,当然还有他的梦。然而,《梦的解析》既没有设计成自传,也没有化装成小说,而是装扮为科学。西方人感谢弗洛伊德使他们能够根据无意识的动机判断有意识的行为,但当我们研习他的书时,我们仍将质问弗洛伊德:为什么要掩饰?

难道这是假正经? 尽管弗洛伊德在 1899 年坚信性生活是所有神经错乱的根源,但他相信自己已经治好了神经症。事实上,他在《梦的解析》中隐藏了自己的性生活,这就像他有些不彻底的解梦一样,没有留下太多线索。然而,更有可能的是弗洛伊德试图掩饰的并不是书中遗漏的东西,而是写进书中的东西:他的梦想。④ 弗洛伊德想要成为一位大科学家;从他在书中所表述的梦来看,他的梦是荣誉之梦。

弗洛伊德接触科学较晚,他接触科学是因为它那鼓舞人心的前景,而不是因为独特的科学发现能带来纯粹的学术乐趣。弗洛伊德在《梦的解析》中写道:"整整八年,我作为班里的第一名坐在前排。"他所在的施佩尔高中(Sperlgymnasium)是维也纳竞争最激烈的高中之一。他最好的科目是"历史,成绩突出";而有一些问题的科目则是音乐和数学。他有成为律师和希腊语教授的潜质。他们家从"摩拉维亚的一个小镇

---

③ Freud, *The Interpretation of Dreams*, in StdEd, 4:136-37,192-93,216, 229,230,337,424-25.

④ Freud, *The Interpretation of Dreams*, in StdEd, 4:249-50.

上"搬到维也纳,早年的贫困使任何赚钱的职业对他们都很有吸引力;但弗洛伊德想要的更多。他的母亲极宠爱他。他在少年时代曾把自己幻想为汉尼拔、亚历山大、摩西、克伦威尔、拿破仑、拿破仑的元帅马赛纳,以及特洛伊的发现者施利曼(Schliemann),甚至哥伦布。在他十一二岁的时候,一位在普拉特游乐场漫游的诗人预言他"长大后有可能成为内阁大臣"。如今,42 岁的弗洛伊德把自己幻想成约瑟(约瑟用《圣经》为古埃及人解梦,并且和弗洛伊德一样,也有一位名叫雅各的男性祖先)。弗洛伊德记得他学生时代最想获得的是基础性的哲学知识。在他进入维也纳大学之前,他曾经在法律和医学之间摇摆,但当他听人朗读了歌德的短文《论自然》以后,他判定生物学研究似乎比政治学更容易成名,也更有可能发现新的真理。但事情并没有这么简单。在大学里,他写道:"我法医学不及格";至于化学,他知道这是实验医学必备的素养,虽然他"专研了很长时间……但还是没有精通"。⑤

然而,自从成为科学家以来,弗洛伊德一直坚持认为他所从事的是很老式的 19 世纪科学。他将自己和哥白尼、开普勒、达·芬奇、达尔文等人作比较。当有人批评他的理论无法证实和不合科学时,他辩解说,他那崭新的心理学是一种可观测的科学,就像天文学一样,尽管无法实验。⑥ 然而,在潜意识(这是前弗洛伊德用语)里,弗洛伊德始终忠实于早年的思想。当"释梦之书"付印时,弗洛伊德向弗利斯解释说,他"实际上根本不是一个科学家,也不是一个观察家、一个实验者或一个思想家。我只是具有征服者的气质——如果你需要解释这个词的话,可以解释为冒险家"。⑦ 在弗洛伊德的晚年(此时他将自己与摩西相比),他甚至开始宣称他的理论是(继日心说和进化论之后)对人类自恋心理的

---

⑤ Freud, *The Interpretation of Dreams*, in *StdEd*, 4:97, 152, 193, 196 – 98, 275, 398; 5:440, 447 – 48, 475.

⑥ Freud, *New Introductory Lectures*(1932), in StdEd, 22:22.

⑦ 弗洛伊德 1900 年 2 月 1 日给弗利斯的信, Freud and Fliess, *Correspondence*, 398.

第三次重大打击。他接受小说家阿诺德·茨威格(Arnold Zweig)的论断,认为他创立的理论"颠覆了所有的价值观,征服了基督教世界,展示了真正的反基督,并且解放了被禁欲主义束缚的生命精神"。⑧

但那是很久以后的事了。在 1899 年,也就是弗朗茨·约瑟夫皇帝(Emperor Franz Josef)在位的第五十一个年头,弗洛伊德的理论仅仅是一个医学怪论。弗洛伊德从来没想成为一位医师。他进行医疗实践是为了养家糊口,同时也为了在原创性研究上出名;但无论是实践还是研究,都不是那么顺利。当他伟大的发现最终在 1899 年 1 月进入出版程序时,他已年过四十,而他所深切渴望的承认则一直要等到他年近五十。他那修剪整齐的胡须已经开始变得灰白。这也是他在 1881 年获得医学博士后的第十八个年头。在漫长的学徒生涯中,他至少错过了两次研究机会。第一次错失的机会是神经解剖学,那时他还是一个生物学研究者。第二次错失的机会是一种新药物——古柯碱。如今,他正在钻研从别处学来的第三种疗法。这种疗法是约瑟夫·布洛伊尔(Josef Breuer)的"谈话疗法",它是一种精神疗法,与大脑的结构毫无关系。在《梦的解析》中,弗洛伊德多处提到了这种疗法,不过使用了他在 1896 年创造的术语——"精神分析"(Psychoanalyse)。但只有在多年以后,人们才知道这种疗法及其背后的理论不仅属于弗洛伊德自己,也是新世纪人类最伟大的知识创新之一。

如今,我们很难想象在 19 世纪即将结束之际,像弗洛伊德这样一位医学家想到自己将成为孤身英雄时该如何舒心。当神经组织学家卡哈尔(Cajal)开始其研究时,组织学已成为一门科学,而用于治疗人的疾病的医学充其量只是一门技术。只有像在维也纳的恩斯特·布吕克(Ernst Brücke)(他是"我学生时代的荣誉导师"⑨)和巴黎萨勒佩提亚(Salpetriere)医院的让-马丁·沙可(Jean-Martin Charcot)等人的实验

---

⑧ *The Letters of Sigmund Freud and Arnold Zweig*, ed. Ernst Freud, trans. E. and W. Robson-Scott(New York:Harcourt,Brace and World,1970),23.

⑨ Freud, *The Interpretation of Dreams*, in *StdEd*, 5:481.

室里，医学才算一门科学。不仅一般公众，甚至大多数执业医生都相信有些未经实证研究的、超自然的或纯精神的因素会像任何已知的人体组织手术和化学药物那样引发或治愈疾病。那是一个同种与对抗疗法、专利药物、矿泉疗养以及水疗法的全盛期。传染病的微生物理论在那时还很新。外科也只有到近些年来才被归入医学门类。精神病学——用于治疗精神疾病——则古老得多；它充斥着像神经衰弱、癔症之类的疾病，其处境是所有医学门类中最有问题的一个。面对古老的身心问题的困扰，精神病学因采用各种可能的奇异心理疗法而形象不佳。从业者被称为"精神病医生"，他们倾向于进行各种尝试。这些尝试也都有一定的作用，但还没有人研究我们所称的"安慰剂效应"这种现象。对于弗洛伊德这样一位与赫尔姆霍茨（Helmholtz）等英雄前辈同样"充满唯物主义理论"⑩的人来说，目标就是找到神经学和神经解剖学上的根据。在他看来，精神疾病不是精神或情感的问题，而是"神经错乱"。⑪ 让-马丁·沙可1869年发表的文章已经为他提供了一个例证。沙可通过细致地研究证明，肌萎缩性脊髓侧索硬化（ALS）——卢·格里克疾病——是由于某种神经细胞的破坏，而不是因为异常兴奋的幻想。

沙可的专业——神经学——属于内科医学，而不是心理学。同样，心理学也不是一个医学学科，而是一个理论学科。哲学心理学家，如弗洛伊德的老师布伦塔诺（Brentano），并未提及大脑。一些开拓性的"科学"心理实验室，如威廉·冯特在莱比锡的实验室和威廉·詹姆斯在哈佛的实验室，都没有在"刺激"和"反应"的测量之外取得多大进展；这就像神经学一样，并未在1875年所发现的典型的膝关节"反射弧"研究之外取得较大进展。神经生理学的问题在于神经在哪里，它们有何功能，

---

⑩ Freud, *The Interpretation of Dreams*, 4:212.

⑪ 关于弗洛伊德在19世纪唯物主义神经科学领域的重要工作以及他作为组织学家和神经解剖学家的工作可参见 Frank J. Sulloway, *Freud, The Biologist of Mind* (New York: Harper Paperback, 1983).

以及它们如何实现这种功能。从 1848 年杜布瓦-雷蒙德（Dubois-Reymond）关于"生物电"的书中，我们知道神经是以电的方式传递信息的。赫尔姆霍茨也曾沿着青蛙的神经测到电脉冲，并且发现它的速度是有限的。这是弗洛伊德研究的起点。他曾在位于的里雅斯特（Trieste）的维也纳大学海洋生物实验室解剖鳗鲡，后来又在恩斯特·布吕克的指导下，[12]在显微解剖实验室里追踪七鳃鳗（*Petromyzon*）和小龙虾长长的神经细胞轴突。他在《梦的解析》中写道，这是他"学生时代最快乐的时光"。[13] 他接着写道，"为医学院的学生开处方的五年对我来说太短了。我又偷偷地持续了好多年。"[14]

在 19 世纪末，大脑解剖似乎是通向心理学的捷径。威廉·詹姆斯的学生，格特鲁德·斯坦（Gertrude Stein），曾经为约翰·霍普金斯大学的巴克教授作过关于大脑"达克谢维奇（氏）核"（nucleus of Darkschewitsch）的微观解剖研究——研究成果恰好于 1899 年发表在巴克的教科书里。弗洛伊德早在 1885 年就研究过大脑中达克谢维奇（氏）核的相邻部分，并且计划出一本自己的教科书。卡哈尔对神经元的研究曾经鼓舞了许多像斯坦一样的年轻医学学者；而在 1899 年的夏天，他更是直接地影响了他们中的一些人。当弗洛伊德在贝希特斯加登（Berchtesgaden）完成《梦的解析》最后一章时，卡哈尔、福雷尔（Forel）和安吉洛·莫索（Angelo Mosso）正在马萨诸塞州的伍斯特接受克拉克大学授予的荣誉学位，都在为这所新成立大学的十周年庆添光溢彩。卡哈尔的演讲阐明了脑神经元的精致图景。奥古斯特·福雷尔总结新兴的神经解剖学，并且提醒他的美国听众关注他两方面的工作，一是自他担任瑞士布格赫尔策利精神病院院长以来所做的工作，二是他作为精神病催眠疗法的开拓者所做的工作。在伍斯特，神经病学的研究还没有跟上创新的步伐，而弗洛伊德只是他们演讲中的一个脚注，1899

---

[12] Freud, *The Interpretation of Dreams*, in *StdEd*, 5:422.

[13] Freud, *The Interpretation of Dreams*, in *StdEd*, 4:206.

[14] Freud, *The Interpretation of Dreams*, in *StdEd*, 5:450.

年的弗洛伊德就像 1888 年的卡哈尔那样尚未广为人知。福雷尔在演讲中提到了弗洛伊德的七鳃鳗解剖，并且以轻视的态度提到了弗洛伊德-布洛伊尔对于癔症的看法。⑮ 卡哈尔甚至提到了弗洛伊德在 1884 年发表的一篇论文，该文提出的神经细胞氯化金染色法与卡哈尔自己的染色法一样，都是对高尔基（Golgi）染色法的改良。然而，卡哈尔并没有慷慨地将提出神经元独立性的功绩归于弗洛伊德，他也没有提到弗洛伊德在 1884 年发表的另一篇论文，尽管弗洛伊德在该文中似乎已经提出了类似观点。⑯ 毕竟，卡哈尔能够亲眼看到与他在同一讲台上的福雷尔，在那里宣称威廉·希斯（Wilhelm His）在 1886 年发表了这一发现，而福雷尔自己在 1887 年获得这一发现。⑰ 当然，我们也不能太看重弗洛伊德企图成为神经解剖学的哥伦布所作出的努力。当他最终在 1909 年被邀请参加克拉克大学的二十周年庆典时，他俨然成为想象力世界的征服者。他从来就不太重视神经解剖学，否则的话，他就应该已经做了，因为他的野心太大——大的甚至形诸梦中。

为了既能提高自己的声望，又能赚钱结婚，弗洛伊德将自己的兴趣从神经解剖学转向了一种奇妙的麻醉药——古柯碱。但事与愿违，他未能达成愿望，这使他此后的岁月对此耿耿于怀。当弗洛伊德在 1899 年写作《梦的解析》时，古柯碱事件几乎在书中的每一章都会出现，尤其在全书的开篇特别明显。翻开他的著作，在如今书中的第二章，可以看到弗洛伊德用了一个他在 1895 年 7 月 23 日晚上所做的梦，这个梦如今与他曾经刨根问底的第一个梦一样出名。他将这个梦称为"艾玛注射之梦"，并且按全书的框架对它进行改造——通过对这个梦的代表性解读，弗洛伊德揭示了其中被压抑的愿望或主题，也为他作为一个医生

---

⑮ Forel, in *Clark University 1889－1899 Decennial Celebration* (Worcester, Mass.：Clark University 1899)，412－413. 福雷尔认为弗洛伊德和布洛伊尔的"情感滞留学说不幸发展成为片面的体系"。

⑯ Roman y Cajal, in *Clark University 1889－1899 Decennial Celebration*，320.

⑰ Forel, in *Clark University 1889－1899 Decennial Celebration*，410.

的失败开脱。弗洛伊德写道:"我是推荐使用古柯碱的第一人,早在1885年就开始推荐,但这种推荐为我招来了严厉的指责。这种麻醉药的误用加速了我一个好友的死亡……我只是建议他内服……但他立即进行古柯碱注射……就像我所说的,我从来没有考虑用古柯碱注射。"⑱

在揭示梦所掩饰的内容时,弗洛伊德并没有彻底地撕下它所有的面具。事实上,他是在1884年而不是1885年,是第二个而不是第一个发文指出古柯碱对神经系统有显著作用,并推荐它用来治疗疲劳。[第一个是特奥多尔·阿申勃兰特(Theodor Aschenbrandt),他曾在1883年将古柯碱在奥地利军队中试用。]弗洛伊德在1884年的文章中热情洋溢地宣称,古柯碱作为一种特效解毒剂,可以用来治愈19世纪的重大灾祸——神经衰弱。[神经衰弱症最初由美国医生查尔斯·比尔德(Charles Beard)于1869年所诊断和描述。]弗洛伊德在1885年所做的是试图治愈他的老朋友,也是他的同学弗莱施尔-马科(Fleischl-Markow)的吗啡瘾,方法是通过注射(而不是服用)古柯碱以替代吗啡。当弗洛伊德为这种替代药物的成功而欢呼的文章面世时,他恰好在弗莱施尔的病榻旁,眼睁睁地看着好友因误用古柯碱而慢慢死去。他在《梦的解析》中记述这件事时忍受着巨大的悲痛,因为"这种牺牲对我来说太大了"。⑲

弗洛伊德对古柯碱的鼓吹是如此狂热而任意,以至连他所欣赏的传记作家欧内斯特·琼斯(Ernest Jones)都认为他似乎成了当前"社会的一个威胁"。除了给弗莱施尔开药方,弗洛伊德承认他"当时经常使用古柯碱"。⑳ 亲自服用一种新药是检验它的最快途径,尽管这种方式在一个世纪以后看来似乎不专业。威廉·詹姆斯虽然不是医生,但为

---

⑱ Freud, *The Interpretation of Dreams*, in *StdEd*, 4:111,115,117.
⑲ Freud, *The Interpretation of Dreams*, in *StdEd*, 4:206. 古柯碱事件可参见 *Cocaine Papers: Sigmund Freud*, ed. R. Byck(New York: Meridian, 1974)。
⑳ Freud, *The Interpretation of Dreams*, in *StdEd*, 4:111.

了测试对精神有显著作用的药物,在1870年服用了一剂水合氯醛,后来又服用了流行于鲍厄里街(Bowery)酒吧中的重度麻醉药(knockout drops);此后多年,他又试服了亚硝酸戊酯、一氧化二氮(笑气),以及佩奥特掌(一种墨西哥产仙人掌)。1897年,弗洛伊德经过深思熟虑,在著名的"自我分析"中将自己的精神疗法用于自己。对弗洛伊德来说,古柯碱不仅仅是一个实验。他用古柯碱来提神,用它来缓解偏头痛,甚至在弗利斯的祷告中将它涂到鼻子内侧,而不顾这很可能导致心律不齐,甚至有可能引发癫狂和偏执狂。不仅如此,他还让未婚妻玛莎·伯奈斯(Martha Bernays)服用了几剂古柯碱,并且将古柯碱开给他的"神经衰弱症"病人。只有在很久以后,弗洛伊德才知道他所有关于古柯碱的处方及其预期的功效,除了一个例外,其他在治疗时要么太危险,要么无效。唯一有效的是局部麻醉,弗洛伊德写道,但"我没有彻底地执行"。[21] 他曾经企图将古柯碱注射到神经中以阻滞其传导,但因缺乏精湛的注射技术而未能完成这项决定性的实验。他的维也纳同行取代他完成了这项实验,并且抢在他前面发布消息说,古柯碱可以用于局部麻醉,是眼科手术理想的麻醉药。

在古柯碱研究失败后不久,弗洛伊德去了巴黎,那是他"多年来向往的地方"。[22] 这次机会是因为他在1885年秋天赢得了一笔留学奖金,这使他能够前往巴黎萨勒佩提亚精神病教学医院跟随马丁·沙可继续研究大脑解剖。在19世纪80年代,巴黎名流(tout-Paris)会在星期二和星期五前往精神病院的演讲厅,观看沙可演示他的重大发现——癔症性癫痫(hystero-epilepsy)。广义癔症所包含的范围十分广泛,它主要由各种突发性疾病构成,伴有抽筋、瘫痪、扭曲,或者失去知觉、痉挛、昏厥,以及口吐白沫等症状。而且,通过对病人进行催眠或者对她的卵巢进行施压,沙可能使病人在观众面前出现各种上述症状,也

---

[21] Freud, *The Interpretation of Dreams*, in StdEd, 4:170.
[22] Freud, *The Interpretation of Dreams*, in StdEd, 4:195.

同样能使她结束各种症状。一些作家，如莱昂·都德（Leon Daudet）、朱尔斯·克拉雷提（Jules Claretie）和龚古尔兄弟（Goncourt brothers），对此都十分着迷。同样着迷的还有剧作家斯特林堡（Strindberg），在当时也十分狂热。毫无疑问，这些星期二与星期五的演示，连同助兴的歌舞表演，都推动了精神类独角戏的发展和新诗风格的转变。从医学上说，沙可将广义癔症的发现作为有关"器质性"精神疾病的科学研究中最新和最成熟的成果，这些研究都是为了解释"器质性"精神疾病如何由实际的神经系统创伤所引起。尽管沙可还没有发现引起癔症的具体创伤，但他已经（或者他认为）循着症状寻找病因。他说，这是一种遗传病变状态，有点类似癫痫症，表现为丧失局部知觉和易受催眠。除了广义癔症的发现，弗洛伊德在1885年所见到的沙可是当时世界上最有名望的神经病学家，而且他也似乎最有可能找到癔症的疗法，从而使他在"器质性"神经病领域与他的梅毒性瘫痪研究和多发性硬化研究同样出名。弗洛伊德在巴黎学会了催眠；他非常骄傲曾经在巨人的门下学习，以致将他的第一个儿子命名为吉恩·马丁。

但那只是他从巴黎游学回来后第三年的事。如今，在十三年后写作《梦的解析》时，弗洛伊德只提到这个城市两次。在书中，他描述了"当他第一次踏上巴黎的土地时那种幸福以及登上巴黎圣母院的钟楼时那种愉悦。"在书中的一个梦里，他把自己当成"拉伯雷笔下的巨人高康大，为了向巴黎人复仇，跨上巴黎圣母院的屋顶"，站在上面对巴黎人撒尿。㉓ 至于沙可，他根本没有提到。在这位伟人于1893年去世后，他所有关于广义癔症的学问在医学上都遭到抛弃；如今我们知道它们没有一项是正确的。当大脑完全由自身的原因引起某种躯体症状时，它会出现临床医学家预期或者在某种意义上训练出现的结果。即使是催眠状态，也不是癔症的症状，而是非神经疾病也能出现的状态。弗洛伊德后来从南锡的希波莱特·伯恩海姆（Hippolyte Bernheim）实验室

㉓ Freud, *The Interpretation of Dreams*, in *StdEd*, 4：195；5：469.

获得这一知识。(奥古斯特·福雷尔也在1887年从苏黎世前往南锡学到了同样的知识。)弗洛伊德在巴黎所学的唯一保留下来的是关于性的思考:性是他以前从没真正思考过的东西(甚至在让他的未婚妻玛莎等待四年之后)。他如今在《梦的解析》中花了大量篇幅讨论性。沙可曾经说过,许多癔症的根源,如果不是全部,绝大多数都与性有关。

当弗洛伊德离开迈内特(Meynert)的生理实验室,离开他曾经"怀着深深敬意紧紧跟随的大师"[24]之后,他开办了私人诊所,并且准备迎娶没有嫁妆的玛莎,从而结束长达五年的订婚。精神分析在那时还不存在,因此他决定通过催眠法治疗机能性神经疾病。对于器质性神经疾病,弗洛伊德选择使用电疗法,即以电的"自然"方式刺激神经。如果病人患有神经性咳嗽,他就用"感应电流刷"刺激病人的咽喉;如果病人患有瘫痪症,他就将带电的电极直接刺激病人的皮肤。根据这个思路,弗洛伊德花费了不少钱用来购置著名电疗医师威廉·厄尔布(膝反射的发现者)在教科书中所推荐的一些高科技设备。在万事俱备以后,弗洛伊德于1886年的复活节在维也纳的市政厅路(Rathausstrasse)7号挂出了他作为精神病医师或神经病医师的第一块营业招牌。此时离他的30岁生日还有两个星期。而婚礼则被安排在这一年的9月。

这次的失败来得稍慢一些。无论是电疗法还是后来的催眠疗法,都显示弗洛伊德再次判断失误。在《梦的解析》中,弗洛伊德一个接一个地详细描述他年轻时各种有关渴望的梦,从而企图省略电疗法的情节,就像完全省略沙可的名字那样——或者像省略保罗·默比乌斯(Paul Möbius)的名字那样,后者曾经宣称电疗法真正起作用的是对病人的暗示,而不是对神经的刺激。直到1925年应约撰写自传时,弗洛伊德才想起写下这第三次的失败,但他从没提到市政厅路7号这个曾经执业超过五年的地方。从市政厅路7号出来后,弗洛伊德搬到了位于维也纳第九区的柏格街(Berggasse)19号,这个地址因此成为"梦之

---

[24] Freud, *The Interpretation of Dreams*, in StdEd, 5:437.

城"中最有名的地址。

恰好在这个时候，弗洛伊德通过模仿、追随约瑟夫·布洛伊尔抓住了职业生涯中的机会。布洛伊尔医生虽然没有大学职位，但他成功地将科学研究与个人实践结合起来。作为一名出色的内科医生，他是维也纳医学界最有名的家庭医生，而作为一个研究者，他在人体生理学方面获得了两项世纪性的重大发现。早在弗洛伊德跟随迈内特学习的第一年，布洛伊尔就开始承担弗洛伊德的父亲"不再能够承担的责任"，[25]对弗洛伊德进行指导，甚至借给他数目可观的资金而不望归还，使弗洛伊德能够安心研究。在他自己的内科实践中，布洛伊尔治愈了好几个功能性神经病病人，包括癔症病人。其中一个患者柏莎·帕本海姆（Bertha Pappenheim）的治疗，促使他在1881年形成了一种新奇的疗法。根据这种疗法，帕本海姆将在催眠中重新体验她所记得的早年所受的精神创伤。布洛伊尔将这种疗法称为"宣泄"或"疏导"之后的"分析"。帕本海姆将这种方法称为"扫烟囱"（chimney-sweeping）或谈话疗法（talking cure）。在新疗法的创建上，我们有足够的理由将她与布洛伊尔相提并论，因为她就是著名的安娜·欧（Anna O.），是世界上第一个经受精神分析的人。

当布洛伊尔在1882年告诉弗洛伊德这个故事时，弗洛伊德被深深地吸引了。也许这种疗法对其他患者也有效？弗洛伊德为此尝试了好几个病例。对弗洛伊来说，布洛伊尔既是科学家，又像父亲。但这种疗法需要耗费数个小时，甚至还需要催眠，尽管弗洛伊德可以以此为业，但布洛伊尔的病人数量超出了他的需求。除此之外，在他于1887至1889年使用与布洛伊尔相似的催眠疗法，即通过催眠使神经病患者暴露其创伤从而进行"谈话疗法"后，弗洛伊德发现催眠的控制性太强，容易掩盖事实，因此放弃了催眠，转而尝试一种新的方法，即通过有意识的谈话使"无意识"浮现出来——弗洛伊德最终将这种方法命名为"自

---

[25] Freud, *The Interpretation of Dreams*, in *StdEd*, 5:437.

由联想",并且将它比作说出行进的火车窗户上所呈现的景象。㉖

随着病人数量的增长,弗洛伊德开始寻求科学的荣耀。也许所有的癔症案例隐藏着什么规律?两人都同意出版一本关于癔症的专著。

与此同时,根据1893年至1898年的病例,弗洛伊德越来越相信所有的神经疾病都源于性功能障碍(sexual dysfunction)。他因此认为"神经衰弱"流行是因为手淫的增多,而"焦虑性神经症"是因为崛起的中产阶级为了避免梅毒和降低出生率而禁欲或不完全性交。至于癔症,弗洛伊德认为它们是来自早期无法消化的性经验。他的多数文章都在不懈地论辩将"性生活"和"性欲"引入诊断程序的必要性。至于弗洛伊德本人,作为维也纳的一个男性市民,他对性的看法一如常人,在禁欲方面并不比戒烟做得好多少。在他看来,有规律的性爱并不是一件好事。提出性的某些重要价值是弗洛伊德对现代性的一大贡献;但事实上,早在弗洛伊德提出性问题的十年之前,维也纳人"谈性"就不会色变了(而在二十年前,利顿·斯特雷奇在位于布卢姆茨伯里的弗吉尼亚·伍尔芙家中大谈"精子")。"性学"已经因克拉夫特-埃宾(Krafft-Ebing)成为一个重要的医学主题;在他著名的性反常行为概论《性精神病态》(*Psychopathia Sexualis*)中,他创造了性虐待狂和性受虐狂等术语,该书出版于1886年,此后再版了十二次。艾伯特·莫尔(Albert Moll)也在1897年出版的《性欲冲动》(*Libido Sexualis*)中创造了"里比多"(libido)这个术语。当弗洛伊德在1899年写作"释梦之书"时,马格努斯·赫希菲尔德(Magnus Hirschfeld)正在编辑出版《性变态年鉴》的第1期,而剑桥大学的使徒们正在讨论"手淫,结束还是继续?"此时,英国的哈夫洛克·埃利斯(Havelock Ellis)和意大利的曼特加扎(Mantegazza)已经开始出版传播性知识的多卷本丛书,这些书将随着新世纪的到来而成为畅销书。甚至婴幼儿的性行为也已经被医学研究所

㉖ Freud,*The Interpretation of Dreams*, in StdEd, 5:527,531. "例如,你仿佛是坐在火车车厢窗户旁的旅行者,正在向车厢里的人描述车厢外不断变换的场景。" Freud,*On Beginning the Treatment*, in StdEd, 12:135.

关注。

对弗洛伊德来说,性为他提供了四种相互独立而又不可或缺的介质(主要是物质性的介质)。首先,弗洛伊德认为,性是直接引起某些神经疾病的化学物质的来源(如引起当时流行的神经症)。其次,性是电子能量的稳定来源;他需要作此假设,以便解释"性欲能量的发泄"和完善他的神经理论体系。第三,根据生物进化的观点,性可以用来解释某些神经病患者所显示的特殊症状。第四,也是最重要的,性是各种精神疾病背后的总根源,这就涉及弗洛伊德整个思想体系中最重要的内容:压抑(verdrangung)——压抑将人的记忆保存到无法触及的"无意识"层面。㉗ 压抑的概念最早出现在弗洛伊德1893年的著述中,但到了1895年,他突然意识到这个发现将使他成为一个"征服者",因此小心地守护着它。他对这个发现的独占性甚至排斥布洛伊尔,尽管布洛伊尔曾经忠实地宣称压抑是"弗洛伊德独有的知识产权"。当弗洛伊德在后来说起这个故事的时候,他将布洛伊尔描述成一个过于拘谨的人,他说布洛伊尔曾经抱怨安娜·欧著名的性宣泄疗法差点破坏他的婚姻,但其实那是一个谎言。布洛伊尔的确是一位谨慎的科学家和一位折中主义的医师,这使他无法得出"性是所有神经疾病总根源"之类的绝对论断。

弗洛伊德在《梦的解析》中写道:"我总是认为我的情感生活会有一位亲密的朋友和一位憎恨的敌人。"㉘1893年,当《癔症研究》的第一部分将要出版的时候,弗洛伊德与布洛伊尔的友谊开始变质,但他已经找到了一位新的朋友。他就是柏林医生威廉·弗利斯,后者曾经在1887年经布洛伊尔介绍听过弗洛伊德的演讲。弗洛伊德在书中提到弗里斯

㉗ 约瑟夫·布洛伊尔于1895年11月4日所作的报告,他在报告中讨论了弗洛伊德的论文《论 Hysterie》,"Über Hysterie"(14, 21, 28 October), *Wienner Medizinische Press* 36(1895), 1717.

㉘ Freud, *The Interpretation of Dreams*, in StdEd, 5:483.

时说,"我在柏林的朋友",㉙善于通过古柯碱和精致的鼻腔手术治疗病人的"鼻反射"神经症,并且在1899年"发现"人体内存在一个23天的体力周期和28天的情绪周期。弗洛伊德与弗里斯的友谊出奇地好,尤其自1892年起,弗里斯成为弗洛伊德成年生活中最亲密的朋友。他什么事都告诉弗里斯,包括他和他的妻子在1893年为了避免再次怀孕而停止性生活的情况,其他还有一些事情甚至连他的妻子都不知道。他允许弗里斯知道他对其他人保密的东西,例如他对火车有神经恐惧症(不过火车为他后来的自由联想提供了比喻)。也正是根据弗里斯的处方,弗洛伊德用古柯碱麻醉鼻子,反复尝试戒烟。两人每年至少一次会在一起面对面地交流思想。尽管我们无法确切知道弗里斯写给弗洛伊德的东西,因为弗洛伊德似乎销毁了他的来信,但弗洛伊德写给弗里斯的信还保存着:逐周记录着这位天才的工作,就像凡·高的书信那样。

1895年10月,弗洛伊德向弗里斯寄去了一份关于意识理论的初稿,该初稿试图详细地解释压抑如何产生。他从来没有把这份初稿要回去。在我们现在所知的弗洛伊德称为"科学心理学计划"的两本笔记本中,他第一次提出了基于神经元能量守恒的神经系统运行理论,也第一次对压抑作了一般性解释。它也是弗洛伊德第一次对梦进行解释的论著。

弗洛伊德曾对弗里斯吐露心声说,他越来越相信"焦虑性神经症"是由于早年性创伤所造成的压抑。弗里斯也独立地得出了性能量是意识基本能量来源的结论,他对弗洛伊德所专有的将性作为神经症病源的主张没有异议。两个人也都在收集证据证明性比青春期以后的其他病因更早和更普遍。和弗洛伊德一样,弗里斯也信奉恩斯特·海克尔(Ernst Haeckel)的生物发生律(Biogenetic Law),认为每个物种的后代都会重演该物种的进化过程。一个人类的后代,在他或她发育的过程中,将会重演整个人类的进化过程。根据这个观点,在充满性欲的子宫

㉙ Freud, *The Interpretation of Dreams*, in *StdEd*, 5:480.

中孕育的人类胎儿，将首先在口腔中寻找性欲的满足，其次是肛门和尿道，最后是生殖器。弗洛伊德断定，每种他所能辨别的精神神经病，都是由于某个阶段性欲满足的失败，而造成这种失败的原因是性创伤或性虐待。他认为压抑是一种进化设计，用来超越原始状态。而这也意味着梦是各个阶段压抑的表现。梦就像弗洛伊德去山中度假时喜欢采摘的蘑菇那样，会从隐藏的菌丝体中迅速生长出来，而这些隐藏的菌丝体又好比来自世界中心的德尔斐神谕（the oracles of Delphi）。㉚

1896年11月2日，弗洛伊德向弗里斯讲述了自己一个很逼真的梦。诱因是他父亲雅各布·弗洛伊德（Jakob Freud）的去世，这是弗洛伊德"一生中最重大的变故，也是最悲痛的损失"。在葬礼后的当天晚上，弗洛伊德梦见一块像禁止抽烟那样的标志牌，上面写着"你必须闭上双眼"或"你必须闭上一只眼睛"。㉛ 这意味着什么呢？事实上他合上了父亲遗体的眼睛，这是他作为一个犹太人儿子的传统责任；但弗洛伊德认为"闭上一只眼睛"的含义必定不止这些，应该不仅仅是指某人的某种责任。或许它是指其余家庭成员应该宽恕葬礼办得如清教徒般简朴，虽然这是弗洛伊德与他父亲所想要的。或许它是指应该宽恕弗洛伊德所做的事或者他父亲曾做的事，比如在最后一次生病时父亲如何将自己弄脏（这种讨厌的记忆还会在后来的梦中以不同的装扮出现）。也有可能它是指宽恕弗里斯所做的事。在弗洛伊德的梦中，他的父亲已经被某种父亲形象所代替。随着弗洛伊德与弗里斯一些新的通信的出版，我们知道弗洛伊德实际上知道它是指宽恕弗里斯所做的事或为他开脱；事实上，弗里斯在为弗洛伊德的一个病人进行鼻部手术时出现重大失误。这位病人，艾玛·埃克斯坦（Emma Eckstein），实际上就是1895年的"艾玛注射"之梦中的艾玛（Irma）。

这个梦的含义还有另外一种可能性，但弗洛伊德不敢轻率地或者

㉚ Freud, *The Interpretation of Dreams*, in *StdEd*, 5:525.
㉛ Freud, *The Interpretation of Dreams*, in *StdEd*, 4:318.

说不能勇敢地写出来。如果他当前的理论是正确的,即癔症确实源于婴幼儿时期受到的由父母或者照看者所施的性虐待,那么弗洛伊德不仅必须断言这种可怕的罪行十分普遍,甚至必须承认他的父亲也是如此。这种想法早在1897年他最初开始写作"释梦之书"就已出现——事实上,在他著名的"自我分析"中,就有了这种想法。去怀疑他父亲的性反常行为并不愉快,但似乎又没有办法对此"闭上眼睛",除非放弃他整个理论,可是这种理论在当时能比其他理论更好地解释引起癔症的压抑。在这种困境中挣扎了九个月之后,弗洛伊德最终放弃了所谓的"诱奸说"(seduction theory)。[32] 这位自诩为唯物主义者的学者曾一度只留下心理学作继续研究,而在其中也只是研究梦中幻想的意义。几个月之后,在弗里斯的帮助下,弗洛伊德又提出了一种新的一般性理论,即认为所有神经疾病都源于婴幼儿性欲发展的阶段,这样就以婴幼儿的性幻想取代性虐待而成为癔症的基本病因。随这种新理论而来的是弗洛伊德对压抑的性幻想的发现。就像他在《梦的解析》中所写:

> 根据我的经验,普遍存在的……爱恋父母中的一方而憎恶另一方是(婴幼儿时期)精神冲动的本质要素。这个发现可以与古典时代(classical antiquity)所流传下来的一个神话相印证;这个深深打动人的神话只有在我所提出的假设普遍有效的情况下才能理解。我所指的是关于俄狄浦斯王的神话……它也许是我们所有人的命运,即将我们最初的性冲动指向我们的母亲,而将我们最初的敌意指向我们的父亲……就像俄狄浦斯那样,我们对这些愿望茫然无知……等到能理解这些愿望的时候,也许我们所有人都会试图对孩童时期的景象闭上眼睛。[33]

---

[32] 杰弗里·M. 马森(Jeffrey M. Masson)是第一个提出弗洛伊德的思想在此发生决定性转变的人。可参见他主编的弗洛伊德与弗里斯的通信集,*Correspondence* ed. J. Masson(Cambridge:Harvard University Press,1985)。

[33] Freud,*The Interpretation of Dreams*, in StdEd,4:260,262,263.

因此，弗洛伊德关于"闭上眼睛"的梦最终在自刺双目的俄狄浦斯神话中找到了根源。当弗洛伊德在 1899 年说起这个发现时，他认为"这种真知灼见在人的一生中最多只能遇到一次"。对俄狄浦斯神话所隐含的寓意的自我揭示是《梦的解析》中最精彩的篇章，就像弗洛伊德于 1899 年 8 月写给弗里斯的信中所说的，他希望整本书能使读者犹如穿过昏暗的黑森林而望见一马平川。㉞ 弗洛伊德是在贝希特斯加登的山中旅行度假时写作全书理论性的最后一章；此时，他那"带电"的脑神经元不时碰撞出思想的火花。在那里，他第一次提出了无意识、前意识和意识的宏伟结构，该结构的提出为此后 20 世纪心理学的发展指明了方向。《梦的解析》写道，精神的无意识部分非常庞大，包含着多重目的，但它们中的大多数都受到了前意识默默地审查与压抑。梦比我们想象的更富有目的性，而生命的目的性并没有我们想象的那么强。然而，各种目的并不协调，这不仅体现在梦中，而且体现在记忆的消退中，体现在玩笑中，甚至还表现为口是心非。我们对任何事物（至少）都有两种意识，而我们并不真正知道我们在做什么。弗洛伊德在 1939 年去世前不久，突然想到自己的无意识曾经欺骗自己，使自己相信自己的思想是固有的，从而使自己"无法确定自己的创新是否是早年广泛阅读所产生的潜在记忆的作用"。㉟ 对于后人来说，潜在的精神分析者并不能期望比最初的精神分析者做得更好。在《梦的解析》出版后，自我认识（self-knowledge）成为一种无限重复的任务，用以不断减少自我抵抗，增进自我了解。对弗洛伊德的信徒来说，人类的意识既不连续也不完整。

过去的也并没有过去，而是永远存在的。精神分析或许能治愈神经症，但神经能量并没有消失，因此记忆的痕迹始终不会彻底地抹去。压抑是一种常态，这是文明化所必需的。难怪弗洛伊德——这位生活

㉞ 弗洛伊德于 1899 年 8 月 6 日写给弗利斯的信，Freud and Fliess, ed. *Correspondence*, ed. J. Masson, 365.

㉟ Freud, *Analysis, Terminable and Interminable*, in StdEd, 23: 245.

在崇尚谦虚的时代中的征服者——在1899年强调,他那狡猾的自传式的"我"并不真正存在,如果确实存在的话,"那我必须刨除掉我自己的许多个性"。㊱

他的个性并不完美。弗洛伊德曾经明智地嘲笑和贬低自己的野心,但当精神分析在1906年至1913年间最终获得成功时,这种野心就变成了偏执、嫉妒和唯我独尊。当弗里斯在1899年9月辛勤校对"释梦之书"的结尾部分并将校样寄出的时候,他怎么也不会想到他在不久之后会遭到与布洛伊尔同样的命运:当弗洛伊德在1925年写作第二部自传时,他压根就没有提到弗里斯的名字。后来的阿德勒(Adler)、荣格(Jung)和兰克(Rank)也遭到了同样的命运。当由弗朗茨·多伊蒂克书店所出版的《梦的解析》在随后的八年多时间里只慢慢地售出六百本时,弗洛伊德已经习惯了他所喜欢的独行侠角色。此后他不再错失机会,不再向前辈学习借鉴——他甚至不承认前辈的存在——只有纯粹的原创性。他俨然成了精神病学的全面接管者,下面簇拥着一群忠实的拥护者,满足着他的荣誉之梦。他的梦想终于能够实现,因为他确实是一位天才,他关于压抑的思想是新世纪最伟大的思想之一。然而,像哥伦布一样,弗洛伊德从来没有真正认识到新世界之新。弗洛伊德终身都是根据寻求"客观性"的19世纪科学来构建自己的思想,他所提出的心理学将意识自身区分开来,这就使得"客观性"成为一个只有在梦中才能实现的愿望。㊲

㊱ Freud, *The Interpretation of Dreams*, in *StdEd*, 5:453.

㊲ 对弗洛伊德精神遗产认识的分歧最近(1995年12月)迫使美国国会图书馆取消了关于弗洛伊德的展览。关于弗洛伊德的最新评述,可参见 Frederick C. Crews, *The Memory Wars: Freud's Legacy in Dispute*(New York: New York Review, 1995)。

第十章　新世纪开端时的巴黎

现代主义的发源地

1900

> 无法回避的巴黎在召唤……
> ——《亨利·亚当斯的教育》

　　维也纳属于19世纪末,这是来自巴黎的说法;但1900年的巴黎并不处于世纪末,而是处在新世纪的开端。早在19世纪80年代与90年代,巴黎就为现代诗的产生提供了媒介(和舞台)。到1900年,随着百货公司的大富豪们争相购买莫奈(Monet)和西斯莱(Sisley)的作品,印象派已经在巴黎的画廊中确立了自己的地位。此时,在维也纳依然流行的颓废派杂志和评论已经奄奄一息。在巴黎,哲学界已经开始对依然在维也纳讲授的科学主义和实证主义进行剖析。在上世纪的最后十年,维也纳迎来的是帝国内部不同语言地区的有志青年;而1900年的巴黎迎来的是来自世界各个角落的青年男女。巴黎世博会无疑具有一定的吸引力,它是比1889年埃菲尔铁塔建成那年的世界博览会规模更大的一届博览会;但更重要的也许是这些年轻人在这里所获得的一种感觉,即法国对各种创造性采取了比其他任何国家都更加开放的态度。它甚至成为巴黎无政府主义的来源;而在帕特森(Paterson)时代,美国的新泽西是世界无政府主义的中心,但帕特森仅仅吸引了具有创造性

142

的现代主义诗人威廉·卡洛斯·威廉斯（William Carlos Williams）。带着各种目的，人们成群结队地奔向巴黎，他们中既有临时客，也有定居者，既有本国人，也有外国人，既有诗人、画家，还有物理学家和政治家，汹涌的人潮直至淹没了巴黎本地人。他们把一个优雅的19世纪城市变成了现代主义的中心。1900年的巴黎成为20世纪世界文化的中心，并在超过两代人的时间里保持着这种地位。

随着移民的不断涌入，巴黎在1898年已经吸引了西方世界一批最有创意的年轻人才。在巴黎卡塞特街（rue Cassette）7号的二楼半，一个名叫阿尔弗雷德·雅里（Alfred Jarry）的布列塔尼人正在写作，虽然他犯有毒瘾，但他所写的东西将深深地打动一位名叫玛丽·居里（Marie Curie）的波兰人。当时的居里夫人住在临近巴黎大学物理系的简陋棚屋里，正在从数以吨计的捷克沥青铀矿中提取少量的镭。也就在同一个城市里，已经抱病的马拉美正在主持他的"星期二诗人聚会"；亨利·庞加莱（Henri Poincare）教授正在发掘康托尔集合和麦克斯韦电磁辐射规律的新意；而作曲家加布里埃尔·福莱（Gabriel Fauré）、克罗德·德彪西（Claude Debussy）和埃里克·萨蒂（Erik Satie）正在将调号扩展到极限。住在蒙马特的一位名叫汉森（Hansen）的德国画家，虽然当时还默默无闻，但将来会和埃米尔·诺尔德（Emil Nolde）那样，成为表现派的奠基人之一；而同住该地的捷克人弗兰提斯克·库普卡（Frantisek Kupka），不久就成为抽象派的拓荒者之一。在枫丹白露（Fontainebleau）附近，住着一位名叫弗雷德里克·戴留斯（Frederick Delius）的英国作曲家，他从1889年世界博览会后就一直住在这里，在1899年他创作了《巴黎：大都市之歌》。

到1900年，已经在巴黎成名的有受人尊敬的美国画家詹姆斯·惠斯勒（James Whistler），还有出现丑闻的爱尔兰剧作家奥斯卡·王尔德。王尔德的同胞威廉·巴特勒·叶芝（William Butler Yeats）1896年被他的朋友、英国评论家阿瑟·西蒙斯（Arthur Symons）带到巴黎后，已经在这里学会了象征主义手法。西蒙斯在1899年撰写了象征主义者的历史，而希腊人琼·莫里斯（Jean Moreas）曾在1886年写过象征主义者的宣言。两位波兰人，维泽瓦（Wyzewa）和克里辛斯卡（Krysinska），以及两位美国人，梅里尔（Merrill）和维勒-格里芬（Vielé-Griffin），也都在19世纪80年代移居到巴黎，参加了象征主义运动，正如我们所看到的那样，他们使这一运动具有惠特曼的风格特征。巴黎还有很多比利时文学家，如具有惠特曼风格的诗人艾米尔·维尔哈仑（Emile Verhaeren）；象征主义小说家乔治斯·罗登巴赫（Georges Rodenbach），他是《死寂的布鲁日》（*Bruges-la-Morte*）的作者，于1898年逝于巴黎；还有1896年移居巴黎的剧作家莫里斯·梅特林克，他在这里写下了经典的象征主义戏剧《佩利亚斯与梅丽桑德》（*Pelleas and Melisande*），并从1897年起就永久地定居在这里。

现代主义剧作家们也都从欧洲的各个国家来到这里。爱尔兰剧作家乔治·莫尔（George Moore）早在1873年就来到巴黎，他在这里结交了马拉美与迪雅尔丹（Dujardin），并且将象征主义的重要讯息带回到英语世界。辛格（Synge）和叶芝也在90年代来到巴黎，他们证实了莫尔所带回的讯息。奥地利戏剧评论家赫尔曼·巴尔于1888年在巴黎学习了颓废主义，而他的朋友、剧作家阿图尔·施尼茨勒曾于1897年春天游览过巴黎。德国人弗兰克·魏德金德于1891至1895年旅居巴黎期间，经常光顾马戏团和歌舞厅，并且开始起草关于妓女露露（Lulu）的剧作。挪威人比昂斯腾·比昂松（Bjørnstjerne Bjørnson）于80年代来到巴黎，他比易卜生更早创作现实主义戏剧；他于1883年在歌舞厅遇到瑞典天才戏剧家奥古斯特·斯特林堡（August Strindberg），并且与他发生了争论。斯特林堡早在1876年就来到巴黎游览，并且在1894至1896年再次回到巴黎进行炼金术实验和创作"疯子日记"。斯特林堡还曾与其他具有创新精神的挪威人发生了争辩，他们中有作家克努特·哈姆森（Knut Hamsun），其代表作《饥饿》预示着现代主义小说于1890年在奥斯陆诞生；还有画家埃德瓦·蒙克，其绘画风格受巴黎印象派的影响而在1889年出现重大变化。巴黎还迎来了一些俄国人。契诃夫于1891年和1897年两次来到巴黎。一位只有俄国警方和少数同志才知道的年轻革命家弗拉基米尔·伊里奇·乌里扬诺夫(Vladimir Ilyich Ulyanov)曾于1895年多次前往巴黎;1908年,这位后来改名为列宁的革命家将俄国社会民主党全部转移到巴黎这座"光明之城"。

回顾往事,很容易看到所有这些登台的演员需要一个全能的导演。他们在1899年迎来了这个导演。在10月4日晚上,一位在摩纳哥长大的名叫科斯特罗维茨基(Kostrowitsky)的私生子带着母亲的指示,跨出位于比利时斯塔维洛特(Stavelot)旅游区的高档宾馆,登上了前往巴黎的夜班火车。在那个寒冷难捱的冬天,科斯特罗维茨基成为一个巴黎人。在随后的十几年里,这位改名为纪尧姆·阿波利奈尔(Guillaume Apollinaire)的年轻人将成为巴黎的著名诗人和重要的先锋派记者。但在1900年的春天,科斯特罗维茨基仍将观看隐逸派(arriere-garde)上演最后的自我庆贺:1900年巴黎世博会。

> 除夕之夜一点半,我开始了伟大的旅行……好哇!……当我处在新世纪的巴黎,这个伟大的罪恶之城,我会常常想起你们那舒适而又宁静的小屋……①
>
> ——保拉·贝克尔

那"舒适而又宁静的小屋"是奥托(Otto)与海伦妮·莫德索恩(Helene Modersohn)位于沃尔普斯韦德(Worpswede)艺术家村的家,在德国北部不来梅附近。他们离去的朋友就是保拉·贝克尔(Paula Becker),一位23岁的画家。在结束学徒期后不久,贝克尔就以出人意料的朴实手法进行创作。她是一位具有原创性的天才画家。很明显,她也来到了巴黎,但和阿波利奈尔不一样的是她预先计划好了行程。她于1899年除夕在汉堡车站登上了前往巴黎的火车。沿着阿波利奈尔曾经经过的

---

① 见保拉·贝克尔于1899年12月30日写给奥托·莫德索恩的信,Paula Modersohn-Becker, *Letters and Journals* (Evanston, Ill.: Northwestern University Press, 1990), 144。

路线,她在1900年的第一个早晨迎着初升的太阳到达巴黎,惬意地深吸了一口新世纪的空气。

> 还有一个小时就到巴黎了,我的心中充满了期盼……②
>
> —— 保拉·贝克尔

一辆"得得响的马车"把她带到位于蒙巴那斯区(Montparnasse)的一个小画室,在那里她带着欣喜和疲倦昏昏入睡。但她的同乡,比她小近三岁而且同样未婚的沃尔普斯韦德艺术家克拉拉·韦斯特霍夫(Clara Westhoff)敲门吵醒了她,于是她们就畅谈起来。贝克尔不久就进入了科拉罗西(Académie Colarossi)艺术学院,那是世界上少数允许女子进行学习的美术工作室。在随后的一年之内,接着贝克尔而来的是众多非凡的天才,如伊莎多拉·邓肯(Isadora Duncan)在5月,伯特兰·罗素(Bertrand Russell)在8月,巴勃罗·毕加索(Pablo Picasso)在10月。

> 我已来到巴黎。我从除夕之夜出发……如今我生活在这座热闹的伟大城市之中。③
>
> —— 保拉·贝克尔

虽然世博会还没有开幕,但贝克尔和韦斯特霍夫在2月25日去了波尔多右岸的露天游乐场,从那里偷看名叫大皇宫(Grand Palais)的大型艺术展厅,发现"来自夜校的雕刻家可怜的小徒弟们……正在做灰泥粉饰工作"。④ 其中一人可能是亨利·马蒂斯(Henri Matisse)。⑤ 他的妻子

---

② 见保拉·贝克尔于1900年1月1日写给父母的信,Paula Modersohn-Becker, *Letters and Journals*, 151。

③ 见保拉·贝克尔的日记,Paula Modersohn-Becker, *Letters and Journals*, 152。

④ 见保拉·贝克尔于1900年2月29日写给姐姐米利·贝克尔的信,Paula Modersohn-Becker, *Letters and Journals*, 167;以及她于1900年4月13日写给父母的信,Paula Modersohn-Becker, *Letters and Journals*, 179。

⑤ 在保拉·贝克尔写给米利·贝克尔以及奥托与海伦·莫德索恩的信中,没有提到马蒂斯进入科拉罗西(Colarossi)学院,Paula Modersohn-Becker, *Letters and Journals*, 168,170。

希望再生一个孩子；为了谋生，31岁的马蒂斯和他的朋友艾伯特·马凯特(Albert Marquet)正在为大皇宫屋顶的飞檐绘制月桂树叶。贝克尔在1900年还不知道马蒂斯是何许人物，当时几乎也没有其他人知道他。马蒂斯是一个很有天赋的艺术专业的学生，在1896年举办过一个展览，被莫里斯·德尼(Maurice Denis)称为"绘画界的马拉美"；但随着他导师古斯塔夫·莫罗(Gustave Moreau)在1899年去世，他放弃了很有希望的学术前途而改以自己的方式创作。从绘制月桂树叶所获得的少许收入中，马蒂斯花费了其中很大一部分——1300法郎——购买了一幅由后期印象派画家塞尚(Cezanne)所创作的油画。塞尚住在他所钟爱的普罗旺斯地区艾克斯(Aix-en-Provence)，61岁高龄仍在作画，但知道他的人不多。有钱的收藏家不喜欢他奇怪的透视画法和"对彩色平面的无限细分"。罗杰·马克斯(Roger Max)费尽力气才在大皇宫的法国展区挂上三幅塞尚的作品。在巴黎唯一拥有塞尚作品的商人是安布罗伊斯·沃拉德(Ambroise Vollard)。出生在印度洋留尼汪岛(Réunion)的沃拉德，在蒙马特的拉菲路拥有一家小艺术品店，他也是少数能够出售高更作品的商人——马蒂斯在1898年曾从他手中购得一幅。贝克尔从来不认识马蒂斯；但在1900年5月末，她发现了沃拉德的小店，并且第一次看到了塞尚的作品。⑥ 这些作品坚定了她的信心，并且改变了她的生活。这些都是在1900年的巴黎所发生的事情。

他们所来到的法国还处在工业化之前。卫生纸还很陌生，下水道就像浴缸和牙刷那样罕见。斯特林堡曾在1883年将法国称为"一个令人讨厌的国家"，因为在这里"撒尿需要5生丁，大便至少需要1法郎，而且据前不久来过这里的朋友说，做爱不会低于10法郎"。⑦ 然而，这

---

⑥ Clara Rilke-Westhoff, "A Recollection," Paula Modersohn-Becker, *Letters and Journals*, 173.

⑦ 参见斯特林堡于1883年10月15日写给克拉斯·罗斯特罗姆(Claes Loostrom)的信。*Strindberg's Letters*, ed. and trans. Michael Robinson (Chicago: University of Chicago Press, 1992), 1: 117.

里充满着无与伦比的活力。根据尤金·韦伯(Eugen Weber)的统计，巴黎有 2 857 种刊物出版，其中日报就超过 70 种。⑧ 也许美国人会对巴黎拥有近 35 万盏电灯和全法国拥有 3 000 多辆汽车感到震惊，但事实上，法国汽车的发展和自行车一样，都遥遥领先于美国。当时，第一本《米其林指南》刚刚面世，近一百辆来自不同国家的汽车正在土木工程大厦展览，从埃菲尔铁塔到战神广场(Champ de Mars)的公交线路也刚刚开通；而且，当时世界上最先进的室内自行车赛场——布法罗自行车赛场也刚刚开幕，其创办人布法罗·比尔(Buffalo Bill)曾使牛仔戏在 1889 年风行一时。

在世界博览会即将开幕之际，法国正面临着自第三共和国成立以来最严重的政治事件。阿尔弗雷德·德莱弗斯(Alfred Dreyfus)上尉于 1899 年 8 月受到了重审，并且在 9 月获得了释放。在此以前，法国右翼曾于 2 月发动了一场未遂的反德莱弗斯运动；而在此之后，一位德莱弗斯的支持者在与法国议会中的一位反对派进行决斗时不幸丧命。德莱弗斯事件是如此震动，以至于当它在 1898 年达到高潮时，法国外交部不得不命令一支驻扎在苏丹的军事特遣队降下旗帜撤往索马里。法国之所以放弃法绍达(Fashoda)，主要是因为它认为国内的分裂使它无法维持与英国的对抗。甚至自行车骑手之间也出现了分歧。在 1900 年，汽车爱好者杂志《自行车》(Le Vélo)的全体职员，作为德莱弗斯的反对派，从原杂志脱离出去创立了新的杂志《汽车》(L'Auto)。

在此过程中，法国还在 1899 年 2 月 29 日＊举行了临时的总统选举，因为原总统费利克斯·福尔(Felix Faure)被发现死在爱丽舍宫的床上，而且几乎赤身裸体。而这恰好发生在他会见巴黎红衣大主教之后。安全局匆忙把总统的情妇梅格·斯坦海尔(Meg Steinheil)从侧门赶了出去，但还是未能及时阻止流言的传播。在随后的 6 月，新总统埃

---

⑧　Eugen Weber, *France, Fin-de-Siècle* (Cambridge: Harvard University Press, 1986).

＊　作者原文作此。——编者

米尔·卢贝特(Emile Loubet)在欧特伊赛车场遭到了反德莱弗斯分子的袭击。一周以后,10万名自由主义者、温和主义者和社会主义者在巴黎举行了支持德莱弗斯的游行。在游行的一周后,反德莱弗斯政府垮台,德莱弗斯的支持者乔治·克里孟梭(Georges Clemenceau)接任总理。克里孟梭将新政府的敌人称为野兽,他曾经在1898年作为编辑出版过埃米尔·左拉(Emile Zola)攻击反德莱弗斯政府的文章《我控诉》(J'Accuse)。在其他国家,甚至出现了抵制世界博览会的呼声。维也纳是从《新自由报》驻巴黎记者发回的报道中了解了当时的情况;该记者自1895年以目击者的身份报道过公众对德莱弗斯的毁誉后,对此事进行了持续报道。当然,西奥多·赫茨尔(Theodor Herzl)在1900年已经创立了后来被称为犹太复国主义的小团体。

新政府坚持与社会主义者及民主主义者结盟,也继续为德莱弗斯辩护。1900年1月8日,也就是在保拉·贝克尔到达巴黎一周以后,法院最终判定1899年2月所发生的反犹太运动的组织者有罪,从而使著名的德莱弗斯事件平静下来。到1900年4月,德莱弗斯已经被允许前往卡庞特拉(Carpentras)的小镇,到那里重温宁静的生活。当卢贝特总统最终在4月14日宣布世界博览会开幕时,巴黎人已经做好了暂时忘记政治而欢庆盛典的准备。

经过精心设计的开幕式办得从容不迫。法国总统在新盟友俄国沙皇的陪同下,将塞纳河上的一座新桥献给沙皇的父亲亚历山大三世。(亚历山大三世有些嗜杀,但只有无政府主义者敢于揭露。)亚历山大三世桥是整个博览会的中枢,它连接着左岸荣军院以北的大型展览广场与右岸塞纳河和香榭丽舍之间的两个主要展厅:小皇宫和大皇宫。在"大皇宫"的艺术展厅里,也就是马蒂斯绘制月桂树叶的地方,悬挂着各个国家公认最好的艺术作品,其中包括芬兰人高伦-卡莱拉(Gallen-Kalela)所创作的大型象征主义幻想作品,西班牙天才少年巴勃罗·路易斯·毕加索所创作的名为《最后时刻》的情感主义作品,以及梅索利埃(Meissonier)和布格罗(Bouguereau)的历史场景画作,后两者被学院派认为是法国最优秀的画家。随后,新建的大都会地铁在入口处举行了剪彩仪式。该入口由赫克托·吉马德(Hector Guimard)所设计,采用大型植物和热带花朵造型。

然而,博览会比我想象得还要复杂,也更加零乱,各种事物让我眼花缭乱……⑨

——保拉·贝克尔

现场将剪彩仪式拍成电影的是格里莫-桑松(Raoul Grimoin-Sanson)和卢米埃尔兄弟。格里莫-桑松是通过系在气球上的10台同步的70毫米摄影机进行拍摄。而来自里昂的卢米埃尔兄弟——奥古斯特(Auguste)和路易斯(Louis),是最早改善迈布里奇(Muybridge)和马雷(Marey)的连续拍摄技术的法国人。卢米埃尔兄弟还曾于1895年在巴黎举行了世界上第一次电影公映。他们喜欢的电影场景之一就是从荣军院广场沿着塞纳河右岸到国家展览馆的双速电动人行道。尽管这条每小时5英里的人行道比新建的地铁短得多,但它至少和博览会的电动机车一样,是旅游观光的理想交通工具。在开幕式前两天的晚上,也就是4月14、15日的晚上,卢米埃尔兄弟试图将塞纳河边、战神广场、埃菲尔铁塔,以及电子馆等处的彩灯拍成电影。

到5月20日,现代奥林匹克之父皮埃尔·德·顾拜旦(Baron Pierre de Coubertin)骄傲地宣布第二届奥运会开幕。这届在光明之城举办的奥运会第一次允许女子参加。由于受到世界博览会的影响,比赛项目的时间和空间都很分散,以至有些运动员在完成比赛之后仍然不知道自己已经参加了奥运会。到10月奥运会结束时,法国运动员获得了马拉松和其他28个项目的金牌。美国人只获得了包括女子高尔夫在内的20枚金牌;但他们已经超过了在1896年首届奥运会上所获得的金牌数,其中弗兰克·贾维斯(Frank Jarvis)获得了标志性的100

---

⑨ 见保拉·贝克尔于1900年5月写给奥托和海伦·莫德索恩的信,*Letters and Journals*,186。

米短跑冠军。

    在这里吃饭很贵……一法郎勉强能填饱肚子。⑩

                ——保拉·贝克尔

  在露天游乐场附近,有一家由马克西姆(Maxim)于1892年开办的豪华咖啡馆,人们在这里用香槟酒庆祝世界博览会开幕;而与此同时,人们也能在拉丁区边上的莱德帕特咖啡馆(Le Départ)、蒙帕纳斯区的菁英咖啡馆(Sélect)以及圣日耳曼-德-佩区(St Germain-des-Près)的双叟咖啡馆(Deux Magots)与花神咖啡馆(Caféde Flore)听到先锋派传来不屑的声音。在蒙马特,以前的黑猫咖啡馆(Chat Noir)最终在1898年关闭了,它那腼腆的钢琴家埃里克·萨蒂(Erik Satie)自我流放到阿尔塞维尔(Arceuil)的郊区;但他的校友,如阿方斯·阿莱(Alphonse Allais)和朱尔斯·雷纳(Jules Renard),仍然为巴黎人表演荒诞幽默。至于艾伯特·罗比达(Albert Robida),他曾经在黑猫咖啡馆上演作为电影前身的"影子戏"(shadow-theater),如今他成为博览会的一位明星,因为他的石膏作品《中世纪的老巴黎》正在塞纳河右岸的阿尔玛桥附近展览。无论如何,蒙马特这些形形色色的歌舞餐馆,在1900年生意都不错。阿里斯蒂德·布鲁安特(Aristide Bruant)仍然在膜笛酒馆(Mirliton)大谈他的无政府主义思想。弗雷德咖啡馆(Frédé's café)、诅咒咖啡馆(Zut)和狡兔之家酒馆(狡兔之家原名"杀手之家")卖的酒大约都在25生丁左右;Quat'Z'Arts或者煎饼磨坊(Moulin de la Galette)的酒水都在50生丁以下。在蒙马特的红磨坊是在上一次世界博览会期间开业的,酒水要2个法郎,在那儿能看见亨利·德·图卢兹-洛特雷克(Henri de Toulouse-Lautrec)的矮小身影,一边喝着酒一边嘲笑自己最近一次酒精中毒。红磨坊当红的康康舞舞娘拉古留(La Goulue),因为体态日趋肥胖而不得不在1895年离开红磨坊,前往远离蒙马特和博览

---

  ⑩ 参见保拉·贝克尔于1900年1月4日写给父母的信,*Letters and Journals*,154。

会的临时表演小屋。在举办世界博览会那年的 9 月末，洛特雷克在皇冠巡回游乐场见了她最后一次；此时的她衰老了许多，"与一只流浪狗和一只驯服的燕子生活在一起"。蒙马特是舞者的乐园。那里甚至还有两个马戏团：新马戏团（Nouveau Cirque）和梅德拉诺马戏团（Cirque Médrano）（以前叫费尔南德马戏团）。也就在这个地区，一位名叫基斯·凡·东根（Kees Van Dongen）的荷兰人正在行乞。他是当年 3 月来到巴黎的；而在五年之后，他那些色彩鲜艳的油画将与马蒂斯、达菲（Dufy）以及德兰（Derain）等人的作品一起悬挂在独立艺术家协会著名的"野兽派"画室内。

在聚光灯时代，剧院在各种意义上都是开放的。它完全依靠人们的赞助或者对艺术的欣赏——或者两者兼而有之。如果你喜欢多种戏剧类型，那么德拉盖特剧院将为你提供从最简单的喜剧到最奇特的新剧之内的各种戏剧。在 1894 年的春天，德拉盖特剧院无奈地上演了一出名叫《阿克塞尔》（Axël）的戏剧。该剧的作者维利耶·德·里斯莱-亚当已经在多年前去世，他生前想把该剧搬上舞台，但没有成功。（该剧的主角阿克塞尔曾经在最后一幕戏中说，"谋生？我们的仆人将为我们做这些事情。"）如果你喜欢串联在一起的短歌舞（不久这将被称为歌舞杂耍表演），你可以去女神游乐园（Folies-Bergère）、奥林匹亚剧院、有伤风化的黄金国度剧院或者伊甸剧院；在这些地方，你可以听见伊薇特·吉尔贝（Yvette Guilbert）的歌唱和独白。如果你更喜欢萨拉·伯恩哈特（Sarah Bernhardt），你可以前往萨拉·伯恩哈特剧院，欣赏她女扮男装主演《哈姆雷特》。如果你喜爱现实主义或自然主义，你可能在 1894 至 1897 年间会感到有些失落，因为在 1894 年，安德烈·安托万（Andre Antoine）关闭了他的自由剧院（许多人认为，1887 年"现代"剧就肇始于自由剧院），直到 1897 年，他的安托万剧院才重新开业；在此期间也出现了许多反映现实生活的戏剧，如奥斯卡·梅特尼尔（Oscar Méténier）租了一个小教堂开设了大吉尼奥尔剧院，主要上演血腥剧和恐怖剧。魔术大师们来到了罗伯特·霍丁剧院，但剧院的导演乔治·

梅利斯(George Melies)并没有利用新的灯光技术和舞台设备创造什么奇迹,而是整天沉迷于电影。术士们也没有去约瑟芬·萨尔·佩拉丹(Joséphin Sâar Péladan)的玫瑰十字教堂,而是来到了拉·伯丁尼尔剧院;明娜·马瑟斯(Mina Mathers)曾于1899年在这里上演了《伊希斯的仪式》(Rites of Isis),这使她的兄弟亨利·柏格森感到有些不安。象征主义者带着捐款聚集在保罗·福特艺术剧院观看象征主义戏剧,他们可以在这里与无政府主义者亲切交谈。该剧院后来改名为作品剧院(Théâatre de l'Oeuvre),并且由一位名叫鲁金坡(Aurélien-Marié Lugne-Poë)的著名导演着手经营。在1896年12月10日晚上,鲁金坡在蒙马特的新潮剧院上演了法国戏剧史上最著名的怪剧之一《乌布王》(King Ubu)。在这出由阿尔弗雷德·雅里创作的惊世之作中,扮演乌布王的演员在第一幕第一场就说了声"狗屎!"(雅里试图通过增加一些额外的辅音来建立某种距离;但几乎每个人同时听到了"狗屎"。)一周以后,鲁金坡沉着地开始在作品剧院上演由梅特林克所创作的中世纪幻想作品。

在香榭丽舍大街露天游乐场的北边,有一家专门为某个表演者所开设的剧院,这位表演者就是出生于美国伊利诺伊州福勒堡(fullersburg)的杰出舞蹈家洛伊·富勒(Loïe Fuller)。在由新型电灯从各个方向所照亮的舞台上(富勒曾在1898年写信给居里夫人问镭能否用于剧院照明),富勒翩翩起舞,旋转着她那轻薄而又宽松的舞衣,吸引着观众的目光,看上去非常像流动的漩涡。这是一种新艺术舞蹈,一些德国人将它称为"现代风格";但在美国,它直接被称为"长裙舞"。富勒的单人舞"蛇型舞",于1890年在纽约举行首演,不久后就获得重大突破。当马拉美于1893年在女神游乐园首次看到富勒的舞蹈时,他也被深深吸引了。她的表演在1895年被制成电影《洛伊》(La Loïe)。当富勒于1900年在香榭丽舍大街开始演出时,拉乌尔·拉奇(Raoul Larche)和科罗曼·莫塞尔(Koloman Moser)曾经试图为她雕铸铜像,但她的表演连续性是如此地强,似乎只有电影才能记录下来。

一位名叫伊莎多拉·邓肯(Isadora Duncan)的22岁美国加州年轻人曾在伦敦跳赤足舞"春之歌",如今她与她的兄弟来到了巴黎德拉盖特街4号。她独自去看了富勒的电影《洛伊》。带着迷恋,她来到了后台,不久之后就接受富勒的邀请加入了她们的剧团。虽然伊莎多拉与富勒的合作很短暂——作为一名激进的异性恋者,她与富勒在一起感觉不太自在——但从中学到的舞蹈设计与广告宣传都让她终身受用。

对于来自新泽西州萨默维尔的鲁思·丹尼斯(Ruth Dennis)来说,巴黎之行也是收获颇丰。丹尼斯比邓肯小一岁,她在伦敦巡回演出戴维·比拉斯科(David Belasco)的扎扎舞(Zaza)之后,于当年夏天来到巴黎。她也观看了《洛伊》并参观了世博会。富勒的表演让她赏心悦目。当扎扎舞表演回到纽约以及丹尼斯回到布鲁克林以后,她的舞蹈最终转变为鲁思·圣·丹尼斯的表演形式。富勒、邓肯、丹尼斯都不是最早在巴黎进行自我改造的舞者——肯定也不是最后的舞者。例如瓦茨拉夫·尼金斯基(Vaslav Nijinsky)、安娜·巴甫洛娃(Irina Pavlova)以及她们那些表演俄罗斯古典芭蕾舞的同伴,将从1908年起连续六个演出季在巴黎转变为先锋派的俄罗斯芭蕾舞风格;而在1906年出生于美国圣路易斯一个贫穷家庭的约瑟芬·贝克(Josephine Baker),将于1925年在巴黎首次表演性感而大胆的舞蹈。然而,巴黎那些最出名的舞者最终将变得最缺乏创造性。玛格丽莎·赫特雷达·泽莱·麦克劳德(Margaretha Geertrida Zelle Macleod)是一位来自荷兰的单身母亲,她在1903年来到巴黎想成为一名模特,但因面试的画家认为她乳房太小而遭到拒绝。也就是这位麦克劳德,后来也成为一名舞蹈演员,成为上流社会的谈资,在他们的聚会上,她上半身仅仅穿着胸罩,跳着隐约可见的东印度风格的舞蹈,并且自称为玛塔·哈莉(Mata Hari)。

并不是所有1900年在巴黎的美国人都是舞者。不知伊莎多拉·邓肯有没有注意到一位在她家乡奥克兰长大的女孩?她就是威廉·詹姆士的年轻心理学学生格特鲁德·斯坦因(Gertrude Stein)。斯坦因在1900年夏天第一次来到巴黎,她与她的兄弟利奥(Leo)及其女友梅布尔·威克斯(Mabel Weeks)游览了巴黎;几个月后,斯坦因通过梅布尔遇见了她的第一个恋人梅·布克斯泰弗(May Bookstaver)。不知斯坦因有没有注意到一位相貌奇特、留着山羊胡子的黑人?他是威廉·詹姆士以前的哲学专业学生伯格哈特·杜波依斯(W. E. Burghardt Du Bois)。这位来自马萨诸塞大巴林顿的黑人活动家,搭坐三等舱前来参加博览会;他展出了有关黑人经济发展的作品,并且获得了大奖。当年他还前往伦敦参加泛非大会;十年之后,他将在美国创建全国有色人种协进会(NAACP)。詹姆士也许曾经介绍过这些学生,但他自己却绕开了巴黎,静静地待在欧洲的某个矿泉疗养地,努力完成他的《宗教经验之种种》。来自费城的纳塔利·巴尼(Natalie Barney),这位未来的女同性恋斗士,不知在那个夏天在布洛涅森林有没有看到科莱特(Colette),或者看到斯坦因或邓肯?[11] 也许她会遇见美国艺术摄影的创始人爱德华·斯泰肯(Edward Steichen)?或者遇见秃顶而严肃的波士顿人亨利·亚当斯(Henry Adams)?亚当斯在5月12日搬进了靠近特罗卡德罗宫(Trocadéro Palace)的旅馆,希望在那里能更好地理解20世纪。位于塞纳河边与埃菲尔铁塔相对的特罗卡德罗宫,是巨大的法国殖民地展览的中心,其中包括柬埔寨的庙宇和北非的村庄;不久以后,这里将建造永久的展示"原始"文化的人类学博物馆。虽然亚当斯没有提到殖民地展览,但62岁的他属于反种族主义的一代。他当时还难以理解放射现象,甚至博览会上正式展出的艺术作品也不合他的胃口,但他知道自己见证了一个重大的历史时刻。

  大量的艺术家——雕刻家、画家、诗人、剧作家、工艺家、设计师——和大批的化学家、物理学家,甚至哲学家、语言学家、医师和历史学家,都在无比勤奋地工作,他们作品的数量

---

[11] Shari Benstock, *Women of the Left Bank : Paris, 1900 - 1940* (Austin: University of Texas Press, 1986),82 - 83.

和创造性可以横扫以往任何时代,甚至淹没了他们自己。⑫

亚当斯很少知道这些在巴黎的人为了能够横扫一切正在做的准备。然而,当他7月在工业展览厅看到塞缪尔·兰利(Samuel Langley)——这位确信自己不久后能发明飞机的天文学家和物理学家——所展出的庞大发电机时,似乎从中看到了一些端倪。亚当斯竭力克制自己不去为发电机祈祷,就像他不去为圣米歇尔山和圣母玛利亚祈祷那样。

但旧事物总是以难以预料的方式被新事物所取代。在马勒塞布(Malesherbes)大道9号,一位名叫马塞尔·普鲁斯特(Marcel Proust)的年轻文学爱好者,正在母亲家里按《费加罗报》(*Figaro*)和《艺术杂志》(*Gazette des beaux-arts*)的要求将约翰·罗斯金(John Ruskin)的赞美诗翻译成哥特风格,希望从中找到小说创作的奇特方式。像许多真正的巴黎人那样,普鲁斯特在博览会开幕前夕就离开了巴黎,整个春天都在威尼斯追寻罗斯金的创作足迹。在巴黎,尽管文学界还在为1898年逝世的马拉美哀悼,但人们不久以后就能听说马拉美那些年轻的弟子。马拉美的弟子之一安德烈·纪德(André Gide)在1900年2月1日接替莱昂·勃鲁姆(Léon Blum)成为《白色评论》(*Revue blanche*)的文学评论家。这个由纳坦森(Natanson)兄弟创办和资助的杂志,是法国当时最有影响的先锋派杂志,曾经发表过许多很有影响的作品,其中包括雅里的《乌布王》、西奥多·维泽瓦(Teodor de Wyzewa)关于沃尔特·惠特曼的评论、马拉美的戏剧,以及费利克斯·费内恩关于凡·高与保罗·西涅克(Paul Signac)讨论"后印象派"或者"新印象派"定义的评论。西涅克和费内恩曾于3月19日在《白色评论》的会客室举办过一个修拉画展,修拉的许多名画,从《阿尼耶尔浴场》(*Une Baignade*)到《马戏》(*Le Cirque*),最后全都售出。至于纪德,到1900年为止,已经发表了各种体裁的著作;而到1913年,他将成为法国文坛的领袖。那

---

⑫ Henry Adams, *The Education of Henry Adams* (1907), in Adams, *Novels, Mont Saint Michel, The Education* (New York: Library of America, 1983), 1088.

时的他极其强势地——也是极其愚蠢地——未经阅读便拒绝出版普鲁斯特的《追忆似水年华》。而在1900年5月的最后一天，纪德没有去办公室，而是去了特罗卡德罗北边的圣奥诺尔·埃劳（St. Honoré d'Eylau）教堂，他将在那里与他的老朋友皮埃尔·路易斯（Pierre Louÿs）一起出席一场婚礼。纪德曾经把路易斯介绍给马拉美，因此在圣奥诺尔教堂的每个人，除了五天前在订婚宴会上表演大提琴的帕布鲁·卡萨尔斯（Pablo Casals），几乎都是马拉美"星期二聚会"的常客。至于新郎，名叫保罗·瓦莱里（Paul Valery），当时正在数学和文学之间徘徊。路易斯曾经在十年前向他推荐过马拉美的诗歌，而瓦莱里最终也接过了马拉美的衣钵，成为他那个时代最谨慎、最深奥和最富挑战性的法国诗人。有一位名叫赖内·马丽亚·里尔克（Rainer Maria Rilke）的德国诗人有一天将与他齐名，但当时里尔克正在俄罗斯旅行。他要到1902年才会来巴黎描写罗丹（Auguste Rodin）的雕塑作品，并且要到1921年才认识瓦莱里。

然而，1900年的畅销书并没有这样叫人沮丧。有一本名叫《克劳丁在学校》(*Claudine à l'école*)的新小说，虽然它也是娱乐类的书，但比它的竞争对手、颓废派作家奥克塔夫·米尔博（Octave Mirbeau）创办的《女生日记》(*Journal of a chambermaid*)更加积极乐观。据说它的作者名叫"威利"，又叫亨利·高蒂尔-维拉斯（Henri Gauthier-Villars），他对德莱弗斯的抨击使他失去了在《白色评论》担任音乐评论家的工作。"威利"曾经说他在1893年从勃艮第娶回的、在巴黎闭门不出的年轻妻子，通过向他讲述学校里一些最开心的事情帮助他创作该书。事实上，正是他的妻子茜多尼·加布里埃尔·科莱特（Sidonie-Gabrielle Colette）创作了小说，而且从他们结婚第一年就开始。多年来，他们一直保守着这个秘密，直到科莱特最终离开他：这对科莱特来说不是一件容易的事，因为她的作品在1900年是如此有名，以至人们曾经说除了上帝和德莱弗斯，没有人比克劳丁更有名了。该书在两个月内售出了4万册。它也成为出版史上延伸产品开发最成功的案例之一。全巴黎的商店都在销售"克劳丁"洗液、"克劳丁"冰激凌、"克劳丁"帽子和衣领、"克劳丁"香水以及"克劳丁"香烟。还有装扮成克劳丁的科莱特的明信片。在萨马丽丹(Samaritaine)百货公司，你甚至能买到"威利"牌米粉。[13] 这都是世界博览会那年夏天发生的事。

那年夏天的天气特别好。法国音乐的资深改革家加布里埃尔·福尔(Gabriel Faure)，正在位于贝济耶南部的露天剧场指挥三个独立乐队的排练，以便为他的新歌剧《普罗米修斯》首次公演做准备。和往常一样，画家们尽可能地离开巴黎，前往那些自然气息更浓的地方。那些不知名的年轻画家要么返回他们原来的地方，要么前往巴黎以外的塞纳河流域。保拉·贝克尔的朋友奥托·莫德索恩(Otto Modersohn)，刚到巴黎即被叫回沃尔普斯韦德去照顾他那生命垂危的妻子。莫里斯·德·弗拉曼克(Maurice de Vlaminck)画的是他居住地夏都(Châtou)附近的塞纳河沿岸风光。他将自己从各种自行车比赛中获得的微薄收入捐给了像《无政府主义评论》(La Revue Anarchiste)之类的左翼杂志；他还在博览会上参加了一个吉卜赛管弦乐队的演奏。他经常在巴黎和夏都之间往返。在6月或7月的某一天，他所乘坐的前往巴黎的火车脱轨，在混乱中，他第一次遇到了也经常在两地奔波的同道。他就是马蒂斯的朋友安德烈·德兰(André Derain)，后者当时正在巴黎的某个画室学艺。他们约好第二天一起作画，并且在当年共用了夏都的一个画室。他们一起开始尝试用鲜艳的色彩作大笔触的平涂，这种绘画风格在1905年被命名为野兽派。[14] 几乎与此同时，从没见过他们的贝克尔也学会了同样的绘画手法。在她回到德国沃尔普斯韦德后，在照看粘土矿坑的闲暇时间里，她一边读着汉姆生(Hamsun)

---

[13] Allan Massie, *Colette*(New York: Penguin, 1986), 43.
[14] 1901年3月，德兰带着弗拉曼克参观了伯恩海姆(Bernheim)画廊的凡·高作品回顾展，并把他介绍给了马蒂斯。

的小说，一边温习着在巴黎学到的东西。⑮

我**热爱**颜色。它必须听命于我。⑯

——保拉·贝克尔

随着夏天的流逝，巴黎的画家所剩无几，而教授却济济一堂。那些重要的国际学术协会（大多数都是在过去的十年内成立），准备在世界博览会期间同时在巴黎举行会议。在塞纳河右岸阿尔玛桥与园艺温室之间，专门为此兴建了一座特殊的建筑。同种疗法医师和战列舰设计师已经于7月在那里分别举行过会议；而到了8月，第十三届国际医学大会准备将桑地亚哥·拉蒙-卡哈尔（Santiago Ramon y Cajal）请到巴黎，并授予他5 000法郎的奖金，以表彰他自上次莫斯科会议以来所做出的重大发现。最抽象的思想也将在8月相互碰撞。国际哲学大会将在8月1日至5日召开。紧接着在6日将同时举行数学大会和物理学大会。8月的最后一个大会是电机工程会议（类似的还有反烟草滥用学会大会），举办时间是从18日到25日。法国年长的博学家亨利·庞加莱（Henri Poincare）参加了这四个大会并发表演讲；他那些思路清晰、文笔优美的散文和康托尔（Cantor）的集合论文章一起摆放在保罗·瓦莱里（Paul Valery）的床头柜上。庞加莱对科学认识论、集（合）逻辑、数学函数论、古老的引力物理学以及最新的电动力物理学都作出过重大贡献。他在1895年发表的论文促生了几何学中在理论上解决连续性问题的新分支，他称之为拓扑学。他当时刚发表第三部也是具有决定性的一部巨著《天体力学》，这是他在法国牛顿学说的信奉者拉普拉斯（Laplace）和拉格朗日（Lagrange）的重大科学发现基础上所撰写的著

---

⑮ 见保拉·贝克尔分别于1900年7月2日、3日、5日和26日在沃普斯韦德（Woepswede）所写的日记，Letters and Journals，193-95。

⑯ 见保拉·贝克尔未标明日期的日记，Letters and Journals，152。

作,其中隐含着未来被称为"混沌理论"的基本原理。[17] 当每个由他的来宾所做出的重大发现,在由巴黎向全世界宣布时,庞加莱都为它们进行解释和宣传。他对物理学家所作的关于实验物理学与理论物理学关系的演讲,是最早怀疑以太(ether)是否存在的言论之一。[18] 他与马克斯·普朗克一起听取了普朗克的柏林大学同事威利·维恩(Willi Wien)对普朗克辐射理论的怀疑,也倾听了奥托·拉默(Otto Lummer)用法语解释了他在当年春天的黑体实验中所获得的新奇发现。[19] 对庞加莱来说,物理学、哲学和数学都是解决同样一些重大问题的不同途径。如果说他在这些会议中因为关注大问题而忽略一些小问题的话,那也不能算是他的过失。

事实上,哲学大会试图开始界定数学的基础。一个由和蔼可亲的皮亚诺(Giuseppe Peano)所领导的意大利团队,带着多篇论文涌向了会议中心,他们在论文中主张将几何学还原为三条不可定义的公理,并且讨论了"可下定义"是否真的可下定义。皮亚诺自己在 8 月 3 日递交了一篇论文,描述他新创造的命题数理逻辑(一种逻辑代数学)符号的功能,并且试图对数字提供一个期待已久的定义。这场讨论使一位 28 岁的名叫伯特兰·罗素(Bertrand Russell)的英国人应接不暇。他与怀特海受路易·古度拉特(Louis Couturat)的邀请来参加会议。古度拉特在 1896 年发表了讨论数学无限性的权威性著作,他与罗素以通信的方式讨论了康托尔的集合及几何的基本原理。罗素的会议论文是关于

---

[17] Henri Poincaré, *New Methods of Celestial Mechanics* (Les méthodes nouvelles de la mécanique céleste, 1892 – 1899); ed. and trans. Daniel L. Goroff (Woodbury, N. Y.: American Institute of Physics, 1991).

[18] Poincaré, "Sur les rapports de la Physique expérimentale et de la Physique mathématique," reprinted in *La Science et l'hypothese* (Paris: Flammarion, 1902); trans. W. J. G., "Hypotheses in Physics" and "The Theories of Modern Physics," in *Science and Hypothesis* (New York: Dover, 1952).

[19] Wilhelm Wien, "Les lois théoriques du rayonnement," in *Rapports du Congres Internationale de Physique* (1900), 2: 23 – 40; Otto Lummer, "Le rayonnement des corps noirs," ibid., 41 – 99.

"在……之间"以及其他位置概念的可能含义（一个戴德金式的问题），但皮亚诺似乎知道所有的答案。罗素写道："我注意到他总是比其他人更加精确，而且总是能找到更好的论据。时光荏苒，我逐渐断定这必然得益于他的数理逻辑"。[20] 因此，罗素到皮亚诺那里请求阅读他所有的论著。大会闭幕当天，罗素就返回了芬赫斯特（Fernhurst）的家中，开始将这位意大利人的方法应用于算术的基本原理；这不仅使他错过了哲学家们最后在伏尔泰咖啡馆举行的自由聚谈，而且也错过了8月8日召开的第二届国际数学大会第一次会议。就像我们将看到的那样，皮亚诺的著作使罗素在逻辑学领域作出了新世纪的第一项重大发现，也推翻了19世纪的一项基本原理。

原本在会议中心举行的数学大会，很快就转移到科学界更为熟悉的巴黎近郊（此处离居里夫妇提炼铀盐的地方不远）。德国最著名的数学家、来自哥廷根的大卫·希尔伯特（David Hilbert）在大会上作了主题发言。像庞加莱一样，希尔伯特也是历史上能够从整体上把握问题的最后一批数学家之一，他抓住了新世纪为他提供的机遇。他在会上提出了1900年尚待解决的23个重要的数学问题，认为解决这些问题将成为20世纪的重要职责。他几乎完全正确。在这23个"希尔伯特问题"中，20个问题已经解决或者已经变相得到解决，只有少数几个问题在20世纪还未能解决。[21] 所有公理集合论都是为了尝试解决希尔伯特的第1个问题，也就是康托尔的连续统问题。从理论上发明计算机是为了回答第10个问题，也就是能否找到证据证明通过有限步骤可以判定不定方程是否存在有理整数解。最终证明无法找到这样的证据，因为事实上不存在这种可判定性。希尔伯特宣称，"每个问题总有解决方法。世界上没有笨蛋"；庞加莱也回应说，"今天已经能够实现这

---

[20] Bertrand Russell, *Autobiography*(London: Unwin paperback, 1978), 147.

[21] Felix Browder, *Mathematical Developments Arising from Hilbert Problems*, Proceedings of Symposia in Pure Mathematics, vol. 28 (Providence, R. I.: American Mathematical Society, 1974).

种绝对严谨"。这些言论都带有旧世纪的余韵。当疯狂的尼采最终于 8 月 25 日在魏玛死于第三期梅毒时,他似乎也成了属于 19 世纪的人物。而要到多年以后,思想家们才认识到我们对他的主张中有多少我们不知道且不可能知道的东西。

在沃尔普斯韦德艺术家村,里尔克将整个 9 月都用来与克拉拉·韦斯特霍夫讨论艺术与理想主义,同时也对她展开恋爱攻势,而保拉·贝克尔则爱上了失去妻子的奥托·莫德索恩,莫德索恩也接受了她。就在雷米·德·古尔蒙(Remy de Gourmont)写作《爱的道德》的同一年里,他们这些出自理想主义的爱情看起来前景黯淡。㉒ 里尔克和韦斯特霍夫在 1901 年 2 月成为情侣,并于当年春天结婚,到 12 月有了孩子,但在年内就劳燕分飞。而与莫德索恩的婚姻,不久后就妨碍了贝克尔的创造性,更不用说去巴黎绘画旅行了。

到 1900 年 9 月的第一个周末,随着国际妇女权利保护大会的闭幕,画家们开始返回巴黎。在英吉利海峡的海岸边,三个雄心勃勃的诺曼底人——拉奥尔·达菲(Raoul Dufy)、奥东·弗里茨(Othon Friesz)以及体格健壮的年轻人乔治斯·布拉克(Georges Braque)——登上了前往世界艺术中心的火车。其中两位将成为蒙马特的野兽派画家,另外一位将成为立体派画家。到了 10 月,一位西班牙少年为了看看他的获奖画作在巴黎大皇宫西班牙画展上的情况,以及看看他的许多加泰罗尼亚朋友提到的这个城市,决定前往巴黎这个欧洲艺术中心和政治无政府主义中心。他有一双大大的黑眼睛,刚刚于当年 2 月在西班牙举办过个人首次画展。他和他最好的朋友卡尔斯·卡萨吉马斯(Carles Casagemas)在巴塞罗那上了火车,随后坐着三等车厢摇摇晃晃地穿过了比利牛斯山脉。当他们带着少许钱饥肠辘辘地抵达奥塞车站(如今这里改造为一个艺术博物馆)后,就直奔蒙马特。卡萨吉马斯在

㉒ Remy de Gourmont, "La Morale de l'amour", in *La Culture des idées* (Paris: 10/18, 1983).

10月25日写回家中的信上说,他们喜欢克利希酒店的歌舞表演,但没钱长期住在像新竞技场(Nouvel Hippodrome)这样的旅店;他们已经迅速从同胞诺内尔(Nonell)手中接过一个位于加布里埃尔街(rue Gabrielle)45号的廉价画室。㉓ 于是这个容易被人遗忘的蒙马特地址变成巴勃罗·路易斯在巴黎的第一个画室,他将在这里成为毕加索。他的获奖作品《最后时刻》无疑使毕加索喜笑颜开,他的好运让他好事成双。他找到了一个名叫佩里·马纳奇(Pere Mañach)的经纪人,很快使他的斗牛画与高更和凡·高的名画一起在蒙马特维克多马斯街的贝尔特·魏尔画廊(Berthe Weill)内展出。在三周之内,其中的三幅就被售出。当时在《白色评论》的会客室有修拉的画展,但修拉已经去世,而洛特雷克还活着。毕加索前去拜访了洛特雷克,随后画了一幅洛特雷克风格的咖啡馆场景画,并以250法郎的价格卖给《电讯报图卢兹》(*Dépêche de Toulouse*)杂志的左翼编辑。这些钱足够让他在伦敦路上的妓院快活地待上一到两个晚上,而不去理会立法委员为了当年的大选而管制卖淫防止梅毒。毕加索这个只能提升女人鉴赏能力的男人,眼睁睁地看着卡萨吉马斯为了名叫吉尔曼尼·加加洛(Germaine Gargallo)的女人难以自拔。

在接待了超过5 000万的游客之后,博览会于12月12日落下了帷幕。斯坦因回到了约翰斯·霍普金斯(Johns Hopkins)那里,决定与梅·布克斯泰弗开始不正当的恋爱。亨利·亚当斯收拾行李准备前往华盛顿。这个巴黎的秋天和那些给拉福格(Laforgue)带来灵感的19世纪80年代的秋天没什么不同:

  何处能够休憩?公园长凳湿透;
  秋天已经结束,我已能够断定;

㉓ 见卡尔斯·卡萨吉马斯于1900年10月25日写给拉蒙·雷维托斯(Ramon Reventos)的信,trans. in Marilyn McCully, ed., *A Picasso Anthology* (Princeton: Princeton University Press, 1982), 27 – 28。

森林如此荒芜,长凳如此潮湿;
只有号角还在不断吹奏!㉔

在11月的最后一天,奥斯卡·王尔德被发现死在旅店的房间里。他的去世使得他所代表的许多东西都随之而逝,包括19世纪90年代豪华奢侈的"颓废派"风格;不过使王尔德乐在其中的反驳和诡辩,被他在巴黎遇到的法国年轻人,如雅里、路易斯和纪德传承了下去。至于他创作的《莎乐美》及其他象征主义戏剧与诗歌,未来将与理查德·施特劳斯之类的作曲家联系在一起。

或者与38岁的克罗德·德彪西(Claude Debussy)联系起来。虽然他很优秀,但几乎默默无闻。他的歌剧《阿克塞尔》从来没有上演,只有他为马拉美的《牧神午后》所作的《前奏曲》(1894年)能让巴黎音乐界了解一些他那巨大的创造性。他的朋友,无所不在的皮埃尔·路易斯,曾经在那年秋天特地将德彪西请到家中吃午饭,并且把他介绍给瓦莱里。作为回报,德彪西为路易斯1894年的诗集《比利提斯之歌》(Les Chansons de Bilitis)谱曲。当12月9日音乐季开幕时,德彪西看到了他为管弦乐队创作的两首《夜曲》首次演奏。在《云》(Nuages)中,一个五声音阶的曲调似乎穿越了各种各样的小调,使人联想到印象派画家的海景画。在《节日》(Fetes)中,世界博览会找到了它的音乐纪念曲。以三节拍和五节拍表现的缥缈的主旋律,象征着某种启迪(也象征着新一代),与此同时,一个铜管乐队用4/4节拍演奏爱国主义的老调子,两者曲调相互交锋直至曲终。在1901年2月的第一周,在音乐季即将结束之际,德彪西的另外一部作品也将首次上演,那就是《比利提斯之歌》的第一部分。在同一周里,加布里埃尔·福莱将看到自己的《佩利亚斯与梅莉桑德》组曲首次在巴黎公演。德彪西自己的歌剧《佩利亚斯与梅莉桑德》,开始创作于1893年,将在1902年使他名声大振。《白色评

㉔ Laforgue, "L'Hiver qui vient"(The coming of winter), in *Selected Writings of Jules Laforgue*, ed. and trans. William Jay Smith(New York: Grove Press, 1956), 90.

论》这个一如既往的先锋派杂志,将威利曾在1901年写音乐评论的专栏给了德彪西。

在12月20日,毕加索、帕拉雷斯(Pallarès)和卡萨吉马斯登上了返回巴塞罗那的火车。尽管吉尔曼尼对卡萨吉马斯已经没有了热情,但他的两位朋友还是花了一些工夫劝他尽快忘记吉尔曼尼(他们曾经参观过圣·拉扎尔医院的末期梅毒病房);看着火车越驶越远,他们才放下心来。卡萨吉马斯一直坐车到了马拉加,这里也是毕加索父母的家,但随后掉转方向,又坐上了返回巴黎的火车。毕加索耸了耸肩,转身开始自己的工作。来年2月,毕加索得到消息说,卡萨吉马斯在竞技场咖啡馆拔出左轮手枪对吉尔曼尼开枪,但没有打中,随后他把枪对准了自己的脑袋,自杀身亡。毕加索知道这个消息后悲痛欲绝。他随后创作了第一幅"忧郁"画,后来还包括《卡萨吉马斯的葬礼》以及《生命》。在《生命》这幅大型油画中,毕加索表达了对性与死亡关系的新理解。

然而,和其他许多艺术家一样,毕加索也无法远离巴黎。为了感受他的作品第一次能与塞尚的作品一起在沃拉德艺术品店展出,他在1901年6月回到了巴黎,因而错过了他在巴塞罗那的画展。也就在此时,他在诅咒咖啡馆遇到了诗人马克斯·雅各布(Max Jacob),并且发现这里的啤酒是如此便宜。为了目睹他在贝尔特·魏尔画廊举办的第二次个人画展,毕加索于1902年10月再次回到巴黎,并且去拜访了一位名叫杜里奥(Paco Durrio)的画家朋友。杜里奥在拉维尼昂街(rue Ravignan)13号的破旧大楼里拥有一个画室,离贝尔特·魏尔画廊并不远。毕加索和杜里奥就在这个画室里谈论高更直至深夜。当毕加索在1904年春天来巴黎定居时,他就把这个杜里奥曾经生活和工作的地方当做住所和工作间。

巴黎是我的梦想之城,但我最后时刻却不在这里。㉕

㉕ 见保拉·贝克尔于1900年5月写给奥托与海伦·莫德索恩的信,*Letters and Journals*, 187。

——保拉·贝克尔

远在东边的保拉·莫德索恩-贝克尔也无法离开巴黎。每个新年和每个2月8日(她的生日),巴黎似乎都在召唤她。在莫德索恩的同意下,她在1903年2月前往巴黎学习,并且在1905年2月和5月再次回到巴黎。在1906年2月23日,她未经同意就离开了她的丈夫,并且打算不再回家;但莫德索恩在当年秋天也来到巴黎,成功地让她改变了主意。在1907年3月,她告别了佩莱伦收藏馆的塞尚作品,跟着丈夫回到家中。她怀孕了。在1907年11月,毕加索就在这一年进入了贝克尔梦寐以求的艺术王国,而保拉·莫德索恩-贝克尔自己却因产后血栓栓塞而死去。

这就像一个小孩一样,希望自己快快长大;成年人感觉时间漫长是因为失去了其中的兴奋与激动。这就是我待在巴黎的原因,它是如此让我兴奋,所以我有如此强烈的愿望。

——保拉·莫德索恩-贝克尔[26]

---

[26] 见保拉·莫德索恩-贝克尔写于1902年4月2日的日记,in *Letters and Journals*, 275。一年之后,里尔克(Rilke)在巴黎为她写下了著名的安魂曲《一个友人的挽歌》("Requiem for a Friend"):

但
此时你在时间里,而时间悠长。
时间继续着,时间长大,时间
像一种久病后的复发。

第十一章　雨果·德弗里斯与马克斯·普朗克

基因与量子
1900

从1900年1月1日起,时光进入了19世纪的最后一年。"文明的"世界似乎不太识数,在这个元旦就开始庆祝20世纪的到来。当然,从某种意义上说,这也不能算错。新世纪两项最基本的科学发现就是在1900年完成的。其中之一是能量子(quantum of energy),它是由一位物理学家所发现;这位保守的物理学家整个科学生涯的目标,就是使热力学摆脱统计上的不确定性,从而"完成"热力学。另外一项是遗传基因,它是由一位物理学教师所发现;这位兼职的生物学家曾经花了七年时间对豌豆进行统计研究。物理学家的发现恰好在1900年即将结束之际,由物理学家马克斯·普朗克本人所宣布,他根据一系列新的实验结果提出了一种全新的假说。而物理学教师的发现则在1900年之初宣布,此时离那位物理学教师格雷戈尔·孟德尔去世已有十五年。它是某种思想应时而出的典型案例之一。

格雷戈尔·约翰·孟德尔神父出生于摩拉维亚(Moravia)的农民家庭。他和弗洛伊德及胡塞尔一样,都来自哈普斯堡王朝统治下的穷乡僻壤。他的聪明才智曾让他有机会获得大学学位,但在1843年,他未能修完物理学就辍学当了一名修道士。七年以后,尤其在作为高中代课老师教了一年自然科学以后,他前往维也纳大学想继续深造,但没有成功。又当了七年教师之后,孟德尔于 1856 年在维也纳第二次参加教师资格考试,不幸又以失败告终。我们无法知道那次失败对他的影响有多大,但我们知道当他回到布尔诺(现为捷克南摩拉维亚州首府)后,几乎第一件事就是精心挑选纯种的豌豆,把它们种在修道院花园的特定区域。此后七年,他控制它们的授粉,通过杂交又培植了六代豌豆;他仔细记下每种植物所出现的七种性状,并运用在维也纳学到的统计工具对不断增加的数据进行分析。他始终认为他是在研究杂交,研究一个 19 世纪植物生物学的标准问题;但实际上,他已经深入到潜在的遗传规律。

到 19 世纪 60 年代初,当养育他的古老的奥地利帝国开始衰弱而新的德意志帝国开始崛起的时候,孟德尔已经发现了他所谓的自由组合规律(rule of Independent Assortment),现在被称为分离定律(Law of Segregation)。孟德尔于 1865 年 2 月与 3 月分两次向布尔诺科学协会宣读了他的研究成果,尤其强调每代豌豆成对出现的性状或"因子"并不会消失,而是会继续独立地出现(或不出现),它们是"相互分离"的。① 而且,当我们统计两种不同性状的豌豆数量时,可以发现两者的比例能够简化为一个简单整数比例的百分比。例如,在第二代豌豆中,出现了 5 474 颗圆豌豆和 1 850 颗皱豌豆,它们的比例是"2.96∶1"。②

---

① "作为一项规则,杂种并不能准确反映亲本之间的中间形式。" Mendel, "Versuche über Pflanzenhybriden"(Experiments on plant hybrids), *Verhandlungen der naturforschenden Vereines in Brünn* 4(1865); trans. E. R. Sherwood, inCurt Stern and Eva R. Sherwoodeds. *The Origin of Genetics*:*A Mendel Sourcebook*(San Francisco: W. H. Freeman, 1966), 9; Alain F. Corcosand Floyd V. Monaghan, eds., *Gregor Mendel's Experiments on Plant Hybrids*:*A Guided Study*(New Brunswick, N. J.: Rutgers University Press, 1993), 77. 考克斯(Corcos)和孟纳罕(Monaghan)在书中将该书第 91 页孟德尔的用词"分裂"(Spaltung)翻译成"分离"(segregation), 参见 Stern and Sherwood, eds., *Origin of Genetics*, 15。

② Mendel, "Versuche über Pflanzenhybriden", in Sternand Sherwoodeds., *Origin of Genetics*, 11, Corcosand Monaghan, eds., *Mendel's Experiments*, 82.

孟德尔将每对性状分为"显性"性状和"隐性"性状，发现他所研究的七对性状中，出现"显性"与"隐性"性状的平均比例是 2.98∶1,"或者 3∶1"；这是他经过仔细统计得出的具有历史意义的结论。③ 豌豆后代的性状比例都在这个"比例范围之内"。④ 多年之前，道尔顿(Dalton)曾经面对同样性质的比例，通过引入化学元素、假设化学原子来解释它们。孟德尔的比例其实已经显露出遗传的原子性质，但他没有像道尔顿那样进行解释，这将有待他的后继者提出基因的假设。

布尔诺科学协会于第二年在自己的小杂志上发表了孟德尔的论文，并且给了他 40 份单行本。孟德尔将其中的一些送给他的亲朋好友，就像学者所做的那样，当然最重要的是将它们寄给他在维也纳大学所知道的植物学专家，孟德尔知道他们不可能经常阅读《布尔诺科学协会学报》⑤。这些单行本中的四份因此有了投递对象，但只有一位植物学家给他回信。⑥ 他就是卡尔·内格里(Karl Nägeli)。这位著名的植物学家礼貌地回复了孟德尔的研究结果，但并不信服。能够打动他的唯一一件事就是孟德尔对植物杂交的精心设计以及长达七年的持续研究。内格里建议说，为什么不试试另外一种植物——例如山柳兰(hawkweed)？因此，在随后的五年里，就像雅各得到拉班的鼓励一样，

---

③ Mendel,"Versuche über Pflanzenhybriden", in SternandSherwood eds., *Origin of Genetics*,13.

④ Mendel,"Versuche über Pflanzenhybriden", in Stern and Sherwood eds., *Origin of Genetics*,22 页；Corcos and Monaghan, eds., *Mendel's Experiments*,118. 罗纳尔德·费希(Ronald Fisher)的论文《重新发现孟德尔的工作了吗?》("Has Mendel'Work Been Rediscovered?" *Annals of Science* 1 [1936], 115 - 137)试图表明孟德尔的实验结果"太理想"，可能经过篡改，但事实上并没有那么理想(Franz Weiling,"What about R. A. Fisher'Statement of 'Too Good' Data of J. G. Mendel'Paper?", *Journal of Heredity* 77 [1986], 281 - 83)。

⑤ Mendel,"Versuche über Pflanzenhybriden",inSternand Sherwood eds., *Origin of Genetics*,22.

⑥ Robert C. Olby,*Origins of Mendelism*, 2d ed. (Chicago:University of Chicago Press,1985),102. 其中一个单行本寄给了安东·克伦·冯·马里劳(Anton Kerner von Marilaun)，另外两本进入了马蒂乌斯·威廉·贝捷林科(Martius Wilhelm Beijerinck)和西奥多·波菲利(Theodor Boveri)的藏书室。

孟德尔在远方的内格里的鼓励下，放弃了他的豌豆而开始研究山柳兰（山柳菊属植物），试图从中找出真正的再生性状，但没有成功。孟德尔的新发现并没有使他的这位通信者感到惊奇，因为内格里已经广泛地研究了山柳菊属植物，并且始终相信它们是他自己的生物遗传观点最好的例证——几乎所有的专家都与他持相同的观点——那就是遗传性状决不会真正的再生，而是在持续的选择中不断地减弱。达尔文也赞同这个观点，他始终认为他在 1859 年所宣称的"自然选择"，将使生物的后代出现渐进性的连续变异，从而形成持续的"进化"。⑦ 最终，当上布尔诺修道院院长的孟德尔放弃了植物繁殖，也放弃了给内格里写信，从而切断了他与专业生物学的唯一联系。⑧ 此后，内格里提到过孟德尔的研究，但没有提及他那杂交豌豆并进行统计研究的七年。1884 年，恰好在孟德尔去世那年，内格里出版了有关植物遗传的鸿篇巨著，其中没有提到孟德尔的研究，甚至没有提到他关于山柳兰的文章。⑨ 尽管该书还只是一些推测，但被该领域的研究者广泛地引用；并且在随后的二十年内，大家普遍相信凡是内格里不知道的东西，都没必要知道。

　　对于孟德尔的研究，其他学者的态度也与内格里相似。《布尔诺科学协会学报》比单行本传播的范围稍广一些，它成功进入了中欧所有重要大学和学院的图书馆，并且到达了其他一些地方，其中包括美国的九个大学图书馆；但似乎没有一个对遗传问题有兴趣的学者读过它们。⑩ 一位德国教授于 1869 年在书中提到了孟德尔的豌豆实验，但对他的分离规律及性状比例未置一词。一个瑞典人于 1872 年在他的博士论文

---

⑦ Karl Nägeli and A. Peter, *Die Hieracien Mittel-Europas* (Central European Hawkweeds), 2 vols. (Munich, 1885–89).

⑧ 孟德尔写给内格里的信可参见 Sternand Sherwoodeds., *Origin of Genetics*, 56–102.

⑨ Karl Nageli, *Mechanisch-physiologische Theorie der Abstammungslehre* (A mechano-physiological theory of inheritance) (Leipzig: Oldenburg, 1884).

⑩ E. Posner and J. Skutil, "The Great Neglect: The Fate of Mendel's Paper between 1865 and 1900," in Olby, *Origins of Mendelism*, 216–19.

中提到了孟德尔,另外一个俄国人于1874年在他的硕士论文中也提到了孟德尔,但似乎只有俄国人能够理解那些数字的含义;然而,这两个人都只是研究生。[11] 最终在1880年,此时离孟德尔去世还有三年,威廉·奥伯斯·福克(Wilhelm Olbers Focke)出版了他的不朽著作《植物杂交》,在书中第108页的末尾,有这么一小句充满怀疑的话:"孟德尔认为自己发现了各个杂交类型之间的恒常比例。"[12]但还是没有人注意到。查尔斯·达尔文也收到了福克的著作,但他还没将书中的所有合页裁开,就交给了他的同事。他的同事此时正在为《不列颠百科全书》撰写"杂交"条目;他简单地阅读了福克书中有关杂交的一些部分,从中抄下试验者的名字,其中包括孟德尔的名字,随后就把名单列入他所撰写的条目。美国著名的植物学家和园艺家利伯蒂·海德·贝利(Liberty Hyde Bailey)也在福克的书中发现了有关孟德尔的参考资料,他所做的就是把它抄录下来作为自己论文的参考文献。此时是1892年。在随后的七年里,孟德尔的名字完全没有被人提起。这位发现基因的物理学老师似乎被彻底地遗忘了。

1899年10月,卡尔·柯伦斯(Carl Correns)开始考虑如何将他的研究成果形成论文,并把它投给一流的德语植物学杂志——《德国植物学会学报》(Berichte deutsche botanische Gesellschaft)。柯伦斯是声望很高的柏林大学的植物学家,他用了几年时间来杂交玉米杂种,试图发现混杂花粉的"异粉性"效应。玉米是常见的美洲植物,但它有种不太

---

[11] Hermann Hoffmann, *Untersuchungen zur Bestimmung des Werthes von Species und Varietät* ..., 1869; Albert Blomberg, "Om hybridbildning hos de fanerogama vaxterna"(Ph. D. thesis, Uppsala, 1872); Schmalhausen, "On Plant Hybrids: Observations on the Petersburg Flora"(master's thesis, St. Petersburg, 1874),引自奥伯勒《孟德尔学说的起源》(Olby, *Origins of Mendelism*),第222—226页。文中表明,达尔文读过霍夫曼的文章,但似乎错过了关于孟德尔的引证。

[12] Wilhelm Olbers Focke, *Die Pflanzen-Mischlinge: ein Beitrag zur Biologie der Gewächse* (Giessen, 1881), 108; trans. Sternand Sherwoodeds., *Origin of Genetics*, 103. 像弗洛伊德的《梦的解释》一样,福克的著作在正式出版之前就能见到。还可参见 Olby, *Origins of Mendelism*, 228-29。

寻常的特征——在杂种中性状不混合。豌豆是唯一常见的性状分离的欧洲植物,但柯伦斯直到最近才开始研究豌豆。在杂交后的第四代(育种家称为 F4)上,柯伦斯发现了与孟德尔在三十多年前所发现的同样简单的性状比例。"我醒着躺在床上等到天亮的时候,我只知道它就'像闪电'一样进入我的脑海,我让这个结果在我脑中不断地盘旋……"[13]

柯伦斯随后开始查阅福克对孟德尔豌豆研究的描述。他记得他的老师,也是他的岳父,曾经告诉他有关这位不知名的试验者进行山柳兰研究的一些情况。然而,他在老师的著作中没有找到孟德尔关于豌豆的研究,因为他的老师正是卡尔·内格里。[14] 在随后的一周里,柯伦斯根据福克书中的注释和参考文献开始追查孟德尔的原始出版文稿。他在自己研究玉米的论文中用一个脚注说明了孟德尔的研究,并把文章发表在 11—12 月的《德国植物学会学报》上,接着就开始撰写新的论文。

当柯伦斯正埋头工作的时候,新的一年已经悄悄来临。1900 年 1 月 17 日,一位爱好植物学的奥地利贵族腋下夹着论文来到维也纳大学。他名叫艾瑞克·丘歇马克·冯·赛谢涅格(Erich Tschermak von Seysenegg),曾经是维也纳农学院植物学专业的学生,如今为了获得该校的讲师资格,来参加教师资格论文的答辩。早在两年之前,也就是 1898 年,在丘歇马克参观过一个荷兰的植物园和读过达尔文论述异花受精的小书之后,他也开始培植豌豆。[15] 一段时间以后,他发现了一篇被人忽视的关于豌豆研究的论文,而作者是一位名叫孟德尔的奥地利同胞,于是,他在自己论文的脚注中引用了孟德尔的研究。他的论文后

---

[13] 卡尔·克伦斯(Carl Correns)于 1925 年 1 月 23 日写给 H. F. 罗伯茨(H. F. Roberts)的信, Sternand Sherwoodeds., *Origin of Genetics*,135。

[14] 孟德尔与内格里那些令人沮丧的通信一半是由卡尔·克伦斯在他岳父的论文中发现的。

[15] Charles Darwin, *The Effects of Cross and Self Fertilisation in the Vegetable Kingdom* (New York:D. Appleton,1877).

来发表在 1900 年的《奥地利农业研究杂志》上。[16] 在他自己的研究中，丘歇马克还没有发现这种整数比例；因此这个比例对他来说没有特殊的意义，他尤其不会联想到遗传的分子性。对丘歇马克来说，孟德尔最有用的思想是关于显性性状和隐性性状的区分（这其实早在孟德尔之前就已被发现），但他只能朦胧地意识到这背后的分离规律。即便如此，孟德尔的研究也明显受到了前所未有的礼遇——欣赏。

在丘歇马克投稿的两个月之后，布尔诺出现了春天的迹象——又到种植豌豆的时节了。到了 1900 年 3 月的第 2 周，一位名叫雨果·德弗里斯(Hugo de Vries)的荷兰植物学家将一篇新的论文从莱顿大学寄往《德国植物学会学报》。德弗里斯在论文的开篇处宣称，一个物种的"特征"是"基于该物种特殊的单元或元素"，这些单元"就像化学分子那样……中间没有过渡。"[17]这篇论文题为《杂种的分离定律》，其中用到了孟德尔的用词"分离"；并且在论文中的脚注中，也引用了孟德尔的论文。该论文在 4 月末发表，它为德弗里斯带来了"重新发现"孟德尔遗传规律的声誉。[18] 自 1896 年起，德弗里斯已经对二十多种不同的植

---

[16] Erich Tschermak,"Ueber künstliche Kreuzung bei *Pisum sativum*"(On deliberate cross-fertilization in the garden pea), *Zeitschrift fur das landwirtschaftliche Versuchswesen in Osterreich* 3(1900),465–555；摘要参见 *Berichte der deutschen botanischen Gesellschaft* 18(1900),232–39。

[17] Hugo de Vries,"Das Spaltungsgesetz der Bastarde"(The law of segregation of hybrids), *Berichte der deutschen botanischen Gesellschaft*, 18 (25 April 1900)；E. 斯特恩(E. Stern)英译本，参见 Sternand Sherwoodeds. , *Origin of Genetics*,107。

[18] 《德国植物学会学报》在 3 月 14 日收到了德弗里斯的《杂种的分离定律》("Das Spaltungsgesetz der Bastarde")；不久之后，他向法国的两家杂志投去了两篇围绕该主题的论文：一篇是"Sur la loi de disjonction des hybrides,"载 *Comptes-rendus…de l'Academie des sciences* 第 130 期 (1900)，第 845—847 页，出版于 4 月 21 日，比《杂种的分离定律》早了四天；另一篇是"Sur les unites des caracteres specifiques et leur application a l'etude des hybrides,"载 *Revue generale de botanique* 第 12 期 (1900)，第 257—271 页。J. Krizenecky, *Fundamenta Genetica*,Folia Mendeliana vol. 6 (Prague: Czechoslovakian Academy of Science,1965)；被恩斯特·迈尔(Ernst Mayr)引用,Ernst Mayr, *The Growth of Biological Thought: Diversity, Evolution, and Inheritance* (Cambridge:Harvard University Press,1982),728。

物杂种进行杂交试验,其中包括玉米和豌豆。他说,他在二十多种植物中都发现了孟德尔的分离律,尽管他只是将其中的两种引入论文——而他所持续研究的双因子杂种则不会超过两代。论文的及时发表保障了德弗里斯"重新发现"孟德尔遗传规律的优先性。[19] 他是在1899年左右读到孟德尔的论文,这源于他在贝利(Liberty Hyde Bailey)书中的参考文献里看到了孟德尔的论文,而几乎与此同时,一位朋友给了他一本孟德尔论文的单行本。不过当时他的兴趣并不在杂种,而是在新物种——进化的机制。[20]

52岁的德弗里斯并不只是一位植物学家,他也是荷兰最重要的三位科学家之一。他与另外两位最重要的科学家雅可比·亨利克·范特霍夫(Jacobus Hendricus van't Hoff)、亨德里克·安东·洛伦兹(Hendrik Antoon Lorentz),以及其他荷兰科学家一样,发表论文至少以三种语言。这三位科学家都是微粒说的支持者。例如物理学家洛伦兹试图发现麦克斯韦的经典电磁场理论在多大程度上能被带电粒子的电子论所代替。范特霍夫是被提名获第一届诺贝尔化学奖的科学家,他在玻尔兹曼的质点动力学和斯万特·阿列纽斯(Svante Arrhenius)的电离学说的基础上形成了自己的理论,成功解释了稀释溶液的渗透压力。事实上,是德弗里斯在1884年提醒范特霍夫关注一些基本数据,这些数据来源于他和其他研究者在1882至1890年间所做的一系列关于植物组织的渗透压力的实验。[21]

---

[19] 我在这里采用了恩斯特·迈尔(在 *The Growth of Biological Thought* 中)和罗伯特·奥伯勒的观点。德弗里斯在1924年声称,他自1893年起就在月见草的杂交实验中获得了分离性状。参见德弗里斯于1924年12月18日写给H. F. 罗伯茨的信, in Sternand Sherwoodeds., *Origin of Genetics*, 133–34。

[20] C. Zirkle, "The Role of Liberty Hyde Bailey and Hugo de Vries in the Rediscovery of Mendelism," *Journal of the History of Biology*, 1(1968).

[21] 德弗里斯自己关于渗透压力和质壁分离的研究直到1888年才开始陆续发表于《植物学杂志》(*Botanische Zeitung* 46, 1888, 229–35, 245–53; *Zeitschrift fur physikalische Chemie* 2, 1888, 415–32; *Comptes-rendus … de l'Academie des sciences* 106, 1888, 751–53.

在为范特霍夫提供有关渗透作用的数据以及发明离子计数器以后,德弗里斯放弃了植物水力学的研究,而转向研究遗传的一般性问题。遗传问题是生物学中最古老和最富有争议的问题之一。1889年,德弗里斯用德语发表了他的一般性理论——《细胞间质泛生论》(*Intracellular Pangenesis*),提出性状是由细胞内叫作"泛子"的独立单元所传递的。㉒ 他批评了赫伯特·斯宾塞、奥古斯特·魏斯曼(August Weismann)以及内格尔等人的早期理论,认为它们要么是自相矛盾,要么无法充分证明。对于查尔斯·达尔文于1868年发表的泛生论,德弗里斯认为该理论既有一贯性又有开创性;但他也发现了其中有站不住脚的地方,因为达尔文假设了如此多种承担遗传作用的分子或粒子("胚芽"),以至让人很难想象它们如何能协调工作以完成物种的遗传。至于魏斯曼,虽然他假设了承担遗传作用的生殖细胞的严格分离,但他未能根据性状的多样性设定粒子的多样性。德弗里斯的"泛子"与达尔文的一样,都是多种多样的,但它们又像魏斯曼的那样,都是细胞内的——也就是说,它们不会从一个细胞进入另一个细胞,除非在分裂后进入子细胞。对于并不是所有性状都能显现的问题,德弗里斯认为每种性状所对应的泛子都存在于每一个有机体细胞的细胞核内,但只有一部分能够进入特定细胞的细胞质并发生作用。泛子偶尔能改变其特性,从而引起德弗里斯所谓的"突变";这些突变的一部分能够产生新的物种。㉓ 这个在1889年只有依靠推理才能成立的理论,随着20世纪科技的进步变得越来越容易证明。今天,我们可以看到德弗里斯的"泛子"(pangene)与我们的"基因"(gene)的最大不同在于核酸的序列以及

㉒ De Vries, *Intracellulare Pangenesis* (Jena: Gustav Fischer, 1889). 其他的著作有: Spencer, *The Principles of Biology*, vol. 1 (London, 1864); Weismann, *Die Kontinuitat des Keimplasmas als Grundlage einer Theorie der Vererbung* (The continuity of the germ plasm) (Jena: Gustav Fischer, 1885); Nageli, *A Mechano - Physiological Theory of Inheritance* (1884)。

㉓ Mayr, *Growth of Biological Thought*, 708-9.

它多了个表示"泛""总"等意义的希腊语前缀(pan-)。㉔

"突变"将成为德弗里斯的标志性理论。整个19世纪90年代,德弗里斯都在研究遗传机制。从1886年起,他开始着迷的不是豌豆,而是月见草。那年当他在希尔弗瑟姆(Hilversum)的一块休耕地中散步时,发现了四叶苜蓿草的同属植物:两种野外生长的报春花属植物。它们明显是新物种,而且明显是纯育。德弗里斯很高兴地把它们的种子带回家。这个新物种的发现不仅将使植物学界为之兴奋,而且将使已有三十年历史的进化论彻底变革。它是达尔文的"自然选择"中被自然所选择的原料,它必然是由细胞内部的突变所形成。当《细胞内泛生论》发表时,德弗里斯深信他对这篇文章的论证将使他成为世界上研究月见草的一流专家,因为他已通晓了月见草的所有品种、变种、杂种及其来源。1901年,也就是在他发表有关孟德尔的论文的一年之后,德弗里斯出版了《突变理论》一书。㉕ 到他1935年去世时为止,他已经提供了数百种报春花属植物的"突变",并且发表了三十多篇关于植物种属的论文。尽管德弗里斯的"突变"的报春花属植物最终没能成为一个新物种而只是一个杂种,但他的相关思想——进化是一个"突变的,而非连续的过程"——经受检验而保留了下来,而这也有助于他正确评价孟德尔的功绩。㉖

到1900年为止,所有德弗里斯做的事情,如果去掉时代精神的原因,似乎都在证明他具有意外发现珍奇事物的才能。他已经接近了我

㉔ 单词"基因"(gene)似乎是由威廉・L. 约翰森(Wilhelm L. Johannsen)在《精确遗传基础教程》中创造的。Wilhelm L. Johannsen, *Elemente der exakten Erblichkeitslehre*, Jena:Fischer, 1909.

㉕ De Vries, *Die Mutationstheorie*: *Versuche und Beobachtungen über die Entstehung von Arten im Pflanzenreich* (The Mutation Theory, Experiments and Observations On the Origin of Species in the Vegetable Kingdom), 2 vols. (Leipzig: Veit, 1901, 1903).

㉖ De Vries, *The Mutation Theory, Experiments and Observations On the Origin of Species in the Vegetable Kingdom* (Chicago: Open Court, 1910), 1: 3. 在该版本中,有关孟德尔的事迹在编辑过程中被删去。

们现在所称的孟德尔遗传学,而且不是从一个或两个方面,而是从四个方面:不仅包括杂交、遗传机制和突变,还包括统计。德弗里斯是从达尔文的表弟、英国博学家弗兰西斯·高尔顿(Francis Galton)那里学会了统计技术。高尔顿如今主要以现代生物学中的"优生学"而闻名于世,他还发明了两项重要的统计工具:回归分析和相关分析。他早在1876年就预见了德弗里斯的粒子泛生论。德弗里斯在19世纪90年代继续进行统计研究,并且在1894年至1899年间发表了五篇论文,指出回归分析如何能降低分散数据的模糊性,认为它不仅对常态分布的"钟形"曲线(他称为高尔顿曲线)有效,而且对两条或者更多的数据重叠的该类曲线也都有效。[27] 回归分析所揭示的曲线能够提供隐藏于最深处的数据——一个双因子或多因子的简单数字比例,它也是粒子遗传的符号差。

德弗里斯的论文发表得很及时。在1900年4月的最后一周,也就是在他论文发表不到一个月之后,卡尔·柯伦斯的新论文就出现在《德国植物学会学报》。它有一个明确的标题:《关于种间杂种后代行为的G.孟德尔定律》。[28] 柯伦斯写道:"我认为我发现了一些新东西,但随后我确信布尔诺的修道院院长格雷戈尔·孟德尔已经在60年代不仅得到了与我以及德弗里斯同样的结果,而且也恰好给出了同样的解释……"[29]最后,在1900年5月8日,英国植物学家威廉·贝特森

---

[27] De Vries, "Ueber halbe Galtonkurven als Zeichen diskontinuierlicher Variation", *Berichte der deutschen botanischen Gesellschaft* 12(1894), 197–207; "Les demi-courbes galtoniennes comme indice de variation discontinue," *Archives Neerlandaises des sciences exactes naturelles* 28 (1895), 442; "Eine zweigipfliche Variationskurve", *Archiv für Entwicklungsmechanik der Organismen* 2(1895), 52–64; "Over het omkeeren van halve Galtonkurven," *Botanisch Jaarboek* 10(1898), 27–61.

[28] Carl Correns, "G. Mendels Regel uber das Verhalten der Nachkommenschaft der Rassenbastarde"(Law concerning the behavior of progeny of varietal hybrids), *Berichte der deutschen botanischen Gesellschaft* 18(1900)。克伦斯在4月22日寄出了这篇文章,杂志社在24日或26日收到,在5月发表。L. K. 皮特尼克(L. K. Piternick)翻译了这篇文章,载 Stern and Sherwood eds. , *Origin of Genetics*, 119–32。

[29] Carl Correns, in Stern and Sherwood eds. , *Origin of Genetics*, 120.

（William Bateson）在从伦敦出发参加学术会议的火车上，第一次读到了孟德尔的论文，就根据孟德尔的研究改写了自己的论文，并把它递交给英国皇家园艺学会。他根据德弗里斯寄来的孟德尔论文原稿，以及德弗里斯作为会员参加1899年英国皇家园艺学会会议时所宣扬的非连续变异思想，第一次将孟德尔定律和德弗里斯的专门术语翻译成英文。㉚

为什么在三十五年之后，孟德尔会被三个不同国家的生物学家在几周时间内几乎同时发现和理解？这个问题引起了一个小型图书馆的研究兴趣，但它提供的都是时代思潮之类的令人怀疑的解释。事实上，孟德尔根据统计规律为知识界提供了一种突变性，但这种突变性在1865年还不能被人接受，一直要等到1900年才能受到认可。遗传问题向来是生物学的重要问题。达尔文在1859年所发表的进化论使遗传问题成为生物学的基本问题；但他所提出的渐进模型与连续变异是如此地深入人心，以至只有像孟德尔这样的天才才能摆脱它建立新的遗传模型。19世纪所特有的连续变异说曾是海克尔（Haeckel）生物发生律的重要例证，即认为每个生物个体的发育过程都会重演该物种的进化过程。根据这个理论模型，像伽特纳（Gaertner）之类的植物学家把进化想象为同质遗传物质的混合。达尔文自己也持这个观点。一直要等到卡尔·柯伦斯和德弗里斯培育出自己的豌豆后，他们才认识到豌豆性状分离的简单数学比例；也只有等到丘歇马克的论文发表数月之后，他才能理解孟德尔研究成果中所蕴含的根本性变革。孟德尔在20世纪的后继研究者的任务是从相似体研究转向数字化思考，假设基因并找到它们，并且最终描述它们。因此，1900年成为生物学新思想的发端之年并不奇怪。同样不奇怪的是，1900年也成为物理学新思想的发端之年。

㉚ 德弗里斯到1900年已经以德语、法语和荷兰语发表了大量论文，但英语文章只有1899年的一篇。

"一项新的科学真理获得胜利并不是因为它的反对者信服并接受，而主要是因为它的反对者最终离开人世，而熟悉它的新一代成长起来。"[31]这句马克斯·普朗克(Max Karl Ernst Ludwig Planck)最著名的格言，不仅仅是一句俏皮话，也是他的自传。普朗克曾经循着德国科学界的等级慢慢晋升，编辑着前辈们的著作，循规蹈矩地履行着自己的职责。他终身保持着正直、敬重、忍耐、谦逊等品德，而这掩盖了他的天才和坚韧。不过，就在他去世前不久，他在回忆录中承认他强烈反对前辈们的教育风格，也极不赞同他们的热力学观点；他承认"整个科学生涯最惨痛的经历之一是很少——事实上可以说，没有——在证实一项新发现后在任何合适的场合获得普遍的承认"。[32]然而，具有讽刺意味的是，普朗克自己将作为保守派出现在 20 世纪，或者说他是被迫承认自己曾经提出 20 世纪物理学最重大和最富有革命性的思想之一：基本能量子理论。

量子的思想始于 1900 年 10 月 7 日。当时普朗克带着灵光一现的猜想，在一张明信片上草拟了一个方程式，并把它寄给柏林大学的同事海因里希·鲁本斯(Heinrich Rubens)，使他可以理解从黑体辐射中得

---

[31] 这句格言的原文是："Eine neue wissenschaftliche Wahrheit pflegt sich nicht in der Weise durchzusetzen, dass ihre Gegner überzeugt werden und sich als belehrt erklären, sondern vielmehr dadurch, dass die Gegner allmählich aussterben und dass die heranwachsende Generation von vornherein mit der Wahrheit vertraut gemacht ist." Max Planck, *Wissenschaftliche Selbstbiographie*, ed. Wieland Berg (Halle: Deutsche Akademie der Naturforscher Leopoldina, 1990), 15; trans. Frank Gaynor, in *Scientific Autobiography and Other Papers* (New York: Philosophical Library, 1949), 33 - 34. 普朗克在更早的讲座中重复了这句格言，"Origine et evolution des idees scientifiques", in *Initiations a la physique*, trans. J. du Plessis de Grenhdan (Paris: Flammarion, 1989), 267. 成千上万的美国学生在保罗·萨缪尔森的经济学教科书的第一章读到了这句格言，但书中没有标明这句话出自普朗克。

[32] Planck, *Scientific Autobiography*, 30.

到的新数据。㉝ 那年秋天普朗克教授 42 岁,已经获得了他在德国的最高职位:普鲁士学会的会员和柏林大学的正教授。他登记在册的学生有 89 人,十年前是 18 人。他教授的每门课程都是每周四节讲授课和每学期一节解决问题课。如果你跟着普朗克教授学上三年,你将听到所有的物理学知识,其完备程度超乎想象。他循环讲授的六门课包括:"力学、流体动力学、电动力学、光学、热力学以及分子运动论——六个学期每学期开设一门"。㉞

作为一名研究者,普朗克非常注重秩序。他是一位纯理论物理学家,早在 1879 年就开始写作关于热力学和熵的学位论文,并且在爱因斯坦出生的一周前在慕尼黑完成了这篇论文。如今在二十一年之后,他还在研究同样的问题。普朗克认为它是物理学最后一个重大问题。虽然慕尼黑大学的物理学教授曾经在多年前告诉他物理学"几乎接近完成",㉟但他没有气馁,决心去完成它。他萌生成为一个物理学家的想法源于高中时的一堂物理课。一位教他们数学和物理的老师在课上讲了一个关于热力学第一定律的故事,即建筑工人将石头吊上屋顶的故事。处在新位置的石头包含着建筑工人将它移到那里时所消耗的能量,直到有一天,或许是在该工人去世很久以后,它会重新落回地面,也

㉝ Planck, *Planck's Original Papers in Quantum Physics*, ed. H. Kangro, 由 trans. D. ter Haar and S. G. Brush(New York:Wiley,1972), 46 n. 2. 关于普朗克的重要历史著作可参见 Martin J. Klein, "Max Planck and the Beginnings of Quantum Theory," *Archives of the History of Exact Sciences* 1, no. 459 (1962), *History of Twentieth-Century Physics*(New York and London:Academic Press,1977)。还可参见:H. Kangro, trans., *Early History of Planck's Radiation Law* (London:Taylor and Francis,1972,1976);Thomas S. Kuhn, *Black Body Theory and the Quantum Discontinuity, 1894 – 1912* (Chicago:University of Chicago Press,1987)。

㉞ J. L. Heilbron, *The Dilemmas of an Upright Man:Max Planck as a Spokesman for German Science* (Berkeley:University of California Press,1986),40.

㉟ 普朗克在 1924 年 12 月 1 日的演讲中回忆了菲利普·冯·约利(Philipp von Jolly)这句有缺陷的预言,这句话也被巴巴拉·劳佛特·克里纳(Barbara Lovett Cline)引用在他那本叙述 20 世纪早期物理学发展史的名著:Barbara Lovett Cline, *Men Who Made a New Physics:Physicists and the Quantum Theory* (Chicago:University of Chicago Press,1987),34。

许还会砸到行人。该定律说,能量既不能创造,也不能消灭;凡事有果必有因。对普朗克这个新教牧师子弟来说,19世纪物理学的典雅已经让他初步领略了永恒。"我始终把寻求绝对性作为科学最崇高和最有价值的任务。"㊱

建筑工人所耗费的能量并没有完全凝结到屋顶的石头中,一部分已经在悬吊的过程中耗散。鲁道夫·克劳修斯(Rudolf Clausius)在1850年将这种损耗称为"熵"的变化,并且提出热能在转换为其他能量的过程中必然发生损耗。克劳修斯的结论:尽管任何限定系统内的能量总能保持不变,但熵只能在能量转换可逆的系统中才能保持不变。在现实系统中,熵几乎总是在发生变化;而且这种变化的方向永远不会发生逆转。克劳修斯在1865年提出,熵总是在为"获得极大值而奋斗"。这个由克劳修斯在柏林做出的假设,作为热力学第二定律传给了普朗克这一代。普朗克很快就被它吸引了,就像当初被热力学第一定律吸引那样。几乎在玻尔兹曼将熵重新定义为原子所有排列的可能性对数的同时,普朗克提出了一种不涉及原子的熵理论,并且证明熵保持不变的可能性与原子毫无关系。㊲ 1879年,普朗克在物理学博士论文中论证了克劳修斯的观点,即认为熵在任何现实世界中总是在不断地增加,它保持不变的可能性并不是像玻尔兹曼所暗示的那样难以想象地小,而是绝对为零。

当普朗克前往波恩准备将博士论文亲自交给克劳修斯时,克劳修斯正好不在家。他后来也没有看过这篇论文,因而他就成为第一个忽视普朗克工作的学术领袖。这个名单最终还包括赫尔姆霍兹、基尔霍夫(Kirchhoff)以及玻尔兹曼等德国热力学界的大科学家。他们不是故意要忽视普朗克的研究,而是因为普朗克对原子和熵的认识都不正确。例如,原子被证明对熵的研究是不可或缺的;又如,普朗克是以一种统

㊱ Planck, *Scientific Autobiography*, 46.
㊲ Planck, *Scientific Autobiography*, 16.

计的而非绝对的方法来研究熵。事实上普朗克高深的研究计划是不可能实现的；他在 1900 年秋天所做出的重大发现恰恰就是这种不可能性的最好证据。

1880 年，为了获得慕尼黑大学的任教资格，普朗克向它递交了一篇关于液体与气体的均衡条件的论文。但在此前不久，威拉德·吉布斯(Willard Gibbs)已于 1875 年发表了比普朗克的研究结果更为精确的论文。当普朗克在基尔大学获得第一份带薪工作后（这要感谢他父亲的提携），他迎娶了玛丽·梅尔克，不久后有了孩子，也发表了著作，但对荣誉的渴望仍然困扰着他。他继续顽强地进行流体的热力学研究，在没有用到阿列纽斯关于带电"离子"的新假设的情况下，成功证明溶液中的化学物品必将离解为亚分子微粒。阿列纽斯于 1888 年在基尔亲自拜访了普朗克，但他认为普朗克的研究不够完备故不予接受。

作为 19 世纪德国科学界领袖的赫尔姆霍兹，这位早在 1847 年就发表著作阐述热力学第一定律的科学家，没有对普朗克进行评论。像克劳修斯一样，也没有注意到他。普朗克曾于 1878 至 1879 年间作为柏林大学的学生听过这位大人物例行公事的演讲，当同学们陆续离去的时候，他选择留了下来，但没人奖励他的忠诚。赫尔姆霍兹从未把学生放在最重要的位置。十年之后，作为基尔大学一位不知名的助理教授，普朗克以一篇有关能量与熵的文章参加了哥廷根大学举办的竞赛，最终获得了二等奖——这是举办方授出的唯一一个奖项——因为他反对一位担任评奖委员会委员的哥廷根大学教授的观点。这件事使赫尔姆霍兹注意到普朗克与他站在同一阵线，从而使他在 1888 年获得了柏林大学的一个教授职位。他在那里接替了刚去世的、柏林物理学界第三号重要人物古斯塔夫·基尔霍夫的工作。

普朗克曾作为柏林大学的学生听过基尔霍夫的课。他记得这些课讲得很有条理，但是单调乏味。[38] 然而，普朗克知道基尔霍夫——就在

㊳ "gelernt, trocken und eintonig." Planck, *Scientific Autobiography*, 16.

普朗克出生后不久——已经发现了热力学最重要和最费解的真理之一——一个被称为"黑体"(black-body)辐射方程的尚未明确的关系式。基尔霍夫表明，当一个完全无反射的物体（他称之为"黑体"）加热后辐射传热时，它传热的强度只取决于它的温度，而与它的组成物质无关。基尔霍夫假设，黑体在给定时间内所辐射的总能量，无论是以从蓝色到红色的任何波长或频率，都只与波长和绝对温度有一定的数学函数关系。基尔霍夫在1860年发表该项研究成果的论文中写道："找出这种函数关系是极其重要的任务";[39]但具体的函数关系他仍然不得而知。在此后的四十年里，无论是基尔霍夫还是其他人，都未能找出这种函数关系。该问题成为物理学的一个经典难题，直到普朗克做出相关发现。普朗克在1900年10月寄给鲁本斯的明信片上写的恰好就是这个未知的方程式。

尽管普朗克曾经小心翼翼地寻找黑体辐射的方程式，但却以最间接的方式发现了它。他是到1897年才开始研究这个问题的，但即使在那时，熵仍然是他关注的中心。在完成博士论文的八年之后，他又写了一部关于熵的著作；即使在他于1889年成为柏林大学的教授后，他仍然在研究熵。作为基尔霍夫的继任者，他忠实地承担起编辑基尔霍夫著作的任务，就像以前编辑克劳修斯的著作那样，希望从中发现支持自己理论的证据。然而，当普朗克编到第四卷时，他发现基尔霍夫在有关气体理论的六个讲座中，提出了一种理想的气体结构的概率模型。[40]如果连基尔霍夫都对用来证明熵的增加是不可逆过程的非统计方法没

---

[39] *Annalen der Physik und Chemie* 109 (1860), 275; 被 Abraham Pais 引用于 "*Subtle is the Lord …* ": *The Science and the Life of Albert Einstein* (New York: Oxford University Press paperback, 1983), 364。

[40] Gustav Kirchhoff, *Vorlesungen uher die Theorie der Warme*, vol. 4 of *Vorlesungen über mathematische Physik*. Max Planck (Leipzig, 1877 - 1894). 曾经进行相关研究的托马斯·库恩(Thomas Kuhn)将书中标号为13的讲座视为玻尔兹曼之前唯一四篇将概率概念应用于气体理论的论文中的第三篇。Kuhn, *Black Body Theory*, 61, 71.

有把握,那么也许这种方法只是提供了一种或然性。

如果概率与统计确实是理想的方法,那么玻尔兹曼无疑是很好的导师;但普朗克对玻尔兹曼及其模型持谨慎态度,因此并不急于仿效。他在很久以前就研读过玻尔兹曼的主要著作,并且在旷日持久的"能量学"论战中支持玻尔兹曼的原子论。这场论战于 1895 年 9 月在吕贝克(Lübeck)举行的德国自然科学家会议上达到了白热化的程度。"能量学家"认为物理学应该集中研究能量方程而非物质;他们包括反对玻尔兹曼的科学家奥斯特瓦尔德(Ostwald)、赫尔姆(Helm)和维歇特(Wiechert),还包括志趣相投的英国思想家克利福德(Clifford)、皮尔逊(Pearson)、拉莫尔(Larmor)和开尔文勋爵(Lord Kelvin),以及那些将原子视为波和涡旋的人士。普朗克认为这种思想离经叛道,过于激进,它"会鼓励年轻科学家成为浅薄的涉猎者,而不是扎扎实实地研究已被证实的经典理论"。[41] 他对马赫的诚挚批评始于 1891 年写给奥斯特瓦尔德的一封信。在他看来,能量学是马赫"实证主义"的派生物,是宣称原子并不存在的错误理论。虽然普朗克的个性并不像玻尔兹曼那么好斗[42],但在 1895 年的吕贝克,他站到了玻尔兹曼一边;此时的他发现自己加入了更年轻一代物理学家的阵营。

普朗克以往不太重视原子论,但此刻他突然发现原子论比实证主义更能满足他对绝对性的追求。这次转变对他来说关系重大。如果气体是连续的,那么最理想的热源理论将被推翻。如果液体是连续的,那么就无法解释渗透压、电解率,或者显微镜下悬浮颗粒的布朗运动。如果固体是连续的,那么就无法解释它们特殊的热量。如果所有物质都

---

[41] Planck,"Gegen die neuere Energetik"(Against the new energism),*Annalen* 57 (1896),72 - 78. 引言译自普朗克的《物理学论文和讲演》(Planck, *Physikalische Abhandlungen und Vortrage*,Brunswick:Vieweg,1958,1:464 - 65);也可参见 Heilbron,*Dilemmas of an Upright Man*,45 - 46。

[42] 参见普朗克 1891 年对德国自然科学家会议(Deutsche Naturforscherversammlung)所作的关于接受或拒绝原子学说的报告,Planck,*Physikalische Abhandlungen*,1:372 - 73。

是连续的,那么应该有无数种化学元素,但实际上化学元素少于一百种。

普朗克在1897年写给朋友的信中,最后一次尝试假设一种连续的、非原子的物质来表示他的绝对熵。㊸ 但此后他再也没有回头。他在1908年和1910年仍然不遗余力地批判马赫主义和实证主义,㊹此时玻尔兹曼已经去世,马赫的信徒们处于混乱之中,而马赫自己也因中风而动弹不得。但在当时,没有一个维也纳的思想巨人在生前关注过普朗克的成就。当普朗克还不是原子论者时,他被马赫所忽视,而当他成为原子论者时,普朗克发现自己又被玻尔兹曼和其他原子论者所忽视。他甚至还不如他的助手恩斯特·策梅洛(Ernst Zermelo)更能引起玻尔兹曼的注意,因为策梅洛发表了一篇关于"遍历性"假说的深度评论,可以用来支持玻尔兹曼对熵的统计情况。

公平地说,普朗克也忽略了玻尔兹曼在1891年会议上所讲的话,那就是"能量不能被视为分离的原子是没有理由的"。㊺ 也许普朗克潜意识中已经记下了这句话。玻尔兹曼在1896年总结了他二十年的研究成果,编成了《气体理论讲演》一书。当该书出版时,普朗克似乎读过。然而,尽管在该书的第一章有玻尔兹曼H定理和统计熵的总结性陈述,而且在第六节和第八节有它们的组合分析,但它们似乎对普朗克的研究没有产生直接影响。㊻ 他对气体或者物质已经不再那么感兴

㊸ 参见普朗克1897年5月23日写给利奥·格拉茨(Leo Graetz)的信,Kuhn, *Black Body Theory*, 27–28。

㊹ Planck, "Einheit des physikalischen Weltbildes," 这是普朗克于1908年12月在莱顿所作的演讲。可参见 trans. R. Jones and D. H. Williams, in Planck, *A Survey of Physics: A Collection of Lectures and Essays* (New York: Dover, 1960), Planck, "Zur Machschen Theorie der physikalischen Erkenntnis. Eine Erwiderung" (On Mach's theory of physical knowledge: A reply), *Physikalische Zeitschrift* 11(1910), 1186–90.

㊺ D. Flamm, "Boltzmann's Statistical Approach to Irreversibility," *University of Vienna Theoretical Physics Report* 4(1989), 8.

㊻ Kuhn, *Black Body Theory*, 98.

趣。在 1895 年，也就是进行能量学辩论的那年，普朗克已经发表了他下一个研究课题——辐射问题——的首份报告。

在 19 世纪 90 年代，辐射问题是一个时新的课题，物理学家都在集中研究那些能够区分能量与物质的现象。赫尔姆霍兹最有成就的学生海因里希·赫兹，已经于 1887 年在无线电波段中发现了电磁波。自 19 世纪 60 年代起被看作既是电又是磁的阴极射线，逐渐被巴黎的佩林（Jean Perrin）和剑桥的 J. J. 汤姆森（Thomson）发现根本不是射线，而是比原子还小的带电微粒。汤姆森在 1897 年称之为"微粒"（corpuscles）；而乔治·斯托尼（George Stoney）在 1894 年所提议的称谓"电子"，最终获得流行。1895 年，伦琴（Wilhelm Röntgen）发现当阴极射线射到某些金属时，会产生新的射线——这是真正的射线，而不是粒子流，它们是如此地强有力，以至能够穿过他的身体，并且能在胶片摄影机上绘出他的骨架。他将这种新射线命名为 X-射线。更晚近的研究是荷兰物理学家亨德里克·洛伦兹试图将电磁理论概括为电子动力学。虽然辐射明显是一种能量，但它似乎不需要任何中介就能与物质相互作用。麦克斯韦曾经指出辐射甚至会施加"压力"。对于普朗克来说，他是以反原子论者的身份开始这项新研究，认为辐射的连续性超乎想象。他希望弄清辐射中是否也有熵，以及辐射中的熵是否如物质中难以捉摸的熵那样总是无条件地增加。

奇怪的是，普朗克最初猜想辐射毫不连续。在 1895 年春天发表的论文中，他建立了一个辐射模型，这个模型成为他此后十年研究辐射问题的基石，也使他很快就能对黑体辐射进行分析。普朗克将辐射想象为大量微小元素的集合，他将这些微小元素称为"振子"或共振器，认为它们能够接受某种频率的波或与之发生"共振"，而且能够再次发射出去。也许是因为普朗克有很高的音乐素养，所以联想到了钢琴的弦，它们能在他弹奏自己深爱的舒伯特和巴赫的作品时与其他泛音发生共鸣。[47]对于那些比物理学家更有诗意的人来说,这个模型让人联想到微风中的麦田,耳际能听见各种方向的风。如果像普朗克所假设的振子那样,每当风向逆转都能听到某种逆风,那么这种联想将接近物理学模型。玻尔兹曼或许会将这些振子称为分子,但普朗克还不敢完全确定是否真的有分子,他把振子的作用限定为在相互之间或者从外部系统回应辐射。他希望其中的振子越少越好,这样就能以数学的方式处理它们。他的标准程序一度计算出其中的一种平均数或一种平衡状态。

1896年,普朗克的一位年轻朋友威廉·维恩（Wilhelm Wien）所做的一个发现促使普朗克重新注意到基尔霍夫的黑体问题。经过在帝国标准局物理技术研究所的充分研究,维恩大刀阔斧地将基尔霍夫方程中的未知数减少到一个,从而变成了由频率（频率与波长成反比）除以温度的关系式。两年以后,维恩修订了方程,使它能够被实验所检验。实验的结果很理想,尤其是当波长在可见光的范围内。

普朗克并不是实验物理学家,但他恰好关注到了正在进行的实验。当时在德意志帝国内有三个黑体,其中两个在柏林。它们是那个时代的超级超导对撞机。其中维恩所研究的那个,是在位于查洛特伯格（Charlottenburg）郊区的帝国标准局物理技术研究所内。它是在1896年由奥托·卢默（Otto Lummer）和恩斯特·普林斯海姆（Ernst Pringsheim）所领导的小组用瓷和铂制成。它一经使用,维恩就用它来推导自己的方程,后来还用它得出了自己的分布定律。另外一个是在靠近柏林市中心的理工学院,大部分时间都由费迪南·库尔鲍姆（Ferdinand Kurlbaum）和普朗克的朋友海因里希·鲁本斯所使用。从

---

[47] 普朗克的传记作家海尔布伦（Heilbron）写道:"在那些日子里,普朗克对音调的感觉是如此精确,以致他很少能从音乐会中得到享受,甚至还不如他从邻家孩子那里得到的快乐;然而,就像他的政见和他的热力学一样,他的耳朵逐渐失去了绝对性,这让他获得了更大的乐趣……较之巴赫,他更喜欢舒伯特和勃拉姆斯,他崇拜舒曼;他在巴赫的《马太受难曲》中挑选了富于感情的篇章;这些选择显示了他冷静的外表下深深的浪漫主义气质。"Heilbron, *Dilemmas of an Upright Man*, 34-35。

黑体发出的射线聚焦到一个叫作辐射热测量计的仪器上,该仪器的核心是一块狭长的变黑的铂金,它能够吸收辐射并记录下总的能量。[48]

几乎同时,普朗克认识到如果假设辐射中也有熵,那么就有希望解决熵这个难解之谜。如果辐射中没有熵的话,至少辐射器中有熵。1897 年 2 月,普朗克向柏林物理学会宣读了题为"论不可逆辐射过程"的系列论文中的第一篇,他试图以共振器模型来证明辐射中的熵是不可逆的。只有到这时玻尔兹曼才最终注意到他,他在 6 月以同样的标题向柏林物理学会递交了一篇论文。在这篇论文中,玻尔兹曼试图证明普朗克的基本模型是错误的。普朗克曾经假设共振器将发出球形的波,并向各个方向扩散,同样也接收任何方向的波或者波的部分。玻尔兹曼追问为什么球形的波不会——在适当的时候——重新聚集回共振器。事实上,这是可能的。普朗克的证明基于一个潜意识的假设,但这个假设被证明是错的。于是普朗克返回了在柏林的办公室,开始从研究多个共振器的平均数转向研究单个共振器的平均数。从此时开始,他关于"不可逆辐射过程"的系列论文中的每一篇新论文,都将越来越接近玻尔兹曼的统计方法,而日益远离他对绝对性的追求。当普朗克在 1899 年 5 月发表他关于不可逆辐射过程的第五篇论文时,他已经"知道用能量而不是温度……与共振器中的熵关联起来";通过应用新的方程式,他找到一种方法可以导出维恩的分布定律。[49]

与此同时,鲁本斯和库尔鲍姆重新设置了在理工学院的黑体,用来测量以前从没测过的辐射。这种辐射的波长超过 8 微米,其中的红色已经无法识别,但可以测到远红外线。为了能够反射更长的波长,鲁本斯的研究小组采用了石盐或氟石的结晶体;当他们把射线聚焦到他们

---

[48] 它的发明者是曾经在巴黎带领亨利·亚当斯参观发电机的美国科学家塞缪尔·普雷斯·兰利(Samuel Press Langley)。

[49] Planck,"The Origin and Development of the Quantum Theory,"in *A Survey of Physics*:*A Collection of Lectures and Essays* (Physikalische Rundblicke,1922), trans. R. Jones and D. H. Williams (New York:Dover,1960),105.

的辐射热测量计时,发现强度在稳定地减少。到 1899 年与 1900 年之交,新的研究结果首先是从理工学院,其次是从查洛特伯格开始传播开来。实验证明,对于任何设定的温度,辐射的强度在某个特定的波长上达到最大值,但随后随着波长的增加,辐射的强度反而会下降。这个结果与维恩三年前的方程相符,但与他的定律直接冲突——它也与帕邢定律,以及更新的泰森定律相冲突。对于这些波长,没有已知的定律可以对数据作出解释。

1900 年 6 月,也就是在一个学年的末尾,英国的约翰·斯特拉特·瑞利男爵(John Strutt, Lord Rayleigh)带着他自己的分布定律加入了这场讨论。瑞利是一个彻底的原子论者,他已经分别于 1877 和 1899 年指出,天空之所以是蓝色的,是因为组成天空空气的原子大小的微粒将阳光以蓝色波长折射回地球。他因此也带来了天空空气的连续性问题,但他自己的分布定律无法对其不连续性做出解释,尽管他已经想到将波长作为平方或指数引入方程。更糟糕的是,瑞利的定律只有在辐射是以红外线长波进行的时候才能给出合理的数值。而对于最短的(紫外线的)波长,它预测辐射的强度将无限大,将导致完全不着边际的"紫外线灾难"。

在巴黎世界博览会的物理学大会上,一位评论员指出所有在巴黎的物理学家,只有四个人真正关注热力学。[50] 他无疑是指来自柏林的普朗克及其同事。1900 年 8 月,普朗克在巴黎的学术报告厅聆听了维恩的同事奥托·卢默用法语宣读的论文,内容是关于黑体以远红外线辐射的最新数据。但这个数据仍然不符合由维恩提出并由普朗克在最近证明的分布定律。难道新数据能得出更好的结论吗?卢默的论文推翻了普朗克赖以导出维恩定律的推理过程。而卢默想知道的是,单个

---

[50] Emil Picard, "Sciences"(1903), Heilbron, *Dilemmas of an Upright Man*, 19.

共振器的平衡数乘以共振器的数量是否真的等于所有辐射器的平衡数?[51]维恩在接下来的论文中也提出了同样的问题。巴黎对于普朗克来说,并不像它对保拉·贝克尔那样鼓舞人心。

到 1900 年初秋,世界博览会开始趋于平淡,知识分子们也开始陆续返回他们原来的城市(除了德弗里斯,他从来没有离开过阿姆斯特丹)。在 9 月于亚琛举行的德国医生与科学家协会的年会上,维恩根据自己从查洛特伯格的实验室获得的新数据提出了一个新问题。普林斯海姆回应说:"不。我认为完全可以通过某种类型的实验排除出错的原因。"[52]几周之后,另一个黑体研究小组的负责人鲁本斯于 10 月 7 日来到位于柏林格鲁内瓦尔德的普朗克家中,与普朗克夫妇共进晚餐。他想在那里弄清是否曾经有人把每种波长的辐射强度与黑体的温度联系起来。在鲁本斯离开以后,尤其等他四个孩子上床以后,普朗克开始连夜研究这个问题。如果辐射的强度在一定的温度下在某种特殊的颜色上达到最大值,并且随后开始递减,那么辐射强度公式必然包含可以让它反方向变动的参量。如果这种公式或者函数拥有"两个极限值,其中一个极限值对应于热辐射谱的短波段,另外一个极限值对应于热辐射谱的长波段",[53]那么它就可以通过数学很方便的构建。普朗克的辐射公式是根据熵对能量二阶导数的两个极限值进行内推而得到的,其中一个极限值由维恩公式确定,熵对能量的二阶导数与能量成反比。另

---

[51] Otto Lummer, "Le rayonnement des corps noirs," in *Rapports Congrés Internationale de Physique* (1900), 2:41-99. 参见 H. Kangro, *Early History of Planck's Radiation Law* (London: Taylor and Francis, 1972, 1976), 220; Plank, *Planck's Original Papers in Quantum Physics* (New York: Wiley, 1972), 46 n. 1; Kuhn, *Black Body Theory*, 99。

[52] *Physikalische Zeitschrift* 2 (1900), 111; in Christa Jungnickel and Russell McCormmach, *Intellectual Mastery of Nature: Theoretical Physics from Ohm to Einstein*, vol. 2, *The Now Mighty Theoretical Physics, 1870-1925* (Chicago: University of Chicago Press, 1986), 260.

[53] Planck, "The Origin and Development of the Quantum Theory," in *A Survey of Physical Theory*, 106.

外一个极限值根据鲁本斯等人的测量结果而得到。鲁本斯等人发现，在长波领域黑体辐射强度与温度呈线性关系。普朗克吸收了这一实验结果，从而确定了熵对能量的二阶导数与能量的平方成反比。这个公式就是 $E = C\lambda^{-5}/e^{c/\lambda T} - 1$。（$E$ 代表辐射强度，T 代表绝对温度，C 和 c 是两个不同的常量。）他在第二天将这个公式写在明信片上寄给了鲁本斯。[54]

鲁本斯和库尔鲍姆很快就报告说，这个公式有效。它在红外线辐射上比维恩定律更有效，而在紫外线辐射上也比帕邢、泰森和瑞利等人的定律更准确。10月19日，鲁本斯、库尔鲍姆和普朗克联合向柏林物理学会报告了这个公式。库尔鲍姆首先提供了相关的数据，普朗克随后在一篇短文中提出了他的新定律。但普朗克还不知道为什么他的定律有效。他在1931年写道，这是一个"孤注一掷的行动，无论如何我都必须得到一个积极的结果，而不惜任何代价"。[55] 炽热的黑体究竟在发生什么变化？他那奇怪的公式又揭示了哪些真相？普朗克把10月和11月的大部分时间都用来"找出它真正的物理学意义"。[56]

那么普朗克在10月末到11月初的四周内做了什么呢？其实在普朗克寄给鲁本斯的公式草稿中，有些细节已经暗示了一个数学组合分析的基础——以因子组合来计算概率。例如，它将自然对数 e 作为底数，这意味着可以把他在大学里所学的复杂的阶乘符号转化为简单的对数符号。"在经历了我生命中一段最艰苦的工作之后，黑暗逐渐散去，一个意想不到的美景开始出现"。[57] 二十年来为熵寻找数学表达式

---

[54] Planck, "On an Improvement of Wien's Equation of the Spectrum"(19 October 1900), in *Planck's Original Papers in Quantum Physics*, 35, 46-47 n. 2.

[55] Armin Hermann, *Frühgeschichte der Quantentheorie, 1899 – 1913* (Baden: Mosbach, 1969), 32; in Pais, "*Subtle is the Lord …*", 370.

[56] Planck, "The Origin and Development of the Quantum Theory," in *A Survey of Physical Theory*, 106.

[57] Planck, "The Origin and Development of the Quantum Theory," in *A Survey of Physical Theory*, 106.

的努力终于开花结果——同样在其他物理学领域也获得证实。

普朗克最终将玻尔兹曼的熵概念变成了概率的对数之和。相应地，概率是零碎部分的不同组合。如果辐射的能量自身能被划分为相等的部分，那么普朗克就能设计出一个公式，其中被划分为极小但又相等的能量部分 e 的总数将根据由共振器的总数 N 所决定的各种可能组合来推算。各种可能组合的总数 W 的对数，乘以玻尔兹曼常数 k，将等于整个辐射系统的熵 S。普朗克的整个公式具有和玻尔兹曼的 H-定理同样的基本形式。在普朗克得出这个公式后（普朗克第一个写出公式 $S=k\log W$，并且第一个将 k 称为"玻尔兹曼常数"），他继续将其中的项插入到克劳修斯以前的公式中；在克劳修斯的公式中，熵的变化等于系统所吸入的热量与热源温度之比。这样他就将温度引入到公式中。在进行了连代数专业的学生都会感到头疼的一系列复杂运算后，包括将共振器的总数 N 进行第二次除和乘，普朗克最终得出了频率—强度的分布定律。较之他在 10 月寄给鲁本斯的公式，他的新公式以频率 ν 代替了波长 λ：$E_{\nu T}=8\pi\nu^2\varepsilon/c^3 \times 1/(e^{\varepsilon/kT}-1)$。⑱ 同时，能量单位 ε 也出现在了分子和分母的幂中。因为维恩的比率要求这一关系式缺少的项与被温度除的频率 ν/T 有关，普朗克试图用频率 ν 与一个小常数的乘积来取代 ε，从而使 ν/T 出现在分母。他将这个新的小常数记作 h。既然其他的参数——π、e，甚至 k——都是常数，普朗克知道由基尔霍夫所提出的，一代以上的物理学家所孜孜以求的公式此刻已在他手中。这是他以玻尔兹曼所发现的原理为基础所推导出来的公式。

11 月 13 日，普朗克写信给维恩说，他已经找到一种理论，用来支持他在 10 月所提出的公式。该公式已经在柏林理工学院的黑体实验

---

⑱ Planck, "On the Theory of the Energy Distribution Law of the Normal Spectrum" (14 December 1900), in *Planck's Original Papers in Quantum Physics*, 42.

室不断得到证实。(59) 12月14日，也就是在1900年最后一个月中，普朗克向柏林物理学会那些杰出的同仁们报告了公式的推导过程。没有人提出质疑。此时还没有人知道普朗克已经为19世纪物理学埋下了一颗巨大的炸弹，甚至连普朗克自己都不清楚他那些赖以进行公式推导的，微小但又无法再分的能量单位 ε 或者 $h\nu$ 究竟有多大的革命性。在1900年即将结束之际，当普朗克与他7岁的儿子欧文一起散步时，他告诉孩子自己做出了一个可以与哥白尼或牛顿相媲美的重大发现。然而，当时他似乎没有谈到 $h\nu$。相反，他试图证明一个较新的自然常数，即玻尔兹曼常数 k，无论对物质还是能量都适用。(60)

至于他标记为 h 并且用来与频率相乘的小常数，普朗克保持沉默。他甚至没有为它取名。直到1906年，他在著书时才决定将它称为"基本的作用量子"。根据他的新公式，在能量的增减上没有比 h 更小的单位。它的值极小，仅仅为 6.55×10^{-27} 尔格·秒或者 6.55×10^{-34} 焦耳·秒（1尔格 $=10^{-7}$ 焦耳）。因为它是如此地小，以至普朗克无法摆脱它。它贯穿了普朗克的《热辐射讲义》的始终。普朗克最终不仅接受
176 了玻尔兹曼的熵增加原理，而且发现了能量的一种新原子结构——放射性原子。亚里士多德曾经在很久以前说过，"大自然不下跳棋"；17世纪德国科学的教父莱布尼兹曾重复这句格言："自然界从不跳跃。"但事实并非如此，"大自然事实上跳跃着前进，这确定无疑。"(61)

---

(59) 参见普朗克1900年11月13日写给维恩的信，in *Wien Papers*, Staatsbibliothek Preussische Kulturbesitz (Berlin, 1973), 110; in Jungnickel and McCormmach, *Intellectual Mastery of Nature*, 262.

(60) 这是托马斯·库恩的结论(*Black Body Theory*, 113)。他也对欧文所忆往事的各种版本进行了评论，如阿诺德·索末菲(Arnold Sommerfeld)在1947年的报道和R. W. 波尔(R. W. Pohl)在1972年的报道(*Black Body Theory*, 278 n. 30, 285n. 44)。欧文是普朗克四个孩子中最后一个幸存者，但在1945年因在7月20日密谋刺杀希特勒而遭到杀害。两年之后，普朗克也离开了人世。

(61) Planck, "New Paths of Physical Knowledge", in *A Survey of Physical Theory*, 49.

第十二章 伯特兰·罗素和埃德蒙德·胡塞尔

现象学,数及逻辑的衰落

1901

1901年春天,在伦敦南部小小的芬赫斯特村(Fernhurst)和哈斯勒默雷(Haslemere)村附近的"米尔汉加"(The Millhangar),在小巧的乡村茅屋的后室中,罗素正用笔和纸劳作着。5月18日将是他29岁生日。他正在构思一部著作,期望它能重建整个数学,把所有形而上学的胡言乱语从哲学中清除出去,从而改变世界。他最终赋予的书名当然不是谦虚的——而是《数学原理》(Principia Mathematica),这是牛顿为他1687年的巨著所使用书名的头两个词语;不过即使没有这个书名,罗素也拥有贵族的自信。作为一位辉格党首相与其他三位勋爵和夫人的孙子,罗素赢得了牛顿曾经待过的剑桥大学的优等奖学金,打算为这本著作找到令人尊敬的出版社。《数学原理》是被称之为 The Principles of Mathematics 的著作的第二卷——它是扩展的、缜密的,用符号而不是用散文写就的——而《数学原理》(The Principles of Mathematics),罗素"在旧世纪的最后一天"即1900年12月31日已经撰写完毕。① 无论如何,他认为已经完成了。《数学原理》的第四稿有几十万字。与他自 1897 年以来撰写的几乎完成的早先三稿相比,第四稿的页面干净而简洁。罗素本来希望几周之内就把它交给出版社;不过由于他在 1901 年 5 月的发现,而将出版推迟了一年多。他发现第一部分是完全错误的。当几年后回顾其希望的幻灭时,罗素这样写道:

> 世纪末标志着这种胜利感的末日,从那时起,我开始同时遭到知识和情感问题的困扰,这种知识和情感问题使我突然陷入我在那时闻所未闻的至暗的绝望之中。②

绝望没有立即到来。了解这种新发现还需要时间。自从聆听朱塞佩·皮亚诺及其合作者意大利数学家在巴黎哲学协会于 1900 年 8 月最初几天发表的演讲以来,罗素传统的"胜利感"持续了将近一年。这次演讲重新点燃了他那朝气蓬勃的梦想,即找到知识的确定性并将它赠予世界。他自己对于 1900 年秋天撰写《数学原理》时的智性胜利感的描述,是其著述生涯中最积极乐观的——和热情奔放的——段落之一。

> 我把 9 月花在了将他的[皮亚诺的]方法扩展到关系逻辑的事情上。回想起来,对我来说,那个月的每一天似乎都是温暖和阳光灿烂的。怀特海和我们一起待在芬赫斯特(Fernhurst),我得以把新观念解释给他听。每个黄昏,讨论都以某些困难告终;而每个清晨,我发现在睡觉的时候,前一个黄昏的困难已经自动解决了。这段时光充满了智性的心醉神迷。我的感觉宛如那些情形,即一个人在薄雾中攀登山峰之后,当正在冲顶时,薄雾突然消失了,在周遭 40 英里的范围内,乡村变得一目了然。几年来,我一直努力分析基本的数学概念,例

---

① Bertrand Russel, *Autobiography* (London: Unwin paperback), 1978, 148. (罗素是那些把 1900 年 12 月 31 日理解为 19 世纪最后一天的人之一。)

② Bertrand Russel, *Autobiography*, 148.

如秩序(order)和基数(cardinal numbers)。突然,在几个星期之中,我发现了这些几年来困扰我的问题的明确答案。同时,在发现这些答案的过程中,我引进了一种新的数学方法,借此,可以用严谨公式的精确性征服从前沉湎于哲学家的含混性的领域。在智性上,1900年9月堪称我生命中的高峰时期。我对自己说,如今我总算做了值得做的事情,我感到我必须小心,以免在写下它之前被撞倒于街头。③

"新的数学方法"是他命名为"关系逻辑"的一种逻辑。与依赖于句子、谓语、整体、部分、包摄(inclusion)或亚里士多德古老的三段论不同,人们将这样开始:定义一个有限的关系数字(它们中间有康托尔集合论),运用皮亚诺的符号术语建构类似数学关系式的命题,为这些命题赋予内容,比从前可能做到的更加精确地推导出真值和蕴涵。数字最终可以得到定义,既然所有一切都依赖于数字,那么数学真理就能够确立,通过命题分析命题,直到命题成为唯一的和不容置疑的。④ 他在自传中告诉我们,"10月、11月和12月的每一天",他仅仅撰写了《数学原理》中的十页。⑤ 他在11月写信给妻子即以前的艾丽斯·皮尔索尔·史密斯(Alys Pearsall Smith),以稍稍屈尊俯就的口吻描写了他正在忍受"后继关系"(successor relation)这件事情,而皮亚诺(与他之前的弗雷格和戴德金)就是以"后继关系"逐步建立"普通"算术结构的。

---

③ Bertrand Russel, *Autobiography*, 147–48.

④ 罗素对微积分学的有穷算术化抱有热情。"[一位]德国教授,也许从未梦想过自身与芝诺之间的任何关系。魏尔斯特拉斯通过从数学中严格消除对无穷小的运用,最终显示出了我们生活在一个没有变化的世界中,显示了矢典实是不动的。"Russel, "Recent Work on the Principles of Mathematics," *International Monthly* 4 (July 1901), 83–101; in *The Collected Papers of Bertrand Russel*, vol. 3, Toward The Principles of Mathematics, 1900–2, ed. Gregory H. Moore(London and New York: Routledge, 1994), 370. 这篇论文修订后重印,参见 Russel, *Mysticism and Logic* (1917; Garden City, N. Y.: Doubleday, 1957), cf. 80–81, James R. Newman, ed., *The World of Mathematics*(New York: Simon and Schuster, 1956), cf, 3: 1580.

⑤ Bertrand Russel, *Autobiography*, 148.

> 我刚刚开始隐约地瞥见数字的性质……我如今可以证明,没有一个数字是非常大的。因为 1 当然不是非常大的,同时如果你乐意提出的任何数字都不是非常大的,那么在这之后的数字也不再是非常大的:因此,没有一个数字是非常大的,因为它们从不可能以如此的样子开始。⑥

1900 年最后一天午夜的六个小时之前,他写信给美国友人海伦·托马斯(Helen Thomas)。他在后来称这封信为"傲慢自夸的"。他在信中宣告了著作的大功告成与对其巨大成就的喜悦。

> 谢天谢地,一个崭新的时代将在六小时后扬帆启程……我在 10 月份创造了一个新学科,结果是全部数学第一次就其本质得到了探讨。自那时以来,我写下了 20 万字,我认为它们比我以前写下的任何东西都要好。⑦

但是罗素错了。某种极其精确类型意义上的矛盾正潜伏在数学的根基处和逻辑自身的根基处。戴德金没有发现它,弗雷格和皮亚诺也没有发现。在完成手稿后的一段时间内,罗素自己也没有发现它。1901 年最初的几个月,罗素忙于撰写以非专业读者为对象的逻辑和数学基础的导论,完成了几篇基于新逻辑方法的论文,它们发表于皮亚诺负责的英国哲学期刊《精神》上,甚至发表于大众趣味的杂志上。⑧ 1901 年 5 月,罗素回到了米尔汉加,希望完成《数学原理》,同时开始撰写甚至更加艰巨的这一巨著 magnum opus 第二卷。在第二卷中,第一卷的真理将以与欧几里得《几何原本》和牛顿开创性的《数学原理》同样严格的符

---

⑥ 罗素致艾丽斯·罗素,1900 年 10 月 23 日,参见 The Selected Letters of Bertrand Russel, vol. 1, The PrivateYear, 1884 -1914, ed. N. Griffin(Boston:Houghton Mifflin, 1992), #89,204 -5。

⑦ 罗素致艾丽斯·罗素,1900 年 10 月 23 日,参见 The Selected Letters of Bertrand Russel, vol. 1, The PrivateYear, 1884 -1914, #91,208。

⑧ 最后提及的文章是罗素的,"Recent Work on the Principles of Mathematics", in The Collected Papers of Bertrand Russel, vol. 3. (参见上文注释②。)

号形式出现。他着手处理《数学原理》手稿,以对开头两个部分作最后的完善,为此目的,他仔细检查了格奥尔格·康托尔新的集合——理论数学的诸多奇特答案中的一个,他在 1898 年曾狼吞虎咽地吸收过这种新数学。⑨

> 康托尔有关于不存在最大数字的证明,对我来说它就好像在说关于世上所有事物的数字都应该可能是最大的。我因此花了些时间考察他的证明,努力把它应用于关于存在的所有事物的类。⑩

有些集(罗素把它们称为"类")是无穷大的。有些像实数那样的无穷大的集,要大于其他无穷大的集。有些集是无穷大的,它们在其中拥有无穷数目的集作为它的元。罗素认为,如果能够建构起关于所有种类的所有集的集,那么显而易见,没有一个集会是更大的。几个月之前的 1 月 17 日,他就此问题曾经致信路易·古度拉特(Louis Couturat)。古度拉特是《数学的无穷大》的法国作者,他曾经发现了罗素的早期作品。巴黎的彭加莱在《形而上学与道德评论》上对它发表了评论,也正是他负责邀请罗素参加数学协会会议。罗素在信中这样说:

> 关于类的类,如果你承认这个概念中有一个矛盾,那么无穷大就会永远矛盾,你的著作和康托尔的著作就没有解决哲学问题。因为这里存在的是一个类概念,而那里存在的是诸类。因此,类是一个类……⑪

也就是说,概念"集"自身就是集,它必须属于所有集的集。但是在 5 月

---

⑨ 罗素记得在 1896 年读过康托尔的全部著作,不过《数学传记》(*Acta Mathematica*)的内容更可能是 1898 年读的。罗素致菲利普·乔丹(Philip Jourdain),1910 年 4 月 15 日,参见 Ivor Grattan-Guinness ed., *Dear Russell—Dear Jourdain* (London: Duckworth, 1977),132。

⑩ Bertrand Russel, *Autobiography*,150。

⑪ 罗素致古度拉特,1901 年 1 月 17 日,参见 *The Selected Letters of Bertrand Russel*,♯92,210-11。

的某个时间，罗素扪心自问的不是这样的集，即把其他集作为元包括在内的集；而是这样的集，它们把自身作为元包括在内——与特别地把自身作为元不包括在内的集。例如，关于所有大集的集是一个大的集，应该包括自身在内。关于所有书的集不是一本书，因此也不应该包括自身在内。

"这就引导我思考那些不是自身的元的类，去探问关于这些类的类是还是不是自身的元。"⑫换言之，如何理解关于书的集和所有其他不包括自身的集，如何产生它们的集？现在，问题出现了。关于诸集的集是自身的元？还是不是自身的元？如果它当时根据定义是自身的元，那么它就不可能是自身的元。但是，如果它不是自身的元，那么它就必须是自身的元。

> 我发现答案暗示了它的矛盾……比拉利-福尔蒂（Burali-Forti）早就发现了一种相似的矛盾，它根据逻辑分析证明了，它与那个经典的古希腊矛盾类似。那个古希腊矛盾是关于克里特埃庇米尼得斯（Epimenides）的，他说所有克里特人都是说谎者。⑬

罗素在那个5月并没有非常严肃地对待这个障碍。他的书写得如此顺手，以至于他直截了当地假定，任何可能出现的矛盾都将来自他自己的错误，而不是来自数学的基础，因为数学的真正本质是前后一致。他认为，首先，他"应该能够轻而易举地解决矛盾，也许是在推论中存在某些微不足道的错误。然而渐渐变得清楚的是，事情并非如此。"⑭问题是深刻的。为了把数学整体奠基于在新的命题逻辑中表达出来的集合论之上，罗素必须让自己满足这样的条件，亦即集合论完全没有矛盾的蕴涵。可是在这里存在一个矛盾的蕴涵，它与集概念无法摆脱地纠

---

⑫ Bertrand Russel, *Autobiography*, 150.
⑬ Bertrand Russel, *Autobiography*, 150.
⑭ Bertrand Russel, *Autobiography*, 150.

缠在一起。更糟糕的是，悖论是基础性的。它没有表现为无关痛痒的后果；相反，它绽露为逻辑以之开始的最基本的命题——不是某个分叉末端的某株较小的嫩枝，而是主根自身。自从 G. B. F. 黎曼（G. B. F. Riemann）和菲立克斯·克莱因（Felix Klein）探讨非欧几何学的作品问世以来，数学家们就懂得了如何把某个公理降级到命题地位，反之亦然；或者提出它的反命题，以建构一门新数学。罗素试图这样做；但是无论他为它赋予什么样的地位，矛盾依然存在。也许糟糕透顶的是，这样做看起来有点愚蠢。

> 让一个成年人把时间花费在如此琐碎的事情之上，显得毫无价值，不过我得去做什么呢？既然根据平常逻辑这样的矛盾不可避免，那么必定存在错误的东西。琐碎或者不琐碎，这个问题是一项挑战。[15]

罗素崇拜从各方面来说都是严格的数学，不过在他对这种数学或任何其他事物的爱中都不存在任何冷淡的东西。[16] 他有一位年轻的美国出生的妻子，他与她之间以公谊会教徒的亲密汝汝相称，1896 年在宾夕法尼亚布林莫尔（Bryn Mawr）学院发表关于非欧几何学的演讲之后，他与妻子抽空拜访了惠特曼的墓地。他撇开了关于空间和几何学的论文，出版了有关德国社会主义运动的传略作为其处女作。仅仅在发现悖论之前的三个月，他就有了与逻辑学如此无关的经验，以至于他称之为神秘的经验，但是他记得从此以后这样的经验改变了他的生活。在欣赏了在剑桥演出的古希腊悲剧回来之后，

> 我们发现怀特海夫人正在遭受一次非同寻常的严重痛

---

[15] Bertrand Russel, *Autobiography*, 150.
[16] "因此，数学可能被定义为这样的学科，我们在其中决不会知道我们正在谈论什么，也决不会知道我们正在谈的东西是否真实。我希望，受到数学的这种开端迷惑的人们，将在这种定义中找到安慰，也许会赞同它是精确的。" Russel, *The Collected Papers of Bertrand Russel*, vol. 3, 366.（参见上文注释④。）

苦。她似乎由于万分苦恼的阻隔而与每个人和每件事情分离了开来,每个人类灵魂的孤独感突然淹没了我。自从我结婚以来,我的感情生活一直是平静的和肤浅的。我忘却了所有更深沉的问题,而满足于轻浮的机智。在我之下的地基似乎突然倒塌了,我发现自己处身于完全不同的区域。5分钟之内,我经历如下的反应:人类灵魂的孤独不可忍受;除了宗教导师所传播的最亲密的爱,没有什么能够穿透它;不是源自这个爱的动机的任何东西都是有害的,或者至少是无用的;我因而断定,战争是错误的,公共学术教育是可憎的,对使用暴力要反对,在人与人的关系中人们应该深入到每个人孤独的核心并对着这个核心言说……在5分钟结束后,我变成了一个完全不同的人。[17]

罗素在3岁时就成了孤儿。在他的心灵中,爱的丧失和知识确定性的丧失并不是截然分开的。确实,当悖论继续折磨他的时候,罗素变得越来越悲伤。他无法解决问题,同时他也无法将问题束之高阁。

1901年的整个下半年,我都设想解决方案将是轻而易举的,不过到了这段时期的末尾,我断定寻找解决方案是一项浩大的任务。我因此决定完成《数学原理》,暂时搁置这项解决方案。[18]

这意味着要开始第二卷的工作。罗素知道,他的新逻辑即使存在基本的瑕疵,但仍然是对当时在剑桥所教授方法的巨大改善。他知道,比起他的逻辑学,皮尔斯、施罗德、维恩(Venn)和布尔(Boole)的逻辑学——更别提亚里士多德的逻辑学了——存在着多得多的混乱和矛盾。他可以根据迄今所做的研究来给学生授课。在1901至1902年的

---

[17] Bertrand Russel, *Autobiography*, 149.
[18] Bertrand Russel, *Autobiography*, 150.

冬季学期,罗素接受了学院的邀请,在剑桥发表两批演讲。它们是第二卷最初的草稿。对于他结构中存在漏洞一事,他仍然没有告诉任何人。他仍然期望找到漏洞并亲自修正它。他仍然相信数学能够回报他的爱,相信数学是完美的。在 1901 年的倒数第二天,他再次致信布林莫尔的海伦·托马斯:

> 你所蔑视的数学世界真的是一个美丽的世界;它与生死和人类的肮脏卑鄙无关,而是永恒的、冷静客观的和公正超然的。对我来说,纯数学是某种最高形式的艺术;它具有对自身来说别具一格的崇高性,由于其世界免于变化和时间这个事实而具有巨大的尊严感。我在这方面是相当严肃的……数学是唯一我们知道能够完美的事物;在思考它的时候,我们就成了神。[19]

在 2 月之前,演讲进展顺利——所有的逻辑和数学都来源于 8 个未曾定义的观念和 20 个未曾证明的命题。[20] 但是在 2 月,下一个打击降临了。罗素在格兰切斯特(Grantchester)怀特海家附近的乡村公路上骑车的时候,发现"不再爱"他的妻子。他告诉了她,要求分居。他在 1901 年 2 月的神秘经验也许向他显示了"人类灵魂的孤独是不可忍受的";不过这看来并没有阻止他在 1902 年 2 月为自己的灵魂选择孤独——而不是附带地为他妻子的灵魂选择孤独。艾丽斯深受打击,以至于 4 月在布赖顿的一位医生的照料下接受了休养疗法。[21] 罗素独自

---

[19] 罗素致赫伦·托马斯(Helen Thomas),1901 年 12 月 30 日,参见 *The Selected Letters of Bertrand Russel*, 98,224。相较而言,罗素关于画家艺术的观点差得太多,他看来对现代主义的杰作反应迟钝。他在 1941 至 1942 年巴恩斯基金会的演讲上,把巴恩斯的藏品描述为"现代法国绘画,大多数是裸体画",这些藏品包括马蒂斯的《生活的乐趣》(*Le Bonheur de vivre*)。克尼斯·布莱克威尔引用了罗素的新闻访谈,*Russell-L Digest* 307,27 September 1995。

[20] 罗素致古度拉特,1902 年 3 月,参见 Russel, *The Collected Papers of Bertrand Russel*, vol. 3, xxxiv。

[21] Bertrand Russel, *Autobiography*,149.

一人待在格兰切斯特,致力于最终完成《数学原理》。在接下来的八年中,他大部分时间独身。

> 我生命中最不开心的时候是在格兰切斯特度过的。我的卧室看得到磨坊,而水车水流的噪声难解难分地与我的绝望纠缠在一起……[1902年,]在痛苦达到高峰和危机的时候,我完成了《数学原理》……我完成这部手稿的日子是5月23日。[22]

罗素从未对《数学原理》感到非常满意。对在30岁生日后5天完成的这本书却没有充分解决他所谓"矛盾"(如今被称为"罗素悖论")的回忆,在之后的几年一直幽灵般地纠缠着他。罗素对他的一位任教于布林莫尔大学英语系的友人倾诉道:

> 我今天完成了关于数学原理的巨著,自1897年以来,我一直受到它的吸引。著述的完成使我有闲暇和自由记起世上还存在着人类,这是我一直以来竭尽全力想要忘记的……最艰难的部分我留在了最后:去年夏天我曾快活地从事这项著述,希望很快就能结束,但突然之间却无意中发现了我闻所未闻的重大困难……很久以前我就极度厌恶所有的主体,因此我渴望思考任何阳光下的其他事物……[23]

正如他在5月向艾丽斯所预告的,它"没有给我带来任何得意扬扬的感觉,而仅仅是某种疲惫的减轻感,就像一段漫长的灰尘扑扑的铁路旅行结束之时的感觉……在它之中存在大量出色的思想,不过最终的产物不是一部我曾希望它将是的艺术品。我将立即把它送到出版社

---

[22] Bertrand Russel, *Autobiography*, 152-54.
[23] 罗素致鲁丝(Lucy Donnelly),1902年5月23日,参见 Russel, *The Collected Papers of Bertrand Russel*, vol. 3, xxxvi.

去……"㉔

罗素依然有需要修改的证明,在论述较早的证明时,就像弗洛伊德在1897年所做的,罗素正在进行其写作任务中最少创造性的部分,即阅读其他学者早已完成的作品,以便能够在导言和注释中正确地认识它们。在重读前辈即布尔和维恩、皮尔斯和施罗德作品的时候,罗素再次拿起弗雷格1893年的《算术基础》,阅读了它。他在1900年还无法理解它的内容,但是这时候它变得一目了然了——同时也显而易见的是,弗雷格的设想自始至终与罗素的设想几乎一样。弗雷格的符号语言显得如此晦涩的原因在于,他发明了自己的语言;他早在1879年就发明了这种语言,整整十年之后,皮亚诺、施罗德和戴德金才开始做同样的工作。因此,它是同样的设想——一个对算术来说不可动摇的基础——而且,如果它是同样设想的话,那么它必定带有一个相同的基本问题。在一束证明与另一束证明之间,罗素给弗雷格写了一封信。罗素想知道的是,弗雷格注意到了"不存在关于那些类的类(作为一个总体),每一个都被看作一个总体的那些类,并不属于自身"吗?㉕

"多谢你令人感兴趣的信",弗雷格在不到一周的时间思考了这个问题之后答复道。"你对矛盾的发现使我产生了极大的惊奇,我几乎要说的是,产生了惊恐之感,因为它动摇了我打算以之为依据建构算术的基础。"也就是说,它给了弗雷格的主要工作以如同曾经给予罗素的主要工作以同样致命的打击。㉖ 俗话说,痛苦喜欢结伴而行;如今这两个人都变得悲惨可怜了。大约就是在这个时候,罗素开始隐约看到了一种解决其困难的相当粗糙生硬的方法——如果不能破题而出就绕过它——这种方法声称那些令人烦恼的集根本就不是集。此时,他已经

㉔ 罗素致艾丽斯·罗素,1902年5月,Russel, *The Collected Papers of Bertrand Russel*, vol. 3,xxxvi。

㉕ 罗素致弗雷格,1902年6月16日,参见Jean van Heijenoort, ed., *From Frege to Gödel*(Cambridge:Harvard University Press,1967),125。

㉖ 弗雷格致罗素,1902年6月22日,Jean van Heijenoort, ed., *From Frege to Gödel*(Cambridge:Harvard University Press,1967),127。

在8月对它作了明确表达,把它命名为类理论。㉗

6月末,艾丽斯从休养疗法地回来,立即前往瑞士寻求康复。罗素回到了剑桥,待在从前的学院以完成对证明的修改,"假装尽我所能地恢复年轻人的快乐,而年轻人是更乐意努力去吃冷咸肉的。"㉘它是一种"沉溺于过去的奇怪生活……在这里,真实世界显得像一场梦,而唯有无生命的世界才显得真实。我孑然独坐,阅读幽灵似的书籍;我钻研弗雷格、迈农和各种证明,感觉所有的作品都只是完全空洞的赝品"。㉙

类理论基本上是这样一种法则,通过它,能够从基础性的数学陈述中禁止作为错误级别的集或过于经常地把自身包括在内的集。罗素在8月发展了这种类理论,当时他和艾丽斯正一起待在叫作小巴克兰德的乡村。这个理论和待在一起的情形都没有激发起希望。罗素的忧郁在1902年9月变得稍微轻了一些,当时他的朋友和芬赫斯特村的邻居伯纳德·贝伦森向他介绍了一位来自美国的朝气勃勃的年轻艺术爱好者及其妹妹格特鲁德·斯泰因(Gertrude Stein)。罗素与格特鲁德讨论了美国文化。之后不久,罗素给古度拉特写信,第一次(自从1901年5月以来,他的书信一直在暗示着这个悖论)向他承认了悖论,为它使这部作品失去大部分价值而悲伤不已。㉚

他从未完全解决这个悖论。他确实出版了《数学原理》,在1910

㉗ 他将明确表达类理论,然后又放弃了它,仅仅在1908年才重新采纳了它。Russel, "Mathematical Logic as Based on the Theory of Types," American Journal of Mathematics 30(1908),222-62;后重印,Russel, Logic and Knowledge(New York: Macmillan, 1956), in Heijenoort, ed., *From Frege to Gödel*,150-82.

㉘ 罗素致戈兹沃西·洛斯·迪金森(Goldsworthy Lowes Dickinson),1902年7月11日,参见Russel, *The Collected Papers of Bertrand Russel*, vol. ,3:xxxviii。

㉙ Russel, Diary, July 1903, in Russel, *The Collected Papers of Bertrand Russel*, vol. 12, *Contemplation and Action*, 1902-1914, ed. Richard A. Rempel, Andrew Brink, and Margaret Moran(London and Boston: George Allen and Unwin, 1985),23.

㉚ 罗素致古度拉特,1902年9月29日,参见Russel, *The Collected Papers of Bertrand Russel*, vol. 3:xxxix。

年用货车把手稿拖运到了剑桥大学出版社；但在内心深处，他知道他的类理论只是一种外在性的东西。基本的逻辑悖论依然与我们在一起，被罗素——通过哲学、数学，甚至通过计算科学——遗留给了整个20世纪的思想。因此，20世纪哲学并非像罗素1900年所希望的那样开始于对逻辑的奠基，而是开始于1901年对不可能设置这样基础的发现。

在1901年，还有另一位不太知名的哲学家在撰写一本大部头著作。像罗素一样，他也是一位教授。这是因为几个世纪以来哲学成为了一门主要的学院学科。也像罗素一样，作为学生，他曾经受到了数学中方兴未艾的奇妙问题的吸引，这些问题是在魏尔斯特拉斯对分析进行的算术化、康托尔对集（set）的发明、戴德金对实数的定义、弗雷格和戴德金的公理化与较晚的皮亚诺的普通算术之后出现的。像罗素一样，他开始了在数学领域中循序渐进的研究，在柏林进行研究，撰写关于数学的逻辑基础的论文。也像罗素一样，他在1901年发现了一个重大困难，它看来要求一个焕然一新的观点。然而，两人的相似之处到此为止了。比罗素年长十三岁的埃德蒙德·胡塞尔显得更有耐心，不那么苛求，在1901年完成并出版了著作。胡塞尔承认，严格地说，它尚未完成，不过他对此的反应更像是一种抱怨性的嘟囔，而不是绝望的哀诉。弗雷格对他处女作的毁灭性评论只不过稍稍使他放慢了进度。不去继续完成他的著作，这种情况对胡塞尔来说从未发生。

胡塞尔在《逻辑研究》（*Logische Untersuchungen*）中计划去做的是：以防止逻辑丧失任何严格性的方式，从意识中推出逻辑。他确信，在没有分离逻辑与原始的心理活动，把逻辑变成受到经验规定的规则或把逻辑流放进某些非经验的观念世界的情形下，自明性可以得到保存。就像罗素的英语是清晰和机智的一样，胡塞尔以晦涩和严谨的德语显示出这是如何达到的，逻辑因而是如何重建的。毫不令人惊讶的是，胡塞尔的著作没有导致或者甚至激发逻辑的重建。相反，导致的是德国观念论(idealism)的复兴——实际上是欧洲观念论的复兴——这种观念论的复兴建立在一种新的后来被称作现象学的意识经验的分类基础之上。

1901年,马克斯·尼尔迈尔(Max Niemeyer)立即在哈勒印刷《逻辑研究》,哈勒是位于萨克森的胡塞尔所在大学的城市。早在1900年,法伊特(Veit)在莱比锡曾受到委托承接印刷工作,但是他在印刷了导论部分之后跟不上印刷进度,而为了确保印刷进度,胡塞尔不得不谢绝了古度拉特(Couturat)向他们发出的参加巴黎数学协会会议的邀请——罗素已经接受这一邀请。1900年晚些时候,胡塞尔教授已结婚十二年的妻子玛尔文·胡塞尔,把手稿交给了胡塞尔的资深学位论文导师卡尔·施通普夫(Carl Stumpf),后者把它移交给了尼尔迈尔,以便他能够印刷第一卷的其余部分《纯粹逻辑学引论》(*Prolegomena zur reinen Logik*)与第二卷《现象学和认识论研究》(*Untersuchungen zur Phänomenologie und Theorie der Erkenntnis*)的全部。1900年5月,在罗素修饰巴黎论文的时候,胡塞尔正在哈勒发表概括他即将出版的著作的例行演讲。10月,当罗素在芬赫斯特天天艳阳高照的情形下以每天十页的速度奋笔疾书时,胡塞尔的第一卷业已付梓,正在结束对第二卷六个研究中最后也是最重要的一个研究的印刷。1901年2月,当罗素正在与他的妻子劳燕分飞时,胡塞尔著作第二卷的印刷在中断一个月后重新开始,而胡塞尔正在教授康德的《纯粹理性批判》。《逻辑研究》——两卷——在4月末出版,没有及时赶上胡塞尔的41岁生日。

埃德蒙德·胡塞尔生于1859年4月8日,与弗洛伊德同年,与弗洛伊德和孟德尔一样都生活在哈布斯堡王朝的摩拉维亚省。1901年,他在家里与母亲和兄弟过生日,他的母亲已经迁居巴登。但证明他的目标依然是维也纳,因为他去过这个大都会两次,一次是在8日之前,一次是在8日之后,在后一次去维也纳时,他与马赫(Ernst Mach)进行了认真的交谈。㉛对于精神如何从自然材料中产生科学的问题,马赫在《力学科学》(The Science of Mechanics,1883)中提出了一项普遍的解决方案——实证主义,正如普朗克经常提到它时所说的;或者就如胡塞尔后来所称呼的:思维经济原则。在马赫看来,"我们实际在做的是:使一组感觉摆脱我们所有的感觉之流,而我们的思想正是集中于它的,比起其他的感觉,它具有相对大的稳定性。"㉜精神是由进化设计储存在记忆中的,它收集自然事件,把它们划分为范畴,范畴越少越好。在这种创造科学的过程中,数学是有用的,它也是被创造科学之一。年老的马赫认为单个意识是"不能复原的",他从不喜欢布伦塔诺关于精神具有独立性和意向性的观念,而胡塞尔 1882 年在维也纳大学第一次选修布伦塔诺的课时就接受了这个观念。(弗洛伊德在他之前在维也纳大学待了大约六年。)胡塞尔可能既不明确又没有坚持,因为马赫喜欢他所听到的东西,5 月 21 日,他向胡塞尔赠送了一套最新版的《力学科学》。胡塞尔似乎没有回赠马赫《逻辑研究》,他的付梓六个月的第一卷已经把马赫的思想当作不相关之物而未予论及。㉝对胡塞尔来说,"对象"几乎与感官可能感知到的东西了不相关,而相反与精神可能留意——"意向",正如布伦塔诺教导他的——的东西有关。对于他感到他正在描述的更高级的逻辑学来说,唯一与"科学"有关的是类似之物——作为诸科学之科学的逻辑。在某种意义上,胡塞尔的逻辑根本就不是逻辑,而是某种元逻辑;有时,当它失控时,是某种元元逻辑。

就像罗素一样,胡塞尔的著作开始撰写于 19 世纪 80 年代,受到努

㉛ 胡塞尔致阿尔布雷特(Albrecht),1901 年 8 月 22 日,参见 Karl Schuhmann, *Husserl-Chronik*:*Denk- und Lebensweg Edmund Husserls*(The Hague:Martinus Nijhoff,1977),63。

㉜ Ernst Mach,*The Science of Mechanics*(Peru, III. :Open Court,1989),200.

㉝ Edmund Husserl,*Logische Untersuchungen* I :*Prolegomena zur reinen Logik*, ed. Elmar Holenstein, Husserliana Vol. 18 (The Hague:Martinus Nijhoff,1975), chapter 9,196 - 213;trans. J. N. Findlay, in *Logical Investigations* (New York:Humanities Press,1970),1:197 - 210.

力解决突然产生的为算术寻找基础的急迫问题的引发。胡塞尔的数学训练使他对数学基础产生了同样的疑问,这是19世纪和20世纪之交每一位其他在数学上有见识的思想家都感受到的疑问。1889年,他正在哈勒撰写关于算术基本原理的两篇学位论文中的第二篇,作为无薪的编外讲师,他已经教授了他在逻辑学中的第一门课程,并完成了关于《来自数学哲学的精选问题》的第一篇学位论文。年复一年,当他回到这个问题时,他与其他研究者之间的方法分歧就越来越深。1894年,弗雷格的评论推翻了他出版三年之久的《算术哲学》。胡塞尔撰写了一篇论文,标题为《基本逻辑的心理学研究》,对大多数同类研究具有清脆响亮的号召力。㉞一年以后的1895年,胡塞尔引进了一门课程——"关于演绎逻辑中的最新研究",开设了探讨穆勒1843年《逻辑体系》的研讨班。到那时,胡塞尔放弃了解决弗雷格和罗素关于把数学奠基于逻辑之上问题的任何努力。在彻底超越于它之上的企图中,胡塞尔完全献身于甚至更加抽象的创建逻辑自身的问题。他满心期待着在他的哲学教授们,即冯特、布伦塔诺和施通普夫当时自信地指涉为心理或精神的东西那里找到这种创建的基础。逻辑必定有心理起源,必定开始于心理对象或者现象,比如从某个红球到所有红色物的集合和红的观念。胡塞尔1896年所撰写的关于逻辑课程的笔记,已经显得像是《逻辑研究》的第一部草稿。到1901年《逻辑研究》第二卷出版的时候,他完全致力于这样一门认识论,它像笛卡儿和康德的认识论一样,并非开始于世界,而是开始于意识。仅仅在第二卷中间的第三个逻辑研究中,我们才瞥见了那个曾经因为魏尔施特拉斯和康托尔而撰写数学论文的胡塞尔,那个曾经理解集和数列、集和数列与一大堆词之间差异的胡塞尔。

第三研究被称为"关于整体与部分的学说"。它探究的是:精神命名事物的方式,思想以之试图决定某个心理"对象"可能是什么的原则,

---

㉞ Husserl, "Psychologische Studien für Elementaren Logik," *Philosophia Mathematica* 30(1894); trans. R. Hudson, in Husserl, *Shorter Works*, ed. P. McCormick and F. Elliston(Notre Dame, Ind.: University of Notre Dame Press, 1981).

区分不同对象的原则，辨别某个对象如何可能是或不是另一个对象的一部分的原则，研究没有对象是不与某些其他对象相关联的基本原理的原则。对于任何熟稔新集合论的人来说，对它的理解非常奇怪。与胡塞尔告诉我们的关于整体的集相反，罗素已经认识到实体不可能是集或逻辑公理的基础。[35] 这当中的语言、问题甚至解决方法并不是来自胡塞尔研究过和演讲过的数学，而是来自特伦德伦堡（Trendelenburg）、朗格（Lange）、洛采（Lotze）、埃德曼（Erdmann），甚至还有黑格尔的传统哲学逻辑。穆勒受到了严肃对待，因为胡塞尔想要使他的研究成为经验的和"科学的"。然而，皮尔斯从来就没有被提到过。康托尔也没有在叙述中被提及，虽然他是胡塞尔在哈勒的资深同事，曾经是1887年胡塞尔学位论文答辩委员会的成员。而且，也没有提到两位同时代的同胞，胡塞尔曾经评论过他们的著作：发明了关系符号逻辑的弗雷格；施罗德（Schröder），他那不那么严格的符号逻辑曾得到广泛理解。实际上，胡塞尔在第三研究中设法建立的并不是集合论，而是对精神如何实现任何集理论的考察，或者对一旦精神实现了集合论，那么如何确信其真理的考察。也就是说，它是在传统精神哲学中寻找关于集合论的努力。就此而言，它晦涩得足以掩盖其失败的事实。胡塞尔在为一家哲学期刊撰写关于其著作的概述时，声称已经划分出"独立于所有心理学和事实科学的一门理论科学，它在自然疆域内包括整个纯粹

---

[35] 在写于1899至1900年的《数学原理》的第三部草稿中，罗素谈到了整体与部分的问题，认为它是难以下定义的关系，"这种关系如此重要，以至于几乎我们所有的哲学都依赖于我们在相关于它的情形下采纳的理论"（Collected Papers, 3: 119）。到了10月，他放弃了这部草稿，在页边的空白处写下了注释。我一直错误地认为逻辑运算与整体和部分特别相关。整体截然不同于类，它在逻辑运算中的任何地方都不会出现，逻辑运算依赖于这些概念：1）蕴涵，2）……3）否定。整体与部分需要宏大的理论（Teoria della grandezza）(Bettazzi 1890)，也就是加法的一种特殊形式，而不是逻辑运算的形式"（参见 Collected Papers, 3: xxviii）。

数学和集合论。"㊱然而事实上，胡塞尔关于整体和部分的六项定理，虽然在弗雷格的意义上，即不止一个精神会赞成它们的意义上意味着客观的，在逻辑上却是无关紧要的，在心理学上是难以置信的，在形而上学上也是无用的。㊲

1901年5月，在罗素通过考察康托尔的基数定理而发现矛盾的时候，胡塞尔正在致信第一个对他抱有同情态度的同事保罗·那托普(Paul Natorp)，信中说他的绝大多数问题得到了解决，正待完成著作的唯一问题是决定在描述一门新的整体系统的过程中在哪儿暂停。那年春天，胡塞尔第八次讲授关于"自由意志"的演讲，这是他作为无薪编外讲师的最后一次演讲，也是他在哈勒的最后一次演讲。出现了关于《逻辑研究》对合适的人产生了深刻印象和胡塞尔十三年来对助理教授职位的寻求即将得到实现的传闻。在圣灵降临节假期中，胡塞尔与前学位论文导师、哲学心理学家施通普夫一起，在哈茨山区游览了五天。在他们返回后不久的6月13日，任命来临了：哥廷根大学的正教授。在那个著名的数学家大本营中，胡塞尔将教授哲学，捍卫知识理论或认识论的独立性，防范数理逻辑和系主任大卫·希尔伯特(David Hilbert)公理体系的侵蚀。

不过令胡塞尔愉悦的也许是，他没有把这个消息透露给受到社会承认的学者们。6月18日，他给恩斯特·马赫回信，不过信中主要思考了认识实用主义(*erkenntnispraktischer*)与纯粹逻辑(*reinlogischer*)之间的区别，前者是马赫终身孜孜不倦所推动的认识上的实用主义，后

㊱ Husserl, "Author's Abstracts"(Selbstanzeigen),"trans. P. J. Bossert and C. H. Peters, in *Introduction to the Logical Investigations*: *A Draft of a Preface to the Logical Investigations*(The Hague: Martinus Nijhoff, 1975),5. 在写于1913年的《逻辑研究》一篇新导论中，胡塞尔声称，他从1886至1895年一直沿着莱布尼茨、波尔查诺(Bolzano)、斯托兹(Stolz)、康托尔和魏尔斯特拉斯所开拓的道路工作(*Collected Papers*, 37)。

㊲ 对第三研究不抱同情却详尽的分析，参见 David Bell, *Husserl*, (New York: Routledge, 1990), 98-101.

者被胡塞尔认为是他自己的专业领域。㊳ 此后一个星期,哥廷根大学确认了他的度假请求,当 8 月来临的时候,胡塞尔开始了这年的第三个假期,以此作为庆祝。这是一次长达四周的哈茨山区旅行,他曾经在 5 月和施通普夫一道漫游过这个山区。他在山区旅行的同时,罗素正与妻子艾丽斯和怀特海乘船游览地中海,他从怀特海那里意识到,他在一个也许超乎理解的宇宙中是孤独的。罗素和胡塞尔都没有给家里写信。

9 月,胡塞尔携家迁居哥廷根,致信那托普,表达了对几何学的告别之情,表示他正在迅速得出的结论是:几何逻辑缺乏纯粹性,在应用它的数学中缺乏确定性。㊴ 他在哥廷根安顿下来之后,于 11 月在哥廷根数学学会发表了就职演说《论明确的集》(*Über definite Mannigfaltigkeiten*),也就是有关他关于集的那种新颖奇特的非数学的观点。11 月 5 日,大卫·希尔伯特发表了论公理体系完备性的大学演说。胡塞尔出席了演说,但如果演说有任何效果的话,在他的著作中却丝毫没有流露出来。胡塞尔继续认为,他自己对精神关注内部现象方式的研究正在产生比任何公理更加基本的命题——认为这些研究是公理的材料,比较起来,甚至最严格的简单公理也仅仅是衍生物。对数学对象的客观存在性,希尔伯特从未表示过充分的尊敬,不过如果他了解胡塞尔观点的话,那么他也许会发现这种观点是荒谬的。罗素肯定也会抱之以微笑,其时,他刚刚开始在剑桥大学的系列演讲,在这些演讲中,他将从一些逻辑原理即"8 个未下定义的观念和 20 个未曾证明的命题[公理]"中推导出全部的数学。㊵ 相比之下,胡塞尔在哥廷根大学的那个冬季学期发表了与他在哈勒已经发表过的同样的演讲:他的第九场系

㊳ Schuhmann, *Husserl-Chronik*, 65. K. D. Heller, *Ernst Mach: Wegbereiter der modernen Physik* (Vienna: Springer, 1964).

㊴ 胡塞尔致那托尔普,1901 年 9 月 7 日,参见 Husserl, *Studien zur Arithmetik und Geometrie*, Husserliana vol. 21 (The Hague: Martinus Nijhoff, 1983), 396 - 400。

㊵ 罗素致古度拉特,1902 年 3 月 23 日,参见 *Collected Papers*, 3: xxxiv. 我已经翻译了罗素的法文作品。

列演讲"论自由意志",第四场关于"逻辑学与知识论"的演讲。另外,他还开设了讨论贝克莱1710年的《人类知识原理》的研讨班——《人类知识原理》是唯我论者的圣经,他们相信,当他们迷失于森林而制造噪声的话,树林必定不得不前来拜谒。

在《逻辑研究》中存在许多贝克莱的痕迹。到胡塞尔去哥廷根的时候,《逻辑研究》已经付梓五个月。第二卷最后的第六研究,是他撰写的最后一个研究,比起所有其他的研究来说篇幅更大。它的标题是"现象学的认识启蒙之要素"。它是对即将成为胡塞尔著名现象学的初次阐述。"现象学"一词早已作为哲学术语而存在,但在1901年之前它仅仅意味着对康德哲学"现象"的研究。现象是精神直接感知并且知道的存在,这些存在超越于精神或者在精神之外,也许某些存在因为其自身结构,精神从来不能理解。例如,精神显然当下就听到、看到、嗅到、触摸到和品尝到其周围环境的现象、事物。它也许不"理解"是什么在发出噪声或气味,也许甚至在严格的哲学方式上无法确信是否根本上有某物"在那里";但是它可以知道现象。正如胡塞尔称呼它们的,通过精神"意向"它们可以知道"对象",对象或者呈现于精神或者为精神所感知。胡塞尔想要去发现:让精神去了解精神意向的"对象"的东西是可能的吗?通过精神所意味的,精神意识到了这些感知,或者可以思考它们。第六逻辑研究摸索着断定,这种了解不仅可能,而且是重要的。精神——"主体"——不仅能够"意向"自身和所有它意味的东西,而且必须这样做,为的是使所有科学成为严格的,因为这是所有科学建立的基础。

因此,哲学的首要工作是努力区分各种现象,清楚地思考它们——命名它们并对它们进行分类。19世纪的伟大发现即意识流,在1880年是由威廉·詹姆斯命名的,小说家很快就对它进行了阐释。胡塞尔将它称之为体验流,即体验之流。但是,这种体验流是连续的吗?它是井然有序的吗?如果秩序是被强加的,那么它具有多少维度?它是数字化的吗?对现象的分类是错综复杂的(想想为内时间意识现象所作的分类吧,如胡塞尔设法去做的)。考虑到设法确定某种现象结束和另一种现象开始的地方的困难,这种分类任务确实是无止境的。毕竟,两种现象都必定是在意识中的,如果正如胡塞尔所始终假设的,意识是连续的,那么一个人选择的任何现象都必定具有胡塞尔称之为移动"晕圈"的东西,这种晕圈在朝向相邻现象和事实上所有其他现象的各个方向上逐渐减弱。那么,自我现象或意识现象又如何呢?如果精神或主体能够"意向"自身的话,那么这就必定使主体在所有其他现象学"对象"中拥有特权。这种情形会反过来湮灭"客观性",这指的是不少于一个主体共同统一所指涉的对象意义上的"客观性"。而这种情形反过来又可能会耗尽哲学家们称之为所有意义的"主体间性"的东西。在某种意义上,它是罗素在关于集的集现象中所发现的递归悖论的另一种版本。在意识某物与意识本身之间存在差异吗?那么(假定布伦塔诺是正确的)纯意识如何"意向"自身呢?

事实上,胡塞尔称之为逻辑研究的东西,是某种罗素和弗雷格都不承认为逻辑的东西。弗雷格忽略了胡塞尔在1900年之后的一切著述。罗素则从未费心去阅读这些著述。[41] 胡塞尔自己继续撰写一部名为《观念》的著作,他在其中声称发现了一种彻底和先验地思考精神的方式,这种思考不同于思考宇宙其他事物的方式。

马克斯·舍勒(Max Scheler)出色地理解了所有这一切必定会引向何方。当他1901年遇到胡塞尔的时候,发生的情形只能被称之为对现象学的最初皈依。舍勒把这种崭新的哲学立场称为"对存在的投诚……以爱作为特征"。[42] 因此,通过现象学,逻辑根本没有得到重建。相反,通过它,意识的经验和神秘现象在20世纪哲学中得到了保存。

---

[41] 虽然罗素确实理解了布伦塔诺另一位学生亚历克修斯·迈农(Alexius Meinong)的作品,撰写了以《论指示》("On Denoting")为开端的一系列文章,对它进行了毁灭性的批评,参见 *Mind*, n. s., 14, no. 56(1905年10月)。

[42] Max Scheler, 1901, in John Raphael Staude, *Max Scheler: An Intellectual Portrait* (New York: Free Press, 1967), 22.

胡塞尔最著名的学生海德格尔使他的名字——和许多学生一道——与一本关于存在本身的现象学的大部头著作联系在了一起。存在本身这种现象几乎无法被区分或客体化。让-保罗·萨特(Jean-Paul Sartre)毫不气馁地撰写了《存在与虚无》，以便从这样一种存在现象学中引导出充分的伦理含义。到那时，梅洛·庞蒂(Maurice Merleau-Ponty)已经把现象学带到了法国。到20世纪50年代，让-弗朗索瓦·利奥塔(Jean-François Lyotard)撰写了关于现象学的标准的法国学生手册，保罗·利科(Paul Ricoeur)开始了他对叙述和历史现象学的抨击，未来的某一天将成为教皇保罗二世的那位男子，开始向《胡塞尔研究》投稿。[43]

罗素也有了弟子，甚至在他洗手不干和发表了类型理论之后也是如此。并不是每个人都愿意放弃19世纪关于一门完整一致的逻辑学的方案，这些人就包括路德维希·维特根斯坦在内，他是一位更加深刻的思想家，在从曼彻斯特的航空工程专业退学之后，他在1911年10月的一天突然闯进罗素在剑桥的寓所拜访他。罗素对奥托琳·莫雷尔(Ottoline Morrell)描述道:"维特根斯坦固执且刚愎易怒，不过我认为他并不愚蠢。"莫雷尔当时刚刚成为罗素的第一位情妇。罗素这样写道，他对哲学也不是一个完全的业余爱好者。"我要求他承认寓所里没有犀牛，可是他没有这样做。"[44]维特根斯坦从未发展出幽默感，不过他确实在罗素离开的地方以外继续坚持对逻辑的基础研究，但是关于意义可能性的怀疑是如此严重，以至于他最终完全停止了写作。通过英国的A. J. 艾耶尔(A. J. Ayer)、美国的W. V. O. 奎因(W. V. O. Quine)、奥

---

[43] "因此，历史包含现象学，从他研究工作的这一端到另一端，胡塞尔始终知道这一点；但是，在现象学中存在一种意图、一种与历史无关的自负要求，这就是我们为什么从现象学的历史开始，而在它与历史展开激烈争论时离开的原因。" Jean-François Lyotard, *La Phénoménologie*, 9th ed., Que sais-je(Paris: PUF, 1982),4;我的译文。

[44] 罗素致奥托琳·莫雷尔(Ottoline Morrell),1911年10月19日,参见 Ray Monk, *Ludwig Wittgenstein: The Duty of Genius*(New York: Free Press, 1990),39。罗素致奥托林·莫雷尔,1911年11月2日,参见 Brian McGuinness, *Wittgenstein: A Life*, vol. 1, *Young Ludwig, 1889–1921*(Berkeley: University of California Press, 1988),89。

地利的奥图·纽拉特(Otto Neurath)和鲁道夫·卡尔纳普(Rudolf Carnap),所谓的分析传统得到了传承。由于基础从未能够得到坚固的奠定这个事实从来没有阻止哲学家们净化结构的努力,所以这个分析传统持续到了今天。1933 年,阿尔弗雷德·塔斯基(Alfred Tarski)试图将"意义"从 19 世纪客观性的坟墓中解救出来,但是他和其他数学家却越来越深地楔入了有关确定性可能性的问题。卡尔纳普和纽拉特的同事库尔特·哥德尔(Kurt Gödel)在 1931 年成功地证明了这一点:任何一位数学家——如果不是十分缺乏创见的话——必须具有这样的命题,它既非真亦非假,而仅仅是不可证明的。事实上,哥德尔著名的证明要说的是,如果每个命题都是可证明的,那么公理就会证明是矛盾的。在这个令人惊异的结果产生六年之后,一位名叫阿兰·图灵(Alan Turing)的年轻英国数学家在其头脑中发明了一台机器,它能够通过在带子上仅仅写下 1 和 0,而在有限时间内进行充分的计算,以着手区分在数学中能够得到证明的命题和不能够得到证明的命题。他在 1940 年有机会造出了一台这样的机器,并用它来破译德军通信密码。因此,电子计算机可以说是分析哲学传统的直接产物。

罗素的知识继承者在其后还包括约翰·冯·诺伊曼(John von Neumann)、吉尔伯特·赖尔(Gilbert Ryle)和索尔·克里普克(Saul Aaron Kripke)。胡塞尔的知识继承者通过埃马纽埃尔·列维纳斯(Emmanuel Lévinas)和于尔根·哈贝马斯(Jürgen Habermas)传给了雅克·德里达(Jacques Derrida)和罗兰·巴特(Roland Barthes)。有些人坚决主张,在 20 世纪末,西方仅仅存在着两种哲学流派,一种被称为现象学哲学或大陆哲学,另一种被称为逻辑哲学或分析哲学;因此,把这两种流派融合在一起,实质上已经成了一项哲学任务。

分析哲学家在知识地图上属于现象学的知识地图部分标上了"龙在这里"的记号。他们声称,现象学家是罗素设法从哲学中驱逐出去的神秘教义的解释者。一旦承认出自胡塞尔《逻辑研究》最后一个研究的唯我论观念论,那么你就似乎可以承认一切。大陆哲学在逻辑和科学中都没有支撑点。然而,在分析附近也发现了龙,这是由于数字是这样一种认识,它提供了关于其自身不完备性的证明。没有数字和集,分类学也许不可能,如果这样的话,那么胡塞尔避难于一个与世上其他任何事物相分离的超验自我的做法也许是合理的。

在20世纪,哲学也许已经失去了公众的关注,不过它几乎没有失去古老的抱负。即使物理学也依然依附于哲学,比起许多哲学史将向你建议的,写下物理学史要困难得多。哲学家认为一切重构我们思考问题的方式,以及正视意识和有限性的基本悖论就是哲学;回答不可回答的本体论问题(如果真的存在的话,什么存在?)、伦理问题(我们应该做什么?为什么应该做?)与认识论问题(如果真的能认识的话,我们能认识什么?如何认识?)的任何事物。最吸引罗素和胡塞尔的正是认识论——关于认识的问题。他们两人最想要的是理解人们是如何认识彼此不同的事物的。他们开始于同一个地方,即有关数字是什么和集是什么的问题。接着,每个人以自己截然不同的方式,通过对非连续性的重新发现,寻找到了一种深刻的新的不确定性。

这种双重袭击的结果是逻辑最终的终结。使我们所有观念变得清楚的设想开始于皮尔斯,也许还有布尔,它继续吸引了施罗德、弗雷格和皮亚诺,而在罗素和胡塞尔那里失败了。他们继承者中的分析学家要谦虚得多,他们把任务简化为在遭到威胁的地方支持严谨性,竭力避免掉到坑洞中去,在一个无限的体系中这些坑洞必定张开着大口。

在这种意义上,始终存在着"分析哲学",而伯特兰·罗素的功绩是为20世纪对它进行了梳理。然而在同样的意义上,也始终存在着"现象学",胡塞尔为它做了与罗素为分析哲学所做的同样的事情。然而在两种情形中,正是对不同于彼一事物或对象的此一事物或对象的意义的关注,使他们的哲学与其前辈的哲学区别开来。这是哲学领域中的20世纪。如今,在这个世纪的末期,就像普鲁斯特小说中的两条道路——斯万的道路和盖尔芒特的道路,罗素的分析哲学和胡塞尔的现象学,它们在一门被称之为认知研究的学科中相遇了。对理解和塑造精神的基本运作方式来说，原子逻辑提供了为此所需要的数字硬件。现象学则提供了解释的目标。所有这一切都用来回答 20 世纪最爱问的问题：我在思想什么？

逻辑和算术依然处在这两个人离开它们时的地方——它们像奔腾芯片一样靠不住。

第十三章　埃德温·斯坦顿·鲍特

每秒十六帧

1903

当1903年的新年来临之际,埃德温·斯坦顿·鲍特(Edwin Stanton Porter)正在爱迪生的电影实验室制作电影。到这年4月他就33岁了。爱迪生公司的电影制片厂每周付给他20美元薪酬。这是一份相当不错的工作,因为它充满新奇且激动人心。[1] 爱迪生和他的天才雇员们第一次开始思考如何将迈布里奇(Muybridge)和马雷(Marey)的记时摄影技术与获得重大突破的连续性电影胶片技术结合起来。爱迪生的摄影机在1891年开始制作第一部电影,并且于1894年在百老汇开始放映。百老汇是世界上第一个观众能够购票看电影的地方。(放电影的地方被称为"电影放映厅",它有很多排用来观看电影的设施。)1902年末,爱迪生公司的电影制片厂从新泽西州奥兰治市的郊外搬到了纽约市第二十一大街41号的顶楼。在它北面两个街区的第二十三

---

[1] 查尔斯·马瑟(Charles Musser)那必不可少的著作《在五分钱游乐场之前:埃德温·斯坦顿·鲍特和爱迪生制片公司》(Charles Musser, *Before the Nickelodeon: Edwin S. Porter and the Edison Manufacturing Company*, Berkeley: University of California Press,1991)是本章的主要来源,不仅因为它是第一本重要的鲍特传记,还因为它是20世纪70至80年代学术研究的综合成果,它彻底改变了我们对早期电影的观念。

大街的麦迪逊广场上，有一座新建的熨斗大厦。它西面的街区就是百老汇，其中有一段因新开了许多百货公司而被称为"女人街"（Ladies Mile）。在它南面七个街区的联合广场的西侧，大型电车正在奔驰，而在广场的东侧，新的地铁隧道正在挖建。在联合广场的南边，有许多欧洲国家以及世界上其他国家的移民聚居区。鲍特和爱迪生公司的摄影师们把这些场景都制成了电影；如果他们不扛着摄像机出去拍外景，就会在顶楼那三个月前刚建好的摄影棚里拍摄。在拍摄完一段影片之后，工作人员，通常还包括摄影师，会在实验室里进行冲洗和编辑，有时会剪辑一些片段组成简单的电影。鲍特此刻就是如此，他将秋天在新泽西拍摄的九个独立电影片段剪辑成一个讲述故事的简单电影——《一个美国消防队员的故事》。在所有爱迪生公司的摄影师中，鲍特最精于此道，与其说是因为他的摄影与暗室经验，不如说是因为他曾经在纽约一个一流的杂耍表演场所——位于第二十三大街的伊甸博物馆（Eden Musee）工作过，他在那里负责操作大型的电影放映机，选择播放什么电影以及以什么样的顺序播放。我们今天的"电影放映员"很长时间都在等待，不需要时时注意；但对鲍特他们来说，要做的事情很多。在19世纪90年代，最长的电影极少超过三分钟，放映电影的时间还比不上在放映机里来回取送影片的时间。

《一个美国消防队员的故事》是一部相当长的电影——胶片长度超过400英尺，大约放映六分钟。在影片的九个片段中，有一个片段是在新的摄影棚制成，表现了消防英雄梦见一位母亲在失火的屋中呼救。其他的多数片段是在新泽西的消防站拍摄，那里靠近爱迪生公司在东奥兰治市的实验室；其中有一个场景是一台灭火机沿着大街飞奔，为了捕捉这个场面，鲍特利用三脚架的支撑迅速将镜头从左往右摇动。这就是"全景"拍摄，如今被称为"摇摄"。还有两个片段是在两个月之前的一个秋高气爽的日子里直接在东奥兰治市制作。1902年11月15日，东奥兰治市软管公司的一辆云梯消防车尖叫着从霍尔斯特德大街驶到了罗德岛大街一栋废弃的公寓大楼前，并将云梯搭到了大楼的墙上。正当大楼火苗四起、浓烟滚滚时,爱迪生公司的电影制片厂经理詹姆斯·怀特,在鲍特的摄影机前穿着消防员的制服登上了云梯。在随后的场景中,鲍特带着他的摄影机进入了大楼,拍摄怀特冲入混乱中的卧室,将那位母亲从房间的窗户中救出,随后再返回来救出她的小孩。这是一部激动人心的情感电影——在杂耍表演场所必定卖座。到1903年,人们,尤其是新兴城市中的劳动大众,开始尊敬他们当地的消防员。在此之前,已经有好几部以此为主题的电影,更不用说一些相关的幻灯片、绘画作品带插图的叙事诗歌,以及1848年以来的一系列戏剧表演。② 鲍特自1901年起成为爱迪生公司的首席摄影师,成为电影制片厂一个不足十二人的团队中的一员。

爱迪生公司是世界上第一个制作电影的公司,到1903年已有十年历史。鲍特就在这一年完成了他两部最伟大的电影。在这个兴旺之年的第一个月,爱迪生公司发行了《一个美国消防队员的故事》。十一个月以后,鲍特的《火车大劫案》于圣诞节前夕在纽约各大剧院成功上映。它的上映使爱迪生公司的电影制作在1904年之前一度陷入停顿,因为《火车大劫案》的反复拷贝让公司应接不暇。随着鲍特这两部电影的上映,电影发展的新世纪真正开始——包括它的观众、它的惯例以及它的艺术。

在这种通俗的新艺术中,鲍特并不是唯一的天才;而爱迪生公司到1903年也不再是唯一一个制作电影的公司。在过去的十年里,爱迪生公司的商业运作主要是拍摄20秒的打喷嚏、接吻或跳舞的电影片段,

---

② 爱尔兰志愿消防员"摩斯"("Mose")或"勃好伊"("B'hoy"),最早出现在1848年本雅明·巴克(Benjamin Baker)的戏剧《纽约一瞥》(A Glance at New York)中。F. S. 查福劳(F. S. Chanfrau)以扮演"摩斯"开始自己的舞台生涯,后来扮演这个角色达30多年(Myron Matlawed, *The Black Crook and Other Nineteenth-Century American Plays* [New York: Dutton, 1967])。爱迪生在芝加哥的竞争对手威廉姆·塞利格(William Selig),刚好在1901年新年之前制作了长达450英尺的胶片电影《一个消防队员的生涯》(*Life of a Fireman*)。费城的西格蒙德·鲁宾(Sigmund Lubin)也制作了长达250英尺的电影《火场救援》(*Going to the Fire and Rescue*),时间在鲍特的相关电影之后,而不是之前(Musser, *Before the Nickelodeon*, 218)。

然后与"活动电影放映机"一起销售；但在此期间，全球有25家电影公司分别在15个国家成立。精明老练的爱迪生试图垄断所有的专利，但这被证明是不可能的。他的最大失误在于太专注于制造为他带来丰厚利润的电影摄影机——却未能将它的专利权扩展到国外。到1895年末，也就是在他位于西奥兰治市的"黑囚车"（Black Maria）摄影棚完成首部电影的三年之后，爱迪生的竞争对手在法国有两个，在英国和德国各有一个，在美国本土有三个。

欧洲人胜过爱迪生的优势在于放映屏幕的可移动性。1895年2月，法国的路易斯·卢米埃尔获得了一项摄影机的专利。他新研制的摄影机可以逐个镜头地拍摄电影，就像缝纫机可以逐针地缝制褶边那样。3月，卢米埃尔在里昂拍摄了公司工人下班的电影片段，并且于12月在巴黎的大咖啡馆将这个片段以及其他一些影片放映给一个付费观众看。也就在那年的3月，英国的伯特·阿克斯（Birt Acres）利用罗伯特·W. 保罗（Robert W. Paul）微调过的摄影机拍摄了牛津大学—剑桥大学的划船比赛，并且于5月在伦敦的一个展览会上放映。同年11月，斯克拉达诺夫斯基（Skladanowsky）兄弟——马克斯和埃米尔——利用他们改良过的被称为比奥斯科帕（Bioskop）的电影机，在柏林冬宫为一位观众放映了包括拳击袋鼠在内的一些影片——这位观众是世界上第一个付费观看投影电影的人。③

同年，美国万花筒（Phantoscope）公司和维塔（Vitagraph）电影公司已经成立，最初为爱迪生设计电影摄影机的迪克森（Dickson）也创立了自己的电影放映机公司［后来改名为传记公司（Biograph）］。后来当爱迪生公司完全退出电影市场之后，传记公司仍在经营；但在1903年，它还只是一个不起眼的小公司，刚刚从百老汇841号的屋顶摄影棚往北搬到位于第十四大街东11号的褐砂石大楼，与爱迪生电影公司相距七

---

③　比奥斯科帕（Bioskop）电影机利用两条伊斯曼软胶卷轮流曝光，以实现必需的每秒16帧。

个街区。④ 当传记公司于 1896 年在屋顶摄影棚拍摄《瑞普·凡·温克尔》(*Rip Van Winkle*)时,西奥多·罗斯福(Theodore Roosevelt)还只是纽约市警察局长,而丹麦的第一部电影正在哥本哈根拍摄。随后在 1897 年,西班牙、瑞典、日本和比利时先后开始拍摄自己的第一部电影;1898 年,奥地利、匈牙利、波希米亚、墨西哥也开始制作自己的第一部电影;1899 年,乌拉圭也开始拍摄电影。在鲍特拍摄《火车大劫案》的 1903 年,新西兰刚刚拍摄了它的第一部电影;此时著名核物理学家欧内斯特·卢瑟福(Ernest Rutherford)已经在新西兰出生,而未来将成为作家的凯瑟琳·曼斯菲尔德(Katherine Mansfield)刚从新西兰去英国求学。

所有这些新公司所面对的市场需要各种"有吸引力"的演出,因此它们试图将各种活动的事物制成电影,就像鲍特为爱迪生公司所做的那样,包括奔驰的火车、游行队伍中的君王、自然的奇景、街头的景象以及哑剧表演等。1896 年 6 月,刚刚从布鲁克林海军造船厂(Brooklyn Navy Yard)退伍的鲍特成为伊甸博物馆的一名电影放映员。伊甸博物馆在当时有"特别的吸引力",它以演出各种时髦的杂耍表演而著称。在伊甸博物馆的节目表中,几乎总是有一系列单片段的影片,每个不超过一分钟,而且没有声音;鲍特的工作就是将这些片段以某种娱乐性的方式组织起来,如果有可能的话使它们前后连贯。在 1898 年的 6 个月中,伊甸博物馆放映了长达 55 分钟的《奥伯拉美格受难复活剧》(*The Passion Play of Oberammergau*),这是 1913 年之前世界上最长的电影,但它还是由放映员将一系列单独的片段按顺序播放。1896 年 7 月,鲍特与一位来自他的家乡宾夕法尼亚匹茨堡附近康奈尔斯维尔(Connellsville)的朋友合作,为遥远的洛杉矶人放映了他们的第一个电

---

④ 演员 D. W. 格利菲斯(D. W. Griffith)在 1908 年进入位于第十四大街东 11 号的传记公司,并在其中获得了稳定的工作。此前他在爱迪生公司主演了鲍特最近几部失败的电影之一。1909 年,他开始制作经过连续剪辑的短篇名作,它们使传记公司进入电影行业的前列。本书的第二十一章将对此作详细讨论。

影节目。在爱迪生的临时授权下,鲍特的这位朋友带着一架便携式放映机前往加利福尼亚,成功地在三周内向位于洛杉矶的奥芬大剧院卖出了百老汇的多部影片,其中包括大西洋的浪花,四个不同的单人长裙舞,山姆大叔迫使约翰牛屈膝,以及演员约翰·赖斯亲吻梅·欧文等;其中最后一个影片取材于在1895年风行一时的百老汇喜剧《寡妇琼斯》。⑤

这些节目对第一次观看电影的洛杉矶人所带来的影响如今只剩下报纸上的简短评论("一个奇迹,一种奇观,人类聪明才智的突出体现")。⑥ 早期电影所带来的特殊影响大多数已经无法知悉,但无疑会让人感到新奇。在遥远的俄罗斯,也就在电影到达洛杉矶的前几天,马克西姆·高尔基在下诺夫哥罗德(Nizhni Novgorod)的一家饭店第一次看到电影节目。他随后在当地的报纸上写道:"昨天晚上我进入了影子王国。我只知道它是多么地奇特。它是一个没有声音、没有色彩的世界……它不是生活而是幻影,它不是运动而是无声的幽灵。"⑦这些节目给他留下的主要印象似乎是杂乱和不连贯。下面的描述出自另外一个俄国人发表于1915年的回忆录,内容是回忆他在巴黎所看到的电影:

> 西班牙国王和英国国王相继出现在一块白布上,随后是十二幅摩洛哥的风景,接着是一些正在行军的意大利胸甲骑

---

⑤ 这是电影史上的第一个接吻镜头。阿道夫·朱克(Adolph Zukor)就是因为在1897年看到了这个镜头才开始考虑从毛皮生意转入电影行业。

⑥ *Los Angeles Herald*, in Emmanuelle Toulet, *Birth of the Motion Picture* trans. Susan Emanuel (New York:Abrams/Discoveries,1992),132.

⑦ Maxim Gorky,["Leda Swan", *Nizhegorodski listok*,4 July 1896;in Emmanuelle Toulet,"Le Cinéma à l'Exposition Universelle,1900," *Revue d'histoire moderne et contemporaine* 33 (April-June 1986),trans. Tom Gunning,in *Persistence of Vision* 9 (1991),31, and Toulet, *Birth of the Motion Picture*,132.

兵,最后是一艘德国的无畏级战舰轰隆隆地下水。⑧

这是否是有关 1905 或 1911 年摩洛哥危机的新闻片段选集？我们不得而知。

讲述故事的电影开始制作于 1903 年,但数量极小。它们中大多数都是被缩减到几分钟的戏剧作品,但这些戏剧是如此地受人喜爱,以致熟悉它们的观众可以补足被电影制作者所删掉的内容。在美国,有些戏剧是如此地耳熟能详,以至观众熟悉其中的情节,甚至对一些对白都了然于心。例如小说《汤姆叔叔的小屋》自 1852 年被乔治·艾肯（George Aiken）改编为戏剧后,在过去的五十年里几乎在美国各大剧院演出过——包括宾夕法尼亚州康奈尔斯维尔的纽迈耶歌剧院。康奈尔斯维尔是一个拥有二三千人口的铁路城市,鲍特生命中最初的 23 年就在这里度过。鲍特于 1903 年 7 月末在第二十一号大街的楼顶摄影棚所制作的电影就是《汤姆叔叔的小屋》。它由 14 个片段组成,总长约 15 分钟——超过《一个美国消防队员的故事》两倍。鲍特没有拍摄过比这更长的电影。因为它很长,所以对那些从没看过该剧或者没有（像鲍特那样）在纽迈耶这样的剧院充当过引座员的人来说,不太容易仿效。

一个更加老掉牙的故事来自约翰·克尔于 1819 年改编为戏剧的《瑞普·凡·温克尔》。到 1903 年,已经 74 岁的约瑟夫·杰斐逊,已经巡回演出该剧近四十年。他所扮演的角色是如此深入人心,以至整个国家——当然也包括鲍特——都会模仿主人公瑞普·凡·温克尔经常说的祝酒词:"生生不息,繁荣昌盛!"不过令人感到不解的是,初出茅庐的传记公司在 1896 年匆匆忙忙地将杰斐逊的三场戏制成电影,但直到 1903 年才开始剪辑其中的八个片段并作为一部电影重新发行。

⑧ N. Karzhansky,"V kinematografe: Iz knigi 'Paris,'" *Rampa i zhizn* 32 (1915),6;in Yuri Tsivian,"Some Historical Footnotes to the Kuleshov Experiment", trans. Kathy Porter,in Elsaesser, ed., *Early Cinema*,248.

如今，我们将这些作品称为"电影化的戏剧"。在拍摄时，摄影机被安置并固定在演员面前，就像一个看戏的观众一样。那里也有表演的舞台，并通过幕布区分场次。在过去几千年所形成的看戏传统习惯有助于观众了解戏剧的时空，并帮助他们理解后继的场景。在早期的电影中，剧中的角色没有对白，因为当时的电影没有声音。如果电影有名字的话，都是电影放映员之类的人所起。然而根据看戏的惯例，它需要为观众提供必要的提示。例如乔治斯·梅利斯（Georges Méliès）对这些惯例就非常了解。在巴黎以著名魔术师罗伯特-霍丁（Robert-Houdin）命名的剧院进行多年的魔术表演之后，梅利斯自 1896 年起开始制作电影。到 1902 年，他已拍摄了包括《月球旅行记》（A Trip to the Moon）在内的大量影片，其中一些具有"特技效果"的影片如今被我们称为早期的科幻片。他在 1899 年所拍摄的《灰姑娘》，也许是最早的"故事"片；他在同年制作的另一部电影《德莱弗斯事件》，也许是第一个利用幻灯的"渐隐"来代替剧院的幕布——鲍特在《一个美国消防队员的故事》中也用这种"渐隐"来分隔九个片段。⑨ 到 1903 年，梅利斯也开始将戏剧拍成电影。事实上，戏剧题材的电影与戏剧的区别在当时还没有明确界定。

1903 年初，电影的发展进入了新的阶段。曾经在 1901 年制作过两部故事片的英国开拓型摄影师罗伯特·保罗（Robert Paul）⑩，在当年年初拍摄了《追踪罪犯的侦探》。这是一部追捕电影，由几个主要在户外拍摄的片段所组成。他开启了追逐片的先河，一度使英国的许多摄影师都去户外拍摄犯罪与追捕的故事。例如弗兰克·莫特肖（Frank

---

⑨ 梅利斯的《小红帽》（Le Petit Chaperon Rouge, 1901）也是一部长篇故事电影（525 英尺），爱迪生公司在它发行之后迅速进行拷贝，并把它当作自己的电影进行销售。这种策略在当时是合法的，而在现在则是违法的。

⑩ R. W. Paul/Booth, The Magic Sword, or A Medieval Mystery, and Scrooge, or Marley's Ghost. 保罗在 1898 年制作了第一部英语科幻电影《一起来，干吧！》（Come Along, Do!）。这部由两个片段组成的电影和梅利斯当时的电影《月亮有一米》（La Lune a un metre!）一样，都是电影史上片段之间前后连贯的最早影片。

Mottershaw)拍摄了《明目张胆的白日抢劫》,韦特·哈格(Waiter Haggar)拍摄了《铤而走险的偷猎》。英国高蒙公司的阿尔夫·科林斯(Alf Collins)拍摄了《汽车中的结婚》,这是一部户外的喜剧追逐片。⑪在同一年,英国的其他电影制作人也在拍摄故事片,不过是在室内。塞西尔·赫普沃思(Cecil Hepwoth)拍摄了《爱丽丝梦游仙境》;乔治·艾伯特·史密斯(George Albert Smith)拍摄了《多萝西之梦》,其中用到了他在之前三年所创始的,如今被我们称为"镜头交切"与"镜头插入"的剪辑技术。

在位于第二十一大街的电影制片厂暗室里,詹姆斯·怀特在1903年夏天拷贝了《追踪罪犯的侦探》《明目张胆的白日抢劫》和《铤而走险的偷猎》等几部电影,并将它们卖给了爱迪生公司的主要客户,即各式各样的剧院,其中包括低俗的鲍厄里剧院和高雅的麦迪逊广场剧院。传记公司的摄影师威德(A. E. Weed)和华莱士·麦卡琴(Wallace McCutcheon)看到这些影片后深受启发,准备拍摄略长一些的追逐故事片,并将其中的三部——《基特·卡森》《拓荒者》《一个逃脱的疯子》——定于年底之前在剧院放映。爱迪生公司的摄影师鲍特也对这些英国影片留下了深刻的印象。他当时还没有为《一个美国消防队员的故事》命名。在伊甸博物馆和加利福尼亚的欧菲姆大剧院,鲍特改进了单片段电影的播放顺序,使它们看起来像一个完整连贯的故事。至于《一个美国消防队员的故事》,他实际上用丙酮将影片的各个片段胶接起来,播放顺序与原先戏剧的顺序也有很大的不同。尽管当时的舞台设计师克劳和厄兰格曾经在1899年为影片《宾虚》设计了战车比赛场景,但即使19世纪最富想象力的设计师也无法想象鲍特能将摄影棚内拍摄的火灾与真实的大楼毫无间歇地并置在一起。即使在《燃烧与火焰》的场景中,你也无法想象他将火灾场面从室外搬到摄影棚内。

---

⑪ 英国高蒙公司的这部作品被传记公司在同一年重新拍摄,并取名为《私奔》(An Elopement a la Mode)。

《燃烧与火焰》在科尼岛新开业的月亮公园游乐场(Luna Park)一天至少放映两场。

在7月末拍摄《汤姆叔叔的小屋》前后,鲍特前往纽约郊区拍摄了一组夏天的场景,包括一些搞笑场景、运动场景以及旅游胜地的度假场景。鲍特还在新泽西州大西洋城的海滨拍摄了一部室内喜剧,内容是关于一位卖鞋小贩与一位女顾客的故事(在电影的第二个片段中,有女顾客裸露小腿的特写)。这部在美国最有吸引力的游乐中心科尼岛的外景拍摄地所拍摄的影片,名叫《乡巴佬与曼迪》,是一部由两个人物所构成的短篇喜剧,其中有大量有趣的镜头变化。到了8月,鲍特开始将他于4月在宾夕法尼亚州的铁路边所拍摄的片段剪辑成一部名叫《铁路罗曼史》的影片。这部关于拉克万纳铁路的旅行纪录片由六个片段组成,通过一个恋爱故事串联起来。从当时拍摄的影片看,鲍特是一位机警灵活的年轻人,头发剪得很短,蓄有像泰迪·罗斯福一样的胡子,身材让人想起克利夫兰或者塔夫脱。这是世纪之交一个有家室的美国年轻人的典型形象(鲍特在1893年娶了一位来自宾夕法尼亚州的心上人)。这种平凡的外形似乎与他将成为电影业的伟大革新者的形象不符。然而,就在那个夏天,鲍特决心拍摄一部自己的大型犯罪追逐片。《火车大劫案》也属于故事电影,尽管它抄袭了在1896年首演的同名戏剧,但它看起来比《一个美国消防队员的故事》少了一些戏剧风格,而多了一些故事片元素。

在10月涨了5美元的工资后不久,或许也受到了9月24日在俄勒冈发生的火车抢劫事件的启发,鲍特带领一组演员和一半电影制片厂的工作人员前往遥远的西部——靠近新泽西州西奥兰治市的南山自然保护区——去拍摄《火车大劫案》中必须在户外拍摄的9个片段(总共是14个片段)。在拍摄整部电影的第2个片段时,鲍特让贾斯特斯·巴恩斯充当一帮戴着黑帽子的强盗的头子,并让他们躲在铁路水塔的水柜后面,等火车开出时秘密地登上火车。在拍摄第四个片段时,鲍特将摄影机架在火车头上添煤工人的背上进行拍摄:其中一个强盗先发制人，打败了火车司机；与此同时，另一个强盗与扮演铁路消防员的演员展开搏斗，最终用煤块打昏了消防员并将他踢下奔驰的火车（实际上踢下的是人体模型）。在第5个片段中，鲍特在铁道边上拍摄火车司机停下火车，并使火车头与连接车厢脱钩的场景。在第6个片段中，乘客们举着双手下了火车，交出了他们的财物；其中由演员乔治·安德森（他的真实姓名叫马克斯·阿伦森）所扮演的乘客试图逃跑，结果被强盗击毙。第7个片段拍摄了火车司机被强盗用枪指着，不得不再次启动火车；第8个片段拍摄了火车司机在南山附近再次停下火车，以便放强盗们下车。第9个片段与第7、8个片段一样，都是在拉克万纳铁道边上拍摄，只是利用摄影机的摇摄来跟拍那伙强盗冲下山坡，越过小溪，到达林中拴马的地方。在第12个片段中，强盗们在正对着摄影机的小路上骑马狂奔，后面紧跟着一队骑马的民防团成员，边追边向强盗开枪。第13个片段拍摄了强盗们在林中下马分赃，而此时民防团成员已经悄悄地埋伏到不远处的树后，很快在交火中全歼强盗。

在第二十一大街的摄影棚里所拍摄的5个片段中，有两个片段的布景是在铁路上的电报所内。其中在电影的第1个片段中，报务员在强盗的枪口下被迫发出停车信号，随后被强盗打晕并绑了起来；在第10个片段中，报务员被一个小姑娘救醒后挣脱了捆绑的绳子。在第11个片段中，报务员冲进了一个西部风格的舞厅，打断了正在进行的舞会，敦促大家拿起枪进行追击。第3个片段的布景是在火车的行李车厢内：强盗进入车厢，用左轮手枪杀了押运人员，砸开了保险箱，最后带着几包赃物离开车厢。在最后一个于摄影棚内拍摄的片段中，强盗头子贾斯特斯·巴恩斯在中性黑的背景下，举起左轮手枪对着摄影机开枪。在这个片段的最后，出现了"现实主义"的字样，下面还有爱迪生公司的影片目录。

显示的"现实主义"字样及影片目录的画面，既可以出现在电影的开头，也可以出现在电影的末尾；但电影的十四个片段是按鲍特选定的顺序进行销售。这个顺序暗示着情节发展的两条线索，它们都源自第1个片段中报务员的被绑。其中一条线索是随后几个片段中抢劫案的发生,另一条线索是报务员获救后召集民防团。两条线索在第 12 个片段中重新会合,此时民防团开始追捕强盗,并且在随后的第 13 个片段中,双方展开交火。尽管鲍特未能像后来的格里菲斯那样对影片进行"交叉剪接"——也就是说,将电影片段分割成更小的段落,并且将一条线索的段落与其他线索的段落交叉地拼接在一起——但他在《火车大劫案》中所设计的两条延伸的发展线索,以及在《一个美国消防队员的故事》中设计的简短情节,使他成为"平行剪接"(parallel action)的发明者,甚至成为"平行剪辑"(parallel editing)的最初形式。[12] 这在促进电影的连续性上具有里程碑意义。

电影从一开始就有连续性,或者它们是这么被认为的。当时一位名叫詹金斯(Jenkins)的专家在 1898 年写道:"电影放映机不过是改良的立体感投影仪或幻灯放映机,也就是说,它是能够自动更换幻灯片的放映机。"[13]此时离卢米埃尔为一位付费观众播放最早的电影差不多已经三年;但对詹金斯或者其他人来说,这么短的时间还不足以让他们理解这是一个多大的突破。电影最初的魅力,像其他处在初始阶段的艺术形式那样,在于"现实感"的提升,而这又依赖于连续运动的错觉。"自动更换幻灯片的放映机"并不能完成电影所承担的工作——除非它能以每秒 16 张或更快的速度更换幻灯片。如今我们知道,大脑以超过每秒 16 张的速度扫描视觉皮层中的图像,[14]如果它感知的图像以那样一种速率或更快速率变化,它就能推断出发生了运动。曾经有许多人

---

[12] André Gaudreault, "Detours in Film Narrative: The Development of Cross-Cutting," *Cinema Journal* 19, no. 1(Fall 1979); in Elsaesser, ed., *Early Cinema*, 133–50.

[13] C. Francis Jenkins, *Animated Pictures* (1898), in Charles Musser, *The Emergence of Cinema: The American Screen to 1907* (New York: Scribner's, 1991; Berkeley: University of California Press, 1994), 15.

[14] 纽约大学的神经科学家鲁道尔夫·林纳斯(Rodolfo Llinás)测量出大脑神经元的放电节律是每秒 40 个周波,并提出了每 0.012 5 秒扫描一遍大脑皮层的假说(*New York Times*, 21 March 1995, C10)。

试图通过某种连续性的图像来反映连续的运动,但都没有成功,直到约瑟夫·普拉陶(Joseph Plateau)在 1826 年制造出费纳奇镜(Phenakistoscope),人们才放弃了这种努力。普拉陶将一个场景分为几个不同的画面,虽然每个画面自身并不运动,但如果让它们以一定速度逐个出现在眼前,就能使大脑理解运动。普拉陶还测算出视觉的心理阈限是每秒 16 个画面。

画面或"镜头"是表现电影连续性的最小单元。在画面之后,更大的单元还有场景,在场景之后还有情节段落,最后是电影片段。观众对电影连续性的感觉实际上依赖于电影制作人对不连续的电影单元的重新剪辑。事实上,观众连续性的感觉与电影制作人对电影单元不连续性的认识是成正比的。

这个悖论在爱迪生公司的电影于 1893 年 5 月在布鲁克林艺术与科学学院首映时就已表现出来。当时有数百名技术专家排着长队逐个在最早的活动电影放映机上观看《锻造场景》(*Blacksmith Scene*),而此前不久,1.5 英寸(35 毫米)独立画面都是通过幻灯机放映的。[15] 在十年后的 1903 年,美国法律依然坚称在电影的数千个图像或画面中,每一个图像或画面都拥有独立的版权。

然而,电影不仅可以划分为非常接近的画面,也可以划分为我们通常称为"画面"(pictures)的场景,或者划分为 19 世纪所称的场面。例如在爱迪生公司的《门罗主义》或者卢米埃尔的《水浇园丁》中,有许多进出的场景和离别的场景,但其实摄影机从没移动过。[16] 电影有时会保留戏剧中的某些场景,如戏剧中的布景、背景和人物都会保持原样。剧院经理乔治斯·梅利斯所制作的每部电影,都可以清楚地划分为戏

---

[15] *Scientific American*, 20 May 1893; in Musser, *Before the Nickelodeon*, 37-38. 爱迪生的妻子曾经炫耀过由迪克森在 1891 年 5 月改良过的活动电影摄影机,但当时并没有用它来制作或放映电影。

[16] 这种区分也许在当代漫画家的类似作品中可以看到,如温沙·麦凯(Winsor McCay)创作的"连环漫画"。Gerald Noxon, "Pictorial Origins of Cinema Narrative—The Birth of the Scene", *Journal of the Society of Cinematologists* 4 (1965).

剧中的场景，而不是情节段落。为了控制一个场景中的停止动作或其他更加复杂的特技，梅利斯经常截断或恢复某个片段。但只有当电影由多个片段组成时才能将场景划分为片段，甚至将整部电影划分为片段（每个片段都独立拍摄，然后再进行交切）。虽然有人发现可以将片段中的部分作为独立单元进行交切，但直到大卫·格里菲斯在 1908 和 1909 年制作电影时这项技术才开始成熟。直到 1905 年，美国的法院才判定，一部完整的电影从画面到片段和场景，无论如何组合，都只能作为单一的故事享有版权。[17]

在英国导演詹姆斯·威廉森（James Williamson）于 1899 年制作了电影《大吞咽》之后，人们开始认识到高水平的剪辑对电影来说举足轻重。威廉森在影片中将两个不同片段的部分进行交切，制作了我们现在称为"特写"的第一个案例；在这个特写中，电影的主角似乎张开嘴巴吞下了摄影机。[18] 另外一个英国人乔治·艾伯特·史密斯在 1900 年拍摄《祖母的放大镜》时，也运用了特写镜头——影片中的事物通过老妇人的放大镜似乎放大了许多。他还首次使用了镜头插入技术，使得电影这种新媒介在引领和指导观众的观点上具有更强的影响力。近景与特写都无法在舞台上完成。如果剧院想利用这项技术来转变观众注意的焦点，唯一的办法就是像电影那样在纱幕上放映图像。虽然这项技术可以用作梦境与幻想，但当戏剧的主角用她所有的肢体语言来表演关键场景时，它并不能提升观众对主角的理解。因此，演员在表演中不得不大量地运用手势——这对我们这些熟悉电影文化的人来说，有些可笑。

事实上，虽然电影在效果上是所有艺术形式中最连续的，但在构成上却是所有艺术形式中最不连续的。苏联的电影导演谢尔盖·爱森斯坦（Sergei Eisenstein）用单词"蒙太奇"来形容电影屏幕上"动人情节"

---

⑰ André Gaudreault,"The Infringement of Copyright Laws and Its Effects (1900 – 1906)," *Framework* 29(1985);in Elsaesser,ed. ,*Early Cinema*,114 – 22.

⑱ 脸部特写的第一个案例也可能是乔治斯·德梅尼（Georges Demeny）于 1891 年在他的记时摄影机前用嘴做出"我爱你"的动作。

的交叉并列。蒙太奇在电影制作中应用到了从画面开始的各个制作层面。单词"分镜头"(continuity)如今已成为一个电影术语,用来指电影导演从观众的视角准确模拟现实世界的时间和空间的一致性。[19] 实际上,最早看电影的人相信他们从屏幕上看到的影片并不连续。电影专业的新生按惯例都要学习电影《2001:星际旅行》(*2001:A Space Odyssey*)中两个片段之间的跳接(jump-cut);在斯坦利·库布里克(Stanley Kubrick)创作的这部影片中,他成功地运用跳接使观众在前后相距400万年,并且一个发生在地球而另一个发生在行星际空间的事件之间建立起"连续性"。当鲍特于1896年开始担任电影放映员时,他使用的跳跃要小得多。例如,他只是把爱迪生公司拍摄的救火车上消防员的片段与维塔公司拍摄的着火大楼的片段拼接起来。当鲍特于1901年进入爱迪生公司时,公司的电影实验室已经开始研究连续性问题,这就使鲍特有机会像梅利斯在他新建的摄影棚里所做的那样:将一个片段的各个元素与另一个片段的各个元素拼接起来。

这些元素中最重要的是时间和空间的四个维度。鲍特几乎能在任何时间和任何地点摄制电影片段,但这种自由也带来了一些既基本又奇特的问题——在鲍特拍摄的《一个美国消防队员的故事》和《火车大劫案》中,其中两个营救片段都出现了这些问题。摄制完成的电影对观众而言是否意味着时间会在片段之间,或者在片段内的场景之间自动流逝,就像戏剧长久以来对观众暗示的那样?或者观众是否会推断出后继片段的时间紧接着前面片段的时间而没有中断?代表当前时间的摄影机如何能成功地表现出过去的时间?一位有意思的电影学者曾经注意到,在《火车大劫案》的第一个片段中,电报所内的时钟显示的时间

---

[19] 这个术语似乎是在1910年左右出现的。1916年,《星期六晚邮报》(*Saturday Evening Post*)第188期(1916年5月13日)声称制作人托马斯·英斯(Thomas Ince)发明了"分镜头剧本",从而使电影制作更有效率;但实际上,分镜头剧本早就出现,如法兰克·伍兹(Frank Woods)在1908年10月为格利菲斯的电影《多年以后》(*After Many Years*)所写的剧本。

为 9 点,而到了第十片段,时钟仍然显示为 9 点。[20] 如果第 10 个片段中的时间显得晚一点,是否会使电影变得更加合理? 或者是否可以将第 10 个片段重新插入到抢劫刚开始的第 3 个片段与第 4 个片段之间? 所有这些关于时钟的画面将在两年后启发爱因斯坦(以及后来的达利),但不是在 1903 年。

除了时间,还有空间的问题。能否将两个从不同的空间角度来表现同一个事件的片段拼接起来? 在《火车大劫案》上映的三年之后,毕加索开始尝试从不同的视角同时表现同一个事物;但对电影来说,要实现这项技术的唯一办法就是在同一个电影屏幕上并列显示两个场景。(梅利斯在 1899 年拍摄的《德莱弗斯事件》中最早尝试了"分画面"技术。)也许我们能以一个紧接着另一个的方式向观众演示同一个事件的两个片段。以前的幻灯片放映机就是这么运作的。但观众对连续播放的片段会作何理解呢? 是否同一个事件的两个不同片段暗指同样的空间? 这又如何能做到? 一个事件的潜在空间应该表现为多大? 戏剧的空间按惯例是由舞台来表现,但电影应该接受这种限制吗? 观众可以推断出多少未曾看见的空间? 如果电影表现空间的方法比戏剧更自由,那么它的布景应该比戏剧更"逼真"还是相反? 在 1903 年,这些都是以前从没问过的新问题。这些问题与当时的哲学家提出的问题之间有什么联系? 詹姆士的意识流、庞加莱的传统几何,或者柏格森的连续不断的绵延,是否可以通过电影塑造出来?[21] 胡塞尔的无限现象性

---

[20] Roman Gubern, "David Wark Griffith et l'articulation cinématographique," *Cahiers de la Cinémathèque* 17(Christmas 1975),11;高迪雷奥特(Gaudreault)引用了该文,参见 Elsaesser, ed., *Early Cinema*, 141。

[21] 詹姆斯的"意识流"理论 ("The Association of Ideas," *Popular Science Monthly* 16[March 1880], 577-93)尽管出现在迈布里奇的连续摄影之后,但还是早于爱迪生的电影。胡塞尔的"意识体验流"(*Erlebnisstrom*)第一次出现于 1901 年的《逻辑研究》(*Logical Investigations*)。柏格森似乎是第一个将电影经验与意识经验相比较的哲学家,他在 1902—1903 年的讲座中声称"我们内部有一架电影摄影机",可参见《创造的进化》((*L'Evolution créatrice*, 1911),第 306 页; in Robert Sklar, *Movie-Made America: A Cultural History of American Movie* (New York: Vintage, 1975), 48。

(infinite phenomenality)能否通过单一的电影片段表现出来？

　　这些问题都留给了电影学者去回答。他们相关的论著已经摆满了书架。[22] 电影这种艺术形式最直观的表现是日益受到大众欢迎。去观看"充满吸引力的电影"取代了阅读"耸人听闻的新闻"。[23] 鲍特为此走出了第一步；在他那（带有杀人场景的）故事片中，剧中的故事扣人心弦。好莱坞许多著名的制作人最初都以《火车大劫案》作为自己职业生涯的起点。例如阿道夫·朱克(Adolph Zukor)曾经承认自己看过《火车大劫案》超过1 000遍，他就在该片上映的1903年，从毛皮生意转行进入电影业。到1904年，他和他的合伙人，包括马库斯·洛伊(Marcus Loew)，已经在第十四大街创办了一家名叫自动杂耍(Automatic Vaudeville)的电影院，并且成立了一个同名的公司。1905年，朱克在纽瓦克、波士顿、布鲁克林的科尼岛，以及匹兹堡等地开设了多家影院，并开始将它们变成连锁影院；他还在匹兹堡见到了名叫"5分钱电影院"的第一个镍币影院。又如威廉·福克斯(William Fox)于1903年将他在布鲁克林收购的游乐场改造成了电影院。六年以后，他的福克斯娱乐公司已经拥有9家电影院，并开始投资制作电影。在1903年的以后几年里，由于《火车大劫案》在俄亥俄州的扬斯敦仍然深受欢迎，一位名叫萨姆·华纳(Sam Warner)的失业铁路工人购买了一部电影放映机，开始在帐篷中播放鲍特的这部名作。他和其他的华纳兄弟从中所赚的钱

---

　　[22] 罗伯特 C. 阿伦(Robert C. Allen)和道格拉斯·戈莫里(Douglas Gomery)的《电影史：理论和实践》(Film History: Theory and Practice, New York: McGraw-Hill, 1985)为电影史编撰的激增提供了最好的说明。最近修订的关于早期电影史的论著最好是参考被埃尔塞瑟(Elsaesser)收录于《早期电影》(Early Cinema)中的文章，以及被约翰 L. 费尔(John L. Fell)收录于《格利菲斯之前的电影》(Film Before Griffith, Berkeley: University of California Press, 1983)中的文章。

　　[23] 爱迪生公司在1903年11月为即将发行的《火车大劫案》作宣传时采用了"耸人听闻的标题"，引自 Musser, Before the Nickelodeon, 254。"充满吸引力的电影"是托姆·古宁(Tom Guning)对1903年之前电影特点的描述，参见"The Cinema of Attractions: Early Film, Its Spectator and the Avant-Garde", Wide Angle 8, nos. 3/4 (Full 1986), in Elsaesser, ed., Early Cinema, 56-62。

足够他们开设一家新公司。

　　与此同时,在引领娱乐潮流的第五大道与百老汇大街上,除了流行音乐出版中心锡盘巷(Tin Pan Alley)还在健康发展外,"传统的"戏剧行业进入了低谷。[24] 由于 1903 年前后经济的急剧滑坡,1903 至 1904 年的演出季中剧院的上座率大幅缩减,即使在百老汇也是如此。由《宾虚》的制片人克劳与厄兰格所建立的名叫辛迪加的垄断组织,威胁要吞并美国戏剧行业所有的剧院。在不断减少的抵制者中,有剧院老板舒伯特兄弟以及韦伯与菲尔兹,其中菲尔兹还是著名的喜剧演员。韦伯和菲尔兹于 9 月在百老汇公演了他们合作二十五年以来的最后一场戏——《狂欢》(Whoop De-Doo),主演是莉莲·拉塞尔——他们将它称为"音乐喜剧",因为它的叙事比以往的表演更有连续性。他们的演出盖过了克劳与厄兰格在芝加哥的易洛魁剧院,从而延缓了辛迪加的兼并进程;但最终由于新的剧院法规,克劳与厄兰格对韦伯他们发动了致命的一击。

　　然而,像斯特林堡之类的剧作家很快就发现,舞台上的演员并不能像电影那样表达最受欢迎的幻想。曾于圣诞节前夕在第十四大街的休伯博物馆上映的《火车大劫案》,几乎正在纽约每一家拥有放映机的电影院上映,同时还在曼哈顿的十家影院和布鲁克林的一家影院上映。在它上映的那一周里,莱特兄弟实现了第一次成功的飞行,但纽约人还不知道这个消息。鲍特这部最早的西部枪战片,成为历史上第一部最"卖座"的电影,它使付费观众一度相信另一个世界的真实性和连续性。

---

　　[24] "锡盘巷"这个名称是由名叫门罗·罗森费尔德(Monroe Rosenfeld)的记者于 1909 年所起,此时美国流行音乐的创作与出版中心正在从联合广场向第二十八大街迁移。

第十四章　相逢圣路易斯

现代主义来到美国中部

1904

1904 年的一个晚上,安德鲁·B. 斯特林(Andrew B. Sterling)在纽约创作了《相逢圣路易斯》的歌词。他当时来到了百老汇的一家酒吧,恰好听到有人招呼服务员再要一杯啤酒。服务员的名字叫路易斯,而啤酒产自圣路易斯;当时斯特林听到的是:"再来一个路易斯,路易斯!"

> 相逢圣路易斯,路易斯,
> 相约世博会。
> 不要告诉我除了那儿以外
> 灯火辉煌的任何地方。
> 我们将载歌载舞,
> 我们将变成亲密朋友。
> 如果你来圣路易斯见我,
> 那就约在世博会。[1]

---

[1] 这首歌由纽约杰里·沃格尔(Jerry Vogel)音乐有限公司所制作;参见 Selwyn K. Troenand Glen E. Holt, eds., *St. Louis* (New York: Markus Wiener, 1993), 134.

密苏里州的圣路易斯盛产啤酒,而且大量销往纽约。如果啤酒装入桶中,它就可能变成布什啤酒;如果啤酒装入瓶中,它就可能变成百威啤酒。圣路易斯的重要人物阿道弗斯·布什(Adolphus Busch),以他自己和妻子莉莉·安休斯(Lilly Anheuser)的名字命名了公司,曾在1876年开创性地将消毒过的啤酒装入玻璃瓶中销售。到1904年,他已成为美国最富有的人之一,他那瓶装的百威啤酒几乎在美国各地都能买到。

斯特林的歌词就是从路易斯和他的妻子弗洛西开始。弗洛西是一位十足的新女性,她背着丈夫独自去参观圣路易斯世界博览会。

当路易斯回到家中,
挂好了外套与帽子。
环顾四周,未见妻子的踪影,
他不禁问道:"弗洛西去了哪里?"
他瞥到桌上的纸条,
快速扫过后,他开始哭泣。
上面写着:"路易斯,亲爱的,我在家中太无趣,
所以我想去旅行。"
"到圣路易斯来找我吧,路易斯,……"

纽约人克里·米尔斯(Kerry Mills)写下的这首曲子帮助斯特林成为不朽的词作者。这首歌因1944年的同名电影而再次流行,在1993年又被改编为音乐剧。它最重要的是能帮助人们——即使在它的家乡圣路易斯——记住伟大的圣路易斯世界博览会。

圣路易斯自1904年起开始慢慢衰落。即使在1904年,根据测量的人口与财富,它就已经过了鼎盛期。马克·吐温写道,"当我第一次看到圣路易斯的时候,我可以用六百万美元把它买下来,但我没有这么做,这是我平生的一大失误。"[②]举办"路易斯安那交易博览会"——世

[②] Mark Twain, *Life on the Mississippi*, in *Mississippi Writings* (New York: Library of America, 1982),365.

界博览会——的目的是为了纪念杰斐逊总统从原来的殖民者法国手中购买路易斯安那一百周年。在1803年以后的六十年里，圣路易斯逐渐成为伟大的西进运动的重要门户。它在19世纪60年代的地位相当于20世纪60年代的洛杉矶。只因圣路易斯的铁路修建的略晚了一些，才使芝加哥在内战之后获得了优势。再到后来，密尔沃基、芝加哥和费城的啤酒商模仿安休斯-布什公司，将消毒啤酒装入玻璃瓶中批发销售，使得圣路易斯的啤酒销售额从第二位跌到第五位；同时，该市的一家大型烟草包装厂也被东部的一家垄断企业买下了全部股份。在博览会开幕前夕，林肯·斯蒂芬斯（Lincoln Steffens）在《麦克卢尔》杂志上发表了他"城市的耻辱"系列中一篇关于圣路易斯的文章，认为圣路易斯必须面对严重的市政腐败问题，就像在职业棒球联赛中的腐败那样。

世纪之交的圣路易斯是美国人口排名第四的城市，排在纽约、芝加哥和费城之后；它也是五个最富有的城市之一。这些地位使它有实力与芝加哥竞争1893年哥伦比亚博览会的主办权，以及赢得下一届世界博览会的主办权。它是一座真正的城市，拥有一批值得骄傲的商界精英。它承担了这届世界博览会1 500万美元投资费用的1/3，1 500万美元是杰斐逊购买路易斯安那的价格。它也是一个典型的西部城市，发源于落基山脉的密苏里河在城市的北面与密西西比河交汇。它的人口构成中除了商人，还包括牛仔、农场主、淘金客，以及牧羊业者等各类移民。卡斯特（Custer）在1876年前往小大角（Little Big Horn）的路上曾经经过这里，但也许并没有停下来想一想他脚下踩着美国原始印第安人的尸骨；正是他与苏族*的战争，终止了圣路易斯六十年来作为西方文明进入西部的前哨基地的地位。圣路易斯最终变成了一个彻底的美国城市，而它的相邻地区仍然保留着移民部落的痕迹。族群分层（ethnic layering）并不等同于法国诗人波德莱尔在1855年巴黎世界博览会期间所创造的单词"美国化"（américanisé）；波德莱尔用这个词是

---

* 印第安人的一族，自称达科他族。——译者

指美国的工业化进程加快了人们风俗习惯与生活方式的转变，导致了传统文化的同质化。然而，无论圣路易斯的工业化程度有多高，也无论它与边疆城市的历史有多近，它有一个在今天看来最美国化的城市人口结构。它在1900年的人口总数为575 238人，其中19.7%的人生于国外，41.6%的人的父母生在国外。在美国，只有六个城市的移民数超过圣路易斯。③

圣路易斯的创建者是法国人，他们很多都是在海地革命期间经新奥尔良来到这里。他们的后代不再是"生于国外"，但这些人的比例很小，即使在它1803年成为美国城市时也是如此。爱尔兰人在19世纪40年代以后大批来到这里。19世纪中叶的德国革命又送来了大量的德国人，完全超过了法国人和爱尔兰人。在1864至1887年间，圣路易斯的德语小学公然违背密苏里州关于双语教学的禁令；他们的报纸到1904年仍然用德语出版。所有这三个民族，再加上人口略少的意大利人、波兰人、捷克人，以及斯洛伐克人，使圣路易斯成为美国这个新教国家中信奉天主教人数最多的城市之一。圣路易斯的作家凯特·肖邦（Kate Chopin）的代表作《觉醒》叙述了这个城市一个既让人同情又让人憎恶的故事：一位来自克里奥尔的妻子爱上了别人，抛弃了自己的丈夫和孩子。当小说在1899年发表时，肖邦遭到了圣路易斯人的谴责；而肖邦在1904年首次参观过世界博览会后，就因心力衰竭而去世。

然而，如果说圣路易斯在1904年有一位本地作家的话，那就不是凯特·肖邦，而是马克·吐温。到1904年，马克·吐温几乎已经到过世界各地，但他最初是在离圣路易斯130英里的密西西比河上游当水手。1902年，他应邀回到圣路易斯参加一块世界博览会场地落成仪式，同时以自己的名字重新命名了一艘原名为"圣路易斯"的汽艇；这至少是他第三次回到家乡。他的不朽著作《哈克贝利·芬恩历险记》

---

③ 有关圣路易斯的详细资料，参见James Neal Primm, *Lion of the Valley: Saint Louis, Missouri* (Boulder, Colo.: Pruett, 1981)，它是关于这个城市的权威性历史著作。

(1884)是一部喜剧性的自传,故事的中心地点就是密西西比河;当书还在印刷的时候,马克·吐温就在圣路易斯向付费观众朗读过书中的部分内容。同样在圣路易斯长大的 T. S. 艾略特认为《哈克贝利·芬恩历险记》是一部"杰作",尽管他那来自北方的父母禁止他阅读这本书。④ 密西西比河,就像马克·吐温在1884年所看到的那样,"河面上密布着运煤的船队和运木材的木筏";当16岁的艾略特在1904年前往东部的寄宿学校时,他记得"河上运输的货物还包括死去的黑人、母牛和鸡笼"。⑤ 对于马克·吐温在这部"哈克贝利·芬恩的自传"中所表达的早期现代独白,艾略特想要加上自己的现代独白,即《艾尔弗雷德·普鲁弗罗克的情歌》;但直到1910年,艾略特才读到拉福格的作品并前往巴黎。

马克·吐温热爱密西西比河,但对其水质不以为然。他认为圣路易斯的饮用水"喝起来过于混浊"。他在1884年游览后写道:"二十年来河水浑浊的局面没有丝毫改观……它是由于密西西比河河水汹涌,河岸受到冲击出现崩塌,每一杯河水中几乎含有一英亩的泥土。"⑥ 如此浑浊的河水无疑会影响圣路易斯所产的啤酒的味道。不过,为了迎接数百万将要来参加世界博览会的游客,圣路易斯决定改善这种局面。1904年3月21日,一套新的过滤设备在城市的北面投入使用,它通过大剂量的硫酸亚铁和石灰乳来凝结和沉积泥沙,从而使圣路易斯的水龙头在历史上第一次流出清澈的饮用水。一个月后,世界博览会如期举行了。

当"路易斯安那交易博览会"在1904年4月30日向公众开放的时候,西奥多·罗斯福总统并没有出席开幕式。也许还记得他是因前任

---

④ T. S. Eliot, preface to *Huckleberry Finn*, by Mark Twain (London: Cresset Press, 1950); in Mark Twain, *The Adventures of Huckleberry Finn*, ed. Sculley Bradley (New York: Norton, 1977), 328.

⑤ Twain, *Life on the Mississippi*, 239; T. S. Eliot, "The Dry Salvages," in *The Complete Poems and Plays, 1909-1950* (New York: Harcourt, Brace, 1959), 133.

⑥ Twain, *Life on the Mississippi*, 364; 541.

总统威廉·麦金利在1901年的一个博览会上遇刺身亡后才获得总统宝座的,罗斯福坚持留在华盛顿按下了金色的启动按钮。几乎与此同时(也就是说,在五千分之一秒后),灯光照亮了历史上最大的世界博览会场地——它包括森林公园和华盛顿大学校园中接近两平方英里的面积,其中包括一座位于中央的被称为"象牙城"的综合展览大楼、一条长达一英里的被称为"圣路易斯之矛"(St. Louis Pike)的娱乐式商街,以及一个由加了灯饰的喷泉、人工瀑布和被称为"瀑布花园"的水道所构成的技术展览中心。当"瀑布花园"被照亮的时候,博览会不遗余力的募款者戴维·弗朗西斯(David R. Francis)在演讲台上吟咏《人类在此欢聚一堂》。代表罗斯福出席的是美国国务卿约翰·海(John Hay);约翰·海是美国对华"门户开放照会"(Open Door Notes)的提出者,陪同他出席开幕式的是他的老朋友亨利·亚当斯。

此时的亚当斯刚刚出版了《圣米歇山和沙特尔教堂》(Mont Saint-Michel and Chartres)一书,内容是关于大教堂的沉思,以及思考建造大教堂的内在精神力量如何与他在1900年于巴黎所见到的大型发电机相抗衡。"新一代美国人……都是发电厂的奴仆,就像12世纪的欧洲人是教堂的奴仆那样……圣路易斯博览会是美国人在20世纪创造的第一个奇迹,因此,它极其有趣。"⑦

亚当斯在圣路易斯不止一次地凝视未来,并且试图理解刚刚到来的20世纪。他看得越来越清楚的是19世纪精神世界日益萎缩。他刚读完了卡尔·皮尔逊(Karl Pearson)的《科学的规范》(1900年修订版),该书将自然科学的范围严格限定在现象世界——各种精神事件由精神要素操纵。⑧ 在《科学的规范》中,亚当斯读到"在感觉背后的混乱

---

⑦ Henry Adams, *The Education of Henry Adams*, in *Novels, Mont Saint Michel, The Education* (New York: Library of America, 1983), 1146.

⑧ Karl Pearson, *The Grammar of Science*, 3d ed. (London: Walter Scott, 1911; New York: Meridian, 1957).

中,在感觉印象的'超越'中,我们无法推断出必然、秩序或常规"。⑨ 皮尔逊使亚当斯接触到了马赫的思想;马赫曾经在维也纳发表了同样的观点,并且推翻了恩斯特·海克尔对19世纪的总结性论述,尽管海克尔仍然坚信宇宙实际上是由单一的物质所组成。⑩ 法国的博学家庞加莱也在一本付印的书中提出,科学是一种公约,而不是现实。马赫、皮尔逊、庞加莱以及威廉·奥斯特瓦尔德都使亚当斯相信他所渴望的精神的单一性,这也是19世纪科学所努力追求的,它注定在下一个世纪变得不可能。不仅复杂性将取代统一性,物质自身将变成一个哲学概念,"一种气体动力学说,……一个终极混乱论断"。⑪ 亚当斯就是在这种精神状态下来到圣路易斯,来到这个"没有铁轨但有蒸汽动力的三流城市",看着它"为举办转瞬即逝的盛会而花费3 000万或4 000万美元"。当世界博览会的灯光开始点亮的时候,亚当斯若有所思地自语道,"世人从没见过如此不可思议的幻景……它那白色的雄伟建筑,沐浴在夕阳的余光中"。⑫

在参加完开幕式后,亚当斯动身前往巴黎。他并没有意识到新世界将带来的变化——它将使现代的观念变成现代主义。圣路易斯世界博览会与其他许多世博会一样,都试图表现出前瞻性,这种企图在1939年纽约世界博览会上被称为"未来主义"。然而,事后来看,圣路易斯世界博览会唯一确定的与未来的对话出现在最后一场会议的末尾,此时曾经在1900年巴黎世界博览会上在三个独立的会议上分别作主题发言的亨利·庞加莱陈述了当前物理学理论的"危机"。在他发表讲话的六个月内,爱因斯坦将证明庞加莱对新世纪的预见出现了多大的偏差——以及他如何与成为"新世纪的牛顿"失之交臂。

---

⑨ Pearson, *Grammar of Science*, 108; in Adams, *Education of Henry Adams*, 1134.

⑩ Ernst Haeckel, *Die Weltratsel* (The riddle of the universe), trans. Joseph McCabe (Buffalo, N. Y.: Prometheus Books, 1992).

⑪ Adams, *Education of Henry Adams*, 1132.

⑫ Adams, *Education of Henry Adams*, 1146.

圣路易斯世界博览会对 20 世纪的文化至少作出了一项贡献。当炎热的夏天来到"圣路易斯之矛"的时候,街上突然出现了冰激凌摊贩,他们通常是出售盘装食物加法国华夫饼,如今他们将华夫饼卷成圆锥形,再在里面加上冰激凌出售。结果这种"蛋筒冰激凌"与更早的"冰激凌苏打"一样经久不衰。与蛋筒冰激凌同样经久不衰的还有乔治·W.费里斯的直径达 250 英尺的转轮*;它最初出现在 1893 年芝加哥世界博览会上,后来因受到欢迎在圣路易斯世界博览会上再次亮相。在费里斯转轮附近,有大象跳水、月球之旅、登山、骑马等娱乐活动,还可以重新扮演加尔维斯敦洪水、古巴圣地亚哥战役、卡斯特的最后战斗,以及布尔战争中的角色。传记公司打败爱迪生西部公司获得了世界博览会独家电影制作权,人们可以在"圣路易斯之矛"的电影展厅观看它制作的电影。(圣路易斯市中心在 1904 年只有一家电影院,即新开业的"世界之梦"电影院。)必须一游的是近东展览"开罗",有 26 个展馆和 1 个商场组成,但遗憾的是法蒂玛(Fatima)不能来;舞蹈家法蒂玛曾经剽窃芝加哥的"霍奇-库奇"舞(hoochee-koochee)表演,因此被禁止在圣路易斯表演肚皮舞。(她后来顽强地在科尼岛开了一家名叫"小埃及"的剧院。)

圣路易斯世界博览会的大众文化比等级文化更占优势。"八人画派"之一的威廉·格拉肯斯(William Glackens),为后来被东海岸称之为"垃圾箱画派"的"八人画派"赢得了一枚银质奖章;但最新的"后印象主义"作品展出的数量很少,就像 1900 年的巴黎世界博览会那样(在巴黎世界博览会上,在马蒂斯装饰过的展厅内,悬挂着毕加索最后的学院派画作)。43 个国家,再加上美国的 45 个州,在世博会上都有自己独立的展馆,但其中只有奥地利展馆表现出一些系统的现代设计。古斯塔夫·克里姆特(Gustav Klimt)在维也纳大学的壁画《法学》(*Jurisprudence*),因为太赤裸和太露骨,被排除在奥地利展馆之外,就更不用

---

* 即摩天轮。——译者

说立体派和野兽派了；它总共只展出了一个原创性画家的作品，那就是出生在布拉格附近，自 1895 或 1896 年后居住在蒙马特的库普卡（Frank Kupka）。作为一个无政府主义者和一个神秘主义者，此时的库普卡刚刚结识了马赛尔·杜尚（Marcel Duchamp），并且开始创作抽象绘画。另外一幅在奥地利展馆展出的是科罗曼·莫塞尔（Koloman Moser）和他的学生于 1901 年在维也纳艺术和工艺学院创作的室内设计图。森林公园中的每一件事物都是老式的艺术风格，而不顾圣路易斯自 1890 年起至少有一座芝加哥风格的摩天大楼——路易斯·沙利文所设计的高达 135 英尺的钢骨架结构的温赖特大厦，以及在贝尔方丹（Bellefontaine）墓地至少有一个沙利文所设计的坟墓。沙利文和他的同事弗兰克·劳埃德·赖特曾经提出，芝加哥世界博览会耽误了美国建筑的现代发展达一代人的时间。圣路易斯证实了他们的观点——当赖特参观奥地利展馆中"维也纳分离派"建筑师约瑟夫·玛丽亚·奥尔布里奇（Joseph Maria Olbrich）的设计时，他也许已经确认了这个悲伤的评判。此时，曾经参观过芝加哥世界博览会的阿道夫·卢斯（Adolf Loos），已经开始在传统的维也纳市中心建造具有现代主义风格的大楼。

建造象牙城的圣路易斯为了获得欧洲的认同，故意避免提到德雷德·斯科特（Dred Scott），后者作为奴隶在当地法院失去了自由。圣路易斯的布朗斯棒球队自 1887 年起在职业联赛中实行种族隔离，拒绝与混合种族的队伍比赛。圣路易斯几乎无法承认它有 35 000 多名市民是黑人，也无法承认像密尔溪谷（Mill Creek Valley）、栗子谷（Chestnut Valley）以及湖滨的比德尔街（Biddle Street）等黑人街区的存在。虽然官方保持沉默，但这些黑人地区所孕育的东西比啤酒更适于输出，它几乎可以说是圣路易斯对西方文明或其他文明最大的贡献，那就是爵士乐。在 1904 年，它的名字还不叫爵士乐。它是一种由西方音乐与西非音乐相融合所产生的音乐，其中一部分可以追溯到西印度群岛奴隶的混合共通语，另外一部分是最近与棉铃象鼻虫一起从墨西哥渗透到得克萨斯的吉他音乐。这种复杂的、主要由口头传唱的混合音乐，再加上曲调、音阶、表演、节奏以及调号等内容，已经使音乐学者争论了半个世纪。唯一确定的是它们全都在密西西比河流域曾经被叫作 La Louisiane（路易斯安那）的许多城镇和农场中传播。在这里，源自非洲的劳动号子和节庆舞蹈遇到了主流的流行音乐——铜管乐队演奏的进行曲、新教的颂歌曲调，以及像《相逢圣路易斯》这样伤感的华尔兹舞曲——在土壤肥沃的地方，这种结合有可能开花结果。当种族隔离在19世纪80年代成为法律的时候（此时最早的留声机唱片也开始出现），像新奥尔良、孟菲斯和圣路易斯这些密西西比河流域的城市中的人们，尽管将这种他们自己无法创作的音乐称为"下等"音乐，但至少进行了记录与聆听。1892 年，穷困潦倒的 W. C. 汉迪（W. C. Handy）在圣路易斯听到一位衣衫褴褛的吉他手唱了一首名叫《东圣路易斯》的曲子。[13] 由于这首曲子只有一个段落，且少于 12 个小节，因此不算正规的布鲁斯乐曲，但其他与它类似的、拥有三个和弦并将第 3 个音和第 7 个音降半音的乐曲，包括《一角钱布鲁斯》(One Dime Blues)、《红河布鲁斯》(Red River Blues)、《吉姆·李布鲁斯》(Jim Lee Blues)、《科劳·简》(Crow Jane)和《滑音三角洲》(Sliding Delta)等，当时正在向美国的主流音乐迈进。[14] 在 1909 年至 1914 年间，汉迪创作和发表了三首他自己的布鲁斯乐曲，其中第三首是迅即成为经典的《圣路易斯布鲁斯》(St. Louis Blues)。在汉迪发现布鲁斯的十年之后，演员格特鲁德·雷尼（Gertrude Rainey）也遇到了同样的情况。当她在圣路易斯附近的帐篷里准备演出时，她听到一位"来自城里的姑娘"唱了一首"奇怪而又辛酸"的歌曲。姑娘告诉雷尼"这是布鲁斯"，因此雷尼也开始演唱

---

[13] W. C. Handy, *Father of the Blues : An Autobiography* (1941; New York: Da Capo, 1969), 142. 汉迪 1892 年在圣路易斯的记忆还包括在"白种人酒吧"听到一名吉他手演唱名叫《然后》("Afterwards")的布鲁斯调子的歌曲（28 页），以及在街上听到一位妇女轻声哼唱布鲁斯曲调（119 页）。

[14] Luc Sante, "The Genius of Blues", *New York Review of Books* 41, no. 14 (1994.8.11), 46.

布鲁斯。⑮ 当《圣路易斯之逗》(St. Louis Tickle)在1904年发表时,它的曲调已经有很长的历史,最初来源于密西西比河上从新奥尔良到圣路易斯的甲板水手。多年以后,这个调子在杰利·罗尔·莫顿(Jelly Roll Morton)的《巴迪·博登的布鲁斯》(Buddy Bolden's Blues)中再次出现。⑯

在一个像圣路易斯这样的城市中,你甚至能在屋檐下听到新音乐,比如在2220购物街的玫瑰花苞咖啡馆(弗朗姬在这附近袭击了约翰尼)⑰,或者在布克·T.华盛顿剧院,或者在新道格拉斯歌舞厅,又或者在世界博览会宣传手册上从没提到的一个地方——城堡俱乐部,它的鸭母巴布·康诺斯将这里称为"sporting house"*。1895年9月,白人歌星梅·欧文在纽约宝石剧院表演音乐剧《寡妇琼斯》时,首次演唱了被自己称为《恶霸歌》(Bully Song)的歌曲。⑱ 它的歌词用的是"黑人"土话,它的乐曲"跳越"、"轻快"、"接近早期的爵士乐"。欧文将这首歌变成自己后来的代表作,但她一直声称她是在1894年由旧金山去芝加哥的火车上,从一位拉格泰姆音乐(ragtime)吉他手那里学会了这首歌,而吉他手又是从一位在城堡俱乐部唱歌的名叫马玛·卢(Mama

---

⑮ Sante, "The Genius of Blues", 46.
⑯ Barney and Seymore [Theron C. Bennett], "St. Louis Tickle"(Chicago: Victor Kremer, 1904). David A. Jasen and Trebor Jay Tichenor, *Rags and Ragtime: A Musical History* (1978; New York: Dover, 1989), 47. 还可参见 Rudi Blesh and Harriet Janis, *They All Played Ragtime* (New York: Oak Publishers, 1971), 77. 根据布莱什(Blesh)和詹尼斯(Janis)的说法,美国现代主义作曲家维吉尔·汤姆森(Virgil Thomson)记得小时候在密苏里州西部的堪萨斯城听过布鲁斯曲调。
⑰ John R. David, "Frankie and Johnnie: The Trial of Frankie Baker", *Missouri Folklore Society Journal* 6 (1984), 1-30.
* 字面意思是健身房,其实就是妓院。——译者
⑱ 1895年的纽约市警察局局长是泰迪·罗斯福。他的著名措辞"Bully"(妙极了——译者)是从梅·欧文的《恶霸歌》("Bully Song")中获得灵感。这首歌——在20世纪90年代被发现有种族歧视——仍然能在1895年的唱片中听到。梅·欧文另外一个保存下来的表演片段是电影史上的第一个接吻镜头,它是由爱迪生公司的摄影机所摄制,并由埃德温·鲍特于1896年在洛杉矶放映。

Lou)的歌手那里学会了这首歌。[19]

博览会,无论是国内的还是国际的,总是能吸引音乐。在密西西比河流域举办的博览会,无论是否对音乐提供赞助,总能吸引各地流动的艺术家,他们是爵士乐的最早创作者。在1893年芝加哥世界博览会上,来自夏威夷的尤克里里琴演奏者不经意间将滑音急停技术传给了盲人吉他手莱蒙·杰斐逊(Blind Lemon Jefferson)。[20] 在世界博览会的场地外,《克利奥尔人秀》(The Creole Show)正在萨姆·杰克歌剧院上演,这是第一个由黑人演奏和表演的节目,而不是由白人化装成黑人演出。在剧院的不远处,能够听到伟人的黑人音乐家——女高音歌手西西雷塔·琼斯(Sissieretta Jones)和小提琴手约瑟夫·道格拉斯(Joseph Douglass)的音乐。[21] 城堡俱乐部中所有来自密西西比河流域的表演者要么在"娱乐场"(Midway,芝加哥世界博览会的娱乐场)演出,要么在第二十二街的庞尼·穆尔剧院或红灯区的迪尔伯恩剧院演出。在这些表演者中,有一位名叫斯科特·乔普林(Scott Joplin)的年轻作曲家。在芝加哥市,或者在被称为"白城"(The White City)的芝加哥世界博览会场地中,只有海地展馆中的餐馆或洗手间可供乔普林使用;[22] 他在世界博览会上用钢琴弹奏"阔步舞"来挣钱,所用的曲调后来被宽

---

[19] 欧文在火车上遇到的吉他手是名叫查尔斯·特雷瓦坦(Charles Trevathan)的芝加哥记者。W. C. 汉迪(W. C. Handy)提到《寻找恶棍》("Looking for the Bully")时,认为它是由圣路易斯码头工人所传唱的一首歌,内容是关于1892年的东圣路易斯警察局(Father of the Blues,27,118-119)。与一群祖胸舞女一起表演的玛玛·楼(Mama Lou),被认为首次表演了1896年的《今晚在老区的欢快时光》("There'll Be a Hot Time in the Old Town Tonight"),以及发表于1891年的《塔拉拉博姆迪埃》("Ta-Ra-Ra-Boom-De-Ay")(Jasenand Tichenor,Rags and Ragtime,28)。

[20] W. C. 汉迪知道尤克里里琴,他曾经于1903年在密西西比州塔特威勒(Tutwiler)火车站听过这种吉他演奏,他把它称为"曾经听过的最古怪的音乐"。Handy,Father of the Blues,74;99,123.

[21] James Weldon Johnson,Black Manhattan (New York:Da Capo,1991),100.

[22] Ida Wells and Frederick Douglass,"The Reason Why the Colored American Is Not in the World's Columbian Exposition"(Chicago,1893). 这篇文章指出了芝加哥世博会配套设施的缺乏,它把著名的"白城"称为"漂白的坟墓"。

泛地称为"阔步舞曲"。它们听起来像"进行曲之王"约翰·菲利浦·苏萨(John Philip Sousa)在世界博览会音乐台上每日所演奏的《海军陆战队进行曲》的破碎节拍版或双重节拍版。

在十一年之后的圣路易斯世界博览会上,乔普林有了更好的准备。他早在 1885 年就来到圣路易斯,当时在"老实人"约翰·特平("Honest John" Turpin)所拥有的银元酒吧弹奏捷格舞钢琴曲。乔普林于 1868 年出生在得克萨斯,作为解放的奴隶的后代,十几岁时来到密西西比河流域,成为一个密苏里人,他在这里所确立的音乐路线后来被杰利·罗尔·莫顿和金·奥利弗(King Oliver)追随。芝加哥世界博览会闭幕后,乔普林来到了密苏里州中部的锡代利亚(Sedalia);在那里,他将他在枫叶俱乐部的爵士演奏与在乔治·R. 史密斯黑人学院所学的音乐理论结合起来,并且一年之后发表了他最早的两首歌曲。1896 年,乔普林在锡代利亚成立了似乎是第一个演奏"拉格泰姆音乐"的乐队;1897 年,他写下了《枫叶拉格》(Maple-Leaf Rag),当这首歌在 1899 年发表时,登上了当时的音乐排行榜。在随后的十年中(这一时期大多数美国音乐都来自室内钢琴、地方乐队及地方歌舞团),《枫叶拉格》卖出了 50 万份,这使得锡代利亚的出版商大发其财,也使得乔普林有机缘结婚并沿着密西西比河搬到圣路易斯。在世界博览会开幕之前的几年中,美国人几乎都相信乔普林最早创作了拉格泰姆音乐。事实上并非如此。即使在圣路易斯,就有人比乔普林更早发表拉格音乐作品,如"老实人"约翰·特平的儿子汤姆(这位体重达 300 磅的黑人也是玫瑰花苞咖啡馆的老板)。[23] 在多种语言通用的纽约市,无法确定种族归属的本·哈尼(Ben Harney)于 1896 年在托尼·帕斯特音乐厅演奏过拉格泰姆音乐;在锡盘巷的联合广场附近,有白种人已经发现了这种节

---

[23] Tom Turpin, "Harlem Rag" (1897) and "Bowery Buck" (Chicago: Will Rossiter, 1899). 特平还发表了《拉格泰姆的噩梦》("A Rag-time Nightmare [March and Two-Step]", Chicago: Rossiter, 1901)和《圣路易斯拉格》("The St. Louis Rag", New York: Sol Bloom, 1903)。

拍,并且试图将它整理出来。㉔ 克里·米尔斯在为《相逢圣路易斯》作曲的七年之前就已创作并发表了他自己的拉格歌曲,而兼职风琴手与作曲家查尔斯·艾夫斯(Charles Ives),在 1904 年正在完成他所谓的"拉格泰姆乐章(舞曲)"。㉕ 在"黑鬼"迈克·凯利(Mike Kelley)的位于唐人街的佩勒姆咖啡馆,有一位最近雇用的犹太歌唱侍者(singing waiter),名字叫伊斯雷尔·巴莱(Israel Baline),他在 1904 年为国际知名的"亚历山大拉格泰姆乐队"汇编了一些乐曲,这使他在 1911 年以欧文·柏林(Irving Berlin)的名字闻名于世。

但斯科特·乔普林可能是创作拉格歌曲数量最多的人——仅 1904 年就有三首。㉖ 此外,他生活在圣路易斯这个拉格泰姆音乐的发源地;而且圣路易斯在 1904 年 2 月 22 日举办了一个名叫"单曲赛"(cutting contest)的拉格泰姆钢琴家之间的比赛(获胜者是当地一位名叫路易斯·沙文的天才),由此拉开了世界博览会之年的大幕。㉗ 当然,乔普林的心中还有其他的音乐。在搬到圣路易斯后不久,他就与出生于德国的乐队指挥一起研究贝多芬的相关乐曲,试图使他所采用的音乐形式变得更加技术化,更加西方化且更加高雅。在世界博览会开幕前的几个月,乔普林通过他的"拉格泰姆歌剧团"在圣路易斯首次公演了他满怀期待的第一部歌剧《贵宾》(A Guest of Honor)。很遗憾它

㉔ "锡盘巷"位于纽约联合广场、第二十八大街、第五大道以及百老汇之间。

㉕ 最早以活页乐谱的形式出版的拉格泰姆乐曲标注的日期都是 1897 年:Tom Turpin,"Harlem Rag";Kerry Mills,"At a Georgia Campmeeting";Jacob Henry Ellis,"Hannah's Promenade"; William Krell, "Mississippi Rag"; William Beebe, "Ragtime March";R. J. Hamilton,"Ragtime Patrol";Theodore H. Northrup,"Louisiana Rag";A. Shaw,"Rag-Ma-La"。

㉖ 这三首歌是"The Favorite"、"The Sycamore:A Concert Rag"和"The Crysanthemum:An Afro-American Intermezzo。"其中"The Favorite"发表于 Sedalia,"The Sycamore:A Concert Rag"发表于芝加哥。

㉗ 比赛是在博蒙特街的新道格拉斯歌舞厅举行,组织者是汤姆·特平和他的玫瑰花苞咖啡馆。相关评论刊登于圣路易斯的一家黑人报纸《智慧女神帕拉斯》(Palladium)。詹森(Jasen)和蒂奇纳(Tichenor)发现这篇评论后将它转载于《拉格和拉格泰姆》(Rags and Ragtime),102-3。

未能成功,但这次失败并没有打垮乔普林。当世界博览会开幕时,乔普林正在钢琴前创作名叫《小瀑布》(Cascades)的拉格曲,以此来庆祝世界博览会的开幕。确切地说,拉格泰姆在 1904 年是指将标准的流行音乐节拍(4/4 拍或偶尔的 3/4 拍)切分为不一定相等的更小单元,然后将这些单元重新拼接起来形成复合节奏和多切分音。它与钢琴的"跨越弹奏法"联系在一起是因为当右手在弹奏多切分音时,左手交替在强拍时弹单个低音及在弱拍时弹高八度音。你可以把它当成进行曲,但它真正的主旨是舞蹈。乔普林在世博会上弹奏的《小瀑布》应该比苏萨的海军乐队所演奏的进行曲更容易理解。

我们不知道斯科特·乔普林能否在森林公园中找到地方吃饭或上洗手间。但奇怪的是他可以,但环境可能不是很好。路易斯安那交易博览会的主席弗雷德里克·J. V. 斯基夫(Frederick J. V. Skiff)试图通过此次博览会来展示"人类的发展",他相信这种发展伴随着西方种族与文化在世界范围内的扩张已经达到顶点。他聘请新兴的人类学领域的一流学者——威廉·麦基(William McGee)、阿莱斯·赫尔德利奇卡(Ales Hrdlicka)和弗朗茨·博厄斯(Franz Boas)——为博览会的游客提供一个反映不同种族与文化之间差异的活的人类学博物馆。这使得世博会出现了历史上非西方民族聚集在一起的最大的营地,它的规模超过了亨利·亚当斯于 1900 年在巴黎所见到的营地。在这个西方帝国主义的鼎盛期,从苏族人和夏安族人所开垦的大平原放眼望去,在代表原始印第安人都城的营地上,树立着一块标记西方胜利的纪念碑;在它后面的围栏里,是一个类似于人类动物园的营地。他们有来自北极的伊努伊特人,有来自南极附近的南美巴塔哥尼亚人,有来自北亚的"多毛的"阿伊努人,有来自南非的祖鲁人,有绰号为"半人猿"的菲律宾黑人,还有不少于 51 个的印第安部落;不同的印第安部落还有不同的酋长,如基奥瓦人的酋长夸纳·帕克(Quanah Parker),内兹佩尔塞人的酋长约瑟夫,阿帕切人的酋长杰罗尼莫(Geronimo),其中杰罗尼莫因领导族人袭击过美国军队而成为战犯。尽管他们都是"北美洲的本地人",但这个大洲并没有以他们的语言命名,就像非洲没有以祖鲁人的语言、亚洲没有以阿伊努人的语言命名那样。在营地的某个地方,由51个部落的代表所组成的"狂野西部印第安人大会"正在举行,但没有从中产生美国印第安人联盟(这对上述人类学家来说也许是一件幸事)。不久之后,内兹佩尔塞人的酋长约瑟夫在华盛顿州去世,此时离他率领残部向美国军队投降已有二十七年。

近来在美国的帮助下实现和平的菲律宾群岛,据美国陆军部估计,有1 100多名原住民。其中一些土著民族——如摩洛族、巴戈博族、米沙鄢族和伊哥洛特族——的成员从菲律宾被重新集中到世界博览会上一个47英亩的军事居留地。穿着原住民服装或不穿衣服的伊哥洛特人是如此令人着迷,以致泰迪·罗斯福总统认为有必要命令他们全部穿上衣服,以避免美国未能履行使菲律宾人"文明化"的职责。几乎就在发布这项命令的同时,一艘轮船于6月中旬停靠在了新奥尔良码头,船上有一位名叫塞缪尔·P. 弗纳(Samuel P. Verner)的新教传教士,他在一年之前被世界博览会的人类学部门派往非洲的刚果河,目的是为世界博览会带回12个中非人。在斯坦利湖附近,弗纳找到了3个巴鲁巴人和5个巴特瓦人或俾格米人,其中一个俾格米人奥塔·本嘎(Ota Benga),是他像购买奴隶一样用几卷布从巴鲁巴人手中购得。这些非洲来客在新奥尔良登陆以后,坐上火车前往圣路易斯;弗纳在6月的最后一周将这八个非洲人交给了世界博览会。对弗纳来说,他的刚果之行比约瑟夫·康拉德在1890年的非洲之行轻松得多,"黑暗之心"*似乎放过了他。这几个被称为俾格米人的矮小黑人在世界博览会上出尽了风头。

同样出风头的还有杰罗尼莫。报纸将他称为"人类之虎"(Human Tyger),其实他当时只是遇见了失散已久的女儿和制作了一个箭头送给奥塔·本嘎当礼物。他也坐过费里斯转轮,向美国国旗行过军礼,并

---

* 康拉德在1902年发表过讲述刚果河故事的《黑暗之心》。——译者

定期参与扮演游乐场上"卡斯特的最后战斗"中的角色。切罗基族喜剧演员威尔·罗杰斯（Will Rogers）最初就是在杂耍剧院中扮演"卡斯特的最后战斗"中最后死去的那个骑兵，他记得杰罗尼莫扮演苏族人的首领坐牛（Sitting Bull），惟妙惟肖。㉘

随世界博览会而来的还有奥运会。圣路易斯像1900年的巴黎那样，在举办世界博览会的同时又举办了第三届奥运会。1904年7月1日，在华盛顿大学弗朗西斯运动场上举行的田径比赛拉开了奥运会的帷幕（华盛顿大学的新校区靠近森林公园，被临时租给了世界博览会）。㉙ 有"密尔沃基流星"之称的阿奇博尔德·哈恩（Archibald Hahn），在100米比赛中以11.0秒的成绩赢得了冠军；他所属的美国队在接下来的比赛中共赢得了80枚金牌、86枚银牌和72枚铜牌，大大超过了其他国家。在非官方的排名中，德国队排第二名，共获得了5枚金牌、4枚银牌和6枚铜牌。第三名是刚刚在美国参议院勉强通过才获得独立权的古巴，奖牌数也是5枚金牌、4枚银牌和6枚铜牌。当旷日持久的奥运会在11月23日结束时，可以明显看出主队的胜利并非无可挑剔。整个奥运会只有12个国家参加，哈恩获得百米冠军，仅有的5个对手都是美国人。另外在4个团体比赛中，美国队面对的都是只有一个人的团队。队员之间的配合保证了美国在网球、短柄槌球（槌球的一种）和高尔夫团体赛中的胜利——即使加拿大队的个人高尔夫冠军也难以力挽狂澜。最后的耻辱来自马拉松比赛，当古巴选手穿着便鞋以第四名的成绩跑到终点时，发现获得冠军的美国选手被查出中途搭乘汽车而被取消冠军头衔。在所有这些比赛中，女子被完全排除在外，尽管她们曾经在1900年参加过巴黎奥运会的网球比赛。1904

㉘ 坐牛曾经在19世纪80年代参加过布法罗·比尔举办的西部展览，但在1890年12月15日因拒捕而被美国印第安警察杀害。布法罗·比尔在1904年仍然健在，此时的他正在提起诉讼要求与妻子离婚，并没有参加任何展览。

㉙ 这里如今是华盛顿大学的运动场，克林顿与布什曾经于1992年10月11日在这里举行总统竞选辩论。

年奥运会上仅有的 6 个女运动员(男运动员有 681 个)只是参加了射箭比赛。在奥运会的历史上,圣路易斯奥运会经常被认为是办得很失败的一届。

然而,圣路易斯奥运会还有自己最大的败笔。那就是世界博览会上所谓的"人类学日"。8 月 12 日,所有不幸参加种族展览的有色人种选手进行了表演性比赛。组织者(都是白人)似乎想通过这种种族间的奥运会比赛来确定不同人种之间的健壮程度。由于密尔沃基的黑人选手乔治·波格(George Poage)在本届奥运会上获得了最早授予黑人的奥运会奖牌——包括高栏赛跑中的银牌——因此他们认为应该举办一场种族间的"比赛"。在比赛中,非洲矮人赢得了爬杆比赛,克劳族人赢得了赛跑比赛,巴塔哥尼亚人赢得了拔河比赛和投掷棒球比赛,苏族人赢得了跳高、四分之一英里加速赛和 100 码短跑赛。㉚"俾格米人"被安排在泥地上打泥巴仗。来自菲律宾的摩洛族人赢得了标枪比赛(第二个出场的俾格米人为世界博览会的人类学家带来了许多思考),齐佩瓦人赢得了低栏赛跑,科科帕人赢得了射箭比赛和所谓的远距离踢球比赛。杰罗尼莫没有参加比赛,只是在看台上面无表情地观看。虽然本届世界博览会没有像 1893 年的芝加哥世界博览会那样进行正式的种族隔离,但这场"土著"奥运会为圣路易斯留下了一个更大的污点,㉛未来种族隔离将变得更加普遍。

在奥运会开幕后不久,民主党全国代表大会在圣路易斯召开。当初圣路易斯经过艰苦的游说才使会议进入世博年的日程表。尽管会议的结果对城市价值不大,但对参加会议的代表威廉·詹宁斯·布赖恩(William Jennings Bryan)来说意义非凡。作为一名左翼的土地改革家,布赖恩于 1896 年在圣路易斯被激进的人民党提名为总统候选人,

---

㉚ 根据记载,100 码短跑赛的冠军名叫乔治·门茨(George Menz)。
㉛ 种族隔离的合法化刚刚在美国南部出现,它可以从最高法院于 1896 年审理的"普莱西诉弗格森案"中找到宪法的根据。参见 Charles A. Lofgren, The Plessy Case: A Legal-Historical Interpretation (New York: Oxford University Press, 1987)。

并得到了民主党的支持。他的共和党对手麦金利也在圣路易斯获得了总统提名。1900年,民主党在堪萨斯城再次提名布赖恩为总统候选人,并得到了人民党的支持。尽管获得了民主党和人民党的两次提名,但布赖恩分别在 1896 和 1900 年两次败给麦金利,而且后一次还败得很惨。在 1900 年竞选期间出版的名叫《绿野仙踪》(The Wonderful Wizard of Oz)的童话书中,布赖恩成为书中魔法师的原型。1904 年 7 月 10 日,民主党在圣路易斯选举奥尔顿·B. 帕克(Alton B. Parker)去与西奥多·罗斯福竞选总统,后者被认为是大党所选出的失败概率最大的总统候选人。布赖恩此次没有介入,只是期望帕克在 1904 年的竞选中败北,以便使他有机会在四年后再次获得总统提名。事实上,布赖恩在 1908 年第三次获得了民主党的总统提名,但在当年竞选中再次败北;人民党的残部也于同年在圣路易斯集会后彻底解散。1904 年,20 岁的哈里·杜鲁门(Harry Truman)在堪萨斯开始从事银行工作,他作为服务人员参加了 1900 年的民主党大会。1901 年,他来圣路易斯看望了叔叔赫泰,但后来似乎没有再来参观世界博览会。㉜ 尽管如此,密苏里州的这些政治会议还是给了他一个终身受益的教训。那就是一个大党在分裂后还有希望通过总统候选人破镜重圆,而一个第三方政党在分裂后无论选举什么样的总统候选人都在劫难逃。

在夏天快要结束的时候,举办了文学界的第一场聚会,这场聚会将和 1904 年随后到来的许多聚会一起,为旧世纪的文学划上一个喜剧性的句号。8 月 30 日,亨利·詹姆斯回到了阔别二十年的祖国;当他坐船到达曼哈顿后,被通知掉头返回新泽西。他的老朋友想让他见一下马克·吐温。那天晚上的宴会进行得十分愉快,但彼此没有相约再次聚会。马克·吐温在当年失去了自己的妻子和小姨。他的女儿克莱拉为此伤心欲绝,而他的姐姐此时正好抱病在身,因此马克·吐温并没有计

㉜ 参见藏于杜鲁门图书馆由兰迪·索维尔(Randy Sowell)主编的杜鲁门私人信件。

划回圣路易斯去参加世界博览会。而詹姆斯自己也不确定是否要去参加博览会。第二天,詹姆斯前往新罕布什尔州的科科鲁山(Chocorua)去看望他住在避暑别墅中的兄弟威廉·詹姆斯。兄弟之间出现了短暂的重逢。威廉希望知识界的朋友在前往圣路易斯的路上能顺道来看他。来自丹麦的心灵哲学家海因里希·霍夫丁(Heinrich Høffding)和语言学家奥托·叶斯帕森(Otto Jespersen),以及来自法国的沙可的学生皮埃尔·珍妮特(Pierre Janet),都去拜访了他。威廉穿着衬衣和短裤在门廊下迎接他们,尽量不流露出忧郁的神色,这给霍夫丁留下了深刻的印象。㉝ 他们都被邀请前往哈佛大学作演讲,但在此后不久,威廉·詹姆斯突然离开哈佛大学前去希腊旅行。亨利·詹姆斯决定与伊迪丝·沃顿(Edith Wharton)一起开车环游柏克夏地区(Berkshires)。他也收到了一些演讲邀请,但只接受了宾夕法尼亚大学关于《巴尔扎克的启示》的演讲。那年秋天在宾夕法尼亚大学听他演讲的大学生中,有希尔达·杜利特尔(Hilda Doolittle,笔名 H. D.)和威廉·卡洛斯·威廉斯(William Carlos Williams),但不知他们在成为一流的现代主义诗人的漫长过程中有没有从巴尔扎克或者詹姆斯那里学到什么东西,因为他们从来没有提起。他们的朋友埃兹拉·庞德错过了这个演讲,因为他刚刚从宾夕法尼亚大学转到了位于纽约州北部的哈密尔顿学院,原因是后者的古典语言学更强。不久之后,亨利·詹姆斯回到东部的费城在布林莫尔学院作了同样的讲演,但同样没有对玛丽安·穆尔(Marianne Moore)产生任何影响,因为玛丽安刚获得入学资格但还未到校。㉞

在哈佛大学,霍夫丁为詹姆斯的学生作了一个题为《哲学的自白》的讲座。它完全是霍夫丁对他终身所迷恋的丹麦哲学家克尔恺郭尔所

㉝ "当我到达门廊的时候,一个穿着衬衣和短裤、肩上扛着桨的矮小男子从院子里走过来。他看来很有才气,但其中也许夹杂着一丝焦虑,他的眼睛非常漂亮……他是我们这个时代最好的描述型心理学家之一。"Harald Høffding, in Lewis S. Feuer, *Einstein and the Generations of Science* (1974; New Brunswick, N. J.: Transaction Books, 1982), 119.

㉞ Hugh Kenner, *The Pound Era* (1971; Berkeley: University of California Press, 1973), 17-22, 174.

作的个人解读；而在当时，克尔恺郭尔对丹麦以外的哲学家来说还很陌生。霍夫丁每年都会在哥本哈根大学的伦理课上讲授克尔恺郭尔的间断概念或不连续概念。在最后一学年，他曾经在新生必修的哲学课上将这个理论教授给一个名叫尼尔斯·玻尔的年轻物理学家。无论是霍夫丁还是詹姆斯，都几乎没有向哈佛大学的学生提到詹姆斯的朋友查尔斯·桑德斯·皮尔士。皮尔士从19世纪60年代起就开始发表关于逻辑基础的系列论文，其中一些被发表在圣路易斯的《思辨哲学杂志》(*Journal of Speculative Philosophy*)上。1878年，皮尔士提出了后来被詹姆斯所沿用的实用主义概念；㉟1903年，在詹姆斯的倡议下，他在哈佛大学的"岁莫楼"(Sever Hall)作了最后的讲座，内容是关于他变幻莫测的学术生涯。㊱至于伯特兰·罗素在几年前就已发表的著作，无论是詹姆斯还是霍夫丁都没有提及。霍夫丁于9月在圣路易斯所参加的会议的主题和珍妮特的一样，都是心理学。

在世界博览会期间于圣路易斯举行会议的组织有美国国家教育协会、全国妇女俱乐部联合会、古爱尔兰修道会、天主教徒禁欲联盟，以及全国坚果种植者协会。欧洲的科学家来这里参加国际电学大会和国际艺术与科学大会。他们中许多人从没到过美国，希望借此机会见识一下被东海岸的出版社所传奇化的"西大荒"(Wild West)。

国际艺术与科学大会于9月19日（星期一）举行了开幕会议。会议计划对19世纪进行总结并努力展望20世纪。威廉·詹姆斯的同事雨果·缪斯特伯格(Hugo Münsterberg)，被大会赋予了为每门学科确定在人类知识体系中的地位的特殊使命。他知道他所做的是"一种纯

㉟ C. S. Peirce, "Illustrations of the Logic of Science 2: How to Make Ideas Clear", *Popular Science* (1878.1); *Revue philosophique de k France et l'etranger*.

㊱ 皮尔士的第一场讲座于1903年3月26日举行，题为《实用主义和规范科学》("On Pragmatism and the Normative Sciences")。他的第三场讲座题目是《论现象学或范畴》("On Phenomenology, or the Categories")。第七场讲座，也许是他的最后一场讲座，于1903年5月17日举行，题目是《实用主义和诱导》(On Pragmatism and Abduction)。威廉·詹姆斯声称他无法理解这些讲座，因此没有推荐它们出版。

粹的信息积累,是一种知识储备,而最终的目标是世界观,是整个现实世界的统一观点"。㊲他所选择的世界观是奥古斯特·孔德在八十年前所发表的实证主义体系。

在哲学家乔西亚·罗伊斯(Josiah Royce)确定了"道德科学的划分"为会议主题之后,心理学界于9月20日举行了会议。在詹姆斯的学生斯坦利·霍尔(G. Stanley Hall)发言之后,詹姆斯·马克·鲍德温(James Mark Baldwin)指出,如果不考虑所有关于实验心理学和意识不可分割的主流言论,始创于德国的心理学实验室就像约翰·斯图亚特·穆勒的作品一样,是不太可靠的18世纪"心理联想"学说的产物。约翰·B.沃森(John B. Watson)当时在观众席上聆听了他们的发言,后来将提出不研究人的意识而只研究人的行为的"行为主义"心理学。

普林斯顿大学的新校长伍德罗·威尔逊就20世纪历史科学的划分作了主题发言。哈佛大学的校长劳伦斯·洛威尔(Lawrence Lowell)针对社会规制的区分作了重要演讲。弗朗茨·博厄斯叙述了人类学发展的历史与未来,认为自然科学的划分是导致人类种族划分的原因。第二天,也就是9月21日,约瑟夫酋长去世。

化学家们在9月21日聚在一起聆听了莫瓦桑(Moissan)和拉姆齐(Ramsay)的发言。其中莫瓦桑已经成功分离出化学性质极为活跃的元素氟,而拉姆齐在过去十年里先后发现了氩、氖、氪和氙等惰性气体。宗教社会学家听取了恩斯特·特罗尔奇(Ernst Troeltsch)的报告。政治社会学家先后聆听了德国共产主义者斐迪南·滕尼斯(Ferdinand Tönnies)、美国左翼进化论者莱斯特·沃德(Lester Ward)和马克斯·韦伯的发言,其中韦伯刚刚从持续五年的精神崩溃中恢复过来。(韦伯的《新教伦理与资本主义精神》在世界博览会后面世。)最后,生物学家听

㊲ Hugo Münsterberg, "The Scientific Plan of the Congress," in *The International Congress of Arts and Sciences…Saint Louis, 1904* (Boston: Houghton Mifflin, 1905), 1:95.

取了雨果·德弗里斯的会议论文,内容是关于"自然选择与人工选择"的比较。德弗里斯之前在加利福尼亚的演讲中(以及研究月见草属报春花的过程中)讨论了遗传与突变,但丝毫没有提到孟德尔,也没有提到他和柯伦斯所重新发现的孟德尔的分离定律。哥伦比亚大学的"实验生物学"新秀托马斯·亨特·摩根(Thomas Hunt Morgan)主持了会议。不久之后,摩根的果蝇实验将提出德弗里斯所想象不到的遗传理论。

9月22日,电离粒子理论的三位重要人物分别站上了不同的讲台。获得1903年第三届诺贝尔化学奖的瑞典人奥古斯特·阿列纽斯(August Arrhenius),将成为新成立于斯德哥尔摩的诺贝尔物理研究院的院长,该研究院由瑞典国王奥斯卡二世创建。1883年,当他还是一位年轻的研究生时,就发现溶液中的化合物会离解成比原子还小的带电粒子,他把它们称为离子。(他最早寻求支持的人是年轻的马克斯·普朗克。)获得1901年首届诺贝尔化学奖的荷兰人雅可比·亨利克·范特霍夫(Jacobus Hendricus Van't Hoff),根据玻尔兹曼的热力学原理成功解释了稀释溶液的渗透压力。(范特霍夫的有些数据来自德弗里斯。)德国人威廉·奥斯特瓦尔德第一个接受了阿列纽斯的研究结果,并且应用粒子热力学成功地解决了化学反应的速度问题。阿列纽斯、奥斯特瓦尔德和范特霍夫为电离理论的创立奋斗了二十多年,他们进一步提出所有的化学变化都可以还原为带电离子的运动。当然,奥斯特瓦尔德认为没有理由放弃他的观点,即离子像任何其他"原子般"的微粒一样,很容易被想象为场中的旋应力,而他的朋友玻尔兹曼坚持认为离子是物质微粒。1903年,玻尔兹曼在维也纳大学的科学哲学公开课上坚持声称原子的真实性,他批判了马赫古怪的实证哲学,认为正是实证哲学使马赫认为原子只是一种假设。[38] 1904年,奥斯特瓦

---

[38] 据说马赫是在1903年看过闪烁镜中的阿尔法粒子撞击实验后开始承认原子的存在:"如今我相信原子的存在。"Mach, *The Science of Mechanics* (Peru, Ill.: Open Court, 1989), xviii.

尔德与玻尔兹曼再次发生论战；奥斯特瓦尔德在"法拉第讲座"中回应了"那些有害的原子假设"，[39]而玻尔兹曼向维也纳哲学学会递交了《对奥斯特瓦尔德教授关于幸福的讲座的答复》作为驳斥。[40]当他们于9月在国际艺术与科学大会上相遇时，一场新的论战似乎一触即发。

但事实上没有。奥斯特瓦尔德确实在他的"能量学"论文中定义了力学、物理学和化学，但他承认，以能量概念取代物质概念的计划"还没有找到充足的证据"。[41]相反，奥斯特瓦尔德勇敢地总结了整个科学事业。他的总结以基于"人类经验不断变迁"[42]的纯马赫主义认识论作为基础，讨论了纯粹弗雷格意义上的算术这门基础科学。尽管他没有提到上述两人，但在他们的理论基础上进行了推论，并继续以孔德的方式，即根据科学拥有多少定律来对科学进行排序，强调科学中依然存在着多种不确定因素。他还试探性地对人类自然经验的连续性进行了讨论。如果玻尔兹曼当时在观众席上听到了他的发言，假如不考虑一个事实——奥斯特瓦尔德是以意识作为讨论的起点，而以意识作为起点的人就不可能是坚定的唯物主义者——也许会认为自己已经获胜。

同一天，逻辑学小组举行了会议，但没有提到弗雷格、皮亚诺或罗素，更不用说皮尔士。精神病学小组也举行了会议，但没有提到弗洛伊德。神经病学小组听取了神经元学说的介绍，但没有提到弗洛伊德或卡哈尔。在向解剖学小组介绍神经解剖学和组织学领域所发生的重大进展时，威廉·瓦耳代尔（Wilhelm Waldeyer）简单地提到了卡哈

---

[39] Ostwald, "Faraday Lecture", *Nature* 70 (1904); in Florian Cajori, *A History of the Conceptions of Limits and Fluxions in Great Britain from Newton to Woodhouse* (Chicago: Open Court, 1919), 148.

[40] Boltzmann, *Populare Schriften* #2 (Leipzig, 1905), trans. Paul Foulkes, *Theoretical Physics and Philosophical Problems*, ed. Brian McGuinness (Dordrecht: D. Reidel, 1974), 173.

[41] Ostwald, "On the Theory of Science," in *International Congress of Arts and Sciences*, 4: 349.

[42] Ostwald, "On the Theory of Science," in *International Congress of Arts and Sciences*, 4: 338.

尔——作为高尔基染色法的改进者。[在会议的最后一天,弗洛伊德终于在变态心理学的小组会议上被人提起,但不是被皮埃尔·珍妮特,而是被一个名叫莫顿·普林斯(Morton Prince)的美国精神病学家,他在文中将弗洛伊德和布洛伊尔作为"潜意识行为"的专家加以引证。][43]与此同时,社会规制区分小组听取了英国历史学家詹姆斯·布赖斯(James Bryce)和德国经济学家沃纳·松巴特(Werner Sombart)的报告。布赖斯研究了美国政治领域为何没有德高望重的人物,而松巴特不久后将撰述《为什么美国没有社会主义?》。[44]

接下来的那天,也就是9月23日,举行了最新的自然科学分支"生态学"的小组会议,作为生态学创始人之一的奥斯卡·德鲁德(Oskar Drude)在会上总结了生态学的发展简史。与此同时,精神科学领域的普通心理学小组听取了霍夫丁的发言。霍夫丁在会上大胆地提出了一个涉及哲学与科学的主题,重复了朋友威廉·詹姆斯关于意识流连续性的问题。[45]当天晚上,学者们一起参加了"蒂罗尔州阿尔卑斯山展馆"的宴会。在那些敬酒者中,有詹姆斯·布赖斯和东京大学的法律教授,后者代表了世界博览会上当年与西方国家发生战争并取得胜利的唯一的非西方国家学者。此时,知识界似乎再次出现了短暂的联合。

大会的最后一天是9月24日。当天,第一个注意到《哈克贝利·芬恩历险记》是长篇独白的评论家布兰德·马修斯(Brander Matthews),

---

[43] Morton Prince, "Problems of Abnormal Psychology," in *International Congress of Arts and Sciences*, 5:754. 他提到了弗洛伊德和布洛伊尔于1895出版的《歇斯底里研究》(*Studies in Hysteria*)。

[44] James Bryce, *The American Commonwealth*, 2 vols. (1888); 该书由路易斯·M. 哈克尔(Louis M. Hacker)编辑和删节后出版(New York: Putnanl, 1959); Werner Sombart, "Why Is There No Socialism in the United States?"*Archiv fur Sozialwissenschaft und Sozialpolitik* (1907); 它的删节本发表于 *International Socialist Review*。松巴特(Sombart)已经在1902年发表了关于资本主义历史的多卷本著作。布赖斯(Bryce)在1907年成为英国驻美大使。

[45] Harald Høffding, "The Present State of Psychology and its Relations to the Neighboring Sciences," in *International Congress of Arts and Sciences*, 5:627.

优雅地自嘲了他所承担的使命,在一个半小时里对散文的发展进行了回顾与前瞻。虽然他已经尽力,但他所提到的作家与作品未能充分展示汉姆生、施尼茨勒、斯泰因和乔伊斯等人已经做出的文学创新。此时正在参观世界博览会的托马斯·沃尔夫(Thomas Wolfe),知道此事后报以嘲笑。与此同时,电子物理学小组正在聆听保罗·朗之万(Paul Langevin)讲述最新发现的"可动电荷",他认为它们都是"实验结果证实的亚原子微粒……[拥有]不连续的颗粒状结构"。㊻ 在朗之万之后发言的是欧内斯特·卢瑟福。在过去的五年里,他在剑桥大学和加拿大麦吉尔大学所发现的放射性物质样本的"半衰期"以及所作的 α 粒子撞击金箔实验,使他成为原子物理学之父。他在会上总结了自己八年来的科研工作,其中包括他最近发现的五种化学元素截然不同的镭的衰变物,他日益相信放射性会像炼金术一样,改变化学元素,分解原子结构,促生新的能量形式。他的研究对世界各地的科学家来说都是重要新闻。1904 年,他分别在圣路易斯的国际电学大会、美国科学促进会以及英国皇家研究院的贝克尔讲座中作了大体相同的报告,并且出版了一本名为《放射性》的著作。在当年的年末,他将获得英国皇家学会的拉姆福德奖,并被耶鲁大学邀请主持西利曼讲座。㊼

24 日下午 3 时,统计热力学的开创者路德维希·玻尔兹曼在第九会议厅发表演讲,总结了理论物理学的发展。㊽ 小组会议的题目是"应用数学",它是知识界计划将理论物理学与实验物理学划分为两个完全

㊻ Paul Langevin,"The Relations of Physics of Electrons to Other Branches of Science",in *International Congress of Arts and Sciences*,4:124. 这篇文章曾以《电子物理学》为题发表,"La physique des electrons," *Revue generale des sciences pures et appliquees* 16 (1905),257-76.

㊼ E. N. da C. Andrade,*Rutherford and the Nature of the Atom* (New York: Doubleday Anchor,1964),3,70-78.

㊽ Ludwig Boltzmann, "On Statistical Mechanics (The Relations of Applied Mathematics)," in Boltzmann,*Populare Schriften* #19;trans. *International Congress of Arts and Sciences*,1:593-603; in *Theoretical Physics and Philosophical Problems*, ed. and trans. Brian McGuinness (Boston:D. Reidel,1974),159-72.

不同的知识领域的结果。玻尔兹曼嘲笑说，大会是"一场洪水"，"是科学讨论的尼亚加拉急流"，[49]因此他并没有从一般意义上去总结数理物理学的发展，而是为他提出的假说——自然界并不连续——进行论辩。

玻尔兹曼认为，在崭新的 20 世纪，理论物理学与实验物理学一样，"处在变革之中"。理论物理学的任务是弄清事实并使其系统化，而这就需要大胆的假设。"最现代的"理论甚至需要具有幻想元素的假说——如以太理论或电流理论。玻尔兹曼自己的假说认为，物质世界并不是由以太或电流之类的连续统一体所构成，而是由分子、原子和亚原子微粒所组成，这些微粒之间完全真空。这个假说所提出的问题与科学本身一样古老，但直到最近才成为哲学研究的课题。玻尔兹曼前不久在维也纳大学接过马赫和布伦塔诺的教鞭讲授哲学，他相信无论物质被设想成由连续的或不连续的（许多但不是无限的）元素所构成，都不可能通过纯理论的推理来解决，而不论它是芝诺的推理还是康德的推理。所谓的思维规律并不是先验的事实，而只是大脑进化的产物；事实上，它们甚至不是规律。因果关系并不是"规律"，而只是相连续事件的重复经验。哲学的任务不应该是去问这些虚幻的问题，而是应该解释这些问题为何没有意义，从而把它们排除在外。物理学家不应该去研究无限大的量或者一元论者与能量学家主张的连续统一体。相反，他们应该去问"在假设物质是由数目极大但又不是无限数量的微粒所构成的前提下，哪种理论能最准确地反映物质可观测到的属性"？[50]

> 除了有限量值的不断增长，我们找不到更好的方式来定义无限性……如果我们希望对连续统一体有一个形象化的描绘，那我们必须首先想象出拥有某些属性的数目极大但又不是无限数量的微粒，接着考察它们的聚合方式。随着微粒数

---

[49] Boltzmann, *Theoretical Physics and Philosophical Problems*, 159.
[50] Boltzmann, *Theoretical Physics and Philosophical Problems*, 160, 162, 163, 169.

量的不断增加和微粒尺寸的不断缩小,连续统一体的属性将达到某个极限值。我们因此能推断出连续统一体的属性。在我看来,这是对拥有某些属性的连续统一体的唯一不自相矛盾的解说。[51]

虽然玻尔兹曼没有提到普朗克,但如果普朗克听到这种陈述,肯定会感到高兴,因为正是缺少这个极限值,使他摒弃了连续统一体,而采用玻尔兹曼的求和方法假设了量子。玻尔兹曼指出,由此而来的科学研究被美国最伟大的科学家之一,或许是美国最伟大的科学家……刚刚去世的威拉德·吉布斯(Willard Gibbs)称为统计力学,因此应该将命名该领域的荣誉献给吉布斯。[52] 这个领域不是像奥斯特瓦尔德在 1895 年所主张的那样是辅助的,而是基础的。它不仅包含概率,甚至还包括某种自由。统计力学与将熵与概率联系起来的玻尔兹曼方程 $S=k\log W$ 抓住了由最新物理学所提出的关于时间、空间和因果性的深层次问题的核心。"根据这种理论",在由数目极大但又不是无限数量的微粒所构成的、广袤但又不是无限空间的宇宙中,即使逆转熵的方向也"并不是绝不可能,而只是可能性极小。"[53]实际上,量子电动力学向我们展示这种逆转随时都在发生。

接着玻尔兹曼演讲的是亨利·庞加莱。他没有像玻尔兹曼那样对大会的计划进行批评,而是讨论了"数理物理学原理"的过去、现在与可能未来。像玻尔兹曼一样,他在 20 世纪初看到了"第二次科学危机",这个危机类似于被牛顿化解的第一次科学危机。[54] 每一条基本原理都

---

[51] Boltzmann, *Theoretical Physics and Philosophical Problems*, 169; in Engelbert Broda, *Ludwig Boltzmann: Man, Physicist, Philosopher* (Woodbridge, Conn.: Ox Bow Press, 1983), 84, 48.

[52] Boltzmann, *Theoretical Physics and Philosophical Problems*, 171.

[53] Boltzmann, *Theoretical Physics and Philosophical Problems*, 172; Broda, *Ludwig Boltzmann*, 86.

[54] Henri Poincaré, "The Principles of Mathematical Physics," in *International Congress of Arts and Sciences*, 1:608.

有问题,包括熵的增加,质量守恒,作用力与反作用力相等,能量守恒,最小作用原理,甚至古老的"相对性原理",等等。根据相对性原理,"无论是对于固定的观察者,还是对于同步运动的观察者,物理现象的规律应该相同"。[55]

庞加莱认为吉布斯"难以理解",他并不信服玻尔兹曼关于熵佯谬的解决方案——熵有可能减少,只是其时间相对于宇宙的存续期来说只是一瞬间。[56]在庞加莱看来,悬浮微粒的布朗运动看起来像永恒运动。至于质量守恒定律,庞加莱认为它并不可靠。他正在阅读阴极射线理论家亚伯拉罕和考夫曼发表的最新论文,他们认为电子在高速运动中有可能以电动力的方式获得质量。他也阅读了亨德里克·洛伦兹的文章,后者确信质量会以电动力和机械力的方式增加。[57]如果这是真的,那么牛顿的作用力与反作用力相等的原理将如何成立?因为这两种作用力都依靠不变的质量乘以不变的速度。光或者任何其他的辐射是否总是能产生压力?庞加莱认识到,如果这些条件成立,那么整个牛顿力学将会崩溃。他一定想知道接下来自己那三卷本的巨著《天体力学》将何去何从?该书曾经在巴黎世界博览会的学术会议上使他声誉鹊起。尽管该书对难以预测的行星轨道作了数学证明(这是混沌理论的第一步),[58]但它完全依赖牛顿的力学体系。至于能量守恒定律,它也明显受到了威胁,首先是来自贝克勒尔(Becquerel)在1896年所检测到的放射现象,其次来自皮埃尔·居里在1903年所测量到的镭所释

---

[55] Henri Poincaré, "The Principles of Mathematical Physics," in *International Congress of Arts and Sciences*, 1:607.

[56] Henri Poincaré, "The Principles of Mathematical Physics," in *International Congress of Arts and Sciences*, 1:609.

[57] Henri Poincaré, "The Principles of Mathematical Physics," in *International Congress of Arts and Sciences*, 1:615.

[58] Poincaré, *Les Méthodes nouvelles de la mécanique céleste*, vol. 3 (Paris, 1899), 389.

放的特殊能量。(59) 就在庞加莱发言的不远处，9 月的同一个下午，欧内斯特·卢瑟福正在谈论能量的神秘性。在世界博览会的科技展览上，展出了一小块镭样本，它向参观者展示了无穷无尽的光亮。

庞加莱宣称，相对性原理也受到"重创"。(60) 麦克斯韦已经表明运动中的电荷如何"在以太中"产生电流(光辐射或电动辐射)，但究竟哪种运动才算数呢？地球上任何稳定的电荷都能自动地通过空间高速运行，这是因为地球在围绕太阳旋转，谁知道此外还有些什么。通过静止的以太将所有运动简化为一种绝对运动的努力，被证明与迈克逊(Michelson)和莫利(Morley)在 1887 年获得的实验数据相矛盾；他们表明，以太，如果确实存在的话，没有这种功能。庞加莱指出，虽然洛伦兹提供了一种解决方案，但这种方案最后变成"假说的堆积"。洛伦兹最有合理性的假说是关于"地方时间"(local time)的思想，(61)它是作为运动参照系(moving reference system)的时间；然而，尽管庞加莱表示只有按照惯例才可能出现共时态，(62)但他也不愿放弃非地方的"绝对"时间的可能性，后者能应用于多种运动系统。至于洛伦兹的其他假说——如物体沿运动方向会收缩——庞加莱认为过于简便。他说，"尽管一切安排就绪，但所有疑问就此消失了吗？"(63)庞加莱建议，也许一切可以推倒重来，甚至包括最小作用原理，尽管它是唯一还未受到挑战的主要原理。然而，他在演讲的最后说，"我们不应该为曾经相信这些原理而懊悔……最有把握的行为方式似乎仍然是相信它们。它们是如此

---

(59) Henri Poincaré, "The Principles of Mathematical Physics," in *International Congress of Arts and Sciences*, 1:616 – 17.

(60) Henri Poincaré, "The Principles of Mathematical Physics," in *International Congress of Arts and Sciences*, 1:610.

(61) Henri Poincaré, "The Principles of Mathematical Physics," in *International Congress of Arts and Sciences*, 1:611.

(62) Poincaré, "La Mesure du temps," *Revue de metaphysique et de morale* 6 (1898).

(63) Henri Poincaré, "The Principles of Mathematical Physics," *International Congress of Arts and Sciences*, 1:612.

有用”。(64) 一个世纪后，我们像阅读预言一样阅读着这些言论。

到了 10 月，就在纽约巨人队拒绝参加世界职业棒球大赛的同时，参访学者陆续返回自己的校园。玻尔兹曼在返回途中经过了尼亚加拉瀑布，它是美国的重要名胜——圣路易斯世界博览会的小瀑布就是以它为样本。玻尔兹曼的儿子阿瑟·路德维希非常高兴，认为观赏尼亚加拉瀑布是此次旅游中最激动人心的事情。(65) 奥斯特瓦尔德则直接返回德国；10 月 2 日，当他还在路上的时候，冯·特罗塔将军在德属西南非洲殖民地发布了著名的“灭绝”命令，决定消灭当地的赫雷罗部落，因为他们始终反抗德国殖民者。我们无法知道奥斯特瓦尔德对此如何反应，即使他有所反应的话，我们也无法知道斯基夫(Skiff)以及“人类的发展”展览的其他设计者是否会看到此事与正在圣路易斯慢慢拆除的人类动物园之间有什么联系。

226 11 月初，西奥多·罗斯福当选为美国总统。他那具有巨大优势的选票，有一部分来自密苏里州，这就首次打破了内战以后南部各州一贯支持民主党的局面。密苏里州也将州检察官约瑟夫·福克(Joseph Folk)选为自己的州长；福克曾经在长达一年的反圣路易斯市政腐败中宣判了 23 人犯有行贿受贿罪。福克的用词“诚信进取”(aggressive honesty)成为“密苏里理念”，进而成为全国进步运动的一部分。

路易斯安那交易博览会最终在 12 月 1 日落下了帷幕，它最后一天以组织者的名字命名为“大卫·R. 弗朗西斯日”；与此同时，由州政府赞助的经营已经一年的迪斯尼乐园也开始慢慢打包回家。此时，炎热的中西部夏季早已被寒冷的大陆性冬季所代替，到了 1 月，严寒使尼亚加拉瀑布出现了人们记忆中的第一次冰冻。在“圣路易斯之矛”重演布尔战争的巡回剧团也回到了东部的科尼岛继续演出。塞缪尔·弗纳带

---

(64) Henri Poincaré, “The Principles of Mathematical Physics,” *International Congress of Arts and Sciences*, 621 - 22.

(65) Boltzmann, *Principien der Naturfilosofi/Lectures on Natural Philosophy, 1903 -1906*, ed. Ilse M. Fasol (New York: Springer, 1990).

着奥塔·本嘎和剩下的部落成员前往非洲。他们的第一站是新奥尔良,当地的黑人音乐家仍然于星期天聚集在"刚果广场"进行表演,而巴迪·博尔登(Buddy Bolden)依然在名叫"斯托里维尔"(Storyville)的合法红灯区吹奏小号。奥塔·本嘎很喜欢四旬斋前的狂欢节,当游行队伍经过的时候不禁加入进去。不久之后,弗纳按照以前的许诺将他送回刚果。回到非洲以后,奥塔·本嘎再也找不到家的感觉,于是决定跟着弗纳返回美国。纽约之行花费了弗纳大部分的积蓄。于是他在新建的纽约市华尔街地铁站找了一个卖票的工作,并且将奥塔·本嘎托付给新建的布朗克斯动物园照管;奥塔·本嘎通过星期天在动物笼中的展出换来了较好的食宿。

1905年3月15日,杰罗尼莫酋长应泰迪·罗斯福总统的邀请前往宾夕法尼亚大街参加总统的就职典礼。随后他单独见了总统,恳切请求能够"死在自己原来的领地"亚利桑那,但罗斯福总统表示遗憾,说这不可能办到。[66] 就在同一个月里,亨利·詹姆斯最终来到圣路易斯一如既往地演讲《巴尔扎克的启示》,而斯科特·乔普林则永远地离开了圣路易斯,前往东部的芝加哥和纽约。至于亨利·庞加莱,他已经和保罗·朗之万回到了巴黎,正在为他所发现的巨大开放空间和不断扩大的物理学危机感到惊奇。[67] 巴黎将在二十年之后再次听说圣路易斯,此时的圣路易斯将以最后一缕充满自信的西部精神超越东部的纽约,照亮整个旧世界。

---

[66] Geronimo, in Phillips Verner Bradfordand Harvey Blume, *Ota Benga: The Pygmy in the Zoo* (New York: St. Martin's, 1992), 227.

[67] "在1904年圣路易斯大会期间,我有一周时间与亨利·庞加莱在一起,我们的谈话给我带来了欢乐。从美国大平原地区的圣路易斯返回后,我有幸见到充满热情的庞加莱不断完成基本概念的革命。"Paul Langevin, "L'Oeuvre d'Henri Poincaré: Le physicien", *Revue de metaphysique et de morale* 21(1913), 702.

第十五章 阿尔伯特·爱因斯坦

时空区间和光量子
1905

1904年,未来一年内庞加莱猜想的解决者——阿尔伯特·爱因斯坦——正住在圣路易斯附近。爱因斯坦在瑞士联邦首都伯尔尼找了份文书工作,这份工作他一直做到1904年9月。这一为期两年、年薪3 500瑞士法郎的稳定工作让爱因斯坦心存感激,因为这使他能够在1903年结婚,并且可以照顾新生的儿子。他更感谢这份工作使他有时间去研读理论物理学的著作(包括玻尔兹曼和庞加莱的著作),以及撰写自己的一些科学论文。不过,爱因斯坦不是一个犹太人复国主义者和天才,甚至也不是一个伟大的物理学家,除了爱因斯坦戏称为"科学奥林匹亚"的一个小圈子幽默地这样自诩,而这个圈子的人自身并不是物理学者。他们中的一些人经常会去爱因斯坦在伯尔尼克拉姆大街49号公寓二楼的新家拜访他,如他的大学同学、数学教授布丁·马歇尔·格罗斯曼,正是他帮助爱因斯坦找到了文书工作;麦克尔·安杰洛·比索,爱因斯坦在1904年也帮他找到了工作;1903年走进爱因斯坦在伯尔尼陋室的莫里斯·索洛文,接受了物理学教师职位并成为"科学奥林匹亚"的一员;当时在席尔斯(Schiers)新教公立学校教科学的康拉德·哈比希特,1901年与爱因斯坦相识的格劳宾登,他们俩当时都是沙夫豪森的新教师。还有一个同学米列娃·玛利奇，她可能觉得爱因斯坦很特别。米列娃在两次考试失败后就嫁给了爱因斯坦。

爱因斯坦本人当时从位于苏黎世的瑞士联邦理工学院毕业，拿到物理学学位，并且在1900年取得教师资格证书。他还是一个背井离乡者（与斯泰因和乔伊斯一样）以及和平主义者。在慕尼黑，由于著名的路易坡德中学企图用一种德国人引以为傲的军事方式教他古典文学，爱因斯坦没有拿到中学文凭就离开了。值得庆幸的是他只花了3马克就放弃了自己的德国公民身份。于是他16岁时就失去了国籍和学籍，在瑞士的州立高中补习他错过的课程。在大学里，爱因斯坦作为旁听生与系里的指导老师论辩。毕业后的两年里，爱因斯坦只能做临时的教书工作。后来，他的父亲由于在电力设备经营中遭受两次破产，1902年在贫困中逝世于意大利。爱因斯坦只能以每月100瑞士法郎维持生计。他的妻子米列娃是塞尔维亚移民，同他一样贫困。他们俩都是政治上的左翼分子。尽管爱因斯坦没有花费太多的时间阅读马克思的著作，但他还是留了长发，总是不穿当时职业人士该穿的制服，除非在他更换了新的工作时。他留下了一些在办公室穿三件套服装——粗格子花呢，窄条纽扣衬衣和宽大结黑色领带的照片。这位长满胡须和黑色卷曲头发的文雅的人，在联邦知识产权办公室——瑞士专利局桌旁作三等技术助手时，创造出了许多改变世界的观念。

物理学迎来了曙光。这种曙光的出现似乎比较突兀，这种突然性只偶尔发生在绘画和小说中。爱因斯坦的四个最伟大的观念——光和物质的量子效应，狭义相对论，质能等效和广义相对论，都是他待在伯尔尼的那间小办公室期间构思出来的。光和物质的量子效应发表在1905年该领域历史最悠久的德语期刊《物理学年鉴》上。质能等效和狭义相对论以及另一篇关于分子力的基础论文一起发表在《年鉴》——它可以和1886年的《时尚》相提并论——的十七卷上。对于那些能够欣赏物理理论的美和典雅，以及像爱因斯坦那样相信它们是"潜在的""自由形式的概念""创造性行动的产物"的人来说，物理可以与诗歌相提并论。① 当然,一旦它们被构思出来,不仅必须具有严格的数学上的一致性,而且无一例外必须与人类所有的经验相吻合。因此,这使得艺术家不能把爱因斯坦算作他们的一员。

1905年3月17日,也就是爱因斯坦26岁生日后的第三天,他在伯尔尼把自己这一年的首篇论文——关于光和物质的作用的论文——寄给柏林的《物理学年鉴》编辑部。第二天编辑部收到了论文,论文的标题是《关于光的产生和转变的探讨》。编辑保罗·德鲁得②从标题就意识到了这篇论文的前沿性,因为"探讨"意味着一种看待事物的方法:即使它不能被证明为真,至少它有助于认识事情真相。另一方面,在1905年,"光"是一种相当普通的课题。人们实际感兴趣的是新兴的电力工业,这个行业在爱因斯坦的父亲看来有不可抗拒的力量。1882年,爱因斯坦刚3岁时,爱迪生在南曼哈顿就开始创办这个产业。电很早就进入巴黎和其他大部分西方首都,给这些城市带来了光明。在理论界的前沿领域,麦克斯韦方程把光看作一种电磁场效应,这激发了许多实验研究,也启发了大量新问题的提出。那时所有的物理学家都聚焦于辐射现象。赫兹在1887年证实了无线电波的存在。后来,让·佩兰和J. J. 汤姆逊证实了自19世纪60年代以来被认为是电和磁的阴极射线不是射线而是一种亚原子流,斯托尼把它称为"电子"。1895年伦琴发现了X-射线,同年,热能论者在吕贝克与年老的玻尔兹曼激辩。在普朗克解决了基尔霍夫黑体辐射问题之后的四年里,这种趋势变得很强烈。不久,丹麦物理学家亨德里克·洛伦兹试图把电磁理论从波和场理论中划分出来归入电动力学理论。所有的人,甚至包括普朗克在内,都无法找到一种普遍适用的方法,用于解决物质和辐射能量

---

① Albert Einstein, "On the Method of Theoretical Physics," in Einstein, *Ideas and Opinions*(1954; repr. , New York:Dell/Laurel, 1973), 266; "Physics and Reality," ibid. , 287; "On the Generalized Theory of Gravitation," ibid. , 334.

② 如果说1905年的《物理学年鉴》是另一种意义上的1886年的《风行》,那么德鲁得就是它的费内翁。他在1905年初成为《物理学年鉴》的编辑,1906年自杀。

的直接相互作用的困境。老一辈好斗的唯物主义者和新兴的实证主义者之间的学术辩论不断升级，能量和辐射似乎是一种场，这使得唯物主义者在这次辩论中失败。最终，"以太"电的设想使得 J. G. 福格特放弃了传统的纯粹唯物主义。

直到 1905 年，爱因斯坦本人的工作基本上都在唯物主义领域内。爱因斯坦在联邦理工学院物理系的老师海因里希·韦伯是一位当时已较有成就的热能学者，在他的课程中不教授麦克斯韦的场方程，这让爱因斯坦成为他的反对者。后来韦伯成为爱因斯坦毕业后不能获得助教职位的主要原因。③ 爱因斯坦在 1900 年发表了一篇关于毛细管作用的论文，文中他认为能量是物质粒子活动的结果，而不是以太波——这是他作为一位成就非凡的物理学家的职业生涯开端。他随后的四篇论文以及为《物理学年鉴》书评版撰写的八部著作的分析文章也与这一领域有关。1904 年爱因斯坦开始他的博士论文研究，主题是关于原子和分子的运动。爱因斯坦的榜样是年老的勇士路德维希·玻尔兹曼，后者在圣路易斯捍卫他钟爱的原子论。爱因斯坦在 1899 年，也就是在他从联邦理工学院毕业之前，就开始阅读玻尔兹曼的动力学理论概论。在他给米列娃·玛利奇——1900 年 9 月，当爱因斯坦在米兰时，他试图说服父亲允许自己娶米列娃为妻——的情书中，他竟然以"玻尔兹曼很了不起"开头。④

爱因斯坦前五篇论文的纲要就是重新整理玻尔兹曼的理论，使之具有更简洁和优美的形式，具有更牢固的基础，以便使熵——尽管它依赖于统计学和概率论——减少对绝对因果律假设的威胁，这一绝对因果律假设至少与单个的分子有关。（这有点像威拉德·吉布斯 1902 年

---

③ Poincaré, *Science and Hypothesis*, trans. W. J. G. (1905; repr., New York: Dover, 1952), 141.

④ Albert Einstein (Milan) to Mileva Maric, 13 September 1900, in Einstein, *Collected Papers*, Vol. 1, 1879-1902, ed. John Stachel, trans. Anna Beck (Princeton: Princeton University Press, 1987), 149.

在《统计力学》中所做的。但是,像其他许多物理学家一样,爱因斯坦并不知道有吉布斯这样一个人。)⑤1903 和 1904 年,爱因斯坦系列论文的最后两篇提出了新的广义热力学理论。甚至,爱因斯坦的博士论文也打算提出一种新的测量方法,用于测量任何一种化合物的一克-分子(摩尔)中有多少分子,以及每个分子可能有多大。当然,这个数一定是阿伏伽德罗常数,它由洛施米特于1865年首先测出。每个分子的大小与容纳分子的空间有关。

对于那些具有唯物主义哲学倾向的人来说,没有什么能比数出一个瓶子中的原子个数更令人兴奋的事了。像恩斯特·马赫这样的反原子论者,对此将做出怎样的回答呢?法国物理学家让·佩兰汇集了许多他能找到的计算原子和分子的不同方法,令他欣慰的是每种方法都能给出几乎相同的阿弗加德罗常数,即 6.5×10^{23},他因此获得了诺贝尔奖。(5月,爱因斯坦的论文给佩林提供了不止一种方法,他关于布朗运动的论文给他提供了另一种方法。)甚至像弗拉基米尔·伊里奇·乌里扬诺夫——也就是列宁——这样的全职社会主义革命者都得感谢他们从物理学中获得的帮助。列宁对他的社会主义革命同伴很失望。如波格丹诺夫和阿芬那留斯,他们和马赫带头放弃自己对原子的信仰。⑥ 弗里德里希·阿德勒是奥地利社会主义政党主席的儿子,是前途光明的马克思主义者。但当他在联邦理工学院学习物理后,却成了一位热能论者,并且认为他的维也纳同事马赫是正确的。实际上,阿德勒在苏黎世认识了爱因斯坦。阿德勒和爱因斯坦在 1897—1900 年是

---

⑤ "我从未遭遇过威拉德·吉布斯;也许,如果我遭遇了他,我会把他与洛伦兹相提并论,"爱因斯坦在去世前一年说,意味着亨德里克·洛伦兹是他唯一无条件敬仰的同时代科学家。当爱因斯坦于 1918 年读到吉布斯的著作时,他评论其为"一部杰作,虽然难读了点儿"。Abraham Paris, *"Subtle is the Lord …"*: *The Science and the Life of Albert Einstein* (New York: Oxford University Press paperback, 1983), 73. 庞加莱在圣路易斯会议上也作了类似的评价。

⑥ Lenin, *Materialism and Empirio-Criticism* (St. Petersburg, 1908). 这是列宁在瑞士写的反对马赫主义和唯能论的小册子,也是他首次公开出版的书。

校友,并于 1909 年成为室友。阿德勒的妻子还记得爱因斯坦曾经问她从市场上带回的是什么东西;她告诉他那是卫生纸。爱因斯坦口无遮拦地宣称他和米列娃将继续用报纸。[7] 在关于原子的观点方面,他们的分歧是更为根本的。

爱因斯坦对自然规律所暗含的协调性非常入迷,其入迷程度只能用虔诚来形容。[8] 他总是热爱构想的体验。他曾经解释自己为什么直到三岁才开始说话:因为在说出一个句子之前他得进行反复思考。[9] 当他还是小孩时,一些完美的模型就让他感知到了自然界的完整性——他从未怀疑过这种完整性的存在。他还曾提到过四五岁时父亲给他的罗盘让他惊奇不已。罗盘的指针总是指向同一个位置,这成为潜在协调性的可见证据。他被这种神奇所深深打动,以致"哆嗦和战栗"。[10] 爱因斯坦把欧几里得几何书看得像《圣经》一样,称它为"神圣的几何书"。他在瑞士的阿劳中学准备联邦理工学院入学考试的一篇文章留存至今,这是一篇用法语写的作文,题目是《我的理想》,字里行间都是被老师标出的拼写和语法错误。在这篇作文里,爱因斯坦谈到了他的计划:他想成为一位理论科学教授。因为"我比较爱好抽象和数学思考,而对幻想和实践问题缺乏兴趣"。[11]

然而,不管爱因斯坦多么欣赏模型本身的复杂性和抽象性,他总是相信构成模型的成分是真实的。世界是真实的,是实际构建起来的而不是感觉的串联。原子比那些看似有理的成分更合理;除非它们确实存在,否则我们就不值得为此困扰。对于这种模式,如果物质的宏观量

---

[7] Katya Adler, interview with Lewis S. Feuer, 31 March 1977, in Feuer, *Einstein and the Generations of Science* (1974; repr., New Brunswick, N. J.: Transaction Books, 1982), xxxvi. 那一年,阿德勒被邀请担任苏黎世的教授,但他拒绝了,他还告诉聘用委员会说,爱因斯坦是更好的物理学家。

[8] Einstein, "The Religious Spirit of Science," in *Ideas and Opinions*, 50.

[9] Pais, "*Subtle is the Lord…*," 36.

[10] Pais, "*Subtle is the Lord…*," 37.

[11] Pais, "*Subtle is the Lord…*," 42.

可以通过小的合理的数字描述,并通过简单的整数进行描述,那么这种模式只能通过假设物质自然界的基础是不连续的来加以解释。

爱因斯坦很幸运地成为这样一个时代的思考者:正如庞加莱在圣路易斯所说,一些为人们所普遍接受的自然定律当时正面临危机——细小的缺陷和不对称总是在边缘显示出来。在原子理论中,有一些值得重视的理由使人相信物质是不连续的,就像有理由认为充满虚空的以太并不存在一样,反之亦然。阴极射线在1897年被证实为粒子。雷利(Rayleigh)于1899年证实天空中的空气是不连续的。或者是什么使白色的太阳光衍射留下蓝色的阴影呢?太阳光本身是不连续的吗?麦克斯韦认为,像其他的电磁辐射一样,光是连续的;而且太阳光谱可以理解为几种颜色波段的组合,每一波段通过特殊的化学成分根据精确的频率辐射能量。而这就存在我们现在所称的"界面"问题。这些辐射波是怎样和由原子构成的物质相互作用的呢?如果普朗克是正确的话,那么物质就可以通过不连续的过程产生辐射。也许辐射本身就是不连续的。爱因斯坦在他的论文中写道,如果我们假设它是对的,那么会发生什么情况呢?

此后四年里,没有人撰写关于普朗克辐射定律的论文,事实上没有人提及它——甚至包括普朗克自己。当一些试验还在继续证实辐射定律的同时,辐射定律就已经在被引用了。但是普朗克对已经起作用的量子假设并不满意。凭着年轻人的勇敢,爱因斯坦称量子假设为"启发式"的,这是说,只要与目前已知的事实不相矛盾,它就可以是假定的。"光的波动理论……自我证实很完美……并且也不可能会被另一种理论取代。"爱因斯坦这样写道:

> 光学观察可以应用到时间平均值上,但不能应用到瞬时值上。尽管衍射、反射、折射、散射等理论完全被实验证实了,但借助于连续的空间函数操作的光学理论应用到光的产生和

转化上，还是可能与一些经验产生矛盾。⑫

爱因斯坦在引用普朗克定律的论文中，指出普朗克定律的部分推论存在缺陷，并指出如果不假设普朗克"共振子"的存在，就不能利用这些推论。于是爱因斯坦完全放弃普朗克的理论，转而支持维利·韦恩较早提出的黑体辐射定律，该定律只在高频率、低强度、低温下才适用。爱因斯坦建议，假设辐射是随机的并且在空间上均匀分布——它就像物质一样，用平均量表示。他接下来选择一个辐射量，并且在数学上把它分为无数的小份，就像波尔兹曼处理气体那样。⑬ 爱因斯坦用以前的韦恩定律给出它们的分布，然后从它可能的结构的对数（波尔兹曼1877年的观点），推导出辐射的平均量。在这里，爱因斯坦第一次把波尔兹曼的观点称为"波尔兹曼准则"。⑭ 推导出的平均量公式形式简单，就像马克斯·普朗克的运动量子，只是它是用指数表示的。

还需要爱因斯坦做的就是从自然现象中去验证新公式的正确性。这被菲利普·勒纳德实验的奇特效果所证实，它最先由赫兹在19世纪80年代所发现，现在被称为"光电效应"。如果你向某种成分的金属圆盘射出一束较高频率的光，那么圆盘就会发射出电子，有时还会发出火光。这一现象在1902年刚一公布，爱因斯坦就看到了其中的价值，并在写给米列娃的信中兴奋地提到"我已经拜读了勒纳德关于用紫外线产生阴极射线的非凡论文"。⑮ 这就是说，微粒可以通过非物质的辐射能量被引出或释放出来。对爱因斯坦来说，这完全像普朗克共振子的颠倒，即能量可以造成物质的发射，而不是物质可以造成能量发射。爱

---

⑫ Einstein, *Collected Papers*, Vol. 2, 1900-1909, ed. John Stachel, trans. Anna Beck (Princeton: Princeton University Press, 1989), 86. 另一个赫尔曼（Hermann）的译本，参见 Arthur Fine, *The Shaky Game: Einstein, Realism, and the Quantum Theory* (Chicago: University of Chicago Press, 1988), 14-15.

⑬ 爱因斯坦在他1905年的另一篇论文中，在涉及布朗运动时用了与此相似的方法。

⑭ Einstein, *Collected Papers*, 2:94, 96, 97.

⑮ Einstein to Mileva Maric, 28 May 1902, in *Collected Papers*, 1:174.

因斯坦利用他新的数学洞见,对精确量和电子能量含量作出了预测,给出了对释放出的能量的测量方法。测量方法依靠辐射量子 $h\nu$ 的大小。只有在很高频率 ν 时,紫外线才是量子,才具有足够的能量使电子脱离勒纳德实验中的材料。超过这一临界值,频率 ν 每次增加都会导致电子量的相应增加。爱因斯坦没有实验设备,只能期待别人去做实验,对此加以证实。结果确实如此,他们发现,量子假设能给出正确的预测。爱因斯坦巩固了普朗克的量子理论,并且赋予它广泛的新含义。这一成果将引起物理学的深远变革,通过这一方法,物理学家就能想象能量和物质之间的相互作用。爱因斯坦的"光电论文"改变了分析经典的黑体辐射问题的狭隘费解的方法,代之以一种广泛的物理学解释方法——"量子理论"。

伯尔尼的春天来了。4月底,爱因斯坦完成了他的论文,并且归档了一份拷贝在苏黎世州立大学。爱因斯坦的导师也同意他毕业,因此,爱因斯坦现在成为博士了。十天后,爱因斯坦完成了一篇关于布朗运动的论文——这来自他撰写博士论文所做的研究——并把它寄给《物理学年鉴》。后来,更为重要的事情发生了。大约在那年5月20日,爱因斯坦拜访了"科学奥林匹亚"圈子里的一位老朋友米歇尔·贝索,开门见山地说:"我最近发现了难以理解的问题,所以我迫不及待地跑到这里来跟你讨论。"[16]爱因斯坦执着的精神把他带回一个他16岁时首次想到的问题上。这个问题的答案后来被称为相对论。

这个问题是什么呢?从根本上而言,它涉及的是光的本质的问题。具体来说,是认为光线要依赖时间和空间来决定的意识。这个问题是爱因斯坦在16岁时想到的:如果你以光速奔跑,将发生什么情况呢?你将看到什么呢?[17]直到1900年,爱因斯坦才发现这一问题的答案,

---

[16] 爱因斯坦在日本京都的演讲《我是怎样创作相对论的》;in Pais, "Subtle is the Lord...," 139.

[17] Pais, *Subtle is the Lord...* , " 131. 爱因斯坦在1899年9月10日给米列娃的信中提到"我在阿劳突然有了一个想法",in *Collected Papers*, 1:133.

如果确实能有答案的话，那么这一答案与电动力学和运动学有关。他也必须对麦克斯韦的光的电磁波理论有充分理解。然而，韦伯在联邦理工学院没有讲授这方面的内容，爱因斯坦不得不深入了解由奥古斯特·福贝耳（August Föppl）编写的关于麦克斯韦的最新版教材。福贝耳非常擅长这一主题，他也很诚实，因为福贝耳特别指出麦克斯韦的电磁学和他前辈法拉第的电磁学所依赖模型互相矛盾之处。如果磁体穿过金属环路，将在金属环路产生电流；由于相同原因，金属环路快速穿过磁体也会产生相同的电流。最新的理论对这两种没有差异的原因作出了区分。或许，静止的以太造成了差异；但是如果真是这样的话，光的速度也会受到以太的影响。当福贝耳查阅了由法国物理学家希波吕忒·斐索以前做的实验时，他也提出了这一问题。伊波利特·斐索在1851年发现，光通过快速运动的水柱时，光速完全不会受它来回运动的影响。斐索的研究工作给予爱因斯坦极大的震动，以至使他开始怀疑以太的存在。一个类似的更完美和精确的实验，都不能取代它在爱因斯坦思想中的地位。这个实验是由美国物理学家阿尔伯特·A. 迈克逊于1881年在柏林设计的，这个实验于1887年在凯斯理工学院被重新做了一遍。的确，爱因斯坦几乎不知道爱尔兰数学家乔治·菲兹杰拉德的观点——以后亨德里克·洛伦兹也持有这样的观点——菲兹杰拉德认为：迈克逊的试验装置不能记录光速的差异的原因，是由于装置本身在地球的运动方向上发生了收缩。⑱

爱因斯坦确实知道的——非常奇怪——不是实验的成果，甚至也不是电动力学理论学家的最近成果，而是科学哲学家的成果。1902年夏天，爱因斯坦曾和好友在伯尔尼成立了一个名为"科学奥林匹亚"的读书协会，其阅读名单以卡尔·皮尔逊1892年版《科学的规范》开始，这和莫里斯·索洛文后来回忆的一样。《科学的规范》在1900年有了

---

⑱ George Francis FitzGerald, "The Ether and the Earth's Atmosphere," *Science* (1889)——这是一篇提议订约的短文。

新的修订版(后来增加了皮尔逊的导师威廉·金顿·克利福德的文章)。接下来是皮尔逊推荐的关于声学方面的书籍,如恩斯特·马赫的两本杰作:《感觉的分析》和《力学及其发展的批判历史概论》。马赫之后就是他弟子阿芬那留斯,还有穆勒、休谟、斯宾诺莎的逻辑和认识论,赫尔姆霍茨的《通俗演讲录》,以及安培论电动力学的本质和精神的著述。[19] 在这些前辈大师之后是基础数学大师的作品,如贝恩哈德·黎曼关于非欧几何和场度量几何学的传奇论述;戴德金算术基础的起源。最后是索洛文所提及的科学阅读,即 1902 年出版的庞加莱的《科学与猜想》,"它吸引了我们,让我们入迷了好几个星期"。[20]

这是一本很难理解的书,它被认为动摇了 19 世纪的科学认识论基础。克利福德、马赫、皮尔逊和 18 世纪的哲学前辈大卫·休谟都认为人类知道的仅仅是他们自身的感觉,因此无论是什么样的认知类型,只要是合理的,就是"科学"。对于他们来说,科学并不能描述"本质"(至少不是直接地),只能怀抱相反的期望。众所周知,戴德金颠覆了普通算术的基础;黎曼对几何学作出了同样的贡献。甚至赫尔姆霍茨的著作中包含了对几何学的认识论检验,这使得传统的欧几里得空间假设显出了幼稚性。而庞加莱的著作,则是一本关于所有这些未解决问题的小型百科全书。《科学与猜想》以笛卡尔般的清晰论述,从几何与空间的关系开始,讲述了数学的连续统,算术的基础,非欧几何,空间、时间和运动的相对性,物质的不可定义性和非连续性,能量可能的非连续

---

[19] Hermann von Helmholtz, Popular Lectures on Scientific Subjects, trans. E. Atkinson, 2 vols. (London: Longmans, Green, 1884). 在协会上用德文宣读。

[20] "我们在皮尔逊之后读的共计有:爱因斯坦曾寓目的马赫的《感觉分析》和《力学发展》、米尔的《逻辑》、休谟的《人性论》、斯宾诺莎的《伦理学》、赫尔姆霍兹的一些回忆录和演讲、安培的《哲学随笔》片段、黎曼的《作为几何学基础的假设》、阿芬那留斯《纯粹经验批判》的部分章节、[威廉·肯顿]克利福德的《事物自身的性质》、戴德金的《数是什么?》、庞加莱的《科学与猜想》——它吸引了我们,让我们迷了好几个星期——以及其他一些书。"Alber Einstein: Lettres a Maurice Solovine, ed. M. Solovine (Paris: Gauthier-Villars, 1956); trans. Wade Baskin (New York: The Philosophical Library, 1987), 8-9.

性和热能学家对能量定义的失败,物理学中的偶然性和统计,科学与自然关系的认识论问题。该书断言:"没有绝对空间,没有绝对时间。"[21] 庞加莱(在根据1900年巴黎世界博览会上向物理学家的演讲整理而成的章节中)写道:"这是完全可能的",针对相同现象各种相互竞争理论的任何矛盾"只存在于我们形成现实自我的想象之中"。除了不能合理解释以太和物质,由洛伦兹和拉莫尔发展起来的动体的电动力学能解释所有问题。或许以太根本就不存在。[22]

或许事实正是这样。早在1901年12月,爱因斯坦对空间和时间的完全属人性、时空四维与速度的相互依赖性的理解就逐渐清晰,当时他给米列娃写的信中提到"我现正在热衷于动体的电动力学的研究,这可能成为一篇非常棒的论文",[23]他的"科学奥林匹亚"中的同伴莫里斯·索洛文给了他"一本1885撰写的关于以太理论的书。人们认为它起源于古代,它的观点非常陈旧"。[24] 1905年5月,也就是三年半后,爱因斯坦突然出现在贝索面前。此时时间、光和以太充斥着他的脑海,爱因斯坦信心十足地与贝索谈论。爱因斯坦在1922年回忆道:"由于和他讨论了许多,我突然完全理解了物质。第二天我再次拜访他,没有一句问候,就对他说道:'谢谢你,我完全解决了这个问题。'"

> 我的解答正是与时间概念有关,即时间不是被绝对定义的,但时间和信号传播速度之间存在不可分割的联系。利用这一概念,以前那些非常困难的问题就可以被彻底解决。在我认识到这一点(也就是大约5月20日)的五星期后,狭义相

---

[21] Poincaré, *Science and Hypothesis*, 90.
[22] Poincaré, *Science and Hypothesis*, 163,168,176.
[23] Einstein (Schaffhausen) to Maric, 17 December 1901, in *Collected Papers*, 1:187.
[24] Einstein (Schaffhausen) to Maric, 28 December 1901, in *Collected Papers*, 1:189.

对论就完成了(日期大概是 6 月 30 日)。㉕

我们知道,在爱因斯坦头脑中形成这一清晰概念的日期大约是 5 月 25 日,当时他给另一个以前的"科学奥林匹亚"成员康拉德·哈比希特写信,问"最近在忙些什么,你这个神秘人?"并告诉哈比希特自己最近的四篇论文:一篇是关于辐射的"革命性"论文(光电论文);一篇是讨论原子实际大小的论文(他的博士论文);一篇是关于布朗运动的论文;第四篇是刚刚成形的初稿,是关于动体的电动力学的论文,它将修正时空理论。㉖

事实上,这篇论文后来名为《论动体的电动力学》。现在我们称它为狭义相对论。这篇论文是爱因斯坦最著名的研究成果,即使对科学家而言并非如此,对普通人而言则是确定无疑的。然而,爱因斯坦给它取的名字不具有显著革命性。《物理学年鉴》的保罗·德鲁得在 6 月 30 日收到爱因斯坦的论文后,发现这个题目很平常,与杂志过去三年中刊登的八篇其他论文比较相似,没过多久他就发现,这篇论文和 3 月份的那篇一样,与光有关。可能他和其他的编辑都有些怀疑爱因斯坦的专业水准,虽然《物理学年鉴》有个规定:不要过多参考其他文献,但是这篇论文只引用了一个实验结果,只对在这一领域的另一学者(当然是贝索)表示感谢,也没有任何脚注。但在论文中,爱因斯坦平静地带领读者完全重构了时空概念。他重新定义了时间,以至同时性不再具有任何意义,并且断言最大速度和宇宙中唯一绝对的速度是光在真空中的传播速度。他颠覆了古典运动学,然后再把它和最新的电动力学联系起来,同时废除了以太。沿着这条道路,爱因斯坦解决了使当时所有著名

㉕ 爱因斯坦在日本京都的演讲"我是怎样创作相对论的", Pais, "*Subtle is the Lord…,*" 139.

㉖ "[L]iegt erst im Konzept vor und ist eine Elektrodynamik bewegter Korper unter Benutzung einer Modifikation der Lehre von Raum und Zeit." Einstein, *Collected Papers*, 5:27, 31. 我引用了杰拉尔德·霍尔顿的早期的翻译, which reads *legt* for *liegt erst*. Holton, *Thematic Origins of Scientific Thought*: *Kepler to Einstein* (Cambridge: Harvard University Press, 1988), 197.

物理学家都深感困惑的问题,也消除了庞加莱的"相对性原则危机"。㉗

要解释相对论,必须想象被爱因斯坦称为"惯性参考系"的究竟是什么——它是指物体在三维空间匀速运动。实际上,至少需要三维运动中的两个物体,因为"运动"不可能单独进行。要让物体"运动",由于基本的"相对性原则",必须使物体有不同的速度或运动方向,"相对性原则"指除非存在能够测量其运动的其他物体,否则物体在任何意义上都不会运动(反之亦然)。爱因斯坦设想了三个相互垂直的、并且有一端连结在一起刚性杆,就像解析几何中的 x、y 和 z 轴一样。当爱因斯坦那年 5 月提出相对论时,他脑子里用作实例的东西我们无从知晓,可能是自行车;但当他在 1916 年写了一本书向外行解释相对论时,他是以有轨电车快速通过堤防为例的。㉘ 为了获得最大的结果,参考系之间的运动应该很快。1925 年,罗素的同事阿尔弗雷德·诺斯·怀特海开始用汽车为例。㉙ 保罗·朗之万在 1911 年第一次用法语称之为"儒勒·凡尔纳炮弹",㉚现在我们则用宇宙飞船为例。当飞船与运动的地球作相对运动时,我们挂一个钟在飞船里——因为爱因斯坦在他的论文中指出,时间就是我们用时钟测量出来的东西,除此之外什么也不是。地球自从诞生以来,它已经是一个时钟了,实际上 1905 年之前很久,对于所有陆地上的时钟来说,地球是一个标准时钟。随着 19 世纪 80 年代铁路"标准时间"被强制接受,所有的地方时钟都被忽视而与

㉗ 公开出版物中关于狭义相对论的情况和直接后果最为完整的讨论参见 Arthur I. Miller, *Albert Einstein's Special Theory of Relativity: Emergence (1905) and early interpretation (1905–1911)* (Reading, Mass.: Addison-Wesley, 1981).

㉘ "我站在匀速行驶的火车车厢里,往窗外的路堤上扔了块石头……我看到这块石头以直线下落。"Einstein, *Relativity: The Special and the General Theory*, 15th ed., trans. Robert W. Lawson (New York: Crown Publishers, 1961), 9.

㉙ Alfred North Whitehead, *Science and the Modern World*, Lowell Lectures, Harvard University, 1925 (New York: Free Press, 1967).

㉚ Paul Langevin, "L'évolution de l'espace et du temps," *Scientia* 10 (1911), 31–54. An abstract in *Revue de metaphysique et de morale* (1911), 455–66, reads "dans un projectile que la Terre lancerait avec une vitesse suffisamment voisine de celle de la lumière" (p. 466).

"标准时间"同步。这就是为什么像出生在1879年的爱因斯坦这样的科学家,很容易不将地球时间视为当然的原因之一。

但是,正如庞加莱在1898年的论文《时间的测量》中所清晰阐明的,时间不是像物体那样的物质,也不是像场或波那样的真实存在。时间如同空间一样,是一种精神建构物。测量时间就如同测量"第四维"。埃德温·艾伯特以及 H. G. 韦尔斯等作家从19世纪80年代以来开始就一直在思考这个问题。[31] 爱因斯坦从前人那里获得了关于时间的思考方法,他间接地从艾伯特和韦尔斯那里,直接地从一系列的思想家——从他学生时代读过的休谟和康德到他在伯尔尼和朋友一起读过的庞加莱、马赫和皮尔逊的著作中获得的。[32] 怎样才能按瑞士测时

---

[31] 用英语出版的关于四维的思考包括约翰·佐罗纳的两篇支持亨利·斯莱德的论文,参见 Quarterly Journal of Science and Transcendental Physics (1877), in Michio Kaku, Hyperspace: A Scientific Odyssey through Parallel Universes, Time Warps, and the 10th Dimension (New York: Oxford University Press, 1994, 49 - 52); A. A. Robb, A Geometry of Time and Space (Cambridge: Cambridge University Press, 1936); Edwin Abbott Abbott, Flatland: A Romance of Many Dimensions by a Square (1884, New York: Dover, n. d.); Howard Hinton, What Is the Fourth Dimension? Ghosts Explained (London: Swann Sonnenschein, 1884); A. T. Schofield, Another World (1888); N. A. Morosoff, "Letter to My Fellow-Prisoners in the Fortress of Schlüsselburg" (1891); Oscar Wilde, The Canterville Ghost (1891); Hermann Schubert, "The Fourth Dimension," in Mathematical Essays and Recreations (Chicago: Open Court, 1898). H. G. Wells, The Time Machine: An Invention (London: Heinemann, 1895),这本书是他关于类似题材的几本书中最为著名的一本;还有约瑟夫·康拉德和福特·马多克斯写的《继承者》(The Inheritors, 1901),讲述了从第四维来的超人占领了地球。上述书中有很多在琳达·达尔林普尔·亨德森的书中讨论过,参见 The Fourth Dimension an Non-Euclidean Geometries in Modern Art (Princeton: Princeton University Press, 1986)。

[32] 爱因斯坦所知道的用其他语言发表的关于第四维的思考,可参考1903年的一份书单: E. Jouffret, Traité élementaire de géoméetrie à quatre dimensions (Paris: Gauthier Villars, 1903); Maurice Boucher, Essai sur l'hyperespace: Le Temps, la matiére et l'énergie (Paris: Felix Alcan, 1903); Boucher, "La Relativité de l'espace euclidien," Revue scientifique, 4th ser., 20 (25 July 1903), 97 - 108; Poincaré, "L'Espace et ses trios dimensions," Revue de métaphysique et de morale 2 (1903), 281 - 301, 407 - 29, reprinted as chapters 3 and 4 in La Valeur de la science (1905; Paris: Flammarion/Champs, 1970);以及爱因斯坦"科学奥林匹亚"中的朋友、前同学马歇尔·格罗斯曼的两篇论文,"Die Konstruktion des geradelinien Dreiecks der nichteuklidischen Geometrie aus dem 3 Winkeln" and "Die fundamentalen Konstruktionen der nichteuklidischen Geometrie."

法保证所有陆地上的时钟指示"相同的"时间？电报信号可以将火车站的时钟校准到标准时间，但是电报信号的传递本身也要花费时间。电信号传播速度接近光速，但它不仍然是可以察觉的吗？是否还有其他跑得更快的东西？如果没有被某一时间分开的某一空间，我们的"速度快"意味着什么？那样的时间怎样测量呢？最重要的是，当两个不同参考系之间的距离恒定变化时，它们中的时间又怎么测量呢？换句话说，通过光信号的交换去测定以接近光速运动的汽车里的时间，这可能吗？

在爱因斯坦与贝索进行热烈交谈期间，他就已经理解了光的问题。他的问题核心是时间概念。洛伦兹认为与快速运动的电子相关的长度的变化是正确的，他的著名"变换"和怎样从一个运动参考系转换到另一参考系事件的描述也是正确的。洛伦兹所错过的就是被他称作运动电子的"地方时间"，而这正是在电子参考系中被辨认出的唯一时间。所有其他时间都与它有关。发送某地的时间到另一地需要时间，其耗费的时间就是发送信息的时间。最快的信息速度就是光速。同时性是不存在的。如果两个事物在空间上是分离的，它们是不可能同时发生的。伯尔尼的钟楼能告诉爱因斯坦现在是什么时候了，但这只是伯尔尼的时间。电报信息能告诉圣路易斯的约翰·赫伊身处华盛顿的罗斯福总统的时间；但是它只能告诉约翰·赫伊信息被发送那一刻罗斯福的时钟所指示的时间，因为信息传播也要花时间。㉝ 如果圣路易斯和伯尔尼不在同一个地球上，如果伯尔尼和圣路易斯以不同的方向运动，那么被发送信息耗费的时间将会处于变化中。这就意味着每一个时钟的时间都是时钟和时钟观察者之间的距离、他们之间相对运动和光速的函数。

那么，怎样才能在运动中的飞船上确定时间呢？或者怎样与另一飞船交换时间呢？爱因斯坦认为这很简单，因为他已经发现了答案。

㉝ 一个同事——山姆·基尼——提醒我，可以同步设定时钟，信息从一个时钟到另一个时钟再返回，将其分成两部分，并把它加到每一个时钟的时间上。但是，庞加莱在《时间的量度》中指出的同步性并不完全与此相同。

他假设光在真空中的传播速度是固定的,也就是说光速与光源的速度或方向无关。光速 c 是一个空间距离与时间的比值,并且它是一个既非空间亦非时间的永远不变的比值。如果将 c 看作常量,并且试图根据另一艘飞船的空间和时间确定一艘飞船上的事件,一套新的方程就产生了:洛伦兹变换,在洛伦兹变换中每间隔一段距离和时间都要被一个神秘系数修正。那个系数就是 $\sqrt{1-(v^2/c^2)}$,1 减去飞船速度与光速的比值的平方的差的平方根。

洛伦兹变换考虑了光的传播速度和传播方向,这是你能确定事件的唯一工具。如果光速只是一种特殊的速度,为一常数,那么所有其他事物都会怎样变化就突然变得很好理解了。时间依赖于距离。速度依赖于时间和距离,总是相对的。就像菲兹杰拉德和洛伦兹认为的那样,不但长度会变化,而且时间也会膨胀,甚至质量也会增加和减少。这是因为它们都依赖于测量者的参照系相对于特殊速度的运动快慢。回溯到阿劳中学,16 岁的爱因斯坦自问,如果他追逐光波,直到能抓住它,那将会发生什么呢?麦克斯韦提到的能产生波的振动场会改变形状吗?波能处于静止状态吗?支持波传播的以太会停止振动吗?在这十年里,所有这些问题对于爱因斯坦来说都是不合理的。现在这个答案证实了(a) 光波总是以相同的速度传播,无论光源或接受者运动多快;(b) 没有人能抓住光波,因为它是宇宙的极限速度;(c) 不存在振动的以太;(d) 宇宙中除光以外其他事物都可以改变。

伯尔尼的夏天即将过去。但是阿尔伯特·爱因斯坦的奇迹年仍没有结束。大约在 9 月 25 日,爱因斯坦把另一篇论文寄给《物理学年鉴》,这是一篇很短的论文,文中他写下了把一个新的变换方程进行简单的代数处理后,产生出一个奇怪的方程 $m=E/c^2$。㉞ 爱因斯坦的论

㉞ Einstein, "Does the Inertia of a Body Depend on its Energy-Content?" *Annalen der Physik* 18 (26 November 1905), 639-41; in *Collected Papers*, 2:171-74. 爱因斯坦用 V 代替 c,用 L 代替 E。

文题目就是《一个物体的惯性依赖于它所包含的能量吗?》。答案是肯定的。更重要的是,一个物体含有的能量也依赖于它的惯性质量,即 $E=mc^2$。根据另一个量,你就能得到其中的一个量,由于质量必须乘以光速的二次方才能得到能量,所以结果是一个巨大的值。爱因斯坦认为,这些结果已有一部分为人们所接受,如贝可勒尔(Becquerel)于1896年发现放射性,居里夫妇1898年首先给它命名。皮埃尔·居里发现,玛丽·居里的镭比任何可想象的化学反应都要释放出更多的热。就在爱因斯坦的 $E=mc^2$ 论文发表一年前,在圣路易斯的卢瑟福和庞加莱都在想怎样解释这一现象。爱因斯坦的论文发表三十三年后,柏林的莉泽·迈特纳实验室发现的核裂变就可以以微克量显示质量怎样被转化为能量的。接下来的七年里,有证据表明这种能量足以摧毁一座城市。

在1905年末,阿尔伯特·爱因斯坦才知道他这一年做出了怎样令人吃惊的创新。他和米列娃希望得到承认,他们对马克斯·普朗克11月在柏林物理学讨论会上提及爱因斯坦感到满足。直到1909年爱因斯坦的理论才得到承认。那时甚至庞加莱也已经知道爱因斯坦所做研究的价值,包括苏黎世大学在内的许多大学给爱因斯坦提供教授职位。当1919年的日食为广义相对论提供了天文证据时,世界范围内的庆祝开始了。正如卡尔·波普尔说的那样,在艺术里,正确和谬误是相当的,科学很荒谬地为长期、不可替代的名声提供了比其它智力创造领域更多的机会。直到现在,无知把爱因斯坦塑造为一个带点神秘色彩的权威(明星效应),他和所有其他人(除希特勒外)反对战争,他拒绝成为以色列的第一任总统。在相对论发表后的大约一个世纪里,与牛顿的《数学原理》发表后一个世纪能理解牛顿的重力定律的人相比,更少有人能理解爱因斯坦的重力定律。

爱因斯坦自身也可能以他所做的工作被误解而告终。他把狭义相对论看作一种新的认识论,与他同时代的许多物理学者也都这么认为。然而,对于20世纪末的科学家来说,相对论更像一种较为平稳的发展和演化的结果,而不是一种突然的变革。这可以从电子物理学家(比如洛伦兹)精密的研究和科学形而上学的主观化(如克利福德、皮尔逊、马赫、庞加莱)看出。㉟ 爱因斯坦发现了时空与均匀运动的关系,并把它称为狭义相对论,其实质是试图揭示时空连续统和非均匀(加速)运动的关系。1907 年,当爱因斯坦还坐在伯尔尼专利办公室的椅子上时,他把当时自己脑海中出现的东西称为"生命中最令人兴奋的思想"。他认识到,没有一种客观的方法能区分抵抗地球重力下落和以 32 英尺每二次方秒的加速度穿过空间的差异。㊱ 多年的数学演化最终使马赫的洞察发展为广义相当论。

1905 年 5 月,爱因斯坦在给哈比希特的信中所指的"革命性"的论文并不是有关相对论的论文,而是光电效应论文。如果我们了解关于近代物理学的发展和庞加莱所说的"经典物理学"的缺陷,那么我们将会明白,爱因斯坦是正确的。正是光电效应的论文开创了 20 世纪典型的物理学——量子理论,它使爱因斯坦赢得了 1921 年的诺贝尔奖。普朗克只能把量子论运用于物质和能量的反应,爱因斯坦却能把量子论运用于能量本身。在充分完善的量子理论中,事物的连续性(包括能量、物质、运动,甚至空间和时间)总是有问题的。场和粒子可以相互产生,物质和能力也可以某种方式相互反应,这种方式再发展下去就出现了矛盾和不确定。尽管爱因斯坦对量子理论继续作出贡献,但这些现象不断困扰着他。他于 1909 年提出了一个方程,试图描述波和粒子的

㉟ "相对论引起了公众很大的关注,但是,就其重要性而言,它并不是物理学家们近来所感兴趣的最重要的问题。更不用说量子理论所占据的地位。"A. N. Whitehead, *Science and the Modern World*, Lowell Lectures, Harvard University, 1925 (New York: Free Press, 1967), 129. Biographer Pais agrees (Pais, "*Subtle is the Lord …*").

㊱ 爱因斯坦在 1922 年 12 月 14 日京都演讲中描述了他灵感突现的时刻,引自 Paris, "Subtle is the Lord …," 179. 他于 1907 年秋开始撰写这一观念的结果,并在同一年 12 月 24 日给康拉德·哈比希特的信中提及此事(*Collected Papers*, 5:47). 他将其描述为"我一生最美妙的思想",参见 Einstein's so-called Morgan MS and is quoted in Pais, "*Subtle is the Lord …*," 178.

共存。1924年,爱因斯坦采用自旋量子数推动了亚原子行为的统计理论。然而,最后爱因斯坦选择麦克斯韦场代替玻尔兹曼粒子,选择他的"神圣几何学"的时空连续统而不是唯物主义原子论中的铅弹。由于爱因斯坦拒绝接受统计解释的不完美,他就完美地推导出了那只能说是他所需要的东西,用于给自然界中特殊事件给出特殊的理由。这位20世纪物理学的先驱在恢复一种19世纪范式的不懈努力中,结束了自己的职业生涯。

第十六章　帕布洛·毕加索

立体主义

1906—1907

1907年最初几个月,25岁的毕加索开始改写艺术的历史。在帕高·杜利奥位于浣衣舫(Bateau-Lavoir)旧楼上的画室里,在摇曳的烛光中,他彻夜地画着关于女性的绘画习作。靠墙放着新的空白画布,足有八英尺高,其大小和线条都显示他将要雄心勃勃地向不朽发起勇猛的冲击。在这里,他将探究艺术的一切,而(就像巴黎所有具有雄心的画家所希望的那样)一切随后的艺术都将以此为源泉。它将被命名为《亚威农的少女》(Les Demoiselles d'Avignon),第一个看到它的人以为毕加索疯了。①

被马克斯·雅各布(Max Jacob)戏称为"洗衣店游艇"的浣衣舫,自

---

① 围绕这幅关键性画作近九十年来所积累的知识与学术研究,终于被威廉·鲁宾、海琳·塞克尔和朱迪思·卡森斯搜集、整理为一本不可或缺的书,即 Les Demoiselles d'Avignon (New York: Museum of Modern Art/Abrams, 1995)。这本书包括了鲁宾的文章"The Genesis of Les Demoiselles d'Avignon"的英文版本,它原收录于塞克尔编辑的1988年巴黎大展的编目中(Les Demoiselles d'Avignon, 2 vols. [Paris: Réunion des Musées Nationaux, 1988]),出现在本章写完之后,约翰·理查德森的似乎是标准的传记 (A Life of Picasso, vol. 1, 1881 - 1906 [New York: Random House, 1991])和一个有争议的诺曼·梅勒的侧写。

从高更冗长的12月讨论以来,五年间没有任何变化。② 这是一个拥挤的蜂巢,没有看门人看管,他显然住在另一幢建筑物里。当1904年毕加索在此开始他巴黎第一整年的生活时,他几乎常常食不果腹。当时无论是画商马纳奇(Mañach)还是沃拉德(Vollard)都不愿买他的黯淡的蓝调画作,这些画不得不通过二手商贩如殉道者大街的索莱尔老爹卖掉,或者沃拉德贪婪的拉菲路邻居克洛维斯·萨戈特,这个人曾是马戏团的小丑。在毕加索的画室里,没有超过四根棍子的家具,没有活水,一只桶就是一个盥洗室。亮光处飘进细雨。但是比起后来,在那些日子里毕加索有更多的快乐,他常常在太阳落山后仍然奋笔作画。

自1902年起,毕加索的生活有所转变:一些新的朋友,一个情人,绘画风格的重要转折,收入方面的稍稍改善。在1904年经由另外两个诗人安德烈·萨蒙和纪尧姆·阿波利奈尔,毕加索结识了一位忠诚的朋友,同性恋诗人马克斯·雅各布。他还遇到了两个旗鼓相当的画家,未来的野兽派画家安德烈·德朗(André Derain)和莫里斯·弗拉曼克(Maurice Vlaminck)。那一年的秋天,毕加索爱上了自己的邻居费尔南德·奥利维尔,她美得就像浣衣舫唯一的水龙头流出的水,与此同时毕加索不再定期去妓院。1904年底或1905年初,毕加索画了《演员》,在这幅作品中他大量运用了粉红色而不是蓝色,从而开始了后来被艺术史家称为"粉红色时期"的风格。1905年底,沃拉德拿了一些粉红色风格的画作销售,在旧货店一下子赚了两倍的钱。在索莱尔老爹那里,一个叫威廉·伍德的年轻商人看到了蓝色基调的《入浴》,他非常喜爱这幅画,以至于查到了作者的新居所,蒙马特的老刺客酒吧,现名为狡兔酒吧,它得名于刺客画廊中的一幅画——一幅画了一只兔子、署名为"A.(代表André)吉尔"的画。不久,一个同样于1904年来巴黎的、留

---

② 参见第十章。马克斯·雅各布的回忆录是"Souvenirs sur Picasso contés par Max Jacob," *Cahiers d'Art* 6 (1927), 202; trans. Marilyn McCully an Michael Raeburn in McCully, ed., *A Picasso Anthology* (Princeton: Princeton University Press, 1982), 54–55。

着先知胡须的美国人,在克罗维斯·萨戈特买了毕加索的一幅画,后来又带他妹妹格特鲁德买了《提花篮的少女》。如同所有这一时期毕加索的画一样,画上签有毕加索的名字、创作日期以及地址。很快,利奥和格特鲁德·斯坦因也常来蒙马特区哈维浓街13号的蜂巢逗留,并且在这里弄了画室,如房子的女主人费尔南德·奥利维尔曾经描述的,这画室"尽管几乎没什么家具,但你不禁会想它会有什么样的宏图大志"。③

1906年费尔南德开始接待毕加索的那些往往不打招呼就上门的朋友。其中有一些是赞助人,这使得她能够稍稍奢侈一些,一天花一两个法郎。贫困潦倒的日子结束了。一些较大的设想开始实行。在那一年的春天,毕加索开始画利奥和格特鲁德·斯坦因的肖像。他完成了利奥,但在格特鲁德·斯坦因那里卡了壳。他去罗浮宫观看了从奥苏纳来的原始西班牙雕塑展出:头是方的,耳朵是格子,鼻子像四分之一块干酪。他决定将他能够承担得起的第一个绘画夏季放在西班牙度过,在加索尔的一个小村庄——到处是陶土,粉红和白色的有角的屋顶,还有一个旅馆。费尔南德经常穿着睡衣在外面走,这让他很不高兴。一天他为她画了一幅裸卧的速写,将她的脸代之以一个硬金属边、眼部空洞的面具。8月回到巴黎时,毕加索又找到了他的模特(格特鲁德·斯坦因那时忙于她叫作"伟大的美国小说"的工作),神速地完成了一度停下来的她的肖像画,同时完成的还有他的一幅自画像——眼睛是简单的杏仁,像是放错了地方。不久之后,他完成了两幅里程碑式的裸体画,像塞尚一样是平面着色的。肯定有什么事正在酝酿中。毕加索开始了关于女性的简单习作。"我在几天之内画了上百幅习作,而其他一些画家可能用百天来完成一幅作品。当我继续下去时我应该打开

---

③ Fernande Olivier, *Picasso et ses amis* (1933), in Pierre Cabanne, *Le Siecle de Picasso*, vol. 1, *La Naissance du cubisme* (Paris Denoel/Gonthier, 1975), 195; trans. Jane Miller, *Picasso and his Friends* (London, 1964), 27.

窗户。我应该在画布的后面，也许会发生什么事情。"④1907年夏，毕加索待在巴黎的画室，独自一人。

《亚威农的少女》成为20世纪绘画的《最后的晚餐》。并且，就像《最后的晚餐》一样，它为大众所知，但为大多数人所不理解——爱，宛如氤氲在肖像中。它甚至不是一幅非常好的作品，尽管它无疑是伟大的作品。在《亚威农的少女》被创作出来的那一年里，毕加索的朋友中只有很少几个提及这幅作品（虽然他们很容易发现毕加索被这幅画占用了太多的时间）。1907年4月，这幅巨大的画布已经占据了毕加索画室的一面墙。它被放在那里，像海神一样，直到1908年被卷起来。要到1912年才有人在出版物上评论它，到1916年才有一家画廊展出它。而在那时，它早已完成。1912年安德烈·萨蒙就认为，几乎所有的毕加索的作品和所有现代绘画都通过他的巨大的《亚威农的少女》得以展现，就像电话线都得经过巴黎的一个新的电话交换中心一样。⑤

1907年5月，当这幅伟大的作品成形时，毕加索瞒了所有的人，除了沉默的费尔南德。他告诉自己的一帮朋友这幅画的主题是什么，这些人将其称为"哲学的妓院"。这幅画画的是靠近毕加索在巴塞罗那的前画室的亚威农大街一所房屋里的妓女及嫖客。⑥ 5月左右，毕加索将两

---

④ Picasso to Roland Penrose in Penrose, *Picasso: His Life and Work* (London: Gollancz, 1958), 352; in Dore Ashton, ed., *Picasso on Art: A Selection of Views* (1972; repr., New York: Da Capo, n. d.), 30. 据卡斯滕-彼得·瓦恩克的最新综合研究统计至少有809份习作，参见 *Pablo Picasso, 1881 – 1973*, ed. Ingo F. Walther (Cologne: Benedikt Taschen, 1995), 1:146. Joseph Palau i Fabre, *Picasso: The Early Years*, 1881 – 1907 (New York: Rizzoli, 1981), 这些作品也综合了毕加索的早期作品，并且自其出版后没有再增加多少细节。

⑤ André Salmon, "Histoire anecdotique du cubisme," in Salmon, *La Jeune peinture francaise* (Paris, 1913); "L'Anniversaire du cubisme," in Salmon, *L'Art vivant* (Paris: G. Cres, 1920). 译本收录于 Rubin et al., *Les Demoiselles d'Avignon*, 244 – 49。

⑥ "《亚威农的少女》这个题目激怒了我。这是萨蒙起的，而你是知道的，它最初的原名是《亚威农的青楼》。"毕加索对丹尼尔-亨利·坎维勒如是说，参见 Kahnweiler, "Huit entretiens avec Picasso," *Le Point* 7, no. 42 (October 1952), 24; in Ashton, *Picasso on Art*, 153.

位嫖客——一位水手和一位医学院学生——从画布上移除。自此,旁观者实际上是采用了嫖客的视角,被五个身材高大的妓女迷人地注视着。五个形体构成了画面的主要内容,五个裸体是古典画中常见的,但五个娼妓就会引起愤怒,尤其是在1907年。而毕加索从画中取消了嫖客,也就等于从画中取消了传统绘画关于罪与病的意味,这种意味本来可以缓冲人们的震惊。毕加索在多年前移居巴黎时,就已经放弃了他在西班牙时的道德绘画,现在他恣意地画,以此在西方肖像画法中争得一席之地。

一幅巨大的画布在画家眼中,就像小说家的两卷或更长的篇幅。在一个持续出现不合比例的复制品的时代,很难记住这一事实,即对于画家来说,每种尺寸的空白都是需要驾驭或控制的完全不同的空间,这就像对一座大理石雕塑的不同部分所作的一样;空间越大,控制部分与控制全体就更难。在1907年,尽管印象派画家在19世纪70年代就已经打败了官方沙龙,但是过于巨大的画布还是意味着高度的戏剧化和众多形象。毕加索以这项工作开始他冒险进行决定性战役的征程。

毕加索没有进入沙龙,但他清楚他的竞争力要比很多进入沙龙的人强。沙龙中的画作包括传闻中的塞尚浴者系列的终极杰作《大浴者Ⅰ》,作者在前一年10月去世,将这幅画留在其位于艾克斯的画室,现在它已经无法超越。同时也包括年轻的马蒂斯画的《蓝色裸女》和伟大的《生活之乐》——毕加索从秋天开始去参加马蒂斯的宴会。还包括他的朋友安德烈·德朗画的另一幅超出常规尺寸的《浴者》,几个星期前在独立沙龙展出(并被斯坦因买走),以及莫里斯·弗拉曼克在靠近夏图(Châtou)的画室——这个画室是他与德朗共用的——中正在创作的《浴者》。甚至还包括格雷科(Greco)的《圣约翰的幻象》,以及去世的古典主义画家安格尔充满诱惑力的《土耳其浴》,一年多前的1905年,这幅画曾在秋季沙龙展出过。⑦

---

⑦ Rolf Laessøe, "A source in El Greco for Picasso's *Les Demoiselles d'Avignon*," *Gazette des Beaux-Arts* 110 (October 1987), 1425.

1905年秋季沙龙，正如所有艺术史家将会告诉你的，是艺术史上一次关键性的展出。一间乱七八糟的屋子中展出的画具有疯狂的颜色，以至于看起来像是在向房间中央的一张桌子上的平静文艺复兴样式的半身胸像喷火。"多纳泰罗是野兽派一员"，评论家路易斯·瓦塞勒写道。按照这一观点，马蒂斯、德朗、弗拉曼克、卢奥，甚至是小公务员亨利·卢梭都被称作野兽派。⑧ 艺术受众们虚幻的期望，已经被莫奈和修拉的光与影挫败，而马奈和塞尚关于线条和空间的运用则是又一次打击。从现在开始，就像高更在1888年宣称的，甚至连颜色都不是"逼真的"。

毕加索不是野兽派，作为一个非展出者，他在事业上稍稍落后于上述那些人。如果说费尔南德·奥利维尔是向导的话，那个5月，他在浣衣舫的"调色板"就是承载了沉没的油料的旧报纸。他不是按"共同对衬"来作画，而是以蓝色和粉红色的梯度来作画。他似乎借鉴了马奈和德加以及其他印象派画家，尤其是高更和图卢兹-洛特雷克，但不是如何泼洒各种原色。早年影响毕加索的最年轻的画家是奇怪的挪威人埃德瓦·蒙克，虽然毕加索欣赏的是其主题（当时蒙克完成了生命系列的一整幅画，即"生命的饰带"），但他使用的却是蒙克的景泰蓝式的形式。

尽管有蓝色的背景，《亚威农的少女》的颜色并不像德朗和野兽派那样原始和专断。但是它们的运用却正是如此。毕加索大片运用他膨胀扩张的肉色，四边形和均一的颜色，将每一块放置在另一块的旁边，伴随不是不自然的就是不存在的转换。在德朗的《大浴者》中，厚重的线条模糊地解剖分成小块，各自分离，并脱离其背景。而毕加索的线条较少，也比较细。为区别开左边"开场戏"裸体的腿，毕加索用蓝色蜡笔画了一条没来由的内部接缝，加重了她肉体的右边。这或许是对德朗——或者是对安格尔的热情——的自夸，安格尔曾洋洋得意地谈到

---

⑧ 路易·沃克塞勒关于秋季沙龙"野兽派"的文章发表于1905年10月17日的《布拉斯报》上，并被收入 Jack Flam, ed., *Matisse: A Retrospective* (New York: Hugh Lauter Levin Associates, 1988), 47.

"线条"。

萨尔芒写道:

> 他为此创造了一种基调,通过光力量的动态分解;一种将新印象派和点彩派的尝试远远甩在后面的努力。几何图形——同时也是极小的和影片式的几何……⑨

确实,毕加索的色彩碎片不是德朗(或高更、塞鲁西耶以及之前的伯纳德)的池塘,而是艾克斯的塞尚的平面。乍一看,那些女人似乎是按照施工图纸的菱形图块建构起来的,像塞尚的《圣维克多山》阴影中的房子。修拉发现了如何将一幅图景拆解成视觉原子。塞尚发现了中级——也可以说是分子级——的色彩反射面。塞尚死后六个月,毕加索展示了他这一最奇怪的探索。只有在《少女》完成前三个月去世的保拉·莫德松-贝克,在其生活和绘画的最后两年里,才非常接近同样的实现。

毕加索还学会了另一种技巧,就像塞尚从现代绘画的教父马奈那里学来的:将前景变平、放低,通过人物与他们在画面中的位置的对比关系,最重要的是透过人为的假象来扭曲画面的构图。就像塞尚曾将画中的山放到了村庄的顶部,马奈曾将他的观众推进一条小帆船那样,毕加索则将他的旁观者扔进妓院。

到了 6 月,五个七英尺高的女人伫立在毕加索面前。他不允许任何人看到这个阶段的画作。在构想的形体之外,他还画了简单荒诞的脸庞。眼睛是带有小圈的杏仁,嘴巴是简单的裂缝,耳朵是"8"字,鼻子是单线的藤蔓花纹,左—右—左,是一条眉毛的延伸。孩童也许会这样画——或者是一个公元 4 世纪的西班牙奥苏纳人。毕加索的工作室现在有两个这种奥苏纳石雕头像,是阿波利奈尔的一个同伙从罗浮宫偷来的。但是,为什么要试图从西方进步的浪潮和对世界的无罪统治中

---

⑨ Herschel B. Chipp, ed., *Theories of Modern Art; A Source Book by Artists and Critics* (Berkeley: University of California Press, 1968), 203.

创造些什么,就像古罗马的衰亡过程中外省人所做的那样?

长眠于塔希堤的高更应该会理解。在那里,野兽派用颜色突袭了高更,并且在1906年举办了高更作品的回顾展。毕加索重新发现了象征主义、神秘主义和原始主义,而这些被高更自视为其成就的核心部分,并为之颤抖。毕加索从不对陌生和黑暗保持敬意。他是一个西班牙人,绝非实证主义和唯物主义者。他不信地狱,也不惧死亡。那些"原始的"(这一名词后来涵盖了所有来自非西方文化的艺术,以及所有在文艺复兴之前的西方艺术)新奇的符号所具有的奇特品质,以及它们的简单规则,从一开始就吸引了毕加索,这是通过许多蓝色的寓言和粉红色的技巧验证了的。《亚威农的少女》不是一个玩笑。其中女性脸庞的简单处理是有意要作成肖像或偶像,而它确实也是这样的。

在6月底左右,毕加索休息了一段时间。离开蒙马特,他星期六在斯坦因家或星期四在马蒂斯家,从埃菲尔铁塔越过塞纳河,去参观特罗卡德罗宫(Trocadéro Palace)的雕塑馆。在休假时,毕加索偶然发现了人类学博物馆。"那里除了一个年老的管理员外杳无人迹。那里很冷,没有生火,到处都被虫蛀过;墙上覆盖着土耳其地毯。"⑩突然他被满满一屋的部落面具震撼了。⑪ 在那一刻他知道,法属西非的雕刻品更甚于奥苏纳的雕像。

他以前曾经看过这些东西,虽然数量没有这么多。弗拉曼克曾经买了一对,包括一个犬牙面具,是从一个小古玩商人那里买的。他送了

---

⑩ Picasso, quoted in Romuald Dor de la Souchére, *Picasso à Antibes* (Paris: Hazan, 1960), 14; in Ashton, *Picasso on Art*, 154. 然而,顺便提一下,这一引用意味着毕加索在5月温暖的季节开始之前去了人类博物馆,但是6月是立体主义开始领导历史的日期,约翰·格尔丁和大多其他专家都赞同这一观点。Golding, *Cubism: A History and an Analysis*, 1907–1914, 3d ed. (Cambridge: Harvard University Press, Belknap Press, 1988), 45.

⑪ Christian Zervos, *Pablo Picasso* 2, no. 1 (1942), 10. Picasso to André Malraux, quoted in Colding, Cubism, 45. Malraux's account of Picasso's encounter with "primitive" art is in *Malraux, Picasso's Mask*, trans. June Guicharnaud (New York: Holt Rinehart and Winston, 1976).

一个给自己的朋友德朗。马蒂斯至少从1906年起就开始收集这些玩意儿。在遥远的德累斯顿,恩斯特-路德维希·克尔赫纳在他1905年创立布吕克(Brüke)艺术家运动的前一年就被这些东西深深震撼了。在特洛卡代罗博物馆的灰尘和腐烂气息中,毕加索立即就看见了制作者们所制作的这些作品:护身符和有魔力的物品,对抗未知事物的恐惧的物神,诸多的神灵。

他回到浣衣舫并画了更多的草图。"他睁大眼睛,鼻翼翕动,他皱眉,他攻击画布,就像斗牛士刺向公牛。"[12]他在画布的右边画了两个妓女的脸,将她们的脸替换成陶土面具。在面具上他画了高挑的鼻子,用像部落伤疤一样的条纹为它们造影。在上面那张脸上,他留下一个杏仁眼的黑窟窿,并用橙色描画另一只眼的轮廓。他使鼻子远低于矩形左胸的阴影下,并加上蓝色和绿色的条纹裂缝。在下面那张脸上,他把左眼的眼白画成黑色,并使它向下、倾斜着放在右眼的下方。左耳开始类似一只倒霉的动物瘦骨嶙峋的腿。如果说这幅画一开始是向习俗的挑战,那么现在它是向超自然挑战,一个用象征和召唤元素构成的高更之谜,比高更能做到的更简单、更赤裸。很久之后,他跟马尔罗说,这是他的"第一个驱魔画"。[13]

是驱除恐惧还是激发恐惧?也许两者兼而有之。既害怕精神上的也害怕物质上的。一直是妓院常客的毕加索,明白梅毒是一种无声的、反复发生的威胁。他不会忘记1900年关于定期卖淫问题的辩论在巴黎展开得轰轰烈烈,也忘不了1901年当他造访圣拉扎尔医院期间看到

---

⑫ 这一对毕加索工作的描述引自 Tom Prideaux,"The Terrible Ladies of Avignon," *Life* 65, no. 26 (27 December 1968), 51。

⑬ Malraux, *Picasso's Mask*, 18; quoted in William Rubin, "Picasso," in Rubin, ed., *"Primitivism" in 20th Century Art*, Exhibit Catalogue (New York: Museum of Modern Art, 1984), 1:255.

因染上第三期梅毒而面目全非的女人。⑭ 在巴黎圣母院大教堂后面的太平间,经常有警察送来的尸体让公众参观,直到巴黎警务总监在 1907 年 3 月中旬制止了这一行为。他还知道这种病也是导致高更死亡的原因之一。《亚威农的少女》是毕加索的"黑暗之心",并且也是与蛮荒的诱惑的一场搏斗。它不像高更的《我们从哪里来？我们是什么？我们将往何处去？》,这幅画是向荒蛮投降的一种象征。⑮

然而高更死了。其他象征主义者虽然还活着,但他们的时代已经过去。在巴黎,纳比派的勃纳尔和维亚尔在独立艺术家协会展示他们的画。塞鲁西耶向几个特别的朋友讲授色彩理论,并解释《护身符:爱的饮料》(Talisman: The Bois d'Amour)。莫里斯·丹尼斯仍然为《西方》(L'Occident)忘情地写作。费利克斯·费内翁仍然是象征主义旗手《白色评论》的主要艺术评论家。甚至在丁香园咖啡馆的马拉美弟子的周二聚会也仍然在进行中。萨尔芒有时带毕加索去听莫莱亚斯和保罗·福特的滔滔宏论,没有人注意到这个在他们外围的大眼睛矮小男人从他们鼻子底下拿走了象征主义的遗产。在《亚威农的少女》完成大约一个月后,修拉的发现者费内翁把手放在毕加索的肩膀上对他说:"有意思,小伙子,你应该去画讽刺画。"⑯

格特鲁德·斯坦因从对五英尺三英寸高的"小拿破仑"——毕加索的拜访中绝非一无所获。《亚威农的少女》完全没有停止创新,它包含了 19 世纪 70 年代对明暗画法的攻击以来几乎所有的新事物:高更的

---

⑭ Michael Leja, "Le Vieux marcheur et 'les deux risques': Picasso, prostitution, venereal disease, and maternity, 1899 - 1907," *Art History* 8, no. 1 (March 1985).

⑮ 《亚威农的少女》的这些方面由里奥·斯坦伯格的奠基性的文章得以复兴。"The Philosophical Brothel," parts 1 and 2, Art News 71, no. 5 (September 1972), 22 - 29; no. 6 (October 1972), 38 - 47.

⑯ 费内翁的拜访参见 Wilhelm Uhde, *Von Bismarck bis Picasso: Erinnerungen und Bekenntnisse* (Zurich: Operecht, 1938), 142;毕加索自己也引用了他的话,参见 Roland Penrose, *Picasso: His life and Work* (New York: Harper and Row, 1973), 134.

原始主义和象征主义,马奈反直觉的透视画法和平面,塞尚的体积色彩层数,野兽派令人不安的色彩,以及从马奈到图卢兹-洛特雷克每个人的现代底层生活主题。所有这些除了点彩画法,这种画法毕加索曾涉足过,但后来放弃了。至于所有这些画派的前辈——露天印象流派,毕加索更喜欢他们在画室的主观氛围。毕加索包含了所有这一切。他保留这些东西,只是为了看看一幅如此广泛地基于最新事物的绘画是否可能导向任何新的东西。

7月,这幅作品差不多完成了。它在摇摇欲坠的画室深处,准备像真正的亚威农的少女那样接待参观者。第一批观众是他交往时间最长的老伙伴:雅各布、萨尔芒以及阿波利奈尔。他们取笑这幅画并为它起昵称。阿波利奈尔甚至巧妙地称其为"革命",但显然这不是他那诗人的心可以接受的革命。那些无法忽略的赞助人接踵而至,他们有点泄气。利奥·斯坦因来看过后,觉得受到了伤害。毕加索画的是第四维吗?在1947年的回忆录里,利奥最终判断,这幅画只是"一团糟"。[17] 格特鲁德·斯坦因保持忠诚,虽然她和利奥一样感到很受伤,但她什么也没说。1908年由马蒂斯引荐给毕加索的俄罗斯收藏家塞吉·希楚金,是这样想的,"这是法国艺术的多大损失啊"。[18](实际上是俄罗斯艺术的损失,要再等上好些年才能理解毕加索。)

画家们各执一端。蒙马特到处传言说毕加索已经疯了。马蒂斯无意中听到毕加索自己说这幅画为了嘲笑和背叛现代艺术的。[19] 德朗曾被引用过说这是"一个绝望的事业",毕加索将会自杀,吊死在这幅画后面。[20] 事实上是德朗的事业被这幅画毁了,来年他在这幅画的阴影下

---

[17] Leo Stein, Appreciation: Painting, *Poetry and Prose* (1947; New York: Random House/Modern Library paperback, n. d.), 140.

[18] Shchukin 引自 Gertrude, Stein *Picasso* (1938; New York: Dover, 1984), 18.

[19] 马蒂斯引自 Penrose, Picasso (1973), 130.

[20] Derain 最初引自 Kahnweiler, "Der Kubismus," *Die Weissen Blatter* (Zurich) 3, no. 9 (23 September 1916), 214; trans. in Rubin et al., *Les Demoiselles d; Avignon*, 234.

烧毁了自己的好些作品。

交易商表现出得更乐观一些。沃拉德过来逗留了一下,不久之后宣布毕加索作为一个画家已经完结了。但伍德比较感兴趣,并且告诉一个名叫丹尼尔-亨利·康怀勒的新的年轻商人,毕加索在画"亚述人的一些东西",他应该去看看。[21] 他确实去了,正好在沃拉德跨出门的时候。康怀勒凭借其更有学问的眼光,成为第一批真正看出《亚威农的少女》奇特之处的人之一。在画面的右边底部,一个叉开腿粗俗地蹲着的女人很独特。不管你怎么靠近去看,都看不出她到底是脸朝里还是朝外。她的下巴是放在她的左手边还是右手边?或者它其实是由一些怪异的辅助设备来支撑的?你是在她的背上看到了她的屁股呢,还是在她的肚脐眼下方看到了更令人震惊的东西?或者两者兼而有之?这都很难说。在立体派兴起的七年之后再回过来看《亚威农的少女》,康怀勒意识到这幅画中的人物是西方艺术所有人物中第一个同时从不同角度得到展现的人物。[22] 很快,康怀勒下了订单,他买走了大部分的初步习作,但是毕加索坚持认为他的《亚威农的少女》尚未完成,他不卖。

看过这幅画的人依然很少,但是他们都具有很高的鉴赏力,《亚威农的少女》赢得了越来越大的名声。11月,马蒂斯带来一位名叫乔治斯·布拉克的年轻诺曼底画家来看画,后者在这幅画面前完全失语。毕加索说:"但是布拉克,鼻子就是那样的。"最后布拉克脱口而出:"你

---

[21] 伍德的《亚述纪事》引自坎维勒的 *My Galleries and Painters* (New York: Viking, 1971), 38。"埃及人"是伍德在坎维勒的文章中用的形容词,参见"Naissance et developpement du cubisme," in *Les Maitres de la peinture francaise contemporaine*, ed. Maurice Jardot and Kurt Martin (Baden Baden: Woldemar Klein, 1949), 14。译本有 Rubin et al., *Les Demoiselles d'Avignon*, 255。伍德自己的回忆录认为《亚威农的少女》受"黑人艺术"的影响,但既不把它称作"埃及的"也不把它称作"亚述的"。

[22] "我认为立体主义诞生于《亚威农的少女》……"参见 Daniel-Henry Kahnweiler, *Juan Gris: Sa vie, son oeuvre, ses écrits* (Paris: Gallimard, 1946); trans. Douglas Cooper, *Juan Gris: His Life and Work* (New York: Abrams, 1969), 108, 110。

的画就像你要我们吃下麻绳、喝下煤油并喷出火来。"㉓不过布拉克还是被迷住了。那个冬天,他试图吸收从这幅画中学来的东西,画了一幅超过正常尺寸的、用了示意性的特写和加条纹的描影法的《大裸者》。1908年夏天,他去了塞尚的乡间——埃斯塔克,在那里他把古老乡间图形变成了简单的不规则立体和切片的平行六面体。

那个秋天,当布拉克和毕加索比较两人一个在埃斯塔克另一个在巴黎附近的拉吕德布瓦(La Rue-des-Bois)所画的画时,他们发现两人共同成为一种新画法的发明者,这种画法将三维的真实事物展现在二维表面上,这是自文艺复兴以来的第一种全新画法。无论这一方法的后果如何具有颠覆性,其本身却一点都不神秘。你从各种不同相反的视角观察所要描画的对象,将其分解成一些立体平面,并且将这些平面画在让它们彼此相互干涉的位置上。观众被期望要重组这些平面以及推想原始的各种视点(而且不应是一个接一个的,应当是同时的)。换一种说法,你得像毕加索在《亚威农的少女》中处理蹲着的那个妓女一样对待绘画对象。

毕加索和布拉克如此热爱他们新的画法,以至于他们开始一起工作,这一时期开始了:你看着一幅画,不知道究竟是他们中的哪一个画的。1908年,不喜欢布拉克画的马蒂斯,说它们满是"小立方体"。1909年,四年前曾创造出"野兽派"这个称谓的路易斯·瓦塞勒,再次石破天惊地称布拉克的画为"立体怪物"。㉔立体主义不是最好的名称,并且妨碍了接触这一风格的新人辨识它所带来的革命的本质。从

㉓ 对布拉克最早的引用见于 Kahnweiler, "Der Kubismus," 214, 后见于他处。"牵引"的部分由安德烈·萨蒙所加,参见 L'Art vivant, 123。关于鼻子的对话最初见于 Maurice Raynal, "Panorame de l'oeuvre de Picasso," Le Point 7, no. 42 (October 1952), 13. 译本参见 Rubin et al., Les Demoiselles d'Avignon, 229。

㉔ 马蒂斯似乎告诉了沃克塞勒关于布拉克在1908年巴黎秋季沙龙展上的"小立方体"。沃克塞勒关于布拉克"立方体"的文章发表于11月14日的《布拉斯报》。在他发表于《布拉斯报》的文章中提及的布拉克的"立体主义"是关于1909年5月25日的独立沙龙的。参见 Golding, Cubism, 3。

根本上来说，1907年毕加索在艺术领域所做的，几乎正是爱因斯坦1905年以其论文《论动体的电动力学》在物理领域所做的。在人们所说的"同时发生"上浪费了许多时间后，爱因斯坦最后得出结论，光速本身是绝对的，其他以其为参照的所有测量法都可以发生变化。没有哪个观察者据有占优势的观测点，从几个不同观测点的观察也不足以使物体确定或"客观"。同样，毕加索同时从两个直接相反的视点刻画第五个少女，这不仅颠覆了文艺复兴的绘画传统，而且破坏了整个规范系列，我们凭借这些规范，在一个不能移动的艺术对象中展现同时性。

立体主义是一种新的透视画法，它不仅表现了将绘画和世界裂分为不连续的部分或原子最后的变化，它还开启了用令人惊异的新方式重组这些部分的道路。我们将会看到，在《亚威农的少女》完成之后仅仅四年，当立体主义占据展出大厅时，毕加索和布拉克将演示如何把在同一块画布上一幅画的各部分和世界的各部分结合在一起。他们称之为抽象拼贴画。在同一年，未来派画家发现，一个移动的物体不仅可以从不同的视角，还可以分好几次不同的时间，画在同一块画布上。在做了好几次这样的事之后，马歇尔·杜尚将会看到如何在旧的三维空间和一维时间之外，在第五维（空间状态）呈现物体的运动。表现主义者将继续高更的工作，并发现如何用多少有点传统的结合一幅画的各部分的方法去再现情感世界。最后，乌里翁内斯、库普卡、康定斯基、德劳内和蒙德里安将发现如何仅仅从纯粹的绘画片段开始，用它们去再现完全不能被看见的世界的片段。

1908年11月，毕加索卷起《亚威农的少女》，和费尔南德一起清理画室，举办了一场盛大的晚宴。荣誉嘉宾有滑稽的矮小男人，留着长胡须的"关税员"亨利·卢梭，他可能是巴黎唯一一名有着毕加索那样设想的画家；还有布拉克、安德烈·萨蒙，以及永远的马克斯·雅各布。格特鲁德·斯坦因和她的情人爱丽丝·B. 托卡拉斯、阿波利奈尔和他的情妇玛丽·洛朗森都一起来了，卢梭曾以画了他们的肖像并取名为《诗人与缪斯》而感到高兴愉快。参加宴会的还有阿格勒一家、皮乔特一家、福尔内罗德一家,都是画家,也是毕加索在蒙马特的朋友。不断干杯,很多人喝醉了,一些人在唱歌,一些人摇摇晃晃,一些人装疯卖傻,一些人昏昏欲睡。阿波利奈尔用典礼的姿势站立着,念了一首很长的贺诗,当时蜡油正从放在卢梭前额上的蜡烛上流下。一只驴子溜进来并开始吃斯坦因的新草帽。毕加索已经买了卢梭的《一个女人的肖像》,并用一日元买了《睡着的吉卜赛女郎》,当卢梭在一片混乱中保持平静,对他的伟大竞争者宣布评价时,忍不住吃吃笑了。卢梭说:"你和我,先生,是我们时代两个最伟大的画家。你是埃及风格,而我是现代风格。"㉕历史做出的判断则恰好相反。

㉕ 虚构的"Banquet Rousseau"有三种互不相同的叙述,分别是 Fernande Olivier (*Picasso and his friends*, 68-70), Gertrude Stein (*The Autobiography of Alice B. Toklas* [New York and London, 1933], 106-7), 以及 André Salmon ("Testimony against Gertrude Stein," *Transition* #23, pamphlet #1 Supplement [The Hague, February 1935], 14-15)。卢梭的妙不可言的评论见于 Cabanne, *Le Siecle de Picasso*, 1:259。

第十七章　奥古斯特·斯特林堡

构建一个残破的梦

1907

1907年4月17号晚上8点多,在斯德哥尔摩市中心有三十年历史的瑞典剧场,屋里灯光暗淡。大幕拉开,木星闪耀,狮子座、处女座、天秤座的星丛通过背景幕,背景幕被绘成类似倾颓城堡的云层。该剧的主演哈莉特·博斯站在一朵云彩上,她是该剧58岁的剧作家的第三任妻子。在她的开场白中,她呼唤她的父亲、印度教的主神因陀罗,告诉她令自己迷路的这天上粗俗沉闷的所在是哪里,而因陀罗的声音从幕后传出,回答道:"你离开并进入了,地球充满灰尘的大气中。"一会儿,在戏剧中的时间一年之后,作为因陀罗女儿的博斯站在一个从一堆肥料中升起的有着镀金房顶和菊花花蕾的童话城堡上——对生活的一个隐喻。这就是《梦的戏剧》(*Ett Drömspel*)在世界上首次公演的开始场景,它的创作者是博斯的前夫约翰·奥古斯特·斯特林堡。斯特林堡是一位令人恼火的瑞典天才,他今天被认为是将现代主义带进戏剧艺术的最有影响力的人选。

到处升起的大幕似乎很容易定格时光。斯特林堡自己从来不去看首演,他在位于斯德哥尔摩卡拉路(Karlavägan)40号的家中,给他的德语译者写信。在巴黎哈维浓街13号,毕加索正在准备一幅巨大的画布,将要画《亚威农的少女》。在维也纳黑尔布灵大街(Helblinggasse)8号,21岁的奥斯卡·柯克西卡爱上了他在国家艺术和戏剧学院的一个同学的妹妹莉莉斯·朗,他正在用黑、白、红画一个裸体少年的痛苦形象。柯克西卡还在写他的第二部戏剧——一出打上了象征记号的名为《谋杀,女人的希望》的独幕剧,它在创作两年后、夏季艺术展上为柯克西卡赢得了"表现主义者"的称号。

"平行动作"是电影制作者从现代主义戏剧那里借用的一个术语。它包括在场景之间来回"切换",以便展现在外部世界和头脑中同时发生的事,而斯特林堡在《梦的戏剧》中充分运用了这种方法。它包含了16个独立的场景,用几种不同的次序相互之间"镜头切换",并且各种要素重复足够多的次数,以解放观众对于时空的整个感觉。这些场景一开始看起来毫无次序,然后是幻想的次序。当日常现实确实出现时,它就以令人困扰的而不是确信的方式被置换和被删节。在《梦的戏剧》19个独特的布景中,同样的小道具一次又一次地出现,包括一个大门、一个广告板、作为帐篷的一个两倍大的床,成为一个衣帽架和枝状大烛台的一棵菩提树,以及一扇有四叶洞作三种用途的门。斯特林堡在首演中对传统戏剧的优势成为现代戏剧的现代主义路径。他在《梦的戏剧》中设计的场景转换如此突兀,以至于当瑞典戏院的导演维克托·凯斯泰格伦不能如斯特林堡所设想的那样——用魔幻般的灯笼从背后将光投射到亚麻布上——执行时,戏剧时间延长了一个小时,用他的话来说,一些元素"对于梦的意象来说太真实了"。[1] 首演之夜的观众对此很欣赏,但接下来几场的观众们被搞糊涂了,演出在12场之后就结束了。

柯克西卡的戏剧,就像他的画一样,从一开始就是表现主义的。斯特林堡的表现主义出现在他的戏剧写作事业的后期,即《梦的戏剧》及其下一部《鬼魂奏鸣曲》,还有一些他称为"室内剧"的独幕剧。他在19

---

[1] August Strindberg, *Samlade Skrifter*, vol. 50, 288; in Martin Lamm, August Strindberg, trans. Harry G. Carlson (New York: Benjamin Blom, 1971), 392.

世纪 70 年代开始创作时是浪漫派,那是维克多·雨果时代的尾声。19 世纪 80 年代后期他转变为现实主义者,然后又转变为自然主义者,在戏剧方面,左拉是易卜生的继承者。最后,在 1898 年,当旧世纪将要拉上帷幕的时候,斯特林堡开始写那些让他成为一个现代派作家的戏剧,他被尤金·奥尼尔称为:

> 我们现在戏剧的所有现代性的先驱⋯⋯比大多数现代还要现代,构成我们时代的戏剧艺术——血统——的典型精神冲突戏剧的伟大诠释者。②

斯特林堡比弗洛伊德大十岁,出生时 19 世纪还未过半。他去世时,20 世纪刚开始了十二个年头;但在他整个一生中,他似乎看见了映射在他头脑中的新世纪。在黑猫剧场 1879 年建立之前,斯特林堡就开始学习如何通过翻译马克·吐温的作品来制造出疯狂的独白。当 1883 年拉福格和卡恩刚开始写作时,斯特林堡就在巴黎写出了无韵诗并送到斯德哥尔摩出版。当弗洛伊德在 1887 年放弃古柯碱疗法转向催眠疗法时,斯特林堡关于催眠建议的短文就已经出现在维也纳的《新自由报》。1890 年,当格特鲁德·斯坦因、乔伊斯和施尼茨勒还是孩童时,斯特林堡已经在考虑如何将内心独白放进他手头正在创作的小说中。不久,在他的朋友埃德瓦·蒙克首次展出后,他为蒙克作造型,并为高更的上一场展出写了提要;之后,他卖了一些自己的绘画,那是一些风景画,以向蒙克和高更表示敬意,并期盼表现派作家的作品。第二次世界大战后,一位评论家曾经把他比作预警的地震仪。他是从哪儿来的呢?

最简洁的回答是瑞典——更确切地说,瑞典的首都斯德哥尔摩。虽然他创作生涯中有十二年以上是在自我放逐中度过,并认为巴黎是个开展戏剧事业的好地方,他还是在 1899 年永远地回到了斯德哥尔

---

② Provincetown Players Program, 1924; in Eric Bentley, *The Playwright as Thinker* (1946; New York: Harcourt Brace Jovanovich, 1987), 195 n.

摩。1849年他诞生于这座城市的中心区,这里也是他的《梦的戏剧》首次公演之地。在这座死水一潭、人口不到10万的欧洲国家的首都,国王的宫殿和王家剧院(当时只有戏院还在城中)与风车、肮脏的道路、养牛场、种植烟草的小块土地以及敞开的下水道在一起。正如斯特林堡不厌其烦地告诉读者的,他的母亲是一个女仆,他的父亲是一个船舶经纪人,他们尽其所能给了斯特林堡最好的教育。他放弃进大学是为了回到斯德哥尔摩,在斯德哥尔摩的王家剧院,20岁的斯特林堡,尽管直到那时都认为自己注定要当个老师,还是开始了他未来职业的第一步。1869年9月,他作为一个演员,在比昂斯腾·比昂松的古装戏《苏格兰的玛丽·斯图亚特》中扮演一个角色,说了一句台词,并在接下来的一部作品中又演了一个角色。[3] 他们在11月解雇了斯特林堡。甚至在那时他所想的就是当一个剧作家,因为在被解雇之前他就写下了他的第一部戏,四天后他又写了另一部。

这为斯特林堡刻画了一个形象,即20世纪所有文学天才中写作速度最快的,并且他从不会在不考虑将要刻画的是什么样人物的前提下就着手写一个戏剧。在接下来的两年里,他有两部戏剧即《在罗马》和《逃犯》被王家剧院接受。编写《在罗马》时,斯特林堡重新短暂地回到大学,这部戏演了11场。斯特林堡沉迷于此,他想拿毕业证书的愿望也化为泡影。虽然他的下一部戏《奥洛夫老师》没有被王家剧院接受,而这部戏他重写了三次;虽然他后来以新闻工作者、小说家、诗人以及短篇故事写作者而闻名,但他继续编写剧本。这些剧中有两部他设法使王家剧院分别于1880和1900年上演,而这座城市的第二个剧院,很恰当地被命名为"新剧院",在1881年上演了《奥洛夫老师》。新剧院最后改名为瑞典剧院,在19世纪80年代上演了斯特林堡的三部戏剧,并在1900至1910又上演了三部,包括《梦的戏剧》。瑞典的舞台也是斯

---

[3] "上议院送了一个挑战性的使者给博斯韦尔伯爵。"引自 Michael Meyer, *Strindberg: A Biography* (1985; New York: Oxford University Press, 1987), 26. 迈耶的传记是英语版本的斯特林堡传记中最有权威性的。

特林堡私人生活的北极星。他娶的第一个妻子西莉·冯·埃森，是一个女演员。1880年，她在王家剧院上演的斯特林堡的戏剧《行会的秘密》中扮演玛格瑞莎。他娶的第三个妻子是哈莉特·博斯，同样在王家剧院，1900年秋天当她排演《到大马士革去》中的贵夫人时，斯特林堡爱上了她。在王家剧院的后台，斯特林堡在一扇有着四叶洞的门前等候博斯——正是同一扇门，七年后《梦的戏剧》在斯德哥尔摩首演时，被加上了许多伪装出现于剧中。

《梦的戏剧》虽然没有吸引大批观众，但也获得了尊敬，它在1907年演出了不下五场。它的成功是斯特林堡近几年得到的鼓励中最近的一次。在辉煌的1906年，他的两部原始的表现主义神秘剧——《戴花冠的新娘》(1901)和《复活节》(1900)——首次上演，这两部戏剧都是在赫尔辛基创作的。在斯德哥尔摩，他早期的戏剧《行会的秘密》(1880)和稍晚一点的犯罪幻想剧《这里有罪恶》(1899)重新上演，同时重新上演的还有在慕尼黑的现实主义戏剧《同志》(1886—1888)。他于1888年创作的伟大的自然主义戏剧《朱莉小姐》，终于在瑞典上演，而且影响远及俄罗斯。当《西蒙》(1889)和《强者》(1889)第一次在伦敦上演时，英国人第一次看到斯特林堡的作品。亨利克·易卜生的逝世使他少了一个竞争对手。其遗言是"相反……"的易卜生也不能反对他自己的伟大自然主义杰作的表现主义版本，在1906年由柏林的麦克斯·莱因哈特、圣彼得堡的弗塞沃洛德·梅耶荷德，以及英国的舞台设计师戈登·克雷格和其他天才戏剧艺术家呈现出来。在20世纪末回顾历史，西方的戏剧家们似乎在1907年最终投入斯特林堡《梦的戏剧》所营造的现象空间时，还有所犹豫。

如果不参照电影或流行音乐，现在很难想象戏剧在19世纪的欧洲和美国是如何盛极一时。戏剧在当代似乎已经不再流行，唯有艺术存留，很难相信当年马克·吐温是作为朗读表演艺术家和剧作家而闻名（这也是其主要收入来源），而不是因为他是《哈克贝利·费恩》的作者。对于那些自己不参与表演的作家来说，一出成功的戏剧能够给其带来与小说同等的声名——或者更大的声名。1908年,当萨默塞特·毛姆有四部戏剧同时在伦敦西区上演时,他达到了其同时代人所公认的事业巅峰。1895年,当纳特·汉姆生出版了几部成功的先锋小说后,他转向戏剧以增加其影响力。同年,作为作家的亨利·詹姆斯因其戏剧《盖伊·多姆维尔》的失败而大受打击。在戏剧上获得成功是罗伯特·布朗宁、斯特凡·马拉美、弗朗斯·卡夫卡以及我们将要写到的詹姆斯·乔伊斯。怎么才算成功呢?阿图尔·施尼茨勒使自己的一出戏剧公演不下十场获得了成功。一部戏在同一剧院超过20场的演出就会造成相当的轰动。两部或更多的戏剧有12场以上的演出就会使一个剧作家扬名。翻译作品在剧作家自己的国家以外上演,似乎能够给剧作家带来近乎不朽的声名。

19世纪不朽的戏剧今天看起来已经没有那么辉煌了。我们知道的一些戏剧,像《宾虚》《八十天环球旅行》等等,只是因为它们后来被"翻拍"成了电影。其他能够被记住的只是一两句台词,如演出了近一个世纪的《李伯大梦》,使李伯的问候语"祝荣华长寿"令人难忘。一些曾经最为有名的作家已经完全被遗忘,如萨都(Sardou)和斯克里布(Scribe),或者仅仅是作为一个剧作家被记住,如博拉斯科,或歌剧作家,如哈勒维。甚至斯特林堡的一些剧本都已过时,如《厄里克十四世》《查理十二世》以及《古斯塔夫瓦萨》,已被抛入陈旧的浪漫主义历史尘烟中。安东·契诃夫的戏剧有幸不仅保持了生命力而且仍受欢迎,但这不是因为它们精巧的情节、现实主义的布景,以及似是而非的连续性。当潮流转变,新旧戏剧仍然都能够保持生命力,成为经典,但不是这些。使那些旧的戏剧被遗忘的是一系列巨大的变化——我们可以称之为"现代主义"的变化,因为德语 *Modernismus* 使其作为最初的变化的标签而初次登场,并且即使在现在,"现代主义"的意义最后也是因为通过戏剧才获得的。

当斯特林堡在写作《朱莉小姐》一年后自己定义"现代"的新意义并参加现代运动时,剧院在从现实主义和自然主义中产生时已经是"现代"的了。现代剧场讲述朴实的真理,1873年左拉在根据其成功的小说《红杏出墙》(Thérèse Raquin)④改编的戏剧中就已说出了这种真理。要成为现代的剧场,剧院须摒弃历史的舞台造型、浪漫的情节剧、演员的技巧展示,或由颓废的喜剧演员出演的"精致戏剧",代之以触及个体的心理状态,和与现代社会生活相联系的本质力量,也许还要有一些激进的热情。莫里哀或许会这样做,而萨都只是"装装样子",如萧伯纳在1895年评价的,它是"马戏团和蜡像馆的重大现代发展"。⑤ 对话应原汁原味,如同现实生活那样,而且戏剧应当简短。至于布景和演员动作,往往只会起坏的作用而不是好的作用,这正如莎士比亚自己所确知的。

在这种意义上,斯特林堡很难说是第一位现代剧作家。这一分野属于易卜生,易卜生是一位突然降临西方世界的文学天才,和蒙克及汉姆生一样来自挪威,来自被瑞典统治的边远省份,而瑞典的语言源自丹麦语。易卜生年长斯特林堡二十多岁,以诗体戏剧和古装戏剧成名,很快,随着在1877年横空出世的《社会之柱》,他放弃用了二十年的旧形式。与之不同的是,他写了一系列以中产阶级家庭的昏暗房间为背景的悲剧,避开旧的升华,然而又以另一种方式获得诗意。所有这些作品中最为"现代"(也就是最严格的现实主义)的是关于隐瞒通奸和梅毒的《鬼魂》(1882),以及以女性独立为主题的《玩偶之家》(1880),其中有刚刚获得解放的娜拉所说的名言:"这是头一次,你和我,丈夫和妻子,有了一次严肃的对话。"⑥

其他人迅速跟随易卜生来到所谓"精致现实主义"的戏剧领域。德国人格哈特·豪普特曼在1889年吸引了公众的眼球,他创作的戏剧

---

④ Strindberg, "Om modernt drama och modern teater"(关于现代戏剧和现代剧院), in *Ny Jord* (Copenhagen, 1889);引自 Meyer, *Strindberg*, 211。

⑤ *Shaw's Dramatic Criticism*, ed. John F. Matthews (New York: Hill and Wang, 1959; Westport, Conn. Greenwood Press, 1971), 75。

⑥ Ibsen, *A Doll's House*, Act Ⅲ, in *The Oxford Ibsen*, vol. 5 (London: Oxford University Press, 1961), 63。

《日出之前》在柏林的"自由舞台"首次上演时震惊了观众。斯特林堡于1887年以两部名为《同志》和《父亲》的戏剧也来到了这一领域,这两部戏剧的内容涉及性、权力、配偶和阴郁的两性关系。他发现了尼采,并得出生活属于强者的结论,他试图摆脱易卜生的影响。斯特林堡从未见过易卜生,而最终成了易卜生最有力的竞争者,但在其自传中他描述了当读到易卜生的早期作品《烙印》时,自己是如何兴奋。在一封私人信件中,他承认自己仍然崇拜《鬼魂》:"是的,他确实写了《鬼魂》。我必须不能恨他。不,我必须跟随他的榜样,成为西奈山上的摩西。"⑦

另一方面,斯特林堡从一开始读到《玩偶之家》就憎恨这部作品。他能够接受易卜生的政治激进主义、英勇的唯物主义,以及两人都得自尼采那里的道德优越感;然而易卜生公认的女权主义却激怒了他。虽然女权主义运动在斯堪的纳维亚半岛进行得如火如荼,在那里部分女性在1906年就获得了投票权,远远早于英国、德国和美国东部,但斯特林堡却认为这是违反自然的。在他的印象中,几乎所有的男性与女性关系都是权力之争,而像他那样的男性总是落败的那一方。他认为是男性比女性在婚姻中作出了更大的牺牲,性的目的完全取决于生孩子的能力。根据他的观点,女性应当有职业,但如果那意味着减少看护孩子的时间,则无异于放弃后代。在斯特林堡这一主题的戏剧(1882)中,本特爵士的妻子是易卜生的娜拉的反转。斯特林堡的短篇故事集《结婚集》(1884—1886)的所有故事都是关于这一主题的,其中一篇叫《玩偶之家》,其序言和正文都与易卜生针锋相对。刚刚写出《查拉图斯特拉如是说》的尼采,对《结婚》印象深刻,后来当斯特林堡给他写信时,尼采发现两人都是反女性主义者,并且都相信超人哲学。

斯特林堡对易卜生的敌意,当后来变得含混不明时,就更为有趣了。一般来说,没有其他的艺术形式比戏剧更关注世界重新性别化及20世

---

⑦ Strindberg, *Strindberg's Letters*, ed. and trans Michael Robinson (Chicago: University of Chicago Press, 1992), 1:141.

纪社会的两性角色互换,并且斯特林堡和柯克西卡事实上用特别攻击20世纪女性主义运动的情节开创了表现主义戏剧。⑧易卜生对待这种敌对状态的态度相较而言更为宽容,他在斯特林堡的《父亲》刚出版后就读了这本书,并称赞这部戏有可能"粉碎"舞台。⑨他将斯特林堡描述为"我的敌人",但在1895年他买了一幅斯特林堡的肖像画挂在墙上,以获得灵感。⑩在1887年的一次演讲中,他认为斯特林堡等人比他自己的艺术走得更远,因而放弃了自己对艺术的领导地位:"相反,我相信我们所处的时代是一个总结性的时代,而一些新生事物将要诞生。"⑪与此同时,斯特林堡断言,现代主义并非从易卜生开始,而是诞生于"以'解放剧场'命名的,在巴黎的心脏磨炼其艺术的新的剧场"。

1887年3月30日,巴黎天然气公司的一个职员安德烈·安托万,在爱丽舍美术大道37号开了一家新剧院,正毗邻蒙马特的毕加尔宫。高卢圈(Cercle Gaulois)戏剧俱乐部的业余演员们为其设置了343个座席,而安托万主要靠自己的工资和积蓄来维持剧院的日常运作,布景是从他母亲的房里拿来的家具,当他等待剧场完工的时期里,在一个酒吧的台球间进行了第一个演出季的排演。"解放剧院",正如安托万的一个朋友如此称呼的,是在商业剧场和政府资助剧场之外的另一种选择,这在欧洲还是一种新的形式,它后来成为百老汇之外的实验剧场之母。

比其经营方式更具革命性的是它的节目。在其首次公演之夜,第四也是最后一部戏,一出场景设置在屠户商店密室中的关于工人阶级激进派的独角戏,博得满场喝彩。为了配合原生态生活的情节和原汁原味的对话,在墙上挂着真的滴血的肉。"自然主义"这一极端的现实

---

⑧ 柯克西卡后来谈到《谋杀,女人的希望》的主题时说:"这就是我年轻时梦想的女人……我是强者!我不会被她吞噬。"Oskar Kokoschka, *Dramen und Bilder*, trans. in Henry I. Schvey, *Oscar Kokoschka, The Painter as Playwright* (Detroit, Mich.: Wayne State University Press, 1982), 34.

⑨ Ibsen to Hans Osterling, 15 November 1887, in Meyer, *Strindberg*, 186.

⑩ Meyer, *Strindberg*, 266 n.

⑪ Ibsen, Address, 1887, in Bentley, *The Modern Theater*, 131.

主义,终于在剧场实现。对于艺术一贯嗅觉灵敏的巴黎报刊,立即注意到这一情况。在哥本哈根,《政治报》的评论人爱德华·勃兰兑斯,读到巴黎《费加罗报》的评论文章,把它寄给了自己的朋友斯特林堡,后者因此而欣喜若狂。他刚刚完成《父亲》的创作,他知道自己所写的也正是安托万在舞台上所呈现的。巴黎的演出对斯特林堡意义重大。他从自己在巴黎生活时——第一次是在1876年,后来是在1883年,当时有原创戏仿歌舞表演的黑猫酒店才开业两年——就知道这些演出有多冒险。当《父亲》在1888年1月于哥本哈根获得成功,随后却在斯德哥尔摩失败时,斯特林堡的反应是将它送给安托万,然后坐下来写另一出更为震撼的现实主义戏剧。8月他完成了《朱莉小姐》,并计划在此基础上于斯德哥尔摩或哥本哈根建立自己的解放剧场。

《朱莉小姐》今天仍然是现代戏剧发展——向自然主义进军——最初阶段宝库中最具代表性的模范。斯特林堡非常清楚其重要性,他向出版商推荐时称之为"瑞典戏剧中第一部自然主义悲剧……这部戏将被载入史册"。⑫ 这部独角戏讲述的是一个贵族妇女与仆人发生了性关系并自我毁灭,它具有所有的新感觉元素:简单的布景,原生态的对话,以及日常生活的持续幻觉。然而,斯特林堡比左拉、易卜生,甚至剧作家的保护者安托万走得更远,如其在一部戏剧的前言中所说,他有意粉碎了其戏剧中人物的个性与动机,以便将这些碎片重新拼凑起来,以一种看起来更为现实的方式:

> 这种多重的动机我可以自诩为现代。如果在我之前已有人这样做了,那么我将庆幸自己在"悖谬"(如所有发现者所称呼的)方面不再孤独……我剧本中的人物(角色)是过去的文化和当前文化的混合物,是书和报纸上剪下来的片段、人性的碎片、破弊节日盛装磨损的碎块拼合而成的角色……作为现代的角色,生活在剧变的时代,一个比先前时代更为不安和歇

---

⑫ Strindberg, *Letters*, 1:280.

斯底里的时期,我把他们描绘为不安和分裂,描绘为新的和旧的混合物!……在开始的场景中围绕主题娓娓而来的对话,随后发展,继续,重复,扩展,增加,如同在音乐作品中的主题。⑬

他在这种混合和拼凑生活的碎片方面是对的。这时戏剧结构成为极端现代主义的本质。最终斯特林堡明白自己可以用现实场景来做这种混合和拼凑,而以后他去发现如何仅用记忆与幻想的片段来混合就只是一个时间的问题了——这种发现我们现在称为戏剧表现主义。

然而,在他能够得到这种发现之前,他发疯了。这发生在他与第二任妻子弗里达·乌尔分手之后,1894年她在巴黎时离开了斯特林堡。接下来的两年,斯特林堡主要居住在巴黎左岸的膳食公寓,他试图炼金,试图证明太阳不是圆的、硫黄不是一种元素,撰写化学方面的论文,研究精神世界,在睡眠中通过"放电"剧烈摇晃,并由于"被迫害妄想症"激怒了他所认识的每一个人。我们不清楚究竟发生了什么、是如何发生的,尽管已有相当多的书论述了这些内容,包括斯特林堡自己的一本名叫《地狱》的书。我们所能说的只是,无论在我们看来这有多滑稽,斯特林堡本人感觉并非如此。事实上,他最亲密的一个朋友说,从未听到他笑过。1896年12月11日夜晚,当阿尔弗雷德·雅里的《愚比王》在轰然喧闹声中于蒙马特开场,在不经意间开创了荒诞剧时,斯特林堡在巴黎的另一端,自己的房间里,给他两岁的女儿科尔斯汀写一封关于他如何看待自行车短袜的感伤的信。

---

⑬ Strindberg, *Miss Julie*, trans. Helen Cooper (London: Methuen, 1992), xiv–xv. 对比1907年《梦的戏剧》刚创作出来时斯特林堡写给演员们的解释:"如果在一个多疑、迟钝、民主的时代,就像我们所处的这个时代一样……悲剧自身就会采用轻声细语的方式……诗歌让位于散文;风格混淆不清;王者不敢凌驾于暴民之上;每个人都说着同样的语言,没有人讲究他所用的词句。"Strindberg, "Notes to Members of the Intimate Theater" (1907–9), in *The Chamber Plays*, trans. Evert Sprinchorn, S. Quinn Jr., and K. Peterson, 2d ed. (Minneapolis: University of Minnesota Press, 1981), 217.

这或许是妄想型精神分裂症，只是似乎他常常从自己真实的错觉中康复。也许这是化学原因导致的精神疾病，因为斯特林堡几乎每天都在他的小房间里加热水银、铅、锌、硫黄、磷、碘以及其他有毒的化学物品。当他在1895年1月第一次住院时，他申诉的症状是自己手上皮肤变黑、开裂并流血。斯特林堡并未开始全面康复，直到他离开巴黎前往在瑞典的一个海滨诊所接受医生治疗。1897至1898年，他慢慢恢复神智，他总结说，对这一经历的理解只有一种途径，就是转变信仰。他认为自己经历了一个个人化的、上帝在已逝的许多灵魂的帮助下建造的炼狱。从他在枕边到门上一个四叶洞中所见的魅影，都具有意义。身体的事件和自己的经历使他经受痛苦而放弃了自己以前的野心、实证主义，唯物主义以及尼采的超人道德——也就是说，放弃了19世纪的思潮。当他拿起笔六年来第一次重新开始戏剧创作时，这种神秘的个人救赎成为其主题，结果就是《到大马士革去》的第一部分，1900年由哈莉特·博斯主演。

一些评论家把《到大马士革去》和大多数其他后地狱时期的戏剧，包括《梦的戏剧》，贴上了象征主义的标签，属于由维利耶·德·里斯莱-亚当和莫里斯·梅特林克开创的"颓废派"戏剧先锋的新风格，并把同样的标签给了他们的朋友马拉美的诗歌。维利耶只写了一部杰作《阿克瑟尔》，出版于1885年，1896年在其死后终于被搬上了戏剧舞台。梅特林克是一个比利时人，大约与斯特林堡同一时期被巴黎所吸引，来到巴黎，并在文学上成名。他最为著名的戏剧《佩里亚斯和梅丽桑德》，1886年首次公演，这部戏非常成功，以至于（如我们将看到的）至少三位现代主义先驱作曲家将其谱写成音乐。《佩里亚斯和梅丽桑德》是一部关于骑士和水中仙女的神话故事，无疑在各方面都是浪漫的，但在其戏剧语言结构等方面超越了传统的浪漫主义。在中世纪模糊的布景中，佩里亚斯的新奇是隐喻性的影射和不连续的散文对话，它们试图在观众的脑海中打开空间，使其进入超越物质现实的世界。后来有同样布景和效果的戏剧，如《玛莱娜公主》和《入侵者》，使梅特林克成为戏剧象征主义运动的领袖。1891年开建于巴黎的一个新的实验公司"艺术剧院"演出了他们的作品。

斯特林堡贪婪地阅读梅特林克关于戏剧作品的评论《日常生活的悲剧》,并赞同他的作品。斯特林堡后地狱时期的戏剧如《天鹅白》(1901)、《头戴花冠的新娘》(1901),甚至《厄里克十四世》(1899)都有同一类型的布景和相似的氛围。然而,其他元素使斯特林堡走向另一个方向。他希望他在19世纪80年代最初以戏剧表现的性与情感痛苦的现实主义不是在幕后被暗示,如梅特林克所作的那样;而是展现在聚光灯下。他的观念似乎要将超越物质意识的《佩里亚斯和梅丽桑德》与同时代的布景、角色片段、《朱莉小姐》的分散对话结合起来。戏剧《基督降临》(1898)和《复活节》(1900)在现实的布景中反映了在物质和精神的场景之间徘徊的有罪的宗教秘仪。甚至,在他新戏剧的最早作品《到大马士革去》中,缺乏连续的故事情节主线和梅特林克戏剧所具有的连贯的外部场景。如果说斯特林堡在巴黎获得了他新观念的灵感,那或许是1883至1885年间他从黑猫剧场的室内舞台听说(或看到)的无表情讽刺、喜剧演员的独白,以及皮影戏。也可能是他读到了弗洛伊德的老师沙可的一本书,其内容是关于星期二下午在萨勒佩提亚完成的沙可非专业的"严重歇斯底里症"的公开规范。[14] 无论其来源为何,《梦的戏剧》及其室内剧《鬼魂奏鸣曲》打开了一个新的戏剧空间,即戏剧的所有部分都不连续,无论是空间还是时间,内部还是外部。

1901年11月,斯特林堡在其位于斯德哥尔摩卡拉路40号的屋子里完成了《梦的戏剧》。他从5月开始创作这部戏剧,那一年夏天博斯嫁给了他,当她独自一人度蜜月时斯特林堡继续写这部戏。后来博斯第二次离开了他,然后又回来,怀着孕,仍然不原谅斯特林堡,关起门来继续争吵。他几乎总是在早晨写这部戏,独自一人在工作室里,在早晨

---

[14] "我们更换了与丑角有关的熟人,除了一个19世纪的版本,他知道他的夏尔科。"Strindberg, "On Modern Drama…"; quoted in Meyer, *Strindberg*, 213.

8点散步后抽雪茄和香烟。(斯特林堡曾经戒烟几个星期,因为博斯最后一次回来时明确表示,在她怀孕四个月的时候,对烟味很敏感。)这部戏剧的写作时间之长超过斯特林堡的任何其他戏剧作品,并且他还有一个精心构思的写作大纲,对于一个习惯于写完一页就扔在地上不加整理的作家来说,这确实是新鲜事。这样做的原因是,这部戏剧本来是分成两个部分来写的——一部叫《走廊戏剧》,讲述在后台入口等候一位女主角;另一部叫《成长的城堡》,讲述类似于斯特林堡自己所经历的生命受难的救赎。当8月他将两个部分合在一起时,他就像发牌者将两堆半副牌混在一起一样,从中产生出只有在梦里才能出现的一系列事件。如他在序言中所描述的这种结果:

> 作者试图仿照梦的不关联但显然有逻辑的形式。一切都有可能发生,一些事情都是有可能的及相似的。时间和空间不再存在,基于无关紧要的现实基础,想象纺织出新的图景:一种记忆、经验、自由发挥、荒诞和即席创作的混合物。
>
> 角色是分裂的,双重的,多重的,升华,浓缩,分散和聚合。但是一种意识超越于所有这些之上,那就是做梦者的意识。对他而言,在此没有秘密,没有不合理,没有犹豫,没有规则。他不评判,不推卸责任,只是将这一切联系起来。[15]

当斯特林堡在1902年写这段话时,他对弗洛伊德一无所知,但他确实知道在自己之前有剧作家将梦搬上舞台——尤其是莎士比亚。斯特林堡在哈莉特·博斯演了普克(Puck)——就在他于1900年遇到她之前——之后,就更欣赏莎士比亚的《仲夏夜之梦》了。斯特林堡自己指认他的《到大马士革去》三部曲为"梦的戏剧"。也许斯特林堡在《梦的戏剧》里尝试的最接近的事并不是把不连续的梦搬上舞台,如《彼德·潘》(1904),而是后来——非常奇怪——在自然主义戏剧中变得重

---

[15] Strindberg, *A Dream Play and Four Chamber Plays*, trans. Walter Johnson (New York: Norton, 1975), 19.

要的"幻觉"背景。斯特林堡的竞争对手豪普特曼在他1893年的戏剧《汉奈尔升天》上演时将天堂的背景放在舞台上,通过让他的女主角汉奈尔,一个被虐待的砖匠的女儿,梦见天堂。另一个自然主义者,《露露》的作者弗兰克·魏德金德,曾经把梦中鬼影的背景放在《青春的觉醒》一剧的最后。他1891年的另一部关于青春期性无知的现实主义戏剧,1906年被麦克斯·莱因哈特搬上舞台。1888年,美国剧作家詹姆斯·A. 赫恩曾经把一组有争议的梦中景像放在他的节欲悲剧《漂移》中。这一观念曾经由摄影家、像温沙·麦凯这样的卡通画家以及如埃德温·S. 波特等电影人使用并产生了巨大影响。然而,尽管有这些先例,斯特林堡的成果仍具唯一性。

当《梦的戏剧》在1907年3月开始排演时,斯特林堡完成了另一部梦的戏剧,他称为"室内剧"系列的第三部。他的计划是将这些都放在一个12月将在斯德哥尔摩启用的、命名为"亲密"(Intimate)的小型的新剧场,这部新剧,如同它的姊妹篇,更像一个简版。它简短的戏剧演出时间和压缩的演员表可以追溯到《朱莉小姐》,并且如同《朱莉小姐》一样严格遵循时间、地点和行动的传统戏剧性结合。不过这又是从头到尾不连续的梦,是斯特林堡曾写过的最不"现实主义"的严肃剧,并且无疑是分离性的组集。它将于来年1月21日——斯特林堡59岁生日的前一天——在"亲密剧场"初次公演,剧名为《鬼魂奏鸣曲》。在它的三幕场景中的第一幕,一个名叫胡默尔的老人和一个年轻的学生站在上校的门前,老人在说零碎的老故事,一个死人参加他自己的葬礼。在第二幕,因为发现老故事原来是不真实的,上校的整个家庭围绕晚餐餐桌激烈争吵,此后胡默尔在木乃伊的命令下在小房间悬梁自尽,而"死亡画面"在他们面前播放。在最后一幕,年轻学生向上校家庭的小姐讲述理想的爱,而她爱风信子,以及厨娘向这位小姐扮演的辛迪瑞拉辞职。最后,当这位小姐因为花中毒而死时,"死亡画面"也在她面前播放。只有戏剧的魔力才能使一些如此不真实的事变得如此真实和迷人。仅仅在美国文学史上,你就能从 T. S. 艾略特到亚瑟·考培特听到它的回响。

8月,当斯特林堡忙于创作《鬼魂奏鸣曲》时,法尔克去看望他。法尔克是"亲密剧场"的经理,在春季的夜晚他曾经去卡拉路40号筹划室内剧创作。此时他发现斯特林堡的写作正是"急速地,将写完的纸页乱七八糟地扔在地上",而零散的注解散在"桌上,抽屉里,口袋里"。在法尔克看来,斯特林堡是"我曾经遇到过的最好斗的人……在我们独处时永远摸着自己嘴唇上的胡子"。自巴黎以来,这胡子越来越白,越来越短,配上下巴上始终不变的精力旺盛的山羊胡子。1907年对于斯特林堡的内心世界来说是艰苦的一年。博斯在离婚后的几年还不时地去卡拉路40号过夜,但在1月20日,也就是斯特林堡58岁生日的前两天,她最后一次来到那里。在这套房子里博斯留下的最后东西是她穿着普克戏装的肖像画。斯特林堡把这幅画像挂在休息室窗帘后的窗环上,并且如法尔克所观察到的:

> 当我们坐下来谈话时,斯特林堡常常变得不安,起身走进客厅。突然我听到铜环的响动。有一会儿的安静,然后我又听到铜环的响声,他回来了,手紧紧地压在眼睛上,仿佛他希望能把除了那幅画之外的一切都关在外面……⑯

《梦的戏剧》的第11场是由一张有罩的双人床、一个炉子、一扇窗户和一扇门组成的。在这里,因陀罗的女儿,现在嫁给了一个曾经是理想主义者的律师,在婚姻的最初阶段为钱、孩子和事业而争吵。律师从那扇门离开。在第13场,他们突然又在一起了。律师说:"生活的一切都仅仅是重复。"斯特林堡在58岁总结出超越这些重复(法语中的 *répétition* 意为"排演")的唯一路径是他的艺术,这种艺术将经验分解为片段,然后又将它们组合起来。他自己的生活那时就是碎片。两大部分是他发疯之前和发疯之后。然后是三个各自独立的家庭、他写作

---

⑯ Falck, quoted in Meyer, *Strindberg*, 491.

用的三种语言、一串出版商、很多地址、矛盾的意识形态，相互冲突的形式。斯特林堡的选集有 55 卷之多，包括 61 部戏剧，7 部长篇和中篇小说，7 卷自传，上百个短篇故事，哲学、神学、化学和生物学随笔，2 卷诗集，1 卷瑞典史以及 1 卷园艺指南。写作速度快并且很少修改使他有时间去画油画，演奏吉他、钢琴和短号，摄影和洗印照片，做科学实验，并且写了上千封信。斯特林堡是一个执着的反女性主义者，但他同时又醉心于女性，并结了三次婚。他对孩子们好得无以复加，但在离婚后总是把自己的孩子留给母亲那一方。他有许多崇拜者和通信者，但常常背叛老朋友。他是一个令人讨厌的反犹主义者，但他的绝大多数忠实的出版商都是犹太人。他的笑容灿烂，但他的幽默感很沉重。他是一个杰出的人、民主党人、社会主义者、无神论者，信奉三种不同的基督教，是一个相信能把铅变成黄金的"中国专家"。他常患妄想症，常常狂躁，并且抑郁、失控，这些疾病直到他生命的最后十年才被命名。在各个方面，从抽象到个性，斯特林堡无疑是分裂的自我这一 20 世纪代表性主题的例证。

当他把自我在舞台上重新拼凑起来时，它们同时是重新排序和失序，他因此能够增加戏剧空间和各个部分联系的广度。斯特林堡就像马赫和爱因斯坦那样，对传统的绝对空间和时间提出了质疑，在戏剧领域作出了诸如立体派在绘画领域、多重蒙太奇在电影方面的创新。在斯特林堡之后，留给皮兰德娄所要消除的就是在演员和角色之间、舞台人物和观众之间的区别。

在《梦的戏剧》的倒数第二场，那扇有四叶洞的门作为通向终极真理的门再次出现，在它面前，大学中所有的院系把它们自己拖进了滑稽的争议中。因陀罗的女儿接着出现，告诉他们离开并开启这扇门。在门之后是——空无。当大学的校长问："你能否告诉我们你开这扇门的意图是什么？"女儿回答："不，我的朋友！如果我告诉你，你是不会相信的。"这是博斯的台词。

这天晚上的 11 点钟，博斯从瑞典剧院打来电话，他的《梦的戏剧》

大获成功。这多少是出于一个上了年纪的反女性主义者娶了一个自己无法取悦的年轻妻子的尼采式悔过的后悔姿态以及更为天才的悲伤,斯特林堡带来了人类可悲境况的天才悲剧。这里有一个现代的主题——如果确实有的话——以一种消解意义和人类存在价值的传统幻象的方式在舞台上展现,但19世纪的大多数假设是可以在舞台上得到再现的。

第十八章　阿诺德·勋伯格

无调性音乐

1908

> 我感觉到另一个星球上的空气。
> ——斯蒂芬·乔治,"狂喜时分"

音乐可以说是艺术中最具普遍性的,但是在其中有很多行星。就其复杂性而言,主要是社会原因,西方音乐对于西方听众来说似乎总是零碎的,是民族主义的婢女,是阶级的象征。当古斯塔夫·马勒(Gustave Mahler)在布拉格首次公演他的后瓦格纳第七交响乐的同时,他的维也纳同胞蜂拥去听轻歌剧。而纽约人购买斯考特·乔普林曲调优美的《凤梨繁拍舞》,锡盘巷的艾文·伯林把他的第一首歌卖给了百老汇,远郊的埃弗斯保险代理公司的查尔斯·埃弗斯正在创作如此革命的作品以至于没有哪个管弦乐队敢演奏它们。此时,布鲁斯和爵士音乐刚刚开始从民间音乐演变为流行音乐,而《密西西比河》成为不朽的流行乐。阿诺德·勋伯格在维也纳创作了西方音乐史上第一次深思熟虑的无调性音乐。

这是 1908 年,斯特林堡的《鬼魂奏鸣曲》首次公演;而勋伯格,现代音乐的斯特林堡,与他的妻子和两个孩子一起住在维也纳不怎么时髦的阿尔瑟格伦德(Alsergrund)区列支敦士登路上的一个小公寓里。他的居家生活,除了为钱发愁之外,是再普通不过的维也纳布尔乔亚的传统生活。这种生活从他三十四年前出生开始,到产生了弗洛伊德、施尼茨勒、卡尔·克劳斯、赫尔曼·巴尔以及阿道夫·洛斯这些同样努力的新维也纳人时为止,一直如此。勋伯格的母亲是一位布拉格合唱指挥家的孙女,他的父亲塞缪尔是奥匈帝国斯洛伐克普莱斯堡的鞋匠。①塞缪尔自己的雄心壮志被鞋匠作坊和因为搬迁到维也纳而消磨殆尽。下一步就是培养他的儿子阿诺德成为工程师。他把阿诺德送到实科学校作准备,就像另几位维也纳父亲对路德维希·维特根斯坦和罗伯特·穆齐尔一样。在勋伯格8岁时,他曾接受过一些小提琴教育,但是当这个孩子刚刚发现自己能够谱写小提琴二重奏时,他感觉到自己的家庭对这一成就不感兴趣,并且他们似乎从来没想过要把他送到音乐学院去接受教育。因为维也纳是一个如此充盈着音乐的城市,阿诺德在实科学校还是能够遇到可以与他一起演奏弦乐四重奏的朋友的。然而,最终他还是不得不在16岁时离开学校,那是最后一学期之前,因为那一年他父亲去世了,他的家庭无力负担他的学费。接下来的四年他作为一个银行职员辛劳地工作,过早地谢了顶,他在工作时间之外生活在音乐之中,同样属于职业之外的非正式活动,同样的投入。维也纳有很多业余管弦乐队,他在其中的一个乐队拉大提琴时,与乐队指挥亚历山大·冯·泽林斯基成为亲密的朋友。泽林斯基不仅教勋伯格谱写乐曲,还为勋伯格介绍了他未来的新娘——泽林斯基的妹妹玛蒂尔德。1895年,勋伯格丢掉银行的工作后,他开始了职业音乐生涯,指挥工人合唱团,编写轻歌剧,为那些流行作曲者的作品谱写或改编管弦乐谱,甚至出版了很多他自己的早期原创作品。作为一个作曲者他很快与泽林斯基不相上下,在1904年他自己也成为一个作曲教师。作为全职音乐人的工作,虽然艰苦且耗费精力,但所得微薄。不过,这些工作还是

---

① 1918年,普莱斯堡由匈牙利领土变为捷克斯洛伐克领土,更名为布拉迪斯拉发。

使他能够在 1901 年成婚,养家糊口,并维持一种有规律且受人尊敬的生活。

音乐创作和数学发现一样,是最容易看到独特的创造性——天才的领域之一。从世纪之交开始,勋伯格的天分在他那些搞音乐的朋友眼中就是显而易见的。然而,当勋伯格自己的作品终于出版并演奏时,这位天才却遭到了维也纳的冷遇。从 1897 年无作品号的弦乐四重奏到 1907 年的弦乐四重奏第一号,他有半打短篇作品被演奏,而除了初次公演之外每一次都恶评如潮。如勋伯格自己多年以后所回忆的:"我不得不为每一部新作品而战斗……并且我自己一人独自面对无数的敌人。"②对于勋伯格事业的叙述,是从一个被误解的天才开始的,而由于勋伯格和斯特林堡一样,缺乏幽默,这一形象从未改变。

但是勋伯格从来不认为自己是一个革新者。他写道:自己"最初"学习巴赫和莫扎特,"接着"学习贝多芬和勃拉姆斯。稍后他学习理查德·瓦格纳——勃拉姆斯情人的恋人。再后来学习瓦格纳的维也纳弟子安东·布鲁克纳。③ 确实,他在 1897 年谱写的《D 大调弦乐四重奏》,在漫不经心的古典音乐听众听起来更像莫扎特而不是瓦格纳、勃拉姆斯,甚至贝多芬晚期的四重奏。当勋伯格风格成熟时,他的和声变得更丰富、更复杂。他喜欢矛盾,时不时地仅仅为了好玩编些高难度的卡农曲。虽然自 1908 年后,他试图从西方音乐中取消调性特征和调性体系,并因此名声大噪,但在他所写的作品中却出现了很多 D 调,一位评论家曾经说,D 小调是勋伯格的"毕生所爱"。④ 他并不认为自己是一个反叛者,而是把自己看作一个继承了自文艺复兴以来从未中断的

---

② Arnold Schoenberg, "How One Becomes Lonely" (1937), trans. Leo Black, in Edward Stein, ed., *Style and Idea: Selected Writings of Arnold Schoenberg* (Berkeley: University of California Press, 1975), 41.

③ Schoenberg, "National Music"(1931), in Stein, ed., *Style and Idea*, 173. 值得一提的是,布鲁克纳曾试图(虽然后来失败了)教玻尔兹曼弹钢琴。

④ Malcolm MacDonald, *Schoenberg* (London: J. M. Dent, 1976), 90. 目前还没有关于勋伯格的"盖棺论定"的传记,但麦克唐纳写的传记已是既全面又平易。

音乐传统的德国作曲家。

1908年,西方的"高雅音乐"——与通俗音乐有别——受到这一传统的深刻影响,它仍然时代错置地被称为"德国的",其领袖人物,理查德·施特劳斯和古斯塔夫·马勒,都是说德语的。在过去十年中,施特劳斯一直是柏林歌剧院的指挥,受到恺撒·威廉(Kaiser-Wilhelm)的庇护。马勒一直是维也纳歌剧院的指挥,受到弗兰茨·约瑟夫的庇护。与几乎所有的高雅音乐人一样,他们都在9月至来年5月整个音乐季进行演出,在6月至8月从事创作,在奥地利-巴伐利亚边界两边山区的隐居处消夏。施特劳斯是以交响诗如《查拉图斯特拉如是说》开始其作曲事业的,1900年后转向声望体(prestige form)歌剧,而最为著名的是他在1908年历经三年完成的歌剧《萨乐美》,这部歌剧是在奥斯卡·王尔德19世纪90年代法语戏剧基础上改编的。《萨乐美》的主题是蛇蝎美人、性、激情以及挑战底线的一抹渎神行为,换言之,就是能够使其于1905年德累斯顿首次公演时带来大批衣着光鲜的赞助人的东西。奥地利人一年后首次见到这部歌剧,当时它在格拉茨大学城演出。维也纳一开始将其拒之门外,虽然维也纳歌剧院的院长马勒去格拉茨看了演出(同样还有意大利歌剧院的作曲家普契尼和一个鲜为人知的维也纳音乐爱好者阿道夫·希特勒)。来年在纽约,那个对待圣经要比维也纳更为严肃的城市,《萨乐美》显然太过分了。评论家们将其主题描述为"难以用语言表述的极度的精神疾病和严重反常",其主要思想是"色情病理学",这是"可怕的""伤风败俗的""令人无法忍受和惹人憎恶的""臭气熏天、有害、恶毒和极度扰人"。1907年仅仅演出了一场,大都会歌剧院就不得不将其撤下。⑤

《萨乐美》的音乐,据这些纽约评论家中的一员描述,能够"损害精

---

⑤ 评论引自 Barbara Tuchman, *The Proud Tower* (1966; New York: Bantam, 1967), 380。演出日期是1月22日。1月23日,也就是评论刊登出来那天,虐待妻子的百万富翁哈里·索在下曼哈顿因涉嫌谋杀妻子的情人被审判。新的演出产生了类似的反应,纽约州不公开审理此案。尽管如此,审判还是进行了长达十一个星期。

神、摧毁神经",⑥事实上可以说是由上一代人的理查德·瓦格纳歌剧在德国和西方确立的高雅音乐主流的典型。⑦ 这一理念是每一个被其周围乐音"逻辑地"包含的乐音,都不仅要协调,而且要曲调优美、富于节奏感,如传统学院派绘画的色彩区域那样。主题的完全"发挥"是本质的,而其实现途径——倒置、变奏等等——是规范的。在节奏上,这一理念对节奏的要求往往是缓慢的而不是轻快活泼的,通常是连奏而不是断奏。在和声上,说音乐是"半音阶的",这一术语用在音乐上是指通过和声从一个调子到另一个调子,在其开始的地方无尽地推延不和谐的音调向和谐的音调过渡。这一"引申含义"的经典例证是瓦格纳的《特里斯坦和伊索尔德》(1865),在这部剧中的第二幕,爱的二重奏在接近主音时突然中断,直到第三幕的结尾,爱—死亡的二重奏的主音才真正达到。半音音阶的使用为新的"不和谐音"留下了空间,各种音调听上去以被和声的早期规定所禁止的方式结合在一起,且并非总是确定的,让听众觉得很不舒服。半音音阶的使用同样使古典的"奏鸣曲"形式具有较少的相关性,因为这种沿用了一个世纪的形式将其发展紧紧地依赖于调性,以至于使调性实际上成为其主题,结果使交响乐——一种奏鸣曲中的奏鸣曲——变得越来越庞大,越来越难以驾驭,就好像一句包含太多从句的句子。就冲击力方面而言,这种音乐达到了电子音乐时代以前所能达到的最大的喧闹程度,有时也能达到最高程度的温柔。遵从瓦格纳运用一切可能事物的理念,无数管弦乐队配备了庞大的合唱团和有着最强音的独唱者,以至于有时结果更像是相互比赛而不是合作。1909年,当施特劳斯1908年创作的歌剧《艾丽卡》初次公演时,演唱剧中主角的舒曼-海因克夫人在台上唱了两个小时的强音。她说,"我快崩溃了",此后她再也不唱这个角色了。

另一位德国高雅音乐传统的巨人,古斯塔夫·马勒,从1897年开

---

⑥ In Tuchman, *The Proud Tower*, 380.

⑦ 亚历克斯·罗斯曾争论说,相反,这音乐至少部分是现代主义的。Ross, "'Salome': A Party Run Amok?" *New York Times*, 15 October 1995, H35, 38.

始执掌维也纳宫廷剧院,为了有资格担任这份工作,他由犹太教改信天主教。然而在1907年,由于维也纳的反对浪潮,维也纳听众和宫廷的保守主义,以及当时开始风行的反犹主义,迫使马勒不得不辞职,接受纽约大都会歌剧院的指挥一职。1908年元旦,他在大都会首次登台亮相,指挥《特里斯坦和伊索尔德》。马勒从青年时代起就是瓦格纳的崇拜者,而他在维也纳演出的瓦格纳歌剧作品被公认为是世界上最好的。当没有演出任务时,他和施特劳斯一样,住在夏季的避暑地,从6月到8月,大约一年写一部交响曲。1907年他完成了第八交响曲的谱曲,尽管遭遇4岁女儿去世的不幸,他还是开始创作自己的第九部交响曲。为了避开致命的"九"这个数字——贝多芬、舒伯特、布鲁克纳都因为去世而没能超过这一数字——他将这部交响曲命名为《地球之歌》(*Das Lied von der Erde*)。就像施特劳斯和瓦格纳的歌剧,交响曲像管弦乐一样是声乐的,并且非常庞大。马勒在1907年为第八交响曲作的管弦乐曲,需要至少三个合唱团,并且因首次公演时用了1 000多名演员而赢得了"千人交响曲"之名。1908年9月19日在布拉格首次公演的马勒第七交响曲,有五个乐章而不是通常的四个,通过七个不同的调进行转调,演奏时间长达一个半小时。如果不用合唱团的话,就需要21个木管乐器(包括三种不同音调的单簧管)和几套打击乐:铃钟,一个三角铁,一架钟琴,一个手鼓,一个嗵嗵鼓,一个棍杖以及一对铃铛。⑧

马勒和施特劳斯的创作都曾受尼采《查拉图斯特拉如是说》的灵感启发,并且都认为自己是"超人"。⑨ 他们的公开表现也是这样。对于阿诺德·斯特林堡——他于1903年与马勒会面,1902年在短暂侨居柏林期间见到了施特劳斯,并且从两位巨人那里获得了切实的支持——来说,看上去很难在他们表现的传统之外有另一种选择。英国

---

⑧ 虽然斯特拉文斯基在1913年为了《春之祭/彼得鲁什卡》将安排一支由108人组成的管弦乐队,包括24件木管乐器。参见第二十一章。
⑨ 这些作品分别是施特劳斯的诗曲《苏鲁支语录》和马勒的第三交响曲,两部作品都谱于1896年夏。

作曲家爱德华·埃尔加和拉尔夫·沃恩·威廉斯,在那个民族主义情绪强烈的年代被认为是"非常英国的",但就形式来看他们的音乐遵循的是德国传统。斯堪的那维亚半岛作曲家中的杰出代表,芬兰的西贝柳斯和丹麦的卡尔·尼尔森也以同样的心情创作。1893年访问美国后写了《新大陆》交响曲的安东尼·德沃夏克,是一个捷克民族主义者,但他用了在捷克音乐中找不到的民间旋律。在西方,唯一没有陷在传统中的美国作曲家是查尔斯·埃弗斯,但是埃弗斯由于没有听众因而无用武之地。在远东,俄罗斯音乐在19世纪后期的风起云涌中展现出了一些特异性,但一方面是亚历山大·格拉祖诺夫和穆捷斯特·穆索尔斯基(Modest Mussorgsky)在和声上的区别,另一方面是更为正统的彼得·柴可夫斯基,被认为是天真的和尚古主义的。1908年从俄罗斯传出的最不寻常的声音绝对是《世纪末》,由钢琴家亚历山大·斯克里亚宾(Alexander Scriabin)编曲,他在1904至1905年创作的名为《神圣之歌》的第三交响曲,1905年在巴黎公演时就让观众惊愕。他名为《狂喜之歌》的第四交响曲,被列入1908年2月末圣彼得堡俄罗斯交响曲的世界首次公演节目单。(它的取消使得12月纽约的俄罗斯交响曲首次公演能够进行。)斯克里亚宾是瓦格纳崇拜者,瓦格纳的半音音阶的使用开始走向六音不谐和的极端:C,升F调,降B调,E,A以及D。斯克里亚宾的计划包括基于这一"神秘和弦"的第五交响曲(后来名为《普罗米修斯·火之歌》)以及一部名为《神秘之境》的巨作,该作品受到鲁道夫·斯坦纳的神智学新信仰的启发,汇合了声音、文本、图片、雕像和舞蹈,并且包括了一个能够将红色表现为C大调的彩色键盘。⑩

保持俄罗斯音乐和德国传统之间区别的因素之一,是正在进行中的俄罗斯和法国之间的音乐协约。这种关系在1907年春天更为明显,上一年曾将俄罗斯艺术介绍到法国的圣彼得堡的乐团经理瑟吉·戴基

---

⑩ 《维克托和玛丽娜·莱丁》,内页说明是斯柯里亚宾《宇宙》[天启秘境],由亚历山大·内姆丁(Alexander Nemtin)重新编排并指挥,俄罗斯CD唱片11004。

列夫,这次将俄罗斯音乐带到了法国。系列音乐会包括格拉祖诺夫和鲍罗丁(Borodin)的作品,由费奥多夏里亚平(Fyodor Chaliapin)演唱的穆索尔斯基的咏叹调,由斯克里亚宾本人用钢琴演奏的他即将完成的《狂喜之歌》的片段,由谢尔盖·拉赫玛尼诺夫演奏的拉赫玛尼诺夫协奏曲,以及由里姆斯基-科萨可夫(Rimsky-Korsakov)指挥的尼古拉·里姆斯基·科萨可夫的乐曲。此外还有很多年轻音乐家,如16岁的谢尔盖·普罗科菲耶夫、25岁的伊戈尔·斯特拉文斯基。这些文化交流的早期工作非常成功,法国听众感到他们很受启发。但获益最多的还是俄罗斯人,尤其是年轻人。这里确实有很多值得学习的东西,1908年的巴黎是唯一能明显有别于瓦格纳或德国(或晚期浪漫主义)潮流的西方高雅艺术传统之乡。

1908年法国音乐的领军人物是克罗德·德彪西,他首次登台是作为一个指挥家于1月19日指挥管弦乐组曲《大海》。自从他1894年把马拉美的诗改编成管弦乐曲《牧神的午后序曲》,以及1902年为梅特林克的戏剧谱写了歌剧《佩利亚斯与梅丽桑德》之后,音乐家们将他视为代表了一种方向,并命以不同的名称:"印象主义""象征主义",或简单地称为反瓦格纳的。瓦格纳的音乐和瓦格纳的模式在19世纪80年代对法国艺术家影响巨大。赛萨尔·弗朗克(César Franck)等音乐家几乎完全采用了他的和声方式,而从波德莱尔到马拉美的诗人则成为其狂热的信徒。爱德华·迪雅尔丹(Edouard Dujardin)是作为拉福格的编辑和意识流的先锋而被人们记住的,1885年他通过《瓦格纳评论》(*Revue Wagnérienne*)组织起法国年轻一代的瓦格纳崇拜者。德彪西于1888和1889年进行了到拜罗伊特的朝圣之旅,但是他很快就清醒过来。与瓦格纳的节日剧场相比,他更倾向于马拉美的"星期二聚会"和黑猫酒店,而在1889年巴黎世界博览会上,他对爪哇加麦兰合奏乐团的印象比对瓦格纳的《女武神》印象更深。老一辈的法国作曲家中只有少数能远离瓦格纳磁铁般的吸引力——值得一提的是艾曼纽·夏布里埃尔(Emmanuel Chabrier),他写出了显然是非瓦格纳的滑稽歌剧[11],以及白发苍苍的加布里埃尔·弗雷(Gabriel Fauré),弗雷是分离派法国民族音乐协会的领导者,他从 1879 年起就曾多次去拜罗伊特,但是他对瓦格纳的迷恋却从未转化为对瓦格纳的模仿。弗雷主要写短篇作品,他的名望建立在室内乐、为象征主义诗歌谱写的歌曲以及钢琴独奏小品上。[12] 1900 年世界博览会上的《普罗米修斯》是他最长、最丰富的作品,也是他最接近获得真正歌剧声望的作品。1908 年夏天他本该写作另一部歌剧,但夏天结束时他转而写了另一首歌和钢琴夜曲。然而,在这些短篇作品中,弗雷经历了实际上是交响曲的和声实验。他写于 1877 年的一首早期的歌曲《托斯卡纳小夜曲》,用了全音音阶,而另一部作于 1886 年的《礼物》,从 F 调开始,转为六远调,然后回来,比瓦格纳从 A 调转到 B 调用的时间要短。弗雷的九首钢琴小夜曲和八首威尼斯船歌展示了如何延展(或压缩)谐音的每一规则以及旋律的逻辑,其特点还有很多。马塞尔·普鲁斯特用弗雷的音乐作为凡德伊的原型,凡德伊在《追忆似水年华》中演奏了斯旺爱的主题曲。[13] 弗雷 63 岁时,亲眼看见自己的短章成为 20 世纪法国作曲家反对 19 世纪晚期音乐的风暴核心,这是对 1871 年法国战败的音乐上的复仇,其总体的效果是缩小了构建音乐的要素,力求使听众的感觉达到这样一种效果,即更直接、更当下以及最重要的——转瞬即逝。

德彪西受到了弗雷的影响(更何况他还在 1908 年 1 月娶了弗雷的

---

[11] 夏布里埃(Chabrier)的歌剧是《国王失态》,它在 1887 年的首次公演被 Ravel 评论为"改变了法国和声的发展方向"。引自 Alan M. Gillmor, *Erik Satie* (New York: Twayne, 1990), 20。

[12] 福尔(Faure)为广大美国人所知的可能是他的《安魂曲》,这首作于 1877 年的合唱曲比他的绝大多数作品都更有瓦格纳-弗兰克风格。

[13] "先生,我不仅仅是喜爱、仰慕和崇敬您的音乐,我曾经并仍然热爱它……另一个夜晚我开始沉醉于第一次聆听《不朽的香水》(*Le Parfum impérissable*)[1897 年为勒龚特·德·里尔(Leconte de Lisle)的诗谱的一首曲子],这是危险的沉醉,因为此后我每天要回到其中去。"Proust to Faure, in J. Barrie Jones, trans. and ed., *Gabriel Faure: A Life in Letters* (London: B. T. Batsford, 1989), 86.

前情人)。他在后来一代中的领袖地位建立在较长的、更为丰富的管弦乐作品上：一面世就大获成功的《牧神的午后序曲》,1897 年的《夜曲集》,最初出现于 1905 年的《礼物》以及 1902 年的歌剧《佩利亚斯与梅丽桑德》。但是所有这些作品都建立在弗雷所带来的新元素的基础上。与那些德语所说的由一种必然的"音乐逻辑"引导相反,德彪西的交响诗与施特劳斯的交响诗不同,他常常使用年代久远的音乐转调——旋律、和声/半音、节奏、强调音色的以及力度强弱变化——一个接着一个,似乎它们相互之间并不涵盖。1908 年,当德彪西 45 岁时,他完成了他的管弦乐曲《意象》中的头两个部分《伊贝利亚》和《春之轮旋曲》,为其 1909 年上半年首次演出的曲目。在很多人听来,德彪西的音乐更像是许多"单元"的串联而不是连续的乐音。确实,其连续性主要是情感的而不是音乐的。在《夜曲集》的《节日》篇,他为铜管乐配上了不相关的管弦乐幻想曲,在《春之轮旋曲》中德彪西又用了他所喜爱的童声曲调——《我们不再去森林》。[14] 跟他非常欣赏的拉福格一样,德彪西一向在严肃的曲调中加上一抹反讽的色调。[15]

德彪西的一位名叫莫里斯·拉威尔的年轻朋友于 1908 年 3 月 15 日在巴黎首次公演了他自己的四乐章管弦乐组曲。节目单上将《西班牙狂想曲》作为"交响曲",但是评论家们很容易地(以及正确地)发现,它是由一些小的部分组成的——比德彪西的小得多,并且更加显而易见。一位评论家仔细对比了《西班牙狂想曲》和分离派绘画。他写道：

> 它不仅仅是音乐中的"印象派",而且还是音乐中的"点彩派"……甚至克劳德·德彪西先生的音乐诗《大海》也被用清

---

[14] 这是他第四次引用这首曲子。其他三次发生在 Debussy, *La Belle au bois dormant* (1883), *Images* #0 (1894) for piano, *Estampes* (1903) for piano. 这首歌的第二行《被切开的海湾树》("les lauriers sont coupés"),被德彪西的一个朋友迪尔雅丹用来作为他 1887 年写的一部先锋意识流小说的标题。

[15] Debussy to Ernest Chausson, 2 July 1893, in *Debussy Letters*, ed. Francois Lesure and Roger Nichols (Cambridge: Harvard University Press, 1987), 47.

晰的笔触作了描绘。拉威尔先生在他的画布上泼洒色彩的斑点。这里没有轮廓,也没有素描的线条,一切都是点画。⑯

埃里克·萨蒂(Erik Satie)是德彪西的另一位朋友,他在这条路上走得甚至更远。他是一个奇特的人,而其事业则更为奇特。他是从诺曼底来的钢琴家,青年时期因疏懒而从音乐学院退学,19世纪80年代穷困潦倒,在蒙马特的黑猫酒店和新雅典酒店演出。1908年住在巴黎南郊一间废旧的单室里,穿着他十二件一模一样的灰色灯芯绒外套中的一件,经常步行往返六英里去蒙马特。他的作品,虽然在调子上极为大胆,但是甚至比弗雷的作品还短。它们往往不超过一分钟,甚至其中还有重复,它们的修饰被缺乏训练及幽默感限制,这也许是萨蒂最本质的特征。他最大型的作品是为巴黎玫瑰十字会庆典所写的作品《裸体歌舞》(希腊少年舞),以及钢琴二重奏《梨型曲三段》(三首梨型小品),四手联弹。1897年德彪西将《裸体歌舞》改编为管弦乐曲,1903年萨蒂在他的朋友对其作品因"缺少形式"而表达了保留意见之后,将《梨型曲三段》呈送给了德彪西。与德彪西和弗雷一样,萨蒂也谱写歌曲,但不是"高雅"歌曲。他不是为象征派诗歌配乐,而是为酒馆歌者写曲,其中就有拉格泰姆音乐节拍的《帝国的女神》(1904)。1908年6月15日,在萨蒂42岁那年,他终于完成了自己正规的音乐教育,从巴黎圣歌学院(Schola Cantorum de Paris)接受了一个对位法荣誉博士学位。然后,作为他教育的副产品的十二首键盘赞美诗小品被塞进他小房间一堆未出版的手稿中。用一位评论家的话来说,萨蒂是一个有才无能的人。⑰萨蒂为20世纪30年代的"六人组"(The Six),为史蒂芬·里奇、菲利普·格拉斯和80年代的极简主义,甚至是50年代的佐餐乐(Muzak)

---

⑯ 伦敦《时代》杂志巴黎通讯员1908年12月21日发回的新闻。Nicolas Slonimsky, *Music Since 1900*, 5th ed. (New York: Macmillan, Schirmer Books, 1994), 80.

⑰ Eric Salzman, *Twentieth-Century Music*: An Introduction (Englewood Cliffs, N.J.: Prentice-Hall, 1967), 16.

和90年代的说唱奠定了音乐基础,不过他在1908年对所有这一切当然一无所知。

萨蒂和拉威尔大约在1894年相识,正当他在蒙马特的新雅典酒店演奏酒店钢琴时,年轻的拉威尔和父亲走了进来。他在蒙马特还遇见了德彪西。这三位法国作曲家都觉得在酒店比在音乐厅更自在。他们三人都喜欢黑猫酒店在高雅音乐和通俗音乐之间建立的联系,以及在自命不凡和真正的艺术之间作出的区别。他们三人都从生动的酒店传统中学到"音乐逻辑"并不意味着冗长啰嗦,而音乐与情感之间的联系与对位法、调子和色彩都关系不大。当他们继续将音乐分解成各个部分,然后再用新奇的、诉诸情感的方式把它们重新组合起来时,他们借助于通俗音乐调和了自己严格的古典训练。除了纽约的独奏音乐亚文化之外,恐怕在西方还没有哪一种音乐亚文化的平衡方式能够如此令人目瞪口呆。

1908年6月9日,纽约的查尔斯·埃弗斯娶了哈默尼——康涅狄格州首府哈特福德的哈默尼·特维切尔,马克·吐温的一个老朋友的女儿。他与哈默尼的蜜月是去位于西马萨诸塞州伯克希尔山的胡萨托尼克河谷作两周徒步旅行。这对新婚夫妇6月25日回到他们在西第十一大街70号的家,但就在下一个周末埃弗斯又带着哈默尼回到河谷,在那里他有了一个幻想。五年后这一幻想变成《斯托克布里奇的胡萨托尼克》,是令人敬畏的管弦乐名作《新英格兰三景》的组成部分。[18]

埃弗斯的音乐在两个长老会教堂外鲜为人知,这两座教堂分别位于新泽西和曼哈顿,埃弗斯是那里的管风琴手和唱诗班指挥。这就是美国,它那多重语言的通俗音乐不动声色地征服了西方世界,但是它那

---

[18] 艾夫斯(Ives)的作品的创作日期往往很难确定,因为他自己标的日期总是不可靠(Maynard Solomon, "Charles Ives: Some Questions of Veracity," *Journal of the American Musicological Society* 40, no. 3[Fall 1987], 443–70)。杰弗里·博洛克(Geoffrey Block)彼得·伯克霍德(Peter Burkholder)和特里·米利根(Terry Milligan)发表了有用的导读。自那时起的标准传记是法兰克·R. 罗西特(Frank R. Rossiter)的《查莱士和他的美国》(New York: Liveright, 1975)。

被称为"艺术"的高雅音乐,却还是褊狭的、沉陷在晚期浪漫主义传统中。德国音乐被认为是最经典的,但按照古典方式训练的音乐家往往不是德国移民,如芝加哥和圣路易斯的音乐生活的领袖。美国为数不多的几个音乐教授,如耶鲁大学的霍雷肖·帕克,只有很少几个弟子。1898年毕业于耶鲁大学的查尔斯·埃弗斯曾经师从帕克,但是他发现帕克是个老古董,因为此人恪守谐音的律则,并且对于埃弗斯从父亲——康涅狄格州丹伯里市的乐队领队——那里学来的冲突节奏的组合无动于衷。尽管如此,帕克也不能使他灰心。埃弗斯继续谱曲,到他毕业时,他已经谱写了自己的第一部交响曲、第一个弦乐四重奏,以及圣咏清唱剧部分。他还谱写了进行曲、赋格曲、教堂赞美诗以及大约50首歌,包括几首为耶鲁大学兄弟会演出写的歌——《地狱的钟声或耶鲁在战斗》,为麦金利总统写的竞选歌,以及一首名为《耶鲁-普林斯顿橄榄球赛》的复合节奏冲突的歌曲。[19] 没有任何精心区分美国音乐的条条框框能够限制住埃弗斯。在曼哈顿的中央长老会教堂作为管风琴手工作了一段时间——在那里他即兴弹奏传统圣歌——之后,加上在创作清唱剧时遭遇挫折,埃弗斯开始把全部时间投入保险业,并且干得出奇的好。

1908年,埃弗斯完成了他的第二部弦乐四重奏,并且手头已经有了《斯托克布里奇的胡萨托尼克》的构想及其开始部分——复杂的《布朗宁序曲》和《爱默生协奏曲》。创作了这些音乐的那个白手起家的天才,把时间花在培训保险经纪人上,并且正在他同时代受过教育的人欣赏的大道上阔步前进。在1906或1907年(记忆有差异),埃弗斯说服了纽约的一个剧院管弦乐队演奏他所谱写的《不重要的沉思或在美妙夏季黑暗中的中央公园》。与其姊妹篇《严肃事件的沉思或没有答案的永久问题》不同,它一半是交响诗——不具决定性的一半——但是管弦

---

[19] Vivian Perlis, ed., *Charles Ives Remembered: An Oral History* (1974; New York: Da Capo, 1994), 19.

乐队不这么看。为了演奏这部作品，管弦乐队不得不分成两个相对独立的乐队，其中一个乐队将演奏完全是全音阶的旋律如"你好，宝贝"[20]那部分，而另一个乐团则演奏独立的、高半音、有着不同节奏特征的突兀地不谐和部分。管弦乐队无法这样演奏，在此之后，埃弗斯差不多放弃了演出。1908年，他将自己新创作的小提琴四重奏第一号与自己的其他作品一起，锁进了位于自由街51号埃弗斯保险公司的保险柜里。[21]

与此同时，在上城区的第二十八大街——锡盘巷——美国流行音乐开始起航。最新的流行音乐活页乐谱是冯·提尔兹兄弟之一创作的华尔兹舞曲，主题是一个名叫凯蒂的姑娘想在街上吃"好东西"作为晚餐，并催促情郎"带我去看球赛"。差不多同时发行的还有一首叫作《堕入城市丛林》的歌曲，为新奥尔良忏悔火曜日最后一晚的"祖鲁王"游行所写。这首歌一开始看起来像是锡盘巷的另一个种族迫害者，但它注定要成为一种被称为"爵士"的新流行音乐形式的"标准"，这是一种非欧洲调性的复合节奏音乐，它刚刚从新奥尔良的法属非洲音乐生活中出现，并扩散到密西西比。一个18岁的新奥尔良黑人克里奥尔钢琴师费迪南德·约瑟夫·拉莫特，以杰利·罗尔·莫顿的艺名演出，已经在芝加哥演奏爵士乐了。至少他是这么记得的，三十年后说起1907年听过弗莱迪·凯帕德的首次五段"爵士音乐"合唱曲，1908年在芝加哥"运动室"学会一首叫《十二金刚》的歌。[22] 爵士乐是色情的。距离登上大雅之堂还有十年的时间，甚至一年后"爵士"这个词依然被认为不适合出现在出版物上。[23]

---

[20] "'电话'歌"，1899年的流行歌（"你好，宝贝！你好，小甜甜！你好，我的拉格泰姆小妞！"）。

[21] 艾夫斯的长期搭档朱利安·迈里克（Julian Myrick）唤回了安全，Perlis, ed., *Charles Ives Remembered*, 34-38.

[22] Jelly Roll Morton, *Anamule Dance*, vol. 2 of the Library of Congress Recordings (1938; Cambridge, Mass.: Rounder Records, 1993); Alan Lomax, *Mister Jelly Roll* (1950; New York: Pantheon, 1993), 157.

[23] 《牛津英语词典》中最早将"爵士"解释为C. 斯图尔特（C. Stewart）1909年《乔希叔叔在社会》中的一种舞蹈。

相反，爵士乐在节奏上的祖先——拉格泰姆，1908年为全美国的钢琴所弹奏。当时住在纽约的斯考特·乔普林，那一年发表了一首名为《无花果叶》的拉格泰姆乐曲，标明为"高雅的"，还出版了一本书叫作《拉格泰姆学校：钢琴的六个练习》，该书一开头就断言："被无礼地称为拉格泰姆乐曲的，是这里所讨论的创意。"[24]不用说年轻的艾尔文·柏林对此深信不疑了，他已经出版了《拿起你的琴弹奏拉格泰姆》。[25]在柏林的《亚历山大的拉格泰姆乐队》成为世界上最流行的歌曲之前三年，乔普林是最受尊敬的作曲家。他也知道什么是拉格泰姆乐曲，他能够理解并谱写曲调。专业报刊报道他在创作一出拉格泰姆歌剧，[26]第二年，也就是1909年，他发行了《仙音》，这是拉格泰姆节奏的"新奇物"，它通过五个不同的调构成轻快的半音回旋。

爵士乐的另一个源头——布鲁斯，离获得知识产权的尊严只有一两年的时间。1909年，W. C. 汉迪的乐团演奏了为孟菲斯的一个政客作的竞选歌《克伦普先生不喜欢》，它成为"孟菲斯布鲁斯"的最初版本。出版物使布鲁斯那从西方标准看来往往"不谐和"的曲调规范化，但在这一世纪末，爵士乐又重新释放了它们的野性。

勋伯格对莫顿、埃弗斯或萨蒂一无所知。他对于德彪西的音乐也所知不多，并且就其所知的德彪西的音乐他也不喜欢。对他来说，音乐需要更多的形式逻辑，而不是更少；在终极意义上，他是一个神秘主义者。他完全没有萨蒂的嘲讽，没有黑猫的捉弄丑角者。他确实像法国

---

[24] "被粗俗地称为拉格泰姆音乐的是一种现在还保留着的发明。省略中间的音节不是轻音乐或垃圾音乐的表征，而躲避'讨厌的拉格泰姆'的砖头也不再被误认为是音乐文化。"Scott Joplin, *The School of Ragtime: Six Exercises for Piano* (1908), in *The Collected Works of Scott Joplin*, ed. Vera Brodsky Lawrence, 2 vols. (New York: New York Public Library in association with Belwin Mills Publishing, 1971), 1:284.

[25] Ian Whitcomb, *Irving Berlin & Ragtime America* (1987; New York: Limelight Editions, 1988), 69.

[26] 他确实是。这个歌剧变成了《特里莫尼撒》，并由乔普林于1911年——"亚历山大的拉格泰姆乐队"之年——自费出版。

的大师们一样,有一种悖谬的感觉和尖刻的机智。与萨蒂和埃弗斯一样,他写作酒店歌曲,但他只是退而求其次才这么做,并且把它们转变为高雅音乐,这或许是柏林的艺术酒店自 1902 年后就不再订制它们的原因之一。1904 年,勋伯格成为教师后,也转向弗雷的继承者所喜欢的较短的、较有争议的形式。他这样做是否仅仅是为了使自己的作品能够被演奏?可以肯定的是,在他创作了 15 件乐器演奏的乐曲仅仅一个月后,勋伯格就听到了他第一个室内交响曲被演奏了,而他宏伟的马勒《古雷之歌》,是朗诵者、四个独唱者、合唱队以及整个交响管弦乐队演奏的版本,他已经等了六年,并且还得继续等上六年。另一方面,成为一个听众的愿望从来就不是勋伯格的最高动机。他对听到的音乐如萨蒂一样坚决,他转向音乐小品的真实动机似乎是他作为作曲家的快速和几乎是永无休止的发展。《古雷之歌》和施特劳斯的大型交响诗《佩利亚斯与梅丽桑德》都被勋伯格抛在了身后。㉗ 他的新音乐都是被打碎的更小的碎片和重构起来的较小型的整体。

  勋伯格是那种接受过工程师教育的发明者类型,永远有着极大热情对自己身边的东西修修补补。他自己雕棋子,自己装订书。他时不时地还对记录网球比分的方法提出具体的建议,在 10×10 的棋盘上下国际象棋,令人赏心悦目地演奏精心摆好的乐器,把公共汽车、有轨电车和地铁票拼成一张票,并且调节高速公路自动交通的车流。他为谱曲专门发明了一种打字机,还为复调音乐发明了一种符号,这种符号取消了升半音、降半音和本位音。他在 1926 至 1927 年写道,他考虑了"一种像原子弹那样人为大屠杀的可能性"。㉘

  他最近的发现是他称为"展开性变奏"的东西,其实质含义是指不

 ㉗ 勋伯格的《贝利亚》在德彪西将其打造为歌剧之前就已经开始着手写了。最后,梅特林克的戏剧由他的四个同时代作曲家谱曲,四人都是作曲天才,除勋伯格、德彪西外,还有福雷和西贝柳斯的意外之作。

 ㉘ Schoenberg, *Der biblische Weg* (1927), quoted in MacDonald, Schoenberg, 54.

需准确地重复展开一段旋律,每一段乐章都加入新的变奏。重复是流行音乐的灵魂,也许是其平易性的基本含义。所以,展开性变奏要求听众有着受过极高训练的听觉。

当勋伯格 1907 年开始写一个新的弦乐四重奏时,他已经完成了两部弦乐四重奏。第一部莫扎特风格的 D 大调弦乐四重奏没有编号,因为他觉得还不够成熟。最近的一部,D 小调弦乐四重奏第一号,是他 1905 年的两大成果之一,它在 1907 年的上演可谓惊世骇俗。其最显著的革新是,它只有一个大的乐章而不是通常的四个。此外,虽然这一四重奏的总谱只有四张五线谱表,但展开性变奏却使其有着复杂的和声,以至于勋伯格的拥护者马勒也说他很难跟得上。勋伯格记得马勒说过:"我曾经演奏过瓦格纳最难演的谱子,我自己也谱写过很复杂的乐曲,一个总谱有 30 页五线谱甚至更多。但是这个不超过 4 页五线谱的总谱,我却很难读得懂。"㉙不过,马勒仍是勋伯格最好的支持者,对于错失的地方也很忠诚。1907 年 2 月,当 D 小调弦乐四重奏和 E 大调室内交响曲首次公演时,马勒在混乱的现场起立鼓掌,瞪着有敌意的人,直到最后一个听众离开音乐厅。勋伯格表达了他的感激之情,随之把整个事件抛在一边。早在 1906 年 4 月,当第一部室内交响曲完成时,他开始谱写风格类似的第二部。他认为,当时他"在作曲过程中非常愉快,一切似乎都很容易、令人信服",并且"我相信我现在找到了自己个人的作曲风格。"㉚

然而,室内交响曲第二号的完成将延迟到三十年之后。1907 年 3 月,勋伯格回忆道:"在写完差不多两个乐章,也就是全部作品的一半时,我受到德国诗人斯蒂芬·乔治的诗的启发,决定为他的一些诗谱曲。"㉛

㉙ Schoenberg, "How One Becomes Lonely" (1937), in Stein, ed., *Style and Idea*, 42.

㉚ Ibid., 49. 对勋伯格 1906—1908 年的作品介绍最详细的是 Walter Frisch, *The Early Works of Arnold Schoenberg*, 1893 - 1908 (Berkeley: University of California Press, 1993)。

㉛ Schoenberg, "How One Becomes Lonely", in Stein, ed., *Style and Idea*, 49.

其结果是令人激动的。乔治的后马拉美象征主义和丰盈的理想主义释放了作曲家内心的某种东西，使得他推迟了自己所有的计划。到1908年，他已经为乔治的很多诗谱了曲，其中有三部组曲：一首钢琴伴奏歌曲，一首较长的曲子，一首新的弦乐四重奏，即F升小调弦乐四重奏二号。㉜

很少有人注意到这一工作所带来的变革，这是西方音乐史上首部为女高音谱曲或有一个文本的弦乐四重奏。这两种特性都没有体现在第一乐章中，1907年3月9日，勋伯格第一次在他的草稿本上画下第一乐章的第一个音符。它的调，F升小调——高音谱中有六个升半音——是黑调，与艾文·伯林在1911为《亚历山大的拉格泰姆乐队》用的拉格泰姆音乐和蓝调是平行小调。然而，这些歌曲显示勋伯格对待调性已更为激进，已经超越了半音体系，实际上已经没有调性。在仅仅六小节之后，第一乐章已是C大调——几乎是尽可能地远离F升小调。

> 我自己也没有料到的是，这些乐曲显示出了与我以往所写的完全不同的风格……这是向后来被称为"无调性"风格迈出的第一步……新的声音产生了，新的旋律出现了，表现情绪和个性的新的方法被发现了。㉝

他认为他已经自然地进入了一种对待迄今被称为F升小调的八度音的新意向，而三和音作为和弦或旋律，让听众想起调性。五线谱上被称为"意外"的调性之外的音符，今后在新的作曲过程中一定不能被认为是偶然的。当努力以正常速度谱写第一和第二乐章时，勋伯格只是在遇到主题的展开性变奏的地方放弃了谱写F升调和音的标准尝试——尽管F升小调继续"清晰地显示形式结构所有主要的分界点。然而过多的不和谐音再也[不能]被不时地回到显示音调调性的三和

㉜ 它们分别是 *Zwei Lieder*, Opus 14, *Das Buch der hangenden Garten*, Opus 15, *String Quartet* #2, Opus 10。

㉝ Schoenberg, "How One Becomes Lonely", in Stein, ed., *Style and Idea*, 49-50。

音抵消。"㉞

　　1907年9月,勋伯格完成了第一乐章,第二乐章进展得也很顺利。他回忆,可能是在那个冬天㉟,他不到两天就完成了四分之三。正是在那个冬天,马勒辞职,12月的一个晴朗的星期一早晨,8点刚过,勋伯格把自己的工作放下几个小时,和他的学生安东·韦伯恩及内兄泽林斯基一起去火车西站送这位伟人去纽约。两百多名仰慕者在月台上默默地挥手送别。古斯塔夫·克里姆特低语:"结束了。"而勋伯格回到列支敦士登大街,知道他失去了最有力的支持者,唯一开始懂得他音乐的乐坛重要人物。他从斯蒂芬·乔治刚出版的诗集《第七环》中选了两首诗,开始为它们谱曲,并为他新的四重奏的第三和第四乐章写草稿。此时,灵光乍现,当他谱写第四乐章的"狂喜时分"时,他放弃了全部六种升调符号。然后,从C大调缺位之处开始,他写了一串第16极弱音和第32调弦乐音符,所有的变音记号,从大提琴最低的低音部到小提琴最高的高音部螺旋上升。通过第21小节,不让听众对调性的感觉有确定性,勋伯格把乔治的诗中开放的句子带进女高音:"我感觉到另一个星球上的空气。"

　　　　我感觉到另一个星球上的风拂过
　　　　通过幽暗的面庞吹向我
　　　　如此亲切
　　　　······
　　　　我在音色中融化,旋转,摇摆
　　　　无根据的感谢和不寻常的赞美
　　　　我向伟大的呼吸奉献无欲
　　　　······

　　㉞ Schoenberg, "My Evolution" (1949), ibid., 86.
　　㉟ "我分别花了一天半的时间,写了我的弦乐四重奏第二号的第二和第四乐章的四分之三。" Schoenberg, "Heart and Brain in Music"(1946), ibid., 55.

我只是圣火的摇曳

我只是神语的呢喃㊱

很少有西方音乐能够与它们所配的文本如此契合,这些片段融化在音色中,自己回旋、摇摆,似乎飘忽不定,虽然这些句子——在第 51

㊱ 在此附上 Stefan George《第七指环》(Berlin,1907)中的《狂喜时分》的诗的德语原文。这本诗集的部分翻译见 Joan Peyser, 20th Century Music: The Sense Behind the Sound (New York: Macmillan, Schirmer paperback, 1980), 22——不过我已经在正文中翻译了几行。

Ich fuhle Luft von anderem Planeten
Mir blasen durch das Dunkel die Gesichter
Die freundlich eben noch sich zu mir drehten

Und Baum' und Wege die ich liebte fahlen
Dass ich sie kaum mehr kenne und du lichter
Geliebter Schatten rufer meiner Qualen

Bist nun erloschen ganz in tiefern Gluten
Um nach dem Taumel streitenden Getobes
Mit einem frommen Schauer anzumuten

Ich lose mich in tönen kreisend, webend
Ungründigen Danks und unbenamten Lobes
Dem grossen Atem wunchlos mich ergebend

Mich überfährt ein ungestümes Wehen
Im Rausch der Weihewain brünstige Schreie
In staubgeworfner Beterinnen flehen

Denn she'ich wie sich duftige Nebel lüpfen
In einer sonnerfullten klaren Freie
Die nur umfängt auf fernsten Berges schlüpfen

Der Boden schüttert weiss und weich wie Molke
Ich steige über Schluchten ungeheuer
Ich fühle wie ich uber letzter Wolke

In einem Meerkristallnen Glanzes schwimme

Ich bin ein Funke nur von heiligen Feuer
Ich bin ein Dröhnen nur der heiligen Stimme

到 62 小节——有一个主旋律伴奏,对这个主旋律,勋伯格极为自信其旋律优美,以至于他从未更改其中的任何一个音符。㊲ 勋伯格回忆说,"这看起来是不合适的,如果不借助于相关的和声进行支持,用调性来强制乐章的旋律一致的话。"㊳所以他放弃了尝试,听任其展开性变奏自由发展,而接着将整个小曲"放在"F小调中思考。㊴

当 1908 年春天第二弦乐四重奏的第三和第四乐章成型时,勋伯格继续增强第二室内交响乐,不受他的降 E 小调约束。但在其他地方他坚持了自己的新观点。3 月,他开始着手乔治的《悬挂的花园之书》的声乐套曲,而在 4 月的《三首钢琴小曲》,每一首都自由地使用了他的新的"无调性音乐"——更确切地说是"泛调性音乐",因为"无调性"意味着没有音符,而他使用了全部的音符。当他不谱曲或教书时,他就画画。1908 年初夏,理查德·盖斯特尔继前一年夏天的造访之后,又到勋伯格家中作客。盖斯特尔是一位画家,25 岁左右,风格近似于奥斯卡·柯克西卡和埃贡·席勒的表现主义。1906 年泽林斯基将他介绍给勋伯格,他帮助勋伯格学习绘画,而勋伯格提供房间给他住。在盖斯特尔的指导下,勋伯格开始速写饱含丰富感情的自画像,这使他得以在 1910 年能够开个人画展,并与瓦西里·康定斯基(Vassily Kandinsky)保持着长久的友谊。

但在那个夏天,勋伯格的家庭发生了一些不寻常的事。盖斯特尔为玛蒂尔德所作的单人画像是安详的,但他画的阿诺德和玛蒂尔德抱着六岁的格特鲁德和两岁的格奥尔格的家庭画像却未经润饰,脸部是用颜色洞指代眼睛的一团颜料。他的自画像,消瘦、年轻,上身赤裸,在他新剪的短发下眼睛望向远方,同时表现出坚定与后悔。当时他与玛

㊲ Schoenberg, "Heart and Brain in Music" (1946), in Stein, ed., *Style and Idea*, 57.

㊳ Schoenberg, "My Evolution" (1949), ibid., 86.

㊴ "我的四重奏是 F 升小调。"Schoenberg, "A Legal Question" (MS, 16January 1909), ibid., 187.

蒂尔德有了恋情。夏季结束时玛蒂尔德与他私奔了。11月,玛蒂尔德发现盖斯特尔死了,他把自己的画作堆在画室里,付之一炬,用一把厨刀刺进自己的心脏,并在火焰中悬梁自尽。㊵

1908年7月27日,勋伯格在笔记本上写上了弦乐四重奏第2号的最后一部分,他在第二乐章的最后部分出人意外地引用了古老的奥地利民歌"哦,我亲爱的奥古斯丁,一切都已结束"。他的妻子与盖斯特尔之间的恋情已经开始。家庭生活的失序意味着彻底的灾难,随之而来的就是远离古典调性地跳跃。当12月四重奏首次演出时,玛蒂尔德与盖斯特尔一起生活。而盖斯特尔恰恰在音乐季开始的那一天自杀。不久之后,带着心照不宣的默契,勋伯格带回了玛蒂尔德,而玛蒂尔德也决定回到勋伯格身边。差不多同一时期,他交给玫瑰四重奏自己革命性新作品的排练部分总谱,题为"献给我的妻子"。

玫瑰四重奏差不多是当时维也纳最优秀的室内合奏乐团,他们对勋伯格的音乐不会毫无了解,因为上一年他们已经首次公演了勋伯格的弦乐四重奏第一号。其领队阿诺尔德·罗斯是马勒的内弟和维也纳爱乐乐团——马勒曾是它的指挥——的首席小提琴手。女高音也是一流的——马勒的宫廷歌剧院的玛丽·古塞尔·肖德。看起来这是马勒安排的,而他在那个夏天确实也帮了点忙,当时他在奥地利创作《大地之歌》。然而在12月8号,他却在遥远的美国指挥稚嫩的纽约爱乐乐团演奏他的第二交响曲。

无论马勒在不在,排演都进行得非常顺利;并且勋伯格想必对看到如此多的杰出音乐家演出自己的作品很满意。然而,还是至少有一件令人心烦的事显示音乐的要求有多高,据勋伯格回忆,那是一件小事,"既奇怪又意义重大"。它发生在排演到第四乐章的第53—62小节时,在女高音部分,"我在声音中融化、旋转、摇摆/无根据的感谢和不寻常

㊵ 盖斯特尔家抢救了15幅画,包括《玛蒂尔德·勋伯格》《勋伯格一家》和两幅自画像,这些画一直被藏到1931年。它们在得到奥托·布雷查(Otto Breicha)的许可后,重印于佩瑟的《二十世纪音乐》,第24—25页。

的赞美"。勋伯格开始试图解释这一乐句。"各位,"他要求弦乐演奏者,"你们能不能别以如此这般的方式奏这一旋律?"什么旋律?参加排演的勋伯格的一个老朋友问。"我听你在说旋律,但是到底在哪儿有旋律啊?"㊶而事实上,勋伯格在这里所指的旋律就是他如此自负其优美以至于从未改动一个音符的那段旋律。

这段插曲后来被不幸言中。12月21日夜晚,当室内灯光通明,玫瑰四重奏开始演奏时,博森朵夫厅鸦雀无声。但是当演奏进行到第六小节C大调时,令人不安的声音开始了。《维也纳时报》的记者写道,"第一乐章结束后,有一些赞同的声音出现,这是通常流言蜚语出现的暗示。它们像雪崩一样逐渐增强,平静,然后急剧增强,最终达到最强音……"㊷当演奏到"门钥匙"时,音乐厅出现了嘲笑声、嘘声、愤怒的叫喊和窃窃私语。当进行到第二乐章,"你情愿,奥古斯丁"引语出现时,乐厅内爆发出一阵大笑,比勋伯格预想的微笑更甚。㊸"突然音乐评论家卡帕斯站起来大喊'停下来,够了!'而他的同行斯科特咆哮着反对'安静!继续演!'"㊹反对者和支持者各自为政,互不相让,如同体育比赛的球迷阵营。㊺这些不是普通的音乐爱好者,他们是维也纳的音乐爱好者,是在一个有着莫扎特、海顿、贝多芬和勃拉姆斯的城市,在一个三代施特劳斯将粗俗的兰德勒舞改编为华尔兹舞曲的城市里被熏陶成为音乐爱好者的。他们大为不满。"大多数公众反对这场音乐演奏。

㊶ Schoenberg, "How One Becomes Lonely", in Stein, ed., *Style and Idea*, 46-48.

㊷ *Wiener Tageszeitung*, 23 December 1908; quoter in Slonimsky, *Music since 1900*, 86-87.

㊸ Schoenberg, "How One Becomes Lonely", in Stein, ed., *Style and Idea*, 48.

㊹ "对于《啊!你情愿!奥古斯丁!》这首歌,我能够懂得一种微笑的反应。但是它引起的是爆发性的大笑,而不是理解的微笑。"Richard Batka, *Prager Zeitung*, 28 December 1908; in Slonimsky, *Music Since 1900*, 87.

㊺ *Neue Wiener Tageblatt*, 22 December 1908; quoted in MacDonald, *Schoenberg*, 1.

一些不和谐使衣着优雅的女士们在其精致的耳朵受到难受的冲击下感到痛苦,而年长的绅士迸发出愤怒的泪光。"[46]

然而,新闻记者和评论家却很高兴。他们清楚现在有一个绝好的机会大加嘲讽,并且可以跟大师卡尔·克劳斯在同一水平上演奏——如果他们能演奏的话。次日的报纸铺天盖地都是幸灾乐祸,这是精致的维也纳式的建立在他人羞辱上的享受。一行大字标题写道:"博森朵夫厅的丑闻。"[47]《布拉格时报》的维也纳评论员以称勋伯格为"致命的音乐分离派"作为他的文章的开端。[48]《维也纳新日报》将其评论刊登在"犯罪"版,并且认为勋伯格"已经以其作品对他人造成了公共伤害,但他还从未像昨天那样走得那么远……听起来像一群野猫在嚎叫"。[49]《维也纳新晚报》径直指出调性的问题:

> 终于结识了作曲家阿诺德·勋伯格,我们完全被这位先生的弦乐四重奏治愈了,据宣称是升 F 小调……出于对作曲家本人的尊重我们揣测他是个音盲,在音乐方面常识不健全……不然此四重奏就得被宣布为公共伤害,而它的作者应受到卫生部的审查。[50]

在所有这些喧哗嘈杂之中,勋伯格巍然屹立,向那些演奏者们表示"感谢和鼓励"。[51] 当演奏结束时,"有人说:'现在他们应该奏贝多芬,好让我们透透气。'"[52]

---

[46] Batka, *Prager Zeitung*, in Slonimsky, Music Since 1900, 87.
[47] Quoted in MacDonald, *Schoenberg*, 1.
[48] Batka, *Prager Zeitung*, in Slonimsky, Music Since 1900, 87.
[49] *Neue Wiener Tageblatt*, 22 December 1908; quoted in MacDonald, *Schoenberg*, 1.
[50] *Neue Wiener Tageblatt*, 22 December 1908, in Ursula von Rauchhaupt, ed., *Schoenberg, Berg, Webern, the String Quartets: A Documentary Study* (Hamburg, 1971), 145; quoted in MacDonald, *Schoenberg*, 1-2.
[51] Batka, *Prager Zeitung*, in Slonimsky, Music Since 1900, 87.
[52] *Wiener Tageszeitung*, 23 December 1908; quoter in Slonimsky, *Music since 1900*, 86-87.

正是这最后一句评论萦绕最久,也许对勋伯格伤害最大,因为它质疑了勋伯格位居主流音乐传统中一员的资格。㊳ 这位作曲家三十年后写道,这一首次公演是在他漫长的不成功演出的经历里"最糟的一次",他称这段文字为"一个人是如何变得孤独的"。㊴ 次日,勋伯格试图以谱写两曲讽刺曲的方式回应评论家们,并把最好的一首呈给《火炬报》的卡尔·克劳斯刊登,但被卡尔·克劳斯所拒绝。㊵ 终其一生,勋伯格都为评论家指责其音乐没有旋律所伤,而他不得不一遍又一遍地不仅要提请人们注意其每一作品深处的基本主题和观念,甚至要指出曲调在哪里。他坚持自己的音乐不是"无调性",即没有调性或(荒谬地)没有音调,而是"泛调性",意指用全音或全调。由于对听众如此易于被不协调音搞得心烦意乱感到失望,勋伯格不懈地捍卫他丰富和复杂的和音体系,最终撰述了一部关于和音理论的经典著作。1923 年,他用一套名为十二音体系的作曲规则在无政府状态的混乱之中拯救了"无调主义"。升 F 小调弦乐四重奏第二号的作者始终坚持他并不厌恶调性或"音乐逻辑"的任何规则,并且不断骄傲地指出发展变奏使他能够做到几乎完全不重复。他的音乐当然是半音的,但半音体系是彻底的,它非常激进地浓缩,以至超出规范过渡的要求,或者超出任何过渡的需要。

很久以后勋伯格哀叹,"许多人没有认识到其进化的成分,而是称它为一场革命。"㊶他一直坚持认为,根本就不是那么一回事。"自从我开始作曲以来,我一贯保持[与 1899 年]同样的风格和与一开始同样的方式。区别仅在于我现在做得比先前更好、更凝练、更成熟。"㊷20 世纪末的音乐学家普遍赞同勋伯格的这一观点,强调他与马勒的音乐的连

㊳ Schoenberg, "A Legal Question," in Stein, ed., *Style and Idea*, 188.
㊴ Schoenberg, "How One Becomes Lonely," ibid., 46.
㊵ Schoenberg, "A Legal Question,"(MS, 16 January 1909), ibid., 185-89.
㊶ Schoenberg, "How One Becomes Lonely," ibid., 49-50.
㊷ Schoenberg, "How One Becomes Lonely," in Stein, ed., *Style and Idea*, 30.

续性,[58]但在 1908 年,听众觉得他们听到的是全新的东西。1912 年当勋伯格的独唱套曲《月迷皮埃罗》完成时,他完成了萨蒂和埃弗斯已经发现的东西——对于最小部分——音乐的原子和分子——的重新发现。1908 年,通过首次明确地将音符从调性中解放出来,勋伯格使自己变成了彻底重估"古典"音乐中整体与部分的关系以及那种关系中过渡材料位置的源头。[59] 正如勋伯格后来所描述的:

> 通过在我的第二弦乐四重奏中放弃单章的形式并回到四乐章系统,我成为这一时期首位写乐曲小品的作曲家。不久之后我创作了极短的作品。虽然我没有在这种风格中停留很长时间,它还是教会了我两件事:首先,以格言的形式表达观念,这并不需要脱离形式理由的连续性;其次,不用形式的连接,而是仅仅将它们并置,将观念串接起来。[60]

在 1908 年,年轻一辈将要从中获益的勋伯格的创新已经开始发挥作用。在维也纳,他的两个得意弟子,韦伯恩和阿尔班·贝尔格,开始创作出杰出的音乐作品。[61] 贝拉·巴托克(Béla Bartók)在匈牙利搜集挑战调性的民间音乐,并谱写了钢琴小品《知音者的小曲》。[62] 在圣彼得堡,斯特拉文斯基的短篇管弦乐幻想曲《烟火》首次公演,这是他得以演出的第四首作品。而在同一座城市 1908 年的最后一天,就在勋伯格灾难性的维也纳音乐会之后的十天,年仅 17 岁的谢尔盖·普罗科菲耶

---

[58] 在这些音乐理论家中有一位雄辩的理查德·塔鲁斯金(Richard Taruskin)。Cf. Taruskin, "A Myth of the Twentieth Century: *The Rite of Spring*, the Tradition of the New, and 'Music Itself,'" *Modernism/Modernity* 2, no. 1 (1995), 1.

[59] 流行音乐也一样,从与作为极简主义的说唱乐的对比可以看出。

[60] Schoenberg, "A Self-Analysis" (1948), in Stein, ed., *Style and Idea*, 78.

[61] 韦伯恩在 1908 年为斯蒂芬·乔治(Stefan Geroge)的诗谱了十五首曲。他的小品一号,《帕萨卡里亚管弦乐曲》,23 分钟的短变奏曲,在 1908 年 11 月 4 日首次公演。Berg 的小品一号是他的钢琴奏鸣曲一号,于同年完成。

[62] 英语出版物中对巴托克最细致的介绍是 Laszlo Somfai, *Bela Bartok: Composition, Concepts, and Autograph Sources* (Berkeley: University of California Press, 1996).

夫演奏了他创作的四首分别名为《回忆》《热忱》《绝望》和《魔鬼的建议》的一组四首钢琴小品。[63] 音乐领域的现代主义启航了。

---

[63] 这场音乐会是 Prokofiev 的首次登台。在仍使用罗马儒略历的俄罗斯，日期是 12 月 18 日。

第十九章　詹姆斯·乔伊斯

碎片化小说

1909—1910

1909 年 1 月,的里雅斯特(Trieste)的贝立兹英文教师对他的一个学生——油漆商人埃托雷·施米茨——说,他是一个堪与阿纳托尔·法朗士(Anatole France)媲美的"被遗忘的作家"。施米茨几年前私下以笔名出版了两本销量很少的小说,不过他作为业余作家也很满意了。笔名"伊塔洛·斯维沃"的施米茨能够理解他的家庭教师在自己 27 岁生日时除了一卷单薄的诗集外什么作品都没能出版的感受。作为一份生日礼物,他打算阅读这位英文教师未完成小说的一至三章,看看他是否应该鼓励自己的老师(这至少能提高自己的英文水平)。我们不知道施米茨在看手稿页面时是否曾深思并发现他不自觉地被引入一个两岁孩子的有限意识中:

> 很久以前,很美好的以前,有一头奶牛走在路上,它在路上遇到了一个很好的小男孩,这个小男孩名叫大口娃……
>
> 他的父亲对他讲了那个故事。他的父亲透过一副眼镜看着他。他有着一张胡须浓密的脸。

他是大口娃……①

当施米茨继续读下去时,同样的意识在页面上流淌,从善于观察的童年到光辉而反叛的青年在天主教的国家爱尔兰不断成长,一个名叫斯蒂芬·迪达勒斯的人物,显然是为了纪念第一位基督教殉教者和迷宫制造者。很快,让施米茨松了一口气的是,小说似乎离开了主人公的意识,开始以第三人称讲述作为现实世界一部分的迪达勒斯。当施米茨读完手稿时,他觉得自己确实备受鼓舞。2月8日,他将这三章和一封正式的、给予好评的信一起,交给小说作者。他写道,亲爱的乔伊斯先生,

实话说,我觉得自己不够资格来告诉作为作者的您关于这部小说的看法,何况我对它的了解还很片面……我很喜欢您的第二章和第三章,如果您觉得读者从第三章的布道中感觉不到乐趣,您就错了。我在读它们时有着强烈的感受……对于第一章我比较排斥。一开始读的时候我就不喜欢,而读完了其他两章后我就更不喜欢第一章了。后来我找了我不喜欢它们的原因。为什么同一作者用同样的结构方式、同样的风格,并且显然按照同样的艺术目的写的内容,后两章在我看来是那么美,而第一章就无法给我留下很深的印象呢?我想是因为它们源于不重要的事件,而您严格的观察和描述方式不允许您给予本身并不丰富的事实以丰富性……②

施米茨确实是第一位,但肯定不是最后一位接受乔伊斯早期杰作《一位青年艺术家的肖像》的读者——作为一位英文教师布置的阅读作

---

① James Joyce, *A Portrait of the Artist as a Young Man*, ed. Chester G. Anderson (New York: Viking-Penguin, 1977), 1.

② Richard Ellmann, *James Joyce* (New York: Oxford University Press paperback, 1965), 282. 埃利曼(Ellmann)为乔伊斯所作的传记不仅是研究乔伊斯不可或缺的,并且其本身也被公认为有史以来最伟大的传记作品之一。

业。从后来的成千上万读者那里,施米茨应该受到赞许,因为他是用外语来阅读这部小说的,而且没有权威的解说、注解和评论的帮助。《肖像》不是第一部运用了我们现在称为"现代"的技巧或风格的小说,但它却是划时代的作品,当施米茨成为它的第一位读者后,如同1492年在圣萨尔瓦多,再也不会退回到从前的位置了。乔伊斯自己非常自得。在1909年他只有另一个读者,刚刚到的里雅斯特与他一起教英文的、他忠实的弟弟斯坦尼斯洛斯。他的同居女友诺拉·巴纳克尔对他写的东西读得很少,并认为她的吉姆(詹姆斯的简称)应该成为一个歌手。他的两个孩子,3岁大的希奥尔希奥和8个月大的露西娅,因为太小还不能读他的作品。报刊编辑偶尔会刊登他的评论文章但是不再刊登他的小说。1904年,在发现刊登的三篇短篇故事令读者觉得晦涩难解之后,《爱尔兰家园》拒绝登载乔伊斯的任何短篇故事。书籍出版商对他故事集的兴致也高不到哪里去,全都退回了他的书稿,埃尔金·马修斯甚至是在1907年将其放置了11个月才退稿。当出版商接受时,印刷商也拒绝。出版商格兰特·理查德斯在1906年接受了乔伊斯的书稿,但他的印刷人员却认为其中的一些太有伤风化,因而拒绝将其付印。八年之后,理查兹版的《都柏林人》才得以见天日。乔伊斯27岁时,在写作方面没有任何收入,而且他在《都柏林人》遭拒后也没再写什么东西。他刚刚辞去在贝立兹的工作,收入减少到只依靠一节课10克朗(约5美元)的家庭教师费,外加他从单身弟弟和谨慎的朋友、学生、教师同僚那里要来的钱物。的里雅斯特是多语言的奥地利帝国中讲意大利语的一个小海港,是教语言或学语言的一个好地方,正如在阜姆(Fiume)附近的美国助理领事费奥雷洛·拉瓜地亚所发现的。它在杜伊诺南边的几英里处,1906年,当乔伊斯正在写作《都柏林人》的时候,路德维希·波尔兹曼在那里的海滨度假村上吊自尽。乔伊斯一家住在圣卡特琳娜大街下坡的一间小公寓,希望能够搬走,但直到他们能够想办法不让女房东把他们的家具没收作为租金时才成行。

除了家人和少数几个朋友,没人知道乔伊斯在的里雅斯特的小公寓中是如何不断创作的,或者1908年其他流放者在他们自己的屋子内潦草地写下的后来成为"现代小说"的东西。在伦敦,来自新西兰威灵顿的19岁的凯瑟琳·曼斯菲尔德,写作她第一个成熟的意识流故事《罗莎贝尔惊梦记》。在布卢姆斯伯里,两个都住在大英博物馆附近的学生,此时相互还没有见过面的传统的年轻淑女弗吉尼亚·伍尔芙和多萝西·理查德森,在写被她们抛在身后的那个世界。理查德森以当牙医助手的工作养活自己,那一年她刚刚犯了一个错误,让H. G.威尔斯走进自己的房间。在那一年,她在小说上取得了一些进展。她希望围绕一些观念将它们组织起来,但是现象学使它们有些混乱。接下来的三年,她几乎完全在没有帮助的情况下跌跌撞撞地写作《朝圣者的旅程》。而继承了一些财产的伍尔芙,写了一稿又一稿的《梅里姆布罗西亚》(Melymbrosia),一部逐渐变成对一个年轻阴郁女性情感探险的巨著。七年后它将以《远航》为名出版。伦敦南边的克罗伊登,一个叫D. H. 劳伦斯的矿工之子在学校教书,并写了他第一本小说《白孔雀》的第三稿。而在巴黎的公寓和佛罗伦萨城外的别墅中,从奥克兰和巴尔的摩来的格鲁斯特·斯坦因在写更为现代也更不适合出版的《美国人的成长》。在捷克首都布拉格,弗兰茨·卡夫卡加入了波希米亚王国工人事故保险公司,并出版了从1904年起夜晚开始撰写的那些荒诞故事的素描。在莫斯科,刚刚出版了其第五篇同时也是最晦涩的散文《交响乐,高脚杯与暴风雪》的安德烈·别雷,对他的朋友瓦伦提诺夫说,他正开始写一本关于1905年俄罗斯革命的书。五年后这本书以《彼得堡》之名出版,它成为俄罗斯现代主义小说的最早杰作。1908年末,在巴黎市中心,刚从诺曼底海边旅馆度夏回来的马塞尔·普鲁斯特,夜晚独自一人在房中写文学评论文章。突如其来地,这篇文章开始充满回忆,而《追忆似水年华》就这么开始在纸上铺排开来。它差不多二十年后才被完整出版。

当有了第一个读者时,一部小说就诞生了。以笔名伊塔洛·斯韦沃闻名的埃托雷·施米茨,就是那个在1909年最初几个星期将《一个青年艺术家的肖像》带给世界的人。作家被读者所造就,而作家以成为最贪婪的读者作为对读者的回报。乔伊斯自己读得比谁都多。乔伊斯不服施米茨对《一个青年艺术家的肖像》提出的建议,从未对第一章作任何改动。但施米茨表现出的兴趣倒使他重新开始修改整个手稿。乔伊斯是在1907年开始计划写作《肖像》的,但是这个计划的缘起要早得多。要追溯到1904年1月他离开爱尔兰之前,在他还没有出版甚至还没有写一个故事的时候,乔伊斯简略地写了一个取名为《艺术家肖像》的关于艺术生活的随笔,他的弟弟斯坦尼斯洛斯以为这是一部自传。一个月后,以这篇随笔为蓝本,乔伊斯开始写一部关于天才在蒙昧的爱尔兰成长的长篇小说。这部作品具有讽刺意味地被他的弟弟斯坦称为《斯蒂芬英雄》。1905年6月,他夜以继日地构思《斯蒂芬英雄》的篇章,顽强地写满了一张又一张纸。他在蜜月旅行时,在苏黎世的旅馆中完成了第11章,在的里雅斯特完成了第12章,就在发现他穿越欧洲来就任的职位根本不存在之后不久。在其后9个月,如乔伊斯所写的:

> 在履行(于我而言)烦人的职责和哄骗裁缝之外,我有了一个孩子,写了500页小说、3个故事,并且德语和丹麦语都学得不错。③

1906年他把大部分写作精力花在《都柏林人》上,但是当1907年7月他的女儿露西娅在的里雅斯特的贫民病房里诞生不久后,他开始回头思考《斯蒂芬英雄》。9月的第一个星期,当他完成《都柏林人》的最后和最长的一个故事"死亡"时,乔伊斯告诉他的弟弟,他打算将《斯蒂芬英雄》分成一些片段,并将现有的24章浓缩为五个更为精简凝练的"长篇章"。并且他给这部作品起了个新的名字——更确切地说,是重新使用了其原来的名字——《一个青年艺术家的肖像》。

《肖像》是《斯蒂芬英雄》大幅削剪后的成品,以至于它成了一部短

---

③ Joyce to Stanislaus Joyce, 12 July 1905, in *Selected Letters of James Joyce*, ed. Richard Ellmann (New York: Viking, 1975).

篇小说。尽管乔伊斯对细节有着超群的记忆力,他还是将所有与现代艺术家的觉醒这一主题无关的斯蒂芬的生活都删掉了。同时他把外部事件,甚至是政治,尽可能完整地塞进一个人的意识之中。他删掉了其出生和成长过程中所有自己不知道的事。他的最初感官记忆用了一页;他的家庭,他的文化以及他的民族用了三四页。大口娃在他的世界中很快就学到了政治在艺术之上的优先权。1882年2月2日,乔伊斯诞生于爱尔兰,这里在罗马帝国覆灭时曾是启蒙运动的发源地。但是到了1882年,作为"欧洲的后知后觉者"的爱尔兰,却活在罗马时代,现代的事物很难在其中生发。④ 如果你是一个正派的天主教徒,你就不可能对教廷提出任何异议,否则就会被宣布为反教权的民族主义,像乔伊斯的父亲那样。但是如果你是个民族主义者,你只能从天主教的教条中找到论点来反对爱尔兰,如乔伊斯的母亲那样。教育具有过分的天主教的特征。在《肖像》的第2页,三小节之后,6岁的迪达勒斯上了学,如乔伊斯自己曾经一样,并且毫无办法地任上百个男孩摆布,他们急于证明自己上基督教会士著名的克伦果斯伍德小学不是来学会循规蹈矩的。又过了三小节,迪达勒斯由于一顿灾难性的政治性圣诞节晚餐回到了在布雷的家中。再过三个小节,他上了中学,伤春悲秋,眼镜越来越厚,并且开始反抗老师的不公正。

乔伊斯的父亲一向是一个没有远见的人,后来又成了酒鬼。当1891年家里已经没什么钱的时候,乔伊斯从克伦果斯伍德小学退学,被送进当地的基督教兄弟会创办的学校,此事如此令人沮丧,以至乔伊斯从未在《肖像》中提及。后来,克伦果斯伍德小学的校长找到了他,把他送到都柏林贝尔伍德的一所耶稣会学院,靠奖学金生活。在这所"充斥着可怕男孩的走读学校",乔伊斯在1896年发现了"夜城"(Nighttown)——都柏林的红灯区,他沉醉于肉欲和妓女的内衣中,在听到关于地狱和诅咒的苍白布道后心生悔恨,想到牧师,然后永远失去信仰。

---

④ Joyce, *Stephen Hero* (New York: New Directions, 1963), 53.

《肖像》中的迪达勒斯也是如此。"最后,他生来为之献身的东西,似乎不能使他逃过那条看不见的路。"⑤

第二年,也就是1897年,乔伊斯写了他的第一部《剪影集》,这是第一人称散文小品,有些像散文诗。除了斯坦尼斯洛斯的评论说它们像街头说书人说的故事之外,这部作品已经痕迹不存了。1900年,在失去信念很久以后,乔伊斯开始写另一种散文小品,并将其命名为诡异的《顿悟》。"他所意指的显现是一种精神的突然出现"不比一只街钟更具有精神的东西,它作为一种事物——单一的和完整的——出现,"它的灵魂,它的何所是,从它外表的圣衣中跳向我们"。⑥ 对于戴着厚厚的眼镜的人来说,这不是容易分辨的事。

> 由于视力不佳,他有一颗害羞的心灵。他从语言棱镜折射感官世界产生的五光十色中获得的乐趣,远不及从散文所完美再现的个人情感的内在世界沉思中所得到的多。⑦

通过对细节的显微镜式的观察,乔伊斯发现了那种体验——如事件和能量——以碎片的方式出现。"剪影"和"显现"是他所发现的最早的反映手法。它们意在达到19世纪末甚至最为现实主义的小说也没有达到的直接描述。狄更斯曾通过使他的主人公行为放肆以使其真实,福楼拜通过从包法利夫人的眼中看世界赋予她生动的活力;而在世纪末洞察一切事物的乔伊斯,是真正能够完全进入一个主人公的精神世界,从而能够内在地体验另一种人生的作家。当然不是乔伊斯一开始理解的那种生活,即充满了突然性,缺少旧的世纪所极为重视的连贯性和"自控"。你可以只在剧院经历这种意识的损毁,这是时代最为激动人心的形式。在剧院它是暗示而不是展示,它将一组组台词串联起来建立它们自己的连贯性。这里基本上没有讲述者,角色仍然从内心

---

⑤ Joyce, *Portrait*, 165.
⑥ Joyce, *Stephen Hero*, 211, 213.
⑦ Joyce, *Portrait*, 167.

发出独白,被闪过心头的情感所激动和打断。我们在诗歌中已经看到了戏剧独白的效果。甚至在写出之前就演出、唱出和说出自己独白的乔伊斯,与凯瑟琳·曼斯菲尔德、弗兰茨·卡夫卡以及阿图尔·施尼茨勒一起,注定要使小说的独白产生更大的效果。同时,在世纪末的都柏林,他成为最大的戏剧迷之一。

一切源于1899年2月,乔伊斯在都柏林大学文史学院的一个同学,写了一篇关于挪威剧作家亨里克·易卜生和其他令人不快的非爱尔兰、反天主教的作家"恶劣影响"的论文。乔伊斯站起来反对,很快成为爱尔兰几乎唯一的易卜生主义者(虽然萧伯纳在伦敦扛起了这面旗帜)。这个城市规模不大的知识界注意到了此事。他母亲也有所耳闻,问道:"易卜生写了什么?……""戏剧。"他回答,并给母亲看了一些易卜生的剧本,希望她不会发现欧洲各地可敬的公民发现的娜拉·海曼或赫达·盖布勒的自命不凡同样可怕的丑闻。[8] 当威廉·勃特勒·叶芝等人创办新的爱尔兰文学剧院时,乔伊斯饶有兴趣地前去观看。不久之后,他向斯坦尼斯洛斯承认,自己在诗歌创作方面也许永远也无法超越叶芝,但可能他会写出比叶芝更好的戏剧。5月8日,乔伊斯在文学剧院参加了叶芝《卡特林伯爵夫人》的首次公演。乔伊斯在观众席上与自己的大学密友们一起时而热烈鼓掌,时而嘘声大作。乔伊斯说过,戏剧的目的是扮演真实的生活和体验。他们认为不应该,尤其是在戏剧过程中,将"爱尔兰天主教凯尔特人"变成"面目可憎的叛教者"。他们写给编辑的充满爱国感情的信件5月10日发表于《自由人杂志》。[9] 乔伊斯没有立即作出回答,而是开始阅读欧洲所有现代剧作家的剧本,并且自己写了一篇论文给柏林大学文史学院,证明易卜生及其现代戏剧的非凡与卓越。当这篇论文被学院领导以反天主教为由拒绝时,乔伊斯向德兰尼神父申诉并劝服他相信,当他在写"美是使人愉悦的东

---

[8] Joyce, *Stephen Hero*, 84.
[9] Ellmann, *James Joyce*, 69.

西"时，易卜生的作品事实上包含了圣托马斯·阿奎那所说的意思。

1900年1月20日，为庆祝新世纪的开始，乔伊斯在柏林大学文史学院宣读了自己题为《戏剧与人生》的论文。他以一种平静的语调宣读论文，让文章的重点不加感情色彩地客观呈现出来。他说，索福克勒斯和希腊人已成过去，莎士比亚已经死去。瓦格纳的《罗恩格林》和易卜生的《鬼魂》（一出关于遗传梅毒的戏剧）代表了未来。真实生活——而不是"仙境"——应当展现在现代城市或"会客室"的舞台上，否则戏剧将永远无法实现其理想，即人性不变的真理。当他读完时，问题如潮水般涌来。他一一作答，这时他的转机来了。作为乔伊斯的首次公开演讲，其本身就是一场演出，这鼓舞了乔伊斯更进一步地阅读法文版的易卜生新戏剧《当我们死者醒来的时候》，并在《伦敦双周评论》编辑的建议下写了一篇评论文章。

因断言艺术至上而洋洋得意的乔伊斯，接下来的那个月去爱尔兰艺术剧院看了爱德华·马丁和乔治·摩尔合写的《树枝之摇曳》的首次公演。我们在诗歌中已经遇见过摩尔。他是1873年到巴黎的爱尔兰艺术家，当回到爱尔兰时，他是一个讲法语的唯美主义者，带着革新其祖国文学的使命。他的第一本真正的书是《一个年轻人的自白》（1888），这是他作为一个成熟作家的编年史，从其11岁发现小说和在他都柏林的天主教老师眼皮底下藏起拜伦和雪莱的诗歌写起。在巴黎，当放弃作为一名画家和开始写戏剧后，摩尔去看印象派画展，并在马拉美的星期二沙龙见到了象征主义艺术家朋友。他发现了波德莱尔和坡，遇到维利耶·德·里斯莱-亚当，被克罗斯的独白逗笑，从魏尔伦那里学艺，而且，虽然没有遇见过兰波和拉福格，却与他们的编辑古斯塔夫·卡恩和爱德华·迪雅尔丹成为终身好友。当其戏剧首次公演时，他正与同样是侨民的爱尔兰同胞王尔德、叶芝以及威尔士的象征主义者亚瑟·西蒙一起成为英语文学先锋派的中心。此时正憧憬着他们方向的乔伊斯，开始筹划写一部风格类似于摩尔的政治主题的戏剧以打开这条道路。

当乔伊斯的评论《易卜生的新剧》4月1日在《伦敦双周评论》上刊登时，他才18岁，既为自己文章的发表而兴奋，也为拿到一笔稿费而兴奋（稿费是12几尼）。他的朋友们又惊讶又妒忌。也许这种叛教也挺有前途的。易卜生亲自给其英文版译者威廉·阿彻写信，感谢乔伊斯在文章中对其作品的赞许。5月，乔伊斯和父亲在伦敦会晤了阿彻，后者由此成为乔伊斯的赞助人和导师。在伦敦他出入剧院、音乐厅，看埃莉诺拉·杜丝演的《意大利的易卜生》，这是一部由加百列·邓南遮创作的戏剧。下一个月他父亲带他到爱尔兰中部的马林加，在那里，当父亲在核对投票名单时，乔伊斯在旅馆房间里写剧本。其中一部是用韵文写成的剧本，名为《梦》，另一部是受到摩尔启发的散文式的问题戏剧。他于8月将这部名为《璀璨生涯》的作品交给阿彻，在扉页上写着：

  向我的灵魂献上我生命中第一部真正的作品。[10]

期待自己成为伟大剧作家的乔伊斯，成了比易卜生还易卜生的易卜生主义者。

  "传统挪威诗歌和恼人的年轻凯尔特人的精神火花四射地相遇。"[11]正是在易卜生的作品中，乔伊斯找到了为了成为艺术的自我主义者所需要的正当理由。在这里他还发现了坚持用日常生活作为素材的自由。最为重要的是，在易卜生和其他剧作家的作品中，乔伊斯还找到了使其小说具有如此颠覆性的即时性叙事技巧。这个几乎读尽所有书籍的人从小说中没有找到这种技巧，而运用了这种技巧的小说他没有发现甚至从没想到过，如美国文学的杰作——爱伦坡的主角在《白葡萄酒桶》和《赤裸的心》（1843）中的自白，赫尔曼·梅尔维尔的五部第一人称小说中的独白和第六部《白鲸记》（1851）中亚哈、斯达伯及斯达巴克的独白，或是马克·吐温借《哈克贝利芬恩历险记》（1876—1984）之口写的长篇滑稽演讲等。他肯定没有读过夏洛特·帕金斯·吉尔曼的

---

[10] Ellmann, *James Joyce*, 81.
[11] Joyce, *Stephen Hero*, 40.

疯狂独白,这段独白出现在 1892 年 5 月发表于《新英格兰杂志》上的《黄色墙纸》中。即使他读过爱伦坡的作品,他也从未提及。他曾借阅过的唯一美国作家是马克·吐温的朋友布雷特·哈特,其"加布里埃尔·康罗伊"和落基山的下雪被乔伊斯用在了自己的小说《死者》中。正是美国哲学家威廉·詹姆斯于 1880 年——乔伊斯出生之前——在《大众科学月刊》上发表的一篇文章中创造了"意识流"这个术语。但乔伊斯无论是对这个术语还是对詹姆斯这个名字都一无所知(他同样也不知道"自由联想"和弗洛伊德、荣格,1909 年当《肖像》有了读者时,詹姆斯曾在马萨诸塞州的伍斯特市接待过荣格)。当乔伊斯 6 岁时,亨利·伯格森发起了对意识现象的研究。但是在大学的学习和写作《肖像》之间,乔伊斯既没读什么美国小说,也没读现代哲学著作。事实上,他以为他在托马斯·阿奎那那里能够找到自己所需要的全部哲学。1900 年易卜生对他来说更为重要,是易卜生使乔伊斯了解了"现代"的意义。

　　爱尔兰在 1900 年左右了解了"现代"字面上的含义。它在字面上意味着类似于"血腥的"那样的诅咒,描述两性之间肉体的亲密关系,或独立的未婚女性的故事。它最主要意指法国文学(以及英国政治)。它意味着通常被禁演的、以那些在天主教(甚至基督教)国家被禁的讨论社会问题为主题的戏剧。它意味着个人主义,这是从伏尔泰到尼采的非爱尔兰人的令人陶醉的遗产,它认为人应为自己立法,而不是遵从任何他人制定的规则。它意味着破坏,"活体"分析。[12] 最后,它意味着对语法、标点符号、节律、爱尔兰民族主义或基督教神学的旧条条框框的义愤。乔伊斯是赋予现代性以不同意义的先锋,但在 1900 年,旧的含义就像手套一样将人的思想套在里面。他已经通过将两个旧词合在一起构成一个新词,用引号替代最初的一笔,并且对"基督复活"评价恶劣。

　　在爱尔兰之外现代性有着更为广泛的含义。乔伊斯贪婪地阅读能

---

[12] Joyce, *Stephen Hero*, 186, 204.

找到的一切可以扩充自己狭窄知识面的东西,不仅是英语的,还有法语、意大利语、易卜生的丹麦挪威语(他只是初步了解),以及被公认的易卜生的继承人格哈特·霍普特曼的德语。虽然理所当然,但还是要指出的是,很少有什么比阅读对于一个作家来说更重要,而乔伊斯的阅读可以用饕餮来形容,带着改宗者的狂热找寻外面的世界有什么以及自己有什么样的可能性。他所找到的是值得纪念的,但他错过的却更多。有时候似乎他是有意避开了一切后来在他发明现代小说时构成他优势的东西。

例如在丹麦挪威语作家中,他阅读了从易卜生到比昂松的所有作家,1905年又读了琼斯·彼得·雅各布森在1880年写的关于颓废者教育的著名小说《尼尔士·林纳》。然而,没有人知道究竟为什么他与易卜生相当的挪威青年克努特·汉姆生失之交臂,这种情况一直持续到1910年左右。1888年中,汉姆生从美国回到挪威,此时他的脑海中已有了第一部小说的影子,到了11月,他写出了这部小说的部分章节,并用笔名刊登在哥本哈根评论《新地》上。与《一个青年艺术家的肖像》相似,汉姆生的《饥饿》完全发生在一个艺术家的个人意识之中,这个艺术家是挪威首都奥斯陆的一个食不果腹的作家,他在一两个星期里徘徊于街头,向民众挑衅,寻找工作机会,寻找能够不出卖自己艺术家的灵魂而解决衣食问题的办法。这一主人公的直接性以一种既复杂又连贯的方式立刻建立起来了。他以新的方式、用第一人称讲述在自己头脑中发生的故事,其间几乎没有过渡。只有过去式使读者得以在这一陌生人的意识和自己的意识之间拉开距离。由于其多语言的书名和快速、良好的翻译,《饥饿》立即在斯堪的纳维亚半岛各地引起轰动,在1891年的欧洲德语区(以及俄罗斯)被广泛阅读与崇拜。1899年《饥饿》在英国出版,但是翻译得比较差,销量很少,似乎一本也没出现在爱尔兰。

瑞典语与易卜生的挪威语区别不大,但是乔伊斯同样错过了令人反感的瑞典人奥古斯特·斯特林堡的作品,他的戏剧几乎与易卜生的戏剧一样富有争议。他在1890年写的故事《在海边》,讲述了一个在波罗的海岸边一群农民中的旅居者想要成为超人科学家的故事。它完全是从主人公的视角来撰述的，不时跳出来的第三人称模棱两可的话语模式使得斯特林堡能够既抓住一种全知的讲述又能够直接进入其小说主人公的孤独意识。[13] 这种模式，当代评论家称其为"自由间接话语"，简称 FID(Free Indirect Discourse)，其出现早于斯特林堡，在 19 世纪晚期的小说中运用得越来越多。斯特林堡用其代替巴黎酒店(他听到的)和马克·吐温的独白(他翻译的)。它是约瑟夫·康拉德——后来成为英国作家的波兰航海家——不可或缺的工具，尤其是在其奇特的短篇代表作《黑暗之心》中，这篇小说在《黑森林杂志》1899 年 2—4 月连载了三期。

《黑暗之心》是以第一人称讲述的名叫查理·马洛的老航海家——康拉德以自己为原型创造出的角色——的故事。而马洛的旅行奇闻是轮流由他的一个听众和这个听众背后的康拉德本人——他于 1890 年在刚果河上以一个汽艇军官的身份进行了航行——讲述的。通过这种双主线结构，讲述同时以直接与间接的方式展开，我们听到马洛的言说，常常在讲述中犹豫、反思、跳前、闪回，落在他自己的故事后面，直到故事的步骤和方向以一种最不维多利亚的方式模糊。相当悖谬的是，在其后的马洛和当下的马洛之间的距离、在马洛和读者之间的距离几乎消失了，因此康拉德在自白方面的压抑甚至比最典型的维多利亚人更甚，他似乎设法编造了一个故事，通过这个故事他能够毫不犹豫地敞开自我。[14] 然而，乔伊斯没有看过《黑暗之心》这个故事。虽然美国的课程将其说成是一个帝国主义者对帝国主义的攻击，但它在乔伊斯那

---

[13] August Strindberg, *By the Open Sea*, trans. Mary Sandbach (New York: Penguin, 1987), cf. 85. 斯特林堡的第一步小说《红房间》(1879)，在结构上采用了不连续的形式，但是乔伊斯也不知道。Strindberg, *The Red Room*, trans. Elizabeth Sprigge (New York: Dutton, 1967).

[14] 康拉德无比复杂的叙事方式直到最近才被文学评论家们区分出来并加以审视。参见 Jakob Lothe, *Conrad's Narrative Method* (New York: Oxford University Press, 1989).

个年代却算不上是什么权威的巨著,也许乔伊斯根本就没有听说过它。在乔伊斯的书中,康拉德最早期的作品是 1908 年的。

依然回到易卜生。在 1901 年 3 月,乔伊斯拿起笔,给这位伟人写了封表达崇敬之情的信。这封信很长,第一稿是用英文写的,被保留了下来:

> 我在大学眼见您的作品受到批判,那是一个黑暗的荒芜之地。我为您争取您在戏剧史上的正当地位……
>
> 我没有告诉他们使我与您联结在一起的最密切的东西是什么……您揭开生活之谜的坚定信念,您对艺术、友情的陈词滥调和清规戒律的完全漠视是如何给我以信心,您行走在您内在世界英雄主义的光辉之中。[15]

乔伊斯用刚掌握的丹麦挪威语写的第二稿寄给了易卜生,而易卜生可能是出于尴尬而没有保留这封信。事实上,1901 年易卜生不再写剧作。斯特林堡没有穿透乔伊斯的意识,而梅特林克,乔伊斯认为只是梦想。所以,最接近活跃的易卜生的是格哈特·霍普特曼,他的戏剧在法国被认为是"现实主义的",在德国被认为是"现代派的"。乔伊斯在 1900 年开始读霍普特曼的作品,《汉奈尔升天》(1893)以其长长的梦而闻名。其后的两个夏季,还是在马林加,他开始将霍普特曼的作品翻译成英文,并考虑在都柏林出版。由于阿彻已于 1894 年将《汉奈尔》翻译成英文,乔伊斯翻译的是《日出之前》(1889),这是一部现实主义生活碎片的练习;以及《米歇尔·克拉默》(1900),这是一个艺术家将自己的儿子逼得自尽的故事。然而,在 1900 年,随着理查德·比尔-霍夫曼的故事《乔治之死》,托马斯·曼的第一部小说《布登勃洛克一家》,或者维也纳《新自由报》1900 年圣诞特刊上阿图尔·施尼茨勒的短篇小说《古斯特少尉》的出现,德国小说大规模从现实主义转向现象学。《乔治之死》

---

[15] In Joyce, *Selected Letters*, 7.

集中以第三人称讲述乔治在临终时的思想。《布登勃克一家》最出彩的地方是用自由间接话语方式呈现的布登勃洛克——一个败家子——的分散的意识。⑯《古斯特少尉》(只有勇敢)走得甚至更远。首先是一个剧作家的施尼茨勒,在其1895年的故事《告别》中已经运用了第三人称内心独白,但《古斯特少尉》是一个卓越的第一人称内心独白。⑰事实上,这是德国第一部完全将情节设置在一个主人公意识中的小说——关于一个怯懦的奥地利军官害怕决斗的故事。施尼茨勒如此真实和直接地写出了古斯特的思想,以至于他被控损害了军官群体的名誉,并被军人联合会起诉。

乔伊斯在1901年对霍普特曼的德语还掌握得不够好,1902年有了很大的提高,但他一直不喜欢德语。他不读托马斯·曼、比尔-霍夫曼或施尼茨勒的作品。即使读了也不会动摇他成为爱尔兰的易卜生的雄心,除非出现有同样世界主义志向的其他爱尔兰人。那时他没有考虑到一个事实,即爱尔兰已经有了一个世界级人物——乔治·摩尔,1900年乔伊斯认为他的戏剧是进步的。1901年的某个时候,乔伊斯拿到了摩尔的一部小说《无用的财富》,讲述的是一个爱尔兰叛教艺术家的故事。摩尔本人此时刚搬回都柏林,从此乔伊斯力求赶上摩尔。那年10月,当摩尔与叶芝合写的一出不怎么进步的民间传说戏剧在新国家剧院上演时,乔伊斯以一个名为《暴动日》的小册子抨击了这出戏剧以及摩尔的全部作品。他花了超出自己经济能力之外的钱,印了几百本小册子,并让斯坦尼分发给除摩尔之外的人。

1902年晚些时候,乔伊斯终于去了巴黎。他错过了1900年的风

---

⑯ Thomas Mann, *Buddenbrooks*, part 10, chapter 5, trans. H. T. Lowe Porter (New York: Vintage, 1952), 504 - 16.

⑰ 施尼茨勒的优先地位并非侥幸。弗洛伊德将他视作双重精神,并且从他那儿学到了一些叙事技巧。此外,在出版《古斯特少尉》前两年,他读了"迪雅尔丹的一部独一无二的小说,《月桂树折》。" Arthur Schnitzler to Marie Reinhard (Berlin), 3 October 1898, in Schnitzler, *Briefe*, ed. Therese Nickl and Heinrich Schnitzler, 2 vols. (Frankfurt am Main: Fischer, 1981).

云际会，其实也没完全错过，他还是能很容易地撞见毕加索。和摩尔一样，乔伊斯用其他更令人尊敬的追求来掩饰自己的文学雄心。1873 年摩尔宣称要学绘画，而乔伊斯则说他要上医学院。但他做的是教英文，撰写评论和写作《顿悟》，以及读书。晚上他在圣日内维夫图书馆读书，白天则在国家图书馆。他读的是什么呢？现实主义剧本？也许是俄语小说？它们都是自 19 世纪 80 年代后期以来当时法国随处可见的时尚。与梅尔维尔（Melville）和狄更斯同时，俄罗斯文学大师们开始体验篇幅更大的自由间接话语。1903 年，斯坦尼斯洛斯·乔伊斯第一次读到它们，托尔斯泰写于 1854 年的《五月的塞瓦斯托波尔》不加评点地呈现了一个受伤致死的名为普拉斯库钦（Praskukhin）的军官的意识。斯坦尼斯洛斯非常喜欢这一作品，以至于自己写了一篇类似的关于一个人入睡的故事，并把两篇都拿给哥哥詹姆斯·乔伊斯看。詹姆斯把弟弟的故事扔在一边，不屑地认为它是"早期的莫泊桑"，但是他自此也看到了俄罗斯人已经取得的成就。[18] 当两年后斯坦尼给詹姆斯写信说，《都柏林人》"无独有偶"显现了"俄罗斯人使读者经历颅内旅行的技能"时，乔伊斯言不由衷地回应说，弟弟"使我思考当人们说'俄罗斯的'时，他们究竟意指什么。也许是指在写作方面一种特定的一丝不苟的蛮力"，[19]也许不是。1902 年，《斯蒂芬英雄》之前两年和《一个青年艺术家的肖像》之前五年，俄罗斯人不仅因蛮力闻名，更以反思和驾驭而闻名。

在托尔斯泰——在同一封信中，乔伊斯称他为"伟大的"——之后，出现了不少乔伊斯似乎没有读过，但是高度预见其理念的俄罗斯意识小说。如 1867 年陀思妥耶夫斯基用托尔斯泰的方法进入了拉斯克里尼科夫的意识，当其在《罪与罚》中杀死当铺老板娘时。陀思妥耶夫斯

---

[18] Ellmann, *James Joyce*, 138. 莉迪亚·金兹伯格（Lydia Ginzburg, *On Psychological Prose*, trans. J. Rosengrant [Princeton: Princeton University Press, 1994]）称托尔斯泰为第一个文学领域的现代主义者，指出特别是当安娜·卡列尼娜准备卧轨时，她的心理活动是意识流。

[19] Joyce to Stanislaus Joyce, 18 September 1905, *in Selected Letters*, 73.

基甚至在《死屋笔记》(1864)和《温柔的女性》(1887)中实验了第一人称的戏剧性独白。1877年，弗谢沃洛德·迦尔洵（Vsevolod Garshin）出版了名为《四天》的名著，既用了第一人称的视角也用了托尔斯泰的主题——一个将死的军人。在1889年，以一出《烟草的危害》的独白而令人耳目一新的契诃夫，发表了《一个乏味的故事》(来自《一个老人的笔记》)，这部小说以第一人称的主人公自述形式讲述故事，但当他开始"实时"记录所发生的事件时，回顾越来越少。当然还有鲍里斯·布加耶夫，他5岁时曾被父亲带去见托尔斯泰，被托尔斯泰抱在膝上逗着玩。鲍里斯的《第二（戏剧的）交响曲》，1902年4月在莫斯科用化名"安德烈·别雷"发表。它是由自然科学本科生写的，有点类似数学教科书的一些独立的片段组成的，非常奇特也非常难以成为20世纪的任何小说，直到乔伊斯自己写出《芬灵根的觉醒》。甚至法国也无人知道别雷。只有少数莫斯科人看过这部小说的初版，直到1986年，它才被译成英文。1903年，别雷准备用他的《第四交响曲》进一步使他少得可怜的读者困惑不已。乔伊斯从未学过俄文，在巴黎他似乎除了托尔斯泰也没读过其他俄文作品。[20]

但是他确实读了法语作品。1903年春天，乔伊斯跟一个他在圣日内维夫认识的泰国人，乘火车到巴黎郊外的乡村进行了一日游。火车站有个车站书亭，在那里，乔伊斯看到一本名为《月桂树被砍掉》的小说，其封面上的作家名叫"爱德华·迪雅尔丹"。这引起了他的注意，迪雅尔丹是一个法国编辑，也是乔治·摩尔的朋友。乔伊斯买下这本书，他发现《月桂树被砍掉》运用了一种扩展了的独白形式。实际上，它读

---

[20] 《尤利西斯》中可能有对"五月的塞瓦斯托波尔"的影射，即布卢姆使他的岳父特威迪（Tweedie）陷入1877年俄罗斯-土耳其战争的普列文之战，虽然没有英国人有理由在那里。在普列文的俄罗斯将军，1854年也曾指挥过塞瓦斯托波尔之战，当时他的对手是英军，托尔斯泰笔下的普拉斯库钦（Praskukhin）在那里受了致命伤，激发了俄罗斯文学史上最早的内心独白。也许并不重要的是，迦尔洵就把他的故事设置在俄土战争背景下。

起来很像1878年出版的《犹豫》中查理·德·西弗里扩展的独白。㉑在两部作品中,主人公都与一个女人有关系,而这个女人都掌控着这段有酬劳的和到目前为止还算忠实的关系。两部作品的幽默之处完全在于主人公的付出,虽然两个主人公都没有意识到这一点。当然,西弗里的独白作为舞台上的独白是一种口头表达,而迪雅尔丹的作品是书面的。书面散文的更隐秘形式有助于延续独白,这是那个叫丹尼尔·普林斯的人的一种直接和现场的意识记录的错觉。普林斯在晚上满怀希望地多次去看自己倾心爱慕的女士利亚·德艾赛,但总是失望而归。这本书在1887年最初(与拉福格的诗一起)发表在迪雅尔丹自己的期刊上。在漫长的文学生涯快要结束时,迪雅尔丹撰写了自己的历史《内心独白》,在这本书中他自夸创造了一种新的形式。但事实上,正是乔伊斯在《尤利西斯》中完全超过了《月桂树被砍掉》,他第一个赢得了这一荣誉。㉒

在发现迪雅尔丹几个星期后,乔伊斯因母亲病重从巴黎回到都柏林。此后的十五年,他在巴黎这个城市从未连续待过两个晚上。与之形成对照的是,那年春天,格特鲁德·斯泰因与梅·布科斯塔夫分手,从医学院辍学,离开纽约,并定居巴黎。1903年9月,她的哥哥、刚刚决定要当画家的列奥,邀请她分享自己靠近卢森堡公园的弗勒吕斯路的画室。斯泰因在那里完成了她的第一部小说《谨此作答》(*QED*),这

㉑ Charles de Sivry, "L'Indecision," *Saynétes et Monologues*, 3d ser. (1878).

㉒ Edouard Dujardin, *Le Monologue interieur: son apparition, ses origins, sa place dans l'oeuvre de James Joyce et dans le roman contemporain* (Paris: Albert Messein, 1931). 迪雅尔丹没有提及——也许是他不知道——正是他自己将内心独白传给了施尼茨勒。至少有一个评论家,约翰·波特·休斯敦(John Porter Houston)认为迪雅尔丹的朋友朱尔斯·拉福格运用了意识流技巧。"拉福格的《最后的诗》可以看作是一种意识流小说,在这部小说中,我们可以与主人公的意识进行亲密接触,在其中很难区分事实与想象、现在与过去、现实的言说和想象中的对话……迪雅尔丹的小说……很少有我们在拉福格的作品中看到的深深回忆和白日梦。后者的简洁技巧和指涉平面的不规则性实际上非常接近于……《波浪》……或……《声音与狂暴》等作品。" Houston, "Jules Laforgue," in J. Barzun and G. Stade, eds., *European Writers: The Romantic Century*, vol. 7 (New York: Scribner's 1985), 1906.

是受她刚结束的恋爱的启发而写。其风格或形式一点也不现代,但这段关系太过现代(同性恋),以至于《谨此作答》只能藏在抽屉里。而同时期的乔伊斯完全没有任何故事需要藏起来。

正如所有的乔伊斯专家所知道的,1904年是这位作家成名之年。在1904年,乔伊斯将戏剧创作放到一边,第一次(以"斯蒂芬·迪达勒斯"的笔名)开始写作和出版小说。也正是在这一年,他遇到了诺拉·巴纳克尔("我让她说所有那些肮脏的东西"),[23]并决定与她私奔,离开爱尔兰。为了永远纪念他们第一次在都柏林的林森德漫步的那一天,乔伊斯将他的巨著《尤利西斯》(一个都柏林的"皮尔金")中故事的发生时间设在这个日子——1904年6月16日。他还将自己四天后在卡姆登大街喝醉跌倒和三个月前游荡于夜城也写进小说。"打碎我的灵魂,你们全部,如果你们有这个能力!我要使你们全部就范。"1904年的第一个星期,1月2—6号,他还开始写《都柏林人》中最伟大的一个故事——《死者》。而就在这个星期,他开始写随笔:《一个青年艺术家的画像》。1904年2月2日,在乔伊斯的第22个生日,他开始将这篇随笔改成一部小说。一部关于他自己的小说,不久之前,他认为所有的形式从自我表现到戏剧性发展而来,"艺术家的个性,一开始是一种喊声或韵律或情绪,然后是流动和闪烁的讲述,最终从存在中净化自身",而这个艺术家"像造物的上帝,在他自己的创造物之中或之后或之外或之上,无形……不在乎,修理自己的指甲。"[24]

乔伊斯最早写的几个故事刊登在《爱尔兰家园》的8月卷和9月卷上,第二个故事《伊芙琳》,用自由间接话语方式来写,使读者一直留在主人公的意识中。到了秋天,乔伊斯已经写了十章《斯蒂芬英雄》。9月15日,在搬进圣蒂库弗(Sandycove)卡沃的马特罗塔楼(Martello Tower)之后的一个星期,他又搬出了那里,让他的室友,伟岸丰满的奥

---

[23] Joyce, *Ulysses*, rev. ed. by Hans Walter Gabler (New York: Vintage, 1986), 868.

[24] Joyce, *Portrait*, 215.

利弗·戈加蒂保留租约。9月16日，乔伊斯和诺拉确定他们私奔的计划，乔伊斯写信向叶芝、西蒙斯等所有自己认识的人借钱。10月8日，他们在都柏林的北墙渡口登船赴英国。如他在《一个青年艺术家的肖像》最后所写的带有易卜生痕迹的话，"你好，生活！"

这是一段兴奋的旅程。乔伊斯在他的任何一本书里都不忘写上这段。在他们抵达的里雅斯特一个小时后，乔伊斯就为了护照跟一个官员吵了起来，结果在拘留所待了一个晚上。现在他是一个漂泊的异乡客，就像大多数现代小说家们一样：在巴黎的加利福尼亚人格特鲁德·斯泰因；在伦敦的新西兰人凯瑟琳·曼斯菲尔德；漫游的挪威人纳特·汉姆生；所有作品都是在英国用英语写成的波兰人约瑟夫·康拉德；在巴黎用法文写作、在伦敦用英文写作的爱尔兰人乔治·摩尔；每次维也纳的反犹主义都会激发他内心深处放逐的施尼茨勒；在斯拉夫首都的操德语的犹太人卡夫卡；还有一直在巴黎不分昼夜地换住处，并把自己的社交生活和性生活放在平行宇宙上的普鲁斯特。总的来说他们得出了一个无可避免的结论，而当乔伊斯逃离自己祖国爱尔兰愚昧的沙文主义时，他也得出了这个结论：现代主义的写作不是民族的而是欧洲的，也许这是西方自中世纪以来第一次真正的世界文学。"无根的知识分子！"我们几乎可以从中听到阿道夫·希特勒——一个从德国边远地区来的失败的艺术家，在此时的维也纳度过同样的夜晚，写戏剧大纲、咒骂帝国首都的非德国知识分子——的抱怨声。乔伊斯也同样在这个奥地利海港勉强糊口，而诺拉，尽管痛苦却从未对乔伊斯不忠，惊奇于乔伊斯居然花了如此多的时间来读书。

乔伊斯的视力越来越糟，但他读书的目的是为了能够写出天才的作品，所以他还在坚持阅读。12月，他从摩尔那里得到摩尔的一本旧著，那是1895年出版的名为《独身者们》的三篇短篇小说，摩尔认为这本书是"较为先锋的,介于新旧形式之间"。㉕ 第一篇小说《米尔德里德·劳森》是关于一个女画家的故事,更确切地说,是关于她灵魂之旅的故事。它以少年的内心独白开场,在数次中断后又不断回到这一模式。显然摩尔非常清楚他的朋友迪雅尔丹在《月桂树被砍掉》中所作的创新,正如摩尔告诉迪雅尔丹,他发现:"这种形式,这种原形意象的形式,是我们时代最新颖的东西。"㉖乔伊斯对《米尔德里德·劳森》没有作什么评论,也没提到过他从中学到了些什么,或它对自己的文学目标有何意义,但在12月他和一个新的朋友开始将这篇小说译成意大利语,而在1905年新年后,他把这本书拿给诺拉读。他洋洋得意地告诉斯坦尼,"当她读这本书时,她说摩尔不知道如何给一个故事写结尾"。㉗诺拉不是一个非常专业的读者,但是她非常清楚如何使吉姆不妒忌。乔伊斯仍然要花很大力气才能赶得上《米尔德里德·劳森》——就在这同时意识就可能创造了它们的第一人称独白的直接性,以及对意识的发现,或"顿悟"。

小说家和哲学家似乎被同一力量所驱使,同时开始试图改变认识论的规则。传统的对客观性的坚持,观察者与被观察物之间的严格区分,对双方似乎同时都消失了。1860年,读者被诚恳地邀请了解一切:人物的内在与外在,公开的和私密的,一个又一个大门紧闭的房间。他不会即刻知道的唯一的事就是"什么还没有发生"——故事的结尾。这种结尾当然指向性,以及作者的精神,而这种精神应该像神一样飘荡,"在他自己的创造物之中或之后或之外或之上,无形……不在乎",超越

㉕ Joyce to Stanislaus Joyce, 15 December 1904, cited in Ellmann, *James Joyce*, 194 n. George Moore to Edmund Gosse, 1 March 1915, in Douglas A. Hughes, ed., *The Man of Wax: Critical Essays on Geroge Moore* (New York: New York University Press, 1971), 224. Cf. Melvin Friedman, *Stream of Consciousness: A Study in Literary Method* (New Haven, Conn.: Yale University Press, 1955).

㉖ Moore to Dujardin, 22 July 1897, in *Letters from Geo. Moore to Edouard Dujardin, 1886-1922*, ed. John Eglinton (New York: Crosby Gaige, 1929), 40; Dujardin, *Le Monologue interieur*, 18.

㉗ Joyce to Stanislaus, 19 January 1905, in *Selected Letters*, 51.

于其小说之上,这正是乔伊斯自己在1901年所设想的。认为自己是自觉的艺术家的作家们,如威廉·詹姆斯的弟弟亨利,在19世纪90年代开始揭开谜底,但虽然亨利·詹姆斯坚持其小说讲述者的"单一视角",他只有一次尝试用第一人称写小说,即《圣泉》。他于1901年完成并出版这部小说,但是他自己并不喜欢。现代读者也不喜欢。讲述者围绕着一场家庭聚会徘徊,试图解开激发了他好奇心的两对情侣的秘密。但是讲述者的意识表现得像灯塔一样,无休止地指向外部,内在缺乏所有现代读者在相信或关注小说主人公之前就已要求的无意识的感知。所谓的博学的作者甚至在其将自己写进或排除于小说之外时都保持博学的状态。《圣泉》真正的讲述者是詹姆斯,通过将自己变成小说里聚会的宾客,他还是把自己弄成了探照灯。并且正如詹姆斯所有小说的讲述者一样,他是全知全能的——当乔伊斯于1905年最初几个月在里雅斯特开始集中读詹姆斯的作品时,他没有忽略这一点。

今天已经很清楚,詹姆斯是19世纪最后一位前现代主义作家,当然也是最后一位伟大的前现代主义作家。1904年,当詹姆斯回到他的祖国美国,在费城发表文学演讲时,布林默尔和宾夕法尼亚学院的学生全神贯注地聆听,但这些学生中的下一代作家只有威廉·卡洛斯·威廉姆斯。格特鲁德·斯泰因在巴黎,正在撰写她的第二部小说,讲述了在布林默尔学院发生的一起桃色新闻:历史老师阿尔弗雷德·霍德为了学院院长、斯泰因的情人玛丽·格温,1904年离开了自己的妻子与格温私奔。一年后,1905年夏天,在佛罗伦萨城外的巴尔迪别墅,斯泰因开始写她关于一个野性难驯的年轻黑人女性的故事,即《梅兰克莎》,这是她《三种人生》中的第三个故事。这个故事是以第三人称写的,但对梅兰克莎的对话没加引号,而且如此即时地螺旋式上升,以至于读者始终感觉自己在梅兰克莎或她倒霉的未婚夫的精神之中。回到巴黎,斯泰因继续在晚上写《三种人生》,在"画室的佛罗伦萨长桌上。在塞尚著名的肖像的眼睛注视下,在昏暗的灯光里,她……一坐就是几个小

时,用她潦草而兴奋的笔迹写满一页又一页的儿童习字本。"㉘

对斯泰因的夜晚一无所知的乔伊斯,此时正越来越密切地关注摩尔的作品,因为乔伊斯在自己选择的道路上不断地遇见他。摩尔的唯美主义,他对性的规则和审查制度的蔑视,他对爱尔兰狭隘地方主义的憎恶,他对巴黎的发现和对西蒙斯、叶芝、魏尔伦的培养——总之,摩尔的主旨、摩尔的形式、摩尔的风格实验,甚至摩尔的生活——一直作为乔伊斯自己生活的注解震撼着他,当他发现它们存在缺陷时就会觉得高兴,而它们总是适时地出现。

1905年秋,乔伊斯写出了《都柏林人》的更多内容,计划作为一组反映愚昧无知的爱尔兰的现代现实主义故事集。当他不断收到出版商的拒信时,他得到了一本名为《处女地》的书,是对愚昧爱尔兰的现实主义讲述。它的作者当然是摩尔,但幸运的是,这本书在技巧上有些缺陷。他写信给斯坦尼说:"我读了摩尔的那本愚蠢、不幸的《处女地》,美国人因为它的'高超技能'而认为它有多么了不得。天哪! 它非常枯燥平庸,没错:写得糟透了。"㉙一年后类似的情形再次发生。这次是摩尔写的一本名为《湖》的小说,书中充满了一个失败的牧师戈加蒂的空想和内心独白,最后故事以戈加蒂象征性地跳进爱尔兰的一个湖里、在教堂外为自己施洗礼而结束。真实的戈加蒂,乔伊斯一度的室友,将作为勃克·穆利根出现在《尤利西斯》中。1905年11月,当《湖》的出版搁浅时,乔伊斯向自己的姑母写信问都柏林对此事的反应。㉚他似乎直到第二年夏天才读完这本书,那时他写信给弟弟斯坦尼斯洛斯说,序言是"一个既不能读也不能写英语的法国朋友(然而无疑是个聪颖的艺术

㉘ James R. Mellow, *Charmed Circle: Gertrude Stein and Company* (New York: Avon, 1975), 92.

㉙ Joyce to Stanislaus, c. 23 September 1905, in *Selected Letters*, 78.

㉚ Joyce to Mrs. William Murray ("Aunt Josephine"), 4 December 1905 (*in Selected Letters*, 81),问她要"一份都柏林的报纸关于摩尔的小说《湖》的批评,其中有 O. 戈加蒂(O. Gogarty)牧师"。

家)用法文写的",他没告诉弟弟,这是摩尔的导师迪雅尔丹的内心独白。㉛ 他告诉斯坦尼斯洛斯他要送他一本《湖》,但这要等到他有钱之后。㉜ 在下一封信中,乔伊斯表达了自己的愤怒,他说自己写得"足够多",却没有得到回报,并提供了另一个对摩尔的一本畅销书的攻击——"哈,《湖》的结局有什么好的? 我看不出。"㉝

《湖》的结尾是戈加蒂神父的反洗礼,非常像斯蒂芬·迪达勒斯在《一个青年艺术家的肖像》第四部分结尾那样的戏剧性跋涉。㉞ 摩尔在今天几乎已经被人们遗忘了,人们带着奇怪的感情阅读他,而他是乔伊斯自己的施洗约翰。摩尔端着自己的头,活着见到了《尤利西斯》的出版,在其中他多次出场,并被比喻为堂吉诃德。"我们民族的史诗已经出现,斯格森博士说。摩尔就是写出史诗的人。一个都柏林带有悔恨表情的骑士。"㉟但是事实上——让爱尔兰沮丧的是——《尤利西斯》才是爱尔兰的民族史诗,就好像正是《一个青年艺术家的肖像》而非摩尔的四部回忆录成为这个世纪的小说式自传典范。㊱ 至少,人们可以说,乔伊斯和他的主人公确实"读了"摩尔,而格特鲁德·斯泰因比他们和任何其他人读得都要多。1906 年,斯泰因开始着手创作《美国人的成长》,这是她篇幅最长的一本书,有史诗的意味,但主要是她自己家庭的

㉛ Joyce to Stanislaus, 31 August 1906, in *Selected Letters*, 100. 17 August 1905 是摩尔在《湖》中题献给迪雅尔丹的日期,摩尔当时和迪雅尔丹在枫丹白露。George Moore, *Letters to Lady Cunard*, 1895-1933, ed. Rupert Hart-Davis (1957; Westport, Conn.: Greenwood Press, 1979), 44.

㉜ Joyce to Stanislaus, 6 September 1906, in *Selected Letters*, 101.

㉝ Joyce to Stanislaus, c. 18 September 1906, in *Selected Letters*, 106.

㉞ Moore, *The Lake* (1905, 1921), ed. Richard Allen Cave (Gerrards Cross, U. K.: Colin Smythe, 1980), 170-78.

㉟ Joyce, Ulysses, 158, lines 307-10.

㊱ Moore, *Confessions of a Young Man* (1888; New York: Putnam's, 1959); *Memoirs of My Dead Life* (1906; New York: Boni and Liveright, 1920); *Hail and Farewell*, 3 vols. (New York: Boni and Liveright, 1923); and *Conversations in Ebury Street* (1924; Dublin: Ebury Edition, 1936). 乔伊斯似乎没有看过第二部,这本书是手稿,后来私下出版。他也没看过第四部。

故事。与《梅兰克莎》相比，它不那么现代主义，更有距离感，用第三人称叙述方式，是批判式的、詹姆斯式的，但仍然是奇特的。事实上，斯泰因通过对小说所有部分——从章节到句词——的不断重复，找到了一种新的消解时空的方式。这本书一直被出版商拒绝，直到1924年才得以出版。1906年春天，当她常常来回跋涉去蒙马特给毕加索当模特时，她开始收到《三种人生》的第一轮拒信。她的哥哥列奥不舒服，而一年后爱丽丝·托卡拉斯将走进她的生活。她写信给梅布尔·维克斯说："我害怕自己永远也写不出最伟大的美国小说……梅米，我很伤心。"[37]《三种人生》直到1909年7月才得以出版，这是在施米茨具有里程碑意义的首次阅读《一个青年艺术家的肖像》六个月之后，并且斯泰因得自己掏钱付印。

乔伊斯同样被拒绝，有时这种拒绝来自同一个出版商，但是他无力负担自费出版的费用。与斯泰因一样，他继续坚持写作。1907年2月，乔伊斯在自己25岁生日后不久，开始写作《死者》，一个具有欺骗性的简单、完美的短篇故事，讲的是一个失意的作家在都柏林的新年聚会上的经历，通过巧妙地运用自由间接话语，他的精神世界被精致地从内部呈现。对摩尔《无用的财富》的重新阅读提示了这个故事的特点，乔伊斯在9月的第二个星期完成了它。这一"乔伊斯作品的关键点"成为《都柏林人》的最后一个故事。[38] 一年前构思的另一个故事正在创作中，这个故事以都柏林最近的一起离婚案为基础，故事名暂定为《尤利西斯》，但乔伊斯打算把它移出《都柏林人》并扩写为一部小说。[39] 就在

[37] Stein to Mabel Weekes, n. d., Yale Collection, quoted in Mellow, *Charmed Circle*, 101.

[38] Ellmann, *James Joyce*, 261.

[39] "另外，我有了一个都柏林人的新故事的构想，是与亨特(Hunter)先生有关的。"Joyce to Stanislaus, 30 September 1906, in *Selected Letters*, 112. "吉姆对我说他准备把他的故事《尤利西斯》扩充成一本书，在其中要塑造一个都柏林的'培尔·金特'(Peer Gynt)。" Stanislaus Joyce, *Diary*, 10 November 1907, in Ellmann, *James Joyce*, 274.

那个星期他完成了《死者》的写作，拿起《斯蒂芬英雄》，开始将其改写为《一个青年艺术家的肖像》。

这种改写需要大幅删除，而删除比写作更难。《斯蒂芬英雄》保留下来的手稿，有230页标准印刷页码，删改成为仅有一章、92页的《一个青年艺术家的肖像》。乔伊斯删掉了他所喜欢的句子，以及一些（具有破折号而不是引号的）对话。然而，其主要部分都集中在与斯蒂芬·迪达勒斯有关的事物上，更确切地说是在斯蒂芬·迪达勒斯中。世界是在他的意识中撞击的东西，"源于不重要的事件"，正如埃托雷·施米茨对它们的称呼，或这样的事实，即"您严格的观察和描述方式不允许您给予本身并不丰富的事实以丰富性"。但是事实的丰富和重要性——顿悟——来自主人公对它们的赋予，而不是作者。作者磨着指甲，留给读者去聚集提高的共鸣、新方法所要求的更自由的道德想象，以及施米茨所没有的学习时间。施米茨甚至要等上几年才能读到最后两章，这两章描述斯蒂芬·迪达勒斯进大学、失去信仰，以及去巴黎成为一个艺术家。直到1914年，詹姆斯·乔伊斯才在《一个青年艺术家的肖像》的最后加上斯蒂芬著名的自负的告别："我去遭遇百万次经验的真实性，锻打我的灵魂，我们这个族类还未出现的良知。"

无论如何，施米茨在1909年读的三章构成了第一部完全现代主义的小说杰作，第一幅完全直接的时代艺术家肖像，在这个时代，艺术家的意识成为脆弱的绝对性之最后遗存。（由于叶芝、庞德和朵拉·马斯登的帮助）最后发表于1914—1915年《新自由女性》上的《一个青年艺术家的肖像》，是一个故事、一段历史，它的细节是按照时间顺序的意识的无标记的内容，然而在其他方面却是随机的，留给读者的挑战要是把它们拼凑起来。弗吉尼亚·伍尔芙的《远航》和多萝西·理查德森的《尖屋顶》，是与《一个青年艺术家的肖像》在同一年印刷、质量相近的另外两部处女作。更不用说林·拉德纳的第一部小说——喜剧独白《布舍尔家书》，它刊登在3月的《星期六晚邮报》上。H. G. 韦尔斯——理查德森流产的孩子的父亲——立即注意到这些情况：他在自己关于

《一个青年艺术家的肖像》的评论中写道:"它是一个锯齿形碎片的马赛克拼贴。""技巧上有点吓人,但是总体来说是成功的。"⑩

撰写现代主义作家的历史很像他们自己的小说创作。事件的展开使我们的编年史体系落空。我们可以将普朗克的顿悟精确到他达到顿悟的那个星期,而在康托那里甚至可以精准定位到具体哪一天,但是小说要求更多的技巧。不仅仅是花几年的时间写一部小说,而是仅仅为写一部小说做准备就要花几年的时间。乔伊斯在1907年构思《尤利西斯》,试图把人类的全部经验融合进6月的一天,而这用去了他十五年的时间。别雷试图进行类似的尝试,他用了八年。普鲁斯特让二十年的时光在一杯茶中优雅地展开,但是将其形成文字用了——他的余生——十六年,而且普鲁斯特预期在1909年以前,自己还有十四年的见习阶段。斯泰因尝试了相反的策略,消除了一天与另一天之间的界限,但是她也用了六年的时间。当理查德森写顺了之后,她可以一年写一部小说,但事实上与普鲁斯特一样,她在二十三年间发表的所有的小说都是以分期方式写作的同一部小说。同样的伍尔芙,她的小说只是她自己姗姗来迟的才华的冰山一角,部分是由于她的首部小说花了六年时间。只有卡夫卡和曼斯菲尔德省下了艺术的漫长等待,那是因为肺结核在1923至1924年间夺去了两人的生命,此时他们的小说还未完成,只有故事和提纲付印。所有这些作家和他们分散而同时发生的马拉松写作行为,如何才能被融入同一个讲述中呢?问问那些作家吧。他们面临着同样的问题。与现代世界的全部范围和无中心、未分化的人类经验的永恒扩张的宇宙相搏斗,其结果是我们现在称之为"现代主义的"他们的小说。聚焦的失败和传统叙述方式的崩溃是他们新发现

---

⑩ 对H. G. 韦尔斯评论的引用,参见 Robert H. Deming, ed., *James Joyce: The Critical Heritage*, Vol. 1: 1902-1927 (New York: Barnes and Noble, 1970), 87. 另一个评论人爱德华·加尼特(Edward Garnett)是出版商指定的海因曼的读者,他认为《一个青年艺术家的肖像》"完全是碎片化的"。Hugh Kenner, *The Mechanic Muse* (New York: Oxford University Press, 1987), 72.

的一部分。也许历史也应当搏斗。

但正如詹姆斯·乔伊斯所说的,历史"是我试图从中醒来的噩梦"。也许这永远不是一个历史学家的命运,即去体验乔伊斯首次看到《一个青年艺术家的肖像》整体时的兴奋,或体验马塞尔·普鲁斯特 1909 年 1 月坐在床上、身边环绕着不连贯的评论随笔散页,将一匙汤药跟一点儿面包送进嘴里,感觉整个的过往随着完美的聚焦,如同孩子的纸花般开始在他脑海中展开的狂喜。

第二十章 瓦西里·康定斯基

无目的的艺术

1911—1912

> 现在已消失的散步者广场(Promenadenplatz)和马克西米利安广场(Maximiliansplatz)的高高的、狭窄的屋顶,是施瓦宾格古老的部分,特别是奥(Au)的古老部分,它们是我一次无意之间发现的,它们使这些童话变成现实。蓝色的有轨电车穿过街道,像童话故事的空气——人们愉快地呼吸这种空气——有了具体的体现。黄色的邮筒在街角唱着它们尖锐、鲜黄色的歌。我喜欢"艺术山"这个称呼,感觉自己在一个艺术之城,于我而言这就等于是在童话之城。
>
> ——瓦西里·康定斯基:《回忆录》

这个城市是慕尼黑,德国南部巴伐利亚州的首府。这位艺术家是瓦西里·康定斯基(Vassily Kandinsky),1911年他生活和工作在慕尼黑的波希米亚郊区施瓦宾格。他在艾恩米勒街(Ainmiller Street)36号的画室是一个活跃的漩涡,而1911年是他的"奇迹年"。在他45岁的那十二个月,康定斯基画了一打重要的绘画作品,以及无数的习作和速写,并在三个国家的四个城市展出了他的作品。此外,他还发表了关于现代艺术理论的两篇论文和一本初步成形的著作,编撰了第二本书,他首次将中欧在艺术领域的大多数重要声音汇集在一起,并且组织策划和举办了一个国际性展览——这个展览至今仍被认为是现代主义艺术早期两次最为重要的群体展览之一。1911年一纸离婚判决书终结了他的第一次婚姻。最后,在做这些事的过程中,康定斯基还画了一幅能够配得上这些称谓——"抽象派""非具象艺术""非再现性"艺术——的最早一批画作之一。

康定斯基的奇迹年以慕尼黑另一对艺术家在家中办的新年聚会开场,聚会之后康定斯基跟他们去听一个新的作曲家——阿诺德·勋伯格——的作品音乐会。另一个城外的宾客是一位名叫弗朗茨·马克的画家,他从那天开始与康定斯基结下了持续一生的友情。不到一个月,马克写下了"与康定斯基度过的那几个小时是我最有意义的经历"这样的话。

  我最初的反应是受他有力的、纯粹的、火焰般的色彩所感染,感觉非常愉悦,接着我的理智开始起作用。你无法逃离这些画面,而如果你试图完整地了解它们,你会感觉自己的头快要爆炸了……①

这些精神喷涌画面的制造者,有着突出的黑色胡须,厚厚的眼镜后面有一双梅菲斯特般的杏仁眼。康定斯基的室友加布里埃尔·蒙特本身也是一个出色的画家,蒙特给他画了几幅小的肖像,这些肖像通过一种深不可测的含蓄和一种古怪的权威、几乎是先知般的持重制造出教授的皱纹。他对自己所做的事很确定。事实上,他如此自信,以至于每次画家同侪在一起时他们总是选康定斯基为大家主持一切。他有点独立的收入作为支撑。1909年,施瓦宾格先锋派响应他的号召,成立了一个展出协会——"慕尼黑新艺术家联盟"(NKVM),并很快选举他为

---

  ① Franz Marc, *Papers*, 10 February 1911; in Susanna Partsch, Franz Marc, 1880-1916 (Cologne: Benedikt Taschen, 1991), 30; cf. Hajo Duchting, *Kandinsky* (Cologne: Benedikt Taschen, 1991), 30.

主席。以协会为依托,他在1910年秋天举办了一个展览,第一次将法国立体派艺术和俄罗斯新画家的作品带到德国。康定斯基自己是一个俄国人,一个莫斯科人,而NKVM中也有一半是俄国人。他们去慕尼黑学习艺术,而要学习艺术,就必须待在慕尼黑。

慕尼黑涌动着文化先锋热潮。刊物《同步画派》(*Simplicissimus*)和《青年》,与它们的新艺术风格一起被称为"青春艺术风格",就是在慕尼黑开始的。巴黎之外的第一家"十一刽子手歌厅"自1900年起就在慕尼黑创办,剧作家弗兰克·魏德金德是其中的一分子。托马斯·曼在这里撰写故事,施特凡·格奥尔格在这里写诗。但正是艺术家们,尤其是画家们,是躁动不安的人当中最躁动的。慕尼黑是几十万人的家园,而在那时似乎其中的一半人都是艺术家。很多人来自遥远的地方,如彼得堡、格拉斯哥、敖德萨等。至少1869年的一个慕尼黑艺术展吸引了10万参观者,是1869年慕尼黑人口的60%。[②]慕尼黑的古代雕塑展览馆是中欧最古老的公共博物馆,而慕尼黑近代美术馆直到19世纪90年代都是德国唯一公共收藏当代艺术的展览馆。这里还有一个既不是古代也不是当代的第三个博物馆,第四个是柏林分离画派的小型画廊,第五个用于工业展览,但常常用来展出艺术。第六个展览馆格拉斯宫是德国最大的展览馆,它有时被用来进行大型展出。1892年,慕尼黑艺术家的分离派是中欧首个宣布独立的艺术团体。虽然到了1911年这个团体已是强弩之末,它的成员变成体面人,一群新的艺术家们已经崭露头角。1911年,人们开始称他们为"表现派艺术家"。

"表现主义"这一术语1911年在德国首次出现,形容从马蒂斯及其

---

② Maria Makela, *The Munich Secession: Art and Artists in Turn-of-the-Century Munich* (Princeton: Princeton University Press, 1990), 6.

志趣相投者即野兽派终结的地方继续向前的法国绘画的新潮流③。对于野兽派的作品,曾于1906年至1907年在巴黎待了一年的康定斯基,能够对其作第一手的描述:形式是简化的,色彩是饱和的,并且表面满载颜料。最初是在绘画领域,后来是在戏剧和诗歌领域,1911年以后"表现主义"被用来形容德国的先锋派,非常像"未来派"被用来形容意大利的先锋派。它被用来追溯形容斯特林堡的戏剧。对于画家来说,它代表了用凡·高替代修拉作为典范,以及对一个新目标的确认:不是去画自然生活的被观察的瞬间,而是自然的内在生命,以及艺术家的内在生命。这一风格在世纪之交,在这一术语出现之前就已传到德国。在小型的艺术家协会如德累斯顿的"桥协"、不来梅的"渥尔卜斯威德画派"、慕尼黑周围成功实行了分离主义的"新触击"(Neu-Dachau)、"方阵"和"粘土"团体,表现主义已经初现端倪。康定斯基已经见过一些能够称得上表现主义的法国、德国和俄国作品,他也喜欢这些作品。事实上,他创立了慕尼黑的"方阵"协会,并帮助协会举办了全部10场展览。他的新朋友弗朗茨·马克在离慕尼黑不远的一个村庄画蓝色的马和黄色的牛,而蒙特、马里安·沃尔夫金、阿列克谢·雅弗林斯基以及其他帮助他创建慕尼黑新艺术家联盟(NKVM)的邻居,也在施瓦宾格创造表现主义艺术。尽管如此,康定斯基自己的作品与之不同。虽然他经常以获得"侨社"钟爱的简化形式做了一些出色的木版画,但他近来几乎已经放弃,转向慕尼克乡村的民间艺术家代代相传的玻璃绘画方式,并且不仅简化其作品的形式,还简化其题材。与野兽派大胆使用颜色、将白色帆船画成橙色不同,康定斯基在过去的、童话和神话传说

---

③ 英国《泰特杂志》(*Tait's Magazine*)1850年第394/2号的一篇评论文章指出"现代画家的表现主义流派"(《牛津英语辞典》的"表现主义"词条)。更早一些时候,法国评论家路易斯·奥塞勒(Louis Vauxcelles)曾使用"expressioniste"(表现主义)来描述马蒂斯的作品。1901年画家朱利安-奥古斯特·埃尔韦(Julien-Auguste Hervé)曾把他的一组自然习作称作"expressionisme"(表现主义)(Wolf-Dieter Dube, *Expressionism*[New York: Praeger, 1972], 18)。但是这些零星的评论似乎没有带来表现主义的春天。

的场景上泼洒原始的色彩。在他曾经画火车呼啸着穿过可辨识的乡村的地方,后来他又画众多弓箭手飞跃在山脉轮廓下的奇幻风景。

甚至他的画作题目也在发生变化。"以线性绘画形式表现的'外部自然'的直接印象",他现在称为"印象派",虽然它所呈现的东西远远不是光线的瞬间效果。他在1911年创作了第一幅印象主义作品。两年前的1909年,他画了自己命名为《即兴创作》的第一幅画。他1911年写道,即兴创作的源头"主要是无意识,多半是突然出现的内在特点的活动表现,从而是'内部自然'的印象"。另一种画则是他称为"组合"的画。1910年,他画了自己最初的三幅"组合"画。"组合"表现了同样的内在活动,但是画它们要费更多的时间,因为"在最初的速写之后",康定斯基"缓慢地、简直是老夫子式地"琢磨如何把它们表现出来。④

换言之,康定斯基不是试图画他所看到的东西,而是他所感觉到的,或毋宁说,他所体悟到的内在自我。虽然他所体悟到的内在的东西没有形体,康定斯基却十分确定它们是实体,非常值得画出来。他相信通过一种能在自己内部找到的机能轮番体验它们,并且可以用其他东西达到——他用了一个毫无疑问是宗教术语的"灵魂"来指称这种东西。康定斯基生于1866年,比弗洛伊德小十岁,弗洛伊德称灵魂为"心灵",并认为其未解之谜可经由身体来解释。但是康定斯基不像弗洛伊德那样认为唯物主义的太平盛世将要到来。他认为唯物主义已经走向终结。他看不到宗教信仰和对艺术的彻底改造之间有什么冲突,他毋宁认为这两者是可以相互强化的。除了一些上了年纪的俄罗斯象征主义者,没有多少艺术家仍然这样想了。也许康定斯基观点的关键之处在于通感,波德莱尔曾在他的十四行诗《应合》中写过这种状况,即五种感官中的任何一种产生的感觉能够唤起其他感官的相应感觉。康定斯基是一个大提琴手,同时也是一个诗人,他的五官中的任何一种都能够

---

④ Kandinsky, *Über das Geistige in der Kunst* (On the spiritual in art) (1911), trans. in Kandinsky, *Complete Writings on Art*, ed. Kenneth Lindsay and Peter Vergo (New York: Da Capo, 1994), 218.

产生共振。他非常敏感,尤其是对色彩:

> 作为一个十三四岁的男孩,我终于省下足够的钱给自己买了带油画颜料的画盒。直到今天我仍然记得当颜料从管子里挤出时的感觉——或更确切地说,那时我经验到的感受。手指的轻轻一挤,这些奇异的东西就出现了,一个接着一个,这就是颜料——愉悦的,庄严的,沉思的,梦幻的,自恋的,深沉的,带着淘气的体验,带着放松的叹息,带着哀叹,带着反叛的力量和抵制,带着顺从的柔软和忠诚,带着倔强的自控,带着敏感,岌岌可危的平衡。⑤

确实,正是很久以前在祖国俄罗斯,视觉与其他感官感通的那一刻,康定斯基最终成为一个艺术家。1891 年至 1895 年间的某个时候,新婚而且刚刚被聘为法学院助教、在经济学和人种学方面有研究兴趣的康定斯基,去莫斯科看一个法国印象派画展,"突然,第一次"看到了一幅画。这是莫奈的《干草堆》,它是时间系列的一部分,固定了光的效果。但是康定斯基没有看到干草堆,他看到的是画:

> 这是一堆干草堆,展览目录上是这么写的。但是我没有认出它。我发现这种无法识别很痛苦,并认为画家无权画得这么朦胧。我有单调的感觉:这幅画缺乏客体。但同时我惊讶和困惑地发现,这幅画不仅仅吸引了我,它还将自己无法根除地印刻在我的记忆里,不期然地在我眼前回旋,直到每个细节。这些对我来说都是无法明了的,我从这些经验中也得不出哪怕是最简单的结论。然而,对于我来说很明白的就是,那些以前对我隐藏的调色板的无可置疑的力量,它超越了我所有的梦想。绘画呈现出一种神话的力量和壮丽景象。尽管是

---

⑤ Kandinsky, *Rückblicke* (Reminiscences) (1913), trans. in *Complete Writings on Art*, 371-72.

无意识的,在画作中不信客体是一个基本的要素。⑥

第一次洞察的一连串进展将康定斯基从莫斯科送到了慕尼黑。他回忆说,几乎同时,他惊讶地以色彩和线条的方式体验到了瓦格纳的《罗恩格林》的音乐,并且理解了"原子的进一步划分",也许是 1894 至 1897 年间电子的发现。"在我的灵魂中,原子的崩塌等同于整个世界的崩塌。突然,最坚固的墙被粉碎。一切都变得不确定,岌岌可危和非实体。"⑦

1911 年,也就是约二十年后,婚姻走到尽头、法律事业已成回忆的康定斯基,仍然试图弄清这些突如其来启示的后果。正是在这一年,他画了最早五幅标了序号的印象派画作,副标题分别为《莫斯科》(2 号)、《公园》(5 号)等。一个仅仅是走马观花的人也能看出这些画的主题,但只有非常专注才能将它们从康定斯基画作一贯的形状和色彩中分辨出来。《即兴作品》19—22 号仍然更为主观。《构图》第四号和第五号将把绘画带到极端主观的边缘。所有这些画他都是在 1911 年完成的。

尽管只有少数画家把时间耗费在写作上,康定斯基却写得非常多,多到甚至使那些无法懂得他新作品的人也能了解他的意图。他已经写了一本里程碑式的抨击实证主义和唯物主义的书,这本书解释了他通往绘画的唯一通道,即《论艺术精神》。1910 年他向一位听众读了这本书,并劝服这位具有冒险精神的慕尼黑艺术出版商派珀在 1911 年将其出版。他在这本书中写道,绘画要用三种不同的工具:色彩、形式、主题,以促成他所说的灵魂的"声音"。每一种工具都发挥其自身的魅力,例如,色彩和形式如果不服务于主题就无法存在。而每一种工具又独立运作,与其他工具一起在观看者的内心创造出和谐或不和谐。阿诺德·勋伯格在音乐如何起作用方面有类似的观念,而 1911 年元旦与慕尼黑的朋友们一起聆听勋伯格突破性的《弦乐四重奏》第 2 号的康定斯

---

⑥ Kandinsky, *Rückblicke* (Reminiscences) (1913), trans. in *Complete Writings on Art*, 363.

⑦ Kandinsky, *Rückblicke* (Reminiscences) (1913), trans. in *Complete Writings on Art*, 364.

基，立即就看到了这一点。他开始给勋伯格写信，论述他们的艺术之间的对应。康定斯基的著作《论艺术的精神》对比了绘画和音乐这两种可以直接作用于灵魂的艺术，但是康定斯基争辩说，绘画可以用的各种方法，在音乐上却从不能被很好地理解。

整个1910年，康定斯基的绘画都是为了更好地了解色彩、形式和主题的不同作用，而从1911年开始，他接近了他所认为的下一步：如何区分用形式或色彩勾画一个主题材的方法和另一种更为"抽象"的方法。他认为，一张脸的轮廓，同时表达两种观念。一种是已知对象的形状——一张脸，另一种是椭圆的变形——有着与其自身含义非常不同的完全抽象的形式。脸的色彩又是一种抽象，以一种形式所做不到的方式表达无限的延伸。康定斯基在1911年画的以马和骑手为题材的半打作品中，仍然让题材成为可识别的，但是越来越多地停留在其抽象形式中，其他形式的内在"声音"创造了与骑手和马的"声音"和谐与不和谐，因此有了比仅仅是人和兽的变形的轮廓更多的东西。

1911年2月康定斯基开始画《构图》第四号。正如他所回忆的，他的"内在迫切需要"驱使他充分利用八个"基本要素"来演绎这幅画，包括"左边和上方的强烈动作"，"模糊的和波状的外形的对比"，以及"色彩超越形式的优势"。尽管观看者很难看得出来，《构图》第四号实际上画的是一场战斗，以一座顶上有城堡的山为画面中心，左边是战斗中的骑士和马，中间是枪骑兵，右边是两个徒步的人和两个斜躺的人。他们在空间定位的唯一提示是一个主题与另一个主题的交叠。具有怀疑精神的人，知道康定斯基离不了厚厚的眼镜，就把他们自己在理解康定斯基画作方面遇到的障碍归罪于作者的近视，但这不是解决问题的办法。⑧《构图》第四号与模糊地再现人与自然客体无关，漫溢的色彩敲响了自己的"声音"，这正是康定斯基有意为之的：一条红、黄、绿、深蓝

---

⑧ Jelena Hahl-Koch, *Kandinsky* (New York: Rizzoli, 1993), 168–69. 这是康定斯基的一本重要的传记。

类似彩虹的抛物线,山顶强烈的冷蓝色,斜躺的两个人背后山的嫩黄色。康定斯基实际上把这种黄色看作画的完全独立的第二种含义。如他自己两年后回忆的,"这种明亮-甜蜜-冷的情调[黄色]与棱角分明的动作(战斗)的并置是这幅画的主要对比。"⑨

康定斯基有很多年都用强烈的色彩,由于另一次视觉通感,他开始明了它们深层的影响。那是一个夏天。

> 1911年夏天,德国热得非比寻常,并且时间长得令人绝望。每个早晨当我醒来时,都能看到窗外明晃晃的蓝天。雷声来了,落下几点雨,又过去了。我有一种重病的人必须要出汗但又出不来的感觉……皮肤像要裂开来一样。呼吸也很困难。突然,所有的一切对我来说都成了白色,白色(极端的寂静——充满各种可能性)在一切地方自我展现和明显的扩张……从那时起,我知道了这种原初的颜色在自身中隐藏的出人意料的可能性。⑩

康定斯基发现,白色是一种如其自身的原始性那样能够唤起感情的颜色,只需在其变化幅度内进行调节,而它的变化幅度不少于任何一种其他的颜色。这一体验似乎同时推动了他走向彻底的抽象。

> 这一发现把所有的绘画理念都颠覆了,并且展示了一个人们先前不敢相信的王国。换言之,同一特点的内在的,千倍的无限的价值,获取和致力于无穷系列的简单联合单一特点的可能性,在我面前撕开绝对艺术王国的大门。⑪

---

⑨ Kandinsky, "Three Pictures," appended to *Reminiscences* (1913), in *Complete Writings on Art*, 384.

⑩ Kandinsky, "Cologne Lecture" (1914), in *Complete Writings on Art*, 397.

⑪ Kandinsky, "Cologne Lecture" (1914), in *Complete Writings on Art*, 398. 在慕尼黑同样炎热的夏天,T. S. 艾略特在他的巴黎笔记本中差不多快完成了《阿尔弗瑞德·普鲁弗洛克的情歌》。

8月，康定斯基开始画《构图》第五号。[12] 这幅画也有一个主题——基督教《启示录》中死者的复活。但是当康定斯基开始着手用线条和色彩唤醒这种递进的视觉时，留在帆布上可以被感觉到的真实的题材却比《构图》第四号还要少。这一题材存在于画家的脑海里已至少一年以上，沿着这条路，康定斯基作了一幅画，画中加百列自己吹响号角，音乐会上其他几位圣者能够很容易地召集一支新奥尔良铜管乐队合唱《当圣徒起身朝圣时》。[13] 1911 年康定斯基画的许多骑士中，有一幅是《骑士启示录》的玻璃蛋彩画。似乎还有两幅玻璃画和一幅圣乔治的油画，另一幅有伊甸园的鸟雀和地狱之犬的小幅玻璃画属于同一种类。[14] 这一题材的多个方面在最终的画作中被深度唤起，不是通过再现题材，而是通过运用线条和色彩。康定斯基写道："我从颜料上剥夺了它们清晰的调子，把它们的表面弄潮湿，以使它们纯粹和真实的本性发出光辉，如同透过磨砂玻璃一般。"[15]那时康定斯基终于看到了毕加索的新作，那是巴黎画商坎维勒给康定斯基看的毕加索一些立体主义作品的照片。康定斯基 10 月写信给马克，着了魔似地谈论毕加索：

> 把对象切成碎片，在画中散得到处都是。画是由碎片的混乱状态构成的……这种解构非常有趣。但是坦白地说我看到的是"不真实"。我很高兴它是与无形思想作无数斗争的象征。[16]

此时康定斯基找到了他自己的无形思想，一幅既非印象派，也非即兴创作，也不是组合的画。他简单地名之为《有圆圈的画》。这幅画尺

---

[12] 康定斯基，构图五号（帆布油画），瑞士私人收藏。

[13] 康定斯基，《万圣节》Ⅰ（纸板油画）；《万圣节》Ⅰ（玻璃画）；《万圣节》Ⅱ（帆布油画）；《最后的审判中的天使》（玻璃画），皆收藏于慕尼黑伦巴赫都市画廊（Städtische Galerie im Lenbachhaus）。

[14] 康定斯基，《天启的骑士》（玻璃蛋彩画）；《圣乔治》Ⅰ、Ⅱ、Ⅲ（两幅玻璃画，一幅油画）；《地狱之犬与天堂之鸟》（玻璃画）。皆收藏于慕尼黑伦巴赫都市画廊。

[15] Kandinsky, "Cologne Lecture," October 1914, in *Complete Writings on Art*, 399.

[16] Kandinsky to Franz Marc, 2 October 1911, in Hahl-Koch, *Kandinsky*, 196.

寸极大,大约有 3.5 英尺×4.5 英尺。直到最近它还躺在格鲁吉亚第比利斯国立艺术博物馆的仓库里,而一幅小型水彩画吸引了学者的注意,这是一幅完成日期为 1910 年的纯粹抽象水彩画,其主人公是康定斯基的第二任妻子。然而,这幅水彩画非常像康定斯基 1913 年创作的第一幅完全抽象的《构图》,当六年后《有圆圈的画》完成时,"第一幅抽象水彩画"被重新确定为"《构图》七号的习作",争论也就变得没有实际意义。⑰ 根据康定斯基本人的说法,《有圆圈的画》是"我作于 1911 年的第一幅抽象画",这也是他画的第一幅完全无主题的画。⑱

他似乎是在完成了《构图》四号或五号之后画这幅作品的,也就是说,可能是在 1911 年冬季。如康定斯基自己所回忆的,《有圆圈的画》是"一幅很大的画,几乎是正方形的,有着接近真实的形体,右上角有一个很大的圆圈。"⑲换言之,这是不加情感渲染的记忆。但这是在他已多年未再见过这幅画之后。"右上角的圆圈"是黄色的,中间有一个无法忽略的海蓝色的杏仁状斑点,像动物的瞳孔。同样引人注目的是,在画的下部边缘,一边是粉色,一边是深玫瑰色,左边有一个巨大的、被红色锯齿形线条从中分开的黄色圆球,右边有一个带黑色支架的深蓝色泡泡。康定斯基对这幅画"不满意",认为其色彩和形状没有完全达到他在灵魂中引发最深的共鸣的目的,所以他既没在画上签名,也没把这幅画收进自己的作品目录。然而,后来他确实记得自己的这幅画,说它是"一幅'历史性的画'……世界上第一幅抽象画,因为当时没有其他画家画抽象画。"⑳

但这种说法是不确切的。同一年,即 1911 年,在巴黎郊区皮托(Puteaux)——距离修拉的大碗岛一两里的塞纳河上游——的一处乡

---

⑰ Hideho Nishida, "Genése de la premiére aquarelle abstraite de Kandinsky," *Art History* 1 (1978),1-20.

⑱ Kandinsky to J. B. Neumann, 4 August 1935, in Hahl-Koch, *Kandinsky*, 181.

⑲ Kandinsky to J. B. Neumann, 4 August 1935, in Hahl-Koch, *Kandinsky*, 181.

⑳ Kandinsky to J. B. Neumann, 28 December 1935, in Hahl-Koch, *Kandinsky*, 184.

村小屋中，弗朗索瓦·库普卡也已经开始踏上朝向抽象画的漫长途程。其实他开始得比康定斯基还要早。此时，他已经为一幅舞台布景的单幅大画忙了近三年。在他位于勒梅特街7号的简陋画室中，他为这幅画画了大量的习作，一些是铅笔画，其他的是彩色蜡笔画或彩色粉笔画。1911年初最后一幅习作是有不同颜色扇区圆盘的油画，那些扇区本身就是抽象的；还有一幅1909年的巨大的油画习作，画的是自身，一幅巨型浅紫色帆布，在宏伟的螺旋线上覆盖着浅白色圆盘。人们或许会以为其主题——如果它有主题的话——是太阳系的进化，但库普卡的标题却是简单的《第一步》。最后，在画室看起来破旧不堪的后部，有一幅库普卡为他的继女安德莉画的肖像油画，笨拙的、未发育的裸体，摆的姿势是在后花园玩红蓝条纹球。库普卡在1908年画了这幅现实主义作品，正是在这一年，勃拉克和毕加索从《亚威农的少女》开始进入立体主义，但《玩球的女孩》是引发库普卡总设想的画，[21]这个设想是1912年最终完成的《无定形》——没有形状的希腊人。

　　库普卡也是一个移民巴黎的异乡人，一个先后从布拉格和维也纳美术学院辍学去巴黎——因为它是新事物之都——的捷克人。他曾在蒙马特食不果腹，也曾与前康康舞明星拉·古留（La Goulue）有过一段恋情，曾为象征戏剧布景画过大幅具有鲁本斯风格的女性油画，其中一幅还曾在圣路易斯世界博览会上获过奖。最后，他找到了一份当插图画家的工作，从自然科普到马拉美的诗无所不画。他还给无政府主义的报纸画报酬极低的漫画，包括为《黄油碟》（*L'Assiette au beurre*）——它还雇了弗拉芒克——画了三个主题分别为和平、宗教和（陈旧的腐败者）钱的完整系列的整页漫画。1909年，一个令人意想不到的时候，他为发行量很大的周刊《彩画集》对人类学家马塞林·布列的《法国圣沙拜尔的穴居人》尼安德特人——未开化的、野兽般的、还不能直立行走

---

　　[21]　库普卡《玩球的女孩》，巴黎国立现代艺术美术博物馆收藏。对《无定形》的久远起源进行的出色追溯，参见 Ludmila Vachtova, *Frank Kupka: Pioneer of Abstract Art* (New York: McGraw-Hill; London: Thames and Hudson, 1968)。

的人猿——进行了典型的"艺术家的再造"。他自己就是一个进化论信仰者,在政治上是左翼。但他与康定斯基一样,也不是唯物主义者,并且他在19世纪90年代从各种唯灵论中提炼出一种宇宙隐含意义的感觉——这种意义能够通过象征主义方法被画出来。

这不是说《无定形》是象征主义。如果一定要给它界定的话,宁可说它是立体主义甚至是未来主义。库普卡在画了安德莉和她的球之后,决心要做的是画出运动中的对象的快照:活动中的球,活动中的女孩,扔和抓,停止,发动,大地的翻转——它们正是在20世纪第一个十年中电影试图捕捉的东西。正如立体主义在一张平面画中画出对象的所有的面,库普卡设想在静止的画布上画出复杂的运动对象的所有瞬间。在1908年的首张速写中,他以铅笔的涡状笔触暗示出女孩和球的轮廓。在随后的每一张速写中,他通过加上其在运动中预计到达的位置,使胳膊和腿越来越难以辨认。黑色画笔的速写暗示颜色的相互作用,球的不断变换位置的红蓝条纹也要以某种方式画出来。当1911年吉亚柯莫·巴拉和他的意大利同胞——未来主义者们——开始画运动的对象时,他们用了一种受到二次曝光照相术启发的技术,但是库普卡从来没想到过用这种方法。相反他试图寻找这样一种方法:对安德莉游戏过程的所有运动点提取出所有的曲线,然后将它们融合为一两条复杂的曲线。他在1911年画的红色和蓝色圆盘的油画习作是旋转的颜色轮,试图发现球的红色和蓝色条纹是如何在运动中混合的。《无定形》的创作开始于未来主义者1910年首次发表理论宣言和1911年在米兰、1912年在巴黎进行展览之前,而库普卡的计划部分也应归功于他们。[22]

---

[22] Umberto Boccioni, Carlo Carrà, Luigi Russolo, Giacomo Balla, and Gino Severini, Technical Manifesto of Futurist Painting, Milan, 11 April 1910, and in Comoedia(Paris), 18 May 1910; trans. in Herschel B. Chipp, ed., Theories of Modern Art: A Source Book by Artists and Critics (Berkeley: University of California Press, 1968), 289-93.

如果说库普卡还要归功于什么人的话,那就是一个主要由立体主义者组成的团体的其他成员。这个团体的成员在皮托逐渐发现了彼此,包括弗朗西斯·皮卡比亚、费尔南德·莱热、阿尔伯特·格莱兹、让·梅青格尔、埃米尔·勒·福科尼耶以及杜尚-维隆兄弟。维隆兄弟中的一个,雅克·维隆,在与库普卡一起住在蒙马特时曾经照顾过他,另一个,马塞尔·杜尚(他在1911年画了《下楼的裸女》),与库普卡的相遇可以追溯到1904年,也就是他的画在世界博览会上展出的那一年。㉓ 这个团体中还有一个不是画家的成员,即保险精算师莫里斯·潘塞。潘塞对数学很着迷,也很自豪自己与艺术家们的友谊,他是皮托团体中的理论家,扮演着查尔斯·亨利在拉福格-修拉圈子扮演的同样角色。正是潘塞常常谈论黄金分割律等方面的内容,也正是潘塞阅读并推荐给他的朋友们像查尔斯·H·辛顿、勒内·德·索绪尔、爱因斯坦的导师亨利·庞加莱以及卡尔·皮尔森在非欧几何和多维投影几何方面的著作。㉔ 库普卡也许很早就已经知道画复杂运动对象的问题是

㉓ 马歇尔·杜尚的《下楼的裸女》Ⅱ(费城艺术博物馆收藏)于1912年1月第一次展出。库普卡1904年的画是《民谣/喜悦》。

㉔ 让·梅青格尔(Jean Metzinger)写道:毕加索"界定了一种自由、活动的透视法,聪明的数学家莫里斯·普林塞特(Maurice Princet)从中推导出整个几何学体系。" *Pan* (Paris), October-November 1910, 650; in Chipp, ed., *Theories of Modern Art*, 223. Princet 的来源可能包括:Charles Howard Hinton, *Scientific Romances* 1 st and 2d ser. (London: Swan Sonnenschein, 1884 – 5, 1896); René de Saussure, "Les Phénomenes physiques et chimiques et l'hypothèse de la quatrième dimension," *Archives des sciences physiques et naturelles de Genève* (January-February 1891) and Revue scientifique (9 May 1891). 关于庞加莱和皮尔逊详见本书第十五章。卡尔·皮尔逊的《科学的规范》(London: Walter Scott, 1911)第七章所讨论的扩展例子的运动,可能受到了马歇尔·杜尚那幅著名的画的影响:"让我们看看一个人下楼的例子" (Pearson, *Grammer of Science*, 222ff.)。琳达·达尔林普尔·亨德森(Lynda Dalrymple Henderson)出色的书《现代艺术中的第四维和非欧几何》(Princeton: Princeton University Press, 1986)收集了很多关于第四维——世纪之交这是一个热门领域——的讨论。米奇欧·卡库(Michio Kaku)的《超空间:平行宇宙的科学探险,时间弯曲和第十维》(New York: Oxford University Press, 1994)中则有更多的讨论。在1900年,关于多重维度的描述和理解在公共范围来说可能要比现在还大。参见第十五章注㉜、㉝。

一个与维度有关的问题,时间是第四维,而在二维画布上呈现四维对象,只能通过把它们分解为要素和某种投射途径来完成。如果库普卡具有潘塞的数学头脑,他也许能够想出一种文艺复兴的线性透视法则的四维版本,但与此不同的是,他像乔托那样,是靠直觉来解决问题的。《无定形》在1912年被分解为两幅画,一幅是《无定形:色彩鲜艳的》,另一幅是《无定形:两种颜色的赋格曲》。如同一时期毕加索的立体主义画作《我的美人儿》一样,逐渐地、沉着地挑战分析。两幅《无定形》都充满了连续的曲线,但在第二幅中特别真实,画中亮紫色狭长条暗示着安德莉红蓝条纹的动感的球的最终完成。这幅画最后在1912年的巴黎秋季沙龙上展出,那个沙龙展上的抽象作品比康定斯基在1912年早些时候在独立艺术家协会沙龙展上展出的《即兴作品》要抽象得多。

库普卡是一个中欧人,他成为巴黎艺术界的一员,但徘徊在其边缘。而罗伯特·德劳内则是土生土长的巴黎人。在1910和1911年,他画的东西都是"纯法国"的:巴黎的屋顶和埃菲尔铁塔。有一个题材是拉丁区圣塞韦林的中世纪小教堂,沿塞纳河左岸几个街区就是他位于奥古斯都大帝街3号楼上的画室,步行就可以到达。他所有关于圣塞韦林的画都是它的内部,能够辨认出哥特式柱子和尖顶拱的黑暗森林,但在这个系列的所有画中,那些垂直的都被画成内在想象的弯腰状。他关于埃菲尔铁塔的画,塔逐渐分解成红色单元,并被白色和淡粉色色块环绕,这些色块一开始代表云,但最后除了自身什么也不代表。德劳内很早就开始接触立体主义,但不像毕加索和勃拉克,他在色彩上持续努力,并且相信直觉,而不是对空间的精确分析。

德劳内在皮托的团体中认识了莫里斯·潘塞和潘塞的朋友。当他们的作品于1911年3月在独立艺术家协会沙龙41室——展出史上第一个"立体主义室"——展出时,德劳内的画作也在其中。10月他认识了康定斯基,那是他的妻子说服自己一个艺术学院的朋友——也是康定斯基的朋友——写信给康定斯基介绍他们认识的。罗伯特·德劳内的妻子索尼娅·特克·德劳内不仅仅是一个合作者。她与康定斯基一样出生于俄罗斯,是一个特别有冒险精神的画家,1911年初就通过设计进入了抽象艺术领域。当1911年1月18日她为罗伯特生下他们第一个也是唯一一个孩子查尔斯时,她用一条以染了原色的、尖角的碎布块拼成的被子包着孩子,她的朋友们立即将其命名为"立体主义者"。不久,她为查尔斯画了一个类似风格的玩具盒。㉕ 究竟是谁影响了谁,我们无从知晓,因为德劳内一家总是愉快地支持彼此的尝试。但我们确切知道的是,1911年末,在与康定斯基开始了通信交往后,罗伯特·德劳内开始创作名为《窗》的一组新画,它是由亮色平面相交而成的。考虑到时间的维度,他称其中的一幅为《同时的窗》。1912年,这组画将把他带到康定斯基和库普卡在他之前已经进入的同样纯粹抽象的新世界。

1911年这个新世界还有一位艺术家,他是个美国人。一个说话简洁的纽约州北部地区的人——亚瑟·多芬,1907年他刚刚辞掉商业插图画家的工作来到巴黎,在那里他具有决定意义地遭遇了塞尚的作品。两年后他回到美国,结了婚,并且再也没画一幅表现主义的画。然而,在百老汇291号临街店面创建了"摄影分离派"的摄影家阿尔弗雷德·施蒂格利茨,为多芬安排了一次绘画展,并且设法说服他继续创作。在1910和1911年,当多芬在今天康涅狄格州纽约城郊韦斯特波特的一座房子里生活和工作时,他创作出六幅画,这些画被当今历史学家认为是美国人所创作的最早的抽象画作或非表现主义画作。事实上,如果这些画作于1910年,那么它们就是西方最早的抽象画。这些画都被一个私人收藏家收藏,很少被人看到或研究,但很清楚的是,当康定斯基在1911年画《有圆圈的画》时,多芬的六幅抽象作品已经靠在韦斯特波

㉕ Sonia Delaunay, *Nous irons jusqu'au soleil* (Paris: Laffont, 1978),33. 一个主要基于多种回忆录的传记性侧写,参见 Stanley Baron and Jacques Damase, *Sonia Delaunay, the Life of an Artist: A Personal Biography Based on Unpublished Private Journals* (New York: Harry N. Abrams, 1995)。那个已褪色的被子现在收藏在巴黎的国立现代艺术美术博物馆。

特画室的墙边了。

甚至在 1910 年之前就已经出现了少数疑似抽象的画。实际上它们出现在康定斯基的故乡,由出生和成长在后来成为俄罗斯一个省的立陶宛的神秘艺术家乌里翁内斯所作。他不幸恰巧在 1911 年去世。比康定斯基年轻 9 岁的米考拉居斯·康斯坦丁纳斯·乌里翁内斯,一开始是一名音乐家。从音乐学校毕业后,他谱写了以自然为主题的一些成功的诗曲,但他在 30 岁时放弃了音乐,转向了绘画。他的画作在 1906 年开始出现,是依次从 4 号到 13 号的系列画,冠以音乐的标题,每幅画都有一个节拍记号,像音乐的乐章:《星星四重奏》《行板》《大海四重奏》《快板》。[26] 由于乌里翁内斯作画的材料——纸上的蛋彩画法——非常脆弱,他的画从未巡展过,也很少被复制。康定斯基甚至在 1909 年乌里翁内斯搬到圣彼得堡并且较为出名之后也未必看过这些画。在圣彼得堡,乌里翁内斯很轻易地被接纳为晚到的象征主义者,事实上被俄罗斯象征主义评论家的领头人维亚切斯拉夫·伊万诺夫所赞赏。在伊万诺夫看来,这些奇怪的画是非常象征主义的,在乌里翁内斯自己看来或许也是如此。但是,虽然一些形状模糊地使人想起充满象征主义的对象——山、水、星球、金字塔、水泡——其中很少具有无论是可以从自然还是可以从人造物中辨认出来的题材。乌里翁内斯的画是"关于"超越的世界的,但是乌里翁内斯不是用类似于早期象征主义者米哈伊尔·维鲁贝尔那样的方式在画布上表现超现实的东西,也不

---

[26] Camilla Gray, *The Russian Experiment in Art*, 1863–1922, 2d ed. (New York: Thames and Hudson, 1986), 119. 如果不能去立陶宛考纳斯市的里奥尼斯博物馆,人们看到里奥尼斯博物馆藏品最好的途径可能是复制的作品集:*M. K. Ciurlionis, 32 Reprodukcijos* (Vilnius: Grozines Literaturos Leidykla, 1961). 在英国对他事业的报道有一期特刊,即 *Lituanus 7*, no. 2 (1961),分别由乔治·M. A. 哈夫曼(George M. A. Hanfmann)、阿列克赛斯拉尼特(Aleksis Rannit)、维切斯拉夫·伊凡诺夫(Vyacheslav Ivanov)、拉蒙德·F. 帕普尔(Raymond F. Piper)和弗拉达斯·雅库比纳斯(Vladas Jakubenas)撰写文章,罗曼·罗兰德(Romain Rolland)、伯纳德·彼兰森(Bernard Berenson)、雅克·里谱希茨(Jacques Lipchitz)和伊戈尔·斯特拉文斯基作了注释。

是像康定斯基那样画出它们的灵魂,他是用类似于亚历山大·勃洛克的诗和梅特林克的戏剧那样的间接方式来创作他指向超现实的画的。伊万诺夫相信这些画反映了第四维。㉗ 1909年前后,他放过了一个如此充满魅力的年轻的伊戈尔·斯特拉文斯基。这些画是第一批抽象画作吗?如果象征主义美学能够懂得完全无主题地创作画,那么它们就是抽象的。

那时还有皮特·蒙德里安,他是用黑色直条纹勾画出原色长方形的创造者,并因而闻名于世。1911年,这位荷兰画家、理想主义者来到法国首都巴黎,去看塞尚和立体主义的画作。据报道,蒙德里安记忆中的荷兰的树和水道慢慢开始简化,直到成为最简单的线条要素。此后,他保留了这些要素,放弃了这些主题。这篇报道具有显而易见的戏剧特点,以及与蒙特里安后期画作相匹配的明晰,但是它发生在了错误的历史舞台上。1911年蒙特里安画的树仍然是树,这一年,蒙特里安所做的最接近抽象主义的事是画出了初期立体主义作品《姜罐》,这幅作品于1912年在秋季沙龙展出。事实上,蒙特里安是所有来到新世界的抽象主义权威奠基人中的最后一个。而他直到1914年才完成了纯粹的抽象画即《构图》第七号。㉘

当然,确定艺术上的优先权是有点幼稚的行为。与新科学不一样,新的艺术没有取代旧的艺术,而伟大的艺术家,如同伟大的小说家,不是被革新,而是被继承。比如说,对康定斯基和亚瑟·多芬都很了解的评论家总是会发现,康定斯基在抽象性方面比多芬走得更远。大量观点都认为,德劳内的作品比库普卡的作品更为丰富,即使他们画的同样

㉗ "这种几何学的透明性,似乎试图传达一种视觉信号,那就是我们现在处理事物的三维方式是不够的。"Vyacheslav Ivanov, "Ciurlionis and the Problem of the Synthesis of Arts," *Apollon* 3 (1914); in *Lituanus* 7, no. 2 (1961), 45.

㉘ 《构图》七号收藏于荷兰的海牙市立博物馆。约翰·戈尔丁(John Golding)将它的日期定为1914年,但是把它放在纽约的古根海姆博物馆。John Golding, "Mysteries of Mondrian," *The New York Review of Books* 42, no. 11 (22 June 95), 59-65.

是无主题,如 1911 至 1913 年的颜色盘。㉙ 而说优先权也不像革新的后果那样影响巨大。库普卡对他的同行影响不大,多芬和乌里翁内斯则完全没有影响。结果是康定斯基幻觉式的色彩和谐第一次给人们留下了深刻印象,并宣告了"抽象"艺术时代的到来。

抽象艺术总是怀疑论者的礼物。永远需要与他们在以下问题上斗争,即第一件抽象主义作品不是黑猫剧场聪明的保罗·比约把一块画布涂黑,并在 1882 年首届不连续艺术沙龙(Salon of Les Arts Incohérents)上展出的《夜晚黑人在洞穴里摔跤》,也不是让一头驴背对画布,用它的尾巴画出的"画"。确实有个叫约阿希姆-拉斐尔·勃赫纳利的人,1910 年在巴黎秋季沙龙上展出了一幅名为《亚得里亚海的夕照》的驴尾作的画。然而这个标题却露了马脚。勃赫纳利原来的想法是把这个玩笑和画的秘密保留一阵子,但是其后果确实给了这幅画一个主题——在观者看来当然是这样,在勃赫纳利那里也是这样,虽然可能不是驴子的本意。通过这个例子,人们可以正当地怀疑,是否有可能在任何理智状态下以精确的感觉去画一幅没有主题的画。库普卡《无定形》不是有一个运动中的女孩和球的主题吗?乌里翁内斯的《星星四重奏》的主题不是星星吗?德劳内画的《窗》,其主题难道不是他所说的光线中的窗户吗?难道每一个印象派画家画的不至少是他们头脑中的状态吗?即使是对那些说他画的也许是音乐的观点嗤之以鼻的康定斯基,难道不也宣称把音符渗进灵魂,毕竟构造了一些东西——无论它们是多么理念化吗?康定斯基画的是色彩,正如其他画家一样。而色彩,在某种意义上难道不正是一种主题吗?

㉙ 弗兰克·库普卡:《牛顿的圆盘:为无定形的习作》,1911—1912(帆布油画),巴黎国立艺术美术博物馆收藏;罗伯特·德劳内,《圆盘,第一次无对象绘画,或同时的圆盘》,1912—1913(帆布油画),私人收藏。索尼娅·德劳内的《棱镜光》(1913 年;帆布油画,巴黎国立艺术美术博物馆收藏)据说是受圣米歇尔大街新安装的电街灯的启发。

我们也许称这一艺术为"非具象",但如果"抽象"的哲学意义是一个问题,那么非具象的哲学意义就是一个更大的问题。"具象",对哲学家来说,至少自弗雷格起,是思想的一种状态或思维所指向的事物,它使两个或两个以上的人能够就其进行交流,而非一个人脑中的思想。它与"主观"相对,"主观"是仅仅局限于单个人头脑中的思维状态或事物。然而,康定斯基却相信自己所找到的方式能够在每个灵魂——或者说,每个充分发展了的灵魂——中唤醒与自己脑海中同样的"声音"。因而,按其意向,用哲学术语来说,他的画是具象(客观)的。罗伯特·德劳内是第一批以一种非哲学的方式用形容词"非具象的"或"无客体"给予这一章标题的人之一。[30] 这个词的分离感描述了这种画提供给观看者的无具象,他或她希望能够从自然中为其命名或引起回忆。另一种与意义的纠葛导致了术语"非表现的"艺术。一幅"非表现"的画,就是刻意不表现任何对绘画来说是外在的"真实"世界的一部分,也许是一切外在于心灵的东西。这可能就将勃赫纳利的驴尾画和阿莱的戏作排除在外了,但这是否也产生了把康定斯基排除在外的危险呢?

比哲学上的争辩要好的是对于非表现主义兴起动力的细致研究。其中一个源头肯定是激发了比约(Bilhaud)灵感的诞生于酒馆的讽刺剧。(阿尔芬斯·阿莱追随比约的纯黑画作,1883年画了一幅纯灰色的《雾中的酒鬼舞》。)非表现主义艺术另一有影响的源头也许是其主要表征的对立面:摄影,插图和漫画。后两种是亚瑟·多芬和弗兰克·库普卡的谋生工具。[31] 对于很多艺术家来说,做那些与他们为了谋生不得不去做的相反的事可能很有吸引力。而新事物也许有着更多的吸引力,特别是在有着拥挤的艺术市场的 20 世纪的一些城市——例如慕尼黑——拥挤的艺术市场也许能比"革新精神"更好地解释"先锋派"

---

[30] 德劳内:《圆盘,第一次无对象绘画,或同时的圆盘》,1912—1913(帆布油画),私人收藏。

[31] 实际上,美国卡通画家斯图亚特·布莱克顿(Stuart Blackton)于 1907 年 4 月将电影动画带到了巴黎,是库普卡开始创作他的玩球的安德莉的前一年。

的诞生。㉜

然而总的来说,抽象艺术的发明者们是一个严肃的群体。不虔诚是少数,甚至不虔诚本身也被认真对待。例如,乌里翁内斯接触了一些见神论者,然后把自己当作新的精神时代先知的一员。包括蒙德里安在内的其他人也被见神学——这个由布拉瓦茨基夫人1875年在纽约的一套公寓内通过一连串"桌子出声"(table-rapping)创立的新宗教——所吸引,康定斯基对此同样信以为真。1905年,如同艺术史家所注意到的,见神论者出版了一本书,书中通过康定斯基特点的色彩、抽象形式和振动的盘子上金属屑形成的复杂曲线来表现思维的抽象经验。㉝ 弗兰克·库普卡尽管在生物学和政治学上都相信唯物主义,但他也有兴趣从布拉瓦茨基夫人、法国精神导师沙·佩拉当(Sâr Péladan)以及其他与他理念世界相连的人那里拼凑出自己错综复杂和折中的唯心主义思想。甚至对唯心主义没什么兴趣的罗伯特·德劳内,也写了一些东西,试图超越绘画的媒介,直接达到理念的真理。

通常与见神论一起,仿佛来自坟墓的艺术的象征主义对非具象艺术甚至产生了更大的作用。象征主义美学认为,艺术是指向不可言说地利用神秘、原始或过往事物符号的尝试。高更及其朋友马拉美就曾展示过这条道路。这一观念与实证主义相敌对,与见神论倒是很相宜,但在1911年它已经不那么流行了。俄罗斯艺术家较晚才放弃象征主义,乌里翁内斯从中获益良多,康定斯基也是如此,他曾在1900年后与

㉜ 这一暗示实际上是关于当时德国那个喧闹的艺术世界的。斯特林堡在柏林的黑猪咖啡馆小圈子的成员之一,艺术评论家朱利叶斯·迈耶-格拉菲(Julius Meier-Graefe),在1904年写道:"艺术展览是完全布尔乔亚性质的机构,归因于无意义的巨大艺术品产量,以及要定期展出那一年完成的作品的迫切需要。"Meier-Graefe, *Modern Art* (1904), trans. Simmonds and Chrystal, in F. Frascina and C. Harrison, eds., *Modern Art and Modernism: A Critical Anthology* (London: Harper, Open University, 1982), 208.

㉝ Sixten Ringbom, "Transcending the Visible: The Generation of the Abstract Pioneers," in *The Spiritual in Art: Abstract Painting, 1890 - 1985* (New York: Abbeville Press in association with Los Angeles County Museum of Art, 1986).

俄罗斯象征主义团体"蓝玫瑰"一起举行过画展,崇拜梅特林克,并且似乎还把象征主义美学带到了慕尼黑。库普卡也采用了他在前辈画家、神智学的沉思和他为之作插图的马拉美的著作中发现的象征主义。1911年当"表现主义"这个词开始使用时,显然旧象征主义艺术观念中一些较为卓越的东西被吸收进新的风格,它有着同样的理想主义前提。象征主义者在另一个世界中发现了极端真实,表现主义者则在他们自己的灵魂中发现了同样的东西,并且两者都创作非现实主义的艺术。后来,当"表现主义"一词开始意指一切新的或法国的或先锋派,一些旧的象征主义也随之指向同样的东西。

对表征的放弃还得到了地位日益提高的装饰艺术的帮助,它毋宁说是建筑的副产品。19世纪70年代,威廉·莫里斯的"工艺美术运动"首次将装饰改造为"装饰艺术"。19世纪90年代后期,随着"青年风格"和新艺术的兴起,以及诸如维也纳工业组织运动和艺术工商学校的创办,装饰艺术开始成为我们现在名为"设计"的东西。尤其是在慕尼黑影响很大的"青年风格"装饰艺术,推动赫尔曼·奥布里斯特和汉斯·施米塔尔斯(Hans Schmithals)的作品在1900年前后非常接近抽象艺术。[34] 缺少墙纸图案或新艺术对细木家具植物图形的狂热,在装饰艺术中没有多少可称为表现主义的东西,在不同时期几乎每一位非具象艺术先锋都说过装饰艺术如何帮助他或她看到了非表现主义的曙光。

当然,野兽派画家对色彩的解放是另一种影响。艺术家和科学家对几何学基础的研究也起到了作用。立体主义和未来主义画对四维思维的依赖,不亚于爱因斯坦的物理学和希尔伯特、庞加莱的数学。康定斯基自己跟随他的同胞邬斯宾斯基,认为精神世界不止三维。[35] 而

---

[34] Peg Weiss (*Kandinsky in Munich*, Exhibition Catalogue [New York: Guggenheim Museum, 1982], plates 52–71) reproduces work by Obrist and Schmithals.

[35] Peter Demianovich Ouspensky, *Chetvertoe Izmierenie* (The fourth dimension) (St. Petersburg, 1909). 这本书是根据早先出版的欣顿(Hinton)的著作写的。

1914年在俄罗斯画出首张抽象画《黑色正方形》的马列维奇,认为他是在二维画布上画四维或更多维的实体的几何投射。㊱

然而,关于抽象画最清楚的不是它源于何处,而是它是如何做的。将绘画的对象分解为最小的部分,这一过程始于印象派画家,由修拉体系化,并在1911年的抽象主义画家那里达到顶峰。他们将绘画的表现对象打碎,并越来越有选择地使用这些碎片。最后当碎片不能复原对象时,对象自身就消失了。

当慕尼黑的秋天到来时,康定斯基在蓝骑士社——这是他在6月给弗兰茨·马克的一封信中倡议成立的展览和出版的社团,之所以用"蓝骑士"这个名字,是因为马克喜欢马,他自己喜欢骑士,而他们二人都喜欢蓝色的马或骑士——夜以继日地工作。早在1月他就曾写到,他每天都要从慕尼黑的五个"每日邮局"收到至少一封信。㊲ 9月,他与欧洲各个艺术之都的艺术家通信,为画展征求画作,为蓝骑士社总结并出版西方艺术世界情况的"年鉴"征求论文。他向德劳内要画,他向两个俄罗斯音乐评论家约稿,他与勋伯格的通信显示勋伯格既是作曲家也是画家,在年鉴上出现的东西,康定斯基什么都向他要:展览用的画,音乐评论文章,勋伯格及其弟子的音乐作品。他给自己的任务既愉快又耗时:撰写结合戏剧和音乐的论文,并以他自己的音乐作品为例,即他自己为一出象征主义-表现主义戏剧所谱写的乐曲《黄色声调》。

住在康定斯基所住艾米勒大街32号隔壁的画家保罗·克利,那年秋天在自己的日记中写了这个奇怪的人:

那个住在我们隔壁的康定斯基,被[克利的朋友]路力叫作"勋拉宾斯基"……路力经常去看他,有时带着我的作品去,

㊱ 玛勒维奇(Malevich):《黑色正方形》(1913—1915);《黑环》;《黑色十字架》;《黑色正方形和红色正方形》。收藏于圣彼得堡俄罗斯博物馆。

㊲ Kandinsky to Schoenberg, 13 January 1911, in Arnold Schoenberg and Vassily Kandinsky, *Letters*, *Pictures*, *and Documents*, ed. Jelena Hahl-Koch, trans. J. C. Crawford (Boston: Faber and Faber, 1984).

带回这个俄国人画的没有主题的非具象画。非常奇怪的画。"

最后,这两个包豪斯的未来奠基人在慕尼黑的一个咖啡馆里相会,此后克利成了一个谨慎的信任者。克利在日记中继续写道:"康定斯基想组织一个艺术家的新社团。私人关系使我对他有某种很深的信任。他是个人物,并且有特别卓越、清晰的头脑……经过一个冬天,我加入了他的'蓝骑士社'。"㊳

到了12月,蓝骑士社的年鉴和展览工作都已准备就绪,但是慕尼黑新艺术家联盟社团恰在同一时间举办展览。仍然是慕尼黑新艺术家联盟一员的康定斯基,最后一次将其《构图》第五号送到慕尼黑新艺术家联盟展览。但是12月2号,这幅画被退回来了,表面的理由是这幅画的尺寸比此次展览要求的规格稍大。康定斯基及其朋友立即退出这次展览,12月18号——康定斯基45岁生日后两个星期——当蓝骑士社展览开幕时,《构图》第五号被带到了汤恩豪瑟画廊。

蓝骑士社的展出非常成功。在慕尼黑铁阿提纳大街(Theatinerstrasse)7号的深色墙壁上,挂着来自6个国家的43幅先锋派的画。有杜阿尼耶·卢梭(Douanier Rousseau)的幻想作品,有巴黎德劳内的一幅《圣塞韦林》和两幅《埃菲尔铁塔》,维也纳勋伯格的两幅《视觉》,俄罗斯布尔柳克兄弟的几幅原始风格的油画,还有一幅来自瑞士让·尼埃斯莱,几幅来自加布里埃尔·蒙特、奥古斯特·梅克以及其他德国表现主义艺术家。还有弗兰茨·马克的几幅主要作品,包括生气勃勃的《黄色的牛》。㊴ 康定斯基自己展出了《构图》第五号、《即兴作品》22号以及《莫斯科印象》,这些画都在抽象的边缘。评论家被迷住了,艺术家也大受鼓舞。感觉像来到了一个全新的时代。

同年12月,派珀发表了《艺术的精神》。1月,期待已久的蓝骑士

㊳ Klee, *The Diaries of Paul Klee, 1898 - 1918*, ed. Felix Klee (Berkeley: University of California Press, 1968), 265.

㊴ 马克:《黄色母牛》(*Die gelbe Kuh*),现收藏于纽约古根海姆博物馆。

社的《年鉴》终于出版了。康定斯基抓住了潮流。当1912年缓缓展开时,在一个又一个国家举办的一场场展出,确定了表现主义的地位,拉开了抽象主义的序幕。1912年初,蓝骑士社去了科隆、柏林、不来梅、哈根和美因河畔的法兰克福,在每一站都震撼了学院派,由此改变了德国艺术的方向。让每个人都大吃一惊和高兴的是,这些画中有几幅还被卖出去了,包括德劳内五幅作品中的三幅。

这似乎是个信号。1912年2月,亚瑟·多芬在纽约的施蒂格利茨"291"举办了个人画展,展出的画包括十幅彩色蜡笔画,题目为《基于叶子的形状和空间》(或《叶状》)、《第一乐章》等。这个展览后来移到了芝加哥。[40] 这组后来被称为"十诫"的作品,是多芬自1910至1911年的首批六幅作品之后的第二代抽象画,但无论是纽约还是芝加哥对它们都没有反应。这是多芬的首次个人画展,也是他的最后一次个人画展,同时这也是抽象画的首个展览,此时康定斯基新的纯粹抽象画还没有离开他的画室。

在多芬的个人画展一个月后,远在莫斯科的画家米哈伊尔·拉里奥诺夫和娜塔丽亚·冈察洛娃将他们创建的艺术家社团取名为"驴尾社",以纪念勃赫纳尼的恶作剧。"驴尾社"在莫斯科举办了另一场惊世骇俗的展览。他们指责慕尼黑的艺术家已经"堕落",将会被取代。与此同时,蓝骑士社的展出者大卫·布尔柳克和一小部分后来被命名为"立体-未来主义"的俄罗斯画家,发表了他们自己名为《给大众趣味一记耳光》的加倍骇人的蓝骑士社年鉴(康定斯基不得不写信抗议说,他们不经过他的同意就用了他的诗)。从5月到9月,集合了蒙克、康定斯基、桥社作品的第四个分离主义联盟"表现主义"特别展,震惊了科隆的莱茵区。12月,俄罗斯"耳光"团体变成了一个展出社团,并举办了表现主义艺术展,同时,最新的俄罗斯艺术社团"青年联盟",举办了它

---

[40] 亚瑟·多芬:《叶状》,私人收藏;《第一乐章》,俄亥俄州哥伦布市哥伦布艺术博物馆收藏。更多的参见 William Innes Homer, "Identifying Arthur Dove's 'The Ten Commandments,'" *American Art Journal* 12 (summer 1980), 21–32。

的首个展览。正是在青年联盟,拉里奥诺夫展出了一幅画,其主题完全是画出来的光线。后来,那个月的稍晚些时候,拉里奥诺夫在自由美学社团展出了一幅类似的作品,他把这种画法称为卢奇斯多(Luchist)或辐射主义(Rayonnist),并创立了抽象绘画的另一个流派。[41]

康定斯基曾写道,他无意于取代表现主义绘画,而表现主义绘画确实也依然存在。但是非表现主义绘画也同样如此。自康定斯基的《有圆圈的画》之后,历史就再也不可能倒转了。

---

[41] 米哈伊尔·拉里奥诺夫(Mikhail Larionov):《玻璃》,纽约古根海姆博物馆收藏。参见 Gray,*The Russian Experiment in Art*,145。

第二十一章 奇迹年

维也纳、巴黎和圣彼得堡
1913

1913年,H. G. 韦尔斯预言将有一场用原子弹进行的"终极战争",并出现将终结战争的"道德震撼"。德国将军弗里德里希·冯·本恩哈迪(Friedrich von Bernhardi)已经预言了第一次世界大战,德国表现主义艺术家路德维希·迈德纳将其画了出来,而英国历史学家 H. N. 布雷斯福德则争论说不会有这样一场战争。① 在到处都是零碎事实的地方,总是有可能发现一个后来被验证为真的预言。并没有先见之明的伟大俄罗斯诗人安娜·阿赫玛托娃,写了一首将时间设在1913年1月的诗,在诗中发现了她青年时代的意义:

　　一如既往,某些悄无声息之物

---

① H. G. Wells, *A World Set Free* (1913; London: Hogarth Press, 1988), 160, 68, 133. Friedrich von Bernhardi, *Germany and the Next War* (1913; New York and London: Longman's, Green, 1914). 布雷斯福德(Brailsford)的评论:"我个人认为在六国之间不会再有战争。"引自 Peter Vansittart, ed., *Voices, 1870 – 1914* (New York: Avon, 1985), 218. 路德维希·迈德纳:《末日景象》,现在被私人收藏,迈德纳1912至1913的其他画作参见 Carol Eliel, *The Apocalyptic Landscape of Ludwig Meidner* (Los Angeles: Los Angeles County Museum of Art in association with Prestel, 1989).

在恣意的霜冻下,战争的

轰隆隆在此之前

但是接着,渐渐湮没

几乎听不见,如同碎片

消失在涅瓦河的水流中

仿佛夜的恐怖之镜

一个人,疯癫地反抗他的镜像

试图消失——

而沿着历史之河的堤岸

不是日期——活生生的

20世纪即将来临。②

确实,在1913年,20世纪的政治难以觉察,特别是在维也纳这样多语言、多文化聚居的大城市。从高加索来的布尔什维克组织者约瑟夫·朱加施维里,在这里写一篇党的政治论文,讨论一个共产主义政府应怎样对待俄罗斯的少数民族。维也纳——列宁曾在这里与他谈话——是学习这一问题的好地方。这里有一位奥地利社会学家奥托·鲍尔(弗洛伊德的"多拉"的兄弟)曾就这一主题写过一本经典著作,但是它过于宽容,需要接受批判。被他们叫作"科巴"的朱加施维里,很快就写出了他的论文,并于2月16日离开维也纳。③ 这是他到过的最西的地方,也是他后来曾到过的最远的西方。回国后不久,他就被圣彼得堡的沙皇秘密警察逮捕,流放到了东部的西伯利亚。后来,他在党内用"斯大林"

---

② Anna Akhmatova, "Poem without a Hero," lines 428 - 39, trans. D. M. Thomas, in Akhmatova, *Selected Poems* (New York: Penguin, 1988), 116.

③ "欢迎,朋友。我仍然坐在维也纳,写着各种垃圾东西。"斯大林1913年2月2日致马林诺夫斯基,参见 Edward Ellis Smith, *The Young Stalin* (New York: Farrar, Straus & Giroux, 1967), 276. 斯大林的《马克思主义和国家问题》于1913年在柏林出版。至于 a précis of Bauer's *Die Nationalitatenfrage und die Sozialdemokratie* (Vienna, 1907; 2d ed. 1922), 参见 Leszek Kolakowski, *Main Currents of Marxism* (New York: Oxford University Press, 1981), 2: 285 - 90.

的化名,作为第一届国民大会代表进入了新的苏维埃政府,其影响如此深远,以至于其中一些现在才刚刚开始被全面了解。④

正是在维也纳,斯大林第一次见到了列夫·达维多维奇·布隆施泰因。布隆施泰因的化名是托洛茨基,他当时是党报《真理报》的主编,在维也纳出版报纸并通过奥地利加利西亚省边界偷运到俄罗斯。当布尔什维克主义兴起时,1903年托洛茨基参加了著名的党代表大会。1913年秋,他协助列宁筹划了一个在加利西亚山召开的新的党代表大会。7月,就在列宁到达维也纳之前,托洛茨基离开维也纳去塞尔维亚,为他的报纸采访第二次巴尔干战争。据他报道,那里与去年他采访第一次巴尔干战争时相比变化不大。社会主义在战胜民族主义方面遇到了很大的困难,这一困难是马克思令人遗憾地没有预见到的。克罗地亚社会主义者仍然仇恨斯洛文尼亚社会主义者,塞族人仇恨穆斯林,保加利亚人仇恨马其顿人,而所有这些人都仇恨奥地利人——奥地利人试图从波斯尼亚的首府萨拉热窝开始控制其多文化聚居的整个波斯尼亚省。萨拉热窝是8月刚被任命为奥地利军队新监察长的弗朗茨·斐迪南大公上任的地方,据说他计划在1914年视察军事演习。加夫里罗·普林西波和其他参与刺杀斐迪南大公的塞尔维亚人,已经在萨拉热窝会合,并且用尼采和沃尔特·惠特曼的神谕中的民族主义自我牺牲精神来训练自己。克罗地亚的约瑟普·布罗兹(铁托),这个有一天将给这口锅暂时盖上盖子的人,现在正在维也纳南部的新戴姆勒工厂当一名汽车技工。铁托直到很久以后才与斯大林见面,而他从来就没见过托洛茨基。

1913年还有一个政治上的"未来之星"离开了维也纳。他永远离开维也纳的原因是,虽然他生在奥地利,却越来越痛恨维也纳那难以理

---

④ 斯大林第一次尝试用他的新笔名,是在1913年去维也纳途中给一份社会主义刊物写的一篇文章。(Smith, *Young Stalin*, 271)这个故事后来被绘声绘色地又讲了一遍,参见 Frederic Morton, *Thunder at Twilight: Vienna, 1913 - 1914* (New York: Scribner's, 1989), 19-21。

喻的复杂的种族杂居，而且表面上操德语的政治精英似乎不可能将其文化强加给这个帝国。阿道夫·希特勒还痛恨所有20世纪的观念。维也纳的报刊、剧院、艺术学院，全都拒绝了他——也许，他想，是因为他是一个如此热情充沛的德国人。此外，他刚满24岁，这就意味着他成功地躲过了兵役，再也不会作为逃避兵役者被递解到边境。5月的一个星期六，就在奥匈帝国军事情报前长官因向俄国泄露帝国的军事策略而被捕的同一天，希特勒离开了维也纳的流浪者之家，乘火车前往德国，开始他在慕尼黑作为一名艺术家的新生活。第一次世界大战时，他在那里加入了德国军队——并在第二次世界大战中成为德军领袖。

1913年，当政治局面还不明朗时，20世纪的文化却已不仅仅是萌芽，它呈现出爆发的状态。从我们这个世纪的末期俯瞰，这一年似乎是文化的维苏威火山爆发，它的余波不可挽回地埋葬了19世纪，而其火光照亮了距今八十多年的西方精神生活。由于20世纪末让我们习惯了随机性事件和启发性的"偶然"，我们现在能够更好地理解1913年，这一年始于流浪狗酒店的诗人聚会，终于月亮公园剧院的荒诞剧《对太阳的胜利》，这两件事都发生在俄罗斯的圣彼得堡。其间发生的还有军械库展览，经由纽约将立体主义艺术带到美国，一出震撼了巴黎的俄罗斯芭蕾舞《春之祭》，一个在英国的丹麦人提出了第一个量子模型，而一个在瑞士的德国人提出了非牛顿万有引力的相对论。1913年在西班牙，圣地亚哥·拉蒙·卡哈尔发现了一种新的神经元染色法。在德国，威廉·L.约翰森第一次明确了"细胞"的概念，而荷兰的遗传学家德·弗里斯写了一本研究得克萨斯报春花的著作。在维也纳，弗洛伊德出版了《图腾与禁忌》和《治疗的开端》；在柏林，维也纳人阿诺德·勋伯格写了第二部奇特的无调单人剧《幸运之手》。在加利福尼亚南部，埃德温·鲍特、D. W. 格里菲斯和塞西尔·B. 德米勒开始制作多盘放映的电影，而此时的比弗利山庄大酒店还是新的。在西点军校，纽特·罗克尼的圣母大学橄榄球队击败了军队橄榄球队，向纽约的体育评论家们展示了他们一流的前进传球。在非洲的法国殖民地加蓬，一位获得了医学、神学和巴赫音乐博士学位的叫阿尔伯特·施韦茨（Albert Schweitzer）的人，沿着奥果韦河航行，为非洲人创办免费的医院。而在巴西的隆多尼亚，拉丁美洲环境保护主义的开创者正与泰迪·罗斯福一起在杜伯河（River of Doubt）上漂流。1913年，也是贝特兰·罗素听从路德维希·维特根斯坦的劝告，放弃其几近完成的《认识论》的那一年，而这一年胡塞尔出版了他的《纯粹现象学通论》，即《观念》。正是在这一年，伦敦的埃兹拉·庞德，两个大陆现代主义者圈子里不屈不挠的政论家，把两位"日常语言"诗人——艾米·洛威尔和罗伯特·弗罗斯特，以及一位还没出版过作品的小说家——詹姆斯·乔伊斯，拉进了一个叶芝、H. D.（杜利特尔）、威廉·卡洛斯·威廉斯、D. H. 劳伦斯和《诗歌》《新自由女性》《冲击波》的编辑等人已在其中的"漩涡"。那一年，弗罗斯特和劳伦斯已经在伦敦出版了他们的第一本诗集，这是欧洲出版界雪崩——包括劳伦斯的第三本小说《儿子与情人》，安德烈·别雷的第一本小说《圣彼得堡》，普鲁斯特的《追忆似水年华》第一卷和弗朗茨·卡夫卡的第一部小说《亚美利加》⑤——的一部分。1913年还将有三部小说处女作：弗吉尼亚·伍尔芙的《出航》，多萝西·理查德森的《尖屋顶》以及詹姆斯·乔伊斯的《一个青年艺术家的肖像》。1913这一年，现代主义者们似乎发现了他们的观众，发现了他们的成熟，以及发现了彼此。

1913年的新年，在圣彼得堡比在欧洲的其他城市来得要晚一些（在那些城市已经是1月12日了），而确如诗人安娜·阿赫玛托娃所写的，到来的"不是日期，而是活生生的20世纪"。俄罗斯在1905年已经发生了革命，但圣彼得堡的知识阶层在1913年还沉浸在轻浮的氛围中，把时间和金钱花在女装和酒馆上，把他们低洼的城市想象成北方的威尼斯。这些人中的一个，安娜·阿赫玛托娃，在她的一首诗——《无英雄的诗》——中描述了这群人。那是在几近三十年后的一个战争中

---

⑤ 弗朗兹·卡夫卡的小说章节以《司炉——片段》为题发表。

的冬夜,一个场景猝不及防地闪现在她眼前:她的朋友们又一次像1913年新年和主显节前夜那样,戴着狂欢节的面具,来到她的公寓。而那时,那些狂欢者中的大多数已不在人世,而正是这些人,在1910年至1913年间将现代主义带给俄罗斯文坛。他们是阿赫玛托娃的诗人同行,其中有许多是或曾是她的情人,其中的一个——尼古拉·古米廖夫——娶了她。1911年,就在他们结婚后一年,她与古米廖夫、奥西普·曼德尔斯塔姆(Osip Mandelstam)及其他两人一起开创了阿克梅派诗人运动。他们的目的是抛弃令人难以忍受的含蓄晦涩的象征主义,代之以简洁、清晰的关于身边世界与感觉相联的印象。那年1月,阿赫玛托娃的第一本书《夜》,已在阿克梅派的旗帜下出版了几个月,而曼德尔斯塔姆的第一本书《石头》即将出版。

在阿赫玛托娃戴面具的朋友中,仍然有忠于象征主义的作家,如亚历山大·勃洛克和他的朋友安德烈·别雷,后者在1913年于国外完成了他的小说《圣彼得堡》。这个群体中的其他人,大部分是莫斯科的来访者,他们称自己为未来主义者,包括离经叛道的数学家范里米尔·赫列勃尼科夫,以及弗拉迪米尔·马雅可夫斯基,他在1912年写了《你可以吗?》,这首诗开始被一些人称为"立体主义"。与曼德尔斯塔姆一样,马雅可夫斯基在1913年出版了自己的第一本诗集。这里还有创建了莫斯科艺术剧院的弗塞沃洛德·梅耶荷德,一个会写几首诗的年轻作曲家鲍里斯·帕斯捷尔纳克,俄罗斯芭蕾舞团的巴克斯特、福金和迪亚吉列夫,歌唱家、作曲家亚瑟·罗烈,一个叫米哈伊尔·库兹明的丑角,他能做所有罗烈所能做的,而且还能出色地撰写所有形式的作品,从诗歌到勋伯格的室内剧。⑥ 1912年,库兹明除了为阿赫玛托娃的《夜》写了序言,还在俄罗斯发表了第一首延伸自由诗。1911年,他为流浪狗酒店——彼得堡的黑猫酒店,一个在古老的私人酒窖里的酒店,是那个

---

⑥ 斯特拉文斯基也是一个圣彼得堡人,他来自圣彼得堡一个比较富有和有地位的家庭,但是他最后一次在圣彼得堡是1910年圣诞节期间,此后他有五十年之久没有再到过这座城市。

城市所有知识界人士的老巢——作了主题曲。在阿赫玛托娃的幻觉中,最突出的是苏杰伊金一家——曾为流浪狗酒店进行装饰的画家塞吉和他的妻子奥尔加·格莱波娃-苏杰金娜,后者是阿赫玛托娃最要好的朋友,他们在那里背诵马拉美的诗,跳舞唱歌,演出库兹明的短剧。

在1913年的狂欢中,流浪狗的常客们得知他们的一个男丑角,弗塞沃洛德·科尼亚莫夫,在他的科隆比纳——奥尔加·格莱波娃的门前台阶上开枪自尽。没有人知道确切的原因。也许他认为奥尔加忠于自己的丈夫,或爱上了亚历山大·勃洛克。也许他是因为在与初恋米哈伊尔·库兹明分手后又很快与奥尔加关系破裂而绝望。库兹明刚刚在其假面喜剧《威尼斯之夜》中抛弃了奥尔加,很快又找到了另一个情人尤里·尤金。阿赫玛托娃在1940年回忆说,这些俄罗斯现代主义文学的建筑师,他们是多么年轻啊。他们是多么坚定地不允许维多利亚式的指责破坏他们短暂的布卢姆斯伯里*。1913年,阿克梅派团体成员之间的关系已经开始紧张,阿赫玛托娃与古米廖夫的婚姻也是如此。离婚后,尼古拉被作为颠覆分子被枪决,而他们的独生子列夫(Lev)在斯大林的监狱里度过了好些年。阿赫玛托娃活着见到了历史将他们全部埋葬。

同时,维也纳作为一个伟大的首都已垂垂老矣,而其在和平时光同样如此。罗莎·麦瑞德抛出了她的重磅炸弹——一篇名为《性与文化》的文章,反对娘娘腔的魏宁格、克拉夫特·埃宾以及其他维也纳的性科学家。但是维也纳仍然沉浸在往日中,并把它当成未来。⑦ 鲁道夫·席辛斯基新写的一首歌——《维也纳,我的梦之城》——被遴选为这个城市的赞歌。在柏格街19号,西格蒙德·弗洛伊德正在撰写对史前狩猎-采集时代的人进行精神分析的著作,即在其死后才出版的《图

---

* 英国伦敦中北部居住区,因在20世纪初期与知识界的人物,包括弗吉尼亚·沃尔夫、E. M. 福斯特及约翰·梅纳德·凯恩斯的关系而闻名于世。——译者

⑦ Rosa Mayreder, "Geschlecht und Kultur," *Annalen der Natur-und Kulturphilosophie* 12 (1913).

腾与禁忌》，弗洛伊德认为史前人类具有恋母情结，并且确定，不仅个体有俄狄浦斯情结，群体也有，这一情结甚至能够被一个种族或族群继承下去。在大学中，生物学教授保罗·凯梅莱尔用异国的蟾蜍做实验，证明达尔文获得性遗传的观点是错误的。在凯梅莱尔实验室工作的一个助手是艾玛·马勒，她是两年前去世的维也纳标志性音乐指挥马勒的遗孀。那一年春天，艾玛遇到了奥斯卡·柯克西卡，在位于塞默林的一个满是普通奥地利蟾蜍的废弃画室，他们开始了一场恋情。为纪念这段恋情，柯克西卡画了一幅名为《暴风雨》的画，在画中，他们两人半裸着在一幅巨大的表现主义画布上飘浮。在大学的理论物理研究所，性居于次要地位。玻尔兹曼以前的学生和继承者弗里茨·哈泽内尔，领导了一个委员会，要为他的老师建一座纪念碑。玻尔兹曼的强硬对手马赫尽管由于在 1898 年中风而行动不便，但仍然能够发声，而他开始怀疑原子可能不像他以前长期认为的那样"不可思议"。⑧ 1908 年以研究马赫为主题的论文获得博士学位而毕业的工程师罗伯特·穆齐尔，以接受新的文学刊物《新评论》的编辑工作为开端，在 1913 年开始走上小说家的道路，而要接受《新评论》的编辑工作就得搬到柏林，这正如两年前勋伯格所做的那样。当穆齐尔最终开始写作他的伟大小说《无个性的人》时，时间同样设定在 1913 年。

在德国的大学城哈勒，格奥尔格·康托尔曾在这里度过他人生的大部分时光，此时留给他的仅有五年时间，但是他发现的集合论却生机勃勃。确实，现在它已经过去了这么多年，已被广泛接受，因此可以书写它的历史了。它的众多贡献者之一，亚瑟·薛弗利斯（Arthur Schoenflies），1900 年在期刊上发表相关文章开创了这项工作，1913 年他关于这一主题的巨著完成，突出了康托尔作为这一超限新世界发现

---

⑧ 马赫在笔记中写道："原子不可分？"参见 Rudolf Haller and Friedrich Stadler, eds., *Ernst Mach: Werk und Wirkung* (Vienna: Holder-Pichler-Tempsky, 1988), 467。

者的地位。⑨ 可惜的是,薛弗利斯的哥伦布不能享受他的辩护。1913年,他在哈勒精神病院被永久地宣判患了重度躁郁症。至于康托尔的集合论,它们提出的问题在 1913 年动摇了逻辑,直到今天还是如此。关于连续统假说的证明——康托尔、希尔伯特,以及 1900 年希尔伯特就此问题提出挑战的全世界数学家都失败了的证明——仍然没有被发现。在意大利,皮亚诺学派,尤其是马里奥·皮埃里,在思考至今仍不断从算术基础的深处一个接一个浮现的悖论。1913 年,瓦克劳·施尔平斯基将集合论带到了五年后成为波兰的国家,在那里,年轻一代的数学家在其中发现了奇特的新含义。⑩ 加入他的工作的是齐格蒙特·扬尼舍夫斯基,他已经开始思考无限非连续的"康托尔线"的本体论地位,扬·卢卡西维奇(Jan Lukasiewicz)开始思考早在 1879 年弗雷格就已模糊地提出、但是乏人关注的逻辑基础问题。一个命题既非真亦非伪,这是否可能?集合是否比数更多?⑪ 一个名叫布劳威尔的荷兰数学家认为这是可能的,并且他开始问,如果数学被限定在——严格地限定为

---

⑨ Arthur M. Schoenflies, "Die Entwicklung der Lehre von den Punktmannigfaltigkeiten I," *Jahresbericht der DMV* 8, no. 2 (1900), and *Entwicklung der Mengenlehre und ihrer Anwendungen*, erste Hälfte (Leipzig: B. G. Teubner, 1913).

⑩ Waclaw Sierpinski, *Zarys Teoryi Mnogosci* (Set theory outline), Sierpinski, Oeuvres choisies, vol. 2: *Theorie des ensembles et ses applications: travaux des annees 1908–1929*, ed. Stanislaw, Hartman, et al. (Warsaw: PWN-Editions scientifiques de Pologne, 1974–76).

⑪ Zygmunt Janiszewski, "Sur la geometrie des lignes cantoriennes," Comptesrendus 151 (1910), 198–201. Jan Lukasiewicz, O Zasadzie Sprzeczr'osci u Arystotelesa (On the principle of contradiction in Aristotle) (Lwow, 1910). 后来的波兰数理学家,包括斯蒂芬·巴纳赫(Stefan Banach)、阿尔弗雷德·塔斯基(Alfred Tarski)和制造了第一台计算机并在 1938 年破解了德国密码机的年轻人。参见 Sr. Mary Grace Kuzawa, *Modern Mathematics: The Genesis of a School in Poland* (New Haven, Conn.: College and University Press, 1968), and Jozef Garlinski, *The Enigma War: The Inside Story of the German Enigma Codes and How the Allies Broke Them* (New York: Scribner's, 1979)。

对有限的表述,由此可构成——集合内,那么它将会怎样。⑫ 伯特兰·罗素和阿尔弗雷德·诺斯·怀特海不这么认为。他们最终放弃了不可构成的"集合的集合",并于1910年完成了《数学原理》的手稿,用一辆推车把这些手稿拉到剑桥大学出版社。1913年这厚厚的三卷本著作的最后部分终于问世。

艺术于这一年的2月站到了聚光灯下。2月17日,就在斯大林乘火车离开维也纳的第二天,未来艺术展在纽约开幕,展览地点位于麦迪逊广场和刚刚重新开放的中央车站之间。在第二十五大街的列克星敦大道,上千来宾走进超大石雕的鹰和"现代艺术国际展"横幅下的69号军械库。在军械库里,伴随着铜管乐队的演奏,迎宾的是纽约律师约翰·奎因,他是一切现代事物的热诚资助者以及叶芝和庞德的朋友,并将成为T. S. 艾略特的朋友。据奎因说,这次展览是"国内外曾举办过的最伟大的现代艺术展"。⑬ 大而深的主展厅,为大规模军事竞赛而设计,用布的横幅隆成穹顶状,分隔成无顶的空间,墙是用粗麻布和草木做的,陈列了1 300件左右的艺术作品,大小不一,材料各异。其中三分之二都是美国的,因为这一展出是由一个美国分离派团体——一年前为挑战国家设计研究院而成立的美国画家雕塑家联盟——组织筹划的。剩下的作品由联盟的秘书、画家沃尔特·库恩设法征集而来。为征集这些作品,1912年(葡萄酒佳酿年)秋他周游欧洲,弄来了西方世界一些最有挑战性的新艺术。组织者宣称:"艺术是生活的符号。""没有变化就没有生活……害怕分歧或陌生,就是害怕生活。而害怕生活

---

⑫ L. E. J. Brouwer, "Over de grondslagen der Wiskunde" (On the foundations of mathematics, 1907), in Collected Works (Amsterdam: North-Holland, 1975). 这是关于后来被称为数学"直觉主义"的第一篇论文。

⑬ 对约翰·奎因演讲的引用,参见 Milton W. Brown, *The story of the Armory Show* (1963; repr., New York: Abbeville Press, Hirschhorn Editions, 1988), 36。

就是害怕真理,就成为迷信的卫道士。"⑭

这里有从莱德到康定斯基的所有人的画、从布兰库西到毕加索的所有人的雕塑。由于考虑到美国人对于"进步"的尊敬,沃尔特·库恩和协会主席亚瑟·戴维斯找来了一些距当时分别为二十、三十、四十年的旧作品,将它们作为简短的艺术史排列,以说明立体主义和未来主义的起源。这一策划已经被科隆、海牙、慕尼黑、柏林、巴黎以及保守的伦敦艺术展所尝试,也正是在这些地方库恩找到了这些作品,但这一形式似乎与受过教育的美国人很相宜。在这种展出方式中,一个参观者将发现自己从德拉克洛瓦和安格尔经过科罗和库尔贝,然后走向有着马奈的《斗牛》色彩平面的现代主义。她也许站在莫奈和毕沙罗的作品前,并发现了印象派,并循着雷东、莫里斯·丹尼斯和普维·德·萨瓦纳追溯到象征主义。她也许在修拉的油画速写《裸女》以及侧面的克鲁斯和西涅克的作品那里遭遇分离派;在18幅凡·高、14幅塞尚以及2幅高更的绘画那里遭遇后印象主义,在4幅弗拉芒克和1幅德朗、1幅弗里斯(Frieszes)和1幅马奎特的绘画那里遭遇野兽派,在"立体主义室"里遭遇立体主义,那里排列着杜尚、皮卡比亚(他亲自到场)、布拉克的画,一尊亚历山大·阿契本科的雕塑,以及毕加索的《女人与褐黄色的壶》。表现主义画家,如克尔赫纳和蒙克,在旁边自成一组,而抽象主义由接近抽象主义的作品来代表:康定斯基的《即兴作品》第七号,罗伯特·德劳内的《拉翁》《窗》《巴黎》系列画各一幅。在参观者的眼前胡乱拼凑在一起的,是那些我们现在认为是艺术现代主义经典叙事,以及艺术家的信条、作品和附属的此后几乎成为绝对的各种"主义"。比如说,未来主义作品在那个叙事中仍然被放到一边,他们是唯一没有出现在军械库展览会上的大型乐章,这绝非巧合。

从第一篇出现在纽约报纸上关于展览会开幕的报道起,这一展览

---

⑭ Arthur Davies, "Preface" to the Catalog for the International Exhibition of Modern Art (1913), in *1913 Armory Show 50th Anniversary Exhibition* (Utica, N. Y.: Munson-Williams-Proctor Institute, 1963), 157.

就取得了惊世骇俗的成功。参观者从一开始的涓涓细流发展为滔滔洪水——据说展览的最后一天，即 3 月 15 日，参观人数达到 12 000 人，而参观此次展览的总人数则达到 75 000 人。最难以理解的艺术家结果被证明是马蒂斯，18 件作品，包括巨大的《红色画室》以及利奥·斯坦因珍藏的《蓝色裸女》，参观者发现，那些蓝色的脚中有一只仅有四个脚趾。正如每一个人都知道的，最受关注的是马塞尔·杜尚的大型油画《下楼的裸女》，它也是军械库展览中最大的立体主义作品，因《颜料工厂中的爆炸》等评论而名扬四海。很多参观者直奔这幅画，呆呆地看上一阵子，或者哈哈大笑，有个女人据说笑得倒在了地上。⑮ 当展览的组织者亚瑟·戴维斯陪前总统西奥多·罗斯福来看这幅画，并告诉他画名为《下楼的裸女》时，罗斯福说："那个女人在哪里？"他打断了回答——他发现杜尚是个"疯子"。⑯ 几个星期后，罗斯福写道，杜尚的画（他坚持说，这幅画的标题正确的译法应是《下楼的裸男》）也可以叫作《一个衣冠楚楚的男人上梯子》。这位富于进取精神的前总统对于"客套的假笑"不感兴趣，而对于自然主义作品《垃圾箱》的作者非常赞赏。作为哈佛历史学家和业余的人类学家，他能够看出"未来主义"绘画中的图形与最近发现的欧洲旧石器时代岩画的相似，但这并不使他认为新艺术是一种退化而不是"进步"。毕竟它甚至可能是疯狂的，"迷狂的边缘"是罗斯福自己杜撰的概念。他认为，更糟的也许是这种可能性：它不是自命不凡的就是不真诚的。他不是乡巴佬，像在纽约的童年时代被巴纳姆牵着走一样任由艺术家们摆弄。罗斯福等美国评论家们感到难以理解的是新艺术家们越来越吝于提供一个单一的、明确的观点，他们表现自己的态度和情感的愿望，不仅在他们选择表现的对象上，而且在他们选择来表现这些对象的方法上。而最难以理解的就是他们越

---

⑮ Randall Davey, in *1913 Armory Show 50th Anniversary Exhibition*, 97; William Zorach, ibid., 94.

⑯ Victor Salvatore, ibid., 97.

来越相信自己能够把一个对象分解为其组成部分,并在四个维度中将其连续或同时地呈现出来。对罗斯福来说,《下楼的裸女》仅仅是个图案,"任何对于立体主义理论的恰当的阐释,都远不及"他挂在自己浴室的纳瓦霍画毯的装饰图案来得令人满意。[17] 但是,另一方面,对于像斯图亚特·戴维斯等画家、约翰·奎因等收藏家以及威廉·卡洛斯·威廉斯等诗人来说,这次展览是一个启示。

这次展览开幕前一个月,像奎因一样的一位新出现的美国现代艺术资助者——玛拜·道杰,写信给他巴黎的朋友格特鲁德·斯坦因说,军械库展览将是"自签署《独立宣言》以来最重要的事件,并且两者有着同样的性质"。[18] 这有点夸大其词了。不过,它无疑至少是被期待已久的美国的"分离"。军械库展览的标志是一棵象征美国革命的松树,这是美国艺术家成功突破了前一个世纪的学院派束缚——正如巴黎、慕尼黑、柏林和维也纳的艺术家已经做的那样——的时刻。伊肯斯以"现实主义"之名在1886年所做的,以及"八人画派"(The Eight)——"垃圾箱"流派——以"自然主义"之名在1908年所做的,都由军械库展览以"现代主义"之名在1913年完成了。正如一位艺术家五十年后所写的,它好像是"美国落后的艺术文化的一阵痉挛性抽搐"。[19] 而正是美国艺术家几乎完全作为组织者制造出了这一抽搐。美国艺术家们在军械库展出的作品在风格上的显著特点并不比自然主义、象征主义和表现主义更新。美国画家马克斯·韦伯(不是德国社会学家马克斯·韦伯)的最新作品是大学里的实验,立体主义以及抽象作品并没有拿来参

---

[17] Theodore Roosevelt, "A Layman's Views of an Art Exhibition," *The Outlook*, 22 March 1913; in Roosevelt, *An American Mind: Selected Writings*, ed. Mario R. DiNunzio (New York: Penguin, 1995), 357.

[18] Mabel Dodge to Gertrude Stein, 24 January 1913, in Robert A. Rosenstone, *Romantic Revolutionary: A Biography of John Reed* (New York: Alfred A. Knopf, 1975), 112; quoted in Martin Green, *New York 1913: The Armory Show and the Paterson Strike Pageant* (New York: Scribner's, 1988), 95.

[19] Stuart Davis, in *1913 Armory Show 50th Anniversary Exhibition*, 95.

展,因为他得费力地跟组织者讨价还价。展览中最"现代"的美国艺术作品可能是约瑟夫·斯泰拉在前一年夏天画的《光之战,科尼岛》。如一位历史学家所写:美国的"评论家为'美国的清醒'和'诚实的工艺品'而'感谢上帝',但欧洲人偷走了展览"。[20] 也许吧——但是他们偷走的这次展览意义重大,如同奎因所宣称的那样重大,比所有具有里程碑意义的欧洲展览,从独立艺术家协会沙龙展到蓝骑士社——从中它懂得了规范——都要重大。美国艺术家或许把欧洲艺术家带进来以有利于其从中分离,但是这样做的结果是他们终结了在艺术上的美国排外主义,开始了长期的转换过程,于是西方世界的艺术之都从巴黎转到了纽约。

然而,1913年的艺术之都仍然是巴黎。煤气灯让位于电灯,气递信件(*pneumatique*)让位于电话,大众剧场让位于电影,那一年巴黎的影院收入是900万法郎。[21] 玛塔·哈莉是一个叫座的明星,但她在巴黎第十年最好的工作,甚至是在牧女游乐园,都是作为着全装的西班牙舞蹈演员。当最后的公共马车退出历史舞台时,巴黎的演出经纪人和现代主义的快乐武士纪尧姆·阿波利奈尔,开始了辉煌的一年。自从《蒙娜丽莎》被找到,他不再被怀疑从卢浮宫偷了这幅画,他得以从德劳内公寓的藏身处搬出来,搬到自己的公寓中去。1月,阿波利奈尔写了一篇关于罗伯特·德劳内的随笔,介绍这位画家在柏林的盛大个人画展,并加上了一首名为《窗》的诗,介绍展出的目录。接着,他为毕加索及其他认识了十年之久的立体主义画派朋友写了一本定义性的评论著作《立体主义画家们》。这本书于1913年3月17日,即军械库艺术展在纽约闭幕后两天发布,《立体主义画家们》包括了好客的德劳内(被冠

---

[20] Milton Brown, "Introduction," in *1913 Armory Show 50th Anniversary Exhibition*, 36.

[21] Charles Rearick, *Pleasures of the Belle Epoque: Entertainment and Festivity in Turn-of-the-Century France* (New Haven, Conn.: Yale University Press, 1985), 193. 全法国的收入是1600万法郎。

以"迷人的立体主义"的新头衔),并为他在1911年结识的杜尚兄弟作了特写。[22] 3月18日,阿波利奈尔关于春季独立艺术家协会沙龙展的长文亮相,这篇文章使巴黎人首次真正注意到皮特·蒙特里安。他写道,蒙特里安是一个"非常抽象的立体主义者",指的是蒙特里安自一年前来巴黎后画的《树》,并由此改变了"抽象"这个词的用法。[23] 4月,阿波利奈尔回归了他自己的艺术领域——诗歌,出版了一本以刚刚完成的长诗《区域》为主题的诗集《酒》。《区域》在各方面来说都是拉福格1886年复调自由诗的实现,但是它仍然被视为诗歌分裂史上的重大突破性作品,因为标点符号在其中完全消失,甚至讽刺抒情诗的声音似乎也取消了。阿波利奈尔惹人喜爱的惊世骇俗的比喻(塞纳河上的桥在哭泣,受到埃菲尔铁塔的庇护)在《区域》中一如在他所有的作品中那样明显,但这首诗更多地依赖于现象学而不是比喻。它涉及6个城市,从阿姆斯特丹到布拉格,以及12个巴黎周边地区,从一个显而易见的事实到另一个显而易见的事实,带着勉强用超然和几乎无实质的诗的敏感拼凑起来的磨损的随机性。[24] 作为一种技巧,阿波利奈尔有时称其为"同步主义",意为通过忽略时间维度将事物凑到一起,如同在罗伯特·德劳内和索尼娅·德劳内最近的画作中,以及索尼娅自己制作并

---

[22] Guillaume Apollinaire, Les Peintres cubists (Paris: Eugene Figuière, 1913); repr., ed. L. C. Breunig and J.-Cl. Chevalier (Paris: Hermann, 1965, 1980). 它出版于5月。阿波利奈尔关于毕加索的最后一篇评论于同一星期发表(Apollinaire, "Pablo Picasso," *Montjoie*! 14 March 1913; in *Chroniques d'art*, 1902-1918 [Paris: Gallimard/Idees, 1960], 367-70).

[23] Guillaume Apollinaire, "A Travers le Salon des indépendants," *Montjoie*! 18 March 1913; in *Chroniques d'art*, 1902-1918, 378.

[24] Guillaume Apollinaire, *Alcools*, *Poems 1898-1913*, trans. William Meredith (New York: Doubleday Anchor, 1965). 弗雷德里克·卡尔指出,阿波利奈尔的主题如"区域"或"之间",暗示了作者试图保持对象、事物、地点、空间和时间的一致性的内在状态。无论是在诗歌中还是在绘画中,创作者都消失了。观察者需要有一种整体或一致地看画布的策略,虽然看上去它可能是分割的或碎片化的。Karl, *Modern and Modernism: The Sovereignty of the Artist*, 1885-1925 (New York: Atheneum, 1988), 271.

在那年夏天穿到布里埃舞厅去的"同时性服装"一样。㉕

在 1916 年的西方前线，阿波利奈尔通过将爱、带刺的铁丝网以及炮弹爆炸——其中一次爆炸伤了他的头部——拼凑在一起，写出了壮丽的诗篇。后来他退了伍，死于战后的流感。

当巴黎的 4 月到来时，伦敦先锋派的旗手，美国人埃兹拉·庞德访问了巴黎。那时他还不知道阿波利奈尔，也没读过《区域》，但是他确实正面遭遇了法国诗歌。他向朋友借了一本关于法国诗歌的书，并且在拉福格、马拉美、兰波和莫雷阿斯（Moréas）的作品中发现了比亚瑟·西蒙斯二十年前发现得更多的东西。"特别是整个英国诗歌所获得的发展是从法国窃取来的"，当他返回时他这么认为。㉖ 一天，当他站在巴黎的新地铁站时，他自己写了一首诗。一个单一直白的比喻，两行，并且完全不押韵，它是诗歌的原子：

> 人群中幽灵般飘忽的面容
> 花瓣鲜艳在濡湿的黑枝㉗

庞德将这首诗取名为《地铁站内》。它与《协定》——在这首诗中他最终与沃尔特·惠特曼和解㉘——一起发表在一份新的评论性刊物《诗刊》4 月号上，他只是《诗刊》的一名编辑。后来他开创了一个与之相匹配的运动。他称这一运动为"意象派"（Imagisme），他使用法语是

㉕ 1913 年 10 月到 11 月，索尼娅·德劳内也作了一本折页抽象立体主义"海报诗"，*La Prose du Transsibérien et de la Petite Jehanne de France*，用了沃尔特·惠特曼的崇拜者布莱斯·桑德拉尔（Blaise Cendrars）的措辞。他们称之为第一本"同步书"。

㉖ Ezra Pound, *Poetry*, 1913; Pound, "The Approach to Paris," parts 1-7, *The New Age* (4 September-16 October 1913).

㉗ Pound, *Selected Poems*, 1908-1959 (London: Faber and Faber, 1975), 53.

㉘ "我已经恨你很久……是你剖开了新的木头/现在是雕刻的时候了。"Pound, *Selected Poems*, 1908-1959, 45. 此外还有 Pound, "What I Feel About Walt Whitman"(1909), in *Selected Prose*, 1909-1965, ed. William Cookson (New York: New Directions, 1973), 145-46. 当然，完全偶然的是，在沃尔特·惠特曼的布鲁克林，那个 4 月的头条新闻是艾比斯野场（Ebbetts Field）的新的棒球运动场。

为了强调其起源——一种主题单一、意象清晰的,简省所有比较词汇的诗。《地铁站内》仍然是埃兹拉·庞德的表现主义诗作,并且是20世纪英语诗歌史上的枢轴点。

5月,庞德回到伦敦。在新的香榭丽舍大街剧场,塞吉·迪亚吉列夫的俄罗斯芭蕾舞团正为其在巴黎的第六季演出作准备。迪亚吉列夫跟阿波利奈尔和庞德一样,在汇集天才方面是大师级的人物,他曾作为剧团经理,自1905年秋季沙龙开始把年轻的俄罗斯艺术家带到巴黎,而从1908年开始他选定芭蕾舞,因为芭蕾能够同时展示各种不同的艺术。瓦斯拉夫·尼金斯基是迪亚吉列夫最引人注目的重要舞者,是1913年两出新作品的舞蹈指导,第一部叫作《游戏》,由克劳德·德彪西谱曲;第二部叫作《春之祭》,也是舞蹈团的原创作品,由伊戈尔·斯特拉文斯基谱曲。尼金斯基的首次亮相是作为上一年惊世骇俗的《牧神的午后》的舞蹈指导。尼金斯基的设计是以福勒、邓肯或丹尼斯未曾想到的严格的、僧侣般的不连续舞蹈来配合德彪西的音乐和马拉美的主题。对参加有108人管弦乐队的《春之祭》十六场彩排的人说,这一新的芭蕾舞剧的确是现代的。他们还说,这部剧的音乐和它的舞蹈一样是全新的。斯特拉文斯基是圣彼得堡的一个贵族,他在1910和1911年演出季谱写了流行的戏剧《火鸟》和《彼得洛西卡》。这两部早期芭蕾舞剧的和声与节奏都有一点实验的成分,但《春之祭》与之不同。甚至它的题材就具有挑战性。《春之祭》不是神话故事,而是史前俄罗斯的处女献祭的改编。如同《图腾与禁忌》中的反常与强迫,《春之祭》的故事通过女儿的死而不是父亲的死反转了弗洛伊德。斯特拉文斯基后来回忆,这出剧是在1910年他从一个幻觉突然得到灵感的,但是这个幻觉更像是其舞台设计师尼古拉斯·罗瑞克获得的,他是迪亚吉列夫舞蹈团的象征主义先知,也是一个"原始的"自学成才的专家。

在5月29日首演之夜,台下的嗡嗡声不绝于耳,似乎全体巴黎人都涌进了剧院。"全体巴黎人"没法安静下来,甚至在全场的灯光暗下来之后。似乎在错误的一方被默认之前,就必须在剧场当场给出对《春之祭》艺术特点的评判。窃窃私语变成牢骚声,牢骚声变成大声喊叫,直到除了重音的节奏潜流之外很难听见斯特拉文斯基的音乐。这当然很奇怪,因为节奏标识是一小节一小节变换的。确实,在可能是 C 调大管独奏的开场后,似乎所有的乐器都在按不同的节拍演奏,每次一两个,直到管弦乐队里的每个人都在演奏他自己的芭蕾,而声调也越来越不确定。演出开始后大约三分钟,女舞者们上台了,她们穿着红色的像宝嘉康蒂(《风中奇缘》中的印第安公主)的戏服,踮起脚尖快步移动,连接着单跳,并在低音开始变换节拍记号。在本该有喇叭的地方吹奏声突然冒出来,并且毫无节拍地停止。反对者开始冷笑和吹口哨,赞成者大叫"干得好"。纽约评论家卡尔·范·维克腾回忆,他很久都没有注意到的那个坐在自己后面的人居然差点在他的头上打拍子。尼金斯基的母亲昏了过去。㉙《动物狂欢节》的谱曲者卡米尔·圣-桑斯,离开了大厅。另一个作曲家大喊"天才!"这是莫里斯·拉威尔,他与斯特拉文斯基一起在瑞士为《春之祭》谱写管弦乐谱。有人大骂:"这些猪是哪里来的?"㉚甚至阿诺德·勋伯格都听到了观众发出的嘘声。演出是否要被停止,就像维也纳3月的那场新音乐会那样?㉛ 在第四排的座位上,斯特拉文斯基看到乐队指挥皮埃尔·蒙图克斯沉着的背影,并意识到无论观众反应如何,蒙图克斯都会继续演下去。他起身来到舞台侧翼,在那里,尼金斯基正在用俄语向舞蹈演员们喊一些数字,试图使他们跟上拍子。斯特拉文斯基回忆,有好几次他不得不抓住尼金斯基,阻止他

㉙ Bronislava Nijinska, *Early Memoirs*, trans. and ed. Irina Nijinska and Jean Rawlinson (1981; Durham, N.C.: Duke University Press, 1992), 470.

㉚ Quoted by G. de Pawlowski in *Comoedia* (Paris), 31 May 1913; in Francois Lesure, ed., *Le Sacre du printemps: Dossier de presse* (Geneva: Editions Minkoff, 1980), 18.

㉛ 勋伯格的另一场灾难。1913 年 3 月 31 日,勋伯格在维也纳最负盛名的音乐厅指挥演出贝格(Berg)的小品 4、韦伯恩的小品 6 和他自己的第一室内交响曲。在贝格的 *Five Orchestral Songs on Postcard-Texts by Peter Altenberg* 演了一半时不得不停下来。那一年勋伯格倒是有一场成功的演奏会,也是他第一次成功的演奏会。但是演奏会上演的是他 13 年前写的、晚期浪漫主义风格的《古雷之歌》。

冲上舞台并对着舞蹈演员们——或观众们——大喊大叫。㉜ 迪亚吉列夫大声命令演出继续，并指示灯光师不时地调节室内的灯光，看看能不能让大家安静下来。这当然起不了什么作用。直到杰出的玛丽亚·皮尔兹在最后的舞台造型中开始她的死之独舞时，巴黎人才终于对他们特意来看的这部戏表现出了一点儿敬意。㉝

"这正是我所要的效果。"当演出结束后，迪亚吉列夫坐在餐馆里对斯特拉文斯基说。㉞ 第二天，巴黎《联合报》上的评论文章称这场演出为"春之杀戮"。㉟ 总的来说，《春之祭》与勋伯格的《弦乐四重奏》第2号不同，取得了巨大的成功。评论家们为听众们的反应感到羞愧，给了演出很高的评价。《费加罗报》的评论员甚至怀疑自己是否太守旧，没有盛赞这一可能成为重要事件的演出。㊱ 事实上，判断这一事件既是对现代音乐的接受也是对现代舞蹈的接受已经变成老生常谈了。㊲ 在1872至1913年间发生了不少惊世骇俗的事，㊳但是《春之祭》的首次公演令人震惊的程度超过了所有这些事件。虽然尼金斯基的舞蹈设计只持续了八场演出（迪亚吉列夫在1913年末解雇了尼金斯基，后来《春之祭》在1920年由利奥里德·马塞思重新进行了舞蹈设计），它一直保持具有启发性的传说，直到近半个世纪后尼金斯基的舞蹈设计的继承者、

㉜　Igor Stravinsky, *An Autobiography* (New York: Norton, 1962), 47.

㉝　Nijinska, *Early Memoirs*, 470; Stravinsky, *Autobiography*, 47.

㉞　Igor Stravinsky and Robert Craft, *Conversations with Igor Stravinsky* (1959; London: Faber and Faber, 1979), 46.

㉟　Pawlowski, in Lesure, ed., *Le Sacre du printemps: Dossier de presse*, 20.

㊱　Henri Quittard, *Le Figaro*, 31 May 1913.

㊲　甚至斯特拉文斯基最新的也是最不客气的传记作者理查德·塔鲁斯金，也不怎么认同这一判断。Taruskin, "A Myth of the Twentieth Century: The Rite of Spring, the Tradition of the New, and 'Music Itself,'" *Modernism/ Modernity* 2, no. 1 (1995), 1.

㊳　除了勋伯格3月的那场灾难性音乐会之外，6月2日在意大利的摩德纳另外一场音乐会上，未来主义作曲家路易吉·鲁索罗（Luigi Russolo）首次公演了他的《嘈杂音乐》。来自街头嘈杂声的鲁索罗的音乐并不成功，他出版的解释自己的音乐的书——《嘈杂的艺术》（Milan: Direzione del Movimiento Futurista, 1913）——也不成功。

杰出的默斯·坎宁安(Merce Cunningham)找到了自己的方式：非对称的、单元化的和不连续的风格。[39] 斯特拉文斯基的音乐受到了较好的待遇。他的《春之祭》立即被作为音乐会的曲目，很多有音乐头脑的人也认为这是本世纪音乐革新的最终源头。它的调性紊乱几乎与勋伯格一样，并且它是连续的复节奏而不是同时性的复节奏，与刚刚完成《第二弦乐四重奏》的查尔斯·埃弗斯的节奏一样。实际上其节奏的结构是全新的——不对称的，充满了固定反复的乐句，并且是极端的断唱。勋伯格试图从音乐中取消重复，但《春之祭》以一种报复性的方式使它们回归了。

那一年唯一能与《春之祭》的节奏相比的，是与俄罗斯恰好相反之物，西方世界的边缘——密西西比河流域——那里受到的音乐影响更多来自非洲而不是亚洲。1913 年 7 月 7 日，在伦敦的音乐厅，艾文·伯林演奏并演唱了《国际性的拉格》，这是一首他前一天晚上刚刚在旅馆房间里谱写完的歌，歌词赞颂了由美国在大西洋沿岸引爆流行的拉格泰姆旋律和低俗舞蹈。这一自夸是针对伦敦人的，后者认为柏林——一个在俄罗斯出生的纽约犹太人——创造了时尚，但是柏林知道自己只是一个流行歌手，而不是一个革新者。他所改编的拉格泰姆音乐在美国已是过了气的东西，在那里，根源于密西西比河流域的拉格泰姆音乐已经长出了两棵更新的音乐幼芽。一种是布鲁斯（蓝调）。1913 年，一位名叫 W. C. 汉迪的黑人音乐家在田纳西州的孟菲斯组建了乐队，出版了唱片《黑人布鲁斯》(Jogo Blues)，后来更名为《孟菲斯的渴望》。("Jogo"一词，如同 jigwawk 或 jig-walk，是南方"有色"的非

---

[39] 20 世纪 80 年代，米利森特·霍德森(Millicent Hodson)写了一系列文章，试图重建尼金斯基编的芭蕾舞："The Fascination Continues: Searching for Nijinsky's Sacre," *Dance Magazine* 54 (June 1980), 64 - 66, 71 - 75; "Nijinsky's Choreographic Method: Visual Sources from Roerich for *Le Sacre du prntemps*," *Dance Research Journal* 18 (winter 1986 - 87), 7 - 15; and "*Sacre*: Searching for Nijinsky's Chosen One," *Ballet Review* 15 (Fall 1987), 53 - 66.

334 洲裔美国人对自己的称谓。)⑩此前一年,即1912年,汉迪发表了《孟菲斯布鲁斯》,这是历史上第一次公开发表的布鲁斯音乐,但是没能拿到版权。一年后汉迪将发表他经典的《圣路易斯布鲁斯》。随着这些有乐谱的音乐的流行,布鲁斯——其起源仍然是埋在密西西比三角洲的谜——开始风靡世界。"爵士乐"也是如此。这个词在美国作品中首次出现是指一种舞蹈,但在1913年,《旧金山快报》在引号中用它来称谓一种近似于拉格泰姆的音乐。⑪ 正是在这一年,圣路易斯的新钢琴演奏家费迪南德·拉默斯(以杰利·罗尔·莫顿而闻名)开始演奏一首风格轻松愉快的——这种风格是他从密西西比河下游的妓院学来的——名为《漂亮宝贝》的新歌。1913年"孟菲斯学生"乐队不再演出,巴蒂·鲍顿在精神病院中逐渐憔悴衰老。而在新奥尔良,一个叫路易斯·阿姆斯特朗的没有母亲的孩子被送进了少年感化院,在那里他将学会演奏短号。

爵士乐在官方不满的背景下繁荣发展,表现主义剧院也是如此。1913年6月,奥斯卡·柯克西卡被警察查封了另一出戏剧——《燃烧的刺灌丛》。在巴黎,文学编辑雅克·科波创立了老鸽舍剧院以代替旧的作品剧院和自由剧院。在斯德哥尔摩,一年前刚去世的斯特林堡还在被人悼念,而其继任者已经在剧院中了。在康涅狄格州的新伦敦,6月,詹姆斯·奥尼尔——他使《基度山伯爵》具象化为1 000场舞台演出,并在1912年改编成电影——欢迎他的儿子尤金从费尔菲尔德郡的肺结核疗养院归来,在那里,这个年轻人给自己装了满脑子的勋伯格,并决心要将现代主义戏剧带到美国的舞台上。

在维也纳大学,曾经编辑过玻尔兹曼作品集的弗里茨·哈泽内尔,决定在贝多芬墓园中为他的老师树一座纪念碑,这座纪念碑将仅由老

---

⑩ W[illiam] C[hristopher] Handy, *Father of the Blues*, *An Autobiography* (New York: Macmillan, 1941; repr., New York: Da Capo, 1969), 117.

⑪ "It's members have trained on ragtime and 'jazz'." In *Oxford University Dictionary Supplement*, article on "Jazz".

玻尔兹曼斗志昂扬、胡须杂乱的头像和碑铭"S=k log W"组成。哈泽内尔写道:"熵与概率的对数成比例这一定理,是理论物理学甚至一切科学定理中最复杂、最优美的定理之一。"㊷这个公式不仅优美,到1913年也显得越来越正确。甚至当那一年两位理论家——一个法国人和一个德国人——同时推翻了玻尔兹曼以之为前提导出的遍历假设时,其概率基础仍然没有动摇。㊸它所提供测量原子的数量和大小的坦途在不断拓宽。在巴黎,物理学家让·佩兰在他的新著《原子》中欢呼"原子理论取得了胜利",并列举了16种不同的通过实验确定一摩尔中含有多少分子数目的方法。㊹

通过他的几种分子计量法,佩林认同了爱因斯坦的观点,在1913年爱因斯坦依然是粒子方面的领军人物。在1913年发表的一篇非正式文章中,他回顾了在能量量子化方面长期的努力,并作出预测——具有讽刺意味地——又一次老调重弹。

> 如果我们[在基尔霍夫黑体函数的]圣坛上能称出献祭的物理学家的头脑的重量,这将是有启发意义的。而这种残酷的献祭的结局现在还很难说。㊺

爱因斯坦甚至公开反对恩斯特·马赫。两年前的某个时候,爱因斯坦的年轻朋友菲利普·弗兰克带他去见这位古稀之年的维也纳哲学家。据弗兰克说,爱因斯坦当时说服马赫,玻尔兹曼的气体原子理论在

㊷ Fritz Hasenöhrl, in Engelbert Broda, *Ludwig Boltzmann: Man, Physicist, Philosopher* (Woodbridge, Conn.: Ox Bow Press, 1983), 83.

㊸ 反驳遍历假设的文章,参见 Michel PlancherelArchives des sciences physiques 33 (1912). 后来与阿图尔·罗森塔尔(Artur Rosenthal)的文章一起被收入 *Annalen der Physik* 42 (1913). Raymond J. Seeger, *Men of Physics: J. Willard Gibbs: American Mathematical Physicist Par Excellence* (New York: Pergamon Press, 1974).

㊹ Jean Perrin, *Atoms*, trans. D. L. Hammick (Woodbridge, Conn.: Ox Bow Press, 1990), 216-17.

㊺ Einstein, untitled article, *Naturwissenschaften* 1 (1913), 1077; in Abraham Pais, *"Subtle is the Lord…" The Science and the Life of Albert Einstein* (New York: Oxford University Press, 1983), 372.

马赫的意义上是"经济想法",因为,虽然其方程式是关于概率的,但它仍然浓缩了大量的事实并使得对它们的控制成为可能。[46]

爱因斯坦当年 34 岁,头发斑白,是苏黎世联邦理工学院的全职教授,正是这所学校,在爱因斯坦毕业时将他拒之门外。而现在,他在哪里都是香饽饽。不是别人,正是马克斯·普朗克本人亲自前往苏黎世,劝爱因斯坦接受教育之都柏林的研究教授之职,而正是柏林的教育制度使得爱因斯坦在他 16 岁时就放弃了德国公民身份。那年春天,爱因斯坦在巴黎作演讲时,遇到了两位重要的物理学家:使相对论通俗化的保罗·朗之万(他曾与庞加莱一起住在圣路易斯)和孀居的玛丽·居里。[47] 8 月,爱因斯坦与玛丽及她的两个女儿——绮瑞娜和艾芙,在阿尔卑斯山度假,当时玛丽正急于摆脱朗之万的妻子公开发表她写给保罗·朗之万情书的影响。而爱因斯坦顽强的心灵中既没有爱情也没有雄心。占据他脑海的是被他称为"广义相对论"的东西,即时间、空间和运动的完全普遍化方程,这一方程将他 1905 年的匀速运动的相对性包含于其中,作为其中的一个特例。爱因斯坦抓着玛丽·居里的胳膊,说道:"你知道,我需要了解的正是当电梯在空中自由下落时电梯里的乘客会怎样。"[48]

爱因斯坦心目中相对论的雏形是 1907 年他在专利局时形成的,当时他想象自己在一个封闭的电梯里,以 32 英尺/每二次方秒的匀加速度穿过宇宙;并意识到,如果没有窗户的话,将会不知道自己是否在地上。他设想,如果有一束与电梯轨迹成直角的光通过位于他上方的一

---

[46] Philipp Frank, *Einstein: His life and Times*, trans. G. Rosen, ed. S. Kusaka (1947; New York: Da Capo, n. d.). 吉利米·伯恩斯坦(Jeremy Bernstein)在他的《恩斯特·马赫和夸克》(*American Scholar*, Winter 1983-1984)中将这次会见的日期确定为 1912 年或 1913 年。格拉尔德·霍尔顿(Gerald Holton)根据哈勒尔(Haller)和斯坦德勒(Stadler)的《恩斯特·马赫》的通讯录推断这次会见发生在 1911 年。

[47] 朗之万关于庞加莱的回忆录中说,他死于 1912 年 12 月 17 日。参见 Langevin, "L'Oeuvre d'Henri Poincaré," *Revue de metaphysique et de morale* (1913).

[48] Eve Curie, *Madame Curie*, trans. Vincent Sheehan (1937; New York: Da Capo, n. d.), 284.

个洞进入电梯内,他将会看见光打在对面墙上的位置要低于它照进来的那个洞的位置。如果加速能够使光线弯曲,为什么引力不可以呢?如果惯性和引力的效应相当,则它们也应相当。"惯性相对性假设"是马赫提出来的,他还坚持所有物理现象对于观测者的相对性,爱因斯坦知道马赫的这一假设。1913年6月,爱因斯坦写信给马赫说,如果能观察到引力能使光线弯曲,这将是"你对力学基础领域的创造性研究的完美证明",[49]9月,他在一次维也纳讲座中又提及马赫的假设。[50] 然而,爱因斯坦很清楚,要使这一观点得到确证,他必须找到一种普遍的、能够将任何一种运动与另外的运动联系起来的通用几何。此外,它还必须能在多重弯曲的四维时空中适用,并由此得出改进的引力律。这个工作非比等闲。"与这一问题相比,原先的相对论就是儿戏。"他在1912年末写信给老朋友马塞尔·格罗斯曼时如是说。[51] 格罗斯曼那时在苏黎世教绝对及多维几何学,爱因斯坦向他求教。1913年,爱因斯坦与格罗斯曼在苏黎世联合发表了一篇名为《广义相对论和引力论概论》的论文,这是一组系列论文中的第一篇,而这组系列论文将于两年后在战时的柏林全部完成。

同年夏天,27岁的尼尔斯·玻尔在丹麦的哥本哈根完成了了不起的成果,后来被物理学家们称为"三部曲",即三篇关于原子结构的论文。玻尔希望这一成果能够证实他于1911至1912年在英国剑桥和曼彻斯特实验室做的博士后研究工作,在关于原子模型的争论之间作出决定,并且也希望这一成果可以为他赢得教授职位。他从剑桥转到曼彻斯特,师从恩斯特·卢瑟福(大约就在同一时期,一位名叫路德维希·维特根斯坦的有抱负的航空工程师从曼彻斯特转到剑桥,师从贝

---

[49] Einstein to Mach, June 1913, in Paris, "*Subtle is the Lord…*," 285.

[50] 爱因斯坦的演讲以及对马克的猜想的报道,见 *Physikalische Zeitschrift* 14 (1913), 1249。

[51] Einstein to Grossman, 29 October 1913, in Banesh Hoffmann, *Albert Einstein, Creator and Rebel* (New York: Viking Press, 1972), 116.

特兰·罗素)。卢瑟福曾作为世界顶级的放射性实验物理学家参加了圣路易斯世界博览会,他为1909年发现原子中央有密集的带正电的核子作出了贡献。1911年,卢瑟福提出,原子的结构与太阳系的结构十分相似,如同行星围绕太阳运转一样,原子中负电子围绕带正电的原子核运转,而不是像悬浮在布丁里的葡萄干那样零散分布。当博士后研究于1912年6月结束时,玻尔从曼彻斯特给他亲爱的弟弟哈拉德写信说:"我可能已经有了一些关于原子结构的发现,这件事不要告诉任何人。"[52]这首先暗示了玻尔要开始一年的努力工作去弄明白卢瑟福的非整体原子模型的理论含义。此时他已经形成了自己持续一生的工作习惯:对每个略有所知的人滔滔不绝地讲述,用他潦草难辨的字迹在黑板上涂画,用一种或几种语言将成型的论文口授给他出色的妻子玛格丽特。1912年下半年和1913年上半年,玻尔在哥本哈根海尔鲁普郊区的一所小房子里度过,他于1912年9月携自己的新娘住进这里,每个工作日的早晨,他都要从这里骑自行车到城里的技术学院物理助教办公室去上班。玻尔正是在这些狭小的房间里,为推动微粒物质和能量的下一步巨大发展进行着准备工作。

2月初,一个同学将他的注意力引向了奇怪的常数。通过这些常数,几年前巴尔默和里德堡就把氢原子辐射出的一系列射线在光谱上连接起来。19世纪的光谱学显示,由加热的氢而且的确由每一个分子辐射出的光谱完全是由特别狭窄的射线构成的,每一条射线都有特定的频率——其非连续性性无论是场理论还是波动理论都无法解释。在氢的系列谱线中,巴尔默线属于低频谱线,通过神秘的里德堡数3,287,870,000,000,000,可以把它从高频谱线中区别出来。神秘的里德堡数3,287,870,000,000,000可以被小整数的平方整除,即4、9、16、2、81,甚至被1除。对于像玻尔这样20世纪的伟大物理学家来说,

---

[52] In Abraham Pais, *Niels Bohr's Times*, *In Physics*, *Philosophy*, *and Polity* (New York: Oxford University Press, Clarendon Press, 1991), 128.

这些简单的整数立即就暗示了在这些似乎随机的频率测量背后隐藏着基本的非连续性过程。但 19 世纪的科学家却甚至在亚原子层面上也对非连续性存在犹豫,因此没有发现它。即使是卢瑟福,在他新的原子模型中,也假设电子围绕原子核运转时将连续发射所有频率的射线。然而目前的理论认为,如果运转的电子确实在辐射能量,则它们将逐渐损失能量,最终落入原子核,就像能量耗尽的卫星一样坠毁。

玻尔已经猜想到,电子没有坠毁的原因和电子辐射某些频率的射线而不是其他频率的射线,在于电子的运动多少有些量化。其他科学家也已提出角动量(动量矩)是逐渐形成的。角动量须是普朗克的常数 h 的整数倍,再除以 2π,并且角动量大小的变化只能是加或减那个量的整数倍。电子并不盘旋向下或向上——因为那是一种连续变化。相反,它们会从一个轨道上消失,瞬间又出现在另一个轨道上——这就是现在众所周知的"量子跃迁"。在 2 月末,玻尔发现了量化轨道和巴尔默公式之间的联系。3 月,他向玛格丽特口授完成了三部曲的第一部分,并交给卢瑟福,以转寄给皇家学会的《哲学杂志》。1913 年 7 月,继 1900 年普朗克和爱因斯坦 1905 年之后量子物理第三次伟大发现初见端倪,第一次确立了不仅原子自身是微粒子,而且其每个已知的组成部分都呈离散运动。在文章的第 9 页,玻尔得出了一个公式,它的各项分别是原子核的电荷数、电子的电荷和质量,以及量子化的角动量。当加进已知的实验值时,公式产生出了里德堡数 $3.287\,87\times10^{15}$,它被证明为大约相当于两倍的电子的微小质量乘以 π 的平方再除以普朗克常数 h 的立方。[53] 量子理论在原子的基本结构领域被成功地确定下来,并且被证实能完全控制原子部分的运动、原子的能量释放,以及几乎全部的化学性质。当 11 月三部曲的第三部分完成时,一个名叫亨利·格温·杰弗里斯·莫斯利的年轻实验物理学家证实了玻尔的假定,即化

---

[53] 玻尔的实际结果是 3.1×10^{15}——在实验错误的范围内。

学元素的核电荷数必须是一个简单的整数——"原子序数"。[54] 正如吉恩·佩林的书所欢呼的:

> 原子理论取得了胜利。直到最近,它都有很多反对者,然而他们现在已经被说服并相继放弃长期以来被认为是理所应当的和毫不怀疑的观点……但是在赢得这场胜利的过程中,我们发现,原先理论的所有的明确性和结论都消失了。原子不再是永不可分的实体,原子的不可再分割性为量子理论的发现设置了限制……[55]

1962年,就在玻尔去世前不久,他说:"你看,我很抱歉它们大多数都是错的。"[56]当20世纪的科学开始接受马赫将全部科学真理限于现象的所有结论时,玻尔于1913年提出的原子具有规则地排列在拉长的椭圆轨道上的理论,失去了其解释力量,开始看上去像是物理学史上最后的真实的"图景"。玻尔自己常常论证说,我们只能在发现一种普通语言来描述自然的范围内才可以获得客观性。然而,他逐渐认识到,这种普通语言只能通过很深的隐喻而不是图景来形成。1925年,在原有的角动量之外又增加了三个量子数,并且原子光谱也不再适合由普通代数来描述。1926年,优美的薛定谔方程重新将波引入放射性领域,并提出波和粒子相互排斥的观点。玻尔表现出20世纪最基本的哲学洞察力,他意识到所有相互排斥现象的"互补性",如波和粒子。现在我们知道,无论我们测量什么,测量工具本身也必须被检测,选择用什么来进行测量,不仅要排除其他的测量方式,还经常会阻止我们意识到它们的存在。

1913年秋,T. S. 艾略特深入探究了认识论。当时他在哈佛攻读

---

[54] Henry Gwyn Jeffreys Moseley, "The High-Frequency Spectrum of the Elements," *Philosophical Magazine*, 6th ser., 26 (1913), 257. 为了得出结论,莫斯里测量了元素的X射线频率。

[55] Perrin, *Atoms*, 216–17.

[56] Bohr interview, 7 November 1962, in Pais, *Niels Bohr's Times*, 139.

哲学博士学位,在准备关于伯格森和詹姆斯的研讨会论文,以及关于F. H. 布拉德利的学位论文。他花了几个月的时间艰难地阅读胡塞尔。他写信给自己的朋友康拉德·艾肯说,虽然很难,但是认识论看起来比伯特兰·罗素教的数理逻辑要有意义得多。康拉德·艾肯是那年秋天伦敦唯一有《J. 阿尔弗雷德·普鲁弗洛克的情歌》复本的人。他对自己的朋友艾略特很有信心,最后将这首诗在一场朗诵会上朗诵——如他们在伦敦所说的,聆听者"人数众多"——在那里,《诗歌》的编辑谴责它是"疯狂的"。艾略特将成为一名诗人。他将在德国离开哲学,恰好在 1914 年军队开进来之前来到伦敦,加入庞德魅力十足的圈子。

在胡塞尔的哲学中,艾略特发现了一个吸引自己的术语——"客观对应物",即客体与感受相一致。[57] 而正是在 1913 年,胡塞尔的思想明确地使这些术语成为潮流。胡塞尔相信逻辑的基础是现象学而非其他,他现在循着现象学的路径从"凭此确实不需要再获得新的东西"的数学基础回溯,并且有望获得心理主义的结论,而这曾在他和弗雷格之间引起很大的争论。[58] 那一年,他的经典著作《纯粹现象学通论》(或简称为《观念》)的最后一部分刊登在《现象学和现象研究年鉴》第一卷上,这份杂志是胡塞尔及其人数越来越多的弟子创办的,由胡塞尔本人编辑。《观念》严密分析了在"无穷体验流"(*Erlebnisstrom*)中有些什么,它被精确地描述为一种现象,在意识中呈现的一些单一、可知并与其他现象的邻近之物相区分的东西。[59] 相应地,他渴望从这些不连续的现

---

[57] Husserl, *Ideas*, section 69, trans. W. Boyce Gibson (1931; New York: Collier Books, 1962), 180. 有一个 F. 克斯滕(F. Kersten)的新译本(Boston: Martinus Nijhoff, 1983)。艾略特对诗的"客体关联"的定义出现在他 1919 年写的论文《哈姆莱特和他的问题》中。Eliot, *Selected Essays* (London: Faber and Faber, 1951, 1986), 145.

[58] Husserl, *Ideas*, section 33, trans. Gibson, 102.

[59] "知觉自身是指稳定的意识流中的东西……它自己不断流动;对于当下的知觉总是成为刚刚过去的意识的近邻,新的同时又一闪而过,等等。"Ibid., section 41, 118.

象中区分出那些如同一律(a=a)的、属于抽象思想的东西。在做了这些工作之后,他的计划是将所有的抽象现象放到一个绝对纯粹和可靠的"先验自我"的基础上——被括弧括起来的意识或从意识流中孤立出来的意识——这将为所有实证科学的严格性提供保证。虽然实证科学家看不出这有什么必要,但是像海德格尔这样的哲学家却认为很有必要。几年后,人们将清楚地看到,胡塞尔开启了像柏拉图一样坚定和直接通往唯心主义的道路。

11月,埃德温·S.波特在加利福尼亚。他早在1896年就在那里引进了投射电影(projected movies),他在那里还有他新公司"明星"(Famous Players)的一个生产单位。明星公司通过一年期的合同争抢"明星演员",玛丽·碧克馥就是这样离开沃格拉夫电影公司的。那一年,波特为碧克馥拍了第四和第五部故事片,即《漂泊的心》和《暴风雨的乡村》。[60] 明星公司一跃而生产多集的或"故事片"电影,在1912年迅速占领市场,并成为第一个将它们按照定期的时间表完成电影制作的生产公司。当波特和碧克馥在加利福尼亚时,明星公司出品了波特制作的第一部故事片——《基度山伯爵》,1912年下半年摄于旧西第26大街军械库,由尤金·奥尼尔的父亲詹姆斯·奥尼尔出演伯爵。(基度山伯爵的舞台角色曾是詹姆斯·奥尼尔的长期生活来源。)波特当时正在恢复训练中,受到成功的鼓舞,他在《戏剧杂志》3月号的一次访谈中宣称,他的《一个美国消防员的故事》是首部叙事电影。这是在快速变化的新世界中一个开拓者的选择性记忆。事实是,当真正以叙事为中心的平行剪辑和镜头切换、场景交叠于1908至1909年出现时,波特没有跟上潮流,1910年爱迪生公司解雇了他,他作为电影制作人的事业差点终结。从某种意义上来说,波特也将自己推向了下坡路,1908年,他请了一个名叫劳伦斯·格里菲斯的人演《鹰巢援救》,这是一部没有什么说服力的、叙事混乱的实验电影,自此他声望日下。而他的主角加

---

[60] 《漂泊的心》和《暴风雨的乡村》两部影片都在1914年上映。

入了位于第十四大街的沃格拉夫电影公司，在那里，短短几个月的时间，他从演员升为导演，并恢复了本名——大卫·瓦克·格里菲斯。他在沃格拉夫电影公司共拍摄了202部电影短片，开创了新的电影风格并充实了新出现的临街五分钱电影院。[61] 1913年，波特革新了自己的风格，虽然在他的作品里仍然能找到"舞台化"的痕迹，但是这不妨碍他重新跻身于顶级导演的行列。同时，在9月退出沃格拉夫电影公司的格里菲斯，决心拍摄自己的故事长片，并秘密地拍了一部取材于《圣经》的史诗电影《贝图利亚的朱迪丝》。而紧随其后的就是《一个国家的诞生》。

对于电影业来说，这是一个值得纪念的秋天。在南达科他州的松岭印第安人保留地，电影牛仔"布朗丘·比利"安德森（他曾在《火车大劫案》中扮演被击中的旅客）为白发苍苍的布法罗·比尔（他的有三十年历史的西部荒原演出公司在那年夏天刚刚破产）执导历史上第一部纪录片电影融资，这部影片的主角是美国骑兵麦尔斯将军和一些老的苏族演员，影片重现了1890年苏族遭到大屠杀的"伤膝河之战"。差不多与此同时，在洛杉矶旁的一个于1909年被沃格拉夫电影公司发现的冷清的小镇，塞西尔·B. 德米尔为塞缪尔·戈德温拍摄名为《弱气男儿》的西部片。这个小镇就是后来大名鼎鼎的好莱坞。

夏季和初秋是维也纳的会议季节。8月，参加维也纳和平大会的与会者，担忧他们在布加勒斯特签署的巴尔干和约能否延续。9月，参加意外事故预防第二届年会的保险专家们抵达维也纳。会议的发言者中，有一位来自布拉格的波希米亚王国工伤事故保险公司，他的名字叫弗朗茨·卡夫卡。他的第一本书《司炉》和第一个成熟的故事《审判》那

---

[61] 1907年突然满世界都是"五分钱娱乐剧场"，此时电影刚刚摆脱歌舞杂耍表演节目，开始用自己的片子充实剧场。世界上第一家低价的纯电影剧场，可能是1905年6月在匹兹堡开业的五分钱娱乐剧场。爱尔兰都柏林的第一家剧场则是沃尔特（Volta），是由两个的里雅斯特来的意大利人和他们的一个叫詹姆斯·乔伊斯的侨民朋友建立的。

341　时刚刚出版。他一直待到其他保险专家离开,以便参加在维也纳交响音乐厅举行的第十一届犹太复国运动大会,聆听西奥多·赫兹尔——他于1904年去世——弟子们的演讲,考虑如何以及在何处重建犹太国家。这里有一些关于10月在基辅发生的孟德尔·贝里斯祭祀性谋杀事件的不安的谈论,就在卡夫卡因肺结核不得不中断到里雅斯特的汽船旅行、改去疗养院之后,奥地利的犹太人社团,包括像赫尔曼·巴尔和维克托·阿德勒等反对犹太复国运动的人,在维也纳音乐大厅重新集会,组织为贝里斯的辩护。他们争论说,这样野蛮的反犹主义也许在某地是常见的,但不会发生在奥地利。

西格蒙德·弗洛伊德同意这一看法,但他没有参加这一集会。就在犹太复国运动大会召开的那个星期,他远在慕尼黑——那个康定斯基画了《构图》第五号、阿道夫·希特勒画明信片的城市——出席第四届国际精神分析大会。在那里,当国际精神分析学会推举荣格为主席时,弗洛伊德及其忠实的追随者有礼貌地出席了大会,而他们8月在多诺米蒂斯的山区度假地已决定将荣格作为叛教者驱逐出精神分析运动。列宁在1913年9月7日至10日也有一个秘密的会议。在奥地利加利西亚的塔拉山上,他召开了俄国社会民主工党的"夏季"会议,会议的主题是从圣彼得堡的核心中驱逐孟什维克主义者。没有太大的变化。维也纳仍然江河日下,四处放射能量的粒子,如同镭不断衰变逐渐变成铅一样。

11月14日,星期五,巴黎的小出版商格拉塞特,在作者的少量补贴下,出版了马塞尔·普鲁斯特的《在斯万家那边》。这册厚厚的书,仅是五年前从一勺汤药和小蛋糕启发下创作出的长篇小说的第一部分。在普鲁斯特优雅的19世纪风格中,没有不连续性,也很难找到意识流的痕迹,与他黄金时代的贡布雷与乔伊斯笔下的都柏林也毫无相似之处。但是读者立即就能看出,在其越来越宏伟壮丽的追忆中,普鲁斯特捕捉了最为现代的认识论问题,观察者与被观察物以及时空的关系。《在斯万家那边》以马塞尔的叙述开始,讲述他如何自童年起就有醒来时不知身在何时何处的困惑。接着他简单讲述了两种星期天的散步，在斯万家那边和在盖尔芒特家那边，在从盖尔芒特家回来的路上，从不同的视角看过去，小镇教堂的尖塔以一种高贵的舞蹈姿势转来转去。马塞尔的一大发现是去往斯万家的路和去往盖尔芒特家的路终点在同一个地方。当《追忆似水年华》这部巨著完成时，它揭示人生也同样如此：辉煌的斯万所走过的人生与高贵的盖尔芒特走过的人生结束在同一个处所。这部小说证明，一切人生无论朝哪个方向走，都是一个圆圈，无论某些人在开始时看上去有多么幸运，其结局都是平等的。

在弗吉尼亚·伍尔芙的《远航》——通过她的表亲杰瑞德·杜克沃斯，1913年4月12日这本书得以出版——中，意识流手法的运用也不比普鲁斯特多；但是对于这部小说的关注，同样是集中于内在困惑的感受。而那个春天多萝西·理查德森开始成形的《尖屋顶》也有着同样的特征，甚至更为主观。杜克沃斯在1915年接受了这本书。7月，弗朗茨·卡夫卡的第一个伟大故事——写于1912年9月一个失眠夜晚的《审判》——得以在《阿卡迪亚》评论上发表。这篇故事用简洁干净的笔法描述了内感的幻觉。9月，一个名叫林·拉德纳的体育评论员在《芝加哥论坛报》的"最新新闻"栏目下，发表了三栏题为《第一运动（一个运动员的报道）》的文章。拉德纳模仿一个没受过教育的棒球运动员的幽默独白，最终作为来自美国的意识流打动了弗吉尼亚·伍尔芙。[62] 10月，安德烈·别雷的《圣彼得堡》在圣彼得堡《大杂烩》杂志上发表。刻薄的评论家没有看到，它是怎样从一个升华的意识中描绘整个城市和整个革命的。乔伊斯的《一个青年艺术家的肖像》已经完成很久，但是直到1913年它才交到埃兹拉·庞德的手上，而庞德在第二年为它找到了一个出版商。1913年于是成为现代主义小说的突破性一年。

12月3日，《对太阳的胜利》——在节目单上写的是第一部未来主义歌剧——在圣彼得堡上演，而它上演的剧院正是七年前薇拉·科米

---

[62] Donald Elder, *Ring Lardner* (New York: Doubleday, 1956), 98.

萨尔热夫斯卡娅和梅耶荷德上演易卜生的自然主义戏剧和梅特林克的象征主义戏剧的同一个剧院。由于自1906年开始有一个游乐园在这个剧院附近开建，因此逐渐以"月亮公园剧院"——为了向科尼岛致敬——而闻名。观众们饶有兴趣地感受到了《对太阳的胜利》和游乐园相似的吸引力。自1896年阿尔弗雷德·雅里的《乌布王》上演以来，西方的戏剧舞台就一直保持着狂野的特质，这部戏也同样如此。7月，三个自称为泛俄未来派诗人代表大会代表的年轻人，在芬兰疗养地宣布要创作这部戏。这三个年轻人分别是：范里米尔·赫列勃尼科夫，一个后来成为哲学家的数学家，他怀着"真正的诗一定超越语言"的信念撰写了《对太阳的胜利》的开场白；阿列克谢·克鲁乔内克，一个后来成为诗人的漫画家，他撰写了剧本，他的理念是，语言通过剥除逻辑，将自己尽量限制在音素和音节上，可以进入他称之为"超越"的境界；(两人都在1912年的《给大众趣味的一记耳光》小册子上签了名。)而灯光、布景和戏服则由年轻的立体主义者卡西米尔·马列维奇设计，他利用这个机会从边缘转向了抽象艺术。另一位现代主义画家米哈伊尔·马秋欣，帮助马列维奇把无调性、四分音和复节奏凑在一起谱写成这部歌剧的总谱。

马留申是青年联盟的创始人之一，这个联盟在表面上欣欣向荣的俄罗斯是锋头最劲的先锋派艺术团体。联盟创作了《对太阳的胜利》后，就在将要搬上舞台时，发现他们没有钱请演员和管弦乐队。最后只能由业余演员分演角色（剧本作者克鲁乔内克饰演航海者），而为歌唱演员伴奏的只有一台排演已经开始时才四处搜寻来的、走了调的钢琴。唯一状况良好的是灯光，马列维奇用聚光灯的电池来消除阴影，并把生动的场景打到最荒凉的白色和极度的黑暗上。在排演两次之后，这部歌剧在像《春之祭》那么喧闹的环境中开演了。大幕还没来得及拉开，两个"未来主义力士"就到台上将它扯了下来，并唱着"开头好一切都好"，同时吵闹声四处响起，反对者喊："未来主义者滚蛋！"支持者反击："捣乱者滚蛋！"(63)在台上，演员们穿着立方形和圆形的东西，扮演拟人化的抽象角色。他们攻击的目标是柏拉图，象征主义，自鸣得意的、庸俗的唯物主义，逻辑，以及一切早于 20 世纪的东西。一个名为"尼禄/卡里古拉"的角色在双调的音乐中被摧毁，因为它代表古典的过去。这不是演出，而是分为六场"舞台造型"的两类"行动"。看上去完全没有戏剧的连续性，除了在第 2 场太阳被两个未来主义力士从天空中拉下来，以及在第 6 场一个诗人从飞机上坠落。同样是在第 6 场，完全由独立音素组成的咏叹调和合唱，对上一场的疯人诗（"我吃了一只狗/为了白色的爪子/为了烧烤肉丸/为了泄气的马铃薯/空间被限制"）(64)进行了补充：

yu yu yuk
yu yu yuk
grr grr grr
　　pm
　　pm
drr drr rd rr!
　　u u u
k n k n llk m
　　ba ba ba ba...(65)

很难想象能有比《对太阳的胜利》更纯粹现代主义的"纯艺术作品"了。确实，它引发了这样的怀疑：我们自 1913 年来看到的先锋艺术或许并不完全像它们的节目单上所标榜的那样具有原创性。它还昭示，

---

(63) J.-C. Marcadé, "Postface," in Kroutchonykh, Khlebnikov, Matiouchine, and Malevitch, *La Victoire sur le soleil*, trans. J.-C. and Valentine Marcade (Lausanne: L'Age d'Homme, 1976), 68.

(64) "Nero", tableau 1, in Kroutchonykh et al., *La Victoire sur le soleil*, 17. 我把马尔卡代(Marcade)的法文译成了英文。

(65) "Young Man," tableau 6, ibid., 47.

344 由于紧随其后的革新，圣彼得堡在1913年成为现代主义的中心。就在圣诞节前夕，别雷的小说《圣彼得堡》的第二部分发表在席琳温和的杂志《大杂烩》上。这是一部惊悚小说，小说的主人公就是这个城市本身。在小说第一页，一个激进的彼得堡青年试图用定时炸弹炸死他的父亲，并发动了一场革命——很像别雷在1905年亲眼所见的那场革命。小说中其余的事件都发生在定时炸弹嘀嗒声的背景下，它为发生在全城的事件提供了一个虚构的时间线索，包括那些只在角色梦中出现的事件。别雷是一个象征主义者，但是阿赫玛托娃对《圣彼得堡》很赞赏，将它看作是一个预言。未来主义者马雅可夫斯基也是如此，他的戏剧《马雅可夫斯基之死》在《对太阳的胜利》上演后一天，在月亮公园剧场进行了首演。

首演那天维也纳已是12月16日，狂欢节开始了，几乎人人都在庆祝圣诞节，维特根斯坦一家也不例外。这个家庭最小的儿子路德维希，从剑桥大学回来与家人共度节日。即使是如此有天分的家庭，也很难懂得他所做的工作，但他们知道他所做的事情是非凡的。1912年在英国旅行期间，伯特兰·罗素亲口告诉路德维希的姐姐赫敏："我们期待哲学的下一步巨大发展由你弟弟来推动。"[66]作为马赫和玻尔兹曼（以及魏宁格）的读者，飞机螺旋桨的设计者，维也纳富有家庭的孩子，希特勒在林茨的同班同学，路德维希·维特根斯坦现在是罗素的学生与继承者，而这一年对他来说意义重大。3月，他说服罗素放弃将逻辑分析扩展到认识论的不可靠基础上的努力，代之以相信一切真理皆可分成不能再简化的"原子命题"的思想。8月，他与同伴大卫·平森特一起去挪威旅行，9月，他在伯根写《逻辑笔记》，这是他第一本晦涩的著作《逻辑哲学论》的初稿。回到挪威，他在伯根北面松恩峡湾的一个小乡村隐居了一个月，在那里，当白昼越来越短时，他写信给罗素："逻辑的

---

[66] Rush Rhees, ed., *Recollections of Wittgenstein* (New York: Oxford University Press, 1984), 2; in Ray Monk, *Ludwig Wittgenstein: The Duty of Genius* (New York: Free Press, 1990), 55.

所有命题都是同义反复的归纳。"⑰这正是他们两人长期以来怀疑的：没有任何一个命题可以仅仅通过逻辑就产生出真理。当《逻辑哲学论》最终于1921年出版时，它以这样的句子开头："世界就是所有确实如此的情况。"而以这句著名的话结束："凡是不可言说的，我们应保持沉默。"⑱

　　1913年的最后几个小时，维也纳人如同多年来一样庆祝除夕之夜，在圣司提反大教堂（St. Stephen's Cathedral）前的广场上聚会。庆祝者中有很多人此时已经有了时区的概念，他们注意到虽然在维也纳、的里雅斯特和萨拉热窝已是新年，但巴黎、伦敦、马德里或纽约还得等几个钟头才会到新的一年。而圣彼得堡，由于用的是罗马儒略历，将最后一个迎来新年。午夜，教堂塔楼的巨钟敲响，圣司提反广场上的人们开始用一种新的时髦方式、更具自我意识的都市方式——把男人的帽子摘下来戴在女人头上、把女人的帽子戴在男人头上——来纪念这一时刻。一些在家聚会的人们，将熔化的铅倒进香槟冰桶，就像解读茶渣一样，解读其不同形状的凝结物，以此来预测未来。如同卢瑟福和居里夫人所发现的那样，用1300年的时间，从奥匈帝国沥青铀矿中发现的镭将有半数将会衰变为铅。人们很快将会发现，沥青铀矿的其他一些成分会发生裂变和爆炸。

---

　　⑰　Wittgenstein to Russell, 1913, in Monk, *Ludwig Wittgenstein*, 95.
　　⑱　Wittgenstein, *Tractatus Logico-Philosophicus*, trans. D. F. Pears and B. F. McGuiness (London: Routledge and Kegan Paul, 1961). 最后一个命题是我翻译的。

第二十二章　非连续的尾声

海森堡和玻尔,哥德尔和图灵,
默斯·坎宁安和米歇尔·福柯

在第一次世界大战中去世的最初的现代主义者,有蓝骑士社的奥古斯特·梅克,当德军侵入法国时被杀。亨利·戈迪埃-勃尔泽斯卡一年后在靠近英吉利海峡的法国战壕里阵亡。亨利·莫斯利死在加里波利,阿伦·西格死在索姆,弗朗茨·马克死在凡尔登。未来主义者翁贝托·博乔尼在意大利的奥地利前线被杀,物理学家弗里茨·哈泽内尔在奥地利的意大利前线阵亡,而诗人威尔弗莱德·欧文就在停战协议签署前一个星期阵亡于西部前线。这场战争的反对者如贝特兰·罗素被关进监狱,爱因斯坦被流放,西格里夫·萨松被宣布为精神病患者,格奥尔格·特拉克尔试图自杀,后来被救了下来。奥斯卡·柯克西卡严重负伤,阿波利奈尔回到家时头上被子弹打了一个洞。当战争结束以后,奥匈帝国瓦解,陆军中尉路德维希·维特根斯坦被关进意大利的战俘集中营,在那里他把完成的《逻辑哲学论》寄给罗素。那些没有亲自参加这场战争的现代主义者,有些人失去了自己所爱的人,如马克斯·普朗克失去了自己的儿子卡尔,弗吉尼亚·伍尔芙失去了自己的朋友鲁伯特·布鲁克;有些人则日益消沉。甚至那些现代主义小说的主人公也消失在炮火中,如托马斯·曼的汉斯·卡斯托普。而那些仍然保持旺盛创作力的现代主义者们,大多是处于边缘的人:在瑞士的乔伊斯和斯特拉文斯基,在巴黎的毕加索,在俄罗斯的康定斯基,在英国的艾略特以及在美国的威廉·卡洛斯·威廉姆斯。

然而,即使是战争也不能阻挡新思想的进程。在1913年的诸多天才之作横空出世之后,现代主义的基本思想像新发明的飞机一样席卷了整个欧洲。在那场被称为"世界大战"的19世纪狂妄行为中受到的理性灾难,实际上并不是20世纪的思想,而是徘徊于19世纪的一些理念,包括发动了这场战争的狭隘的民族主义和帝国主义,以及强化了战争结果的对于速度、马力、物质进步的幼稚信仰。无疑,这些残留下来的信仰构成了反现代主义的力量,例如没有受到这场战争充分影响的美国人,将其失败原因归咎于传统原因的德国人,以及一伙成为法西斯主义者的未来主义者们。然而,对于被总称为现代主义的思想的对抗被证明为代价高昂,特别是当这些现代主义指的不仅是绘画和雕塑,而且包括了对统计学的自由运用,包括计算机化的密码分析、电影以及核物理等等时。

我认为,当我们现在能够对现代主义的起源进行深入审视时,我们将能够总结出在其要素中有五个相互关联的理念:第一,在每个通达真理的系统中,都有植根于系统本身的回归或自指性,它自动地暗中破坏系统的一致性;第二,客观性,对于"真实"的共有的一致,并不比它的对立面——近乎唯我论的激进主观主义——更接近真理;第三,所有的真理都暗含主观的视角,真理以此为基础,并且没有一种视角具优先性;第四,任何所要寻觅的"客观"真理都是极端归纳的,似乎都根植于统计上的规则。用一位科学家的话来说,现代主义以上述四点为基础是完全可以被理解的;但是这四点都是从第五点也就是最后一点推导出来的,这一点直到现在为止都还只是从物质的层面上被描述:原子和虚空的非连续性的本体论假设。

自指和递归

　　20 世纪关于"自指"的陈述,并非始于理发店两两相对的镜子中无限后退的面孔,而是始于"理发师能否为自己理发"这个问题。它始于试图用逻辑建立和改进逻辑基础的普遍尝试。弗雷格自 1879 年起就开始关注这一课题,当时他发现了如何使算术公理化,并将其植入古典逻辑。刚开始,这种自指的程序似乎能够起作用,但是很快数学各个分支的原理中都毫无预兆地冒出了各种问题,以至于罗素以及后来弗雷格本人都不得不放弃并收缩他们的工作。自从在数学逻辑中首次发现了自指递归的悖谬,只有数理逻辑学家们能够一眼看出这一悖谬的根本性。非数学领域的工作者接着也发现了这一悖谬,如作家开始描写写作本身,艺术家为艺术而艺术,而语言只描述语言本身。哲学家从维特根斯坦开始,开始逐渐理解哲学所相信的每一个普遍的命题,都会通过自指危害自身——而这句话本身也同样如此。① 科学,虽然不断有所发现,也陷入了自指性的罗网中。1947 至 1948 年,理查德·费曼(Richard Feynman)和另外三个年轻的物理学家通过绕开考虑到原子的"自身能量"的旧方程所引起的无限性,建立了量子力学。② 20 世纪中叶,德·弗里斯的基因被发现可以自我繁衍,不久后首次发现了逆转录酶病毒。电脑程序可以将递归循环植入循环中,但是出人意料地,它自身变成了一个循环。当 20 世纪刚开始时,庞加莱花了很长时间试图

---

　　① 为了清楚地回顾本世纪的物理学家们是如何对待自指性的,参见 Hilary Lawson, *Reflexivity*: *The Post-Modern Predicament* (La Salle, Ill.: Open Court, 1986)。

　　② 有一本出色地描述(带方程式的)量子电动力学的发现——本世纪理论物理学两三个最重要的发现之一——的书:Silvan Schweber, *QED and the Men Who Made It*: *Dyson, Feynman, Schwinger, and Tomonaga* (Princeton: Princeton University Press, 1994)。

找出牛顿三个或三个以上相互吸引物体的方程的确切解决方法,但以失败告终。③ 然而,我们最后发现,庞加莱的失败又转变为一种成功:诞生了一种新的递归和"敏感地依赖初始环境"的非牛顿数学,即混沌学,以及描述"随机"规则的"奇异吸引子"。

激进的主体性

对于非数学家来说,自指至少提供了解决知识问题的主体转向。甚至数学家和科学家对于客观性的狂热也能导致主体性的顽强复活。对于奥古斯特·孔德和19世纪人数众多的实证主义者而言,归纳性的实验科学成为获取所有知识的典范。说实验者或观察者是"客观的",意思是说他或她与被观察的物质实体相分离。对于实证主义者来说,所有意欲独立于物质实体的知识,直到能显示它与物质之间的联系,都被怀疑为是神学的或形而上学的。此外,科学还与唯物主义的一种严格的等级体系相联系,在这个体系的最基础部分,是最单纯、最客观的"质点的力学"(即物理学)。然而,质点就像数字,它们并非物质,因此其客观性也就难以确立。正是基于这些质点,实证主义走向自毁,先是在数学和逻辑上,接着是玻尔兹曼和吉布斯的统计力学。不久之后,传统的浪漫主义的激进主体性,已经具有讽刺意味地由尼采和黑猫剧院的独白复活,在兰波、惠特曼和拉福格的诗歌中复苏,几乎在无意中由

---

③ Henri Poincaré, "Sur le problème des trios corps et les équations de la dynamique," *Acta Mathematica* 13 (1890), 67. 庞加莱也提到了这一问题,没有方程式,参见"Le mecanisme et l'experience"(Experience and mechanism), *Revue de metaphysique et de morale* 1 (1893), 534–37. 参见第四章注⑲。

胡塞尔重新引入认识论,由弗洛伊德重新引入精神分析。④ 通过意识流的形式,迪雅尔丹、汉姆森、施尼茨勒、乔伊斯、普鲁斯特以及伍尔芙使其在散文和小说中复苏,柯克西卡和斯特林堡使其在戏剧中复苏。康定斯基也无意中完成了从后印象主义画家向主体性艺术画家的转变。20世纪中叶,胡塞尔的主体认识论产生了被称为存在主义的主体伦理学。

多重视角

然而,主体性并不保证单一视角。像斯蒂芬·迪达勒斯那样的叙述者不再是全知的,甚至像乔伊斯那样有着强大自我的作家,也不再能宣称可以同时概观整个世界。在1873年撰写(生前未曾发表)的论文《真理与谎言》中,尼采首次论证说,语言结构使得对于现实的单一真实视角成为不可能。画家爱德华·马奈在他的《福利·贝热尔的吧台》(1883)中,展示了如何同时从两种不同的视角看事物。文森特·凡·高的《在阿尔勒的卧室》完成了同样的工作,并且没有复制任何一件房间里的物体。毕加索、布拉克以及立体主义者在思想中将客体拆解成碎片,将这些元素重新组合,以使它们能够从多重视角同时呈现。拼贴画技巧以及随后的混合画法,进一步挫败了单一思维的寻求者。物理学家们也开始效仿。爱因斯坦已经揭示,对于时间和空间的观测,依赖于观测物体时观察者的位置以及观察者和物体运行的速度。他在1905年的最后一篇小论文中指出,即使是物质与能量间的区别也是基于观念的区分。如我们大多数人一样,你可以在正常速度的生活中忘

---

④ 雅克·巴尔赞(Jacques Barzun)仍然易读的《浪漫主义和现代自我》(Boston: Little, Brown, 1943)是首批认为现代主义的主要潮流是浪漫本身的复苏的研究之一。这一观点在修订本《古典,浪漫和现代》(New York: Doubleday Anchor, 1962)中已经没有了。

记这些细微之处,但是20世纪20年代的量子力学甚至使得你眼中的光线也成了问题。从一种观点来看是波,而从另一种观点看来则是粒子。在一个实验中是场,在另一个实验中却是轨道。物理学家们只能通过尼尔斯·玻尔和他的互补原理——这一理论从根本上将双重视角转变为新的自然规律——从永恒的异常中被解救出来。

甚至在文学领域,各种视角也开始向多重化发展。通过反讽叙事手法,一篇作品中可以出现多个不同的声音。文学中的反讽叙事相当于摄影中的多重曝光,或绘画中的立体主义及未来主义,就像塞尚从多视角画的圣维克多山和台布上的苹果。拉福格正是凭借这一技巧超过了艾略特。⑤ 在小说中也同样如此,叙述者的声音繁衍叙述者的声音,以相互反讽;康拉德在《黑暗之心》里运用的不那么实验性的手法。普鲁斯特在他的鸿篇巨制中,通过叙述者人生不同时期声音的转换和自我评价,达到了同样的效果。弗洛伊德似乎也把精神病治疗和精神分析治疗解释为视角转换的两种不同结果。他还曾将自己倾听患者"自由联想"的治疗方式比作行进中火车车窗上的视角。在19世纪末,反讽被用来解读或许从来就无意于运用这种手法的作者,将蒙田变成了一个尼科迪默斯派成员(Nicodemite),将弗朗西斯·培根变成了一个不可信的叙述者。戏剧作为多重化作者声音的经典方式,没有受到同样的审查,但是从黑猫剧院和《卡巴莱》中,我们发现,在这一领域也能听到多重视角的反讽和其他的效果。⑥

---

⑤ 巴尔赞(Barzun, *Classic, Romantic, and Modern*, 117)称这种反讽的自我意识的特性是"转移尴尬"。

⑥ 谢利·特克勒(Sherry Turkle)在她的新书《屏幕上的生活:网络时代的身份》(New York: Simon and Schuster, 1995)中说,"看待现实的现代主义视角可以用'线性'、'逻辑的'、'等级'等术语来概括其特征,说到'深度'它可以是垂直和可理解的,"而后现代则"可以用'去中心'、'流动'、'非线性'和'不透明'等术语来概括。"她可能是将其倒退了。

统计学和推测学

　　视角的多重化导致了通过综合多种可能性来寻找真理的方法。现代主义开创了对于含混的统计规律明晰确定的命题的摒弃，并且放弃了几乎是偶然的、托马斯·哈代在1898年的诗《偶然》中所说的"纯粹偶然"。现代在科学的很多领域中都开始怀疑所谓宇宙唯一真正规律的"大数法则"，使得人们感知的图景实际上不过是随机活动的基础上形成的。人类的大脑结构似乎天生就具有感知图景的功能，这一技巧具有存在的价值，但是它不能证明我们感知的一切图景都真实存在。玻尔兹曼的定律 $S = k \log W$ 只是假设事物在特定范围内的完全随机性的结论。原子论者与原子打交道，当发现原子光谱有不协调的硬边并且没有重叠时，科学家首次产生了怀疑。甚至是在量子电动力学的更小的级别上，在那里测量方法似乎很难有混沌之处（除非你坚持同时测量一个电子的位置和速度），以及几乎完全没有混沌之处的量子色动力学测量（同样除非你坚持测量每个夸克的状态）。然而，我们永远无法确定这一成功的意义。也许我们还没有达到或有能力测量构成我们测量基础的可能的随机事件。在生命体、国民经济或星系这样的大规模层级，随机性又恢复了。在20世纪末看来，19世纪的伟大科学"定律"是从随机过程推出统计学的描述，它只有在将被描述的这一过程纯粹的量的帮助下才能起作用。其中的悖谬就在于，在自然中人类无法用数学的方法来描述的唯一一类事物实际上就是无限、连续性和真正的随机性本身。今天在计算机内部所谓随机数字发生器，实际上并不能产生随机的数字。它之所以不能，是因为在定义上，无法经由任何普遍的指令或运算法则——换言之，任何计算机程序——指定随机性。随机性自身是一个哲学之谜，如马拉美1897年的最后一首诗所说："骰子一掷取消不了偶然。"甚至玻尔兹曼会对他的定律中发展出的东西感到恐惧。

非连续性

但是，现代主义的核心是本质上不连续性的假设。20世纪有如此多的思想和艺术来源于原子论，它们走得如此之远，以至到了结构主义和后现代主义时代仍然无法回头。我们无法忽略我们知识的对象是离散的和不连续的——是数字的而不是模拟的。从基因和量子到影像和现象学悬置的一切思想，无不构成对19世纪思想所充斥的进化、场、无缝隙以及发展(Entwicklung)的挑战。

连续一不连续的对立是永恒的。不连续是一种选择，是西方思想多次做出的选择。德谟克利特用原子对芝诺希腊之谜的大胆解答，又被伊壁鸠鲁和卢克莱修转变成驱逐诸神的理智。⑦ 伽利略在这方面的讨论导致了教会视其为仇敌。笛卡儿和马勒伯朗士试图征服这一难题。牛顿提出了关于物体和光线的粒子理论，但是他为这一理论对他的神学一致性声誉造成的影响感到不安。而当约翰·道尔顿一开始提出化学反应中化合量比率规律的原子解释时，他也感受到了与牛顿同样的不安。原子理论导致了唯物主义。卡尔·马克思撰写关于德谟克利特的论文是有其必然性的。甚至有边界的宇宙也可以充满无限的极微小的微粒，但一个除了原子和虚空什么都不存在的宇宙，就没有上帝存在的余地。微积分演算的微分不是原子。原子从定义上说是不可再分的，而微分则可以被无限分割。因而微分对神学不构成威胁，无论它们的所作所为是多么不正当。正如被零除会变成无穷大，微分也可以"趋向零"。对于其发明者莱布尼茨来说，这是"连续性原则"的证

---

⑦ Michael J. White, *The Continuous and the Discrete: Ancient Physical Theories from a Contemporary Perspective* (Oxford: Oxford University Press, 1992).

明——即自然界没有飞跃。对很多数学家而言,这是微积分两个世纪的辉煌进步使卡尔·魏尔斯特拉斯在1872年宣布这些发现的主要原因。

魏尔斯特拉斯和H. C. R. 梅雷使分析算术化了。从某种意义上来说20世纪的一切事物都受其影响。微积分的新名称解析成为有限领域的数学,从中"接近"极限的概念和所有其他关于连续性和连续运动的隐喻都被消除了。解析的算术化是戴德金的实数定义、康托的无限集、弗雷格关于算术的严格的重新定义、皮亚诺的公理以及他们四人和其他许多人试图为数下定义的起点。现代主义者的思考开始于数学,其模式接近于约二百五十年前笛卡儿深邃的数学沉思所开创的思想革命的道路。

数学是一种人文科学。正如意大利人文主义者维柯所指出的,数学是世界上最完全非自然的、人造的东西。克罗内克在其关于数字概念的论文中写道:"数字,纯粹是我们思想的产物,而时间和空间是独立于我们思维之外的实体,其法则我们不能指认为纯粹先天的。"⑧此外,虽然生活可能模仿艺术,艺术也能模仿哲学和数学。因此,如果说数学和哲学在19世纪末领导了西方文化的转型,这毫不令人奇怪,因为这不是第一次发生这种情形。对于那些希望亲眼看到"范式转换"的人来说,通过观察数学的发展就能够看到这一转换是如何形成的。为了理解建筑和文学理论中一些超越于一切之上的影响深远的潜在的东西,思想史家们已经仔细审视了亚伯拉罕·罗宾逊在1961年提出的"非标准分析"观点。罗宾逊向他的数学家同行证明,魏尔斯特拉斯从微积分中取消的无限小,其实比魏尔斯特拉斯所依赖的实数更能为分析提供

---

⑧ Leopold Kronecker, "Uber den Zahlbegriff," *Journal fur die reine und angewandte Mathematik* (Crelle's) 101 (1887); quoted by Howard Stein, "*Logos*, Logic, and *Logistiké*: Some Philosophical Remarks in Nineteenth-Century Transformations of Mathematics," in William Aspray and Philip Kitcher, eds., *History and Philosophy of Modern Mathematics*, Minnesota Studies in the Philosophy of Science, vol. 11 (Minneapolis: University of Minnesota Press, 1988), 243.

坚实的基础。⑨ 如果说本体论的连续性又恢复了生机的话，这是从罗宾逊开始的。

与此同时，我们的文化与离散紧密结合。我们仍然相信在数与数——如整数——之间有"空隙"存在。我们相信戴德金所说的，实数就像数数一样能够被孤立出来——并由在连续的数的序列中的切割所命名。实体也一样——如果确有实体的话——我们应相信它是非连续的不同，并且能够同其他实体分离开来，就像一不同于二、二不同于三一样。

得益于数学训练，玻尔兹曼将这一非连续原则应用于气体的组成部分。一旦一定大小的"分子"被假定，则它们单位体积的数量就能够被确定。此后，它们的组合碰撞能够说明热量，甚至时间的方向也能够被解释为它们巨大数量的结果。成功孕育了成功，普朗克从玻尔兹曼的可能性中得出了能量量子，几十年后所有旧的连续性的影响，甚至麦克斯韦的电磁场都被量化并与一种特有的粒子相联系。

对于艺术家来说，独立的粒子观念导致了将一幅绘画的主题视为一组独立的色彩点——即可拆分的感知点，最后一个持连续性观点的人威廉·詹姆斯将其描述为意识之"流"。一旦这种观点占据优势，"色彩融合法"这一久负盛名的文艺复兴绘画技法——从色块到色块之间逐渐消退，包含所有的半色调——就过时了。早在 1863 年，马奈就在《草地上的午餐》中放弃了色彩融合法。十年内，甚至像雷诺（Regnault）这样的学院派画家也不用色彩融合法就获得了成功。⑩ 如同以前的印象派画家一样，修拉发现这种技巧既错误又无用。修拉在画室中，将对自然的无数离散的体验渲染为许多小"点"的集合，以便使其相互作用并

---

⑨ 亚伯拉罕·罗宾森（Abraham Robinson）的论文《非标准分析》，在 1961 年美国数学协会和美国数学联合会合并大会上宣读。Cf. Joseph Dauben, "Abraham Robinson and Nonstandard Analysis," in Aspray and Kitcher, eds., *History and Philosophy of Modern Mathematics*, 178.

⑩ Edouard Manet, *Déjeuner sur l'herbe*, Musee d'Orsay, Paris. Alexandre Georges Henri Regnault, *Salome* (1870), Metropolitan Museum of Art, New York.

重现意识中的体验。就在同一个十年，当网屏被用来将新闻图片分解为像素时，塞尚总结出自然界根本就没有色彩的过渡，因为每个色块都是独立的体验，应当被独立地画出来。在19世纪80年代结束前，埃米尔·伯纳德试图使用更大的色块——景泰蓝式画法的色区——以形成自然的世界，但同时又有意暗含理念的世界。在保罗·高更采用这种技法之后，一位评论家将其命名为"景泰蓝式画法"。

非连续性在诗歌领域最引人注目的影响，是其解放了一切诗体学的模式，并使得反讽几乎不可避免。从拉福格开始，语调转换走上了色彩转换的色彩融合法的道路。自从隐喻不再要求准备和解释之后，隐喻之间的转换就消失了。从兰波开始，诗歌从其意义中解脱出来，成为一门分散的碎片或记忆细节——其实就是语词自身——并置的艺术。1913年，阿波利奈尔出版的《醇酒集》中，减少了一半的大写字母，而且通篇没有用一个逗号来避免他的修辞不一致，而在俄罗斯，立体—未来主义者将字词自身碎片化为音节。

1888年，卡哈尔将非连续性应用于组织学——活体组织研究，决定将中枢神经系统的灰白质化为无数离散的神经元或神经细胞。它们也不是连续性地贯通，像神经网络上的波一样；而是每次一两个，像玻尔兹曼理论气体的分子撞击一样。卡哈尔的发现现在被看作是那一世纪最有前途的新科学——认知神经科学，对于意识的生理学基础的自指的研究——最重要的事件之一。神经元是被一位画家通过观察和绘图术发现的，但是卡哈尔不是一位关心现代绘画的画家。不是艺术家的技巧为其发现作了准备，而是非连续性的基本观念为其发现作出了贡献。同样，正是分离至今为止不可分离的普遍观念启发了卡哈尔的同胞魏勒，系统化并命名了"集中营"政策，将人群中的"他者"关进带刺的铁丝网后面——以前只有动物和罪犯才受到这样的对待——并且将游击队员和他们的家庭分开。

对于弗洛伊德而言，原子单位是意识流中的那些分离的感觉点的一种：一个无意识的影像，脱口而出的比喻或笑话，一块弗洛伊德曾指称为"材料"的东西。这些无意识的材料可能是连续的结构,而这确实也是弗洛伊德所认为的,但它也是不可知的。弗洛伊德在灵魂中发现的最大胆和最深刻的分裂,是在两个基本上不关联的部分——意识和无意识——之间的分裂。如同胡塞尔的"悬置",弗洛伊德将现象与经验现象的意识分离开来,他的"压抑"是精神分析的戴德金切割,格式塔心理学无法为之成功地架起桥梁。

1900年,即旧世纪的最后一年,非连续性观念确定无疑地占据了主导地位。此时,基因和量子学说横空出世,开始解决一个世纪之久的难题。但是,奇迹般获得的答案却被证明为不是真正全新的。甚至那些提出这些答案的科学家也不激进,并且如果说引领德·弗里斯和普朗克获得他们研究成果的是新的20世纪形而上学,这也将会使他们吃惊。正当雨果·德·弗里斯准备提出基因学说以解释他在遗传中发现的正整数比时,他发现其荣誉应当归于一位奥地利僧侣和已有三十五年历史、当时没有人打算读它的科学论文。马克斯·普朗克耗费数年时间证明了基尔霍夫已有四十年历史的黑体辐射定律,他不得不假定量子,因为只有用微间断量子他才能推导出连续曲线。

在基因和量子被宣布的一年后,对数和算术的定义开始引起递归和自指的悖论,这对数学甚至哲学本身构成了威胁。正是罗素首先发现了这些问题的本质,他为之苦苦思索了几个月,然后告诉了弗雷格。两人多年来都希望能够解决这些问题,罗素还仓促地拿出了一个暂时性的方案。但是当这个问题开始清楚地显示出它是基于普遍和一致的数学概念时,哲学家开始转向其他的工作。埃德蒙德·胡塞尔,他的第一项学术研究很像弗雷格和罗素的研究——数理哲学——很快在主观唯心主义中找到了新的解决路径,他认为算术的证明应开始于将其看作是精神的现象。实际上,一切可知的都是现象,包括有意识的自我自身——胡塞尔所谓"无穷体验流"即意识"流"的一个独立的感知片段。

与此同时,在美国,并非学者的埃德温·波特,尽管对哲学上的连续统的分裂所知甚少,但是他却正在经历一种作为名副其实的非连续系列起作用的新媒体——电影——的剧痛。一方面电影是由帧组成的，是一系列静止影像的集合；另一方面它又是由活动的影像组成的。每个活动影像以一种并置的方式——很快被称作"蒙太奇"——跟随另一个活动影像出现，甚至就在另一活动影像之中。正是波特在1903年首次将他从改进胶卷和改进电影放映机的过程中学来的成果放在电影里。由于电影的最终目的是通过制造故事连续"流"的幻觉来吸引观众，甚至那些比波特受过更高教育的电影制作者们也不能完全理解自己所做的事。尽管如此，波特虽然不是第一个悬置观众怀疑的人，但却是第一个用故事片吸引观众的人。

出于对原子论的哲学偏爱——他早期的论文几乎都是为之辩护的——年轻的爱因斯坦很容易就接受了非连续性。当他于1905年提出光子时，他称之为"探索"，意思是说——带点调侃的意味——让我们看看它管不管用。它确实管用，而且还为他赢得了诺贝尔奖。但是当拿到诺贝尔奖时，已是十七年后，爱因斯坦已经失望地看到量子开始损害他的英雄——麦克斯韦——用来解释光的连续场。爱因斯坦在1905年的另一个发现——狭义相对论——是最为卓越的场论，并且这一理论在短短几年间引领他获得了超越牛顿的引力场论。普朗克用量化电磁辐射的方式量化了热能，爱因斯坦发现自己与普朗克一样成为怀疑者：他们为连续场辩护，因为量子用可能性和似非而是影响了物理学，甚至取消了因果关系。

画家题材的平面部分在1907年被孤立起来：出现了更多的意识"流"中的感觉片段。"绑在一起"，毕加索和布拉克开始分解他们的题材并开创了立体主义。后来则是拼贴画和组合艺术。当他们到达最后阶段之前，从一个题材感受到的一切都被当作活动的部分，绘画冲向一个新的、差不多是工业的目标，即重构世界。通过斯特林堡和柯克西卡，同样的拼贴艺术在舞台上得到重建，而场景正如隐喻一样，开始跨过间隔并置在一起，而不是像电影那样提供连续性的幻觉。在所有形式的音乐中，调性成为问题，乐节开始缩短。勋伯格通过超越转调并取消乐节和乐节之间的重复进行了革新,斯特拉文斯基则取消了乐节和音符之间的连奏,爵士乐的奠基人也对美国的流行音乐进行了类似的革新。

乔伊斯将意识流带进文学领域,同时在其中发现了感知的片段,如弗吉尼亚·伍尔芙所说的顿悟或"视觉片段",其实与胡塞尔的现象或弗洛伊德的无意识素材片段相去不远。画家们发现了意识流中的节点。亨利·马蒂斯扩展了埃米尔·伯纳德的"景泰蓝式画法分色金属细线",这一技巧是对修拉"色点"的扩充。后来,画家使色彩和形状的现象与对象分离,直到它们自身也变成对象。1911 年,康定斯基宽泛定义的饱和色块除了其自身什么也不反映。

20 世纪哲学的最早的综合性著作出现在 1955 年,书名为《分析的时代》。⑪ 直到现在似乎都没有对现代主义更为合适的标签。现代主义者们不厌其烦地、强迫性地解剖,开始于微积分的函数。现代主义的精神世界主要是精确定义和区分的世界。我们将其与现代主义设计相联系的朴实硬边艺术,19 世纪 90 年代已出现在阿道夫·洛斯、查尔斯·伦尼·麦金托什和路易斯·沙利文等人的建筑中。洛斯还在 1908 年发表了"装饰就是罪恶"的宣言。⑫

碎片化和分析并不仅限于精神文化领域。在抱怨现代性的长长名单中,高居榜首的是失去现代生活的完整性,以及现代生活的个别性,碎片化与不和谐,其高度的异步性和自身的分裂。这种怨言由来已久,可能始于 19 世纪 20 年代,当时火车乘客被告诫:每小时 20 英里的速度可能会损害他们的健康。在世纪之交的世界博览会上,在如科尼岛那样的新的"现代"游乐场中,游客都会被警告,要是看得太多、玩得太

---

⑪ Morton White, ed., *The Age of Analysis: 20th Century Philosophers* (New York: Mentors, 1955).

⑫ Adolf Loos, "Ornament als Verbrechung" (Ornament as crime), in *Sámtliche Schriften*, ed. F. Gluck, vol. 1 (Vienna, 1962). 洛斯的其他文章参见 Loos, *Spoken Into the Void: Collected Essays, 1897–1900* (Cambridge: MIT Press, 1982).

多会有眩晕感,甚至可能导致精神错乱或神经衰弱症。我们将这种现象称为"博物馆疲劳症",并且不认为它是现代主义的。到了"后现代"时期,实际上,生活的碎片化不仅被标榜为不可避免,甚至被欢呼为一种新的德行。但马克思主义者认为,这是本来无价的人物化为廉价商品的后果。无论被赋予什么样的价值,生活的碎片化不仅是感知的结果,而且很可能是工业现代化的长期客观的后果。

对于在原子的范围或普朗克的范围上感知到这种分解的人,一切都是数字化的又有什么区别呢?确实没什么区别,但这种推动是从我们思维的方式而来,而不是从其所是的方式而来。范围的问题非常重要,因为连续性和非连续性与数学密切相关,依赖于你看得有多近。从历史学家收集和整理事件的方式来看,其解释似乎将随机性隐藏在极大的范围之后。原子是周期性的分离的个体而不是连续的表,这是一个让科学家们费了很多时间去解释的奇怪现象。而一旦你进入原子核并将注意力集中于在原子、同位素和放射性衰变之间的过渡状态,这种奇怪的原子的唯一性,这种在氢和氦之间缺乏中间体——一开始出现在门捷列夫的元素周期表中,然后出现在夫琅和费的吸收光谱的锐缘虚空中——要让位。与在数学中一样,非连续性也在物理学中造成了不确定性。它还意味着矛盾与偶然性,如维尔纳·海森堡在1927年提出的著名的测不准理论,以及尼尔斯·玻尔同年在他的互补原则中所揭示的。[13] 海森堡证明,将电子的无论哪种速度乘以它的无论哪一位置,你所得到的结果一定不会小于h,即普朗克常数。对一方面知道得越多,对另一方面就一定知道得越少。海森堡的精神导师玻尔,不仅认

---

[13] 海森堡第一次具体展开不确定原则,是1927年2月23日在玻尔的学院写给沃尔夫冈·保利(Wolfgang Pauli)的一封信中,其结果是提升了 *unkausalichheit* ("偶然")的可能性。海森堡的论文5月由《物理学杂志》(*Zeitschrift fur Physik*)发表。玻尔9月在意大利科莫的一次物理学会议上提出了互补性原则,其演讲收录在 Bohr, *Atomic Theory and the Description of Nature* (1934; Woodbridge, Conn.: Ox Bow Press, 1987)。埃米尔·杜布瓦-雷蒙在1872年关于科学确定性的界限的断言,曾引起短暂的论战,但在1927年已经被忘记了(参见第二章)。

同这一观点，还将其扩展到一切领域。我们在亚原子物理学领域中所不知道的，仅是我们所知道的东西的补充——是其丢失的另一半。用波来测就得到波，用粒子来测就得到粒子。波和粒子相互冲突，但是由于它们并非同时出现，物理学因此能够拖延一段时间。1927年秋，在索尔维会议上，爱因斯坦与玻尔争论了互补性理论，他问玻尔上帝是否掷骰子。玻尔说，上帝是掷骰子的——虽然后来回忆这段往事时，作为一个值得尊敬的无神论者的玻尔悄悄将"上帝"换成了"权威的天意"。[14]

20世纪30年代，数学和逻辑学再次成为焦点。库尔特·哥德尔和阿伦·图灵一劳永逸地证明了，我们的数学或一切被构建的数学，总是不一致或不完全的。同孟德尔、弗洛伊德和胡塞尔一样，哥德尔也出生在摩拉维亚，作为杰出的新实证主义者阵营——维也纳学派——的年轻一代成员来到维也纳，他的教父是路德维希·维特根斯坦。1931年，哥德尔给新实证主义带来的颠覆性破坏甚至超过了维特根斯坦。他研究了《数学原理》——怀特海和罗素关于数学的逻辑基础的总论——并以极其严格的方式证明了罗素仅仅怀疑的观点：这些基础永远不可能完备。[15] 哥德尔使用了19世纪数学家曾经称为"单数"的整数概念，揭示了有且只有一个异于其他整数的整数，能够归属于《数学原理》中的每一个公式。正如康托尔所说，他将罗素算术的符号、公理、定义和定理与整数一一对应，而对这些数的映射，当然就是递归地回到了产生出这些数的数学结构。他还揭示了如何将这些数对应于"这一命题不可证明"这一命题，并且说明如果"这一命题"被证明了，那么其反面"这一命题可证明"也为真。但是如果"这一命题可证明"和"这一

---

[14] Bohr, in P. A. Schilpp, ed., *Albert Einstein*, *Philosopher-Scientist* (New York: Tudor, 1949), 218.

[15] Kurt Godel, "Ueber formal unentscheidbare Sätze der Principia Mathematica und verwandter Systeme"（关于《数学原理》的形式不可解命题和类似体系），*Monatshefte für Mathematik und Physik* 38 (1931); trans. J. Heijenoort in Heijenoort, ed., *From Frege to Godel* (Cambridge: Harvard University Press, 1967).

命题不可证明"同时为真,那么算术的基本公理就一定是不一致的。还有,通过镜反数对一个命题反映出来的"这一命题不可证明"的数为真。换言之,"这一命题不可证明"是一个可证的命题。哥德尔推理的第三个令人震惊的结果是,在每一个并非无关紧要的一致的数学体系中,都有无数这种"真"但无法证明的命题。换言之,你可以发现一个消灭一个,将其加到不可证明的名单里并称其为公理,但你永远无法阻止新的"真"但不可证明的命题不断冒出来。⑯

空气凝固了。甚至是数学家也要花上一定的时间来理解并对付这个炸弹——一个完成了"一切数学不是不一致的就是不确定的"数学证明的炸弹。阿伦·图灵,一个几乎与哥德尔一样出色的数学家,用了六年的时间苦苦思索。结果,在 1937 年他发表了一篇关于哥德尔没有解决的问题的论文。它是大卫·希尔伯特 1900 年在巴黎提出、作为 20 世纪数学宏伟计划的 23 个问题中的第 10 个的扩展,又是希尔伯特在 1928 年的另一次数学会议上提出的三个问题中的第 3 个。希尔伯特当时发问:我们能否证明数学是完备的?我们能否证明数学是一致的?我们能否证明数学是可证明的?⑰ 哥德尔已经回答了前两个问题,他证明,如果数学是完备的,则它是不一致的;如果数学是一致的,则它就是不完备的。唯一悬而未决的问题是可证明性——希尔伯特称之为"决定性问题"。是否有一种数学方法能够确定一个数学命题是否属于

---

⑯ 对哥德尔证明的最好的简短解释是恩斯特·内格尔和詹姆斯·R. 纽曼的《哥德尔证明》,in Newman, ed., *The World of Mathematics* (New York: Simon and Schuster, 1956), 3:1668-95. 这两位作者还以同样的标题写了更为详细的解释 [Godel's Proof (New York: New York University Press, 1958)],还有雷蒙·斯姆雅恩(Raymond Smullyan)所作的更具趣味性的分析,标题恰到好处地叫《这本书的名字是什么?》(Englewood Cliffs, N. J.: Prentice-Hall, 1978). 在 Douglas Hofstadter 的《哥德尔、埃舍尔、巴赫:集异璧之大成》(New York: Basic Books, 1979)中,不仅向读者介绍了哥德尔,也介绍了一般的递归性。

⑰ David Hilbert, "Probleme der Grundlegung der Mathematik," in *Atti del Congresso internazionale dei matematici*, Bologna, 3-10 September 1928 (Bologna, 1929).

哥德尔发现的那些"真"但不可证明的怪物？在我们确实解决和证明数学难题之前,我们如何才能确知数学难题的可解性或数学定理的可证明性？图灵在1937年的论文给出了答案,这个答案就像到那时为止的经典数学和总体而言的20世纪思想一样让希尔伯特失望。[18] 图灵认为,不仅存在无法确定是否能解的问题,而且有无数这样的问题。为了证明这一问题,图灵将其研究对象与较小的整数一一对应——换言之,他对研究对象进行计算。那么,他计算的是什么呢？是使其他数计算机化的规律。图灵将特定的数定义为"可计算机化的"。一个"可计算机化的数"是任何实数,写作无穷的小数,并且用一种算法来得到说明。算法不像数,它是有穷的。这是一种有限的方法,或规律集,在十进制算术中产生每一个随后的数。希尔伯特承认它代表了一个确定的数学问题。图灵接着把这些算法按顺序列出来,并为它们编了连续的序号,计算(至少是在理论上)这列可知及有限的项。那么,这一列是否相应地也是无限的呢？是否有一个有限的方法加进来呢？这与希尔伯特所提出的"是否有一种方法解答能否证明"的问题是同样的。为了找出答案,图灵应用了格奥尔格·康托尔在1874和1895年提出的实数不可计算性的对角线证明,并自己发明了一种演算法——机械地将对角线证明应用到他的可计算机化实数列的规则上。

图灵的方法与哥德尔的方法很相像。它有着相同的自指数。不同的是,哥德尔的地雷是内隐的,而图灵的则是外显的。它通过数字来计算机化无穷的小数,通过沿着一条带子前后移动并写或擦掉数字。这是一个数学式的脑力劳动成果,仅存在于图灵的想象中,很迟都没有付诸实践。但是它仍然以"图灵机"而闻名。今天我们称之为计算机。图灵在论文中用"计算者"指一个做运算的人,他在第二次世界大战中为英国情报部门招募,帮助制造史上第一台电子"计算机",以解密德军用

---

[18] Alan Turing, "On Computable Numbers, with an Application to the Entscheidungsproblem," *Proceedings of the London Mathematical Society* 2, no. 42 (1937), 230–65.

机器编码的信息。

在图灵秘密计算机小组的大西洋对岸,贝尔实验室的工程师格劳德·E. 香农发现,当处理电话交换系统时,"信息"自身像克劳修斯和玻尔兹曼的"熵"一样活动。[19] 在战争最激烈的那段时间,香农发展了一种数学,将信息由模糊简化到玻尔兹曼式概率对数的总和。他称之为"信息论"。战争结束后(解码任务越来越少,直至基本结束),他得以发表了两篇以此为主题的论文,阐释了一切信息皆可用二进制数字——图灵机的1或0码——来表达。香农用杜奇的简写"比特"(bit)来表示"二进制数字",处于萌芽状态的计算机时代采用了这一称谓。[20]"比特"现在不仅仅是个数学术语,可能也是20世纪末世界数字化的最为无处不在的隐喻。

如果说这种本体论和美学的数字化有例外,那就是自罗伊·福勒教伊莎朵拉·邓肯和鲁思·圣丹尼斯如何将歌舞杂耍表演的长裙舞转变为艺术——即我们所说的"现代"舞——以来的西方舞蹈形式。然而,福勒、邓肯和圣丹尼斯的现代舞,与其他的现代艺术和现代科学不是一回事。它是在非"古典"——如芭蕾——意义上的现代,同时也是这个词在传统意义上,即曾用来形容易卜生的戏剧、形容道德挑战意义上的现代。它不是在分离性和急剧变化意义上的"现代主义"。相反,它以连续性和流畅性为荣。无论是普遍意义上的舞蹈还是作为高雅艺术的舞蹈,都很迟才接受逐渐流行起来的分离性的美学。直到20世纪

---

[19] 伯特兰·罗素的一个学生诺伯特·维纳(Norbert Wiener),1947年作了一个清晰的界定:"信息是熵的否定。"他还将这一观点写入《传播工程的一个新概念》,*Electronics* (January 1949), 74-76。

[20] "如果基数2用作结果的单位则可称为二进制,或简称为比特——J. W. 图基(J. W. Tukey)建议使用的一个词。两个稳定的位置——如继电器或触发器电路——的分离,可以存储一比特的信息。"Claude E. Shannon, "A Mathematical Theory of Communication," *Bell System Technical Journal*, July and October 1948; in Shannon and Warren Weaver, *The Mathematical Theory of Communication*, 2d ed. (Urbana: University of Illinois Press, 1975), 32. 香农关于密码分析学的其他论文中的一部分仍然处于保密状态。

50年代初默斯·坎宁安开始试验他的"非周期性的"舞蹈艺术,现代舞才开始成为由片段的、独立的运动随意拼在一起的蒙太奇。[21]

当20世纪渐近尾声时,即使是历史这一贯穿我们全部故事始终的最卓越的创造者,也发现自己被拉向了分离和非连续的方向。在理性的历史——本书所属的学科——中,一个最近的主要人物米歇尔·福柯,对于改善一种历史观有着巨大贡献,这种观点对那些生长在一个特殊时代和特殊理论星丛中的人来说是不可想象的,它使得人们以与特定时代提供给他们的理论的不同的理论去思考。这种观点——一切事物都难以确定——现在很流行,部分要归功于一个世纪以来尼采、罗素和哥德尔等人的努力。这对那些希望能够明确清晰地从精神上区分浪漫主义与——比方说——现实主义,从而划分历史时期的人很有帮助,它还有助于解释为何文化有时看上去像牢笼。福柯称这种思想监禁为知识。福柯的"知识"可能十分复杂,但是它们开始和结束都很突然,按照福柯的观点,处于知识中的人可能永远无法超脱于其外。福柯并不否认我们可以知道和理解浪漫主义以及其他过去的思潮,事实上他在自己的多部著作中已展示了这种理解;但是他推理的结果是,他否认自己和同时代人有从精神上理解当下时代的任何可能。这是在这个现代主义的世纪行将结束时的一个奇怪的假定。如果它是真的,则福柯所写的所有当代的事情——而且他写了很多——完全不能提供任何观点。它意味着当前的书毫无用处,因为这些著作所论述的现代主义知识仍然存在,并阻止我们对其自身进行必要的审视。它还暗示现代主义将如影随形地与我们同在,因为再也没有任何哲学上的合法方式去

---

[21] 默斯·坎宁安的"独舞者和三人舞的十六支舞",就在1951年使用了随机选择的舞蹈设计。他的 *Symphonie pour un home seul* 由 Pierre Henry 和 Pierre Schaeffer1952年在北加利福尼亚黑山学院用录音磁带的时间片段化方式编舞。约瑟夫·梅佐(Joseph Mazo)描写坎宁安:"他的编舞使用了步行者动作——走路,跑步,跳跃——以及很多人挪动他们身体的别扭的动作……他的舞蹈建立在将时间片段化的基础上。"Joseph H. Mazo, *Prime Movers* (1977; repr., Princeton: Princeton Book Co., n.d.), 201.

解释知识转换何以可能。最后,它暗示了没有一种文化的自我意识甚至个体的自我意识这回事。当我们进入现代主义世纪尾声的时候,将激进的自指方法,运用于破坏每一可能的明确陈述,很难想象会有比明确说我们不能看到自己或因此而改变这些更反知识的说法了。福柯和其他人忘记了,或者他们从来就没有意识到,当戴德金做出切割、西方科学家开始精确地微型化世界时,认识论发生了怎样的变化。

如果说本书的故事有什么意义的话,那就是现代主义仍然与我们同在,而后现代主义的影响可能还没有大陆批评家们所认为的一半大。这是在学界争论层面上的观点。它是开放并欢迎争论的,然而,任何争论须尽可能涉及真实事件,因为现代主义的真实事件可能最终创造与发明出整个的内容,而此内容无他,正是被称为现代主义的历史客体。

参考文献

该书目列出了我在写作《现代主义的先驱》时用到的有关作家和思想家故事的原始资料。另外，我还列出了我所用到的，但在注释中没有列出的二手资料，尤其是那些涉及交叉领域和交叉学科，以及在 1872 至 1913 年间或者之前研究本体论层面的不连续性问题的资料。

Abstraction: Towards a New Art, Painting 1910–20. Exhibition catalogue. London: Tate Gallery, 1980.

Adams, Henry. *The Letters of Henry Adams.* Vols. 4–6 (1892–1918). Cambridge: Harvard University Press, 1988.

———. *Supplement to the Letters of Henry Adams.* 2 vols. Boston: Massachusetts Historical Society, 1989.

Adcock, Craig E. "Conventionalism in Henri Poincaré and Marcel Duchamp." *Art Journal* 44 (fall 1984), 249–58.

Adler, Irving. *The Elementary Mathematics of the Atom.* New York: John Day, 1965.

Aiken, Edward. "The Cinema and Italian Futurist Painting." *Art Journal* 41 (winter 1981), 353–57.

Akhmatova, Anna. *The Complete Poems.* 2 vols. Cambridge, Mass.: Zephyr Press, 1991. Updated and expanded edition published in 1 vol., 1993.

Alexander, Theodor, and Beatrice Alexander. "Schnitzler's *Leutnant Gustl* and Dujardin's *Les Lauriers sont coupés*." *MAL* 2, no. 2 (1969), 7–15.

Allen, Garland E. *Thomas Hunt Morgan: The Man and His Science.* Princeton: Princeton University Press, 1978.

Antliff, Mark. *Inventing Bergson: Cultural Politics and the Parisian Avant-Garde.* Princeton: Princeton University Press, 1993.

Antoine, André. *Mes Souvenirs sur le Théâtre-Libre.* Paris: Fayard, 1921.

———. *Le Théâtre.* Paris: Les Editions de France, 1932.

Antokoletz, Elliot. *The Music of Béla Bartók: A Study of Tonality and Progression in Twentieth-Century Music.* Berkeley: University of California Press, 1984.

Anzieu, Didier. *Freud's Self-Analysis* [L'Auto-analyse, 1959]. Translated by Peter Graham. London: Hogarth, 1986.
Apollinaire, Guillaume. *Oeuvres poétiques*. Edited by M. Adéma and M. Decaudin. Paris: Gallimard, Pléiade, 1965.
Appleby, R. Scott. *"Church and Age Unite!" The Modernist Impulse in American Catholicism*. Notre Dame, Ind.: University of Notre Dame Press, 1992.
Aurier, Albert. *Oeuvres posthumes*. Paris: Mercure de France, 1893.
Austin, William W. *Music in the 20th Century, from Debussy through Stravinsky*. New York: Norton, 1966.
Baedeker, Karl. *Paris and its Environs*. 15th ed. Leipzig: Karl Baedeker; New York: Scribner's, 1904.
―――. *Austria-Hungary*. 10th ed. Leipzig: Karl Baedeker; New York: Scribner's, 1905.
Bahr, Hermann. *Die Überwindung des Naturalismus* [The overcoming of naturalism: Sequel to *Critique of the moderns*]. Dresden: E. Pierson, 1891.
―――. *Selbstbildnis*. Berlin: S. Fischer, 1923.
Bain, David Haward. *Sitting in Darkness: Americans in the Philippines*. New York: Penguin, 1986.
Banham, Reyner. *Theory and Design in the First Machine Age*. 1960. 2nd ed. New York: Praeger, 1967.
Banta, Martha. *Taylored Lives: Narrative Productions in the Age of Taylor, Veblen, and Ford*. Chicago: University of Chicago Press, 1993.
Bar-Hillel, Yehoshua, et al., eds. *Essays on the Foundations of Mathematics*. 2d ed. Jerusalem: Magnes Press, Hebrew University, 1966.
Barkan, Elazar, and Ronald Bush, eds. *Prehistories of the Future: The Primitivist Project and the Culture of Modernism*. Stanford: Stanford University Press, 1995.
Barker, Andrew W. *"Ein Lichtbringender und Leuchtender, ein Dichter und Prophet:* Responses to Peter Altenberg in Turn-of-the-Century Vienna." *Modern Austrian Literature: Journal of the International Arthur Schnitzler Research Association* 22, nos. 3–4 (1989), 1–14.
Bauman, Zygmunt. *Modernism and the Holocaust*. Ithaca, N.Y.: Cornell University Press, 1992.
Beller, Steven. *Vienna and the Jews, 1867–1938: A Cultural History*. New York: Cambridge University Press, 1989.
Belliver, André. *Henri Poincaré et Paul Valéry autour de 1895*. Chevreuse: n. p., 1958.
Bely, Andrey. *Petersburg*. 1913. Translated by R. A. Maguire and J. E. Malmstad. Bloomington: Indiana University Press, 1978.
―――. *The First Encounter*. Translated by G. Janacek. Princeton: Princeton University Press, 1979.
―――. *Selected Essays of Andrey Bely*. Edited and translated by Steven Cassedy. Berkeley: University of California Press, 1985.
―――. *The Dramatic Symphony* and *The Forms of Art*. 1902. New York: Grove Press, 1987.
―――. *André Bely: Spirit of Symbolism*. Edited by John E. Malmstad. Ithaca, N.Y.: Cornell University Press, 1987.

Bennitt, Mark. *Louisiana Purchase Exhibition*. St. Louis: Universal Exposition Publishing, 1905.
Bergson, Henri. *An Introduction to Metaphysics*. Translated by T. E. Hulme. New York and London: Putnam's, 1912.
———. *Durée et simultanéité: À propos de la théorie d'Einstein*. Paris: Alcan, 1922.
———. "Mouvement rétrograde du vrai." In *La Pensée et le mouvant*. Paris: n.p., 1934. On Proust.
———. *Time and Free Will* [Essai sur les données immédiates de la conscience, 1889, 1910]. Translated by F. L. Pogson. London: G. Allen, 1959.
———. *L'Evolution créatrice*. 1907. Paris: Presses Universitaires de France, 1983.
Blackmore, John T. *Ernst Mach*. Berkeley: University of California Press, 1972.
———, ed. *Ernst Mach—A Deeper Look*. Boston Studies in the Philosophy of Science. Boston: Kluwer Academic, 1992.
Block, Geoffrey. *Charles Ives: A Bio-Bibliography*. Westport, Conn.: Greenwood, 1988.
Bochner, Salomon. "Continuity and Discontinuity in Nature and Knowledge." In *Dictionary of the History of Ideas*, vol. 1, 492–504. New York: Scribner's, 1973.
Bohr, Niels. *Atomic Theory and the Description of Nature*. 1934. Woodbridge, Conn.: Ox Bow Press, 1987.
———. *Essays 1932–1957 on Atomic Physics and Human Knowledge*. Woodbridge, Conn.: Ox Bow Press, 1987.
Boltzmann, Ludwig. *Vorlesungen über die Principe der Mechanik*. 3 vols. Leipzig: Barth, 1897–1920.
———. *Wissenschaftliche Abhandlungen*. Edited by Fritz Hasenöhrl. 3 vols. Leipzig: Barth, 1909.
———. "Model." Entry in *Encyclopedia Britannica*, 11th ed. Vol. 18, 638. 1911.
———. *Reise eines deutschen Professors in Eldorado*. Leipzig: Barth, 1917.
———. *Lectures on Gas Theory* [Vorlesungen über Gastheorie, 1896–98]. Edited and translated by Stephen G. Brush. Berkeley: University of California Press, 1964.
———. "On the Fundamental Principles and Basic Equations of Mechanics." Clark University Lecture no. 1. Translated by J. J. Kockelmans. In *Philosophy of Science; the Historical Background*. New York: Free Press, 1968.
———. *Theoretical Physics and Philosophical Problems*. Translated by Paul Foulkes. Edited by Brian McGuinness. Dordrecht: D. Reidel, 1974. Includes *Populäre Schriften*, Leipzig, 1905.
———. *Gesamtausgabe*. Edited by Roman U. Sexl. Vol. 8. *Internationale Tagung Anlässlich des 75. Jahrestages seines Todes 5.–8. September 1981 Ausgewählte Abhandlungen*. Edited by R. Sexl and John Blackmore. Brunswick: Vieweg, 1982.
———. *Principien der Naturfilosofi / Lectures on Natural Philosophy, 1903–1906*. Edited by Ilse M. Fasol. New York: Springer, 1990.
Bolzano, Bernard. *Schriften*. 5 vols. Prague: Royal Bohemian Academy of Sciences, 1930–1948.
———. *Paradoxes of the Infinite*. 1851. Translated by D. A. Steele. New Haven, Conn.: Yale University Press, 1950.

———. *Theory of Science*. Translated by Rolf George. Berkeley: University of California Press, 1972.
———. *Philosophische Texte*. Edited by Ursula Neeman. Stuttgart: Reclam, 1984.
Boorse, Henry A., and Lloyd Motz, eds. *The World of the Atom*. New York: Basic Books, 1966.
Borsi, Franco, and Ezio Godoli. *Vienna 1900: Architecture and Design*. New York: Rizzoli, 1987.
Boyer, John W. *Political Radicalism in Late Imperial Vienna: Origins of the Christian Social Movement, 1848-1897*. Chicago: University of Chicago Press, 1981.
———. *Culture and Political Crisis in Vienna: Christian Socialism in Power, 1897-1918*. Chicago: University of Chicago Press, 1995.
Brakel, J. van. "The Possible Influence of the Discovery of Radio-active Decay on the Concept of Physical Probability." *Archive for History of Exact Sciences* 31 (1984-85), 369-85.
Braun, Marta. *Picturing Time: The Work of Etienne-Jules Marey (1830-1904)*. Chicago: University of Chicago Press, 1992, 1995.
Breitbart, Eric. *A World on Display: The St. Louis World's Fair of 1904*. VHS, 53 min. Corrales, N.M.: New Deal Films, 1994.
Brentano, Franz. "Von der Unmöglichkeit absoluten Zufalls." 1916. In *Versuch über die Erkenntnis*. Hamburg: n.p., 1970. See especially p. 141 on Boltzmann and continua.
———. *Psychology from an Empirical Standpoint*. Translated by A. C. Rancurello et al. Atlantic Highlands, N.J.: Humanities Press, 1973.
———. *Sensory and Noetic Consciousness* (1929). Edited by O. Kraus and L. McAlister. Translated by L. McAlister and M. Schattle. New York: Humanities Press, 1981.
Brion-Guerry, L., ed. *L'Année 1913; les formes esthétiques de l'oeuvre d'art à la veille de la Première Guerre mondiale*. 2 vols. Paris: Klincksieck, 1971-73.
Brody, Elaine. *Paris: The Musical Kaleidoscope, 1870-1925*. New York: George Braziller, 1987.
Brouwer, Luitzen Egbertus Jan. *Collected Works*. Edited by A. Heyting. Amsterdam: North-Holland, 1975.
———. "Intuitionism and Formalism." *American Mathematical Society Bulletin* 20 (1913-14), 81-96. Translation of inaugural address at University of Amsterdam.
Brush, Stephen G. *Kinetic Theory*. 3 vols. New York: Pergamon Press, 1965.
———. "Scientific Revolutionaries of 1905: Einstein, Rutherford, Chamberlin, Wilson, Stevens, Binet, Freud." In Mario Bunge and William R. Shea, *Rutherford and Physics*. New York: Dawson and Science History Publications, 1979.
———. *Statistical Physics and the Atomic Theory of Matter from Boyle and Newton to Landau and Onsager*. Princeton: Princeton University Press, 1981, 1983.
Buel, J. W., ed. *Louisiana and the Fair: An Exposition of the World, Its People and Their Achievements*. 10 vols. St. Louis: Progress Publishing, 1904.
Butts, Robert E., and J. J. Hintikka, eds. *Logic, Foundations of Mathematics and Computability Theory*. Dordrecht: D. Reidel, 1977.

Cajal, Santiago Ramon y. *Histology.* Translated by M. Fernán-Núñez. Baltimore: Williams and Wilkins, 1933.
―――. *Studies on Vertebrate Neurogenesis.* Springfield, Ill.: Thomas, 1960.
―――. *Studies on the Diencephalon.* Springfield, Ill.: Thomas, 1966.
―――. *Las publicaciones valencianas de Cajal.* Edited by J. M. López Piñero and J. A. Micó Navarro. Valencia: Publicaciones Universidad de Valencia, 1983.
―――. *The Neuron and the Glial Cell.* Edited by William C. De La Torre and Jack Gibson. Springfield, Ill.: Thomas, 1984.
―――. *Neurocircuitry of the Retina.* New York: Elsevier, 1985.
―――. *Cajal on the Cerebral Cortex: An Annotated Translation of the Complete Writings.* Edited by J. DeFelipe and Edward G. Jones. New York: Oxford University Press, 1988.
―――. *Recollections of My Life.* Translated by E. H. Craigie, 1937. Cambridge: MIT Press, 1989.
―――. *New Ideas on the Structure of the Nervous System in Man.* Translated by Neely Swanson and Larry W. Swanson. Cambridge: MIT Press, 1990.
―――. *Cajal's Degeneration and Regeneration of the Nervous System.* New York: Oxford University Press, 1991.
Cantor, Georg. "Extension d'un theorème de la théorie des séries trigonométriques." *Acta Mathematica* 2 (1883), 336–48.
―――. "Sur les ensembles infinis et linéaires de points 1–4." *Acta Mathematica* 2 (1883), 349–80.
―――. Review of *Grundlagen* (1884), by Gottlob Frege. *Deutsche Literaturzeitung* 20 (1885).
―――. *Contributions to the Founding of the Theory of Transfinite Numbers.* Edited by P. Jourdain. Chicago: Open Court, 1915. Reprint New York: Dover, n.d.
―――. *Gesammelte Abhandlungen mathematischen und philosophischen Inhalts.* 1932. Edited by E. Zermelo. Hildesheim: Olms, 1966.
Cariou, Marie. *L'Atomisme: Gassendi, Leibniz, Bergson et Lucrèce.* Paris: Aubier Montaigne, 1978.
Carlson, Elof Axel. *The Gene: A Critical History.* Ames: Iowa State University Press, 1989.
Cate, Phillip Dennis. *The Graphic Arts and French Society, 1871–1914.* New Brunswick, N.J.: Rutgers University Press, 1988.
Cavafy, C. P. *Collected Poems.* Princeton: Princeton University Press, 1994.
Caveing, Maurice. *Zénon d'Elée: Prolégomènes aux doctrines du continu: étude historique et critique des fragments et témoignages.* Paris: J. Vrin, 1982.
Cézanne, Paul. *Cézanne: The Late Work.* Exhibition catalogue. Edited by William S. Rubin. New York: Museum of Modern Art, 1977.
―――. *The Complete Paintings of Cézanne.* Catalogue raisonné by Sandra Orienti. New York: Penguin, 1985.
―――. *Cézanne by Himself.* Edited by Richard Kendall. Boston: Little, Brown, 1988.
―――. *Paul Cézanne Letters.* Edited by John Rewald. Translated by S. Hacker. Hacker Art Books, 1984; New York: Da Capo, 1995.
―――. *Cézanne.* Exhibition catalogue. Edited by Françoise Cachin, Joseph J.

Rishel, et al. Paris: Réunion des Musées Nationaux, 1995; New York: Abrams, 1996.
Chekhov, Anton. *The Harmfulness of Tobacco*. In *Nine Plays of Chekhov*. Edited by Arthur Zeiger, 1946. New York: Grossett and Dunlap Universal Library, n.d.
———. *Letters of Anton Chekhov*. Edited by Avrahm Yarmolinsky. New York: Viking, 1973.
———. "An Attack of Nerves." 1888. In *The Portable Chekhov*. New York: Viking, 1947, 1978.
———. "A Boring Story" (1889) and "Lady with Lapdog" (1899). In *Lady with Lapdog and Other Stories*. Translated by David Magarshak, 1964. New York: Penguin, 1987.
Čiurlionis, Mikalojus-Konstantinas. *Čiurlionis und die litauische Malerei, 1900–1940*. Exhibition catalogue. Duisburg: Wilhelm-Lehmbruck-Museum, 1989.
Comte, Auguste. *Auguste Comte and Positivism: The Essential Writings*. Edited by Gertrud Lenzer. New York: Harper Torchbook, 1975.
(Congress, 1900). Paris. Exposition Universelle Internationale de 1900. Jury International. *Rapports*. Paris: Imprimerie nationale, 1903.
(Congress, Mathematics, 1900). *Compte rendu du deuxième congrès international des mathématiciens tenu à Paris du 6 au 12 août*. Paris: Gauthier-Villars, 1902. Includes Hilbert's 23 questions, of which see especially #10: Is math decidable?
(Congress, Philosophy, 1900). *Bibliothèque du congrès international de philosophie*. Paris: Armand Colin, 1901.
(Congress, Physics, 1900). *Rapports (Travaux) du congrès international de physique*. 4 vols. Paris: Gauthier-Villars, 1901.
(Congress, 1904). *The International Congress of Arts and Sciences. Saint Louis, 1904*. Boston: Houghton Mifflin, 1905–1907.
Cronin, Vincent. *Paris on the Eve: 1900–1914*. New York: St. Martin's, 1991.
Couturat, Louis. *De l'infini mathématique*. 1896. Reprint, Paris: Blanchard, 1973.
———. "La logique mathématique de M. Peano." *Revue de métaphysique et de morale* 7 (1899).
———. *La Logique de Leibniz d'après des documents inédits*. Paris: Alcan, 1901.
———. *Les Principes des mathématiques*. 1905. Reprint, Paris: A. Blanchard, 1980.
———. "Pour la logistique (réponse à M. Poincaré)." *Revue de métaphysique et de morale* 14 (1906), 208–250.
Cros, Charles. *Oeuvres complètes*. Paris: J. J. Pauvert, 1964.
De Bièvre, P., and H. S. Peiser. "'Atomic Weight'—The Name, its History, Definition, and Units." *Pure and Applied Chemistry* 64 (1992), 1535–43.
Debussy, Claude. *Debussy on Music*. Edited by Richard Langham Smith. Translated by François Lesure and R. L. Smith. Ithaca, N.Y.: Cornell University Press, 1988.
Dedekind, Richard. *Essays on the Theory of Numbers* [Stetigkeit und irrationale Zahlen, 1872, and Was sind und was sollen die Zahlen, 1888]. Translated by W. W. Beman, 1901. New York: Dover, 1963.

Delaunay, Robert. *Du Cubisme à l'art abstrait.* Edited by Pierre Francastel. Paris: S.E.V.P.E.N, 1957.
―――. *Robert Delaunay.* Exhibition catalogue. Hamburg: Kunstverein in Hamburg, 1962.
―――. *Notebooks.* In Jean Clay, *Modern Art, 1890–1918.* New York: Vendome Press, 1978.
―――. *Robert Delaunay: Blick auf die Stadt, 1910–1914.* Exhibition catalogue. Mannheim: Städtische Kunsthalle Manneim/Mannheimer Morgen Grossdruckerei, 1981.
Delaunay, Robert, and Sonia Delaunay. *The New Art of Color: The Writings of Robert and Sonia Delaunay.* Edited by Arthur A. Cohen. Translated by David Shapiro and Arthur A. Cohen. New York: Viking Press, 1978.
―――. *Delaunay und Deutschland.* Exhibition catalogue. Munich: Staatsgalerie moderner Kunst im Haus der Kunst, 1985.
―――. Le Centenaire Delaunay. Exhibition catalogue. Paris: Musée d'art moderne de la ville de Paris, 1985.
Delaunay, Sonia. *Sonia Delaunay, 1885–1979: A Retrospective.* Buffalo, N.Y.: Albright-Knox, 1980.
Denis, Maurice. *Théories; 1890–1910.* 4th ed. Paris: Rouart et Watelin, 1920.
De Vries, Hugo. *Die Mutationstheorie.* 2 vols. Leipzig: Veit, 1901, 1903.
―――. *The Mutation Theory, Experiments and Observations on the Origin of Species in the Vegetable Kingdom* [Die Mutationstheorie, Leipzig, 1910]. Translated by J. B. Farmer and A. D. Darbishire. 2 vols. Chicago: Open Court, 1909–10; New York: Kraus reprint, 1969. In the 1910 edition, discussion of Mendel-segregation was edited out.
―――. *Intracellular Pangenesis* [Intracelluläre Pangenesis, 1889]. Translated by C. S. Gager. Chicago: Open Court, 1910.
Duchamp, Marcel. *Writings of Marcel Duchamp.* Edited by Michel Sanouillet and Elmer Peterson. New York: Oxford University Press, 1973; New York: Da Capo, n.d.
―――. *The Complete Works of Marcel Duchamp.* Compiled by Arturo Schwarz. New York: H. N. Abrams, 1970–80.
―――. *MARCEL DUCHAMP.* Exhibition catalogue. Edited by Anne d'Harnoncourt and Kynaston McShine. New York: Museum of Modern Art/Prestel, 1989.
Dujardin, Edouard. *Les Premiers poètes du vers libre.* Paris: Mercure de France, 1922.
―――. *Le Monologue intérieur: son apparition, ses origines, sa place dans l'oeuvre de James Joyce et dans le roman contemporain,* Paris: Albert Messein, 1931.
―――. *Les Lauriers sont coupés.* 1887. Paris: Le Chemin Vert, 1981.
Dupré, John. *The Disorder of Things: Metaphysical Foundations of the Disunity of Science.* Cambridge: Harvard University Press, 1993.
Duroselle, Jean-Baptiste. *La France de la "Belle époque."* 1972. Références. Paris: PFNSP, 1992.
Ehrenfest, Paul, and Tatiana Ehrenfest. *The Conceptual Foundations of the Statistical Approach in Mechanics.* 1912. Translated by J. Moravcik. New York: Dover, n.d.

———. *Collected Scientific Papers*. Edited by Martin J. Klein. Amsterdam: North Holland, 1959.
Einstein, Albert. "My Theory." *The Living Age* 304 (3 January 1920), 41–43. Reprinted from *The Times of London*.
———. "Autobiographisches." In *Albert Einstein, Philosopher-Scientist*. Edited by P. A. Schilpp. New York: Tudor, 1949.
———. *Albert Einstein: Lettres à Maurice Solovine*. Edited by M. Solovine. Paris: Gauthier-Villars, 1956. Translated by Wade Baskin. New York: The Philosophical Library, 1987.
———. *Relativity: The Special and the General Theory*. 15th ed. Translated by Robert W. Lawson. 1952. New York: Crown Publishers, 1961.
———. *The Correspondence between Albert Einstein and Max and Hedwig Born, 1916–1955* [Briefwechsel, 1969]. Translated by Irene Born. New York: Walker and Co., 1971.
———. *Albert Einstein—Michele Besso Correspondence, 1903–1955*. Edited and translated by P. Speziali. Paris: Hermann, 1972.
———. *Ideas and Opinions*. New York: Crown, 1954; New York Dell/Laurel, 1973.
———. *Collected Papers*. Vols. 1–6. Translated by Anna Beck. Princeton: Princeton University Press, 1987–1996.
Einstein, Albert, Hendrik Antoon Lorentz, Hermann Minkowski, and Hermann Weyl. *The Principle of Relativity*. London: Methuen, 1923; New York: Dover, 1952. Includes Einstein papers from 1905 (2), 1911, 1916 (2), 1917, 1919.
Eisenstein, Sergei. *Selected Works*. Edited by R. Taylor and M. Glenny. Vols. 1, 2, and 4. Bloomington: Indiana University Press, 1995.
Eliot, T. S. *The Complete Poems and Plays, 1909–1950*. New York: Harcourt, Brace, n.d.
———. *Selected Essays*. London: Faber and Faber, 1951, 1986.
———. *The Letters of T. S. Eliot: Vol. I, 1898–1922*. New York: Harcourt Brace Jovanovich, 1988.
———. *Knowledge and Experience in the Philosophy of F. H. Bradley*. 1916. New York: Columbia University Press, 1989. Includes 2 articles on Leibniz, monads, and Bradley from *Monist* 26 (October 1916).
Ellenberger, Henri F. *The Discovery of the Unconscious: The History and Evolution of Dynamic Psychiatry*. New York: Basic Books, 1970.
———. "The Story of Anna O.: A Critical Review with New Data." *History of the Behavioural Sciences* 8, no. 3 (July 1972).
Ellmann, Richard, and Charles Feidelson Jr., eds. *The Modern Tradition: Background of Modern Literature*. New York: Oxford University Press, 1973.
Elsaesser, Thomas, ed., with Adam Barker. *Early Cinema: Space—Frame—Narrative*. London: British Film Institute, 1990.
Erkkila, Betsy. "Walt Whitman and Jules Laforgue." *Walt Whitman Review* 24, no. 2 (1978).
———. *Walt Whitman Among the French: Poet and Myth*. Princeton: Princeton University Press, 1980.
Fauré, Gabriel. *Nocturnes and Barcarolles for Solo Piano*. New York: Dover, 1994.
Fechner, Gustav Theodor. *Ueber die physikalische und philosophische Atomen-*

lehre. Leipzig: Mendelssohn, 1855. 2nd ed. 1864. Reprinted Frankfurt am Main: Minerva, 1982.

Fell, John I., ed. *Film and the Narrative Tradition* (1974). Berkeley: University of California Press, 1986.

Ferguson, Robert. *Enigma: The Life of Knut Hamsun.* New York: Farrar, Straus and Giroux, 1987.

Fiori, Teresa, ed. *Archivi del Divisionismo.* 2 vols. Rome: Officina Edizioni, 1968.

Flam, Jack. *Matisse: The Man and His Art, 1869–1918.* Ithaca, N.Y.: Cornell University Press, 1986.

―――. "The Enigma of Seurat." *New York Review of Books,* 7 November 1991.

―――, ed. *The Documents of Twentieth-Century Art.* Berkeley: University of California Press, 1995ff.

Forel, Auguste. *Out of My Life and Work.* New York: Norton, 1937.

―――. *August Forel, Briefe/Correspondance, 1864–1927.* Edited by Hans H. Walser. Berne: Hans Huber, 1968.

Frege, Gottlob. *Translations from the Philosophical Writings of Gottlob Frege.* Edited by P. Geach and M. Black. Oxford: B. Blackwell, 1960.

―――. *The Basic Laws of Arithmetic* [Grundgesetze der Arithmetik, 1893–1903]. Translated by M. Furth. Berkeley: University of California Press, 1964.

―――. *Begriffschrift.* 1879. Translated by S. Bauer-Mengelberg. In J. van Heijenoort, ed., *From Frege to Gödel.* Cambridge: Harvard University Press, 1967.

―――. *Kleine Schriften.* Edited by I. Angelelli. Hildesheim: Olms, 1967.

―――. *On the Foundations of Geometry* (1903) and *Formal Theories of Arithmetic* (1885). Translated by E. H. W. Kluge. New Haven, Conn.: Yale University Press, 1971.

―――. *Conceptual Notation and Related Articles.* Edited by J. W. Bynum. Oxford: Clarendon Press, 1972.

―――. *Nachgelassene Schriften und Wissenschaftlicher Briefwechsel.* Edited by H. Hermes et al. Hamburg: F. Meiner, 1976.

―――. *Posthumous Writings* [Nachgelassene Schriften]. Edited by H. Hermes et al. Translated by P. Long and R. White. Chicago: University of Chicago Press, 1979.

―――. *Philosophical and Mathematical Correspondence* [Wissenschaftlicher Briefwechsel]. Edited by G. Gabriel et al. Abridged by B. McGuinness. Translated by H. Kaal. Chicago: University of Chicago Press, 1980.

―――. *The Foundations of Arithmetic* [Die Grundlagen der Arithmetik, 1884]. Translated by J. Austin, 1950. Evanston, Ill.: Northwestern University Press, 1980.

―――. *Collected Papers on Mathematics, Logic, and Philosophy.* Edited by Brian McGuinness. Oxford: B. Blackwell, 1984. Includes translations of most of *Kleine Schriften.*

French, A. P., and P. J. Kennedy, eds. *Bohr: A Centenary Volume.* Cambridge: Harvard University Press, 1985.

Freud, Sigmund. "An Unknown Autobiographical Fragment by Freud." *The American Imago* 4, no. 1 (August 1946).

―――. *The Standard Edition of the Complete Psychological Works of Sigmund Freud.* Edited by James Strachey. 23 vols. London: Hogarth, 1953–1974.

———. *Letters*. Edited by Ernst Freud. Translated by T. and J. Stern. New York: Basic Books, 1960. Dover reprint.

———. *Briefe, 1873–1939*. Frankfurt: S. Fischer Verlag, 1960, 1980.

———. *Cocaine Papers: Sigmund Freud*. Edited by R. Byck. New York: Meridian, 1974.

———. *The Origins of Psychoanalysis*. New York: Basic Books, 1977.

———. *A Phylogenetic Fantasy: Overview of the Transference Neuroses* (1914?). Edited by Ilse Grubrich-Simitis. Cambridge: Harvard University Press, 1987.

———, and Karl Abraham. *A Psychoanalytic Dialogue: Letters of Sigmund Freud and Karl Abraham*. Edited by Hilda Abraham and Ernst Freud. New York: Basic Books, 1965.

———, and Lou Andreas-Salomé. *Sigmund Freud and Lou Andreas-Salomé: Letters*. Edited by Ernst Pfeiffer. Translated by W. and E. Robson-Scott. London: Hogarth, 1972.

———, and Sandor Ferenczi. *The Correspondence of Sigmund Freud and Sandor Ferenczi*. Vol. 1, *1908–1914*. Translated by Peter T. Hoffer. Edited by E. Brabant, E. Falzeder, and P. Giampieri-Deutsch. Cambridge: Harvard University Press, Belknap Press, 1994.

———, and Wilhelm Fliess. *Correspondence*. Edited by J. Masson. Cambridge: Harvard University Press, 1985.

———, and Ernest Jones. *The Complete Correspondence of Sigmund Freud and Ernest Jones, 1908–1939*. Edited by R. A. Paskauskas. Cambridge: Harvard University Press, 1995.

———, and Carl G. Jung. *The Freud/Jung Letters*. Translated by R. Manheim and R. F. C. Hull. Edited by W. McGuire. Princeton: Princeton University Press, 1974, 1994.

———, and Arnold Zweig. *The Letters of Sigmund Freud and Arnold Zweig*. Edited by Ernst Freud. Translated by E. and W. Robson-Scott. New York: Harcourt, Brace and World, 1970.

Friedland, Roger and Deirdre Boden, eds. *NowHere: Space, Time and Modernity*. Berkeley: University of California Press, 1994.

Galison, Peter. "Aufbau/Bauhaus: Logical Positivism and Architectural Modernism." *Critical Inquiry* 16, no. 4 (Summer 1990).

Gardner, Howard. *Creating Minds: An Anatomy of Creativity Seen Through the Lives of Freud, Einstein, Picasso, Stravinsky, Eliot, Graham, and Gandhi*. New York: Basic Books, 1993.

Garshin, Vsevolod. *From the Reminiscences of Private Ivanov and Other Stories*. London: Angel Books, 1988.

Garton, Janet, ed. *Facets of European Modernism: Essays in Honour of James McFarlane*. Norwich, U.K.: Norvik Press, 1985.

Gauguin, Paul. *Gauguin and the Pont-Aven School*. Compiled by R. Field. London: Tate Gallery, 1966.

———. *Tout l'oeuvre peint de Gauguin*. Paris: Flammarion, 1981.

———. *Correspondance de Paul Gauguin, 1873–1888*. Edited by Victor Merlhès. Paris: Fondation Singer-Polignac, 1984.

———. *Noa-Noa: Gauguin's Tahiti*. Edited by N. Wadley. New York: Oxford University Press, 1985.

———. *Gauguin: A Retrospective*. Edited by Charles F. Stuckey. New York: Levin Associates/Macmillan, 1987.
———. *The Writings of a Savage*. Edited by Daniel Guérin (1974). Translated by E. Levieux. New York: Paragon House, 1990.
———. *Gauguin and the School of Pont-Aven*. Indianapolis Museum of Art, October 1994.
George, Stefan. *Stefan George: Selection from His Works Translated into English*. Translated by Cyril Meir Scott. London: Mathews, 1910.
———. *Gesamt-Ausgabe der Werke: Endgültige Fassung*. 18 vols., bound as 15. Berlin: Bondi, 1927–1934.
Gibbs, Josiah Willard. *Elementary Principles in Statistical Mechanics*. 1902. New York: Dover, 1960; Woodbridge, Conn.: Ox Bow Press, 1981.
———. *The Scientific Papers of J. Willard Gibbs*. 1906. 2 vols. Woodbridge, Conn.: Ox Bow Press, 1993.
Gide, André. *Journals*. Vol. 1. 1889–1927. Evanston, Ill.: Northwestern University Press, 1987.
Glockner, H. "Fechner, Lotze, und Planck." In *Die europäische Philosophie*. Stuttgart: Reclam, 1958.
Gluck, Mary. "Toward a Historical Definition of Modernism: George Lukács and the Avant-Garde." *Journal of Modern History* 58, no. 4 (1986).
Gödel, Kurt. *The Consistency of the Continuum Hypothesis*. Princeton: Princeton University Press, 1940.
———. *Collected Works*. Edited by Solomon Feferman et al. 3 vols. New York: Oxford University Press, 1986–1995.
Goehr, Alexander. "Schoenberg and Karl Kraus: The Idea behind the Music." *Music Analysis* 4 (1985).
Goetschel, Pascale, and Emmanuelle Loyer. *Histoire culturelle et intellectuelle de la France au XXe siècle*. Paris: Armand Colin, 1994.
Goldstein, Laurence. *The Flying Machine and Modern Literature*. Bloomington: Indiana University Press, 1986.
Gordon, Mel. "Meyerhold's Biomechanics." *The Drama Review* 18, no. 3 (1974), 73–88.
———, ed. *Expressionist Texts*. Baltimore, Md.: Johns Hopkins University Press, 1986.
Gorelik, Mordecai. *New Theatres for Old*. 1940. Revised edition. New York: Dutton, 1962.
Gourmont, Remy de. *Selected Writings*. Translated by Glenn S. Burne. Ann Arbor: University of Michigan Press, 1966.
Greenberg, Valerie. *Transgressive Readings: The Texts of Franz Kafka and Max Planck*. Ann Arbor: University of Michigan Press, 1991.
Greene, E. T. H. *T. S. Eliot et la France*. Paris: Boivin, 1951.
Gregory, Joshua Craven. *A Short History of Atomism from Democritus to Bohr*. London: A. & C. Black, 1931.
Grisolia, Santiago et al., eds. *Ramón y Cajal's Contribution to the Neurosciences*. New York: Elsevier, 1982.
Grünbaum, Adolf. *Modern Science and Zeno's Paradoxes*. London: Allen and Unwin, 1968.

---. *The Foundations of Psychoanalysis, A Philosophical Critique.* Berkeley: University of California Press, 1984.
Gunning, Thomas R. "The non-continuous style of early film." In Roger Holman, ed., *Cinema, 1900–1906.* Brussels: FIAF, 1982.
---. *D.W. Griffith and the Origins of American Narrative Film: The Early Years at Biograph.* Champaign: University of Illinois Press, 1991.
Hamsun, Knut. "Mark Twain." *Ny Illustreret Tidende,* 5 April 1885.
---. "August Strindberg." *Chicago American,* 29 January 1888, 20 December 1889.
---. *Hunger* [Sult]. Translated by Robert Bly. New York: Farrar, Straus and Giroux, 1967.
---. *The Cultural Life of Modern America.* Edited and translated by Barbara Gordon Morgridge. Cambridge: Harvard University Press, 1969.
---. *Mysteries* [Mysterier]. Translated by Gerry Bothmer. New York: Farrar, Straus and Giroux, 1971.
---. *Selected Letters,* vol. 1, *1879–98.* Edited by Harald Naess and James McFarlane. Norwich, U.K.: Norvik Press, University of East Anglia, 1990.
Hannequin, Arthur. *Essai critique sur l'hypothèse des atomes.* Paris: Masson, 1894.
Haskell, Francis. "Art and the Apocalypse." *New York Review of Books* 40, no. 13 (15 July 1993), 25.
Healy, Katherine S. "Edgar Degas and the Ballet Class at the Paris Opéra in the Early 1870s: An Analysis of Four Paintings." Bachelor's thesis, Princeton University, 1989.
Heijenoort, Jean van, ed. *From Frege to Gödel.* Cambridge: Harvard University Press, 1967. Includes papers by Burali-Forti, Frege, Gödel, Hilbert, König, von Neumann, Richard, Russell, and Zermelo.
Heisenberg, Werner. *Physics and Beyond: Encounters and Conversations.* Translated by A. J. Pomerans. New York: Harper, 1971.
Helmholtz, Hermann von. *Popular Lectures on Scientific Subjects.* 1870. Translated by E. Atkinson, 1880. 2 vols. London: Longmans, Green, 1884.
---. "On the Rate of Transmission of the Nerve Impulse." *Monatsberichte Preussischen Akademie der Wissenschaft* Berlin (1850), 14–15. Translated in W. Dennis, ed., *Readings in the History of Psychology.* New York: Appleton-Century-Crofts, 1948.
---. *Science and Culture: Popular and Philosophical Essays.* Edited by David Cahan. Chicago: University of Chicago Press, 1995.
Heller, Adele and Lois Rudnick, eds. *1915, The Cultural Moment: The New Politics, the New Woman, the New Psychology, the New Art, and the New Theater in America.* New Brunswick, N.J.: Rutgers University Press, 1991.
Henderson, Linda Dalrymple. *The Fourth Dimension and Non-Euclidean Geometries in Modern Art.* Princeton: Princeton University Press, 1986.
---. "X rays and the quest for invisible reality in the art of Kupka, Duchamp, and the Cubists." *Art Journal* 47 (winter 1988), 323–40.
Henel, Heinrich. "Kafka's *Der Bau,* or How to Escape from a Maze" in *The Discontinuous Tradition* (Stahl Festschrift). New York: Oxford University Press, 1971.

Henning, Edward B. *Creativity in Art and Science, 1860–1960*. Exhibition catalogue. Bloomington: Indiana University Press in association with the Cleveland Museum of Art, 1987.
Hilbert, David. "Über den Zahlbegriff." *Jahrbuch der deutscher Mathematiker-Vereinigung* 8, pt. 1 (1900), 180–84.
———. *Foundations of Geometry* [Grundlagen der Geometrie, 1899]. Translated by E. J. Townsend. Chicago: Open Court, 1902.
———. "Probleme der Grundlegung der Mathematik." In *Atti del Congresso internazionale dei matematici, Bologna, 3–10 settembre, 1928*. Bologna: n. p., 1929.
———. *Mathematische Probleme: Vortrag gehalten auf dem internationalem Mathematiker-Kongress zu Paris 1900*. Leipzig: Geest and Portig K. G., 1971.
Hintikka, Jaakko. "Virginia Woolf and Our Knowledge of the External World." *Journal of Aesthetics and Art Criticism* 38 (1979), 5–13.
———, ed. *The Philosophy of Mathematics*. London: Oxford University Press, 1969.
Hintikka, Jaakko, et al., eds. *Probabilistic Thinking: Thermodynamics and the Interaction of the History and Philosophy of Science*. Dordrecht: D. Reidel, 1981.
Hollander, Anne. *Moving Pictures*. New York: Knopf, 1989.
Hughes, Robert. *The Shock of the New*. New York: Knopf, 1981, 1991.
———. *Barcelona*. New York: Vintage, 1993.
Husserl, Edmund. *Ideas: A General Introduction to Pure Phenomenology* [Ideen zu einer reinen Phänomenologie, 1913]. Translated by W. R. Boyce Gibson. New York: Collier Books, 1962.
———. *The Idea of Phenomenology* [Die Idee der Phänomenologie, 1907, 1950]. Translated by W. Alston and G. Nakhnikian. The Hague: Martinus Nijhoff, 1964.
———. "Ein Brief Edmund Husserls an Ernst Mach" (18 June 1901). Edited by Joachim Thiele. *Zeitschrift für philosophische Forschung* 19 (1965), 134–38.
———. *Logical Investigations*. 1900–1901. Translated by J. N. Findlay. New York: Humanities Press, 1970.
———. *Philosophie de l'arithmétique* [Philosophie der Arithmetik, 1891]. Translated by J. English. Paris: Presses Universitaires, 1972.
———. *Introduction to the Logical Investigations: A Draft of a Preface to the Logical Investigations*. 1913. Edited by Eugen Fink. Translated by P. J. Bossert and C. H. Peters. The Hague: Martinus Nijhoff, 1975.
———. *Logische Untersuchungen I: Prolegomena zur reinen Logik*. Edited by Elmar Holenstein. Husserliana, vol. 18. The Hague: Martinus Nijhoff, 1975.
———. *Ideen zu einer reinen Phänomenologie und phänomenologischen Philosophie, I Buch, Allgemeine Einführung in die reine Phänomenologie*. 1913. Edited by Karl Schuhmann. Husserliana, vol. 3, books 1 and 2. The Hague: Martinus Nijhoff, 1976.
———. *Phantasie, Bildbewusstsein, Erinnerung: Zur Phänomenologie der anschaulichen Vergegenwärtigungen: Texte aus dem Nachlass (1898–1925)*. Edited by Eduard Marbach. Husserliana, vol. 23. The Hague: Martinus Nijhoff, 1980.

———. *Shorter Works*. Edited by P. McCormick and F. Elliston. Notre Dame, Ind.: University of Notre Dame Press, 1981. Includes *On the Concept of Number*.

———. *Contribution au calcul des variations* [Beitrag zur Variationsrechnung, 1882]. Translated by J. Vauthier. Queens Papers in Pure and Applied Mathematics, no. 65. Kingston, Ontario: Queens University Press, 1983.

———. *Studien zur Arithmetik und Geometrie: Texte aus dem Nachlass, 1886–1901*. Edited by Ingeborg Strohmeyer. Husserliana, vol. 21. The Hague: Martinus Nijhoff, 1983.

———. *Ideas Pertaining to a Pure Phenomenology and to a Phenomenological Philosophy: First Book* [Ideen zu einer reinen Phänomenologie, 1913]. Translated by F. Kersten. Boston: Martinus Nijhoff, 1983.

———. *Logische Untersuchungen II: Untersuchungen zur Phänomenologie und Theorie der Erkenntnis*. Parts 1 and 2. Edited by Ursula Panzer. Husserliana, vol. 19, parts 1 and 2. The Hague: Martinus Nijhoff, 1984.

Hutton, John G. *Neo-Impressionism and the Search for Solid Ground: Art, Science, and Anarchism in Fin-de-Siècle France*. Modernist Studies, vol. 1. Baton Rouge: Louisiana State University Press, 1994.

Huysmans, Joris-Karl. *L'art moderne* (1883) / *Certains* (1889). Paris: 10/18, 1975.

———. *A Rebours* (1884). Paris: 10/18, 1977.

Ibsen, Henrik. *The Oxford Ibsen*. Vol. 5. London: Oxford University Press, 1961.

International Symposium "100 Years Boltzmann Equation" in Vienna, 4–8 September 1972. In *Acta Physica Austriaca* Supplementum. New York: Springer Verlag, 1973. Includes contributions by D. Flamm, E. Broda, M. J. Klein, G. E. Uhlenbeck, and C. Cercignani.

Isaak, Jo Anna. *The Ruin of Representation in Modernist Art and Texts*. Ann Arbor, Mich.: UMI Research Press, c1986.

Ives, Charles. "Ragtime," "Beethoven and Strauss," and "Brahms's Orchestration." In Sam Morgenstern, ed. *Composers on Music: An Anthology of Composers' Writings from Palestrina to Copland*. New York: Pantheon, 1956.

———. *A Temporary Mimeographed Catalogue of the Music Manuscripts and Related Materials of Charles Edward Ives, 1874–1954*. Compiled by John Kirkpatrick. New Haven: n. p., 1960.

———. *Essays Before a Sonata, The Majority, and Other Writings*. Edited by H. Boatwright. New York: Norton, 1962.

———. *Memos*. Edited by John Kirkpatrick. New York: Norton, 1972.

———. *Universe Symphony*. Edited by Larry Austin. Performed by Cincinnati Philharmonia et al. Centaur CRC 2205 CD, 1994.

Jacob, Max. "Souvenirs sur Picasso contés par Max Jacob." *Cahiers d'Art* 6 (1927).

———. *Hesitant Fire: Selected Prose of Max Jacob*. Translated by M. Black and M. Green. Lincoln: University of Nebraska Press, 1991.

Jacobsen, Jens Peter. *Niels Lhyne* (1880, 1882). Translated by Tina Nunnally. Seattle, Wash.: Fjord Press, 1990.

Jahn, Wolfgang. "Kafka und die Anfänge des Kinos." *Jahrbuch der deutschen Schillergesellschaft* 6 (1962), 353–68.

James, Henry. *The Sacred Fount.* 1901. Edited by L. Edel. New York: Evergreen, 1979.
——. *The Correspondence of Henry James and Henry Adams, 1877–1914.* Baton Rouge: Louisiana State University Press, 1993.
James, William. *The Letters of William James.* Edited by Henry James. 2 vols. Boston: Atlantic Monthly Press, 1920.
——. *Selected Letters.* Edited by Elizabeth Hardwick. New York: Doubleday Anchor, 1961.
——. *Principles of Psychology.* 1890. Cambridge: Harvard University Press, 1983.
——. *Works.* 2 vols. New York: Library of America, 1988, 1992.
——. *Manuscript Essays and Notes.* 1872–1907. Cambridge: Harvard University Press, 1988.
——. *Manuscript Lectures.* 1872–1907. Cambridge: Harvard University Press, 1989.
——. *The Correspondence of William James.* Vol. 3, *William and Henry, 1897–1910.* Edited by Ignas K. Skrupskelis and Elizabeth M. Berkeley. Charlottesville: University Press of Virginia, 1994.
Janik, Allan, and Stephen Toulmin. *Wittgenstein's Vienna.* New York: Simon and Schuster paperback, 1973.
Jaques, Elliott, ed. *Levels of Abstraction in Logic and Human Action: A Theory of Discontinuity in the Structure of Mathematical Logic, Psychological Behavior and Social Organization.* London: Heinemann, 1978.
Jarry, Alfred. *Oeuvres complètes.* Edited by M. Arrivé. Paris: Gallimard, Pléiade, 1972.
Johnson, Ron. "Picasso's *Demoiselles d'Avignon* and the Theater of the Absurd." *Arts Magazine* 55, no. 2 (October 1980).
Johnston, William. *The Austrian Mind.* Berkeley: University of California Press, 1983.
Jones, J. Sydney. *Hitler in Vienna, 1907–1913: Clues to the Future.* New York: Stein and Day, 1983.
Joplin, Scott. *The Collected Works of Scott Joplin.* Edited by Vera Brodsky Lawrence. 2 vols. New York: New York Public Library/Belwin Mills Publishing, 1971.
——. *The Red Back Book [Fifteen Standard High Class Rags].* Edited by Vera B. Lawrence. New York: Fanfare Press, 1973.
Jourdain, P. E. B. "The Development of the Theory of Transfinite Numbers (Part II): Weierstrass (1840–1880)." *Archiv der Mathematik und Physik* 14 (1909), 289–311.
——. "The Development of the Theories of Mathematical Logic and the Principles of Mathematics (Part I)." *Quarterly Journal of Pure and Applied Mathematics* 41 (1910), 324–52.
——. "Translator's Notes." In Ernst Mach, *History and Root of the Principle of the Conservation of Energy.* Chicago: Open Court, 1911.
——. "The Origins of Cauchy's Conception of the Definite Integral and of the Continuity of a Function." *Isis* 1 (1913), 661–703.
——. "Richard Dedekind." *The Monist* 26 (1916), 415–27.

———. *Dear Russell-Dear Jourdain*. Edited by I. Grattan-Guinness. London: Duckworth, 1977.
Joyce, James. *Ulysses*. New York: Modern Library, 1961.
———. *Stephen Hero*. New York: New Directions, 1963.
———. *Dubliners*. Edited by Robert Scholes and A. Walton Litz. New York: Viking-Penguin, 1969.
———. *Selected Letters of James Joyce*. Edited by Richard Ellmann. New York: Viking, 1975.
———. *Portrait of the Artist as a Young Man*. Edited by Chester G. Anderson. New York: Viking-Penguin, 1977.
———. *Ulysses*. Rev. ed. Edited by Hans Walter Gabler. New York: Random House, Vintage Books, 1986.
Jung, Carl Gustav. *Freud and Psychoanalysis: Collected Works*. Vol. 4. Edited by H. Read, M. Fordham, and G. Adler. Translated by R. F. C. Hull. New York: Pantheon, 1961.
———. *Synchronicity*. Princeton: Princeton University Press, 1973.
Kac, Mark, Gian-Carlo Rota, and Jacob T. Schwartz. *Discrete Thoughts: Essays on Mathematics, Science, and Philosophy*. Boston: Birkhäuser, 1992.
Kafka, Franz. *The Diaries of Franz Kafka*. Edited by Max Brod. New York: Schocken Books, 1949.
———. *The Complete Stories*. Edited by Nahum Glatzer. New York: Schocken Books, 1976.
Kahn, Douglas and Gregory Whitehead, eds. *Wireless Imagination: Sound, Radio, and the Avant-Garde*. Cambridge: MIT Press, 1994.
Kahn, Elizabeth Louise. *The Neglected Majority: "Les Camoufleurs," Art History, and World War I*. Lanham, Md.: University Press of America, 1984.
Kallir, Jane. *Arnold Schoenberg's Vienna*. Exhibition catalogue, Galerie St. Etienne. New York: Rizzoli, 1984.
———. *Paula Modersohn-Becker*. Exhibition catalogue. New York: Galerie St. Etienne, 1983.
———. *Viennese Design and the Wiener Werkstätte*. New York: Braziller, 1986.
Kandinsky, Vassily. *Kandinsky. Catalogue Raisonné of the Oil Paintings*. Vol. 1, *1910–1915*. Edited by Hans K. Roethel and Jean K. Benjamin. Hudson Hills, 1981; London, 1982.
———. *Sounds* (1912). Translated by E. Napier. New Haven, Conn.: Yale University Press, 1981.
———. *Complete Writings on Art*. Edited by K. Lindsay and P. Vergo. 2 vols. New York: G. K. Hall, 1982. Reprinted in 1 vol., 1994.
———. *Catalogue Raisonné of the Watercolors*. Vol. 1, *1900–1921*. Edited by Vivian Endicott Barnett. Ithaca, N.Y.: Cornell University Press, 1992.
———, and Franz Marc, eds. *Der Blaue Reiter*. 1912. Edited by Klaus Lankheit. Munich: R. Piper, 1965.
———, and Franz Marc, eds. *The Blaue Reiter Almanac*. 1912. Edited by Klaus Lankheit. London: Thames and Hudson, 1974.
———, and Franz Marc. *Wassily Kandinsky, Franz Marc, Briefwechsel: mit Briefen von und an Gabriele Münter und Maria Marc*. Edited by Klaus Lankheit. Munich: R. Piper, c1983.

———, and Arnold Schoenberg. *Letters, Pictures, and Documents.* Translated by J. Hahl-Koch. Edited by J. C. Crawford. Boston: Faber and Faber, 1984.
Kelvin, William Thomson, Lord. *Popular Lectures and Addresses.* 3 vols. London: Macmillan, 1889–1894.
———. *Kelvin's Baltimore Lectures and Modern Theoretical Physics* (1884). Edited by Robert Kargon and Peter Achinstein. Cambridge: MIT Press, 1987.
Kendall, Elizabeth. *Where She Danced.* Berkeley: University of California Press, 1984.
Kenner, Hugh. "Some Post-Symbolist Structures." In *Literary Theory and Structure.* Edited by Frank Brady, John Palmer, and Martin Price. New Haven, Conn.: Yale University Press, 1973.
Khlebnikov, Velimir (Victor). *Collected Works.* Edited by Ronald Vroon. Translated by Paul Schmidt. 2 vols. Cambridge: Harvard University Press, 1989.
Khlebnikov, Velimir and A. Kruchenykh. *Victoire sur le soleil* [Pobieda nad Solntsem. Victory Over the Sun]. Music by Mikhail Vasilievich Matyushin. Montage by Matyushin and Kasimir Malevich. Edited by J.-C. Marcadé. Lausanne: L'Age d'Homme, 1976.
Kirchhoff, Gustav R. *Abhandlungen über mechanische Wärmetheorie.* Edited by Max Planck. Leipzig: Engelmann, 1898.
———. *Abhandlungen über Emission und Absorption.* Edited by Max Planck. Leipzig: Engelmann, 1898.
Kirchner, Ernst Ludwig. *Chronik der Brücke.* 1913. In Buchheim, *Die Künstlergemeinschaft Brücke.* Feldafing: Buchheim-Verlag, 1956.
Kiss, Endre. *Der Tod der k.u.k. Weltordnung in Wien: Ideengeschichte Österreichs um die Jahrhundertwende.* Vienna: Böhlau, 1986.
Klee, Paul. *The Diaries of Paul Klee, 1898–1918.* Edited by Felix Klee. Berkeley: University of California Press, 1968.
Kokoschka, Oskar. *Das Schriftliche Werk.* Edited by Heinz Spielmann. 4 vols. Hamburg: Hans Christians Verlag, 1973–1976.
———. *My Life.* 1971. Translated by D. Britt. New York: Macmillan, 1974.
———. *Drawings and Watercolors of Oscar Kokoschka.* Edited by Serge Sabarsky. New York: Rizzoli, 1985.
———. *Oskar Kokoschka, 1886–1980.* New York: Guggenheim Museum, 1986.
———. *Oskar Kokoschka Letters, 1905–1976.* Translated by Mary Whittall. New York: Thames and Hudson, 1992.
———. *Oskar Kokoschka, Works on Paper: The Early Years, 1897–1917.* Edited by Alice Strobl and Alfred Weidinger. Exhibition catalogue. Vienna: Graphische Sammlung Albertina/Guggenheim Museum, 1994.
Kraus, Karl. *The Last Days of Mankind.* Translated by A. Gode and S. E. Wright. Abridged by F. Ungar. New York: Frederick Ungar, 1974.
———. *In These Great Times: A Karl Kraus Reader.* Edited by H. Zohn. New York: Carcanet, 1986.
———. *Half-Truths and One-and-a-Half Truths: Selected Aphorisms.* Edited by H. Zohn. New York: Carcanet, 1986.
Krauss, Rosalind E. *The Originality of the Avant-Garde and Other Modernist Myths.* Cambridge: MIT Press, 1985.

Krige, John. *Science, Revolution, and Discontinuity.* New York: Harvester Press, in association with Humanities Press, 1980.

Kronecker, Leopold. *Werke.* Edited by K. Hensel. Leipzig: Teubner, 1899.

——. *Vorlesungen über Zahlentheorie.* Edited by K. Hensel. Leipzig: Teubner, 1901.

Krüger, Lorenz, Lorraine Daston, and Michael Heidelberger, eds. *The Probabilistic Revolution.* 2 vols. Cambridge: MIT Press, 1987.

Kuleshov, Lev. *Kuleshov on Film: Writings of Lev Kuleshov.* Edited and translated by Ronald Levaco. Berkeley: University of California Press, 1974.

Kupka, Frantisek. *Frantisek Kupka: A Retrospective.* Exhibition catalogue. Compiled by M. Mladek and Margit Rowell. New York: Guggenheim Museum, 1975.

——. *Frank Kupka, 1871–1957.* Exhibition catalogue. Edited by Margit Rowell. Zürich: Kunsthaus Zürich, 1976.

——. *Frantisek Kupka, 1871–1957, Ou l'invention d'une Abstraction.* Exhibition catalogue. Edited by Suzanne Page, Jiri Kotalik, and Kirsztina Passuth. Paris: Musée de l'Art moderne de la Ville de Paris, 1989.

——. *La Création dans les arts plastiques.* Written in 1913, published in Czech, Prague, 1923. Edited and translated by Erika Abrams. Paris: Editions Cercle d'Art, c1989.

Kupper, Herbert I., and Hilda A. Rollman-Branch. "Freud and Schnitzler—(Doppelgänger)." *Journal of the American Psychoanalytic Association* 7, no. 1 (1959), 109–126.

Kuzmin, Mikhail. *Selected Prose and Poetry.* Edited and translated by Michael Green. Ann Arbor, Mich.: Ardis, 1980.

Laforgue, Jules. *Oeuvres complètes.* 3 vols. Paris: Mercure de France, 1902–1903.

——. *Les Complaintes.* Edited by Michael Collie. London: Athlone Press, 1977.

——. *Moralités légendaires.* Geneva: Droz, 1980.

——. *Oeuvres complètes.* Vol. 1, 1860–1883. Edited by J. L. Debauve, D. Grojnowski, P. Pia, and P.-O. Walzer. Lausanne: L'Age d'Homme, 1986.

——. *Moral Tales.* Translated by William Jay Smith. New York: New Directions, 1990.

Lamb, Trevor, and Janine Bouriau, eds. *Colour: Art and Science.* Cambridge: Cambridge University Press, 1995.

Langbaum, Robert. *The Poetry of Experience: The Dramatic Monologue in Modernist Literary Tradition.* New York: Norton, 1957.

Laporte, Paul. "The Space-Time Concept in the Work of Picasso." *Magazine of Art* 40 (1947), 26.

Lardner, Ring. *You Know Me Al.* Champaign: University of Illinois Press, 1992.

——. *The Annotated Baseball Stories of Ring W. Lardner, 1914–1919.* Edited by George W. Hilton. Stanford, Calif.: Stanford University Press, 1995.

Lasswitz, Kurd. *Atomistik und Kriticismus: Ein Beitrag zur erkenntnistheoretischen Grundlegung der Physik.* Brunswick: Vieweg, 1878.

——. *Geschichte der Atomistik vom Mittelalter bis Newton.* 2 vols. Hamburg and Leipzig: L. Voss, 1890, 1892.

Latour, Bruno. *We Have Never Been Modern.* Cambridge: Harvard University Press, 1995.

Lautréamont [Isidore Ducasse]. *Oeuvres complètes*. Paris: Hachette, Poche, 1963.
Law, Alma, and Mel Gordon. *Meyerhold, Eisenstein and Biomechanics: Actor Training in Revolutionary Russia*. London: McFarland, 1996.
Lears, Jackson. *No Place of Grace: Antimodernism and the Transformation of American Culture, 1880–1920*. New York: Pantheon, 1981.
Le Corbusier (Charles-Edouard Jeanneret-Gris). *Early Works*. With contributions by Geoffrey Baker and Jacques Gubler. New York: St. Martin's, 1987.
——. *Journey to the East*. 1911. Edited and translated by Ivan Zaknič. Cambridge: MIT Press, 1987.
——. *Towards a New Architecture*. 1923. Translated by Frederick Etchells. New York: Dover, 1987.
——. *The Decorative Art of Today*. 1925. Translated by James I. Dunnett. Cambridge: MIT Press, 1987.
——. *Le Corbusier: Une Encyclopédie*. Exhibition catalogue of "L'Aventure Le Corbusier: 1887–1965" at Centre Georges Pompidou. Paris, 1987–88.
Leff, Harvey S., and Andrew F. Rex, eds. *Maxwell's Demon: Entropy, Information and Computing*. Princeton: Princeton University Press, 1991.
Lehmann, A. G. *The Symbolist Aesthetic in France, 1885–1895*. 2d ed. New York: Oxford University Press, 1968.
Leitner, Bernhard. *The Architecture of Ludwig Wittgenstein*. New York: New York University Press, 1976.
Lewis, Tom. *Empire of the Air: The Creation of Radio*. New York: HarperCollins, 1991.
Lipsitz, George. *The Sidewalks of Saint Louis: Places, People, and Politics in an American City*. Columbia: University of Missouri Press, 1991.
Lista, G. *Futurisme: Manifestes, Documents, Proclamations*. Lausanne: L'Age d'Homme, 1973.
Loizeaux, Elizabeth Bergmann. *Yeats and the Visual Arts*. New Brunswick, N.J.: Rutgers University Press, 1986.
London, Jack. *Works*. 2 vols. New York: Library of America, 1982.
——. *The Letters of Jack London*. Edited by E. Labor, R. C. Leitz III, and I. M. Shepard. 3 vols. Stanford, Calif.: Stanford University Press, 1988.
Long, Rose-Carol Washton. *Kandinsky: The Development of an Abstract Style*. New York: Oxford University Press, 1980.
——, ed. *German Expressionism: Documents from the End of the Wilhelmine Empire to the Rise of National Socialism*. Berkeley: University of California Press, 1996.
Loos, Adolf. *Sämtliche Schriften*. Edited by F. Glück. Vol. 1. Vienna: Herold, 1962.
——. *Spoken Into the Void: Collected Essays, 1897–1900*. Cambridge: MIT Press, 1982.
Loran, Erle. *Cézanne's Composition*. 1943, 1963. Berkeley: University of California Press, 1985.
Lorentz, Hendrik Antoon. "Michelson's Interference Experiment" and "Electromagnetic Phenomena in a System Moving with Any Velocity Less than That of Light." In Einstein et al., *The Principle of Relativity*. London: Methuen, 1923; New York: Dover, 1952.

———. *The Theory of Electrons.* New York: Dover, 1952.
Loring, F. H. *Atomic Theories.* London: Methuen, 1921.
Loschmidt, Johann Josef. *Chemische Studien. A: Constitutions-Formeln der organischen Chemie in geographischer Darstellung. B: Das Mariotte'sche Gesetz.* Vienna, 1861. Milwaukee, Wis.: Aldrich Chemical Company, 1989.
Loss, Archie. *Joyce's Visible Art: The Work of Joyce and the Visual Arts, 1904–1922.* Ann Arbor, Mich.: UMI Research Press, 1984.
Lugné-Poë, Aurélien-François. *La Parade: souvenirs et impressions du théâtre.* 2 vols. Paris: Gallimard, 1930–1931.
Lutz, Tom. *American Nervousness, 1903: An Anecdotal History.* Ithaca, N.Y.: Cornell University Press, 1991.
MacGowan, Christopher J. *William Carlos Williams's Early Poetry: The Visual Arts Background.* Ann Arbor, Mich.: UMI Research Press, c1984.
Mach, Ernst. *Grundlinien der Lehre von den Bewegungsempfindung.* Leipzig: Engelmann, 1875.
———. *Analysis of the Sensations* [Beiträge zur Analyse der Empfindungen, 1886]. Translated by C. Williams and S. Waterloo, 1897. La Salle, Ill.: Open Court reprint, n.d.
———. *Space and Geometry.* 1901–1903. La Salle, Ill.: Open Court, 1906.
———. *Erkenntnis und Irrtum: Skizzen zur Psychologie der Forschung.* Leipzig: Barth, 1905. 2nd ed. 1906.
———. *History and Root of the Principle of the Conservation of Energy.* Chicago: Open Court, 1911.
———. *Principles of Physical Optics.* London: Methuen, 1926.
———. Mach Symposium. *Synthese* 18 (1968).
———. Ernst Mach, Physicist and Philosopher. *Boston Studies in the Philosophy of Science* 6 (1970).
———. *[Popular] Scientific Lectures* (1894). Chicago: Open Court, 1985.
———. *Über Ernst Machs "Erkenntnis und Irrtum": mit zwei Anhängen, Kleine Schriften über Ernst Mach, Der Brentano-Mach-Briefwechsel.* Edited by Roderick M. Chisholm and Johann C. Marek. Amsterdam: Rodopi, 1988.
———. *The Science of Mechanics.* Peru, Ill.: Open Court, 1989.
MacLeod, Glen. *Wallace Stevens and Modern Art: From the Armory Show to Abstract Expressionism.* New Haven, Conn.: Yale University Press, 1993.
Maeterlinck, Maurice. *On Emerson and Other Essays.* Translated by Alfred Sutro. New York: Dodd, Mead, 1912.
———. *The Treasure of the Humble.* 1896. Translated by Montrose J. Moses. New York: Dodd, Mead, n.d.
———. *La Vie de l'espace.* Paris: Fasquelle, 1928.
Mahler, Gustav, and Richard Strauss. *Correspondence, 1888–1911.* Edited by H. Blaukopf. Translated by E. Jephcott. Chicago: University of Chicago Press, 1984.
Malevich, Kasimir. *Ecrits.* 2 vols. Lausanne: L'Age d'Homme, 1976.
———. *Kasimir Malevich, 1878–1935.* Exhibition catalogue. Edited by Jeanne D'Andrea. Los Angeles: Armand Hammer Museum, 1990.
Mallarmé, Stéphane. *Oeuvres.* Vol. 1, *Poésies.* Edited by Carl Paul Barbier and Charles Gordon Millan. Paris: Flammarion, 1983.

———. *Selected Letters of Mallarmé*. Edited by Rosemary Lloyd. Chicago: University of Chicago Press, 1988.
———. *Oeuvres*. Edited by Henri Mondor and Gérard Jean-Aubry. Paris: Gallimard, Pléiade, 1989.
Mansfield, Katherine. *The Short Stories of Katherine Mansfield*. New York: Alfred A. Knopf, 1937.
———. *Journal of Katherine Mansfield*. Edited by John Middleton Murry. London: Constable, 1954.
———. "The Unpublished Manuscripts of Katherine Mansfield." Edited by Margaret Scott. *The Turnbull Library Record*, n.s, 3 (1970). Includes "Juliet," "London," and "Summer Idylle, 1906."
———. "Fifteen Letters from Katherine Mansfield to Virginia Woolf." *Adam International Review* 370–375 (1972–1973).
———. *The Urawara Notebook*. Edited by Ian A. Gordon. New York: Oxford University Press, 1978.
———. *The Critical Writings of Katherine Mansfield*. Edited by Clare Hanson. New York: St. Martin's, 1987.
———. *The Collected Letters of Katherine Mansfield*. Vol. 1, 1903–1917. Edited by V. O'Sullivan with M. Scott. New York: Oxford University Press, 1990.
Marey, Etienne-Jules. "Des Allures de cheval. Etudiées par la méthode graphique." *Compte-rendus des séances de l'Académie des Sciences* 75 (1872).
———. *Animal Mechanism: A Treatise on Terrestrial and Aerial Locomotion* [*La Machine Animale: Locomotion Terrestre et Aérienne*, 1873]. New York: Appleton, 1874.
———. *La Méthode graphique dans les sciences expérimentales et principalement en physiologie et en médicine*. Paris: G. Masson, 1878.
———. *Movement*. Translated by Eric Pritchard. London: Heinemann, 1895.
———. "The History of Chronophotography." *Smithsonian Institution Annual Report* (1901), 317–41.
———. *E. J. Marey, 1830–1904*. Exhibition catalogue. Paris: Centre Georges-Pompidou, in association with Musée nationale d'Art moderne, 1977 (film).
Marquis, Donald M. *In Search of Buddy Bolden: First Man of Jazz*. Baton Rouge: Louisiana State University Press, 1993.
Martí, José. *Major Poems: A Bilingual Edition*. Translated by Elinor Randall. Edited by Philip S. Foner. New York: Holmes and Meier, 1982.
———. *Critical Writings: A Bilingual Edition*. Translated by Elinor Randall. Edited by Philip S. Foner. New York: Holmes and Meier, 1982.
Martin, Steve. *Picasso at the Lapin Agile*. 1993–94 (play).
Mason, Stephen S. "From Pasteur to Parity Violation: Cosmic Dissymmetry and the Origins of Biomolecular Handedness." *Ambix* 38 (1991), 85–98.
Masur, Gerhard. *Prophets of Yesterday*. New York: Harper paperback, 1966.
Matisse, Henri. *Matisse on Art*. Edited by J. Flam. New York: Dutton, 1978; Berkeley: University of California Press, 1994. New ed. 1995.
———. *Matisse, a Retrospective*. Edited by J. Flam. New York: Levin Associates, 1988.
Maxwell, James Clerk. "Does the Progress of Physical Science Tend to Give Any Advantage to the Opinion of Necessity (or Determinism) over That of the Con-

tingency of Events and the Freedom of the Will?" In Campbell and Garnett, *The Life of James Clerk Maxwell*. London: Macmillan, 1882; reprinted New York: Johnson, 1969.
———. *A Treatise on Electricity and Magnetism*. New York: Dover, n.d.
———. *Maxwell on Saturn's Rings*. Edited by Stephen G. Brush et al. Cambridge: MIT Press, 1983.
———. *Maxwell on Molecules and Gases*. Edited by Elizabeth Garber, Stephen G. Brush, and C. W. F. Everett. Cambridge: MIT Press, 1986.
———. *The Scientific Letters and Papers of James Clerk Maxwell*. Edited by P. M. Harman. 2 vols. 1862–1873. New York: Cambridge University Press, 1995.
May, Arthur J. *Vienna in the Age of Franz Joseph*. Norman: University of Oklahoma Press, 1966.
McCay, Winsor. *Little Nemo in Slumberland*. 6 vols. Northampton, Mass.: Kitchen Sink Press, 1994.
McClatchy, J. D. *Poets on Painters: Essays on the Art of Painting by Twentieth-Century Poets*. Berkeley: University of California Press, 1991.
McCue, George, and Frank Peters. *A Guide to the Architecture of St. Louis*. Maps and drawings by Pat Hays Baer. Columbia: University of Missouri Press, 1989.
McCully, Marilyn, ed. *A Picasso Anthology*. Princeton: Princeton University Press, 1982.
McDonnell, John J. *The Concept of an Atom from Democritus to John Dalton*. Queenston, Ontario: Edwin Mellen Press, 1991.
McEvoy, John G. "Continuity and Discontinuity in the Chemical Revolution." *Osiris* 4 (1988).
McGann, Jerome. *Black Riders: The Visible Language of Modernism*. Princeton: Princeton University Press, 1993. On typefaces.
McGrath, William J. *Dionysian Art and Populist Politics in Austria*. New Haven, Conn.: Yale University Press, 1974.
———. *Freud's Discovery of Psychoanalysis: The Politics of Hysteria*. Ithaca, N.Y.: Cornell University Press, 1985.
McKay, Claude. *Home to Harlem* (1928). Boston: Northeastern University Press, 1987.
———. *The Dialect Poetry of Claude McKay*. Edited by Walter Jekyll. 1912. North Stratford, N.H.: Ayer, 1995.
Méliès, Georges. *158 Scénarios de films disparus de Georges Méliès*. Paris: Association "Les Amis de Georges Méliès," 1986.
Mellow, James R. *Charmed Circle: Gertrude Stein and Company*. New York: Avon, 1975.
Millet, Jean. *Bergson et le calcul infinitésimal*. Paris: Presses Universitaires de France, 1974.
Modersohn-Becker, Paula. *The Letters and Journals of Paula Modersohn-Becker*. Edited by Gunter Bush and Liselotte Von Reinken. Evanston, Ill.: Northwestern University Press, 1990.
Mondrian, Piet. *The New Art, the New Life: The Collected Writings of Piet Mondrian*. Edited by H. Holtzman and M. S. James. New York: G. K. Hall, 1986.
———. *Mondrian*. Exhibition catalogue. *New York: Sidney Janis Gallery*, 1988.
———. *Piet Mondrian, 1872–1944*. Exhibition catalogue. Compiled by Yves-

Alain Bois, Joop Joosten, Angelica Zander Rudenstine, and Hans Janssen. Haags Gemeentemuseum/National Gallery of Art, Leonardo Arte, 1995.
Monk, Ray. *Ludwig Wittgenstein: The Duty of Genius.* New York: Free Press, 1990.
———. *Bertrand Russell: The Spirit of Solitude.* London: Cape, 1996.
Moore, George. *Impressions and Opinions.* 2d printing. New York: Brentano's, 1891.
———. *Modern Painting.* New enlarged ed. London: W. Scott, 1898.
———. *Reminiscences of the Impressionist Painters.* Dublin: Maunsel, 1906.
———. *Celibates.* 1895. New York: Brentano's, 1919.
———. *Memoirs of My Dead Life.* 1906. New York: Boni and Liveright, 1920.
———. *Hail and Farewell (Ave,* 1911; *Atque,* 1912; *Vale,* 1914). New York: Boni and Liveright, 1923.
———. *Avowals.* London: Heinemann; New York: Brentano's, 1924.
———. *Letters from George Moore to Edouard Dujardin, 1886–1922.* Edited by John Eglinton. New York: Crosby Gaige, 1929.
———. *Conversations in Ebury Street* (1924). Dublin: Ebury Edition, 1936.
———. *Letters to Lady Cunard, 1895–1933.* Edited by Rupert Hart-Davis. London: Rupert Hart-Davis, 1957.
———. *Confessions of a Young Man.* 1888. New York: Putnam's, Capricorn, 1959.
———. *George Moore in Transition: Letters to T. Fisher Unwin and Lena Milman, 1894–1910.* Edited by H. E. Gerber. Detroit, 1968.
———. *The Untilled Field* [An T-ür-Gort, Sgéalt, 1902]. 1903. Gerrards Cross, U.K.: Colin Smythe, 1976.
———. *The Lake* (1905, 1921). Edited by Richard Allen Cave. Gerrards Cross, U.K.: Colin Smythe, 1980.
Moore, G. E. (George Edward). "The Nature of Judgment." *Mind* (April 1899).
———. "The Refutation of Idealism." *Mind,* n. s., 48 (October 1903).
———. *Principia Ethica.* Cambridge: Cambridge University Press, 1903.
Morgan, Ann Lee. *Arthur Dove: Life and Work, with a Catalogue Raisonné.* Newark: University of Delaware Press, 1984.
Morton, Frederic. *A Nervous Splendor: Vienna, 1888/1889.* New York: Penguin Books, 1980.
———. *Thunder at Twilight: Vienna, 1913–1914.* New York: Scribner's, 1989.
Morton, "Jelly Roll" [Ferdinand LaMothe], and Allan Lomax. *Mister Jelly Roll.* 1950. New York: Pantheon, 1993.
Munch, Edvard. *The Frieze of Life.* National Gallery Publications. New York: Abrams, 1993.
———. *Edvard Munch.* Exhibition catalogue. Museum Folkwang Essen, 1987; Kunsthaus Zürich, 1988.
———. *Edvard Munch and Harald Sohlberg: Landscapes of the Mind.* Exhibition catalogue. National Academy of Design, New York, 1995. Hanover, N.H.: University Press of New England, 1995.
Münch, Richard. *Die Kultur der Moderne.* 2 vols. Frankfurt am Main: Suhrkamp, 1993.
Murata, T. "A Few Remarks on the Atomistic Way of Thinking in Mathematics." *Japanese Studies in the History of Science* 6 (1967), 47–59.

Music From the New York Stage, 1890–1920. 4 vols., 12 CDs. London: Pearl Recordings (Koch International), 1994.

Musil, Robert. *On Mach's Theories* [Beitrag zur Beurteilung der Lehren Machs, 1908]. Translated by Kevin Mulligan. Washington, D.C.: Catholic University of America Press, 1982.

———. *Five Women* [Drei Frauen; Vereinigung, 1911, 1924]. Boston: Godine, 1987.

———. *Young Törless* [Die Verwirrungen des Zöglings Törless, 1906]. New York: Alfred A. Knopf, 1990.

———. *Precision and Soul: Essays and Addresses.* Chicago: University of Chicago Press, 1990.

———. *The Man without Qualities* [Der Mann ohne Eigenschaften, 1930, 1932, 1942]. Translated by Sophie Wilkins and Burton Pike. 2 vols. New York: Alfred A. Knopf, 1995.

Musser, Charles, with Carol Nelson. *High-Class Moving Pictures: Lyman H. Howe and the Forgotten Era of Travelling Exhibition, 1880–1920.* Princeton: Princeton University Press, 1991.

———. *Thomas A. Edison and His Kinetoscopic Motion Pictures.* New Brunswick, N.J.: Rutgers University Press, 1995.

———, ed. *The Movies Begin.* 3 videotapes (films by Edison, Acres, Pathé, etc.). New York: Kino on Video, 1994.

Muybridge, Eadweard. *Eadweard Muybridge: The Stanford Years 1872–1882.* Exhibition catalogue. Palo Alto, Calif.: Stanford Museum of Art, 1972.

———. *The Male and Female Figure in Motion.* 1887. New York: Dover, 1984.

Neumann, John von. *Mathematical Foundations of Quantum Mechanics.* Princeton: Princeton University Press, 1996.

Nietzsche, Friedrich. *Philosophy in the Tragic Age of the Greeks* [Die Philosophie im tragischen Zeitalter der Griechen, c1870]. Translated by Marianne Cowan. Washington, D.C.: Regnery Gateway, 1962.

———. *On the Genealogy of Morals* [Zur Genealogie der Moral, 1887]; *Ecce Homo* [1888, 1908]. Edited and translated by Walter Kaufmann. New York: Vintage-Random House, 1967.

———. *The Will to Power.* Edited by Walter Kaufmann. New York: Vintage-Random House, 1967.

———. *The Gay Science* [Die fröhliche Wissenschaft, 1882, 1887]. Edited and translated by Walter Kaufmann. New York: Vintage-Random House, 1974.

———. "On Truth and Lies in a Nonmoral Sense" [Über Wahrheit und Lüge im aussermoralischen Sinne, 1873]. In *Philosophy and Truth: Selections from Nietzsche's Notebooks of the Early 1870's.* Edited by Daniel Breazeale. Atlantic Highlands, N.J.: Humanities Press, 1979, 1990.

———. *Sämtliche Werke, Kritische Studienausgabe.* Edited by G. Colli and M. Montinari, and continued by W. Müller-Lauter and K. Pestalozzi. Berlin: De Gruyter, 1967–1995.

———. *Daybreak: Thoughts on the Prejudices of Morality* [Morgenröte, 1881]. Translated by R. J. Hollingdale. New York: Cambridge University Press, 1982.

Nijinska, Bronislava. *Early Memoirs.* Edited and translated by Irina Nijinska and Jean Rawlinson (1981). Durham, N.C.: Duke University Press, 1992.

Nijinsky, Vaslav. *The Diary of Vaslav Nijinsky*. 1936, 1953. Edited by R. Nijinsky. Berkeley: University of California Press, 1995.
———. *Cahiers*. Paris: Editions Actes-Sud, 1995. Unexpurgated.
Nochlin, Linda. *The Body in Pieces: The Fragment As a Metaphor of Modernity*. New York: Thames and Hudson, 1994.
Noxon, Gerald. "Cinema and Cubism." *Journal of the Society of Cinematologists* 2 (1962).
———. "Pictorial Origins of Cinema Narrative." *Journal of the Society of Cinematologists* 3 (1963), 4 (1965), 7 (1968).
Nye, Mary Jo. *Molecular Reality: A Perspective on the Scientific Work of Jean Perrin*. New York: Elsevier, 1972.
———, ed. *The Question of the Atom*. San Francisco: Tomash, 1984.
Okrent, Daniel, Walter Bernard, Milton Glaser, and Lorraine Glennon, eds. *Our Times: The Illustrated History of the 20th Century*. Atlanta: Turner Publishing, 1995.
Olivier, Fernande. *Picasso and his Friends* [Picasso et ses amis, 1933]. Translated by Jane Miller. London, 1964; New York: Appleton Century, 1965.
———. *Souvenirs intimes: Ecrits pour Picasso*. Paris: Calmann-Lévy, 1988.
Olsen, Donald J. *The City as a Work of Art: London, Paris, Vienna*. New Haven, Conn.: Yale University Press, 1986.
O'Malley, Michael. *Keeping Watch: A History of American Time*. New York: Viking, 1990.
O'Neill, Eugene. *Selected Letters*. Edited by T. Bogard and J. R. Bryer. New Haven, Conn.: Yale University Press, 1988.
———. *Complete Plays*. 3 vols. New York: Library of America, 1988.
———. *The Unknown O'Neill: Unpublished or Unfamiliar Writings of Eugene O'Neill*. Edited by Travis Bogard. New Haven, Conn.: Yale University Press, 1988.
Osler, Margaret J. *Atoms, Pneuma, and Tranquillity: Epicurean and Stoic Themes in European Thought*. Cambridge: Cambridge University Press, 1991.
Ostwald, Wilhelm. "Die Ueberwindung des wissenschaftlichen Materialismus." *Verhandlungen Gesellschaft deutscher Naturforscher und Ärzte* 67, pt. 2, 1st half (1895), 155–68.
———. *Aus dem Wissentschaftlichen Briefwechsel Wilhelm Ostwalds*. Vol. 1, *Briefwechsel mit Ludwig Boltzmann, Max Planck, Georg Helm und Josiah Willard Gibbs*. Edited by Hans-Günther Körber. Berlin: Akademie-Verlag, 1961.
———. *Electrochemistry* [Elektrochemie: Ihre Geschichte und Lehre, 1896]. Translated by N. P. Dale. Washington, D.C.: Smithsonian Institution, 1980.
Ottenheimer, Harriet. "The Blues Tradition in St. Louis." *Black Music Research Journal* 9, no. 2 (1989), 135–51.
Ouvrard, Nicole, gen. ed. *Vienne 1880–1938: L'Apocalypse joyeuse*. Exhibition catalogue. Paris: Musée Nationale de l'Art Moderne, 1986.
Pakenham, Thomas. *The Boer War*. New York: Random House, 1979.
Palau i Fabre, Joseph. *Picasso: The Early Years, 1881–1907*. New York: Rizzoli, 1981.
———. *Picasso: Cubism, 1907–1917*. New York: Rizzoli, 1990.

Peano, Giuseppe. *Arithmetices Principia Nova Methoda Exposita*. Turin: Bocca, 1889.
———. Review of *Vorlesungen über die Algebra der Logik (exakte Logik)*, vol. 1, by F. W. K. Ernst Schröder. *Rivista di Matematica* 1 (1891).
———. Review of *Grundgesetze der Arithmetik*, by Gottlob Frege. *Rivista di Matematica* 5 (1895), 122-28.
———. *Selected Works of Giuseppe Peano*. Edited and translated by H. C. Kennedy. London: Allen and Unwin, 1973.
Peirce, Charles Sanders. *Collected Papers of Charles Sanders Peirce*. Vols. 1-6. Edited by C. Hartshorne and P. Weiss. Cambridge: Harvard University Press, 1931-1935.
———. *Collected Papers of Charles Sanders Peirce*. Vols. 7-8. Edited by A. W. Burks. Cambridge: Harvard University Press, 1958.
———. *The New Elements of Mathematics by Charles S. Peirce*. Edited by Carolyn Eisele. 4 vols. The Hague: Mouton, 1976.
———. *Writings of Charles S. Peirce: A Chronological Edition*. 5 vols. to date (1857-1893). Bloomington: Indiana University Press, 1982.
———. "The Schröder-Peirce Correspondence." Edited by Nathan Houser. *Modern Logic* 1 (Winter 1990-91), 206-36.
Perloff, Marjorie. *The Poetics of Indeterminacy: Rimbaud to Cage*. 1981. Evanston, Ill.: Northwestern University Press, 1983.
———. *The Futurist Moment: Avant-Garde, Avant Guerre, and the Language of Rupture*. Chicago: University of Chicago Press, 1986.
Pessoa, Fernando. *Selected Poems*. Translated by E. Honig. Athens: Ohio University Press, 1971.
Peter, Laszlo, and Robert B. Pynsent, eds. *Intellectuals and the Future in the Habsburg Monarchy, 1890-1914*. New York: St. Martin's Press, 1988.
Peterson, Ronald E. *A History of Russian Symbolism*. Philadelphia: John Benjamins, 1990.
Picasso, Pablo. *Pablo Picasso: A Retrospective*. Exhibition catalogue. New York: Museum of Modern Art, 1980.
———. *Je Suis le Cahier: The Sketchbooks of Picasso*. Edited by A. Glimcher and M. Glimcher. Boston: Atlantic Monthly Press, 1986.
———. *Picasso on Art: A Selection of Views*. Edited by Dore Ashton. New York: Da Capo Press, 1988.
———. *Les Demoiselles d'Avignon*. Exhibition catalogue. 2 vols. Musée Picasso. Paris: Editions des musées nationaux; Seattle, Wash.: University of Washington Press, 1988.
———. *Collected Writings*. New York: Abbeville, 1989.
———. *Les Demoiselles d'Avignon*. Edited by William Rubin, Hélène Seckel, and Judith Cousins. New York: Museum of Modern Art, in association with Abrams, 1995.
———. *The Sketchbooks*. Vol. 1 (1899-1924). Exhibition catalogue of Musée Picasso. Edited by Brigitte Réal. Paris: Musées Nationaux, 1996.
Pierrot, Jean. *The Decadent Imagination, 1880-1900*. Translated by D. Coltman. Chicago: University of Chicago Press, 1981.
Pillon, M. "L'Evolution historique de l'atomisme." *Année philosophique* (1891), 106-8, 197-200, 204-7.

Planck, Max. *Das Princip der Erhaltung der Energie*. Leipzig: Teubner, 1887.
———. *Vorlesungen über Thermodynamik*. 1897. Leipzig: Veit, 1905.
———. *The Universe in the Light of Modern Physics*. Translated by Walter Henry Johnson. New York: Norton, 1931.
———. *Physikalische Abhandlungen und Vorträge*. 3 vols. Braunschweig: Vieweg, 1958.
———. *Theory of Heat Radiation* [Vorlesungen über die Theorie der Wärmestrahlung, 1913]. Translated by M. Masius. New York: Dover, 1959.
———. *A Survey of Physics: A Collection of Lectures and Essays* [Physikalische Rundblicke, 1922]. Translated by R. Jones and D. H. Williams. London, 1925. Reprint New York: Dover, 1960.
———. *Planck's Original Papers in Quantum Physics*. Edited by H. Kangro. Translated by D. ter Haar and S. G. Brush. New York: Wiley, 1972.
———. *Vorträge und Erinnerungen*. 8th ed. Stuttgart, 1970. Enlarged 5th ed. of *Physikalische Rundblicke*, 1922.
Poincaré, J. Henri. "Le Continu mathématique." *Revue de métaphysique et de morale* (January 1893).
———. "L'Oeuvre mathématique de Weierstrass." *Acta Mathematica* 22 (1898–1899), 1–18.
———. "Les Mathématiques et la logique." *Revue de métaphysique et de morale* 13 (1905), 815–835; 14 (1905), 17–34; and 15 (1906), 294–317.
———. "A propos de la logistique." *Revue de métaphysique et de morale* 14 (1906), 866–68.
———. *Science and Method* [Science et méthode, 1908]. Translated by F. Maitland. London, 1914.
———. *Science and Hypothesis* [La science et l'hypothèse, 1902]. Translated by W. J. G., 1905. New York: Dover, 1952.
———. *Oeuvres*. Vol. 11. Paris: Gauthier-Villars, 1956.
———. *Mathematics and Science: Last Essays* [Dernières pensées, 1913]. Translated by J. Bolduc. New York: Dover, 1963.
———. *La Valeur de la science*. 1905. Paris: Flammarion, Champs, 1970. Includes "L'état actuel et l'avenir de la Physique mathématique," Poincaré's 1904 St. Louis Address, translated in *Congress, 1904* listed above.
———. *New Methods of Celestial Mechanics* [Les Méthodes nouvelles de la mécanique céleste, 1892–1899]. Edited by Daniel L. Goroff. New York: American Institute of Physics, 1991.
Porter, Theodore M. *The Rise of Statistical Thinking, 1820–1900*. Princeton: Princeton University Press, 1986.
Poulet, Georges. *Studies in Human Time*. 1950. Translated by E. Coleman. New York: Harper Torchbooks, 1959.
Pound, Ezra. "This Hulme Business." *Townsman* 2 (January 1939). Reprinted in *The Poetry of Ezra Pound*. Edited by Hugh Kenner. Norfolk, Conn.: New Directions, 1951.
———. *Literary Essays of Ezra Pound*. Edited by T. S. Eliot. New York: New Directions, 1968.
———. *The Selected Letters of Ezra Pound, 1907–1941*. Edited by D. D. Paige. New York: New Directions, 1971.

———. *Selected Prose, 1909–1965.* Edited by William Cookson. New York: New Directions, 1973.
———. *Collected Early Poems of Ezra Pound.* Edited by M. J. King. New York: New Directions, 1976.
Proust, Marcel. *Contre Sainte-Beuve.* Paris: Gallimard, Folio, 1954.
———. *Essais et articles.* Paris: Gallimard, 1971.
———. *A la Recherche du temps perdu.* 3 vols. Paris: Gallimard, Pléiade, 1980.
———. *On Reading Ruskin* [La Bible d'Amiens, Sésame et les Lys]. Edited and translated by J. Autret, W. Burford, and P. J. Wolfe. New Haven, Conn.: Yale University Press, 1987.
Psarros, Nikos. "The tiniest part of . . .—The concept of molecule in chemistry, physics and biology." 3rd Erlenmeyer-Colloquy for the Philosophy of Chemistry at the University of Marburg, 16 September 1996.
Raabe, Paul, ed. *The Era of German Expressionism.* 1972. Woodstock, N.Y.: Overlook Press, 1985.
Rabinbach, Anson. *The Human Motor: Energy, Fatigue, and the Origins of Modernity.* New York: Basic Books, 1992.
Ramsey, F. P. *Philosophical Papers.* Edited by D. H. Mellor. Cambridge: Cambridge University Press, 1990.
Rayleigh, J. W. Strutt, Lord. *Scientific Papers.* 4 vols. New York: Dover, 1964.
Read, Oliver and Walter L. Welch. *From Tin Foil to Stereo.* Indianapolis: W. H. Sams, 1959.
Rey, Abel. *La Théorie de la physique chez les physiciens contemporains.* 1907. Paris: Alcan, 1923.
Richardson, J. A. *Modern Art and Scientific Thought.* Urbana, Ill.: University of Illinois Press, 1971.
Riley, Charles. *Color Codes: Modern Theories of Color in Philosophy, Painting and Architecture, Literature, Music, and Psychology.* Hanover, N.H.: University Press of New England, 1995.
Rilke, Rainer Maria. *Where Silence Reigns.* Translated by G. C. Houston. New York: New Directions, 1978. Includes "Worpswede" (1903) and "The Rodin-Book (I and II)" (1903–7).
———. *Letters on Cézanne.* Translated by J. Agee. Edited by C. Rilke. New York: Fromm International, 1985.
———. *Gedichte.* Frankfurt am Main: Insel, 1986.
Rimbaud, Arthur. *Oeuvres complètes.* Paris: Gallimard, Pléiade, 1972.
Rioux, Jean-Pierre. *Chronique d'une fin de siècle: France, 1889–1900.* Paris: Seuil, 1991.
Robinson, Abraham. *Non-Standard Analysis.* Amsterdam: North-Holland, 1966; Princeton: Princeton University Press, 1996.
———. "Some Thoughts on the History of Mathematics." *Compositio Mathematica* 20 (1968), 188–93.
Rocke, Alan J. *Chemical Atomism in the Nineteenth Century: From Dalton to Cannizzaro.* Columbus: Ohio State University Press, 1984.
Romein, Jan. *The Watershed of Two Eras: Europe in 1900.* 1967. Translated by Arnold J. Pomerans. Middletown, Conn.: Wesleyan University Press, 1978.
Romer, Alfred. *The Restless Atom: The Awakening of Nuclear Physics.* 1960. New York: Dover, 1982.

———, ed. *The Discovery of Radioactivity and Transmutation*. New York: Dover, 1964.
———, ed. *Radiochemistry and the Discovery of Isotopes*. New York: Dover, 1970.
Roosevelt, Theodore. *An American Mind: Selected Writings*. Edited by Mario DiNunzio. New York: Penguin, 1995.
Rosenbaum, S. P. *Victorian Bloomsbury: The Early Literary History of the Bloomsbury Group*. Vol. 1. New York: St. Martin's Press, 1987.
———, ed. *The Bloomsbury Group: A Collection of Memoirs and Commentary*. Toronto: University of Toronto Press, 1995.
Rota, G. C. "Mathematics and Philosophy: The Story of a Misunderstanding." *Review of Metaphysics* 44 (December 1990), 259–71.
Rothstein, Edward. *Emblems of Mind: The Inner Life of Music and Mathematics*. New York: Times Books, 1995.
Henri Rousseau. With essays by Roger Shattuck, Henri Béhar, Michel Hoog, Carolyn Lancher, and William Rubin. New York: Museum of Modern Art, 1985.
Rucker, Rudy. *Infinity and the Mind*. New York: Bantam, 1983.
———. *The Fourth Dimension: A Guided Tour of Higher Universes*. Boston: Houghton Mifflin, 1984.
Ruhla, Charles. *The Physics of Chance from Blaise Pascal to Niels Bohr*. New York: Oxford University Press, 1992.
Russell, Bertrand. *An Essay on the Foundations of Geometry*. Cambridge: Cambridge University Press, 1897; New York: Dover, 1952.
———. "My Mental Development." In *The Philosophy of Bertrand Russell*. Edited by Paul A. Schilpp. Evanston, Ill.: Library of Living Philosophers, 1944.
———. *Logic and Knowledge, Essays, 1901–1950*. Edited by R. C. Marsh. London: Allen and Unwin, 1956.
———. *Mysticism and Logic*. 1917. Garden City, N.Y.: Doubleday, 1957.
———. *Principles of Mathematics*. 1903. New York, Norton, n.d.
———. *My Philosophical Development*. 1959. London: Unwin paperback, 1975.
———. *Autobiography*. 1967–1969. London: Unwin paperback, 1978.
———. *Philosophical Essays*. 1910, 1965. New York: Simon and Schuster paperback, 1984.
———. *The Collected Papers of Bertrand Russell*. Vol. 7, *Theory of Knowledge: The 1913 Manuscript*. Edited by Elizabeth Ramsden Eames. London and Boston: George Allen and Unwin, 1984. Paperbound, 1992.
———. *The Collected Papers of Bertrand Russell*, Vol 12: *Contemplation and Action, 1902–14*. Edited by Richard A. Rempel, Andrew Brink, and Margaret Moran. London and Boston: George Allen and Unwin, 1985.
———. *The Philosophy of Logical Atomism*. 1918. Peru, Ill.: Open Court, 1985.
———. *The Collected Papers of Bertrand Russell*, Vols. 1–4 (1888–1905). London and New York: Routledge, 1990–1994.
———. *The Collected Papers of Bertrand Russell*. Vol. 6, *Logical and Philosophical Papers, 1909–1913*. Edited by John Slater. London and New York: Routledge, 1992.
———. *The Selected Letters of Bertrand Russell*. Vol. 1, *The Private Years, 1884–1914*. Edited by N. Griffin. Boston: Houghton Mifflin, 1992.

———. *Introduction to Mathematical Philosophy.* 1919, 1920. New York: Dover, 1993.
Russell, Bertrand, and Alfred North Whitehead. *Principia Mathematica.* 2d ed. Vol. 1. Cambridge: Cambridge University Press, 1925.
Rydell, Robert W. *All The World's A Fair: Visions of Empire at American International Expositions, 1876–1919.* Chicago: University of Chicago Press, 1985.
———. *World of Fairs: The Century-of-Progress Exhibitions.* Chicago: University of Chicago Press, 1993.
Sanchez, A. *Barcelone, 1888–1929: Modernistes, anarchistes, noucentistes ou la création fiévreuse d'une nation catalane.* Paris: Autrement, 1992.
Sandler, Iris, and Laurence Sandler. "A Conceptual Ambiguity that Contributed to the Neglect of Mendel's Paper." *History and Philosophy of the Life Sciences* 7 (1985), 3–70.
Satie, Erik. *Ecrits.* Edited by Ornella Volta. Paris: Champ Libre, 1977.
Schaberg, William H. *The Nietzsche Canon: A Publication History and Bibliography.* Chicago: University of Chicago Press, 1996.
Schenck, Celeste M. "Exiled by Genre: Modernism, Canonicity, and the Politics of Exclusion." In Mary Lynn Broe and Angela Ingram, *Women's Writing in Exile.* Chapel Hill: University of North Carolina Press, 1989.
Schivelbusch, Wolfgang. *The Railway Journey: The Industrialization and Perception of Time and Space.* Berkeley: University of California Press, 1986.
Schnitzler, Arthur. *Leutnant Gustl.* Berlin: S. Fischer, 1906.
———. "The Truth about *Lieutenant Gustl.*" *Die Presse* (Vienna), 25 December 1959.
———. *My Youth in Vienna.* 1918. Edited by Frederic Morton. Translated by Catherine Hutter. New York: Holt, Rinehart and Winston, 1970.
———. *Briefe.* Edited by Therese Nickl and Heinrich Schnitzler. 2 vols. Frankfurt am Main: Fischer, 1981.
———. *Illusion and Reality: Plays and Stories of Arthur Schnitzler.* Edited by Paul F. Dvorak. New York: Peter Lang, 1986.
———. *The Road to the Open* [Der Weg ins Freie, 1908]. Translated by Horace Samuel. Evanston, Ill.: Northwestern University Press, 1991.
———. *Lieutenant Gustl.* 1900. Los Angeles: Sun and Moon Press, 1993.
Schoenberg, Arnold. *Works.* Complete edition. Vienna: Universal-Edition; Mainz: B. Schotts Söhne, 1960ff.
———. "The Composition with Twelve Tones," "Gershwin," "Charles Ives." In *Composers on Music: An Anthology of Composers' Writings from Palestrina to Copland.* Edited by Sam Morgenstern. New York: Pantheon, 1956.
———. *Style and Idea: Selected Writings of Arnold Schoenberg.* Translated by L. Black. Edited by L. Stein. Berkeley: University of California Press, 1975.
———. *Theory of Harmony* [Harmonielehre, 1911]. Translated by R. E. Carter. Berkeley: University of California Press, 1983.
———. *The Letters of Arnold Schoenberg.* Edited by Erwin Stein. Translated by E. Wilkins and E. Kaiser. Berkeley: University of California Press, 1988.
———. Letters, etc. In *Schoenberg, Berg, Webern, the String Quartets: A Documentary Study.* Edited by Ursula von Rauchhaupt. Hamburg, 1971.
———. Letters to Kandinsky. In *Letters, Pictures, and Documents.* Edited by J. Hahl-Koch. Translated by J. C. Crawford. Boston: Faber and Faber, 1984.

Schröder, F. W. K. Ernst. *Der Operationskreis des Logikkalkuls.* Leipzig: Teubner, 1877.

———. *Vorlesungen über die Algebra der Logik (exakte Logik).* Vol. 1 (1890) through Vol. 3, Pt. 1 (1895). New York: Chelsea reprint, 1966.

Schuhmann, Karl. *Husserl-Chronik: Denk- und Lebensweg Edmund Husserls.* The Hague: Martinus Nijhoff, 1977.

Schvey, Henry I. *Oscar Kokoschka, The Painter as Playwright.* Detroit, Mich.: Wayne State University Press, 1982.

Schwartz, Hillel. *Century's End: A Cultural History of the Fin de Siècle from the 990s through the 1990s.* New York: Doubleday, 1990.

Scott, Bonnie Kime, ed. *The Gender of Modernism.* Bloomington: Indiana University Press, 1990.

Seaman, Francis. "Mach's Rejection of Atomism." *Journal of the History of Ideas* 29 (1968).

Senelick, Laurence. *Cabaret Performance: Sketches, Songs, Monologues, Memoirs.* Vol. I, *Europe, 1890–1920.* Baltimore, Md.: Johns Hopkins University Press, 1989.

Seurat, Georges. *Seurat: L'oeuvre peint, biographie et catalogue critique.* Compiled by Henri Dorra and John Rewald. Paris: Les Beaux-Arts, 1959. Includes Fénéon on Seurat.

———. Papers translated in *Seurat in Perspective.* Edited by Norma Broude. Englewood Cliffs, N.J.: Prentice-Hall, 1978.

———. *Seurat: Correspondances, témoignages, notes inédites, critiques.* Paris: Acropole, 1991.

———. *Seurat.* Exhibition catalogue. Compiled by Robert L. Herbert, with Françoise Cachin, Anne Distel, Susan Alyson Stein, and Gary Tinterow. Metropolitan Museum of Art. New York: Abrams, 1991.

Shannon, Claude E., and Warren Weaver. *The Mathematical Theory of Communication.* Urbana, Ill.: University of Illinois Press, 1949, 1975.

Sharpey-Schafer, Edward. *The Essentials of Histology.* 1885. New York: Lea and Febiger, 1920.

Shaw, George Bernard. *Shaw on Music.* Edited by Eric Bentley. New York: Doubleday Anchor, 1955.

———. *Shaw on Theatre.* Edited by E. J. West. New York: Hill and Wang, 1958.

———. *Complete Prefaces.* Vol. 1, 1889–1913. London: Allen Lane, in association with Penguin Press, 1993.

———. *The Quintessence of Ibsenism.* 1891. New York: Dover, 1994.

Shattuck, Roger. *The Innocent Eye: On Modern Literature and the Arts.* New York: Washington Square Press, 1986.

Shaw, Donald L. "*Modernismo,* Idealism and the Intellectual Crisis in Spain, 1895–1910." *Renaissance and Modern Studies* 25 (1981), 24–39.

Shlain, Leonard. *Art and Physics: Parallel Visions in Space, Time and Light.* New York: William Morrow, 1991.

Shorter, Edward. *From Paralysis to Fatigue: A History of Psychosomatic Illness in the Modern Era.* New York: Free Press, 1992.

Signac, Paul. *Signac.* Exhibition catalogue. Paris: Louvre, December 1963–February 1964.

──────. *D'Eugène Delacroix au néo-impressionisme.* Paris: Hermann, 1964, 1987.
──────. "Extraits du journal inédit." Edited by John Rewald. *Gazette des Beaux-Arts,* series 6, 36 (July-December 1949), 112–13.
Silliman, Robert H. "Smoke Rings and Nineteenth-Century Atomism." *Isis* 54 (1963), 461–74.
Silverman, Debora L. *Art Nouveau in Fin-de-Siècle France: Politics, Psychology, and Style.* Berkeley: University of California Press, 1988.
Silvestre, Armand. *Guide Armand Silvestre de Paris et de ses environs et de l'Exposition de 1900.* Paris: Didier and Méricans, 1900.
Simmon, Scott. *The Films of D. W. Griffith.* New York: Cambridge University Press, 1993.
Simon, Linda, ed. *Gertrude Stein Remembered.* Lincoln: University of Nebraska Press, 1994.
──────, ed. *William James Remembered.* Lincoln: University of Nebraska Press, 1996.
Smith, Joan Allen. *Schoenberg and His Circle: A Viennese Portrait.* New York: Macmillan Publishers, Schirmer Books, 1986.
Sokel, Walter H., ed. *Anthology of German Expressionist Drama.* Ithaca, N.Y.: Cornell University Press, 1986. Includes material on Kaiser, Kokoschka, Sorge, and Sternheim.
Stein, Gertrude. *Harvard Essays.* In Rosalind S. Miller, *Gertrude Stein: Form and Intelligibility.* New York: Exposition Press, 1949.
──────. *The Autobiography of Alice B. Toklas.* 1933. New York: Random House, 1961.
──────. *Selected Writings of Gertrude Stein.* Edited by C. Van Vechten. New York: Random House, 1962.
──────. *The Making of Americans.* New York: Something Else Press, 1966.
──────. *Fernhurst, Q.E.D., and Other Early Writings.* New York: Liveright, 1971.
──────. *Everybody's Autobiography.* New York: Vintage, 1973.
──────. *The Yale Gertrude Stein: Selections.* New Haven, Conn.: Yale University Press, 1980.
──────. *Picasso.* 1938. New York: Dover, 1984.
──────. *Lectures in America.* Edited by Wendy Steiner. Boston: Beacon Press, 1985.
──────. *Three Lives.* 1909. New York: Dover, 1996.
Steinman, Lisa M. *Made in America: Science, Technology, and American Modernist Poets.* New Haven, Conn.: Yale University Press, 1987, 1989.
Stella, Joseph. *Joseph Stella.* Exhibition catalogue, 22 April–9 October, 1994. Compiled by Barbara Haskell. New York: Abrams, in association with Whitney Museum of American Art, 1994. Includes Stella, "I Knew Him When" (1924); "The Brooklyn Bridge (A Page of My Life)" (1929); and "Autobiographical Notes" (1946, 1960).
Stern, Fritz. *The Politics of Cultural Despair: A Study in the Rise of the Germanic Ideology.* 1961. New York: Doubleday Anchor, 1965.
Stoppard, Tom. *Jumpers* (play, 1972). New York: Grove Press, 1973.
──────. *Travesties* (play, 1975). New York: Grove Press, 1975.

———. *Arcadia* (play, 1995). Boston and London: Faber and Faber, 1995.
Strauss, Richard, and Gustav Mahler. *Correspondence, 1888–1911*. Edited by H. Blaukopf. Translated by E. Jephcott. Chicago: University of Chicago Press, 1984.
Strauss, Richard, and Hugo von Hofmannsthal. *Correspondence, 1907–1918*. 1926. Translated by Paul England. New York: Knopf, 1927; London: Collins, 1961.
Stravinsky, Igor. *Chronicle of My Life*. New York: Simon and Schuster, 1936.
———. *Poetics of Music in the Form of Six Lessons*. Translated by Arthur Knodel and Ingolf Dahl. Cambridge: Harvard University Press, 1947, 1970.
———. "Dissonance and Atonality," "Cacophony," and "Modernism and Academicism." In *Composers on Music: An Anthology of Composers' Writings from Palestrina to Copland*. Edited by Sam Morgenstern. New York: Pantheon, 1956.
———. *Chroniques de ma vie*. 1935–36. 2 vols. Paris: Denoël/Gonthier, 1962.
———. *Igor Stravinsky; An Autobiography*. New York: Norton, 1962.
———. *Vesna sviashchennia* [Le sacre du printemps; The Rite of Spring]. Musical score. New York: Dover, 1989.
———. *Stravinsky, Selected Correspondence*. Edited and translated by Robert Craft. Vol. 1. New York: Alfred A. Knopf, 1982.
Stravinsky, Igor, and Robert Craft. *Conversations with Igor Stravinsky*. London: Faber and Faber, 1959.
———. *Memories and Commentaries*. New York: Doubleday, 1960.
———. *Expositions and Developments*. Garden City, N.Y.: Doubleday, 1962.
———. *Themes and Conclusions*. London: Faber, 1972. Combining *Themes and Episodes* (1966) and *Retrospectives and Conclusions* (1969).
———. *Dialogues*. 1963. Berkeley: University of California Press, 1982.
Stravinsky, Vera. *The Salon Album of Vera Sudeikin-Stravinsky*. Edited and translated by John E. Bowlt. Princeton: Princeton University Press, 1995.
Strindberg, August. *The Son of a Servant*. Translated by Evert Sprinchorn. Garden City, N.Y.: Doubleday Anchor, 1966.
———. *The Red Room: Scenes of Artistic and Literary Life*. 1879. Translated by Elizabeth Sprigge. New York: Dutton, 1967.
———. "Des arts nouveaux! ou Le hasard dans la production artistique." Translated by Albert Bermel. In Strindberg, *Inferno, Alone and Other Writings*, 96–103. Garden City, N.Y.: Doubleday, 1968.
———. *A Madman's Manifesto*. Translated by Anthony Swerling. University: University of Alabama Press, 1971.
———. *Getting Married*. 1884, 1886. Translated by Mary Sandbach. New York: Viking, 1973.
———. *A Dream Play and Four Chamber Plays: Stormy Weather; The House That Burned; The Ghost Sonata; The Pelican*. Translated by Walter Johnson. New York: Norton, 1975.
———. *Sleepwalking* [Somnambulist] *Nights*. Translated by Arvid Paulson. New York: Law-Arts Publishers, 1978.
———. *Inferno; From an Occult Diary*. Translated by Mary Sandbach. New York: Penguin, 1979.

———. *Plays of Confession and Therapy: To Damascus I, To Damascus II, and To Damascus III*. Seattle: University of Washington Press, 1979.
———. "Notes to Members of the Intimate Theatre." 1907–1909. In *The Chamber Plays*. Translated by Evert Sprinchorn, S. Quinn Jr., and K. Petersen. 2d ed., 204–223. Minneapolis: University of Minnesota Press, 1981.
———. *I Havsbandet*. 1890. Stockholm: Almqvist and Wiksell, 1982.
———. "Fröken Julie." 1888. Edited by Gunnar Ollén. In *Samlade Verk*, vol. 27. Stockholm: Almqvist and Wiksell, 1984.
———. *By The Open Sea*. 1890. Translated by Mary Sandbach. Athens: University of Georgia Press, 1986.
———. *The Roofing Ceremony* and *The Silver Lake*. Translated by David Mel Paul and Margareta Paul. Lincoln: University of Nebraska Press, 1987.
———. *Plays: Two: The Dance of Death, A Dream Play*, and *The Stronger*. Translated by Michael Meyer. London: Methuen, 1991.
———. *The Chamber Plays: Thunder in the Air; After the Fire; The Ghost Sonata; The Pelican; The Black Glove*. Translated by Eivor Martinus. Bath, U.K.: Absolute Classics, 1991.
———. *Miss Julie*. 1888. Translated by Helen Cooper. London: Methuen, 1992.
———. *Strindberg's Letters*. Edited and translated by Michael Robinson. 2 vols. Chicago: University of Chicago Press, 1992.
Sullivan, Louis. *The Autobiography of an Idea*. 1924. New York: Dover, 1956.
———. *The Function of Ornament*. Edited by Wim de Wit. New York: W. W. Norton, in association with St. Louis Art Museum, 1986.
Symons, Arthur. *Collected Works*. 9 vols. London: Martin Secker, 1924.
Sypher, Wylie. *Rococo to Cubism in Art and Literature*. New York: Random House, 1960.
Tannery, Paul. "Le Concept scientifique du continu: Zénon d'Elée et G. Cantor." *Revue philosophique* 20 (1885), 385–410.
Taupin, René. *L'Influence du symbolisme français sur la poésie américaine (De 1910 à 1920)*. Paris: Honoré Champion, 1929.
Taylor, Christiana J. *Futurism: Politics, Painting, and Performance*. Ann Arbor, Mich.: UMI Research Press, 1985.
Taylor, F. W. *The Principles of Scientific Management*. New York: Harper, 1947.
Taylor, Joshua C., ed. *Nineteenth-Century Theories of Art*. Berkeley: University of California Press, 1989.
Taylor, Richard, ed. and trans. *The Film Factory: Russian and Soviet Cinema in Documents, 1896–1939*. Cambridge: Harvard University Press, 1988.
Teich, Mikuláš, and Roy Porter. *Fin de Siècle and its Legacy*. Cambridge: Cambridge University Press, 1990.
Teitelbaum, Matthew, ed. *Montage and Modern Life, 1919–1942*. Cambridge: MIT Press, 1994.
Timms, Edward, and Ritchie Robertson, eds. *Vienna 1900: From Altenberg to Wittgenstein*. Edinburgh: Edinburgh University Press, 1990.
Toller, Ernst. *I Was a German: An Autobiography*. Translated by Edward Crankshaw, 1934. New York: Paragon House, 1991.
Toulmin, Stephen. *Cosmopolis: The Hidden Agenda of Modernity*. New York: Free Press, 1990.

Toulmin, Stephen, and June Goodfield. *The Discovery of Time*. Chicago: University of Chicago Press, 1965.
Toulouse-Lautrec, Henri de. *The Complete Prints*. Compiled by Wolfgang Wittrock. Edited and translated by Catherine E. Kuehn. 2 vols. New York: Harper and Row, 1985.
———. *Complete Lithographs and Drypoints*. Edited by Jean Adhémar. Chartwell, 1987.
———. *Letters of Henri de Toulouse-Lautrec*. Edited by Herbert D. Schimmel. New York: Oxford University Press, 1991.
———. *Henri de Toulouse-Lautrec*. Exhibition catalogue. New York: Museum of Modern Art, 1988. With contributions by Arnold, Cate, Frey, and Castleman.
Trilling, Lionel. "The Modern Element in Literature." 1961. In *Beyond Culture*. New York: Harcourt Brace Jovanovich, 1965, 1978.
Tsvetaeva, Marina. *Selected Poems*. New York: Viking-Penguin, 1993.
Tucker, Paul Hayes. *Monet in the '90s: The Series Paintings*. New Haven, Conn.: Yale University Press, 1989.
Turing, Alan M. "Computing Machinery and Intelligence." In *Minds and Machines*. Edited by A. R. Anderson. Englewood Cliffs, N.J.: Prentice-Hall, 1964.
———. "On Computable Numbers, with an Application to the *Entscheidungsproblem*." *Proceedings of the London Mathematical Society* 2, no. 42 (1937), 230–65. Reprinted in *The Undecidable*. Edited by M. Davis. Hewlett, N.Y.: The Raven Press, 1969.
Twain, Mark. *Les Adventures de Huck Finn*. Translated by William L. Hughes. Paris: A. Hennuyer, 1886.
———. *Autobiography*. Edited by Charles Neider. New York: Harper, 1959.
———. *Huckleberry Finn*. Edited by Sculley Bradley, Richard Croom Beatty, E. Hudson Long, and Thomas Cooley. New York: Norton Critical Editions, 1961, 1977.
———. "Stirring Times in Austria." In *The Complete Essays of Mark Twain*. Edited by Charles Neider. Garden City, N.Y.: Doubleday, 1963.
———. *The Works of Mark Twain: Early Tales and Sketches, 1851–1885*. Edited by Edgar M. Branch and Robert H. Hirst. 2 vols. Berkeley: University of California Press, 1979–81.
———. *Mississippi Writings*. New York: Library of America, 1982.
———. *Huckleberry Finn*. Edited by Walter Blair. Berkeley: University of California Press, 1988.
———. *Mark Twain's Letters*. Vol. 1, 1853–1866. Berkeley: University of California Press, 1988.
———. *Tales, Sketches, Speeches, Essays*. 2 vols. New York: Library of America, 1993.
———. *Adventures of Huckleberry Finn: The Only Comprehensive Edition*. New York: Random House, 1996.
Valéry, Paul. *Oeuvres*. Edited by J. Hytier. 2 vols. Paris: Gallimard, Pléiade, 1957.
———. *Collected Works*. Edited by J. Mathews. Princeton: Princeton University Press, 1957ff.
Van Gogh, Vincent. *The Complete Letters of Vincent Van Gogh*. 3 vols. London, 1958.

———. *Van Gogh's "Diary"; the Artist's Life in His Own Words and Art.* Edited by Jan Hulsker. New York: Morrow, 1971.
———. *The Complete Van Gogh: Paintings, Drawings, Sketches.* Compiled by Jan Hulsker. New York: H. N. Abrams, 1980.
———. *Van Gogh in Arles.* Exhibition catalogue. Edited by R. Pickvance. New York: Metropolitan Museum of Art, 1985.
———. *Van Gogh in Saint-Rémy and Auvers.* Exhibition catalogue. Edited by R. Pickvance. New York: Metropolitan Museum of Art, 1986.
———. *Vincent Van Gogh: The Complete Paintings.* Compiled by Ingo F. Walther and Rainer Metzger. Cologne: Taschen, 1990.
van Heijenoort. *See* Heijenoort.
Van Melsen, Andrew G. *From Atomos to Atom: The History of the Concept ATOM.* 1952. New York: Harper, 1960.
Vardac, A. Nicholas. *Stage to Screen: Theatrical Method from Garrick to Griffith.* Cambridge: Harvard University Press, 1949.
Varnedoe, Kirk. *Northern Light.* Exhibition catalogue. Brooklyn, N.Y.: Brooklyn Museum, 1982.
———. *Turn-of-the-Century Vienna.* Exhibition catalogue. New York: Museum of Modern Art, 1987.
Varnedoe, Kirk, and Adam Copnick. *High and Low: Modern Art and Popular Culture.* New York: Museum of Modern Art, 1990.
———. *Modern Art and Popular Culture: Readings in High and Low Art.* New York: Museum of Modern Art, 1990.
Venturi, Lionello. *Cézanne.* New York: Rizzoli, 1978.
Vergo, Peter. *Art in Vienna, 1898–1918.* Ithaca, N.Y.: Cornell University Press, 1975, 1981.
Vettard, Camille. "Proust et Einstein." *Nouvelle Revue Française* (August 1922). By a mathematician.
Vienna, 1850–1930: Architecture. New York: Rizzoli, 1993.
Vienna Psychoanalytic Society. *Minutes.* Edited by Herman Nunberg and Ernst Federn. Vols. 1–4. New York: International Universities Press, 1962, 1967, 1974, 1975.
Villiers de l'Isle-Adam, Auguste-Mathias. *Axël.* Translated by June Guicharnaud. Englewood Cliffs, N.J.: Prentice Hall, 1970.
———. *Tomorrow's Eve* [L'Eve future, 1886]. Translated by Robert Martin Adams. Urbana: University of Illinois Press, 1982.
———. *Oeuvres complètes.* Edited by Alan Raitt and Pierre-Georges Castex, with Jean-Marie Bellefroid. 2 vols. Paris: Gallimard (Pléiade), c1986.
———. *La Révolte; La Machine à gloire.* Paris: Le Passeur, cecofop, 1989.
Virtanen, Reino. *L'imagerie scientifique de Paul Valéry.* Paris: J. Vrin, 1975.
Vivanti, G. "Bibliografia . . ." (of set theory). *Rivista di Matematica* 3 (1893).
Vlaminck, Maurice. *Tournant dangereux.* Paris: Stock, 1929.
Volkov, Solomon. *St. Petersburg—A Cultural History.* Translated by A. W. Bouis. New York: Free Press, 1995.
Waelti-Walters, Jennifer, and Steven C. Hause. *Feminisms of the Belle Époque: A Historical and Literary Anthology.* Lincoln: University of Nebraska Press, 1994.

Wagner, Richard. *"The Art Work of the Future" and Other Works*. Translated by W. Ashton Ellis. Lincoln: University of Nebraska Press, 1993.
Waldekranz, Rune. "Strindberg and the Silent Cinema." In *Essays on Strindberg*. Edited by Carl Reinhold Smedmark. Stockholm: Strindberg Society, 1966.
Waldman, Diane. *Collage, Assemblage, and the Found Object*. New York: Abrams, 1992.
Walser, Robert. *Jakob von Gunten*. 1909. Translated by Christopher Middleton. New York: Vintage, 1983.
Watson, Steven. *Strange Bedfellows: The First American Avant-Garde*. New York: Abbeville, 1991.
Webb, Karl Eugene. *Rainer Maria Rilke and Jugendstil*. Chapel Hill: University of North Carolina Press, 1978.
Weber, Eugen. *France, Fin de Siècle*. Cambridge: Harvard University Press, 1986.
Wegener, Alfred. *The Origin of Continents and Oceans*. New York: Dover reprint, n.d.
Weierstrass, Karl. *Mathematische Werke*. 7 vols. 1894–1915. Hildesheim: Olms, 1967.
Weil-Bergougnoux, Michele. "Robert Challe postmoderne? ou La méconnaissance de l'ante-moderne." *Oeuvres et critiques* 19, no. 1 (1994), 31–38.
Werkner, Patrick. *Austrian Expressionism: The Formative Years*. Translated by N. T. Parsons. Seattle: University of Washington Press, 1994.
Wertheim, Arthur F. *The New York Little Renaissance: Iconoclasm, Modernism, and Nationalism in American Culture, 1908–1917*. New York: New York University Press, 1976.
West, Rebecca. *1900*. New York: Viking, 1982.
Weyl, C. H. Hermann. "Über die Definitionen der mathematischen Grundbegriffe." 1910. In *Gesammelte Abhandlungen*. Edited by K. Chandrasekharan. Vol. 1, 298–304. Berlin: Springer, 1968.
Weyler, Valeriano. *Mi mando in Cuba*. 5 vols. Madrid: F. G. Rojas, 1910–1911.
White, Michael J. *The Continuous and the Discrete: Ancient Physical Theories from a Contemporary Perspective*. Oxford: Oxford University Press, 1992.
Whiteside, Andrew G. *The Socialism of Fools: Georg Ritter von Schönerer and Austrian Pan-Germanism*. Berkeley: University of California Press, 1975.
Whitman, Walt. *Oeuvres choisies*. Translated by Jules Laforgue, Louis Fabulet, André Gide, Valery Larbaud, Jean Schlumberger, and François Vielé-Griffin. Paris: NRF, 1918, 1930.
——— . *Complete Poetry and Collected Prose*. New York: Library of America, 1982.
——— . *Selected Letters of Walt Whitman*. Edited by Edwin Haviland Miller. Iowa City: University of Iowa Press, 1995.
Wiener, Norbert. *Ex-Prodigy: My Childhood and Youth*. 1953. Cambridge: MIT Press, 1964.
——— . *Collected Works*. Edited by P. Massani. Cambridge: MIT Press, 1987.
Wilde, Alan. *Horizons of Assent: Modernism, Postmodernism, and the Ironic Imagination*. Philadelphia: University of Pennsylvania Press, 1987.
Willard, Frances. *A Wheel within a Wheel* [How I Learned to Ride the Bicycle, 1895]. Sunnyvale, Calif.: Fair Oaks Publishing, 1991.

Willette, Adolphe. *Feu Pierrot 1857-19—*. Paris: H. Floury, 1919.
Wilson, Edmund. *Axel's Castle: A Study in the Imaginative Literature of 1870 to 1930.* 1931. New York: Scribner's, n.d.
Winn, James Anderson. *Unsuspected Eloquence: A History of the Relations between Poetry and Music.* New Haven, Conn.: Yale University Press, 1981.
Winter, Robert. *Igor Stravinsky, The Rite of Spring.* CD-ROM with score, performance, and documents. New York: Voyager, n.d. [1994?].
———. *Crazy for Ragtime.* CD-ROM with scores, performances, and documents. New York: Calliope Media, n.d. [1996].
Wittgenstein, Ludwig. *Tractatus Logico-Philosophicus.* Translated by D. Pears and B. McGuinness. London: Routledge and Kegan Paul, 1961.
———. *Philosophical Investigations.* 1945 and MS 1949. Translated by G. E. M. Anscombe, 1953. 3d ed. New York: Macmillan, n.d.
———. *Remarks on the Foundations of Mathematics.* Translated by G. E. M. Anscombe. Edited by Anscombe, G. von Wright, and R. Rhees, 1956. Cambridge: MIT Press, 1983.
———. *A Wittgenstein Reader.* Edited by Anthony Kenny. Oxford and Cambridge, Mass.: Basil Blackwell, 1994.
Wittlich, Petr. *Prague fin de siècle.* Paris: Flammarion, 1992.
Wohl, Robert. *The Generation of 1914.* Cambridge: Harvard University Press, 1979.
Wood, Joanne. "Lighthouse Bodies: The Neutral Monism of Virginia Woolf and Bertrand Russell." *Journal of the History of Ideas* 55, no. 3 (July 1994), 483-502.
Woolf, Virginia. "Mr. Bennett and Mrs. Brown." 1924. In *The Captain's Death Bed and Other Essays.* New York: Harcourt, Brace, 1950.
———. "Modern Fiction." 1919. In *The Common Reader, First Series.* 1925. Edited by A. McNellie. New York: HBJ/Harvest, 1984.
———. *The Essays of Virginia Woolf.* Edited by Andrew McNellie. 3 vols. New York, 1989.
———. *The Voyage Out.* 1915. New York: Oxford University Press, 1996.
Worbs, Michael. *Nervenkunst: Literatur und Psychoanalyse im Wien der Jahrhundertswende.* Frankfurt am Main: Europäische Verlagsanstalt, 1983.
Wright, Frank Lloyd. *Collected Writings.* Edited by Bruce Brooks Pfeiffer. Vols. 1 and 2: 1894–1932. New York: Rizzoli, 1992.
———. *Frank Lloyd Wright: Presentation and Conceptual Drawings.* 4 CD-ROMs. New York: Luna Imaging, in association with Oxford University Press, 1995.
Wurtz, Adolphe Charles. *La Théorie atomique.* Paris: G. Baillère, 1879.
Yates, W. E. *Schnitzler, Hofmannsthal and the Austrian Theater.* New Haven, Conn.: Yale University Press, 1992.
Yeats, William Butler. *Essays and Introductions.* New York: Macmillan, 1961.
———. *The Autobiography of William Butler Yeats.* New York: Macmillan, 1965.
———. *Letters to W. B. Yeats.* Edited by Richard J. Finneran et al. 2 vols. New York: Columbia University Press, 1977.
———. *The Collected Poems.* Edited by Richard J. Finneran. New York: Macmillan Publishers, Collier Books, 1989.

———. *Mythologies*. London: Macmillan Papermac, 1989.
———. *The Collected Letters of W. B. Yeats*. 3 vols. (to 1904). New York: Oxford University Press, 1986.
Yevtushenko, Yevgeny, Albert C. Todd, and Max Hayward. *Twentieth-Century Russian Poetry: Silver and Steel: An Anthology*. New York: Doubleday Anchor, 1994.
Zermelo, Ernst. "Über einen Satz der Dynamik und die mechanische Wärmetheorie." *Annalen der Physik (Wied. Ann.)* 57 (1896), 485–94. Against Boltzmann's ergodic hypothesis.
———. "Über die Addition transfiniter Kardinalzahlen." In *Nachrichten Königliche Gesellschaft der Wissenschaft* (Göttingen), 1901, 34–38.
———. "Beweis, das jede Menge Wohlgeordnet werden kann" [Proof that every set can be well-ordered]. *Mathematische Annalen* 59 (1904), 514–16. Translated by Stefan Bauer-Mengelberg in *From Frege to Gödel*. Edited by J. van Heijenoort. Cambridge: Harvard University Press, 1967.
———. "Investigations into the Foundations of Set Theory I" (1908). Translated by S. Bauer-Mengelberg. In *From Frege to Gödel*. Edited by J. van Heijenoort. Cambridge: Harvard University Press, 1967.
Zervos, Christian. *Pablo Picasso*. 33 vols. Paris: Cahiers d'Art, 1932–1973.
Zola, Emile. *Le Bon combat: de Courbet aux impressionistes: Anthologie d'écrits sur l'art*. Edited by Gaetan Picon. Paris: Hermann, 1974.
———. *Le Roman expérimental*. 1880. Edited by Aimé Guedj. Paris: Garnier Flammarion, 1971. Includes *Le Naturalisme au théâtre* (1881).
Zweig, Stefan. *The World of Yesterday* [Die Welt von Gestern: Erinnerungen eines Europäers, 1942]. Edited by H. Zohn. Lincoln: University of Nebraska Press, 1964.

索 引

（索引中的页码为原著页码，检索时请查本书边码）

Abbott, Edwin A. 艾伯特，埃德温 236-237

Abraham, Max 亚伯拉罕，麦克斯 59, 224

abreaction 宣泄 135, 137

abstract art 抽象艺术 1, 64, 75, 143, 303-320, 328-329, 330, 343, 347

Acmeism 阿克梅派 324, 325

Acres, Birt 阿克斯，伯特 195

Adams, Henry 亚当斯，亨利 151, 156, 210, 215, 365 注 27, 390 注 48; *Education of Henry Adams*,《亨利·亚当斯的教育》151, 210; *Mont Saint-Michel and Chartres*,《圣米歇尔山和沙特尔教堂》151, 209

Adams, John 亚当斯，约翰 124; De-fence of the Constitutions of the United States,《对美国政府宪法的辩护》124

Adler 阿德勒 140

Adler, Friedrich 阿德勒，弗里德里希 230

Adler, Katya 阿德勒，凯特亚 400 注 7

Adler, Viktor 阿德勒，维克托 20, 341

Aesthetic movement 唯美主义运动 94

Africa 非洲 12, 31, 90, 91, 119, 121, 124, 151, 212, 215, 216, 226, 246, 274, 323, 333; Ethiopia, 埃塞俄比亚 91; Fang art, 芳族艺术 246; Fashoda, 法绍达 146; Gabon, 加蓬 323; Kalahari Desert, 喀拉哈里沙漠 124; Ogaden, 欧加登 91; Somalia, 索马里 91; Sudan, 苏丹 146。也可参见 Congo; Herero people; South Africa; Southwest Africa

African-American 非洲裔美国人 212-

215,217,226,274,299,333

Aiken, Conrad 艾肯, 康拉德 338 - 339

Airplane 飞机 15,151,190,226,343, 344

Aix-en-Provence 普罗旺斯地区艾克斯 64, 145, 245

Akhmatova, Anna 阿赫玛托娃, 安娜 321, 324, 344, 376 注 1; *Evening*,《夜晚》324 - 325;"Poem without a Hero",《没有主人公的长诗》321, 324

Alexander Ⅲ 亚历山大三世 147

alienist 精神病医生 130, 221

Allais, Alphonse 阿莱, 阿方斯 83, 85, 86, 148, 316; *Drunkards Dancing in a Fog*,《雾中起舞的醉汉》316

Altenberg, Peter 艾顿伯格, 彼得 22 - 23

Aman-Jean, Edmond 阿曼-让, 埃德蒙 65, 67

American Association for the Advancement of Science 美国科学促进会 222

américanisé 美国化 208

Americas 美洲 8, 81, 96, 119 - 120, 124, 215, 323; Brazil, 巴西 323; Caribbean, 加勒比海 12, 124, 212; Colombia, 哥伦比亚 124;

native peoples, 原住民 124; Nicaragua, 尼加拉瓜 8; Peru, 秘鲁 124; Putumayo River, 普图马约河 124。也可参见 Mexico; Uruguay

Amsterdam 阿姆斯特丹 173, 330

analysis 分析 21, 28, 36, 73, 74, 75, 104, 117, 171, 291, 356; analysis situs(topology), 拓扑学 154; analytic geometry, 解析几何 236; of artistic subject, 艺术主体分析 318; by Breuer, 布罗伊尔的分析 135; calculus, 微积分 36, 37, 39, 41, 43, 44, 184, 351, 367 注 4; combinatorial, 组合分析 174; Freudian, 弗洛伊德精神分析法 132, 133, 139, 140, 325, 349; functional, 泛函分析 42; logical, 逻辑分析 180,191,192,344; musical, 音乐分析 273; nonstandard, 非标准分析 352; phenomenological, 现象学分析 339; regression analysis, 回归分析 165; spatial, 空间分析 312,313,329; spectral, 光谱分析 231

anarchism, anarchists 无政府主义, 无政府主义者 69,86,118,142,147, 148,149,153,156,211,311

anastomosis 结合 109

Anderson, George(Bronco Billy) 安德

森,乔治(布朗克·比利)。参见 Aronson, Max

Angrand, Charles 安格朗,夏尔 65, 374 注 19

Anheuser-Busch 安休斯-布什公司 207

Anna O 安娜·欧。参见 Pappenheim, Bertha

Annalen der Physik《物理学年鉴》 228,229,233,235,238

Annihilation Order 灭绝命令 124,225

Anschütz, Ottomar 安许茨,奥托马尔 76

anthropology 人类学 35,105,220

anti-Semitism 反犹主义 20,24 – 25, 116,117,146,263,268,297,341

Antoine, André 安托万,安德烈 149, 257,258,363 注 23

Apache people 阿帕切族 123,215

Apocalypse《启示录》309

Apollinaire, Guillaume (Kostrowitsky) 阿波利奈尔,纪尧姆(科斯特罗维茨基)96,144,241,245,247,250, 330,331,346,353,417 注 22、23、24;"A travers le Salon des indépendants",独立艺术家协会沙龙展 330; *Alcools*,《醇酒集》330; "Les Fenêtres",《蚀窗》330; *Les Peintres cubistes*,《立体主义画家》330; war poetry,《战争诗集》330; "Zone", "区域"330

Aquinas, Saint Thomas 阿奎那,圣托马斯 289,291

Arana, Julio 阿拉纳,胡利奥 124

Archer, William 阿彻,威廉 290,293

Archipenko, Alexander 阿契本科,亚历山大 328

Arctic 北极 111

Argon 氩 220

Aristotle 亚里士多德 38,176,178, 182; Physics,《物理学》35

Arkadia《阿卡迪亚》342

Armenia 亚美尼亚 124,383 注 20、25

Armory Show 军械库艺术博览会 323,329,330

Armstrong, Louis 阿姆斯特朗,路易斯 334

Aronson, Max (pseud. Bronco Billy Anderson) 阿伦森,马克斯(笔名布朗克·比利·安德森) 199,340

Arrhenius, Svante August 阿列纽斯,斯特·奥古斯特 163,168,220

Art Nouveau 新艺术主义 9,317

Arts and Crafts movement 美术工艺运动 317

Aschenbrandt, Theodor 阿申勃兰特,特奥多尔 132

Ash-Can School 垃圾箱画派 211, 328 – 329

Asnières 阿尼耶尔 64 – 67

索　引　577

Association of American Painters and Sculptors 美国画家和雕刻家协会 327
Ass's Tail 驴尾社 320
Assiette au beurre,L'《黄油碟》311
Assyrian 亚述人 77,117,248,404 注 21,405 注 25
atoms,atomism 原子,原子论 2,10, 16,17,19,27,30,34,35,46,49, 50,51,58,59－61,62,64,115, 160,169,170,173,176,192,220－ 223,229－231,235,245,249,282, 307,323,326,331,334－338,344, 347,350,356,398 注 38；atom bomb,原子弹 60,276,321；atomic fission,原子裂变 238；atomic physics,原子物理学 222；atomic propositions,原子命题 344
"atonalism"in music 无调性音乐 277－278,281,323,343；bitonal,复调音乐 343；pantonal,泛调性音乐 278,281；tonal,调性音乐 212, 272,274,277,279,282,333
Atwood,Margaret 阿特伍德,玛格丽特 5
Augusta von Hohenzollern（German empress）奥古斯塔·冯·霍亨索伦（德意志皇后）80,93
Austria-Hungary 奥匈帝国：Austria, 奥地利 13－130,31,36,47,48, 62,132,160,191,195,211,230, 267,285,297,322,326,341,345, 346；Austrian Peace Society,奥地利和平协会 24；Austrian Women's Union,奥地利妇女联盟 24；Austro-Hungarian empire,奥匈帝国 3,26；Galicia,加利西亚 322,341； Olmütz,奥尔米茨 29；Pressburg (Bratislava),布拉迪斯拉发 265； Salzburg,萨尔茨堡 25；Slovakia, 斯洛伐克 208,265；Slovenia,斯洛文尼亚 25,322. 也可参见 Brno； Duino；Fiume；Graz；Linz；Moravia；Sarajevo；Vienna
Auto,L'《汽车》146
automobile 汽车 2,15,146,236
Avenarius,Richard 阿芬那留斯,理查德 230,234
Avogadro,Amedeo 阿伏伽德罗,阿梅迪欧 51,370 注 9；Avogadro's Number,阿伏伽德罗数字 19,56, 230,370 注 9
Axiom of Choice 选择公理 56
Axiomatic Set Theory 公理集合论 155
axon 轴突 106,112,131
Ayer,A. J. 艾耶尔,A. J. 191

Bach,J. S. 巴赫,J. S. 5,111,266, 323,390 注 47

Bacon, Francis 培根,弗兰西斯 21,350

bacteriology 细菌学 101,107,109,114

Badeni, Kasimir 巴德尼,卡西米尔 26-27

Bahr, Hermann 巴尔,赫尔曼 17,21, 24,28,100,143,265,341

Bailey, Liberty Hyde 贝利,利伯蒂·海德 161,163

Baker, Josephine 贝克,约瑟芬 150

Bakst, Leon 巴克斯特,利昂 324

Balangiga Massacre 巴朗伊加大屠杀 122

Baldwin, James Mark 鲍德温,詹姆斯·马克 219

Baline, Israel 巴林,以色列。参见 Berlin, Irving

Balkans 巴尔干 25,340; Balkan War, 巴尔干战争 322

Balla, Giacomo 巴拉,吉亚柯莫 312

Ballets Russes 戏梦芭蕾。参见 dance

Baltimore (Maryland) 巴尔的摩(马里兰州) 37,285

Balzac, Honore de 巴尔扎克,奥诺雷·德 218,226

barbed wire 带刺铁丝网 116,330

Barcelona 巴塞罗那 87,100,110,118, 119,156,157; Avinyo Street, 亚威农大街 243; Bruch Street,布鲁赫大街 110; Riera Alta,列拉·阿尔塔大街 110

Barker, Lewellys 巴克,卢埃利斯 131

Barney, Natalie 巴尼,纳塔利 151

Barth, John 巴思,约翰 5,362 注 16

Barthes, Roland 巴特,罗兰 191

Bartók, Béla 巴托克,贝拉 282; Bagatelles,《钢琴小曲》282

baseball 棒球 207,212,225

Bateson, William 贝特森,威廉 165

Baudelaire, Charles 波德莱尔,夏尔 82,83,92,94,95,208,270,289, 306,363 注 19; "Correspondances",《通信集》306; *Les Fleurs du mal* (Flowers of evil),《恶之花》82,94

Bauer, Ida (Dora) 鲍尔,艾达(多拉) 322

Bauer Otto 鲍尔,奥托 17,322

Bauhaus 包豪斯风格 8-9,319

Baumann, Julius 鲍曼,朱利叶斯 41

Beard, Dr. Charles 比尔德,Dr. 查尔斯 132

Beaux-Arts 艺术 67,68,81,211

Becker, Paula (Modersohn) 贝克尔,保拉(莫德索恩) 144-148,153, 155,158,173,245

Becquerel, Henri 贝克勒尔,亨利 225

Beer-Hofmann, Richard 比尔-霍夫曼,理查德 21,293,294; Death of George,《乔治之死》293

Beethoven, Ludwig van 贝多芬,路德

维希·冯 266,268,280,281,334
behaviorism 行动 106,219
Belasco, David 比拉斯科,戴维 150, 255
Belgium, Belgians 比利时,比利时人 89,111,143,144,195,259; Brussels,布鲁塞尔 89
Bell, General J. Franklin 贝尔,J. 弗兰克林将军 123
belle époque 黄金时代 341
Bely, Andrey 别雷,安德烈 285,295,324; *Fourth Dramatic Symphony*,《第四梦幻交响曲》295; *Goblet of Blizzards*,《高脚杯与暴风雪》285; *Petersburg*,《彼得堡》285,301,324,342,344; *Second Dramatic Symphony*,《第二梦幻交响曲》295; *Symphonies*,《交响曲》285
Ben-Hur《宾虚》198,204,255
Benedikt, Moritz 本尼迪克特,莫里茨 28
Bentzon, Therese 本特宗,泰蕾兹 93, 95,96
Berchtesgaden 贝希特斯加登 131,139
Berenson, Bernard 贝伦森,伯纳德 184
Berg, Alban 贝尔格,阿尔班 26,282
Bergson, Henri 柏格森,亨利 81,149, 203,291,338,395注21

Bergson (Mathers), Mina 柏格森(马瑟斯),迈纳 149
Berkeley, George 贝克莱,乔治 35, 189
Berlin 柏林 11-12,18,22,27,39,44, 76,80,87,93,98,101,111,112, 137,166,171,173,184,195,234, 238,254,256,269,275,319,323, 327,330; Academy,柏林科学院 367注4;"Berlin school" of mathematics,数学的"柏林学派" 37, 39,41; Grunewald,格鲁内瓦尔德 173; Opera,柏林歌剧院 267; Physical Society,柏林物理学会 172,174,175; Physical-Technical Institute,柏林物理技术研究院 171,172,173; Physics Colloquium,柏林物理学院 239; Polytechnic,柏林理工学院 172,175; University,柏林大学 27,36,100, 162,166,168,335
Berlin, Irving (Israel Baline) 柏林,欧文(以色列·巴林) 214,265,333; "Alexander's Ragtime Band,"《亚历山大的拉格泰姆乐队》274, 275,277; "International Rag,"《国际性的拉格》333
Bern 伯尔尼 12,227,228,233,237; Kramgasse,克拉姆大街 227; Patent Office,专利局 228,239,335

Bernard, Emile 伯纳德,埃米尔 46, 353,355

Bernhardi, General Friedrich von 本恩哈迪将军,弗里德里希·冯 321

Bernhardt, Sarah 伯恩哈特,萨拉 149

Bernheim, Hippolyte 伯恩海姆,希波莱特 134,386 注 14

Bertrand, Joseph 伯特兰德,约瑟夫 41

Besso, Michele 比索,麦克尔 17,227, 233,235,236,237

Bettazzi, Rodolfo 博塔齐,鲁道夫 41, 393 注 35

Bible 《圣经》96,129

bicycles 自行车 10,58,146,182,236, 259,336

Bilhaud, Paul 比约,保罗 315,316; Negroes Wrestling in a Cave at Night,《夜晚黑人在洞穴里摔跤》315

Billings, Josh 比林斯,乔希。参见 Shaw, Henry Wheeler

Billroth, Theodor 毕罗德,西奥多 19

Biograph 传记公司 195,198,211, 339,340; An Elopement a la Mode,《私奔》395 注 11; Rip Van Winkle,《瑞普·凡·温克尔》195,197

biology, biologists 生物学,生物学家 5,12,19,24,29,35,100,101, 105,109,112,117,129,130,131, 159-166,220,263,317,325,353

Bioskop 比奥斯科帕电影机 195,394 注 3。也可参见 moving pictures

Bismarck, Otto Von 俾斯麦,奥托·冯 32

bit(binary digit) 比特(二进制位) 359

Bjørnson, Bjørnstern 比昂松,比昂斯滕 143,291; Mary Stuart in Scotland,《苏格兰的玛丽·斯图亚特》253

black body 黑体 154,166,168-169, 171-175,229,232-233,335,354

Black Cat(Chat Noir) 黑猫歌舞厅。参见 cabarets

Black, Cyril 布莱克,西里尔, The Dynamics of Modernization,《现代化的动力学》6

Blanc, Charles 勃朗,查尔斯,67,69- 70; Grammaire des arts du dessein,《视觉艺术入门》67

Blast 《冲击波》323

Blaue Reiter 蓝骑士.参见 Blue Rider

Blavatsky, Helena 布拉瓦茨基,海伦娜 317

Blémont, Emile 布勒蒙,埃米尔 84, 89,95,96

Blok, Aleksandr 勃洛克,亚历山大 314,324,325,376 注 1

Blue Rider 蓝骑士 318,320,329,346

Blue Rose 蓝玫瑰 317

blues 布鲁斯 212,265,275,333-334;
"Afterwards",《然后》396 注 13;
"Buddy Bolden's,"《巴迪·博登的布鲁斯》213;"Crow Jane",《科劳·简》212;"Jogo Blues"("Memphis Itch"),《黑人布鲁斯》(《孟斐斯的渴望》)333;"Memphis Blues",《孟斐斯布鲁斯》334

Blum,Leon 勃鲁姆,莱昂 151

Boas,Franz 博厄斯,弗朗茨 215,220

Boccioni,Umberto 博乔尼,翁贝托 9,64,346

Boer War 布尔战争 119-121,123-124,211,226

Böhm-Bawerk,Eugen von 庞巴维克,欧根·冯 17-18

Bohr,Margrethe 玻尔,玛格丽特 336-337

Bohr,Niels 玻尔,尼尔斯 2,6,219,336-338,349,357,421 注 13;Trilogy papers,三部曲论文 336-338

Bolden,Buddy 博尔登,巴迪 226,334

bolometer 辐射热测量计 172

Boltzmann,Henriette(von Aigentler) 玻尔兹曼,亨丽埃特(冯·艾根特勒)53,58,61,62

Boltzmann,Ludwig 玻尔兹曼,路德维希 6,14,17,19,27,47,48,62,113,167,169,172,176,220,221,222-224,225,227,229,230,232,240,285,326,334,335,344,348,350,352,353,359;"Analytical Proof of the second Law…" (1871),《第二定律的分析证明》(1871) 52;"Bemerkungen…" (Temarks on some problems in the mechanical theory of heat,1877),《对热的力学理论中几个问题的评论》(1877) 54;Boltzmann Constant(k),玻尔兹曼常数(k) 56,174,175;Boltzmann Factor,玻尔兹曼因子 51,61;Boltzmann Principle,玻尔兹曼原理 232;H-Theorem,H 定理 47,52,53,54,57,58,61,170,175;"Journey of a German Professor to Eldorado,"《一个德国教授的黄金国之旅》49;Lectures on Gas Theory,《气体理论讲演》53,170;"On Certain Questions of the Theory of Gases"(1895),《气体理论若干问题研究》(1895) 56;"On the relationship between the Second Law… and the Probability Calculus"(1877),《论热的力学理论的第二定律和概率演算的关系》(1877) 56;Ostwald,dispute with,与奥斯特瓦尔德的争论 221;$S=k\log W$, 56-57,62,

175,224,334,350;"Weitere Bemerkungen…"(Further remarks on some problems of the mechanical theory of heat, 1878)《对热的力学理论中几个问题的进一步评论》(1878) 56

Bolzano,Bernard 波尔查诺,伯纳德 28,36,37,393 注 36

Bonnard,Pierre 勃纳尔,皮埃尔 247

Bookstaver,May 布克斯泰弗,梅 150,156,296

Boole,George 布尔,乔治 43 - 44,182 - 183,192,369 注 19

Borodin,Alexander 鲍罗丁,亚历山大 270

Boronali,Joachim Raphael 勃赫纳利,阿希姆·拉斐尔 315,316,320;*And the Sun Dozed Off over the Adriatic*,《亚得里亚海的夕照》315

Bosse(Strindberg),Harriet 博斯(斯特林堡),哈莉特 251,254,259 - 262,264

Boston 波士顿 120,122;Faneuil Hall,法尼尔厅 122

Bouguereau,Emile 布格罗,埃米尔 147

Boule,Marcellin 布列,马塞林 311

Bourget,Paul 布尔热,保罗 82,83,87

Bourne,Randolph 伯恩,兰道夫 361 注 4

Bradford,Gamaliel 布拉福德,加玛利耶 122

Bradley,F. H. 布拉德利 338

Brahms,Johannes 勃拉姆斯,约汉纳斯 10,19,266,280,390 注 47

Brailsford,H. N 布雷斯福德 321

Brancusi,Constantin 布兰库西,康斯坦丁 327

Brandes,Edvard 勃兰兑斯,爱德华 257

Braque,Georges 布拉克,乔治斯 155,248,249,311,313,328,349,355;*Large Nude*,《大裸者》248

brassière 胸罩 150

Brentano,Franz 布伦塔诺,弗朗茨 15,19,26,27,58,62,131,186,223

Breuer,Josef 布罗伊尔,约瑟夫 16,19,130,131,135 - 137,140,221;*Studies in Hysteria*《癔症研究》136

British Association for the Advancement of Science 英国科学促进协会 56

Brno(Brünn) 布尔诺 28,29,159,160,161,162,165

Broca,Paul 布罗卡,保罗 105

Bronco Billy 布朗克·比利。参见 Aronson,Max

索　引

Brooke, Rupert 布鲁克,鲁伯特 346
Brooklyn 布鲁克林 93,96,150,196,204,205;Brooklyn Bridge,布鲁克林大桥 31,114;Institute of Arts and Sciences,布鲁克林艺术与科学学院 201。也可参见 Coney Island
Brouwer, Luitzen E. J. 布劳威尔,鲁伊兹 326
Brownian movement 布朗运动 61,169,224,230,235
Browning, Robert 布朗宁,罗伯特 85,94,255;"Porphyria's Lover","波菲利雅的情人" 85
Broz, Josip(Tito) 铁托 322
Bruant, Aristide 布鲁安特,阿里斯蒂德 148
Brücke, Ernst 布吕克,恩斯特 18-19,105,111,130,131;The Physiology of Color,《颜色的生理学》71
Bruckner, Anton 布鲁克纳,安东 20,48,266,268
Brush, Stephen G. 布拉什,史蒂芬 371 注 11
Bryan, William Jennings 布赖恩,威廉·詹宁斯 217
Bryce, James 布赖斯,詹姆斯 221-222,399 注 44
Bryn Mawr College 布林莫尔大学 181,182,218,298

Büchner, Ludwig 毕希纳,路德维希,Kraft und Stoff,《力与物质》20
Buffalo Bill 布法罗·比尔。参见 Cody, William F.
"Bully Song"《恶霸歌》213,397 注 18
Burali-Forti, Cesare 布拉利-福蒂,塞萨里 43
Burbank, Luther 伯班克,卢瑟 161
Burghölzli Asylum 布格赫尔策利精神病院 109,111,131
Burliuk, David and Vladimir 布尔柳克,大卫与弗拉迪米尔 319,320
Byron, Lord George Gordon 拜伦男爵,乔治·戈登 289

cabarets 酒吧 2,9,22,87,133,143,156,272,292,316,324,350,366 注 13,377-378 注 15;Assassins, Cabaret des(Paris),杀手之家酒馆(巴黎)148,242;Castle Club (St. Louis),城堡俱乐部(圣路易斯)213;Chat Noir(Black Cat, Paris),黑猫酒吧(巴黎)9,22,85-87,148,252,257,258,260,270,272,275,315,325,348,350,366 注 13,377-378 注 15;Elf Scharfrichter (Munich), Elf Scharfrichter 酒吧(慕尼黑)22,304;Fledermaus(Vienna),蝙蝠酒吧(维也纳)22;Frédé's(Paris），佛瑞德酒吧（巴黎）148；Maple Leaf Club（Sedalia, Mo.），枫叶俱乐部（锡代利亚，密苏里州）214；Mirliton（Paris），膜笛酒馆（巴黎）148；Nachtlicht（Vienna），Nachtlicht 酒馆（维也纳）22；Pony Moore's（Chicago），庞尼·摩尔酒吧（芝加哥）213；Quat'Z'Arts（Paris），Quat'Z'-Arts 酒吧（巴黎）148；Silver Dollar（St. Louis），银元酒吧（圣路易斯）213；Stray Dog（St. Petersburg），流浪狗酒吧（圣彼得堡）323, 325；Überbrettl（Berlin），艺术酒店（柏林）22, 275

cafés 咖啡馆 2, 22, 89, 90, 156, 319；Black Pig（Berlin），黑猪咖啡馆（柏林）414 注 32；Central（Vienna），中央咖啡馆（维也纳）23；Deux Magots（Paris），双叟咖啡馆（巴黎）148；Els Quatre Gats（Barcelona），四只猫餐厅（巴塞罗那）87；Flore（Paris），花神咖啡馆（巴黎）148；Grand Café（Paris），大咖啡馆（巴黎）195；Griensteidl（Vienna），格林施泰尔咖啡馆（维也纳）20, 22, 27, 87；Hippodrome（Paris），竞技场咖啡馆（巴黎）157；Lapin Agile（formerly the Cabaret des Assassins, Paris），狡兔之家酒馆（前身是杀手之家酒馆，巴黎）148, 242；le Depart（Paris），莱德帕特咖啡馆（巴黎）148；Marengo（Paris），马伦戈咖啡馆（巴黎）72；Maxim's（Paris），马克西姆咖啡馆（巴黎）148；Moulin de la Galette（Paris），煎饼磨坊（巴黎）148；Moulin-Rouge（Paris），红磨坊（巴黎）148；Nouvelle Athenes（Paris），新雅典咖啡馆（巴黎）272；Pelham（New York），佩勒姆咖啡馆（纽约）214；Rosebud（St. Louis），玫瑰花苞咖啡馆（圣路易斯）213, 214, 397 注 27；Select（Paris），菁英咖啡馆（巴黎）148；Volpini（Paris），佛尔比尼艺术咖啡馆（巴黎）375 注 36；Voltaire（Paris），伏尔泰咖啡馆（巴黎）154；Zut（Damn）（Paris），鬼扯咖啡馆（巴黎）148, 157

Cairo 开罗 211

Cajal 卡哈尔。参见 Ramon y Cajal, Santiago

cakewalk 阔步舞 213

calculus 微积分 31, 34–38, 43, 44, 46, 51, 55, 59, 350, 351

California 加利福尼亚 12, 49, 62, 76, 150, 220, 297, 323, 339, 340；Beverly Hills Hotel, 比弗利山酒店

索 引 *585*

323；Hollywood，好莱坞 340；Los Angeles，洛杉矶 196，207，340；Oakland，奥克兰 150，285；San Francisco，旧金山 334

Cambodia 柬埔寨 117，151

Cambridge University 剑桥大学 136，170，177，181，182，184，189，190，195，222，327，336，344

Campbell-Bannerman，Henry 坎贝尔-班纳曼，亨利 121

Canada 加拿大 3，216，222

Cantor line 康托尔对角线 326

Cantor，Georg 康托尔，格奥尔格 6，30，32，39-43，44，46，53，54，56，58，143，153，154，155，178，179，184，187，188，301，326，351，357，358，367 注 8、10、11，393 注 36；diagonal proof，对角线证明 40；*Mittheilungen*（Reports on the theory of transfinites，1887），《关于超限数理论研究的报告》(1887) 45；"On the consequences of a theorem in the theory of trigonometric series,"1872,《论三角级数理论中定理的结果》(1872) 39，40

Carnap，Rudolf 卡尔纳普，鲁道夫 191

Carnot，Nicolas Leonard Sadi 卡诺，尼古拉·莱昂纳尔·萨迪 50

Cartoon 动画片。参见 moving pictures

Casagemas，Caries 卡萨吉马斯，卡尔斯 156，157

Casals，Pablo 卡萨尔斯，帕布鲁 152

Case Institute of Technology 凯斯理工学院 234

Castegren，Victor 凯斯泰格伦，维克托 252

cathect 能量发泄 136，140

cathode rays 阴极射线 170，229，231，232

Catholic 天主教 48，268，287，288，289，291

Cauchy，Augustin 柯西，奥古斯丁 36

causality 因果律 10-11，56，167，223，224，230，240，350，355，357，421 注 13

cell theory 细胞学说 104

Cendrars，Blaise 布勒斯，桑德拉尔 96

Cézanne，Paul 塞尚，保罗 64，69，74，78，79，145，157，158，242，244，245，247，248，299，313，327，349，353，374 注 12；*Bathers*,《浴女》145；*Large Bathers*,《大浴女》243；*Mont Sainte-Victoire*,《圣维克多山》11，78，349

Chabrier，Emmanuel 夏布里埃，艾曼纽 270

Chaliapin，Fyodor 夏里亚平，费奥多 270

Chamberlain, Houston Stewart 张伯伦,豪斯顿·斯蒂华 25

chaos, chaos theory 混沌,混沌理论 50,56,62,154,210,348,372 注23

Charcot, Jean Martin 沙可,让-马丁 130,131,133-134,135,218,260

Châtou 夏都 153,244

Chauvin, Louis 沙文,路易斯 214

Chekhov, Anton 契诃夫,安东 144,255,295;"Boring Story",《一个乏味的故事》295; *Harmfulness of Tobacco*,《烟草的危害》295

chemistry, chemical 化学,化学药品 31,50,129,220,221,230,238,258-259,263,338,350,356

Chemotactic Hypothesis 趋化假说 112,115

Chéret, Jules 谢雷,朱尔 75

Chevreul, Michel-Eugène 谢夫勒尔,米歇尔-尤金 70-73; *De la Loi du contraste simultané des couleurs*,《色彩同时对比法则》70

chiaroscuro 明暗对照法 46,71,73,247

Chicago 芝加哥 14,27,204,207,211,213,226,273,274,319; *Chicago Tribune*,《芝加哥论坛报》342; Art Institute,芝加哥艺术学院 63;Dearborn,迪尔伯恩 213;Midway,芝加哥娱乐场 213;"Chicago School" of economics,经济学的"芝加哥学派" 17

Chopin, Kate 肖邦,凯特, *The Awakening*,《觉醒》208

Christian Social Party 基督教社会党 24,25

chromaticism 半音音阶之使用 268,269,271,274-275,277,281

chromotypogravure 彩色照相凹版印刷 73

chronophotography 记时摄影 64,193

Churchill, Winston 丘吉尔,温斯顿 121

cinema 电影。参见 moving pictures

circus 马戏团 143,148;Fernando (Paris) 费尔南德马戏团(巴黎), 148

Čiurlionis, Mikalojus Konstantinas 乌里翁内斯 249,314,315,316,317; *Sonata of the Sea*,《大海四重奏》314; *Sonata of the Stars*,《星星四重奏》314,316

Civil War 内战 93

Clark University 克拉克大学 60,113,115,131,132,291,384 注15

classicism, classical 古典主义,古典的 5,13,67,69,100,150,163,233,243,244,268,273,279,343,359; classical logic, 经典逻辑 347;

classical music,古典音乐 266,
 273,282;classical physics,经典物
 理学 239
Claudel,Paul 克洛代尔,保罗 96
Clausius,Rudolf 克劳修斯,鲁道夫
 50,167,169,175,359
Clemenceau,Georges 克里孟梭,乔治
 146
Clifford,William K. 克利福德,威廉
 K. 58,169,234,239,366 注 4
cloisonnism 景泰蓝式画法 46,75,
 244,353
close-up 特写 202。参见 shot
cocaine 古柯碱 130,132-133,137,
 253;cocaine hydrochloride(anes-
 thetic),盐酸可卡因(麻醉药)133
cognitive studies 认知研究 192
Cody,William F.(pseud. Buffalo Bill)
 科迪,威廉 F.(笔名布法罗·比
 尔)146,340,397-398 注 28
Cohen,Hermann 科恩,赫尔曼 41
Colette,Sidonie-Gabrielle 科莱特,西
 多妮·加布丽埃勒 151,152;
 Claudine at School(1900),《克劳
 丁在学校》(1900)152
collage 拼贴画 11,249,329,355
Cologne 科隆 319,327;Sonderbund
 Exhibit,分离主义联盟展览 320
communism 共产主义 5
Comoedia《联合报》333

complementarity 互补性 338,349,
 357,361 注 2,421 注 13
computer 计算机 191,347,359
Comte,Auguste 孔德,奥古斯特 8,
 15,17,35-37,219,221,348
concentration camps 集中营:Aliwal
 North,北阿利沃集中营 120;Ba-
 tangas,Luzon(Philippines),(菲
 律宾)吕宋岛八打雁集中营 123;
 Bloemfontein,布隆方丹集中营
 120,121;Bosnia,波斯尼亚集中营
 117;British Liberals,attacked by,
 英国自由主义者 121-122;Cam-
 po Concentramento 战俘集中营
 346;Kimberley,金伯利集中营
 120;*laager*,《临时营地》119-
 122;Mafeking,马弗京集中营
 120;Norval's Point,120;Samar
 (Philippines),萨马岛集中营(菲
 律宾)123;Springfontein,斯普林
 方丹集中营 120
cone of growth 生长锥 112,115,382
 注 32
Coney Island 科尼岛 198-199,204,
 211,226,329,342,356
Congo 刚果 78,119,216,226
Congresses 大会:on Accident Preven-
 tion(Vienna,1913),事故预防大
 会(维也纳,1913)340;of the
 Bards of the Future,未来诗人大

会 342;of Electrical Engineering, 电机工程大会 153;of Mathematics,数学大会 32,153,154,155, 185;of Medicine,医学大会 153; of Natural Science (Munich, 1899),自然科学大会(慕尼黑, 1899) 372 注 31; Pan-African (London,1900),泛非大会(伦敦, 1900) 151; of Peace (Vienna, 1913),和平大会(维也纳,1913) 340; of Philosophy,哲学大会 153,154,178; of Physics,物理学大会 153;on the Rights of Women, 妇女权利大会 155; of Zionists (Vienna,1913),犹太复国主义者大会(维也纳,1913) 340-341

Congresses,international 国际大会:of Arts and Sciences (St. Louis, 1904),国际艺术与科学大会(圣路易斯,1904) 219-225;Electrical (St. Louis,1904),国际电学大会(圣路易斯,1904) 219,222; Psychoanalytical (Munich,1913), 国际精神分析学大会(慕尼黑, 1913) 341

Connecticut 康涅狄格州 334;Academy of Sciences and Arts,艺术与科学院 60;Danbury,丹伯里 273; Hartford,哈特福德 273;New Haven,纽黑文 60;Westport,韦斯特波特 314

Connellsville (Pennsylvania) 康奈尔斯维尔(宾夕法尼亚州) 197

Connors,Babe 康诺斯,巴布 213

Conrad,Joseph 康拉德,约瑟夫 9, 216,292,297; post-impressionists,后印象主义者 78; *Heart of Darkness*,《黑暗之心》78,119, 246,292-293,349

conservation of energy 能量守恒定律 50,137,167,168,224

continuity-discontinuity 连续性—非连续性 4,10-11,18,21-22,25-26,28,30,33-38,39,41,43-48, 49-51,55,58-60,62,64,71,74, 76,79,91,104,109,112-113, 117,140,150,154,161,164-165, 169,170-171,173,189-190,192-193,196,200-205,219,221-223, 229,231-232,234,239,255, 260-263,271,282,312,326,331, 333,337,341,343,347,350-353, 360,365 注 29,367 注 2,381 注 9, 394 注 4;continuity script,分镜头剧本 395 注 19

continuum 连续统 33,40,43,45,55, 59,104,223,234,239-240;Continuum Hypothesis,连续统假设 155,326

Copeau,Jacques 科波,雅克 334

Copenhagen 哥本哈根 12,74,195, 257,258,292,336；Hellerup,哈勒鲁普 336；Technical College,哥本哈根技术学院 337；University,哥本哈根大学 219

Copernicus, Nikolaus 哥白尼,尼古劳斯 129,175

Coquelin, Ernest (Coquelin Cadet) 科克兰,埃内斯特(科奎林·卡德特) 84-88

Cormon, Fernand 科尔蒙,费尔南德 74

Corot, Camille 柯罗,卡米尔 70,71, 327

corpuscle 微粒 170

Correns, Carl 柯伦斯,卡尔 161-162, 165,220,388 注 14

Coubertin, Pierre de 顾拜旦,皮埃尔·德 147

Couturat, Louis 古度拉特,路易 154, 179,184,185

Craig, Gordon 克雷格,戈登 254

Crelle's Journal, Crelle 杂志 40

Critique of Pure Reason《纯粹理性批判》185

Cros, Charles 克罗斯,查尔斯 83,84, 86,89,96,289；"Autrefois"(Yesterdays),《昨天》85 ；"The Kippered Herring"(Le Hareng saur),《熏制的鲱鱼》84,85

Cross, Henri-Edmond 克劳斯,亨利-埃德蒙德 327

cryptomnesia 潜在记忆 140

Cuba 古巴 7,113,116,118,119,121, 124,211,216；Pinar del Rios,比那尔·德·里奥省 116；San Juan Hill,圣胡安山 113；Spanish Governors-general,西班牙总督 116；War of Independence 独立战争 116,118

cubism, cubist 立体派,立体派艺术家 117,155,211,248-249,263,304, 309,311,312,313,315,318,323, 324,327,328,329,330,342,349, 355,365 注 27；Cubist Room,立体派画室 313,328；orphic,神秘的立体派 330

cubo-futurism 立体—未来主义 320, 353

Cunningham, Merce 坎宁安,默斯 333,359

Curie, Marie 居里,玛丽 23,143,149, 155,238,335,345

Curie, Pierre 居里,皮埃尔 225,238

Custer 卡斯特 207,211,216

cut 剪接 200,201,202,203；cross-cut,交叉剪接 340；intercut,镜头交切 252,340；jumpcut,跳切 202

Czech 捷克人 26-27,143,195,208, 269,285,311；Czech Republic,捷克

共和国 159；Sudetenland，苏台德区 27。参见 Prague

D'Alembert，Jean Le Rond 达朗伯特，吉恩·利·罗德 35

D'Annunzio，Gabriele 邓南遮，加百列 96，290，363 注 22

Da Vinci，Leonardo 达·芬奇，列奥纳多 71

Dali，Salvador 达利，萨尔瓦多 203

Dalton，John 道尔顿，约翰 10，160，350

dance 舞蹈 2-3，5-6，149-150，325，330，332，333，359；Ballets Russes，俄罗斯芭蕾舞团 150，323，325，331。参见 Duncan，Isadora；Fuller，Loie；Nijinsky，Vaslav；St. Denis(Dennis)，Ruth

Danish 丹麦语 256，286

Darío，Rubén 达里奥，鲁文 7，363 注 21

Darkschewitsch 达克谢维奇 131

Darwin，Charles 达尔文，查尔斯 10，17，36，58，129，161，163-164，165，325；and Mendel，达尔文和孟德尔 387 注 11

Dauben，Joseph 多本，约瑟夫 367 注 8

Davies，Arthur 戴维斯，阿瑟 327，328

Davis，Stuart 戴维斯，斯图亚特 329

Debussy，Claude 德彪西，克罗德 143，156-157，270，271，275，407 注 14；Axël，《阿克塞尔》157；Images (for orchestra)，《意象》(供管弦乐队演奏) 271；Images (for piano)，《意象》(钢琴曲) 407 注 14；Jeux，《游戏》331；La Mer，《大海》270，271，272；Nocturnes (1897)，《夜曲》(1897) 271；Nocturnes，Nuages，Fetes，《夜曲》《云》《节日》157；Pelléas et Melisande，《佩利亚斯与梅丽桑德》157，270，271；Prelude to the Afternoon of a Faun《牧神午后前奏曲》157，270，271，331

Debussy，Emma (Bardac) 德彪西，埃玛(巴达克) 271

Decade of the Brain 脑的十年 115

Decadence，Décadence 颓废派，8，28，48，82-84，88-90，94，96，104，142-143，152，291，376 注 1

Dedekind，Julie 戴德金，朱立叶 39

Dedekind，Richard 戴德金，理查德 30，32-33，37-38，39-42，43，44，46，117，154，179，183，184，234，351-352，354，360，367 注 5、7，369 注 19、26；Dedekind Cut，戴德金分割 30，32，37-38；Stetigkeit und irrationale Zahlen (Continuity and irrational numbers，1872)，《连续性与无理数》(1872) 33，39，

46,47,234

Degas,Edgar 德加,埃德加 77,244

Deiters,Otto 戴特斯,奥托 106-107

Delacroix,Eugène 德拉克洛瓦,尤金 70-71,72,327

Delaunay, Robert 德劳内,罗伯特 9, 64,249,313,315,316,317,318, 319,330; *Simultaneous Disk*,《圆盘》315;*City of Paris* series,《巴黎之城》系列 328;*Eiffel Tower* series,《埃菲尔铁塔》系列 313, 319;*Laon Cathedral* series,《拉昂大教堂》系列 328; *St. Severin*,《圣塞韦林教堂》319;*St. Severin* series,《圣塞韦林教堂》系列 313; *Windows*,《窗》316;《窗》系列 313,328

Delaunay, Sonia(Terk) 德劳内,索尼亚(特克) 64,313,315,330; *Quilt*,《被子》313; *Simultaneous Disk*,《圆盘》315;*Toy Box*,《玩具箱》313

Delius,Frederick 戴留斯,弗雷德里克 143

Demeny, Paul 德梅尼,保罗 90

Demeny, Georges 德梅尼,乔治斯 395 注 18;"Jevous aime"(close-up)特写镜头 202

DeMille,Cecil B. 德米尔,塞西尔 B. 323

Democratic Party(U. S.) 民主党(美国) 217-218

Demokritos 德谟克利特 34,350

Denis,Maurice 德尼,莫里斯 79,145, 247,327

Denmark,Danish 丹麦,丹麦语 3,218, 256,269,286. 323

Derain,André 德兰,安德烈 148,153, 241,244,245,246,248,327,386 注 14;*Bathers*,《浴者》243,244

Derrida,Jacques 德里达,雅克 191

Descartes, René 笛卡儿,勒内 187, 350,352

Diaghilev, Sergei 戴基列夫,谢尔盖 270,324,331,332,333

dialectic 辩证法 11

Dickens,Charles 狄更斯,查尔斯 288, 294

Dickson, William Kennedy Laurie 迪克森,威廉·肯尼迪·劳里 195

Dirac,Paul 迪拉克,保罗 6

Dirichlet (Lejeune-Dirichlet), Robert 勒琼-狄利克雷,罗伯特 33

divisionism,divisionists 点彩派,点彩派画家 46,64,73,74,77,244, 247,272,327

Dodge, Mabel (Evans) 道杰,玛拜(埃文斯) 329

Dongen, Kees Van 东根,基斯·凡 148

Donnelly, Lucy 唐纳利, 卢西 182 - 183

Doolittle, Hilda (pseud. H. D.) 杜利特尔, 希尔达（笔名 H. D.）218, 323

Doppler, Christian 多普勒, 克里斯蒂安 49; Doppler Effect, 多普勒效应 49

Dora 多拉. 参见 Bauer, Ida

Dostoevsky, Fyodor 陀思妥耶夫斯基, 费奥多尔 295; *Crime and Punishment*,《罪与罚》295; "A Gentle Creature" (Krotskaya),《温柔女子》295; *Notes from Underground*,《地下室手记》295

Dove, Arthur 多芬, 亚瑟 313 - 316, 319; *Leaf Forms*,《叶状》319; *Movement ♯1*,《运动♯1》319; *Ten Commandments*,《十诫》319 - 320

"Down in Jungle Town"《堕入城市丛林》274

Dred Scott 德雷德, 斯科特 212

Dreyfus, Alfred 德莱弗斯, 阿尔弗雷德 146 - 147, 152; Dreyfus Affair, 德莱弗斯事件 146

Drosophila fruit flies 果蝇 220

Drude, Oskar 德鲁德, 奥斯卡 222

Drude, Paul 德鲁德, 保罗 228, 235

Du Bois, W. E. Burghardt 杜波依斯, W. E. 伯格哈特 150

Dublin 都柏林 2, 12, 287 - 289, 293 - 294, 296, 299 - 300, 341; Belvedere School, 贝尔伍德学校 287; Camden Street, 卡姆登大街 296; Nighttown, 不夜城 287, 296; North Wall, 北城 297; Ringsend, 林森德 296; Sandycove, 圣蒂库弗 297; University College, 都柏林大学文史学院 288, 289

DuBois-Reymond, Emil 杜布瓦-雷蒙德, 埃米尔 105; "Ignorabimus" speech, "不可知"演讲 366 注 5, 421 注 13; *Studies on Animal Electricity*,《动物电学研究》105, 131

DuBois-Reymond, Paul 杜布瓦-雷蒙德, 保罗 41, 367 注 4

Duchamp, Marcel 杜尚, 马塞尔 64, 211, 249, 312, 328, 330; *Nude Descending a Staircase*,《下楼梯的裸女》312, 328, 329, 413 注 24

Duchamp-Villon, Jacques 杜桑-维隆, 雅克 312, 330

Dufy, Raoul 达菲, 拉奥尔 148, 155

Duhem, Pierre 迪昂, 皮埃尔 365 注 4

Dühring, Eugen 杜林, 欧根 20, 41

Duino 杜伊诺 62, 285

Dujardin, Edouard 迪雅尔丹, 爱德华 98, 143, 270, 289, 295, 296, 297,

299,348,411 注 31；*Les Lauriers sont coupes*,《月桂树折》295 - 297,407 注 14,441 注 22

Dummett, Michael 杜梅特,迈克尔 369 注 21

Duncan, Isadora 邓肯,伊莎多拉 6, 145,150,151,331,359；*Spring Song*,《春之歌》150

Durrio, Paco 杜里奥,帕克 157 - 158, 241

Duse, Eleanora 杜丝,埃莉诺拉 290

Dutch 荷兰人 12,74,119,120,148, 150,162,163,170,220,229,315, 326,389 注 30；Dutch-Afrikaans, 南非荷兰语 119；Dutch East Indies,荷属东印度群岛 91。参见 Netherlands

Dvorak, Antonin 德沃夏克,安东尼, *New World Symphony*,《新世界交响曲》269

"dynamic polarization" 动态偏振 112, 115

Eakins, Thomas 伊肯斯,托马斯 76, 329

ecology 生态学, and environmentalism,生态学与环境论 221,323

economics 经济学 17 - 18

Edison, Thomas 爱迪生,托马斯 79, 211,229,340,394 注 4；Kinetograph (Kinematograph) Department,活动电影摄影机（电影放映机）部 193 - 195；New York studio,纽约摄影棚 204

Edward VII 爱德华三世 14

Eglinton, Guy 艾格林顿,盖,"Theory of Seurat,"修拉的理论 373 注 8

Egypt, Egyptian 埃及,埃及人 91, 127,129

Ehrenfels, Christian von 埃伦费尔斯,克里斯蒂安·冯 17,28

Ehrenfest, Paul 埃伦费斯特,保罗 27, 53,56,60

Ehrlich, Paul 埃尔利希,保罗 107

Eiffel Tower 埃菲尔铁塔 75,142, 147,151,246,313,330

Eight, The 八人画派 211,329

Einstein, Albert 爱因斯坦,阿尔伯特 9,17,43,48,61,166,203,210, 227 - 240,312,318,334,335 - 336,346,349,355,357；Brownian movement paper,布朗运动论文 233,235；capillary action paper, 毛细管作用论文 229；doctoral thesis,博士论文 229,230,235； $E=mc^2$ paper,质能方程论文 238；General Relativity, 广义相对论 9,228,239,323,335 - 336, 402 注 36；and Gibbs,爱因斯坦与吉布斯 400 注 5；Hermann (father),赫尔曼(父亲) 228 - 229; light quantum paper("photon"paper),光量子论文 61,228,231, 233,235,239; and Lorentz,爱因斯坦与洛伦兹 400 注 5;Special Relativity,狭义相对论 10,61, 228,233 - 238,239,249,335,355; thermodynamics, early papers on, 关于热力学的早期论文 230

Einstein, Mileva (Maric) 爱因斯坦, 米列娃(玛莉克) 61,227 - 230, 232,235,239,400 注 4、15

Eisenstein, Sergei 爱森斯坦,谢尔盖 202

El Greco 艾尔·格雷科,*Vision of St. John*,《圣约翰的幻象》244

electricity, electric light 电,电光 14, 146 - 147,149,151,225,229,258, 329,343

electrodynamics 电动力学 154,163, 166,233 - 234,236,249; of moving bodies,移动物体的电动力学 235

electromagnetic fields and radiation 电磁场和辐射 49,163,170,229, 231,233,352,355

electron 电子 60,163,170,222,224, 229,232 - 233,237,239,307,337, 350,357

electrotherapy 电疗法 130,134 - 135

elevator 电梯 9,14,335

Elgar, Edward 埃尔加,爱德华 269

Eliot, T. S. 艾略特 80,99,208,209, 262,327,338,346,349;"The Love Song of J. Alfred Prufrock",《艾尔弗雷德·普鲁弗罗克的情歌》209,338

Eliot, Vivienne (Haigh-wood) 艾略特,维维恩(黑格-伍德) 99

Elle《她》4

Ellis, Havelock 埃利斯,哈夫洛克 136

Ellman, Richard 埃尔曼,理查德 410 注 2

Emerson, Ralph Waldo 爱默生,拉尔夫·沃尔多 94,363 注 22,365 注 27

energeticism 能量学 58,59,169,170, 221,223,229,230,234,400 注 6

Engels, Friedrich 恩格斯,弗里德里希 20

England, English 英国,英国人 12, 14 - 15, 94, 136, 143, 146, 154, 165,169,173,185,195,202,269, 283,284,290 - 295,297,299,321, 323,344,346,389 注 30;Grantchester,格兰切斯特 182。参见 Fernhurst; London; Manchester; Oxford

Enlightenment 启蒙 6 - 8,15

entropy 熵 50 - 52,54 - 56,58 - 59,

62,166-167,169,170-172,174-176,224,232,334;and enthalpy,熵和焓 371 注 12

Enver Pasha 恩维尔·帕夏 124;disputed telegram,有争议的电报 383 注 20

Ephrussi,Charles 伊弗鲁西,查尔斯 81,87

Epicurus,epicureanism 伊壁鸠鲁,伊壁鸠鲁主义 11,34-35,350

epistemology 认识论 2,15,21,99,187,188,192,221,234,239,298,338,341,344,349

Erdmann,B. 埃德曼 187

"ergodic" hypothesis "遍历性"假说 170,334

Erlebnisstrom 体验流 189,339,395 注 21,419 注 59

Esperanto 世界语 42

ether 以太 16,59,154,223,225,233,235-236,238,362 注 4

Ettingshausen,Andreas von 埃廷豪森,安德烈亚斯·冯 30

Euclid 欧几里得 35,44,179,231;non-Euclidean geometries,非欧几何学 180-181,234,312

Eudoxus 欧多克索斯 367 注 5

eugenics 优生学 164

Euler,Leonard 欧拉,伦哈德 36

evolution 进化 10,36,136,138,163,311

existentialism 存在主义 349

Exner,Sigmund 埃克斯纳,西格蒙德 105,107

expatriation 流放,of Modernists,现代主义者的流放 2-3,14,297,323

expressionism 表现主义,expressionist,表现主义者 79,249,252-254,257-258,279,304-305,316-321,328,334,347,412 注 3;*Expressionismus*《表现主义》305

Eysteinsson,Astradur 埃斯坦林,阿斯特拉德 362 注 16,364 注 25

Fackel,Die(The torch)《火炬》27,281

Falck,August 法尔克,奥古斯特 262

Faraday,Michael 法拉第,迈克尔 49-50,233

fascism,fascist 法西斯主义,法西斯主义者 8,347

Faure,Félix 福尔,费利克斯 146

Fauré,Gabriel 福尔,加布里埃尔 143,153,270,275;*Barcarolles*,《船歌》271;*Nocturnes*,《夜曲》271;*Pelléas et Mélisande*,《佩利亚斯与梅丽桑德》157;*Les Presents*,《礼物》271;*Prometheus*,《普罗米修斯》153,270;and Proust,福尔

和普鲁斯特 406-407 注 13；*Tuscan Serenade*,《托斯卡纳小夜曲》271

fauve, fauvism 野兽派画家，野兽派 64，79，146，148，153，155，211，241，244-245，247，249，305，318，327

Fawcett, Millicent 福西特，米利森特 122

feminism 女权运动 23，114，256-257，264

Fénéon, Félix 费内翁，费利克斯 69-70，72-75，80-81，152，247，400 注 2；on Gauguin,《论高更》375 注 36；on poster art, 论招贴画艺术，375 注 34

Fermat, Pierre 费马，皮埃尔 last theorem, 最后定理 36

Fernhurst 芬赫斯特 154，177，178，184，185；*Fernhurst*《芬赫斯特》298

ferris wheel 弗累斯大转轮 16，211，216

Feynmann, Richard 费曼，理查德 348

Fickert, Auguste 费克特，奥古斯特 24

fields, field theory 场，场理论 10，36，47，49，50，58，59，163，221，229，234，236，238-240，337，349，350，352，355，370 注 1

film 电影。参见 moving pictures

Figaro, Le《费加罗报》71，151，257，333

fin de siècle 世纪末的 1，8，48，63，142，259，269

finite-infinite 有限—无限 34-46，53-56，58-59，61，75，104，131，145，154-155，170，173，179-180，189，191-192，203-204，223，224，308，326，347，348，350，358，367 注 8，369 注 26

Finland, Finnish 芬兰，芬兰语 147，269，342

FitzGerald, G. F. 菲兹杰拉德 234，238，401 注 18

Fiume 阜姆 285

Fizeau, Hippolyte 斐索，希波吕忒 233

Flaubert, Gustave 福楼拜，古斯塔夫 363 注 19；*Madame Bovary*,《包法利夫人》288

Fleischl-Markow, Ernst von 弗莱施尔-马科，恩斯特·冯 132-133

Fliess, Wilhelm 弗里斯，威廉 127，129，133，137-140；"nasal reflex" neuroses, 鼻反射神经症 137

Flint, F. S. 弗林特 80

Florence 佛罗伦萨 285；Villa Bardi, 巴尔迪别墅 298

Focke, William Olbers 福克，威廉·奥伯斯 161，162；*Plant Crosses*,《植物杂交》161

Fokine, Michel 福金,迈克尔 324

Folk, Joseph 福克,约瑟夫 226

Föppl, August 福贝耳,奥古斯特 233

Forel, Auguste 福雷尔,奥古斯特 105,109－111,113,131－132, 134,384 注 15

Fort, Paul 福特,保罗 149,247

Fortnightly Review《双周评论》289, 290

forward pass 前进传球 323

Foucault, Michel 福柯,米歇尔 360

Fourier, Jean-Baptiste Joseph 傅里叶, 让-巴蒂斯特·约瑟夫 35－36

Fox, William（20th-Century, Fox）福克斯,威廉（20 世纪的福克斯）204

France 法国 12,15,23,36,80,85,94－96,109,195,270,294,346; Arles, 阿尔勒 75; Cro-Magnon,克鲁马农 7; L'Estaque,埃斯塔克 248; Fontainebleau,枫丹白露 143; Grandcamp, Normandy,格朗康,诺曼底 72; Grande Jatte Island,大碗岛 70,310; Honfleur, Normandy, 翁弗勒尔,诺曼底 72; language and culture,法国的语言与文化 190,208,231,267,275,289,291, 295,297,299,304－306,313,315, 317,331,334,366 注 12,376 注 1, 389 注 30; literature,法国文学 80; Lyons,里昂 67,195; Nancy, 南锡 134; Pont-Aven,阿凡桥 75; Revolutions,法国大革命 94; La Rue-des-Bois,拉吕德布瓦 248; Tarbes,塔布 81; Toulouse,图卢兹 82; Toulouse *Wasp*,图卢兹的《黄蜂》84。也可参见 Chatou; Normandy; Paris

France, Anatole 法朗士,阿纳托尔 283

Francis, David R. 弗朗西斯,戴维·R. 209,226

Franck, César 弗兰克,塞萨尔 270, 335

Franco, Francisco 佛朗哥,弗朗西斯科 119

Franco-Prussian War 普法战争 31, 81,89

Frankfurt-am-Main 美因河畔法兰克福 319

"Frankie and Johnny"《弗兰基与约翰尼》213

Franz Josef 弗朗茨·约瑟夫 13－14, 20,25－27,130,267

Fraunhofer lines 夫琅和费线 350, 356; Balmer series,巴耳末系 337; Paschen series,帕邢系 173

free association 自由联想 136,291, 349

Free Indirect Discourse 自由间接话语

292-294,296,300

free verse(*vers libre*) 自由诗 77,80, 83,91,93-94,96-98,253,325, 330,379 注 36;380 注 48

Freeman's Journal《自由人杂志》289

Frege,Gottlob 弗雷格,哥特罗布 30, 42,43-45,179,183,184,187, 190,192,221,316,326,339,347, 351,354; *Begriffschrift*（Conceptual notation, 1879),《概念语言》(1879) 42,44; *Grundgesetze* (Fundamental laws of arithmetic, 1893),《算术的基本法则》(1893) 45,183; *Grundlagen der Arithmetik* (Foundations of arithmetic, 1884),《算术基础》(1884) 30, 44-45; Husserl, review of,胡塞尔读弗雷格的评论 184,186

Freud,Martha（Bernays）弗洛伊德, 133-134,137

Freud,Sigmund 弗洛伊德,西格蒙德 6,14,19,25-26,27,29,105,108, 111,115,127-141,159,183, 185-186,221,252-253,260-261,265,291,306,323,341,348-349,353-354,357,384 注 15;Dora,多拉 322;and eyes,弗洛伊德和眼睛 138-139;Frederick C. Crews on,弗雷德里克·C.克鲁斯的研究 385 注 37;freudianism, 弗洛伊德学说 8,140;and Goethe,弗洛伊德和歌德 129; *Interpretation of Dreams*,《梦的解析》127;"Irma's Injection" dream,"艾玛注射"之梦 132,139;Jacob (father),雅各布（弗洛伊德的父亲） 129,138;Jeffrey Masson on,杰弗里·马森的研究 385 注 32;and neuron doctrine,弗洛伊德与神经元学说 132,382 注 25;Oedipus insight,俄狄浦斯洞见 139;"On Beginning the Treatment",《治疗的起源研究》323; *The Origins of Psychoanalysis* (1925),《精神分析的起源》(1925) 140;"Project for a Scientific Psychology",《科学心理学大纲》137;"Screen Memories" (1899),《屏蔽记忆》(1899) 127;and Schnitzler,弗洛伊德与施尼茨勒 410 注 17;seduction theory,诱引说 139;self-analysis,自我分析 139; *Studies in Hysteria*,《癔症研究》136,137; *Totem and Taboo*,《图腾与禁忌》 323,325,332;Verdrängung (repression),压抑 137-140

Freyer,P. 弗雷耶尔,P. 41

Friesz,Othon 弗里茨,奥东 155,327

Frisch, Walter 费里斯,瓦尔特 408 注 30

Frost, Robert 弗罗斯特, 罗伯特 323, 378 注 21

Fuller, Loïe 富勒, 洛伊 149-150, 331, 359; *Serpentine*, 蛇型舞 150

fumisme, *fumiste* 丑角 87, 275

futurism, futurist 未来主义, 未来学家 64, 103, 210, 249, 305, 311, 312, 318, 324, 327, 328, 342, 343, 344, 347; cubo-futurism, 立体—未来派 353

Gachet, Dr. 加歇医生 78

Gaertner, Carl Friedrich von 伽特纳, 卡尔·弗里德里希·冯 165

Galileo 伽利略 54, 59, 350

Gallen-Kalela, Akseli 高伦-卡莱拉, 阿克西利 147

Galton, Francis 高尔顿, 弗兰西斯 164

gamelan 加麦兰 270

Gargallo, Germaine 加加洛, 吉尔曼尼 156-157

Garshin, Vsevolod 迦尔洵, 弗谢沃洛德 295; "Four Days", 《四天》295, 410-411 注 20

Gaudier-Brzeska, Henri 戈迪埃-勃尔泽斯卡, 亨利 346

Gauguin, Paul 高更, 保罗 46, 64, 74-75, 77-79, 156, 241, 244-246, 327, 375 注 36; and cloisonnism, 高更与景泰蓝式画法 75, 353; color,

use of, 高更对颜色的使用 375 注 36; and expressionists, 高更与表现派作家 249; *La Lutte de Jacob avec l'ange* (Vision after the sermon), 《布道后的景象》75; and Matisse, 高更和马蒂斯 145; and Maurice Denis, 高更和莫里斯·德尼 79; *Notes synthétiques*, 《综合笔记》74; and Picasso, 高更和毕加索 158, 245, 247; *Sleeping Child*, 《睡着的孩子》74; and Strindberg, 高更与斯特林堡 253; and symbolists, 高更与象征主义者 317; *Where Do We Come From ...*, 《我们从哪里来？……》247

Gauss, Karl Friedrich 高斯, 卡尔·弗里德里希 31-32

Gauthier-Villars, Henri (pseud. Willy) 高蒂尔-维拉斯 (笔名威利) 152, 157

Gazette des Beaux-Arts 《艺术杂志》151

Gehuchten, Arthur van 格许赫腾, 阿图尔·范 111

gene of heredity 遗传基因 29, 159, 160, 164, 220, 323, 350, 354, 388 注 24; gemmule, 胚芽 163; pangene, 泛子 163-164

genocide 种族灭绝 117

Georg, Stefan 格奥尔格, 斯特凡 20,

96,265,276,304,409 注 61;*Book of the Hanging Gardens*,《空中花园录》278;"Entrückung",《狂喜时分》277,278,408 注 36;*Seventh Ring*,《第七环》277

Gerlach,Josef von 格拉赫,约瑟夫·冯 107-109

germ 细菌 130

Germany, cities and university towns 德国,城市和大学城:Aachen,亚琛 173;Bremen,不来梅 91,144,305,319;Hagen,哈根 319;Heidelberg,海德尔堡 32;Kiel,基尔 168;Leipzig,莱比锡 58,61,105,109,131,185;Lübeck,吕贝克 59,169;Stuttgart,斯图加特 89-91。亦可参见 Berlin;Göttingen;Munich;Prussia;Worpswede

Germany,German 德国,德语 2,7,9,11-12,15,20-21,24,32-34,89,112,143,149,161,163,214,220,271,286,291-292,294,297,309,321,326,329,334,342,389 注 30;Anatomical Society,德国解剖学会 100,111;anti-Modernism,反现代主义 347;army,德国军队 323,346;art in,德国的艺术 21,22,319;Association of Scientists and Doctors,科学家与医生联合会 59,169,173;Bavaria,巴伐利亚 303;biology in,德国的生物学 29,100;*Botanical Reports*,《德国植物学会学报》162-163,165;citizenship,德国公民 228,335;Confederation(1815-1867),德意志邦联(1815-1867) 103;Eliot in,艾略特在德国 339;Empire (1871-1918),德意志帝国(1871-1918) 32,160,171;"Expressionismus"表现主义 305;expressionist painters in,表现派画家在德国 319;extermination by,德国的灭绝政策 124,225;fiction in,德国的小说 21;German Nationalist Party(Austria),德意志民族主义党(奥地利) 25;Germanness,德国性 20,25;historiography,德国历史的编撰 7;idealism in,德国的理想主义 185;Ibsen of,易卜生 21;irony,讽刺 82;mathematical logic in,德国的数理逻辑 41;Mathematicians Association,德国数学家协会 33;mathematics in,德国的数学 32-33,155;*Medical Weekly*,《医学周刊》112;movies in,德国的电影 195;musical tradition,音乐传统 267-270,273;nationalism,民族主义 25,26,322;neuroscience in,德国的神经科学 105;Olympians(1904),德国奥运

索 引 *601*

会选手(1904) 216;painters in,德国的画家 304;pan-Germanism,泛日耳曼主义 29;physics in,德国的物理学 166;poetry in,德国的诗歌 27;psychology in,德国的心理学 105,219;in St. Louis,圣路易斯 208;science in,德国的科学 176;socialism in,德国的社会主义 181;sociologists,社会学家 220;theater in,德国的戏剧 21,256;woman suffrage in,德国的妇女选举权 256

Geronimo 杰罗尼莫 123,215-217,226

Gerstl,Richard 盖斯特尔,理查德 279;*Schoenberg Family*,《勋伯格家族》279;*Self-Portrait*,《自画像》279

Gestalt 格式塔 28,354

Gibbs,J. Willard 吉布斯,J. 威拉德 46,60,168,224,230,348,371 注 10,400 注 5;*Elementary Principles of Statistical Mechanics* (1902),《统计力学的基本原理》(1902) 60

Gide,André 纪德,安德烈 96,151-152,156

Gill,André 基尔,安德烈 83,86,148,242

Gilman,Charlotte Perkins 吉尔曼,夏洛特·帕金斯 290;"Yellow Wall-Paper",《黄色墙纸》290

Glackens,William 格拉肯斯,威廉 211

Glasgow 格拉斯哥 12,53,304

Glass,Philip 格拉斯,菲利普 272

Glazunov,Alexander 格拉祖诺夫,亚历山大 269,270

Gleizes,Albert 格莱兹,阿尔伯特 312

Gödel,Kurt 哥德尔,库尔特 191,357,359-360,379 注 32;Godel's Proof,《哥德尔证明》191;undecidability,不可判定性 91,379 注 32

Gogarty,Oliver St. John 戈加蒂,奥利弗·圣约翰 297,299

Goldberger,Paul 戈德伯格,保罗 4

Goldwyn,Samuel 戈德温,塞缪尔 340

Golgi,Camillo 高尔基,卡米洛 108-110,114,132,221

Goncharova,Natalia 冈察洛娃,娜塔丽亚 320

Goncourt brothers 龚古尔兄弟 133

Gorky,Maxim 高尔基,马克西姆 196

Göttingen 哥廷根 32-33,45,155,168,188-189;Mathematical Society,哥廷根数学协会 188

Gourmont,Remy de 古尔蒙,雷米·德 11,155;*La Culture des idees*,11

Graham,Martha 格雷厄姆,马萨 6

grande hystérie 广义癔症 133

Grassmann, Hermann 格拉斯曼，赫尔曼 41,43,44,368 注 13

gravitation 引力 9,154,239,335-336

gray matter 灰质 106,108,109,112

Graz 格拉茨 16,24,26,47,49,51,53,58,267

Greek 希腊 68,129,143,180,289,350；mathematics, 数学 34-35；367 注 5

Greenberg, Clement 格林伯格，克雷蒙 363 注 19

Griffith, D. W. 格里菲斯，D. W. 202,323,340；*After Many Years*,《多年之后》395 注 19；and Porter, 格里菲斯与鲍特 394 注 4；*Birth of a Nation*《一个国家的诞生》340；*Judith of Bethulia*,《贝斯利亚女王》340

Grimoin-Sanson, Raoul 格里穆安-桑松，拉乌尔 147

Gropius, Walter 格罗皮乌斯，沃尔特 362 注 17

Grossman, Marcel 格罗斯曼，马歇尔 227,336,402 注 32

Gudden, B. A. von 古登，B. A. 冯 106

Guilbert, Yvette 吉贝特，伊薇特 86,149

Guimard, Hector 吉马德，赫克托 147

Gumilyov, Lev 古米廖夫，列夫 324-325

Gumplowicz, Ludwig 龚普洛维奇，路德维希 *The Race War*,《种族战争》25

Gwinn, Mary (Mamie) 格温，玛丽（玛米），love triangle with Alfred Hodder and M. Cary Thomas, 阿尔弗雷德·霍德和 M. 卡里·托马斯之间的三角恋 298

Habermas, Jürgen 哈贝马斯，于尔根 7,191,362 注 6

Habicht, Conrad 哈比希特，康拉德 227,235,239,402 注 36

Habsburg 哈布斯堡：Archduke Franz Ferdinand, 弗朗茨·斐迪南大公 20,23, 322；Archduke Otto, 奥托大公 20；Franz I, 弗朗茨一世 14；Princess Stephanie, 斯蒂芬妮公主 14；Sophie Chotek, 索菲·乔特克 21。参见 Franz Josef

Haeckel, Ernst 海克尔，恩斯特 17,59,165, 210；Biogenetic Law, 生物发生律 138；*Die Welträtsel*,《宇宙之谜》17

Hahn, Archibald (The Milwaukee Meteor) 哈恩，阿奇博尔德（密尔沃基流星）216

Haiti 海地 208,213

Halevy, Ludovic 哈勒维，卢多维奇 255

halftone 半音 73

Hall, G. Stanley 霍尔, G. 斯坦利 113, 219

Halle 哈勒 32-33, 42, 45, 185-189, 326; Nervenklinik, 哈勒精神病院 32, 326

Hamilton College 汉密尔顿学院 218, 298

Hamsun, Knut 汉姆生, 克努特 143, 153, 222, 254-255, 292, 297, 348; *Hunger*,《饥饿》144, 292

Handy, W. C. 汉迪 212, 275, 333-334;"Jogo Blues"("Memphis Itch"),《黑人布鲁斯》《《孟斐斯的渴望》)333;"Memphis Blues,"《孟斐斯布鲁斯》275, 334;"St. Louis Blues",《圣路易斯布鲁斯》212, 334

Handy, Bruce 哈代, 布鲁斯 4

Hankel, Hermann 汉克尔, 赫尔曼 41, 44, 369 注 24

Hannibal (of Carthage) (迦太基的) 汉尼拔 129

Hardy, G. H. 哈代 31

Hardy, Thomas 哈代, 托马斯 350

Harnack, Axel 哈纳克, 阿克塞尔 41

Harney, Ben 哈尼, 本 214

Harte, Bret 哈特, 布雷特, "Gabriel Conroy",《加布里埃尔·康罗伊》291

Hartmann, Eduard von 哈特曼, 爱德华·冯, *Philosophy of the Unconscious*,《潜意识的哲学》82

Harvard University 哈佛大学 99, 105, 131, 218, 219, 220, 328, 338

Hasenöhrl, Fritz 哈泽内尔, 弗里兹 60, 326, 334, 346

Hauptmann, Gerhart 霍普特曼, 格哈特 7, 256, 291, 293, 294, 363 注 22; *Before Sunrise*,《爱在黎明破晓时》22, 293; *Hannele*,《汉奈尔》261, 293; *Michael Kramer*,《米歇尔·克卢默》293

Hawaii 夏威夷 213

Hay, John 海·约翰 209, 237

Hayek, Friedrich von 哈耶克, 弗里德里希·冯 18

H. D. 参见 Doolittle, Hilda

Hegel, G. W. F. 黑格尔 6, 10, 36, 61, 105, 187; Hegelian, 黑格尔学派 95, 105

Heidegger, Martin 海德格尔, 马丁 190, 339

Heine, H. Eduard 海涅, H. 爱德华 39, 41, 367 注 9, 368 注 13; "The Elements of Function Theory",《函数论》39

Heine, Heinrich 海涅, 海因里希 82

Heisenberg, Werner 海森堡, 维尔纳 17, 357, 421 注 13

Helm, Georg 赫尔姆,耶奥里 58,169

Helmholtz, Hermann von 赫尔姆霍茨,赫尔曼·冯 18-20,41,46, 105,130-131,167-168,170, 234; *Physiological Optics*,《生理光学手册》71

Hennique, Léon 亨尼克,莱昂 8,363 注 23

Henry, Charles 亨利,查尔斯 73-74, 77,78,83,312

Hepworth, Cecil 赫普沃思,塞西尔 198

Herero people 赫雷罗族 124,225

Herne (Aherne), James A. 赫恩(埃亨),詹姆斯 A., *Drifting Apart*,《远去》261

Hertz, Heinrich 赫兹,海因里希 170, 229,232

Herzl, Theodor 赫茨尔,西奥多 24, 146,341

Hieracium (hawkweed) 山柳菊属 160-162

Hilbert, David 希尔伯特,戴维 45, 155,188,318,326,358,379 注 32; Hilbert Questions,希尔伯特问题 155

Hinton, Charles Howard 欣顿,查尔斯·霍华德 312

Hirschfeld, Magnus 赫希菲尔德,马格努斯 136

Hirschl, Josef 赫希尔,约瑟夫 18

His, Wilhelm 希斯,威廉 109,110, 111,112,113,132

histological stains 组织染色素: carmine, 胭脂红 107-109; chromate, 铬酸盐 107-110; gold chloride, 氯化金 108-109,132; haematoxylin, 苏木精 107; osmic acid, 锇酸 107,110

histology, histologists 组织学,组织学家 12,101,104-110,112,114, 130,221,353,384 注 11

Hitler, Adolf 希特勒,阿道夫 15,21, 26,28,117,124,239,267,297, 322-323,341,344,383 注 25,391 注 60

Hoar, George Frisbie 霍尔,乔治·弗里斯比 122

Hobhouse, Emily 霍布豪斯,艾米丽 117,121,122

Høffding, Heinrich 霍夫丁,海因里希 218,222; "A Philosophical Confession",《哲学的自白》219

Hofmannsthal, Hugo von 霍夫曼斯塔尔,胡戈·冯 16-17,20,22,25, 26,29; "Ein Brief" (Letter from Lord Chandos),洛德·钱多斯的来信 21

Holocaust 大屠杀 116-117

Homo sapiens sapiens 智人 7,106

Howe, Irving 豪威, 欧文 3, 361 注 4, 364 注 25

Hrdlicka, Ales 赫尔德利奇卡, 阿莱斯 215

Hughes, Robert 休斯, 罗伯特 363 注 22

Hugo, Victor 雨果, 维克托 80, 82, 94, 95, 252

Hulme, T. E. 休姆, T. E. 80

Hume, David 休谟, 大卫 44, 234

Hungary, Hungarian 匈牙利, 匈牙利人 25, 195, 282

Husserl Studies《胡塞尔研究》190

Husserl, Edmund 胡塞尔, 埃德蒙德 17, 27, 45, 46, 159, 184 – 192, 203, 338 – 339, 348, 349, 354, 355, 357, 419 注 59; "Elements of a Phenomenological Elucidation of Knowledge",《知识现象学导论》189; *Ideas* (1913),《观念》(1913) 190, 323, 339; *Logical Investigations*,《逻辑研究》185, 191; "On Definite Collections",《有限集研究》188; *Philosophie der Arithmetik* (Philosophy of arithmetic, 1891),《算术哲学》(1891) 45, 186; "Psychological Studies for Elementary Logic" (1893),《基础逻辑的心理学分析》(1893) 45, 186; "Theory of Wholes and Parts", "整体与局部理论" 187; transcendental ego, 先验自我 339; *Über den Begriff der Zahl* (On the concept of number, 1887),《论数的概念》(1887) 45

Husserl, Malvine 胡塞尔, 玛尔文 185

Huxtable, Ada Louise 赫克斯特布尔, 阿达·路易斯, *The Tall Building Artistically Reconsidered*,《高层建筑的艺术考虑》3

Huyssen, Andreas 海森, 安德烈亚斯 362 注 6

Hydropathes 水疗法 83, 84 – 85

hypnosis, hypnotherapy 催眠, 催眠疗法 101, 109, 111, 130 – 131, 134, 136, 253

hysteria 癔症 128, 130 – 131, 133 – 137, 139, 260

Ibsen, Henrik 易卜生, 亨利 7, 21 – 22, 143, 252, 254, 255, 257, 258, 288 – 294, 342, 359, 363 注 22; *Brand*,《烙印》256, 297; *Doll's House*,《玩偶之家》256, 288; *Ghosts*,《鬼魂》256, 289; *Peer Gynt*,《培尔·金特》296, 412 注 39; *Pillars of Society*,《社会的栋梁》256; *When We Dead Awaken*,《当我们死者醒来的时候》289

Ibsenism 易卜生主义 288, 290

ice-cream cone 甜筒冰激凌 210
idealism, idealist 理想主义, 理想主义者 8, 20, 36, 45, 58, 83, 96, 155, 185, 191, 276. 317, 339, 354, 363 注 22
Illustration, *L*' 《彩画集》73, 311
Imagisme 意象主义 331
immigration 移民 14, 208
imperialism 帝国主义 119-121, 293
impressionism 印象主义 49, 64, 68, 70-75, 77, 103, 142, 145, 157, 243-244, 247, 270, 272, 289, 306, 318, 327, 329, 353
Incoherent Arts（Les Arts Incohérents）, Salon of 不相关艺术沙龙 87, 315
Independent Artists（*Indépendants*）独立艺术家 65-66, 70, 72, 77, 148, 243, 313, 329-330, 374 注 19
indeterminacy 不确定性 239。参见 causality
induction 归纳 42
infinitesimal 无限小 35-38, 39, 43, 59, 104, 161, 244, 350, 352, 391 注 4
information theory 信息论 359
Ingres, Jean-Dominique 安格尔, 让·多米尼克 66, 244, 327; *Turkish Bath*,《土耳其浴》244
instantaneous 瞬时 35; "instantaneity",瞬时性 75
International Style 国际风格 9
intersubjectivity 主体间性 190
Inuit 因纽特人 215
ion, ion theory 离子, 离子理论 163, 168, 220
Ireland, Irish 爱尔兰, 爱尔兰人 94, 117, 143, 208, 283, 286-292, 294, 296-297, 299, 300; Bray, 布雷 287; Mullingar, 马林加 290
Irish Homestead《爱尔兰家园》284, 296
Irwin, May 欧文, 梅 196, 213, 397 注 19
Israel 以色列 239
Italy, Italian 意大利, 意大利人 2, 12, 15, 25, 41, 42, 96, 100, 108, 136, 154, 178, 208, 228, 267, 285, 290, 291, 297, 305, 312, 326, 346; *Italian Medical Gazette*,《意大利医学》108; mathematics in, 意大利的数学 43; Milan, 米兰 61, 229, 312; Pavia, 帕维亚 108; Rome, 罗马 287; Turin, 都灵 37, 42; Venice, 威尼斯 151
Ivanov, Vyacheslav 伊万诺夫, 维亚切斯拉夫 314
Ives, Charles 艾夫斯, 查尔斯 214, 265, 269, 275, 282, 333; *Browning Overture*,《布朗宁序曲》273;

索 引 607

dates of works,著述年月 407 注 18;*Emerson Concerto*,《爱默生协奏曲》273;George (father),乔治（艾夫斯的父亲）273;"Hell's Bells",《地狱的钟声》273;"Housatonic at Stockbridge",《斯托克桥边的霍斯托尼克河》273;*Ragtime Pieces*,《拉格泰姆乐章》214;*String Quartet* ♯2,《第二弦乐四重奏》273,333;*Three Places in New England*,《新英格兰三处》273;*Unanswered Question*,《未答复的问题》274;*Violin Sonata* ♯1,《第一号小提琴奏鸣曲》274;"Yale-Princeton Football Game","耶鲁—普林斯顿大学足球赛"273

Ives,Harmony(Twichell) 艾夫斯,哈莫尼（特威切尔）273

Jacob,Max 雅各布,马克斯 157,241,247,250

Jacobsen,Jens Peter 雅克布森,琼斯·彼得 291;*Niels Lyhne*,《尼尔士·林纳》291

James,Henry 詹姆斯,亨利 218,226,254,298,300,365 注 27;*Guy Domville*,《盖伊·多姆维尔》255;*Sacred Fount*,《圣泉》298

James,William 詹姆斯,威廉 17,105, 111,113,131,133,150-151,189,218-219,222,291,338; and Peirce,詹姆斯和皮尔士 17,398 注 36;*Varieties of Religious Experience*,《宗教经验之种种》151

Janet,Pierre 珍妮特,皮埃尔 218,219,221

Janiszewski,Zygmunt 扬尼舍夫斯基,齐格蒙特 326

Japan,Japanese 日本,日本人 75,195,375 注 34;Tokyo University,东京大学 222

Jarry,Alfred 雅里,阿尔弗雷德 142,156;*Ubu*,《乌布王》149,152,259,342

Jarvis,Frank(sprinter) 贾维斯,弗兰克（短跑运动员）148

Jawlensky,Alexei 雅弗林斯基,阿列克谢 305

jazz 爵士乐 212-213,265,274,275,334,355;"Dirty Dozens",《十二金刚》274;Dixieland,迪克西兰爵士音乐 274;"Pretty Baby",《漂亮宝贝》334

Jefferson,Blind Lemon 杰斐逊,盲人吉他手莱蒙 213

Jefferson,Joseph 杰斐逊,约瑟夫 197

Jena 耶拿 31,42

Jencks,Charles 詹克斯,查尔斯 4,361 注 4

Jesperson, Otto 叶斯帕森,奥托 218

Jevons, William 杰文斯,威廉 19, 43, 44, 369 注 19

Jews, Judaism 犹太人,犹太教 138, 214, 263, 268, 297, 333, 341, 383 - 384 注 25

Johannsen, William L. 约翰森,威廉 L. 323, 388 注 24

John Paul II 约翰·保罗二世 190

Johns Hopkins University 约翰斯·霍普金斯大学 131, 156

Jones, Ernest 琼斯,欧内斯特 133

Jones, Sissieretta 琼斯,茜茜雷塔 213

Joplin, Scott 乔普林,斯科特 213, 226, 274, 275, 407 注 24; "Cascades",《小瀑布》214; "Euphonic Sounds",《仙音》275; "Fig Leaf",《无花果叶》274; "Maple Leaf Rag",《枫叶拉格》214; "Pine Apple Rag",《凤梨繁拍舞》265; *School of Ragtime* (1908),《拉格泰姆学校》(1908) 274; *Treemonisha*,《特里莫尼沙》275

Joseph, Chief of Nez-Perce 约瑟夫,内兹佩尔塞族酋长 215, 220

Joule, James 焦耳,詹姆斯 50

Jourdain, Philip 乔丹,菲利普 392 注 9

Journal of Speculative Philosophy 《思辨哲学杂志》219

Joyce, James 乔伊斯,詹姆斯 2, 6, 9, 30, 222, 227, 253, 255, 283 - 302, 323, 341, 346, 348, 349, 355, 362 注 17, 419 注 61; *Brilliant Career*,《璀璨生涯》290; "Counterparts" (*Dubliners*),《无独有偶》(《都柏林人》) 294; "Day of the Rabblement",《暴动之日》294; "The Dead" (*Dubliners*),《死者》(《都柏林人》) 291, 296, 300; "Drama and Life",《戏剧与人生》289; *Dream Stuff*,《梦》290; *Dubliners*,《都柏林人》284 - 286, 291, 294, 296, 299 - 300; Elkin Matthews (publisher),埃尔金·马修斯(出版商) 284; epiphanies,顿悟 287, 288, 294, 298, 301; "Eveline" (*Dubliners*),《伊芙琳》(《都柏林人》) 296; *Finnegan's Wake*,《芬尼根守灵夜》295; Giorgio (son),乔治(乔伊斯之子) 284; Grant Richards (publisher),格兰特·理查德斯(出版商) 284; "Ibsen's New Drama",《易卜生的新剧本》290; Josephine (aunt),约瑟芬(乔伊斯的姨妈) 299; John (father),约翰(乔伊斯的父亲) 287, 290; Lucia (daughter),露西娅(乔伊斯的女儿) 284, 286; Mary (May) (mother),玛丽(梅)(乔伊斯的母亲) 287, 296; "Portrait of the Artist"(essay,1904),《艺术家的画像》(论文,1904) 296; *Portrait of the Artist as a Young Man*,《一个青年艺术家的画像》128,283-284,286-287,300,302,324,342; "Silhouettes",《剪影》287,288; *Stephen Hero*,《斯蒂芬英雄》,286,290,294-295,296-297,300; *Ulysses*,《尤利西斯》296,299,300,301; "Ulysses"(story,1907),《尤利西斯》(小说,1907) 300,412注39

Joyce,Nora Barnacle 乔伊斯,诺拉·巴纳克尔 284,296,297-298

Joyce,Stanislaus(brother) 乔伊斯,斯坦尼斯洛斯(詹姆斯·乔伊斯的兄弟) 284,286-288,294,299

Jugendstil 新艺术 9,304,317; *Jugend*,新艺术主义 304

Jung,Carl Gustav 荣格,卡尔·古斯塔夫 111,140,291,341

Kaffir 卡菲尔人 120

Kafka,Franz 卡夫卡,弗兰兹 26,255,285,288,297,302,340-342,361注3; *Amerika*,《亚美利加》324; *Judgment*,《审判》340,342; *Stoker*,《司炉》324,340

Kahn,Gustave 卡恩·古斯塔夫 66,73,77,80-81,83,85,93,96-97,99,252,289

Kahnweiler,Daniel-Henry 坎魏勒,丹尼尔-亨利 248,309

Kammerer,Paul 卡默勒,保罗 325

Kandinsky,Anna 康定斯基,安娜 307

Kandinsky,Nina 康定斯基,尼娜 310

Kandinsky,Vassily 康定斯基,瓦斯利 6,249,279,303-311,313,315,316-318,320,327,346,348,355-356; Blaue Reiter(Blue rider),蓝骑士社 318-319; "Cologne Lecture"(1911),"科隆演讲"(1911) 309; *Composition IV*,《构图》第四号 307,308-310; *Composition V*,《构图》第五号 307,309-310,319; *Composition VII*,《构图》第七号 310,341; Compositions,构成 305,310; "First Abstract Watercolor"(1913),"第一幅抽象水彩画"(1913) 310; horse and rider paintings,马和骑士画 308; Impressions,印象派艺术家 305,307,310; *Impression-Moscow*,《莫斯科印象》319; *Improvisation ♯22*,即兴作品22 319; *Improvisation ♯7*,即兴作品7 328; Improvisations,即兴作品 305,310; J. B. Neumann,letters to,写给诺伊曼的信 310; paintings on glass,关于玻璃的画 309; *Picture with* a Circle (1911),《圆环》310,314, 320; Rider of the Apocalypse, 《骑士启示录》309; Rückblicke (Reminiscences),《回忆录》306 - 307; Saint George,《圣乔治》309; Spiritual in Art,《论艺术的精神》307 - 308,319; Yellow Sound,《黄色乐章》318

Kant, Immanuel 康德, 伊曼纽尔 15, 38,185,187,189,223,237; Critique of Pure Reason,《纯粹理性批判》36

Kaposi, Moriz 卡波塞, 莫里斯 Kaposi's sarcoma, 卡波塞肉瘤 20

Kaufmann, Walter (physicist) 考夫曼, 沃尔特(物理学家) 59,224

Keats, John 济慈, 约翰 66

Kelsen, Hans (Justice) 凯尔森, 汉斯(法官) 17

Kelvin, Lord William Thomson 开尔文, 威廉姆·汤姆森勋爵 50,53 - 54,58,169

Kenner, Hugh 肯纳, 休 14

Khlebnikov, Velimir (Viktor) 赫列勃尼科夫, 维利米尔(维克托) 96, 324,342,376 注 1; A Slap in the Face of Public Taste,《给大众趣味的一记耳光》342

Kierkegaard, Søren 克尔恺郭尔, 瑟伦 218,219

Kirchhoff, Gustav 基尔霍夫, 古斯塔夫 167 - 169,171,229,335,354

Kirchner, Ernst Ludwig 克尔赫纳, 恩斯特·路德维希 246,328

Kitchener, Horatio Herbert 基钦纳, 霍拉肖·赫伯特 119 - 120

Klaw and Erlanger 克劳和厄兰格 198,204

Klee, Paul 克利, 保罗 318 - 319; Diaries,《日记》319

Klein, Felix 克莱因, 费利克斯 180

Klimt, Gustav 克里姆特, 古斯塔夫 22 - 24,211,277; Jurisprudence, 《法学》211; Medicine and Justice murals,《医学与公平》壁画 22

Kline, Morris 克兰, 莫里斯 364 注 25,367 注 2

Knobloch, Madeleine 克诺布洛赫, 马德莱娜 69

Knyazev, Vsevolod 科尼亚泽夫, 弗塞沃洛德 325

Kokoschka, Oskar 柯克西卡, 奥斯卡 6,14,23,28,251 - 252,257,279, 334, 346, 348, 355; and Alma Mahler, 柯克西卡和艾玛·马勒 325, 326; Auguste Forel (portrait),《奥古斯特·福雷尔》(肖像) 111; Burning Thornbush,《燃烧的刺灌丛》334; Murderer, Hope of Women,《谋杀, 妇女的

希望》251-252,406 注 8;*Tempest*,《暴风雨》326

Kölliker, Albrecht von 克利克尔,阿尔布雷希特·冯 104,106,112

Kommissarzhevskaya, Vera 科米萨尔热夫斯卡娅,薇拉 342

Kopit, Arthur 考培特,亚瑟 262

Krafft-Ebing, Richard von 克拉夫特·埃宾,理查德·冯 18,27,325; *Psychopathia Sexualis*,《性精神病态》136

Kramer, Hilton 克莱默,希尔顿 4

Kraus, Karl 克劳斯,卡尔 13,21-22,27,87,265,280-281;"Die demolierte Literatar,"《被毁的文学》21

Kress, Wilhelm 克雷斯,威廉 14,58

Kripke, Saul 克里普克,索尔 191

Kronecker, Leopold 克罗内克,利奥波德 37,41,60,352

Kruchenykh, Alexey 克鲁乔内克,阿列克谢 342,343; *A Slap in the Face of Public Taste*,《给大众趣味的一记耳光》342

Krysinska, Marie 克里辛斯卡,玛丽 96,143;"Le Hibou"(The owl),《猫头鹰》379 注 36

Kuhn, Thomas 库恩,托马斯 390 注 40,391 注 60

Kuhn, Walt 库恩,沃尔特 327

Kummer, Ernst 库默尔,恩斯特 37

Kupka, Frank(Frantisek) 库普卡,弗兰克(弗兰提斯克) 143,211,249,310,313,315-317;*Amorpha*,《无定形》310-313,315-316; Andrée,安德烈 311-312;*First Step*,《第一步》311;*Girl with a Ball*,《玩球的女孩》311-312

Kurlbaum, Ferdinand 库尔鲍姆,费迪南 172,174

Kuzmin, Mikhail 库兹明,米哈伊尔 325;Venetian Nights,《威尼斯之夜》325

La Goulue 拉·古留 148,311

La Guardia, Fiorello H. 拉瓜迪亚,费奥雷洛 H. 285

Lacroix, Sylvestre François 拉克洛瓦,西尔维斯特·弗朗索瓦 36

Laforgue, Jules 拉福格,朱尔斯 2,80-99,209,252,270,271,289,312,330,331,348,349,353,411 注 22;*Complaintes*,《抱怨》80,87-89,92;*Fleurs de bonne volonte* (Flowers of good will),《善意之花》98;"L'Hiver qui vient"(The coming of winter),《冬天将临》97-98,156; *L'Imitation de Notre-Dame la Lune*(1885),《模仿月亮圣母》(1885) 81,88;*Le*

Sanglot de la terre,《大地的哭泣》83,87,99; Moralités legendaires,《道德故事》92,98; "Tristesse de réverbère"(1881),《街灯的悲哀》86

Laforgue,Leah(Lee) 拉福格,利亚(李) 81,98,99

Laforgue,Marie (sister) 拉福格,玛丽(拉福格的长姐) 82,88

Lagrange,Joseph Louis 拉格朗日,约瑟夫·路易斯 36

LaMothe,Ferdinand(pseud. Jelly Roll Morton)拉莫斯,费迪南(笔名杰利·罗尔·莫顿) 274-275,334

Lange,Friedrich Albert 朗格,弗里德里希·阿尔伯特 187

Langevin,Paul 郎之万,保罗 222,226,236,335

Langley,Samuel 兰利,塞缪尔 151,390注48

Laplace,Pierre Simon 拉普拉斯,皮尔·西蒙 35,56,154

Larbaud,Valery 拉尔博,瓦莱里 96

Larche,Raoul 拉奇,拉乌尔 150

Lardner,Ring 拉德纳,林 301,342; "Busher's Letters Home",《布舍尔家书》301; "The First Game",《第一运动》342

Larionov,Mikhail 拉里奥诺夫,米哈伊尔 320;*Glass*,《玻璃》320

Larmor,Joseph 拉莫尔,约瑟夫 58,169,235

Laurencin,Marie 洛朗森,玛丽 250

Lauriers sont coupés, Les《我们不再去森林》271,295,407注14,410注17。也参见 Debussy, Claude

Lautréamont,Isidore Ducasse 洛特雷阿蒙,伊萨多·杜加斯 81

Law of Segregation 分离律 160。参见 Mendel,Gregor; segregation

Lawrence,D. H. 劳伦斯,D. H. 80,96,285,323;*Sons and Lovers*,《儿子和情人》324;*White Peacock*,《白孔雀》285

Le Fauconnier, Emile 勒福科尼埃,埃米尔 312

Léger,Ferdinand 莱热,费迪南德 312

Léhar, Franz 莱哈尔,弗朗茨 23

Leibniz,Gottfrled Wilhelm 莱布尼茨,格特弗里德·威廉 34-35,44,176,351,393注36

Lemann,Nicholas 勒曼,尼古拉斯 365注30

Lenard,Philipp 莱纳德,菲利普 59,232

Lenhossék,Michael von 伦霍谢克,迈克尔·冯 111

Lenin(Vladimir Ilyich Ulyanov) 列宁,(弗拉基米尔·伊里奇·乌里扬诺夫) 17,20,144,230,321,341

索引 *613*

Leucippus 留基伯 35
Levin, Harry 列文, 哈里 3
Lévinas, Emmanuel 列维纳斯, 埃马纽埃尔 191
Liebenfels, Jörg von (Lanz) 利伯费尔斯, 乔戈·冯 (兰茨)。参见 List, Guido von
Linnaeus, Carolus 林奈, 卡罗鲁斯 101, 104
Linz 林茨, 21, 26, 48, 49; Realschule, 实科中学 28-29, 344
Lipschitz, Rudolf 利普希茨, 鲁道夫 41, 44
List, Guido von 李斯特, 吉多·冯 24, 27
"Little Egypt" "小埃及" 211
Lloyd George, David 劳埃德·乔治, 大卫 121
Locke, John 洛克, 约翰 5
Loew, Marcus 洛伊, 马库斯 204
logic 逻辑 11-12, 41-44, 46, 154, 179, 184-191, 221, 326, 338, 343-344, 347; meta-logic, 元逻辑 186; of relations, 关系逻辑 178, 180, 182, 187; symbolic, of Frege, 弗雷格的数理逻辑 187; symbolic, of Schröder, 施罗德的数理逻辑 187
London 伦敦 14, 85, 112, 121, 150, 151, 195, 254, 288, 297, 323, 324, 327, 331, 339, 344; Addison Road, 艾迪森路 98, 99; Bloomsbury, 布卢姆茨伯里 136; Croydon, 克罗伊登 285; St. Barnabas Church, 圣巴拿巴教堂 98
Loos, Adolf 洛斯, 阿道夫, 14, 27, 28, 211, 265, 356; "Ornament as Crime", "装饰就是罪恶" 356
Lorentz, Hendrik Antoon 洛伦兹, 亨德里克·安东 59, 163, 170, 224, 225, 229, 234, 235, 237, 238, 239, 400 注 5; Lorentz Transformations, 洛伦兹变换 237-238
Lorentz-Fitzgerald Contraction 洛伦兹-菲茨杰拉德收缩 225, 401 注 18
Loschmidt, Josef 洛施密特, 约瑟夫 19, 51, 53, 54, 59, 230, 370 注 9; Loschmidt's Number, 洛施密特数 19
Lotze, Rudolph Hermann 洛采, 鲁道夫·赫尔曼 44, 187
Lou Gehrig's disease 肌萎缩性(脊髓)侧索硬化症 131
Loubet, Emile 卢贝特, 埃米尔 146, 147
Louisiana 路易斯安那: state, 州 207; Territory, 地区 212-213
Lourié, Artur 罗烈, 阿图 325
Louÿs, Pierre 路易斯, 皮埃尔 152, 156-157; *Chansons de Bilitis*,

《比利提斯之歌》157

Lowell, A. Lawrence 洛威尔, A. 劳伦斯 323

Lowell, Amy 洛威尔, 艾米 220

Lucretius (Titus Lucretius Carus) 卢克莱修(提图斯·卢克莱修·卡鲁斯) 350

Ludwig, Carl 路德维希, 卡尔 105-106

Lueger, Karl 卢埃格尔, 卡尔 25-28

Lugné-Poë, Aurélien-Marie 鲁金坡, 奥里利恩-玛丽 149

Lukasiewicz, Jan 卢卡西维奇, 简 326

Lumière, Louis (and Joseph) 卢米埃尔, 路易斯(和约瑟夫) 147, 195; *L'Arroseur arrosé*,《水浇园丁》201

Lummer, Otto 卢默, 奥托 154, 172, 173

Lutèce 吕泰斯 89

Lyotard, Jean-François 利奥塔, 让-弗朗索瓦 190

Mac-Nab, Maurice 麦克纳布, 莫里斯 86

MacArthur, Arthur (general) 麦克阿瑟, 阿瑟(将军) 120

MacArthur, Douglas (general) 麦克阿瑟, 道格拉斯(将军) 120

MacColl, Hugh 麦克科尔, 休 43, 369

注 19

Mach, Ernst 马赫, 恩斯特 8, 15-17, 21, 28-29, 47, 58, 59, 61, 70, 77, 169, 170, 185, 186, 188, 210, 221, 223, 230, 234, 237, 239, 326, 335, 336, 338, 344, 365 注 4; *Analysis of Sensations*,《感觉的分析》234; Mach Number, 马赫数 16; *Science of Mechanics*《力学及其发展的批判历史概论》17, 185, 186, 234

Macke, August 梅克, 奥古斯特 319, 346

Mackintosh, Charles Rennie 麦金托什, 查尔斯·伦尼 356

MacLeod, Margaretha Zelle (pseud. Mata Hari) 麦克劳德, 玛格丽莎·泽莱(化名玛塔·哈里) 150, 330

Madrid 马德里 109, 118, 344; Gorguera Street, 戈尔盖拉大街 109

Maeterlinck, Maurice 梅特林克, 莫里斯 89, 96, 143, 149, 259, 293, 314, 317, 342, 363 注 22; *Intruder*,《入侵者》260; *Pelléas et Melisande*,《佩利亚斯与梅丽桑德》259, 260, 270, 407 注 27; *Princesse Maleine*,《玛莱娜公主》260; "The Tragical in Everyday Life",《日常

生活的悲剧》260

Mahali, Sanda（Mme Mulzer）马哈里,桑达（梅·马尔兹）87, 92

Mahler, Alma（Schindler）马勒,艾玛（辛德勒）325

Mahler, Gustav 马勒,古斯塔夫 20, 26, 265, 267 - 268, 275 - 277, 279, 282; *Lied von der Erde*,《大地之歌》268, 279; *Symphony #2*,《第二交响曲》279; *Symphony #7*,《第七交响乐》265, 269; *Symphony #8*,《第八交响曲》268, 269

Makart, Hans 马卡特,汉斯 18, 20

Malebranche, Nicolas 马勒伯朗士,尼古拉斯 350

Malevich, Kasimir 马列维奇,卡济米尔 318, 342, 343; *Black Square*,《黑色正方形》318

Mallarmé, Stéphane 马拉美,斯特凡 6, 21, 69 - 70, 83, 84, 89, 96, 98, 143, 145, 150 - 152, 157, 247, 255, 259, 276, 289, 311, 317, 325, 331, 350, 363 注 22; *Afternoon of a Faun*《牧神午后》157, 270, 331

Malraux, André 马尔罗,安德烈 246

Mañach, Pere 马纳奇,佩里 156, 241

Manchester University 曼彻斯特大学 190, 336

Mandelstam, Osip 曼德尔斯塔姆,奥西普 324, 376 注 1; *Stone*,《石头》

324

Manet, Edouard 马奈,爱德华 68 - 69, 75, 244 - 245, 247, 353, 363 注 19; *Bar at the Folies Bergère*,《福利·贝热尔的吧台》349; *Bullfight*,《斗牛》327; *Dejeuner sur l'herbe*,《草地上的午餐》353

Manila Times《马尼拉时报》122

Mann, Gustav 曼恩,古斯塔夫, *Physiological Histology* (1902),《生理组织学》(1902) 107

Mann, Thomas 曼,托马斯 293 - 294, 304; *Buddenbrooks*,《布登勃洛克一家》293; *The Magic Mountain*,《魔山》346

Mansfield, Katherine (Beauchamp) 曼斯菲尔德,凯瑟琳（比彻姆）195, 285, 288, 297, 302; "The Tiredness of Rosabel",《罗莎贝尔惊梦记》285

Mantegazza, Paolo 曼特加扎,保罗 136

Marc, Franz 马克,弗朗茨, 303 - 305, 309, 318, 319, 346; *Yellow Cow*,《黄色的牛》319

Marcus, Siegfried 马库斯,齐格弗里德 14

Marey, Etienne-Jules 马雷,艾提安-朱尔斯 46, 64, 75 - 77, 147, 193

marginal utility 边际效用 18

Marquet, Albert 马凯特,艾伯特 145, 327

Marr, Wilhelm 马尔,威廉 25

Marsden, Dora 马斯登,朵拉 301

Martí, Jose 马蒂,何塞 7, 96, 363 注 21, 380 注 48

Martyn, Edward 马丁,爱德华 289

Marx, Karl 马克思,卡尔 4, 10, 20, 36, 41, 48, 105, 228, 350, 356; marxism, 马克思主义 6, 10, 20, 230

Marx, Roger 马克斯,罗杰 145

Massachusetts 马萨诸塞州 113; Berkshire Hills, 伯克希尔山 273。参见 Boston; Worcester

Massine, Leonide 马塞思,利奥里德 333

Mata Hari 玛塔·哈里。参见 MacLeod, Margaretha Zelle

materialism, materialist 唯物主义,唯物主义者 8-9, 15-20, 35, 38, 47-49, 56, 58-59, 96, 101, 103, 105-106, 130, 139, 169, 229-230, 240, 245, 256, 259, 306, 311, 317, 343, 348, 350, 384 注 11

mathematics, mathematicians 数学,数学家 9, 11, 28, 31-47, 51-56, 83, 113, 152, 154-155, 165, 168, 174, 184, 186-188, 222-223, 227, 266, 295, 312, 318, 324, 326, 339, 342, 347, 351-352, 357-359; and Boltzmann, 玻尔兹曼与数学 47; beauty of, 数学之美 182; chaos theory, 混沌理论 224, 348; classical, 经典数学 6; Einstein and, 爱因斯坦和数学 231; foundations, 数学基础 177-184, 186, 189, 347, 350, 354; as a humanity, 作为人文科学的数学 352

Matisse, Henri 马蒂斯,亨利 64, 79, 145, 147-148, 153, 211, 244, 246-247, 249, 305, 328, 355, 385 注 5, 386 注 14; Blue Nude,《蓝色裸女》243, 328; Joie de vivre,《生活之乐》243; Red Studio,《红色画室》328

Matthews, Brander 马修斯,布兰德 222

Matyushin, Mikhail 马秋欣,米哈伊尔 343

Maugham, W. Somerset 毛姆,W. 萨默塞特 254

Maupassant, Guy de 莫泊桑,盖伊·德 294

Mauthner, Fritz 毛特纳,弗里茨 17, 28-29

Maxwell, James C. 麦克斯韦,詹姆斯 C. 10, 36, 49, 51-52, 56, 58, 60, 71, 143, 163, 171, 225, 229, 231,

233,238,240,352,355,370 注 1;
"Diffusion" article, "漫射"论文
371 注 18

Maxwell-Boltzmann Distribution 麦克
斯韦－玻尔兹曼分布 52

Mayakovsky, Vladimir 马雅可夫斯
基,弗拉基米尔 96,324,344,376
注 1;"And Could You?","你可以
吗?"324; *Death of Mayakovsky*,
《马雅可夫斯基之死》344

Mayr, Ernst 迈尔,恩斯特 383 注 1,
388 注 19

Mayreder, Rosa 麦瑞德,罗莎 23,325;
"Sex and Culture,"《性与文化》
325

McCay, Winsor 麦凯,温沙 261,395 注
16

McCutcheon, Wallace(cameraman) 麦
卡琴,华莱士(摄影师) 198

McGee, William (anthropologist) 麦
基,威廉(人类学家) 215

McGill University 麦吉尔大学 222

McKinley, William 麦金利,威廉
118-119,209,217

"Meet Me in St. Louis"《相逢圣路易
斯》206,211-212,214

Meidner, Ludwig 迈德纳,路德维希
321

Meinong, Alexius 迈农,亚历克修斯
17,27,184,393 注 41

Meitner, Lise 迈特纳,莉泽 27,60,238

Méliès, Georges 梅利斯·乔治 149,
197,198,201,203; *Cinderella*,
《灰姑娘》197; *Dreyfus Affair*,
《德莱弗斯事件》197,203; *Trip
to the Moon*,《月球旅行记》197

Melville, Herman 梅尔维尔,赫尔曼
290,294; *Moby Dick*,《白鲸记》
290

Memphis (Tennessee) 孟菲斯 212,
333,334

Memphis Students "孟菲斯学生" 334

Mendel, Gregor 孟德尔,格雷戈尔 29-
30,104,117,159,165,185,220,
354,357; and Darwin,孟德尔和达
尔文 387 注 11; "Researches…",
"孟德尔研究" 163; Ronald Fisher
on,罗纳德·弗歇尔对孟德尔的
研究 387 注 4

Mendele'ev, Dmitri 门捷列夫,德米特
里 356

Menger, Carl 门格尔,卡尔 18

Menz, George (sprinter) 门茨,乔治
(短跑运动员) 398 注 30

Méray, H. C. R. 梅雷,H. C. R. 41,
351,368 注 13

Merleau-Ponty, Maurice 梅洛-庞蒂,
莫里斯 190

Merrill, Stuart 梅里尔,斯图亚特 98,
143,380 注 53

Méténier, Oscar 梅特尼尔,奥斯卡 149

Metternich, Clemens von 梅特涅,克莱门斯·冯 14

Metzinger, Jean 梅青格尔,让 312

Mexico 墨西哥 195,212

Meyerhold, Vsevolod 梅耶荷德,塞瓦洛 254,324,342

Meynert, Theodor 迈内特,特奥多尔 18,105,109,134,135; *Psychiatrie*,《精神病学》18

Michelet, Jules 米什莱,儒勒 96

Michelin *Guide*《米其林指南》146

Michelson, Albert A. 迈克逊,艾伯特 A.（Michelson-Morley Experiment),（迈克逊—莫利实验）225,233-234

microscope 显微镜 100-101,106-107,111

microtome 显微镜用薄片切片机 106,110,111

Mies van der Rohe, Ludwig 密斯·凡德罗,路德维希 8

Miles, Nelson (general) 迈尔斯,尼尔森(将军) 123,340

Mill, J. S. 穆勒,J. S. 44,186-187,219,234,369注24

Millet, Jean Francois 米勒,让·弗朗索瓦 71

millet system 米勒特制 117

Mills, Kerry 米尔斯,克里 207,214,397。也可参见 Meet Me in St. Louis; ragtime

Milner, Alfred 米尔内尔,阿尔弗雷德 120

Milwaukee Meteor, The 密尔沃基流星。参见 Hahn, Archibald

Milwaukee (Wisconsin) 密尔沃基(威斯康星州) 207,216,217

Mind《精神》179

minimalism 极简主义 272,409注59

Mirbeau, Octave 米尔博,奥克塔夫, *Journal of a Chambermaid*,《女仆杂志》152

Mises, Ludwig von 米塞斯,路德维希·冯 17

"missing link" 缺少一环 104,215

Mississippi River 密西西比河 208-209,212,265,333,334

Missouri 密苏里州 12,123,226; Kansas City, 堪萨斯城 218; Sedalia, 锡代利亚 213-214

mitosis 有丝分裂 106,164

Möbius, Paul 默比乌斯,保罗 135

Modern 现代 1-12,15,31-32,53,71,93,100,346,356,360-365; and analysis, 分析 29; and art, 艺术 103; and Catholic Church, 天主教 7; and cosmopolitanism, 世界主义者 297; and discontinuity, 非

连续性 350; and feminism, 女权运动 24; and Mabel Dodge, 梅布尔·道奇 329; and Mach, 马赫 17; and mathematics, 数学 34; and Modern History, 现代历史 6-7; and "modern life", "现代生活" 24; and Modern Man, 现代人 7; and *Moderne* (German), 现代风格（德语）293; and *modernisme* (Catalonian), 现代主义（加泰罗尼亚语）7, 363 注 22; and *modernismo*, 现代主义 7, 104, 363 注 21, 375 注 1; and *Modernismus*, 现代主义 7, 21-22, 255; and modernity, 现代性 9, 114, 356; and modernization, 现代化 6, 8, 25, 366 注 12; and nationalism, 民族主义 25; and naturalism, 自然主义 258; and Neomodernism, 新现代主义 4; and positivism, 实证主义 15; and prosody, 诗体学 83; and realism, 现实主义 21, 103, 255, 293; and Rousseau, 卢梭 250; and same-sex relationships, 同性恋 296; and symbolism, 象征主义 8; and the modern, 近代 210; anti-Modernism, 反现代主义 26, 347; in 1913, 1913 年 324; in architecture, 建筑学 8-10, 23, 28; in art, 艺术 22-24, 78; in art history, 艺术史 327-328; in cabaret, 卡巴莱 22; in composition, 作曲 258; in dance, 舞蹈 149, 359; in design, 设计 211; in fiction, 小说 21, 78, 302; in logic, 逻辑 43; in mathematics, 数学 31; in music, 音乐 87, 282; in novel, 小说 284, 291, 297; in painting, 绘画 63, 353; in physics, 物理学 47-48, 62, 223; in poetry, 诗歌 80, 96; in theater, 戏剧 21-22, 143, 149, 251-152, 255; in World War I, 第一次世界大战 346-347; of Apollinaire, 阿波里耐 330; of Armory Show, 军械库展览 329; of Cajal, 卡哈尔 103-104; of cities, 城市 289; of composers, 作曲家 259; of Laforgue, 拉福格 81, 99; of Loos, 卢斯 211; of Munch, 蒙克 114; of Nijinsky, 尼任斯基 331; of O'Neill, 奥尼尔 334; of Picasso, 毕加索 243; of Pound circle, 庞德 323; of Rimbaud, 兰波 90; of Stein, 斯泰因 300; of Strindberg, 斯特林堡 252; of Whitman, 惠特曼 95; Irish, 爱尔兰人 287, 291; "modern life", "现代生活" 356; "modern style", "现代风格" 149; "moderns", "现代人" 67; publisher of, 现代出版商 88; Russian, 俄罗斯人 285,

325,343 - 344,376 注 1;Viennese,维也纳人 14 - 16,21,29

Modersohn,Paula and Otto 莫德索恩,保拉和奥托 144,153,155,158。参见 Becker,Paula

Moissan,Henri 莫瓦桑,亨利 220

molecules 分子学 20,27,47,49 - 56,58 - 60,163,168,171,223,228 - 230,245,334,352 - 353

Moll,Albert 莫尔,艾伯特,*Libido Sexualis*,《性欲冲动》136

Mondrian,Piet 蒙德里安,皮特 249,315,317;*Composition* ♯ 7,《构图》第七号 315;*Ginger Pot*,《姜罐》315;*Tree series*,《树》系列 330

Monet,Claude 莫奈,克洛德 75,142,244,306,327;*Haystacks*,《干草堆》306;*Haystacks* series,《干草堆》系列 375 注 38

Monge,Gaspard 蒙格,加斯帕 36

monism 一元论 8,223

monologue 独白 84 - 86,94,99,133,252,290,342,377 注 13;cabaret,卡巴莱 22,87 - 88,149,289,292,295,348;dramatic,戏剧独白 85;*Huckleberry Finn* as,作为独白的《哈克贝利·芬恩历险记》222;interior,内心独白 253,293 - 297,299,377 注 14,411 注 22;ironic poetic,讽刺诗 22;mock lecture,模仿讲话 85;monodrama,独角戏 323;stand-up comedy,单人表演的喜剧 85;theatrical,戏剧独白 288

Mont Sainte-Victoire 圣维克多山 11,245。参见 Cezanne,Paul

montage 蒙太奇 202,263,354。参见 moving pictures

Monteux,Pierre 蒙图克斯,皮埃尔 332

Montmartre 蒙马特 63 - 64,74,78,82,84,86,143,145,148 - 149,155 - 156,211,242,246 - 247,250,257,259,272,300,311 - 312

Moore,George 摩尔,乔治 77,143,289 - 290,294 - 295,297,299 - 300;*Bending of the Bough*,《树枝之摇曳》289;*Celibates*,《独身者们》297;*Confessions of a Young Man*,《一个年轻人的自白》289,300

Moore,Marianne 摩尔,玛丽安 218,298

Moravia 摩拉维亚 19,27,129,159,185

Moréas,Jean 莫雷阿斯,让 89,96,143,247,331

Moreau,Gustave 莫罗,古斯塔夫 89,145

Morgan, Thomas Hunt 摩根, 托马斯·亨特 220

Morisot, Berthe 摩里索, 贝特 77

Morocco Crises 摩洛哥危机 196

Morrell, Ottoline 莫雷尔, 奥托琳 190

Morris, William 莫里斯, 威廉 317

Morton, Jelly Roll 莫顿, 杰利·罗尔。参见 LaMothe, Ferdinand

Moscow 莫斯科 13, 153, 285, 295, 304, 306-307, 320

Moseley, Henry Gwynn-Jeffries 莫斯利, 亨利·格温-杰弗里斯 338, 346

Moser, Koloman 莫塞尔, 科罗曼 150, 211

Mosso, Angelo 莫索, 安杰罗 113, 131

moving pictures 电影 1, 3, 13, 63-64, 70, 76-77, 79, 102, 147, 149-150, 193-205, 244, 254-255, 263, 323, 339-340, 347, 354, 355, 395 注 21; 2001;《2001》202; *Alice in Wonderland*,《爱丽丝梦游仙境》198; *Blacksmith Scene*,《锻造场景》201; *Bloodhounds*,《侦探犬》198; cartoon, 漫画 87, 395 注 16; *Englishman Swallows Photographer*,《大吞咽》202; feature, 特写 339; *Grandma's Reading, Glass*,《奶奶的眼镜》202; historiography, 历史编纂学 394 注 1, 395 注 22; Kinetograph, 活动电影摄影机 79; Kinetoscope, 活动电影放映机 193, 195, 201; *La Lune a un metre*!《月亮有一米》394 注 10; Monroe Doctrine,《门罗主义》201; *Passion Play of Oberammergau*,《奥伯拉美格受难复活剧》196; Phantoscope, 万花筒公司 195; *Pioneers*,《拓荒者》198; *Red Riding Hood*,《小红帽》394 注 9; *Runaway Match*,《汽车中的结婚》198; *Scrooge*,《吝啬鬼》394 注 10; *Squaw Man*,《弱气男儿》340. 参见 Biograph; Bioskop; Edison, Thomas; Griffith, D. W.; Lumiere, Louis; Méliès, Georges; Porter, Edwin S.; shot; Vitagraph

Müller, Johannes 米勒, 约翰内斯 105-106

Munch, Edvard 蒙克, 埃德瓦 23-24, 74, 78, 114, 144, 253, 255, 328; *Dansemoro*, 74; *Frieze of Life*,《生命的饰带》244; *Melancholy*,《忧郁》114

Munch, Laura 蒙克, 劳拉 114

Munich 慕尼黑 2, 12, 14, 22, 53, 166, 228, 254, 307, 316, 317, 318, 319, 320, 327, 341; Ainmillerstrasse, 艾米勒大街 318; Glass Palace, 格拉

斯宫 304；Glyptothek, 古代雕塑展览馆 304；industrial exhibition hall, 工业展览厅 304；Moderne Galerie Thannhauser, 汤恩豪瑟画廊 319；Neue Pinakothek, 近代美术馆 304；New Artists Organization (NKVM), 慕尼黑新艺术家联盟 304,305,319；Schwabing, 施瓦宾格 305；Sezession Gallery, 分离派画廊 304；Theatinerstrasse, 铁阿提纳大街 319；University, 慕尼黑大学 167,168

Münsterberg, Hugo 缪斯特伯格, 雨果 219

Münter, Gabriele 蒙特, 加布里埃莱 304,305,319

music 音乐 2, 19 - 20, 22, 153, 171, 265 - 282, 314, 318, 324 - 325, 333；symphonic, 交响乐 268；syncopation, 切分 214 - 215；time signatures, 拍子记号 214 - 215,274

Musil, Robert 穆齐尔, 罗伯特 13, 17, 27 - 28, 265, 326, 365 注 2；*The Man without Qualities*,《没有个性的人》13,326；thesis on Mach, 关于马赫的论文 326

Musser, Charles 马瑟, 查尔斯 394 注 1

Mussorgsky, Modest 穆索尔斯基, 穆捷斯特 269,270

Muybridge, Eadweard 迈布里奇, 埃德沃德 46,64,76,147,193

myelin 髓磷脂 106 - 107,110

NAACP（美国）全国有色人种协进会 151,361 注 4

Nabis 纳比派 247

Nägeli, Karl 内格里, 卡尔 160, 161, 162, 163, 388 注 14；*A Mechano-Physiological Theory of Inheritance* (1884),《遗传的生理机制》(1884) 161

Nansen, Fridtjof 南森, 弗里乔夫 109, 110 - 111

Napoleon 拿破仑 13 - 14,20,129

narrative, narratology 叙述, 叙述学 1, 361 注 1

Natanson brothers 纳坦森兄弟 151

Nation, The《国家》71

National-Socialist German Workers Party 民族社会主义德意志工人党 27

Natorp, Paul 那托普, 保罗 188

naturalism, naturalist 自然主义, 自然主义者 8, 21, 28, 69 - 70, 149, 252, 254 - 255, 257 - 258, 261, 328 - 329, 342, 363 注 23

Nature, La《自然》76

Neanderthal Man 尼安德特人 311

Neo-Impressionism 新印象派 64,152,

244。参见 divisionism

Netherlands 荷兰 12,323；The Hague, 海牙 327；Leiden University, 莱顿大学 162。参见 Dutch

Neu-Dachau artists group 新触击艺术家团 305

Neue Rundschau《新评论》326

Neumann, John von 诺伊曼，约翰·冯 191

neurasthenia 神经衰弱 130,132,133,136

Neurath, Otto 纽拉特，奥图 191

Neuron (neurone), neuron doctrine 神经元，神经元学说 100,111-115,131-132,137,140,221,323,353,382 注 25；neurone, 神经元 382 注 27

neuroscience 神经科学 101,105-106,115,353,381 注 11,384 注 11,395 注 14；neuroanatomy, 神经解剖学 130-132,221,384 注 11；neurology, 神经病学 128,130-131,134-135；substantia nigra, 塞梅林氏神经节 106；synapse, 神经键 115

neurosis 神经症 128,135-137,139-140,349；aktuelle, 目前的 136；anxiety, 焦虑 136,138；"nasal reflex", 鼻反射 137

New Criterion《新标准》4

New England Anti-Imperialist League 新英格兰反帝国主义同盟 122

New England Magazine《新英格兰杂志》290

New Freewoman《新自由女性》301,323

New Jersey 新泽西州 12,150,218,273；Atlantic City, 大西洋城 198；East Orange, 东桔市 194；Orange, 桔市 193；Paterson, 帕特森 142；South Mountain, 南山 199；West Orange, 西桔市 195

New Orleans 新奥尔良 12,208,212,213,216,226,274,309,334,361 注 4；Congo Square, 刚果广场 226；Storyville, 斯托里维尔 226

New York City 纽约市 12,14,71,85,114,150,194,207,213,218,229,273,277,296,317,323,327-329,332,333,344；14th Street, 第十四大街 195,204,205,340；21st Street, 第二十一大街 193,197,198；23rd Street, 第二十三大街 194；25th Street, 第二十五大街 327；26th Street Armory, 第二十六大街军械库 340；28th Street, 第二十八大街 274；291 Gallery, 纽约画廊 314,319；69th Regiment Armory, 69 号军械库 327；Broadway, 百老汇 193,195,204,

206,257,265,314;Bronx Zoo,布朗克斯动物园 226;Central Park,中央公园 274;Central Presbyterian Church,中央长老会教堂 273;Chinatown,唐人街 214;Columbia Law School,哥伦比亚大学法学院 98;Columbia University,哥伦比亚大学 220;Cooper Union,箍桶匠公会 98;Crystal Palace(1854),水晶宫(1854) 10;Fifth Avenue,第五大道 204;Flatiron Building,熨斗大厦 193;Grand Central Station,纽约中央车站 327;Lexington Avenue,列克星敦大道 327;Liberty Street,自由街 274;Madison Square,麦迪逊广场 198;Metropolitan Opera,大都会歌剧院 267,268;Philharmonic,爱乐乐团 279;Russian Symphony,俄罗斯交响曲 269;*Statue of Liberty*,《自由女神像》114;suburbs,纽约郊区 198;Subway,地铁 226;Union Square,联合广场 193,214;volunteer firemen,志愿消防员 394 注 2;Wall Street,华尔街 226

New York Graphic《纽约影像》73

New York Times《纽约时报》5,362 注 5

New Zealand 新西兰 3,13,195,285,297

Newton,Isaac 牛顿,艾萨克 5,9,33-36,44,49,54,154,175,177,179,210,224,239,323,348,350,355

Nez-Percé people 内兹佩尔塞族 215

Nicholas II 尼古拉二世 322

Nielsen,Carl 尼尔森,卡尔 269

Niestlé,Jean 尼埃斯莱,让 319

Nietzsche,Friedrich 尼采,弗里德里希 3,18,26,31,38,41,56,155,256,257,259,264,291,322,348,349,360,363 注 22,371 注 22;*Zarathustra*,《查拉图斯特拉如是说》256,269

Nijinsky,Vaslav 尼金斯基,瓦茨拉夫 150,331;*Afternoon of a Faun*,《牧神的午后》331;*Jeux*,《游戏》331;*Rite of Spring*,《春之祭》331-333

nineteenth century 19 世纪 3,4,7,8,9,10,11,12,15,16,36,49,53,58,101,108,159,210,219,252,259,384 注 11;biology,生物学 160;calculus,微积分 36;certainty,确定性 62;coherence,21;continuity,连续性 38,350;democratization,民主化 26;epistemology,认识论 234;fiction,小说 292;Helmholtz,赫尔姆霍兹 168;histological stains,组织染色素 107;

logic,逻辑 190;marxism,马克思主义 117;mathematics,数学 37,357;music,音乐 269,271;nationalism,民族主义 24,117,346;Nietzsche,尼采 155;objectivity,客观性 28,141,191;painting,绘画 70;paradigm,榜样 240;Peirce on,皮尔士 365 注 28;photography,摄影术 108;physics,物理学 51,167,175;poetry,诗歌 82;positivism,实证主义 9,32,348;progress,进步 112,347;prose style,散文体裁 341;psychology,心理学 115,128,131,132;realism,现实主义 288;science,科学 129,130,350;stream of consciousness,意识流 189;tableau,场景 201;taxonomy,分类学 104;theater,戏剧 254,255,264;thermodynamics,热力学 47。参见 Victorian

Nobel Prizes 诺贝尔奖 23,108,114,163,220,239,355

Nolde,Emil（Emil Hansen）诺尔德,埃米尔（埃米尔·汉森）143

nonobjective, nonrepresentational 非具象艺术,非表现主义 303,314,316,318 - 319

Normandy,Normans 诺曼底,诺曼底人 72,75,155,272,286

Norway, Norwegians 挪威,挪威人 12,74,114,143,244,255,288,291 - 293,297;Bergen,卑尔根 344;Oslo（Christiania）,奥斯陆（克里斯蒂安尼亚）109,144,292;Sogne fjord,松恩峡湾 344

Nothnagel,Hermann 诺特纳格尔,赫尔曼 19

nuclear physics 核物理学 336,347

number 数字 61;cardinal,基数 178;computable,可计算 358,359;concept of,概念 16,30,37,40,41,44,46,154,178,191,221,348,351 - 352,354,368 - 370;finite,有限 104,223 - 224;irrational,无理数 30,33,38 - 41;quantum,定量 338;random,随机 350;rational,有理数 34,38,231;real,实数 33,37 - 38,179,184,352,358 - 359;transfinite cardinal,超穷基数 39 - 40,326;whole,counting or natural（integers）,整数或自然数 10,29,33,38 - 39,40,231,240,337,352,357,369 注 26

number theory 数论 38

Ny Jord《新地》292

O'Neill, Eugene 奥尼尔,尤金 252,334,340

O'Neill, James 奥尼尔,詹姆斯 334,

340

Obersteiner, Heinrich 奥伯斯坦纳, 海因里希 28

Oberth, Hermann 奥伯斯, 赫尔曼 14

objectivity 客观性 10-11, 35, 37, 43, 46, 141, 187, 190, 191, 211, 249, 298, 303, 316, 338, 347, 348; objective correlative, 客观对应物 339

Obrist, Hermann 奥布里斯特, 赫尔曼 317

Oedipus insight 俄狄浦斯神话 139, 325

Oenothera (primrose) 月见草（报春花属）164, 220, 323, 388 注 19

Olbrich, Josef Maria 奥尔布里奇, 约瑟夫·玛丽亚 211

Oliver, Joseph (King) 奥利弗, 约瑟夫（金）213

Olivier, Fernande 奥利维尔, 费尔南德 241, 242, 244, 249

Olympia Academy 科学奥林匹亚 227, 233-235

Olympics 奥运会：Second (Paris, 1900), 第二届（巴黎, 1900）147-148, 217; Third (St. Louis, 1904), 第三届（圣路易斯, 1904）216-217

one-to-one correspondence 一一对应关系 40, 42

opportunity cost 机会成本 19

order 顺序：of movies in show, 电影的播放顺序 194; ordered states, 有序状态 50-51, 53-54, 56, 58, 62, 371 注 18; of phenomena in consciousness, 意识中现象的顺序 189; of scenes in play, 戏剧场景的顺序 252; of set elements, 集合元素的顺序 42, 44, 46, 178, 372 注 23; of shots in movies, 电影画面的顺序 200

Orfer, Léo d' 奥福, 利奥·d' 80

Ostwald, Wilhelm 奥斯特瓦尔德·威廉 58-60, 169, 210, 220-221, 224-225

Ota Benga 奥塔·本嘎 216, 226

Ouspensky, Peter Demianiovich 邬斯宾斯基, 彼得 318

Owen, Wilfred 欧文, 威尔弗莱德 346

Oxford University 牛津大学 195

pacifism 和平主义 227

painting 绘画 22-23, 241-250, 263, 267, 294, 297, 303-320, 325; "Charenton School", "沙朗通学派" 78

Paleolithic 旧石器时代 7, 328

Pan-German Party 泛德意志党 27

Pappenheim, Bertha (pseud. Anna O.) 帕本海姆, 柏莎（化名为安娜·

欧) 23, 135, 137

parallel action 平行作用, parallel editing 平行剪辑 200, 204, 252, 340。也可参见 moving pictures

Paris 巴黎 2-3, 9, 12, 14, 21, 22, 63, 72-74, 76, 78, 81-82, 84-86, 89-90, 93, 95, 98-99, 111, 130, 133-134, 142-158, 170, 173. 178, 180, 185, 196, 209, 226, 229, 253, 259-260, 262, 270, 272, 285, 289, 294-299, 301, 304-305, 309, 311-313, 315, 323, 327, 329, 333-335, 341, 344, 346, 358; Académie Julian, 朱里安美术学院 79; Alexandre Ⅲ bridge, 亚历山大三世桥 147; Alma bridge, 阿尔玛桥 148, 153; Arceuil, 阿尔塞维尔 148; Auteuil, 欧特伊 146; Bal Bullier, 布里埃舞厅 330; Bateau-Lavoir, 浣衣舫 241, 244, 246; Batignolles, 巴蒂尼奥勒 84; Bibliotheque Nationale, 法国国家图书馆 82, 294; Bibliotheque Ste-Genevieve, 圣日内维夫图书馆 294-295; Bois de Boulogne, 布洛涅森林 64, 151; Clichy, 克利希 156; Closerie des Lilas, 丁香园 247; Colarossi Academy, 科拉罗西艺术学院 144, 385注5; ComMune (1871), 巴黎公社 (1871) 81; Conservatory of Music, 中央音乐学院 272; Gare d'Orsay, 奥赛火车站 156; gas company, 煤气公司 257; Grand Palais, 大皇宫 145, 147, 155; Invalides, 荣军院 147; Latin Quarter, 拉丁区 313; Left Bank, 左岸 258; Levallois, 勒瓦卢瓦 64-65; Louvre, 罗浮宫 68, 242, 245, 330; Luxembourg Gardens, 卢森堡公园 82, 296; Lycée Saint-Louis, 圣路易中学 95; Maison Dorée, 镀金大厦 77; Metro, 地铁 147, 331; Montparnasse, 蒙巴那斯区 144, 148; Morgue, 太平间 246; Musee de l'Homme, 人类学博物馆 246; Neuilly, 纳伊镇 64, 148; Notre Dame, 巴黎圣母院 134; Pellerin Collection, 佩莱伦藏品 158; Salpêtrière 萨勒佩提亚医院 260; Samaritaine, 萨马丽丹 152; Schola Cantorum, 圣歌学院 272; Sorbonne, 索邦神学院 73; St. Germain-des-Près, 圣耳曼-德-佩区 148; St. Honore d'Eylau, 圣奥诺尔·埃劳教堂 152; St. Severin, 圣塞韦林教堂 313; *The Song of a Great City*, 《大都市之歌》143; Trocadéro, 特罗卡德罗宫 151, 152, 246. 参见 Eifiel Tower;

Montmartre;Puteaux
Paris 巴黎, streets and squares, 街道和广场; bvd des Italiens, 意大利大道 77; bvd Magenta, 马让塔大道 65; bvd Malesherbes, 马雷戴尔伯大道 151; Champ de Mars, 蓬皮杜中心 146-147; Champs-Elysées, 香榭丽舍大道 147, 149-150; passage Elysée des Beaux-Arts, 爱丽舍美术大道 257; place Pigalle, 毕加尔宫 257; rue Berthollet, 贝托莱街 88; rue Cassette, 卡塞特街 142; rue de Chabrol, 沙布罗尔路 67, 69, 72; rue de Fleurus, 弗勒吕斯路 296; rue Gabrielle, 加布里埃尔街 156; rue des Grands Augustins, 奥古斯都大帝大街 313; rue Jussieu, 朱西厄路 83; rue Lafitte 拉菲路 77, 145, 241; rue Laugier, 洛杰耶路 80; rue des Martyrs, 殉道者大街 241; rue Ravignan, 拉维尼昂街 157; rue de Rome, 罗马路 69; rue Victor Masse, 维克多马斯街 156

Parker, Horatio 帕克, 霍雷肖 273

Parnassian 高蹈派诗人, Parnassianism, 高蹈派 7, 89

Parthenon 帕台农神庙 66

particle, particulate 微粒, 颗粒 10, 19, 48, 50-51. 163-164, 173, 220, 223-224, 229, 231, 239-240, 334, 337-338, 349-350, 352, 357, 365 注 4; Brownian, 布朗的微粒 169; of heredity, 遗传 163-165; ions, 离子 163, 168, 220; subatomic, 亚原子 60, 170, 222-223, 229, 240, 341, 398 注 38

Pasch, Moritz 帕施, 莫里茨 41

Pasternak, Boris 帕斯捷尔纳克, 鲍里斯 324, 376 注 1

Paul, Robert 保罗, 罗伯特 195, 198

Pavlova, Anna 巴甫洛娃, 安娜 150

Peano, Giuseppe 皮亚诺, 朱塞佩 41-45, 113, 154, 178, 183-184, 192, 221, 326, 351

Pearson, Karl 皮尔逊, 卡尔 58, 169, 210, 237, 239, 312, 366 注 4; *Grammar of Science*,《科学的规范》210, 234, 413 注 24

Péguy, Charles 佩吉, 夏尔 96

Peirce, Charles Sanders 皮尔斯, 查尔斯·桑德斯 10, 17, 41, 43, 71, 182-183, 187, 192, 219, 221, 365 注 28, 369 注 19

Pelleas and Melisande《佩利亚斯与梅丽桑德》407 注 27; by Debussy, 德彪西 157, 270, 271; by Faure, 福尔 157; by Maeterlinck, 梅特林克 143, 157, 259, 260, 270; by Schoenberg, 勋伯格 275; by

Sibelius,西贝柳斯 407 注 27
Pennsylvania 宾夕法尼亚州 196,199; Pittsburgh,匹兹堡 204,304; University of,宾夕法尼亚大学 218,298
People's Party (U.S.) 人民党(美国) 217
performance art 表演艺术 85,88
Perloff, Marjorie 帕洛夫,玛乔瑞 379 注 32
Perrin, Jean 佩兰,让 59,170,229-230,334; Atoms,《原子》334,338
Perse, St.-John (Alexis Saint-Leger Leger) 佩斯,圣-琼(阿莱克斯·圣-莱格·莱格) 96
persistence of vision 视觉暂留 70,76
perspective 视角,透视 68,145,245, 312; multiple perspective,多重透视 11,349-350; stereosoope 立体镜 68
perspectivism 透视主义 249,347
Phalanx 方阵 305
phenomenology 现象学 9,27,59,104, 189,190,191,192,204,254,285, 291,296,323,338,339,393 注 43; of the discrete, 离散 104; *epoché*,纪元 350; and mathematics,数学 339
Philadelphia 费城 10,151,207,218; University of Pennsylvania,宾夕法尼亚大学 218,298
Philippine Islands 菲律宾群岛 118-119,120; Bagobo, Igorot, and Visayan peoples,巴戈博族、伊哥洛特族和米沙鄢族 215; Macabebe people,马卡贝贝人 122; Moro people,摩洛族 215,217; Negrito people,矮小黑人 215,217; Philippine Insurrection,菲律宾起义 119-120,121,122-123; Samar, 萨马岛 122; under the United States,在美国统治下的菲律宾 119,216; under Weyler,在魏勒统治下的菲律宾 118
philosophy, philosophers 哲学,哲学家 27,39,41,46,142,154,177-192,219,223,263,291,298,338-339,342,344。参见 monism
Philosophical Magazine《哲学杂志》 337
phonograph 留声机 84
photoelectric 光电 232,233,235,239
photon 光子 61,228,231,233,235, 239,355
phrenology 颅相学 105
physics, physicists 物理学,物理学家 10-11,15-17,19,28,154,159, 163,166-176,192,221-223, 227-240,334-338; as an art,作为艺术的物理学 228

Picabia, Francis 皮卡比亚,弗朗西斯 312,328

Picard, M. E. 皮卡德 113

Picasso, Pablo (Ruiz) 毕加索,巴勃罗（路易斯）6,31,79,87,100,145,147,155,157-158,211,241-251,294,300,309,311,313,327,330,346,349,355,362注17; *Actor*,《演员》242; Blue Period,蓝色时期 157,241; *The Burial of Casagemas*,《卡萨吉马斯的葬礼》157; *Demoiselles d'Avignon*,《亚威农少女》100,241-249,311; and Gauguin,毕加索和高更 157; *Gertrude Stein* (1906),《格特鲁德·斯坦因》(1906) 242; *The Last Moments*,《最后时刻》147,155,156; *La Vida*,《生命》157; Ma Jolie,《朱莉》312; rose period,玫瑰时期 242; *Self-Portrait* (1906),《自画像》(1906) 242; *Tub*,《入浴》242; *Woman with a Mustard Pot*,《女人与褐黄色的壶》328

Pickford, Mary 碧克馥,玛丽 339

Picture with a Circle (1911)《有圆圈的画》(1911) 310,314,320

Pieri, Mario 皮埃里,马里奥 326

Pierrot figure 丑角 87-88,282,325,378注17,405-406注14

Piltz, Maria 皮尔兹,玛丽亚 332

Pincherle, Salvatore 平凯尔莱,萨尔瓦托 41

Pinsent, David 平森特,大卫 344

Pirandello, Luigi 皮兰德娄,卢伊吉 263

Pissarro, Camille 毕沙罗,卡米耶 64,72,77,78,327

Pius X 庇护十世 8

pixel 像素 73

Plancherel, Michel 普兰切雷尔;米歇尔 334

Planck, Marie (Merck) 普朗克,玛丽（默克）168,173

Planck, Max 普朗克,马克斯 48,56,60-61,154,159,166-176,186,220,223,229,231-233,239,301,335,346,352,354-357; Erwin (son),欧文（普朗克之子）175,391注60; Karl (son),卡尔（普朗克之子）346; "On Irreversible Radiation Processes",《论辐射过程的不可逆》172; Planck'S Constant (h),普朗克常数(h) 175,337; Radiation Law,辐射定律 173-175; *Vorlesungen* ... (Lectures on Thermodynamics, 1897),《热力学讲义》(1897) 60

Plateau, Joseph 普拉陶,约瑟夫 76,201

索 引 631

Plato, platonism 柏拉图,柏拉图主义 16,31,36,339,343

Plessy v. Ferguson (Supreme Court case) 普莱西诉弗格森案(最高法院判例) 398 注 31

Plutarch 普卢塔克 1

Poage, George (hurdler) 波格,乔治(跳栏比赛选手) 217

Poe, Edgar Allan 坡,埃德加·爱伦 83,95,289; "Cask of Amontillado",《白葡萄酒桶》290; "Tell-Tale Heart",《赤裸的心》290

Poetry, poets 诗歌,诗人 2,7,12,16, 20,22,77,80 - 99,142,241,256, 323 - 324,331,339,348,353,363 注 21,376 注 1,378 注 21,380 注 48,417 注 24; American Modernist,美国现代主义诗人 218; Apollinaire,阿波利奈尔 330; expressionist,表现派艺术家 305; George,乔治 276; Joyce,乔伊斯 283; Kruchenykh,克鲁乔内科 342; Pound,庞德 331; Rilke,里尔克 27; Strindberg,斯特林堡 253, 263; Valery,瓦莱里 152

Poincaré, Jules-Henri 庞加莱,朱尔斯-亨利 56,143,153,155,180,203, 210,224,226 - 227,231,235 - 236,239,312,318,335,348,372 注 23,402 注 32; Mécanique celéste (Celestial mechanics),《天体力学》154,224; "On the three-body problem …"(1890),《论三体问题》(1890) 56; "Principles of Mathematical Physics",《数理物理学原理》224; Science and Hypothesis,《科学与猜想》234; "The Measure of Time"(1898),《时间的测量》(1898) 236

Pointillism 点彩法 64

Poland, Polish 波兰,波兰人 3,25,78, 117,142 - 144,208,292,297,326, 383 注 25,416 注 11

polyrhythm 复合节奏 214,274,333, 343

Popp, Adelheid 波皮,阿德莱德 24

Popper, Karl 波普尔,卡尔 239

Popular Science Monthly《大众科学月刊》291

Porter, Edwin S. 鲍特,埃德温 193 - 200,202 - 205,261,323,339 - 340,354 - 355; Count of Monte Christo,《基度山伯爵》334,339; Famous Players company,明星公司 339; Gay Shoe Clerk,《快乐的鞋店售货员》199; Great Train Robbery,《火车大劫案》194 - 195,199 - 200,203 - 205,340; and Griffith,与格里菲思 394 注 4; Hearts Adrift,《漂泊的心》339;

Rescue from an Eagle's Nest,《虎口余生》40; *Romance of the Rail*,《铁路的浪漫故事》199; *Rube and Mandy at Coney Island*,《科尼岛上的乡巴佬与曼迪》199; *Story of an American Fireman*,《一个美国消防队员的故事》193-195,198,200,203,261,340; *Tess of the Storm Country*,《暴风雨的乡村》339

positivism, positivists 实证主义,实证主义者 9,15-21,27,28,32,36-41,42-46,48,59,70,73,82,90-91,102,104-105,142,169-170,186,219,221,229,245,259,307,317,339,348; legal, 法律实证主义 17; logical, 逻辑实证主义 8; neo-positivism, 新实证主义 357

post-impressionism 后印象派 64,211,327,348

postmodernism, postmodern 后现代主义,后现代 4-5,8,350,356,361-362 注 4-16; dance, 舞蹈 362 注 7

Pound, Ezra 庞德,埃兹拉 8,14,80,98,218,298,301,323,327,330,339,342; "A Pact",《协议》331,417 注 28; "In a Station of the Metro",《在地铁车站》331

pragmatism 实用主义 9,219,398 注 36; and Mach, 实用主义与马赫 188

Prague 布拉格 14-16,26,265,269,285,311,330,340; University, 布拉格大学 15-16

Prague Times《布拉格时报》280

Pravda《真理报》322

primitive, primitivism 原始的,原始性 69,245,247,269,317,319,332

primrose (*Oenothera*) 报春花属(月见草) 164,323

Prince, Morton 普林斯,莫顿 221

Princet, Maurice 普林塞特,莫里斯 312,313

Princip, Gavrilo 普林西波,加夫里罗 322

Pringsheim, Ernst 普林斯海姆,恩斯特 172,173

Progressive Party (U.S.) 进步党(美国) 226,328

Prokofiev, Sergei 普罗科菲耶夫,谢尔盖 270,282,410 注 63; *Diabolic Suggestion*,《魔鬼的建议》282

Prometheus (Fauré)《普罗米修斯》(福列) 153

Proust, Marcel 普鲁斯特,马塞尔 9,27,81,151,152,192,271,285,297,301,302,341,348,349; and Fauré, 与福列 407 注 13; Grasset (publisher),格拉塞特(出版商)

341; *A la Recherche du temps perdu* (Remembrance of things past/In Search of Lost Time),《追忆似水年华》271, 286, 301, 324, 341; *Swann's Way*,《在斯万家那边》271, 341

Prussia 普鲁士 31, 48, 81; Prussian Academy, 普鲁士学会 166

psychiatry, psychiatrists 精神病学, 精神病学家 18-19, 27, 105-106, 128, 130-131, 135, 140, 221, 348

psychoanalysis 精神分析 130, 134, 135, 140, 325, 341, 349

psychology, psychologists 心理学, 心理学家 8, 11-12, 16, 18, 27, 35, 36, 41, 45, 69-71, 74, 76, 105-106, 111, 114, 128, 129, 131, 139, 141, 187, 219, 222, 339, 354, 381 注 11; abnormal, 变态心理学 221; association of ideas, 联想 219; laboratories, 实验心理学 27, 105, 131, 219; and logic, 与逻辑 186; of movement perception, 运动感觉 201; phrenology, 颅相学 105; "Project for a Scientific Psychology" (Freud),《科学心理学大纲》(弗洛伊德) 137

Puccini, Giacomo 普契尼, 贾科莫 267

Puerto Rico 波多黎各 119

Purkinje, Johannes E. 浦肯野, 约翰尼斯 E. 104, 110; Purkinje cell, 浦肯野细胞 111

Puteaux 皮托 310, 312; Puteaux Group, 皮托小组 312, 313

Puvis de Chavannes, Pierre 夏凡纳, 皮埃尔·皮维斯·德 67, 327; *The Sacred Wood*,《圣林》67

Pythagoras 毕达哥拉斯 33, 45

quantum, quantizing 量子, 量子化 6, 27, 47, 61, 117, 159, 166-175, 223, 228, 231-233, 239-240, 323, 335, 337-338, 349-350, 352, 354-355, 382 注 39, 402 注 35; chromodynamics, 量子色动力学 350; electrodynamics, 电气力学 224, 348, 350, 420 注 2; leap, 跳跃 337; numbers, 数量 338

quark 夸克 350

Quine, W. V. O. 奎因, W. V. O. 191

Quinn, John 奎因, 约翰 327, 329

Rabelais, Francois 拉伯雷, 弗朗索瓦 134

Rachmaninov, Sergei 拉赫玛尼诺夫, 谢尔盖 270

racism, racists 种族主义, 种族主义者 24, 212, 217, 398 注 31

radiation 辐射 59-61, 154, 229, 232, 235, 338; discontinuous, 不连续辐

射 231; by electrons 电子辐射 337; of heat, 热辐射 168,170 - 174; photon-producing, 光子制造 232

radioactivity 放射性 151,222,224,336

radium 镭 143,149,222,225,238,341,345

ragtime 拉格泰姆 213 - 215,272,274 - 275,333 - 334,407 注 24; earliest sheet music (1897),最早的活页乐谱(1897) 397 注 25

railway travel 铁路旅行 4,12,14,16,25,27,31,35,62,76,136 - 137,144,147,153,156 - 157,165,183,196 - 197,199 - 200,203,204,207,213,236,237,277,295,305,323,327,349,356,384 - 385 注 26,401 注 28

Rainey,Gertrude(Ma) 雷尼,格特鲁德(马) 212

Ramón y Cajal,Santiago 拉蒙·卡哈尔,桑地亚哥 100 - 115,130 - 132,153,221,323,353; Croonian lectures 克鲁年讲座 112; "The Structures and Connections of Nerve Cells",《神经元的结构与关系》114

Ramsay,William 拉姆齐,威廉 220

randomness 随机 232,301,323,330,350,356,421 - 422 注 21

Rank,Otto 兰克,奥托 140

Ranvier,G. 朗维埃 104

Ratzenhofer,Gustav 拉岑霍费尔,古斯塔夫 24,366 注 15

Ravel,Maurice 拉威尔,莫里斯 271 - 272,332,406 注 11; *Rapsodie espagnole*,《西班牙狂想曲》271 - 272

Rawson,Claude 罗森,克劳德 4

Rayleigh, John William Strutt, Lord 瑞利,约翰·威廉·斯特拉特,男爵 173 - 174,231

Rayonnism 辐射主义 320

realism,realist 现实主义,现实主义者 5,8,21 - 22,28,89,143,149,200,203,252,254,257,258,261,262,289,293,294,299; by Eakins,伊肯斯 329; in fiction,小说中的现实主义 288; by Kupka,库普卡 311; and Modernism,与现代主义 255 - 256; and nonrealism,与非现实主义 317; *realisme*,现实主义 82; and romanticism,与浪漫主义 360; scientific,科学的现实主义 103; in theater,现实主义戏剧 260

recurrence 循环 57; eternal,永恒的 56。参见 *Wiederkehreinwand*

recursion,recursive processes 递归,递归过程 140,347,354 - 357

Redon,Odilon 雷东,奥迪隆 89,327

Regnault, Alexandre Georges Henri 雷诺,亚历山大·乔治·亨利 353

Reich,Steve 里奇,史蒂芬 272

Reiff,R. 瑞夫,R. 41

Reinhardt,Max 莱因哈特,麦克斯 254,261

relativity principle 相对性原理 224, 236。参见 Einstein,Albert; Poincare,Jules-Henri

Rémak,Robert 勒马克,罗贝尔 106

Renaissance littéraire et artistique《文学和艺术的复兴》84,89,95

Renard,Jules 雷纳,朱尔斯 148

repression (*Verdrängung*) 压抑 137-140

Republican Party (U.S.) 共和党(美国) 122

reservation 保留地 117,123,215; Pine Ridge,松岭 340。参见 concentration camps

reticular hypothesis 网状假说 109

Retzius,Gustav 雷奇乌斯,古斯塔夫 111

reversibility problem 可逆性问题。参见 *Umkehreinwand*

Revue Anarchiste《无政府主义者评论》153

Revue Blanche《白色评论》151-152, 156-157,247

Revue de métaphysique et de morale《形而上学与道德评论》180

Revue des Deux Mondes《两个世界的评论》81,93,95

Revue indépendante《独立论刊》69, 98,375 注 34

Revue Wagnérienne《瓦格纳评论》270

Richardson,Dorothy 理查德森,多萝西 285,301; *Pilgrimage*,《朝圣者的旅程》285,302; *Pointed Roofs*,《尖屋顶》301,324,342

Ricoeur,Paul 利科,保罗 190

Rictus,Jéhan (Gabriel Randon) 里克蒂斯,让(加布里埃尔·兰顿) 86

Riemann,G. Bernhard F. 黎曼,G. 伯恩哈特 180,234

Rilke,Rainer Maria 里尔克,赖内·马利亚 26,152,155,362 注 17

Rimbaud,Arthur 兰波,阿蒂尔 80, 83,89-93,95,96,98-99,289, 331,348,353; *A Season in Hell*, 《地狱中的一季》91; "Aprés le déluge",《洪水之后》90; *Illuminations*,《彩画集》81,90-93,96; "Les Corbeaux",《乌鸦》96; "Marine",《海景》93; "Motion",《运动》91,92; "Promontory",《海岬》90; *Une Saison en Enfer*,《地狱中的一季》90; "Voyelles",《元音》89,90

Rimsky-Korsakov, Nikolai 里姆斯基-科萨可夫,尼古拉 270

Rip Van Winkle《瑞普・凡・温克尔》197,255

Rite of Spring《春之祭》323,331-333

Rivière, Henri 里维埃,亨利 87

Roberts, Frederick Sleigh (general) 罗伯茨,弗雷德里克・斯莱(将军) 119

Robida, Albert 罗比达,艾伯特 148

Robinson, Abraham 罗宾逊,亚伯拉罕 352

Rockne, Knut 罗克尼,纽特 323

Rodenbach, Georges 罗登巴赫,乔治斯, Bruges-la-Morte,《死寂的布鲁日》143

Rodin, Auguste 罗丹,奥古斯特 152

Roebling, John 罗布林,约翰 32

Roemer, Michael 罗默,米切尔,361注1

Roerich, Nicholas 罗瑞克,尼古拉斯 332

Rogers, Will 罗杰斯,威尔 216

Rokitansky, Carl von 罗基坦斯基,卡尔・冯 19

romanticism, romantic 浪漫主义,浪漫主义者 5,15,20-22,24-25,28-29,35,48-49,85,93-95,99,100,117,252,255,259,270,273,348,360,363注18,390注47,417注31,420注4

Rontgen, Wilhelm Conrad 伦琴,威廉・康拉德 170,229

Rood, Ogden 罗德,欧登 71-73; *Modern Chromatics*,《现代色彩学》71

Roosevelt, Theodore 罗斯福,西奥多 114,123,195,199,209,215,217,225-226,237,323,328,397注18; "A Layman's Views of an Art Exhibition,"《艺术展门外谈》328-329

Rose, Steven 罗斯,史蒂文 381注9

Rosenthal, Artur 罗森塔尔,阿图尔 334

Rosenthal, J. B. 罗森塔尔,J. B. 106

Rosé, Arnold 罗斯,阿诺德 279-280

Ross, Andrew 罗斯,安德鲁 4

Rouault, Georges 卢奥,乔治斯 244

Rousseau, Henri (le Douanier) 卢梭,亨利 244,249-250,319; *Poet and Muse*,《诗人与缪斯》250; *Sleeping Gypsy*,《睡着的吉卜赛女郎》250

Royal Horticultural Society 皇家园艺学会 165

Royal Institution 皇家研究院 222

Royal Society 皇家学会 2,112,222,337

Royce, Josiah 罗伊斯,乔西亚 219

Rubens, Heinrich（physicist）鲁本斯，海因里希（物理学家）166, 169, 172-174
Rubin, William 鲁宾，威廉 403 注 1
Ruskin, John 拉斯金，约翰 73, 151
Russell, Alys（Pearsall Smith）拉塞尔，阿莉丝（皮尔索尔·史密斯）178-179, 181, 183-184, 188
Russell, Bertrand 罗素，伯特兰 6, 30, 44, 46, 145, 154, 177, 187-188, 190-192, 219, 221, 323, 326, 336, 338, 344, 346-347, 354, 357, 360; *Autobiography*,《自传》177; and Cantor, 罗素与康托尔 392 注 9; Frege, correspondence with, 与弗雷格的通信 183; and Modern art, 和现代艺术 392 注 19; "On Denoting",《论指谓》393 注 41; *Principia Mathematica*,《数学原理》177, 182, 184, 327; *Principles of Mathematics*,《数学原理》177-184; Russell's Paradox, 罗素悖论 180-182, 184, 187, 347, 354; Theory of Knowledge (1913),《知识论》(1913) 323; theory of types, 类型论 184, 190, 392 注 27
Russia 俄罗斯 2, 12, 25, 32, 96, 117, 144, 147, 150, 152, 161, 247, 254, 285, 292, 305, 313, 318-321, 323-325, 331, 333, 342-343, 346, 410-411 注 20; anti-Semitism in, 反犹主义 341; cubo-futurism in, 立体—未来派 353; dance from, 舞蹈 331; Kandinsky in, 康丁斯基 306; Kiev, 基辅 341; Lithuania, 立陶宛 314; movies in, 电影 196; music in, 音乐 269, 270; Nizhni Novgorod, 下诺夫哥罗德 196; novel in, 小说 294-295; Odessa, 敖德萨 304; painting in, 绘画 270, 304; poetry in, 诗歌 376 注 1; Revolution of 1905, 1905 年革命 285, 324, 344; Siberia, 西伯利亚 322; Social Democratic Party of, 社会民主党 144, 322, 341; symbolists in, 象征主义者 306, 317。参见 Moscow; St. Petersburg
Rutherford, Ernest 卢瑟福，埃内斯特 101, 195, 222, 225, 238, 336, 337, 345
Rydberg number 里德堡数 337
Ryder, Albert Pinkham 莱德，艾伯特·平卡姆 327
Ryle, Gilbert 赖尔，吉尔伯特 191

$S=k \log W$ 56-57, 62, 175, 224, 334, 350。参见 Boltzmann
St. Denis (Dennis), Ruth 圣丹尼斯（丹尼斯），鲁思 150, 331, 359
St. Louis 圣路易斯 12, 150, 206-226,

227,229,231,237,273,334,335；beer，啤酒 206；Biddle Street，比德尔街 212；Browns baseball team，布朗斯棒球队 212；Market Street，市场街 213；"St. Louis Blues"，《圣路易斯布鲁斯》212，334；"St. Louis Rag"，《圣路易斯拉格》397 注 23；"St. Louis Tickle"，《圣路易斯之歌》212；Washington University 华盛顿大学 216；World's Fair Cascades，世博会的小瀑布 209，214-215，222，225；World'S Fair Pike，世博会的"圣路易斯之矛"209-211，216，226

St. Petersburg 圣彼得堡 12，14，32，254，269，270，282，314，321，323，324-325，331，341，342-344

staccato and legato 断奏与连奏 10，333

Saint-Saëns，Camille 圣-桑斯，卡米尔 332

Salis，Rodolphe 萨利斯，鲁道夫 86-87

Salmon，André 萨蒙，安德烈 241，243-244，247，249

Salomé《莎乐美》：by Regnault，该剧由雷诺创作 420 注 10；by Strauss，由施特劳斯创作 26 7，406 注 7；by Wilde，由王尔德创作 156

Salon d'Automne 秋季沙龙 244，313，315，331

Salten，Felix 萨尔顿，费利克斯，Bambi,《小鹿斑比》21

Sâr Péladan 沙·佩拉当 317

Sarajevo 萨拉热窝 23，322，344

Sardou，Victorien 萨都，维多琳 22，255

Sartre，Jean-Paul 萨特，让-保罗 190

Sassoon，Siegfried 萨松，西格里夫 346

Satie，Erik 萨蒂，埃里克 87，143，148，272，275，282；chorales，赞美诗 272；La Diva de l'Empire，《帝国的女神》272；Gymnopedies，《裸体歌舞》272；Three Pieces in the Form of a Pear，《梨型曲三段》272

Saturday Evening Post《星期六晚邮报》301

Saussure，Rene de 索绪尔，弗迪南·德 312

Scandinavia 斯堪的纳维亚 292。参见 Denmark；Norway；Sweden

Schapiro，Meyer 夏皮洛，梅耶 374 注 10

Scheler，Max 舍勒，马克斯 190

Schiele，Egon 席勒，埃贡 23，279

Schiller，Friedrich von 席勒，弗里德里希·冯 49，58

Schleiden, Matthias J. 施莱登,马赛厄斯 J. 104

Schliemann, Heinrich 施利曼,海因里希 129

Schlömilch, Oskar 施勒米尔希,奥斯卡 41,368 注 13

Schmithals, Ernst 施米塔尔斯,恩斯特 317

Schnitzler, Arthur 施尼茨勒,亚瑟 15,19,21-22,143,222,253,255,265,288,293,294,297,348; Abschied,《告别》293; and Freud, 与弗洛伊德 410 注 17; *Lieutenant Gustl*,《古斯特少尉》293-294

Schnitzler, Johann 施尼茨勒,约翰 18-19

Schoder, Marie Gutheil 肖德,玛丽·古泰尔 279

Schoenberg, Arnold 勋伯格,阿诺德 14,26,28,265-267,275-282,303,307,318-319,323,332-333,355,362 注 17; *Book of the Hanging Gardens* (Op. 15),《空中花园录》276,278; *Chamber Symphony* ♯ *1*,第一室内乐交响曲 275-276; *Chamber Symphony* ♯ *2*,第二室内乐交响曲 276,278; "developing variation", 展开性变奏 276; dissonance, 不协和音 268,277,281; Gertrud and Georg (children), 格特鲁德和乔治(子女) 279; *Glückliche Hand*,《幸运之手》323; *Gürrelieder*,《古雷之歌》275; "How One Becomes Lonely", "一个人是如何变得孤独的" 281; paintings, 绘画 318; *Pelleas und Melisande*,《佩利亚斯与梅丽桑德》275; *Pierrot Lunaire*,《月迷彼埃罗》282; *Red Gaze*,《红色的凝视》279; repetition, 反复 276; Samuel (father), 塞缪尔(父亲) 265; *String Quartet* ♯ *0*, 弦乐四重奏 266,276; *String Ouartet* ♯ *1*,第一弦乐四重奏 266,276,279; *String Quartet* ♯ *2*,第二弦乐四重奏 276-282,307; *Theory of Harmony*,《和声学》281; *Three Piano Pieces*,三首钢琴曲 278; *Two Songs* (Op. 14), 两首歌 276; visions (paintings), 视觉 319

Schoenberg, Mathilde (Zemlinsky) 勋伯格,马蒂尔德(泽姆林斯基) 266,279

Schoenflies, Arthur 薛弗利斯,亚瑟 326

Scholle (Clod) artists group "粘土"团体 305

Schönerer, Georg von 舍纳尔,格奥尔格·冯 24,27

Schopenhauer, Arthur 叔本华, 阿图尔 27, 31, 48, 61–62, 82, 87, 370注5, 376注5

Schorske, Carl 朔尔斯克, 卡尔, *Fin-de-Siecle Vienna*, 《世纪末的维也纳》24, 366注16

Schröder, Ernst 施罗德, 恩斯特 41, 43–44, 182–183, 187, 192, 368注13, 369注19

Schrodinger, Erwin 薛定谔, 欧文 14, 27, 338

Schubert brothers 舒伯特兄弟 204

Schultze, Max 舒尔茨, 马克斯 107

Schumann-Heink, Ernestine 舒曼-海因克, 欧内斯廷 268

Schumpeter, Joseph 熊彼特, 约瑟夫 17–18

Schwann, Theodor 施旺, 西奥多 104

Schweitzer, Albert 施韦茨, 阿尔伯特, 323

scientism 科学主义 16, 142. 参见 positivism

Scriabin, Alexander 斯克里亚宾, 亚历山大 269–270; *Mysterium*, 《神圣之歌》269; Symphony #3, 第三交响乐 269; Symphony #4, 第四交响乐 269, 270; Symphony #5, 第五交响乐 269

Scribe, Eugene 斯克里布, 尤金 22, 255

Secession(Sezession) of artists 艺术家中的分离派 22, 59; Berlin, 柏林 22, 329; Munich, 慕尼黑 22, 304, 305, 329; United States, 美国 329; Vienna, 维也纳 22–24, 25, 49, 211, 329

Second Law of Thermodynamics 热力学第二定律 50, 52, 55–56, 167, 175。参见 entropy

Seeger, Alan 西格, 阿伦 346

segregation 分离: of hybrid varieties, 杂交品种的分离 160–163, 165, 220; of races or peoples, 种族隔离 212, 398注31

self-reference 自引用 11, 347–360。也可参见 recursion

Serbia, Serbs 塞尔维亚, 塞尔维亚人 25, 117, 228, 322

Sérusier, Paul 塞鲁西耶, 保罗 245; *Talisman, the Bois d'Amour*, 《护身符》247

set theory 集合论 40–46, 53, 58, 61, 117, 143, 153–154, 178–180, 184, 187, 191, 326, 351, 369注26; infinite, 无穷大 40; of all integers, 所有整数 40; of all real numbers, 所有实数 40; ordered, 有序 44, 46, 178; point set (Punktmenge), 点集 39; set of all sets, 所有集合的集合 43, 326

索 引 641

Seurat, Georges 修拉, 乔治斯 46,63-79,80,83,152,156,244-245,247,305,310,312,318,353,355; *Baignade, Asnières*,《阿尼耶尔浴场》64-65,67,70,72,152; *Chahut*,《康康舞》78; *Cirque*,《马戏》78; *Grande Jatte*,《大碗岛的星期日下午》63-64,79; *Parade*,《马戏表演》77; *Poseuses*,《裸女》77,327; *Woods at Pontaubert*,《彭塔伯特森林》71; *Young Woman Powdering*,《扑粉的年轻女子》69,78

sex 性 8,18,20-22,23,137,150,157,256,260,291,297-299,325,365 注 27; adolescent sexuality, 青春期性征 261; child sexual abuse, 童年性虐待 139; child sexuality, 儿童性行为 136,138-139; Freud and, 弗洛伊德与性 127,128,134,136; origin of hysteria and, 癔症的原因与性 134; origin of neurosis and, 神经机能病的原因与性 128,136-138; in *Salomé*,《莎乐美》中的性 267; in Whitman, 惠特曼论性 94,97; *Yearbook for Sexual Deviations*《性变态年鉴》136

Sezessio 分离主义运动。参见 Secession

sfumato 层次渲染 10,352,353。参见 chiaroscuro

Shakespeare, William 莎士比亚, 威廉 255,289; *Mid-summer Night's Dream*,《仲夏夜之梦》261

Shannon, Claude 香农, 克劳德 359

Shaw, George Bernard 萧伯纳, 乔治·伯纳德 255,288

Shaw, Henry Wheeler (pseud. Josh Billings) 肖, 亨利·惠勒(笔名乔希·比林斯) 85

Shchukin, Sergei 希楚金, 塞吉 247

Sheridan, Philip (general) 谢里丹, 菲利浦(将军) 123

Sherman, John 舍曼, 约翰 118

Sherman, William T. (general) 舍曼, 威廉(将军) 118

Sherrington, Charles Scott 谢灵顿, 查尔斯·司各特 112,115

shot 镜头 193-194,198-200,201-203,394 注 10; close-up, 特写镜头 202; insert, 插入镜头 202; pan, 全景拍摄 194; stop-action, 停止动作 201

Sibelius, Jan 西贝柳斯, 让 269,407 注 27

Sierpinski, Waclaw 施尔平斯基斯基, 瓦克劳 326

Signac, Paul 西涅克, 保罗 46,152,327

silver nitrate 硝酸银 108,110,114,381。参见 histological stain

Simarro, Luís 西马罗,路易斯 109

Simplicissimus《同步画派》304

simultaneous, simultaneity 同时,同时性 197, 203, 209, 225, 236 - 237, 249, 252, 263, 313, 329, 333, 349, 402 注 33; simultaneism,同步主义 330; simultaneous clothing,同时服装 330; simultaneous contrast,共时对衬 70, 73, 244。参见 time

Sioux people 苏族 208, 215, 217, 340

Sisley, Alfred 西斯莱,阿尔弗雷德 142

Sitting Bull 坐牛 216, 397 - 398 注 28

Sivry, Charles de 西弗里,查尔斯·德 84 - 86, 90, 295; "L'Indecision", "犹豫" 295

Six, Les 六人组 272

Skiff, Frederick J. V. 斯基夫,弗雷德里克 215, 225

Skladanowsky brothers 斯克拉达诺夫斯基兄弟 195

Skoda, Joseph 斯科达,约瑟夫 19

skyscraper 摩天大楼 1, 31, 211

slide, slide shows 幻灯片,放映幻灯片 200, 203。参见 moving pictures

Smith, George Albert 史密斯,乔治·艾伯特 198, 202

Smith, Jacob (general) 史密斯,雅各布(将军) 122

socialism, socialist 社会主义,社会主义者 17, 146, 181, 230, 263, 322, 341, 366 注 12

Society against Tobacco Abuse 反烟草滥用学会 153

Sociology, social science, sociologists 社会学,社会科学,社会学家 6, 17, 220, 329

solipsism 唯我论 11, 189, 191, 347

Solovine, Maurice 索洛文,莫里斯 227, 234, 401 注 20

Solvay Conference 索尔维会议 357

Sombart, Werner 松巴特,沃纳 221, 399 注 44; *Why Is There No Socialism in the United States*,《为什么美国没有社会主义?》221

Sommerfeld, Arnold 索末菲,阿诺尔德 372 注 31, 391 注 60

Sondheim, Stephen 桑德海姆,斯蒂芬 68

Sousa, John Philip 苏萨,约翰·菲利浦 213, 215

South Africa 南非 119 - 121, 124

South Dakota 南达科他州 340

Southwest Africa 非洲西南部 124, 225

Soyuz Molodezhi (Union of youth) 青年联盟 320

Spain, Spanish 西班牙,西班牙人 13 - 14, 108 - 109, 112, 114, 118, 124,

242,323；Ayerbe, 艾尔毕 102；
Catalonia, 加泰罗尼亚 7, 118；in
Cuba, 在古巴 113, 118；Gosol, 加
索尔 242；Huesca, 韦斯卡 103；
Má laga, 马拉加 79, 157；*modernisme*, 现代主义 8；*modernismo*, 现代主义 8, 104；movie making in, 电影制作 195；Osuna, 奥苏纳 242, 245, 246；Paris World's Fair exhibit, 巴黎世界博览会 147, 155, 243；in Philippines, 在菲律宾 118；and science, 科学 100；Spanish dance motif, 西班牙舞蹈主题 330；United States and, 美国与西班牙 118；Valencia University, 巴伦西亚大学 109；war with United States, 与美国的战争 113；Zaragoza, 萨拉戈萨 108 - 109。参见 Barcelona；Madrid

Spanish-American War 美西战争 113, 118 - 119, 211

Spencer, Herbert 斯宾塞, 赫伯特 163

split-screen 多画面 203

Spy《间谍》4

Stalin, Josef 斯大林, 约瑟夫 321 - 322, 327, 415 注 3、4

stand-up comedy 栋笃笑, origins of, 栋笃笑的起源 85

standard time 标准时间 9, 75, 236 - 237, 344

Stanford, Leland 斯坦福, 利兰 76

statistical thought 统计思想 10 - 11, 27, 29, 48, 52, 54, 56 - 57, 159 - 160, 165, 168 - 170, 172, 222, 230, 234, 240, 347, 350, 371 注 10；Boltzmann-Gibbs, 玻尔兹曼—吉布斯 60；Bose-Einstein, 玻色—爱因斯坦 60；Fermi-Dirac, 费米—迪拉克 60；thermodynamics, 热力学 47

statistical mechanics 统计力学 60, 224, 230, 348

Stedman, E. C. 斯特德曼, E. C., *Poets of America*,《美国诗人》93

Stefan, Josef 斯特凡, 约瑟夫 20, 49, 58 - 59

Steffens, Lincoln 斯蒂芬斯, 林肯 207

Steichen, Edward 斯泰肯, 爱德华 151

Stein, Gertrude 斯坦因, 格特鲁德 151, 222, 227, 253, 297；and Armory Show, 与军械库展览 329；*Making of Americans*,《美国人的成长》285, 300 - 301；and neuroanatomy, 与神经解剖学 131；and Picasso, 与毕加索 242, 246 - 247, 250, 405 注 25；and Russell, 与罗素 184；QED, 谨此作答 296；settles in Paris, 定居巴黎 296；*Three Lives* ("Melanctha"),《三种人生》299 - 300

Stein, Leo 斯泰因, 利奥 150, 184, 242, 247, 296, 300, 328

Steiner, Rudolph 斯坦纳, 鲁道夫 269

Steinheil, Meg 斯坦海尔, 梅格 146

Stella, Joseph 斯泰拉, 约瑟夫 329; *Battle of Lights*,《光之战》329

Sterling, Andrew B. (lyricist) 斯特林, 安德鲁(抒情诗人) 206

Stieglitz, Alfred 施蒂格利茨, 阿尔弗雷德 314, 319

stochastic 随机, probabilistic, 概率 10, 47 - 48, 51 - 56, 58, 60, 62, 167, 169, 174, 176, 224, 230, 232, 234, 334 - 335, 350, 352, 355, 359, 390 注 40

Stockholm 斯德哥尔摩 114, 220, 251, 253 - 254, 258, 334; Karlavägan, 卡拉路 251, 260, 262

Stöhr, Otto 斯托尔, 奥托 17, 28

Stolz, Otto 斯托尔兹, 奥托 41, 393 注 36

Stoney, George J. 斯托尼, 乔治 170, 229

Strachey, Lytton 斯特雷奇, 利顿 136

Strauss, Johann 施特劳斯, 约翰 21, 24, 280

Strauss, Richard 施特劳斯, 理查德 267, 269; *Salomé*,《莎乐美》267; Straussian, 施特劳斯派 275; tone poems, 交响诗 271; *Zarathustra*, 《查拉图斯特拉如是说》267

Stravinsky, Igor 斯特拉文斯基, 伊戈尔 2, 6, 270, 282, 314, 346, 355; *Firebird*,《火鸟》331; *Fireworks*,《烟火》282; *Petroushka*,《彼得洛西卡》331; *Rite of spring*,《春之祭》323, 331 - 333, 343

stream of consciousness 意识流 21 - 22, 189, 285, 291, 339, 342, 352, 354, 377 注 14, 395 注 21, 411n 注 20, 22, 419 注 59

stride piano style 跨越式钢琴风格 213, 215

Strindberg, August 斯特林堡, 奥古斯特 6 - 7, 9, 133, 143, 145, 205, 251 - 264, 265, 266, 292, 293, 305, 325, 334, 348, 355; Advent,《基督降临》260; *By the Open Sea*,《在海边》292; chamber plays, 室内剧 252, 261; *Charles XII*,《查理十二世》255; *Comrades*,《同志》22, 254, 256; *Crown Bride*,《戴花冠的新娘》254, 260; Dream Play,《梦的戏剧》251 - 252, 254, 259 - 264; *Easter*,《复活节》254, 260; *Erik XIV*,《埃里克十四世》255, 260; *Father*,《父亲》256 - 258; *Getting Married*,《结婚》256 - 257; *Ghost Sonata*,《鬼魂奏鸣曲》252, 260, 262, 265; *Gustav Vasa*,

《古斯塔夫瓦萨》255；*Inferno*，《地狱》259；*In Rome*，《在罗马》253；Kerstin (daughter)，科尔斯汀(女儿) 259；*Master Olof*，《奥洛夫老师》253 - 254；mental condition，精神状态 259, 263；*Miss Julie*，《朱莉小姐》254, 258, 260, 262；*Outlaw*，《逃犯》253；*Secret of the Guild*，《行会的秘密》254；*Simoom*，《西蒙风》254；*Sir Bengt's Wife*，《本格特先生的妻子》256；*Stronger*，《强者》254；*Swanwhite*，《天鹅白》260；*There Are Crimes and Crimes*，《这里有罪恶》254；*To Damascus*，《到大马士革》254, 259 - 261

Strindberg，Frida (Uhl) 斯特林堡，弗里达 258

Strindberg，Siri（von Essen）斯特林堡，西莉(冯·埃森) 254

structuralism 结构主义 4, 350

Stumpf，Carl 施通普夫，卡尔 185 - 186, 188

subjectivism, subjectivity 主观主义，主观性 2, 12, 316, 347, 354；intersubjectivity，主体间性 2

Sudeikin，Olga Glebova 苏杰金，奥尔加·格莱波娃 325

Sudeikin，Sergei 苏杰金，谢尔盖 325

Sullivan，Louis 沙利文，路易斯 8 - 9, 27, 211, 356

Sulloway，Frank 萨洛韦，弗兰克 382 注 24, 384 注 11

Suppé，Franz von 苏佩，弗朗茨·冯 22

Sutter，David 叙泰，戴维 373 注 7

Suttner，baron von 祖特纳·冯男爵 24

Suttner，Bertha von 祖特纳，贝莎·冯 24；*Die Waffen Nieder*（Lay down your arms），《放下武器》24

Svevo，Italo（Ettore Schmitz）斯维沃，伊塔洛（埃托雷·施米茨）283, 284, 286, 301

Swann，Charles 斯旺，查尔斯 81

Sweden, Swedish 瑞典，瑞典人 12, 111, 143, 161, 195, 220, 251, 253 - 254, 256, 259, 263, 292；Swedish Academy 瑞典皇家科学院 114, 220。参见 Stockholm

Swinburne，Algernon Charles 斯温伯恩，阿尔杰农·查尔斯 94

Switzerland 瑞士 2, 19, 32, 39, 131, 184, 227, 319, 323, 332, 335, 346, 400 注 6；Aarau，阿劳 228, 231, 238, 401 注 17；Basel，巴塞尔 111；Patent Office，专利局 228, 239, 335；Schaffhausen，沙夫豪森 227；Schiers，席尔斯 227. 参见 Bern；Zurich symbolism, symbolist 象征主义, 象征主义者 7 - 8, 21, 28, 58, 69, 70, 77 - 78, 89, 104, 143, 147, 149, 156, 245, 247, 259 - 260, 270, 272, 276, 289 - 290, 306, 311, 314, 317 - 318, 324, 327, 329, 332, 342 - 344, 363 注 22, 376 注 1; *Symbolist Manifesto*, 《象征主义宣言》89

Symons, Arthur 西蒙斯, 亚瑟 89, 99, 143, 290, 297, 299, 331

synesthesia 通感 90, 307

Synge, John M. 辛格, 约翰 143

syphilis 梅毒 19, 21, 134, 136, 155 - 157, 246, 256, 289

Tahiti 塔希提岛 75, 78

Taine, Hippolyte 丹纳, 伊波利特 82

"Take Me Out to the Ball Game" 《带我去看球赛》274

Tannery, Jules 坦纳利, 朱尔斯 41

Tannery, Paul 坦纳利, 保罗 41

Tarski, Alfred 塔斯基, 阿尔弗雷德 191

taxonomy 分类学 101, 104, 189, 191, 381 注 9

Tbilisi（capital, republic of Georgia）第比利斯（格鲁吉亚共和国首都）310

Tchaikovsky, Peter Ilyich 柴可夫斯基, 彼得·伊里奇 269

telephone 电话 2, 5, 9, 12, 14, 111, 243, 329, 359;"Telephone Song,"《电话歌》274, 407 注 20

Tennyson, Lord Alfred 丁尼生, 阿艾尔弗雷德男爵 94;"Ulysses",《尤利西斯》85

Thaw, Harry 索, 哈里, murder trial, 谋杀案的审理 406 注 5

theater 戏剧 21 - 23, 143, 148 - 149, 152, 197, 201 - 205, 251 - 264, 288, 291, 295, 325, 334, 342, 350

theaters 剧院: Bayreuth, 拜罗伊特 270; Berlin, 柏林 195, 296; Beziers, 贝济耶 153; Chicago, 芝加哥 204; Connellsville, Pennsylvania, 康奈尔斯维尔, 宾夕法尼亚州 197; Dublin, 都柏林 288 - 289, 294, 419 注 61; London, 伦敦 333; Los Angeles, 洛杉矶 196, 198; Moscow, 莫斯科 324; New York, 纽约 194, 196, 198, 204 - 205, 213 - 214; Paris, 巴黎 149 - 150, 197, 257, 260, 330 - 331, 334; Pittsburgh, 匹兹堡 204, 419 注 61; St. Louis, 圣路易斯 211, 213; St. Petersburg, 圣彼得堡 323, 342, 344; Stockholm, 斯德哥尔摩 251 - 254, 262, 264; Vienna, 维也纳 21 - 22

theosophy 神智学 269,316-317

therapeutic nihilism 治疗虚无主义 18-19

thermodynamics 热力学 46,52,56, 58,60,159,166,173-176,220, 222,230,371注11

Thiesen, M. F. 泰森 173

Thomae, Johannes 托梅,约翰尼斯 41,44,368注13,369注24

Thomas, Helen 托马斯,海伦 179,182

Thomson, J. J. 汤姆森 60,170,229

Thomson, Virgil 汤姆森,维吉尔 397 注16

time 时间 9,13,238,252,402注33, 417注24,421-422注21;absolute,绝对时间 225,234; atoms of,原子 34,59; concept of,概念 237; diminishing intervals of,时间的递减间隔 75,76; direction of,方向 57,58,352; displacement,位移 127; in dreams,梦中 261; local,地方时 225,237; real,实时 10; standard,标准 9,75,236-237; and space,与空间 16,61, 203,224,225,235,236,239,263, 336,341,349; time zones,时区 344; time-lines,时间线 344; time-series,时间序列 306; time signatures in music,音乐的拍子记号 214-215,274

Tin Pan Alley 锡盘巷 204,214,265, 274

Tito 铁托。参见 Broz, Josip

Toklas, Alice B. 托克拉斯,艾丽丝 250,300

Tolstoy, Leo 托尔斯泰,列奥 36,294, 295,410注18;"Sebastopol in May",《五月的塞瓦斯托波尔》 295,410-411注20

Tönnies, Ferdinand 滕尼斯,费迪南 220

Toulmin, Stephen 图尔明,斯蒂芬 4, 362注7

Toulouse 图卢兹 82; Toulouse Wasp, 图卢兹《黄蜂》84

Toulouse-Lautrec, Henri de 图卢兹-洛特雷克,亨利·德 64,74,75, 78,148,156,244,247; *The Sacred Wood* (parody),《圣林》(戏仿作品) 67

Trakl, George 特拉克尔,格奥尔格 346

Trendelenburg, Friedrich Adolf 特伦德伦堡,弗里德里希·阿道夫 187

Trieste 的里雅斯特 2,62,131,284, 285,286,297,298,341,344; Santa Caterina Street,圣卡特琳娜大街 285

Troeltsch, Ernst 特罗尔奇,恩斯特 220

Trotha, General von 冯·特罗塔将军 124, 225

Trotsky, Leon 托洛茨基,列夫 322

Truman, Harry S. 杜鲁门,哈里 218

Tschermak von Seysenegg, Erich 丘歇马克·冯·赛谢涅格,艾瑞克 162, 165

Tsvetaeva, Marina 茨维塔耶娃,玛丽娜 376 注 1

tuberculosis 肺结核 98, 302, 334, 341

Tuesdays (Mallarme salon) 星期二聚会(马拉美聚会) 143, 152, 270, 289

Turing, Alan 图灵,艾伦 191, 357-359; Turing Machine, 图灵机 359

Turkey, Turks 土耳其,土耳其人 13, 25, 117, 124

Turpin, Honest John 特平,老实人约翰 213-214

Turpin, Tom 特平,汤姆 214, 397 注 23

Twain, Mark 马克·吐温 9, 26, 29, 85, 94, 121, 207, 208, 218, 252, 254, 273, 290, 292; *Huckleberry Finn*,《哈克贝利·芬恩历险记》85, 208, 222, 254, 290

Uchatius, Franz von 乌洽蒂乌斯,弗兰茨·冯 13-14。参见 mowng pictures

Uhde, Wilhelm 伍德,威廉 242, 248

ultraviolet catastrophe 紫外线灾难 173

Umkehreinwand（reversibility problem）"可逆性"问题 53-54, 56

Uncle Tom's Cabin《汤姆叔叔的小屋》197-198, 261

Unconscious 潜意识 82, 137, 140; subconscious, 下意识 221

undecidable 不可判定 91

Union of Youth 青年联盟 343

United States, Americans 美国: anthropologists, 人类学家 215; anti-Modernism, 反现代主义 347; art critics, 艺术评论 328; art patrons, 艺术赞助 329; art secession, 艺术分离 329; artists, 艺术家 211, 313-314, 327; automobiles, 汽车 146; barbed wire,带刺铁丝网 116; biologists, 生物学家 161; Boltzmann in, 玻尔兹曼 60; concentration camps, 集中营 120, 123; Coney Island,科尼岛 199; corn, 玉米 162; cubism in,立体派 323; curricula,课程 293; dancers, 舞女 149-150; Dvorak in, 德沃夏克 269; economics students, 经济学专业学生 389 注 31; empire,帝国 119; ethnic layering, 种族分层 208; Europeans in, 欧洲人 219;

fictional monologues, 小说独白 290; Forel in, 福雷尔 131; Freud in, 弗洛伊德 132; great American novel, 伟大的美国小说 300; Hamsun in, 汉姆生 292; jazz, 爵士乐 334; libraries, 图书馆 161; literary history, 文学史 80; *Making of Americans*,《美国人的成长》300; Merrill, 梅里尔 98; midwest, 中西部 206; mock lecturers, 模拟演讲 85; and Moore, 摩尔 299; movie companies, 电影公司 195; movie copyright, 电影版权 201-202; Navy, 海军 91; Niagara, 尼亚加拉 225; Olympic athletes, 奥运会运动员 148, 216; Ota Benga in, 奥塔·本嘎 226; and Philippine Insurrection, 菲律宾起义 121-124, 215, 216; philosophers, 哲学家 18, 191; photographers, 摄影师 151; physicists, 物理学家 233; poets, 诗人 13, 93, 99; popular music, 流行音乐 212, 214, 273-274, 355; Positivists, 实证主义者 16; psychiatrists (alienists), 精神病专家(精神病学家) 221; psychologists, 心理学家 105; racial segregation, 种族隔离 398 注 31; ragtime, 拉格泰姆 333; reservation, 保留地 117; and Russell, 罗素 179; Senate, 参议院 123, 216; sociologists, 社会学家 220; and Spain, 与西班牙 113-114; and Spain in Cuba, 和西班牙在古巴 118; stream of consciousness, 意识流 342; theater, 戏剧 197, 204, 254, 261, 334; water cure, 水疗法 122; Whitman, 惠特曼 3, 81, 93-96, 98; woman suffrage, 妇女选举权 256; writers, 作家 262, 298。参见 specific cities and states

uranium 铀 27, 155, 225

Uruguay 乌拉圭 3, 81, 195

Valery, Paul 瓦莱里,保罗 152, 153

Van Gogh, Vincent 凡·高,文森特 64, 74-75, 78-79, 137, 152, 156, 305, 327, 375 注 33, 386 注 14; *Bedroom at Arles*,《在阿尔勒的卧室》349; *Potato-Eaters*,《吃土豆的人》74

Van Vechten, Carl 范·维克滕,卡尔 332

Van't Hoff, Jacobus, Henricus 范特霍夫,雅可比·亨利克 163, 220

Vanier, Lucien 瓦尼埃,卢西恩 81, 88, 89

Varnedoe, Kirk 瓦恩多,柯克 5

Vaughan Williams, Ralph 沃恩·威廉斯,拉尔夫 269

Vauxcelles, Louis de 瓦塞勒, 路易斯·德 244, 249, 405 注 24
Vélo, Le 《自行车》146
Vélodrome Buffalo 布法罗自行车赛车场 146
Venn, John 维恩, 约翰 182 – 183
Venturi, Robert 文丘里, 罗伯特 361 注 4; Learning from Las Vegas, 《向拉斯维加斯学习》3
Verdrängung 压抑。参见 repression
Verhaeren, Emile 维尔哈伦, 艾米尔 77, 89, 96, 143, 363 注 22
Verlaine, Paul 魏尔伦, 保罗 69, 83, 84, 87, 89, 90, 96, 289, 299
Verne, Jules 凡尔纳, 儒勒 236
Verner, Samuel P. 弗纳, 塞缪尔 216, 226
vers libre 自由体诗。参见 free verse
Vico, Giambattista 维柯, 塞巴蒂斯塔 352
Victorian 维多利亚时代的人 31, 36, 39, 46, 73, 86, 87, 99, 114, 293。参见 nineteenth century
Victory Over the Sun 《对太阳的胜利》342 – 344
Vielé-Griffin, Francois 维勒-格里芬, 弗朗索瓦 96, 143
"Vienna, City of My Dreams" 《维也纳, 我的梦之城》325
Vienna, Viennese 维也纳, 维也纳人 11 – 30, 47, 53, 58, 61, 71, 77, 87, 105, 109, 129 – 130, 133, 136, 142, 146, 160, 185 – 186, 210 – 211, 253, 282, 293, 319, 321 – 323, 325 – 327, 332, 335, 340 – 341, 344, 357; Academy of Fine Arts, 艺术学院 22, 322; Agricultural Institute, 农业研究所 162; Alsergrund district, 阿尔瑟格伦德区 265; Anti-Semitism in, 反犹主义 297; Bösendorfer Saal, 博森朵夫厅 280; Central Cemetery, 中央陵园 62, 334; Court Opera, 宫廷剧院 20, 26, 267, 268, 279; Daimler factory, 戴姆勒工厂 322; Einstein in, 爱因斯坦 336; Hofburg, 霍夫堡 20; Hotel Sacher, 沙河酒店 20; Institute of Theoretical Physics, 理论物理研究所 326; Law School, 法学院 17; Medical School, 医学院 18 – 19; music lovers, 音乐爱好者 280; musicians, 音乐家 279; Musikvereinsaal, 金色大厅 341; Neue freie Presse, 《新自由报》146, 253, 293; Neue Wiener Abendblatt, 《新维也纳晚报》281; Neue Wiener Tageblatt, 《新维也纳日报》280; Ninth District, 第九区 135; operettas, 轻歌剧 265; Philharmonic,

爱乐乐团 279,341; Philosophical Society, 哲学学会 221; physicists, 物理学家 170,230; Prater, 普拉特游乐场 16,129; Realschule, 实科中学 265-266; Reichstag (parliament), 国会 25-27; School of Fine Arts, 美术学校 311; Scientific Academy, 科学院 47; St. Stephen's Cathedral, 圣司提反大教堂 344; University, 维也纳大学 14-19, 22, 28-30, 48-49, 53, 58, 60-61, 129, 131, 135, 159, 160, 162, 211, 221, 223, 325, 334; Vienna Circle, 维也纳学派 357; Vienna (Austrian) school of economics, 维也纳学派经济学 17-18; Wagner in, 瓦格纳 268; Werkstätte, 工艺坊 317; *Wiener Berichte*, 《维也纳报道》54, 60; *Wiener Tageszeitung*, 《维也纳时报》280

Vienna 维也纳, streets and squares, 街道与广场: Berggasse, 柏格街 127,135,325; Helblinggasse, 黑尔布灵大街 251; Liechtensteinstrasse, 列支敦士登路 265, 277; Michaelerplatz, 米歇尔广场 20; Rathausstrasse, 市政厅路 135; Ringstrasse, 环城林荫大道 13, 26, 28; St. Stephen's Square, 圣司提反广场 345

Vienna, theaters 维也纳, 剧院。参见 theaters

Village Voice 《乡村之声》5

Villiers de l'Isle-Adam, Philippe-Auguste Mathias, comte de 维利耶·德·里斯莱-亚当, 菲利普-奥古斯特·马提阿斯 83-84, 259; *Axël*, 《阿克塞尔》149, 157, 259

vision scene 视觉场景 202,261,293

Vitagraph 维塔电影公司 195, 202。参见 Edison, Thomas; moving pictures

Vlaminck, Maurice 弗拉曼克, 莫里斯 153, 241, 244, 246, 311, 327, 386 注 14; *Bathers*, 《浴者》243

Vogt, J. G., 59 福格特 229

Vogt, Karl 福格特, 卡尔 19

Vogue, La 《时尚》72, 80-81, 90-93, 97-98, 228, 380 注 53, 400 注 1

Vollard, Ambroise 沃拉德, 安伯伊斯 145, 157, 241, 242, 248

Voltaire (François-Marie Arouet) 伏尔泰 (弗朗索瓦-马利·阿鲁埃) 5, 291

Vries, Hugo de 德弗里斯, 雨果 162-165, 173, 220, 323, 348, 354; *Intercellular Pangenesis*, 《细胞间质泛生论》163-164; "The Law of Segregation of Hybrids", 《杂种的

分离定律》163；*Mutation Theory*,《突变理论》164,220

Vrubel, Mikhail 维鲁贝尔, 米哈伊尔 314

Vuillard, Edouard 维亚尔, 爱德华 247

Wagner, Otto 瓦格纳, 奥托 27-28, 365注2, 366注19

Wagner, Richard 瓦格纳, 理查德 20, 267, 270-271, 276, 406注12；anti-Wagnerism, 反瓦格纳创作理论 270；*Lohengrin*,《罗恩格林》289, 307；post-Wagnerian, 后瓦格纳创作理论 265；*The Ring of the Nibelungs*,《尼伯龙根的指环》21；and Schoenberg, 与勋伯格 266；*Tristan and Isolde*,《特里斯坦与伊索尔德》268；un-Wagnerian, 非瓦格纳创作理论 270；*Valkyrie*,《女武神》270；Wagnerian, 瓦格纳风格 95, 270；Wagnerism, 瓦格纳创作理论 7, 20, 268-270

Wagner-Jauregg, Julius 瓦格纳-尧雷格, 朱利叶斯 28

Wahle, Richard 沃尔, 理查德 18；*On the Mechanism of Mental Life*,《论精神生活的机制》17

Waldeyer-Hartz, H. Wilhelm G. von 瓦尔代尔·哈尔茨, H. 威廉·G. 冯 112, 221

Walras, Leon 瓦尔拉斯, 列昂 19

Ward, Artemus 沃德, 阿蒂默斯。参见 Browne, Charles Farrar

Ward, Lester 沃德, 莱斯特 220

Warner brothers 华纳兄弟娱乐公司 204

Washington, D. C. 华盛顿, D. C. 118, 120, 209, 226, 237

water cure 水疗法 122

Watson, John B. 沃森, 约翰 219

wave-particle duality 波粒二象性 11, 50, 229, 240, 338, 349, 357

waves, wave theory 波, 波动说 49-50, 59, 169, 173, 229, 232-233, 236, 238, 337

Weber and Fields 韦伯与菲尔兹 204

Weber, Eugen 韦伯, 尤金 145

Weber, Heinrich 韦伯, 海因里希 229, 233

Weber, Max（painter）韦伯, 马克斯（画家）329

Weber, Max（sociologist）韦伯, 马克斯（社会学家）220, 329；*The Protestant Ethic and the Spirit of Capitalism*,《新教伦理与资本主义精神》220

Webern, Anton 韦伯恩, 安东 6, 26, 277, 282

Wedekind, Frank（Franz）魏德金德, 弗兰克 7, 22, 143, 304；*Lulu*,《露

露》143，261；Spring Awakening，《青春的觉醒》261

Weed, A. E. (cameraman) 威德（摄影师）198

Weekes, Mabel 威克斯，梅布尔 150, 300

Weierstrass, Karl 魏尔斯特拉斯，卡尔 37-39, 41, 45, 60, 184, 187, 351, 352, 391 注 4, 393 注 36；undifferentiable function，不可导函数 37, 367 注 4

Weigert, Carl 魏威格特，卡尔 107

Weill, Berthe 魏尔，贝尔特 156, 157

Weininger, Otto 魏宁格，奥托 325, 344

Weismann, August 魏斯曼，奥古斯特 163, 164

Wellek, René 韦勒克，雷内 362 注 8

Wells, H. G. 韦尔斯 236, 237, 285, 301, 321

Werefkin, Marianne 沃尔夫金，马里安 305

Wernicke, Carl 韦尼克，卡尔 105

Westhoff (Rilke), Clara 韦斯特霍夫（里尔克），克拉拉 144-145, 155

Weyler, Valeriano 魏勒，瓦莱里亚诺 1, 113, 116-121, 353

Wharton, Edith 沃顿，伊迪斯 218

Whistler, James McNeil 惠斯勒，詹姆斯·麦克尼尔 143

White, James 怀特，詹姆斯 194, 198

White, Morton 怀特，莫顿 356；The Age of Analysis，《分析的时代》37

Whitehead, Alfred North 怀特海，阿尔弗雷德·诺思 30, 154, 178, 181, 182, 188, 236, 326, 357；Principia Mathematica，《数学原理》327

Whitman, Walt 惠特曼，沃尔特 2, 7, 80, 91, 93-97, 98-99, 143, 152, 181, 322, 331, 348, 363 注 22, 376 注 1, 380 注 53, 417 注 28；Brins d'herbe，《草叶》81；"Enfans d'Adam"，《亚当的子孙》98, 376 注 1；"Inscriptions"，《铭言集》93；Leaves of Grass，《草叶集》47, 93, 97；"Oh Captain, My Captain"，《船长！我的船长》98；"A Woman Waits for Me"，《一个女人等着我》96, 98

Widow Jones《寡妇琼斯》196, 213

Wiechert, Emil 维歇特，埃米尔 58, 169

Wiederkehreinwand (recurrence objection) 递归 56, 59, 372 注 23

Wien 维也纳。参见 Vienna

Wien, Willi 维恩，威利 154, 171-172, 175, 232

Wieser, Friedrich von 维塞尔，弗里德里希·冯 17-18

Wilde, Oscar 王尔德，奥斯卡 21, 94, 143, 156, 267, 290, 363 注 22

Willette, Adolphe 威利特，阿道夫 86, 87

Williams, William Carlos 威廉斯，威廉·卡洛斯 98, 142, 218, 298, 323, 329, 346

Willy 威利。参见 Gauthier-Villars, Henri

Wilson, Woodrow 威尔逊，伍德罗 220

Wittgenstein, Hermine 维特根斯坦，赫米内 344

Wittgenstein, Ludwig 维特根斯坦，路德维希 14, 17, 28 - 29, 46, 60, 190 - 191, 265, 323, 336, 344, 346 - 347, 357; "Notes on Logic",《逻辑学笔记》344; *Tractatus Logico-Philosophicus*,《逻辑哲学论》344, 346

Wizard of Oz, The Wonderful《绿野仙踪》217

Wolfe, Thomas 沃尔夫，托马斯 222

women athletes 女运动员 217

women suffrage 妇女选举权 256

women's movement 妇女运动 24

Woolf, Virginia (Stephen) 伍尔芙，弗吉尼亚（斯蒂芬）136, 285, 301 - 302, 342, 346, 348、355; *The Voyage Out*,《远航》285, 301, 324, 342

Worcester (Massachusetts) 伍斯特（马萨诸塞州）113 - 114, 122, 131, 291

World War Ⅰ 第一次世界大战 25, 29, 99, 124, 321, 323, 330, 346

World War Ⅱ 第二次世界大战 25, 253, 323, 359

World's Fair 世界博览会 13; Buffalo (1901), 布法罗（1901）209; Chicago (1893), 芝加哥（1893）207, 211, 213, 217; Crystal Palace (New York, 1854), 水晶宫（纽约, 1854）9; New York (1939), 纽约（1939）210; Paris (1855), 巴黎（1855）208; Paris (1889), 巴黎（1889）87, 111, 142, 143, 148, 270; Paris（1900），巴黎（1900）142, 144 - 156, 173, 210 - 211, 215, 224, 235, 243, 270; Philadelphia (1876), 费城（1876）9; St. Louis (1904), 圣路易斯（1904）206, 226, 238, 311 - 312, 336

Worpswede 沃尔普斯韦德 144, 153, 155; artists group, 艺术家群体 305

Wounded Knee 伤膝河 340

Wright, Frank Lloyd 赖特，弗兰克·劳埃德，211

Wright, Orville and Wilbur 莱特兄弟，奥维尔与威尔伯 205

Wundt, Wilhelm 冯特，威廉 105, 131,

186

Wyzewa, Teodor de 维泽瓦,西奥多·德 143, 152

X-rays X射线 170

Yale University 耶鲁大学 222, 273
Yeats, William Butler 叶芝,威廉·巴特勒 89, 95, 143, 288, 290, 294, 297, 299, 301, 323, 327; *Countess Cathleen*,《卡特林伯爵夫人》289
Young Vienna (*Jungwien*) 年轻的维也纳 21, 29

Zaza 扎扎舞 150
Zemlinsky, Alexander 泽林斯基,亚历山大 266, 277, 279
Zeno of Elea (埃利亚的)芝诺 34-36, 223, 350, 391 注 41; Achilles and the Tortoise, 阿基里斯和龟 34

Zermelo, Ernst 策梅洛,恩斯特 56, 170, 372 注 23
Zionism 犹太复国主义 24, 146, 227
Zola, Emile 左拉,埃米尔 9, 146, 252, 258; "J'Accuse",《我控诉》146; *Thérèse Raquin*,《红杏出墙》255
zoöpraxiscope 动物实验镜 64, 76
Zuckerkandl, Bertha 祖卡坎德耳,贝尔塔 22
Zukor, Adolph 朱克尔,阿道夫 204
Zurich 苏黎世 16, 33, 109, 134, 227, 230, 239, 286, 335, 336; ETH (Eidgenössische Technische Hochschule, Polytechnic), 苏黎世联邦理工学院 16, 33, 227, 229, 230-231, 233, 335; University, 苏黎世大学 233
Zweig, Arnold 茨威格,阿诺德 129
Zweig, Stefan 茨威格,斯蒂芬 21, 23

译 后 记

  19世纪与20世纪交汇的那个时期,是西方科学与艺术领域英雄辈出的年代。古典的秩序世界悄然分崩离析,各个领域中具有敏锐嗅觉的杰出人物,开始以全新的目光解读世界。在数学、物理学、文学、哲学、绘画、音乐等领域,几乎是同时,"现代主义"的萌芽在古典的废墟上偶露峥嵘,继而星火燎原,改变了人类智识世界的面貌。爱因斯坦、弗洛伊德、雨果、普朗克、罗素、惠特曼、兰波、毕加索、勋伯格……这些今天如雷贯耳的名字,在一百多年前也曾经历一切先驱所必然承受的来自旧世界与旧思维的质疑、误解、嘲讽、冷漠甚至自我怀疑与否定。他们当中,有人在世时便已声望日隆,也有人在寂寞中离世,死时如尼采所说"连一个误解我的人都没有"。然而,时光终究给予了他们公正的评价,这些先驱者们在现代主义的版图上刻下了他们不朽的声名。

  对于我们这些身处21世纪的中国译者来说,距离那个群星灿烂的年代,无论是时间还是空间都很遥远。然而,"现代主义"的氛围对于我们倒是比当代的西方人更为切近。从"群英谱"的角度来看现代主义的起源,不失为有趣的阅读体验,"身不能至,心向往之",这是在翻译本书的过程中,译者们自己的感受。不过,阅读的愉悦往往被翻译的困窘中断,由于本书横扫了科学与艺术的多个领域,各种专业术语随处可见,而写作本书的威廉·R.埃弗德尔又是一位思想活跃的美国作家,其汪洋恣肆的行文方式常常令译者深感为难。"信、雅、达"兼备的完美翻译只能作为理想长存心中,现实中我们不得不为自己无法移译原著中的精妙之处,以及某些专业术语翻译的不当之处,恳请读者的原谅,并欢迎各位方家批评指正。

本书翻译分工如下:致谢由胡发贵翻译;一至八章由张龙华翻译;九、十、十一、十三、十四章以及索引和封底由杨明辉翻译;十二章由陆月宏翻译;十五章由魏海翻译;十六至二十二章由李宁翻译。全书由张龙华统校。

译　者
2011年6月

《当代学术棱镜译丛》
已出书目

媒介文化系列

第二媒介时代 [美]马克·波斯特
电视与社会 [英]尼古拉斯·阿伯克龙比
思想无羁 [美]保罗·莱文森
媒介建构：流行文化中的大众媒介 [美]劳伦斯·格罗斯伯格 等
揣测与媒介：媒介现象学 [德]鲍里斯·格罗伊斯
媒介学宣言 [法]雷吉斯·德布雷
媒介研究批评术语集 [美]W. J. T. 米歇尔 马克·B. N. 汉森
解码广告：广告的意识形态与含义 [英]朱迪斯·威廉森

全球文化系列

认同的空间——全球媒介、电子世界景观与文化边界 [英]戴维·莫利
全球化的文化 [美]弗雷德里克·杰姆逊 三好将夫
全球化与文化 [英]约翰·汤姆林森
后现代转向 [美]斯蒂芬·贝斯特 道格拉斯·科尔纳
文化地理学 [英]迈克·克朗
文化的观念 [英]特瑞·伊格尔顿
主体的退隐 [德]彼得·毕尔格
反"日语论" [日]莲实重彦
酷的征服——商业文化、反主流文化与嬉皮消费主义的兴起 [美]托马斯·弗兰克
超越文化转向 [美]理查德·比尔纳其 等
全球现代性：全球资本主义时代的现代性 [美]阿里夫·德里克

文化政策　[澳]托比·米勒　[美]乔治·尤迪思

通俗文化系列

解读大众文化　[美]约翰·菲斯克
文化理论与通俗文化导论(第二版)　[英]约翰·斯道雷
通俗文化、媒介和日常生活中的叙事　[美]阿瑟·阿萨·伯格
文化民粹主义　[英]吉姆·麦克盖根
詹姆斯·邦德：时代精神的特工　[德]维尔纳·格雷夫

消费文化系列

消费社会　[法]让·鲍德里亚
消费文化——20世纪后期英国男性气质和社会空间　[英]弗兰克·莫特
消费文化　[英]西莉娅·卢瑞

大师精粹系列

麦克卢汉精粹　[加]埃里克·麦克卢汉　弗兰克·秦格龙
卡尔·曼海姆精粹　[德]卡尔·曼海姆
沃勒斯坦精粹　[美]伊曼纽尔·沃勒斯坦
哈贝马斯精粹　[德]尤尔根·哈贝马斯
赫斯精粹　[德]莫泽斯·赫斯
九鬼周造著作精粹　[日]九鬼周造

社会学系列

孤独的人群　[美]大卫·理斯曼
世界风险社会　[德]乌尔里希·贝克
权力精英　[美]查尔斯·赖特·米尔斯
科学的社会用途——写给科学场的临床社会学　[法]皮埃尔·布尔迪厄

文化社会学——浮现中的理论视野 [美]戴安娜·克兰
白领:美国的中产阶级 [美]C.莱特·米尔斯
论文明、权力与知识 [德]诺贝特·埃利亚斯
解析社会:分析社会学原理 [瑞典]彼得·赫斯特洛姆
局外人:越轨的社会学研究 [美]霍华德·S.贝克尔
社会的构建 [美]爱德华·希尔斯

新学科系列

后殖民理论——语境 实践 政治 [英]巴特·穆尔-吉尔伯特
趣味社会学 [芬]尤卡·格罗瑙
跨越边界——知识学科 学科互涉 [美]朱丽·汤普森·克莱恩
人文地理学导论:21世纪的议题 [英]彼得·丹尼尔斯 等
文化学研究导论:理论基础·方法思路·研究视角 [德]安斯加·纽宁 [德]维拉·纽宁主编

世纪学术论争系列

"索卡尔事件"与科学大战 [美]艾伦·索卡尔 [法]雅克·德里达 等
沙滩上的房子 [美]诺里塔·克瑞杰
被困的普罗米修斯 [美]诺曼·列维特
科学知识:一种社会学的分析 [英]巴里·巴恩斯 大卫·布鲁尔 约翰·亨利
实践的冲撞——时间、力量与科学 [美]安德鲁·皮克林
爱因斯坦、历史与其他激情——20世纪末对科学的反叛 [美]杰拉尔德·霍尔顿
真理的代价:金钱如何影响科学规范 [美]戴维·雷斯尼克
科学的转型:有关"跨时代断裂论题"的争论 [德]艾尔弗拉德·诺德曼 [荷]汉斯·拉德 [德]格雷戈·希尔曼

广松哲学系列

物象化论的构图 [日]广松涉

事的世界观的前哨　[日]广松涉

文献学语境中的《德意志意识形态》　[日]广松涉

存在与意义(第一卷)　[日]广松涉

存在与意义(第二卷)　[日]广松涉

唯物史观的原像　[日]广松涉

哲学家广松涉的自白式回忆录　[日]广松涉

资本论的哲学　[日]广松涉

马克思主义的哲学　[日]广松涉

世界交互主体的存在结构　[日]广松涉

国外马克思主义与后马克思思潮系列

图绘意识形态　[斯洛文尼亚]斯拉沃热·齐泽克 等

自然的理由——生态学马克思主义研究　[美]詹姆斯·奥康纳

希望的空间　[美]大卫·哈维

甜蜜的暴力——悲剧的观念　[英]特里·伊格尔顿

晚期马克思主义　[美]弗雷德里克·杰姆逊

符号政治经济学批判　[法]让·鲍德里亚

世纪　[法]阿兰·巴迪欧

列宁、黑格尔和西方马克思主义：一种批判性研究　[美]凯文·安德森

列宁主义　[英]尼尔·哈丁

福柯、马克思主义与历史：生产方式与信息方式　[美]马克·波斯特

战后法国的存在主义马克思主义：从萨特到阿尔都塞　[美]马克·波斯特

反映　[德]汉斯·海因茨·霍尔茨

为什么是阿甘本？　[英]亚历克斯·默里

未来思想导论：关于马克思和海德格尔　[法]科斯塔斯·阿克塞洛斯

无尽的焦虑之梦：梦的记录(1941—1967)附《一桩两人共谋的凶杀案》(1985)　[法]路易·阿尔都塞

经典补遗系列

卢卡奇早期文选 [匈]格奥尔格·卢卡奇

胡塞尔《几何学的起源》引论 [法]雅克·德里达

黑格尔的幽灵——政治哲学论文集[Ⅰ] [法]路易·阿尔都塞

语言与生命 [法]沙尔·巴依

意识的奥秘 [美]约翰·塞尔

论现象学流派 [法]保罗·利科

脑力劳动与体力劳动:西方历史的认识论 [德]阿尔弗雷德·索恩-雷特尔

黑格尔 [德]马丁·海德格尔

黑格尔的精神现象学 [德]马丁·海德格尔

生产运动:从历史统计学方面论国家和社会的一种新科学的基础的建立 [德]弗里德里希·威廉·舒尔茨

先锋派系列

先锋派散论——现代主义、表现主义和后现代性问题 [英]理查德·墨菲

诗歌的先锋派:博尔赫斯、奥登和布列东团体 [美]贝雷泰·E. 斯特朗

情境主义国际系列

日常生活实践 1. 实践的艺术 [法]米歇尔·德·塞托

日常生活实践 2. 居住与烹饪 [法]米歇尔·德·塞托 吕斯·贾尔 皮埃尔·梅约尔

日常生活的革命 [法]鲁尔·瓦纳格姆

居伊·德波——诗歌革命 [法]樊尚·考夫曼

景观社会 [法]居伊·德波

当代文学理论系列

怎样做理论 [德]沃尔夫冈·伊瑟尔

21世纪批评述介 [英]朱利安·沃尔弗雷斯

后现代主义诗学:历史·理论·小说 [加]琳达·哈琴

大分野之后:现代主义、大众文化、后现代主义 [美]安德列亚斯·胡伊森

理论的幽灵:文学与常识 [法]安托万·孔帕尼翁

反抗的文化:拒绝表征 [美]贝尔·胡克斯

戏仿:古代、现代与后现代 [英]玛格丽特·A.罗斯

理论入门 [英]彼得·巴里

现代主义 [英]蒂姆·阿姆斯特朗

叙事的本质 [美]罗伯特·斯科尔斯 詹姆斯·费伦 罗伯特·凯洛格

文学制度 [美]杰弗里·J.威廉斯

新批评之后 [美]弗兰克·伦特里奇亚

文学批评史:从柏拉图到现在 [美]M. A. R.哈比布

德国浪漫主义文学理论 [美]恩斯特·贝勒尔

萌在他乡:米勒中国演讲集 [美]J.希利斯·米勒

文学的类别:文类和模态理论导论 [英]阿拉斯泰尔·福勒

思想絮语:文学批评自选集(1958—2002) [英]弗兰克·克默德

叙事的虚构性:有关历史、文学和理论的论文(1957—2007) [美]海登·怀特

21世纪的文学批评:理论的复兴 [美]文森特·B.里奇

核心概念系列

文化 [英]弗雷德·英格利斯

风险 [澳大利亚]狄波拉·勒普顿

学术研究指南系列

美学指南 [美]彼得·基维

文化研究指南 [美]托比·米勒

文化社会学指南 [美]马克·D.雅各布斯 南希·韦斯·汉拉恩

艺术理论指南 ［英］保罗·史密斯 卡罗琳·瓦尔德

《德意志意识形态》与文献学系列

梁赞诺夫版《德意志意识形态·费尔巴哈》 ［苏］大卫·鲍里索维奇·梁赞夫
《德意志意识形态》与 MEGA 文献研究 ［韩］郑文吉
巴加图利亚版《德意志意识形态·费尔巴哈》 ［俄］巴加图利亚
MEGA：陶伯特版《德意志意识形态·费尔巴哈》 ［德］英格·陶伯特

当代美学理论系列

今日艺术理论 ［美］诺埃尔·卡罗尔
艺术与社会理论——美学中的社会学论争 ［英］奥斯汀·哈灵顿
艺术哲学：当代分析美学导论 ［美］诺埃尔·卡罗尔
美的六种命名 ［美］克里斯平·萨特韦尔
文化的政治及其他 ［英］罗杰·斯克鲁顿
意大利美学精粹 周宪 ［意］蒂齐亚娜·安迪娜

现代日本学术系列

带你踏上知识之旅 ［日］中村雄二郎 山口昌男
反·哲学入门 ［日］高桥哲哉
作为事件的阅读 ［日］小森阳一
超越民族与历史 ［日］小森阳一 高桥哲哉

现代思想史系列

现代主义的先驱：20世纪思潮里的群英谱 ［美］威廉·R.埃弗德尔
现代哲学简史 ［英］罗杰·斯克拉顿
美国人对哲学的逃避：实用主义的谱系 ［美］康乃尔·韦斯特

视觉文化与艺术史系列

可见的签名 ［美］弗雷德里克·詹姆逊

摄影与电影　［英］戴维·卡帕尼

艺术史向导　［意］朱利奥·卡洛·阿尔甘　毛里齐奥·法焦洛

电影的虚拟生命　［美］D. N. 罗德维克

绘画中的世界观　［美］迈耶·夏皮罗

缪斯之艺：泛美学研究　［美］丹尼尔·奥尔布赖特

视觉艺术的现象学　［英］保罗·克劳瑟

总体屏幕：从电影到智能手机　［法］吉尔·利波维茨基　［法］让·塞鲁瓦

艺术史批评术语　［美］罗伯特·S. 纳尔逊　［美］理查德·希夫

设计美学　［加拿大］简·福希

工艺理论：功能和美学表达　［美］霍华德·里萨蒂

当代逻辑理论与应用研究系列

重塑实在论：关于因果、目的和心智的精密理论　［美］罗伯特·C. 孔斯

情境与态度　［美］乔恩·巴威斯　约翰·佩里

逻辑与社会：矛盾与可能世界　［美］乔恩·埃尔斯特

指称与意向性　［挪威］奥拉夫·阿斯海姆

说谎者悖论：真与循环　［美］乔恩·巴威斯　约翰·埃切曼迪

波兰尼意会哲学系列

认知与存在：迈克尔·波兰尼文集　［英］迈克尔·波兰尼

科学、信仰与社会　［英］迈克尔·波兰尼

现象学系列

伦理与无限：与菲利普·尼莫的对话　［法］伊曼努尔·列维纳斯

新马克思阅读系列

政治经济学批判：马克思《资本论》导论　［德］米夏埃尔·海因里希

图书在版编目(CIP)数据

现代主义的先驱：20世纪思潮里的群英谱／(美)威廉·R.埃弗德尔著；张龙华等译． — 2版． — 南京：南京大学出版社，2023.5
（当代学术棱镜译丛／张一兵主编）
书名原文：The First Moderns：Profiles in the Origins of Twentieth-Century Thought
ISBN 978-7-305-26321-7

Ⅰ.①现… Ⅱ.①威… ②张… Ⅲ.①思想家－生平事迹－世界－20世纪 Ⅳ.①K815.1

中国国家版本馆CIP数据核字(2023)第030423号

THE FIRST MODERNS
Copyright © 1997 by William Everdell
Licensed by The University of Chicago Press, Chicago, Illinois, U.S.A.
Simplified Chinese edition copyright © 2023 by NJUP
All rights reserved
江苏省版权局著作权合同登记 图字：10-2008-395号

出版发行	南京大学出版社
社 址	南京市汉口路22号 邮 编 210093
出 版 人	金鑫荣
丛 书 名	当代学术棱镜译丛
书 名	现代主义的先驱：20世纪思潮里的群英谱
著 者	[美]威廉·R.埃弗德尔
译 者	张龙华 杨明辉 李 宁 等
责任编辑	张 静
照 排	南京南琳图文制作有限公司
印 刷	江苏凤凰通达印刷有限公司
开 本	635 mm×965 mm 1/16 印张43 字数623千
版 次	2023年5月第2版 2023年5月第1次印刷
ISBN 978-7-305-26321-7	
定 价	145.00元

网　址：http://www.njupco.com
官方微博：http://weibo.com/njupco
官方微信号：njupress
销售咨询热线：(025) 83594756

* 版权所有，侵权必究
* 凡购买南大版图书，如有印装质量问题，请与所购图书销售部门联系调换